# मिथकीय चेतना : समकालीन संदर्भ

(नरेन्द्र कोहली और उनके राम-कृष्ण)

# मिथकीय चेतना : समकालीन सन्दर्भ

(नरेन्द्र कोहली और उनके राम-किशन)

मनोरमा मिश्र

वाणी प्रकाशन

वाणी प्रकाशन

*4695, 21-ए, दरियागंज, नयी दिल्ली 110 002*

शाखा

*अशोक राजपथ, पटना 800 004*

फ़ोन: +91 11 23273167 फ़ैक्स: +91 11 23275710

www.vaniprakashan.in
vaniprakashan@gmail.com

MITHKIYA CHETNA : SAMKALEEN SANDARBH
*by* Manorama Mishra

ISBN : 81-8143-627-X

Criticism



संस्करण 2007

आवृत्ति 2012

मूल्य : ₹ 495



*मेहरा ऑफ़सेट, नयी दिल्ली-110002 में मुद्रित*

*वाणी प्रकाशन का लोगो मक़बूल फ़िदा हुसेन की कूची से*

## समर्पणम्

मातृसत्तात्मक परम ज्योति
की महा विभा की
पदरज को ..............

"त्वदीयं वस्तु महा· क्ते!
तुम्यमेव समर्पणम्।।"

# प्राक्कथन

भारतीय वाङ्मय में राम और कृष्ण-कथा की परंपरा अति प्राचीन है। भारतीय मनीषियों, आलोचकों, चिंतकों ने राम और कृष्ण-कथा-साहित्य पर विभिन्न कोणों, दृष्टिकोणों और विधाओं में विस्तृत रूप से अपनी लेखनी सरसित की है; किंतु जहाँ तक उपन्यास विधा का प्रश्न है इस विधा का और उसमें राम और कृष्ण-कथा धारा के स्वरूप का नवीनतम रूप स्वतंत्रता के बाद प्रचलित हुआ। ऐसी स्थिति में राम और कृष्ण के उस स्वरूप को न केवल पहचानने अपितु परिभाषित करने की भी आवश्यकता महसूस की जाती है। स्वातंत्र्योत्तर कथा-साहित्य में राम और कृष्ण इसी आवश्यकता का परिणाम है।

स्वातंत्र्योत्तर साहित्य की उपलब्धियों में हिंदी उपन्यास साहित्य की समृद्धि भी उल्लेखनीय है, जिसमें मानवीय यथार्थ और सहज भावनाओं, क्रियाकलापों एवं विचारों का संयोजित रूप से लेकर एक नवीन दिशा का विकास हुआ। स्वातंत्र्योत्तर उपन्यासों की नयी-निराली प्रवृत्तियों में जहाँ आंचलिक चेतनाओं, महानगरीय जीवन की विसंगतियों, नारी-जीवन की समस्याओं, ऐतिहासिक परिपार्श्वों के साथ आधुनिकता बोध की प्रवृत्तियों को शामिल किया गया वहीं पौराणिक कथाओं को वर्तमान परिदृश्य में उपयोगी सिद्ध करने की प्रवृत्ति का भी समावेश किया गया, क्योंकि प्रत्येक समाज अपनी प्रवृत्ति, परंपरा, परिवेश, इतिहास, भूगोल एवं अनुभवों के आधार पर जीवन-मूल्यों को अंगीकार करता है। जीवन-मूल्यों की उदात्तता ही संस्कृति का सशक्त-सचेतन प्राणतत्व है। जीवन-मूल्यों की उदात्तता का अर्थ तत्संबंधी देश के जन जीवन का आचार, व्यवहार, चिंतन, मनन, रीति-रिवाज और हाव-भाव की प्रबुद्धता और विशालता है। धर्म, समाज, नैतिकता, आशा, आस्था और जीवन के अन्य सभी पहलुओं से इसका प्रत्यक्ष या परोक्ष संबंध है। राम और कृष्ण भारतीय-संस्कृति के जीवन-मूल्यों का आदर्शतम साकार-स्वरूप हैं। अतः वर्तमान समय में जबकि पश्चिम के अंधानुकरण अति आधुनिकता बोध तथा यांत्रिकता के प्रभाव ने मानवीय संवेदनाओं को जड़वत् कर दिया है; मानो संवेदना रूपी अहल्या पाषाण हो गयी है, तो संस्कृति के आदर्श राम के नवीन स्वरूप के अवतारीकरण की आवश्यकता हो जो पुनः उस पाषाणवत् संवेदना को सजीव कर सके। आज जब भौतिकता की कामना

स्वार्थों की पराकाष्ठा से मिलकर कंस-प्रवृत्तियों को चरम पर पहुँचा रही है, चाँदी की चमक ने रिश्तों की पावनता को, उनकी पूजनीयता को, स्नेह-सिक्तता को रिक्त कर दुराचरण के आतंक से जकड़ रखा है, अतः कृष्ण की आवश्यकता है जिनके सुदर्शन चक्र की अरुणिम किरणें अधर्म के अमावसी तमस का विनाश कर सकें। तात्पर्य यह कि वर्तमान समय में अधर्म की वृद्धि से नैतिक मूल्यों का पतन तीव्रता के साथ होता जा रहा है, अतः आवश्यकता है, नैतिकता के पुनरुत्थान की धर्म की पुनःसंस्थापना की, जो कि राम-कृष्ण जैसे, भारतीय संस्कृति के आदर्श नायकों के माध्यम से ही संभव है। यही कारण है कि स्वातंत्र्योत्तर कथा-साहित्य में राम और कृष्ण परक साहित्य का विस्तार हो रहा है। अतः इस पर चिंतन, मनन और शोधन भी आवश्यक है।

संपूर्ण कृति सात अध्यायों में विभक्त है। प्रथम अध्याय में स्वातंत्र्योत्तर कथा-साहित्य की प्रवृत्तियों पर दृष्टि निक्षेप किया गया है।

द्वितीय अध्याय में राम और कृष्ण पर केंद्रित कथा वृत्तियों की पृष्ठभूमि की ऐतिहासिक पड़ताल की गयी है तथा विकास परंपरा में नरेन्द्र कोहली और उनके संक्षिप्त परिचय को प्रकाशित किया गया है।

तृतीय अध्याय पौराणिक कथा-साहित्य में काल और मिथक चेतना के अंतःसंबंध को उद्घाटित करता है।

चतुर्थ अध्याय में राम-कथा और कृष्ण-कथा पर आधारित कथा-साहित्य के वैशिष्ट्य को प्रकाश में लाने का एक प्रयास है।

पंचम अध्याय नरेन्द्र कोहली के राम-कथा-साहित्य 'अभ्युदय–(दो खंड)' के वैशिष्ट्य का विचेचन करता है।

षष्ठम अध्याय में स्वातंत्र्योत्तर कथा-साहित्य में राम और कृष्ण का स्वरूप वैशिष्ट्य तथा नरेन्द्र कोहली के राम-कृष्ण-कथा-साहित्य के शिल्पगत वैशिष्ट्य का दिशा-निर्धारण किया गया है।

सप्तम् अध्याय समापन की ओर अग्रसर होता हुआ समग्र आकलन एवं उपलब्धियों की सीमाएँ, संभावनाएँ तथा म्वातंत्र्योत्तर कथा-साहित्य में नरेन्द्र कोहली के प्रदेय का वर्णन करता है। अंत में संदर्भ ग्रंथ-सूची संलग्न की गयी है।

विषय की परिपूर्णता में मेरी गुरु डॉ. प्रतिभा चतुर्वेदी का सद्परामर्श एवं स्नेहिल संबल मुझे आधार रूप में प्राप्त हुआ है जिनके मार्गदर्शन, प्रेरक मंगल कामनाओं एवं स्नेहासिक्त आशीषों से श्रमसाध्य कार्य सहज एवं सफल हो सका है। उनके प्रति अपने हृदयोद्गारों की अभिव्यक्ति अथवा साधुवाद ज्ञापन को शब्द रूप में साकार एवं सीमित कर मैं कृतघ्न नहीं होना चाहती; क्योंकि माता-पिता और गुरु के ऋण से न तो मुक्त ही हुआ जा सकता है और न उसे शब्द ही दिया जा सकता है। अतः मैं गुरुदेवी डॉ. चतुर्वेदीजी की आत्मिक कृतज्ञ और चिरऋणी हूँ जिन्होंने अपने सरल-सहज एवं ममत्वपूर्ण कुशाग्र व्यक्तित्व से कुशल निर्देशन एवं समुचित मार्ग दर्शन

प्रदान करके इस कृति की पूर्णता में मेरा मार्ग प्रशस्त किया।

गुरु कृपा की सौभाग्य शृंखला में नमन करती हूँ मैं श्रद्धेय डॉ. लालमणि जी तिवारी को, जिनके संत स्वभाव एवं परमारथी प्रवृत्ति ने विषय के चुनाव से लेकर शोध-कार्य की पूर्णता तक मुझे अपना सद्परामर्श एवं मार्गदर्शन प्रदान किया। अपनी व्यस्ततम दिनचर्या में से भी समय निकालकर मेरे समयाभाव के कारण मुझे प्राथमिकता प्रदान की। श्रद्धानत और चिर ऋणी हूँ मैं उनकी, गुरु-प्रदेय हेतु।

न...म...न है गुरुदेव डॉ. के.के. पाण्डेजी के श्री चरणों में, जिनकी कृपा की आशीर्छाया में ही मानों इस कृति-गंगोत्री की पावन धारा का निस्सरण संभव हो सका। उनकी सूक्ष्म भावनाओं ने मुझमें अभिव्यक्ति की क्षमता और साहित्य के प्रति प्रेम की प्रगाढ़ता उत्पन्न की।

सूक्ष्म-भावनात्मक गुरु-वन्दन के अनंतर श्रद्धा-सुमन समर्पित हैं, सिद्धि-प्रदाता पिङ्गाक्ष को, जिनकी कृपा ने मुझे माध्यम बना कर राम और कृष्ण-कथा पर आधारित इस पावन कृति को साकार स्वरूप प्रदान किया।

हार्दिक आभारी हूँ मैं डॉ. नरेन्द्र कोहली की, जिन्होंने अपनी कृति के द्वारा एवं पन्द्रह जनवरी सन् दो हजार को दिये गये साक्षात्कार तथा कुछ प्रकाशित सामग्री के माध्यम से अपने व्यक्तिगत, सामाजिक एवं साहित्यिक जीवन से अवगत कराया।

मैं उन सभी विद्वद्जन की हार्दिक आभारी हूँ जिनके साहित्य ने मुझे वैचारिक-नव-दृष्टि प्रदान कर मेरे शोध-कार्य में सहायता प्रदान की।

प्रीति-भाजनता के एक-छत्र अधिकारी, जीवनाधार—स्वामीजी—प्रो. यू. के. मिश्र की, मैं चिर-ऋणी हूँ, जिन्होंने समय-समय पर अनेक कष्टों को सहकर भी मेरे मनोबल को बढ़ाने, शिक्षा जगत की उत्कृष्टता प्राप्ति एवं बौद्धिक विकास में मेरी भरपूर सहायता की है। सच कहा जाए तो वे ही मूलाधार हैं मेरे इस शोध-कार्य की संभाव्यता के।

हृदय से कृतज्ञतापूर्ण आशीर्मुद्रा प्रदान करती हूँ मैं अपने अनुज श्री संजय मिश्र, क्षेत्रीय खान अधीक्षक/प्रबंधक कोल माईन्स को, जिनके साहित्य प्रेम ने इस कृति में अपना अमूल्य सहयोग प्रदान किया।

अंत में मैं पुनः आभारी हूँ परोक्ष या प्रत्यक्ष रूप में सहयोग देने वाले सभी विद्वद्जनों, पाठकों, आलोचकों एवं समालोचकों की, उनकी सद्भावनाओं और उदात्त प्रकृति की...।

वसंत पंचमी-सं. 2062 **डॉ. मनोरमा मिश्र**

सतना

# विषयानुक्रमणिका

*प्रथम अध्याय*

# स्वातंत्र्योत्तर कथा-साहित्य की प्रवृत्तियाँ

समय और समाज का संपूर्ण चित्र कथा-साहित्य में प्रतिबिंबित होता है। स्वातंत्र्योत्तर हिंदी कथा-साहित्य में एक नवीन प्रवृत्ति जहाँ पाश्चात्य परिवेश और जीवन-मूल्यों से संबंधित है, वहीं दूसरी ओर पौराणिक आख्यानों के माध्यम से भारतीय-संस्कृति के संबंध में ही आज के जीवन-मूल्यों का परिदृश्य राम और कृष्ण जैसे कथा-नायकों से प्राप्त होता है।

जीवन की बहुरूपता का बहुआयामी चित्रण उपन्यास में ही संभव है। उपन्यास साहित्य की वह विधा है जो हमारे लिए परिचित समाज और उससे संबंधित रीति-रिवाजों, व्यक्तियों तथा तथ्यों का विस्तृत फलक उपस्थित करता है। चूँकि वह मानव-जीवन की यथार्थता का, समस्याओं तथा जीवन-मूल्यों का निरूपण करता है, इसलिए स्वातंत्र्योत्तर साहित्य के संदर्भ में यह निःसंकोच कहा जा सकता है कि प्राचीन काल में जो उपादेयता महाकाव्यों की थी, आज इसका स्थान उपन्यास ले रहा है।

पौराणिक आख्यानों और मिथकीय परंपराओं से अनुस्यूत उपन्यासों का मूल्यांकन मार्क्सवादी समीक्षक, उपन्यास की यथार्थवादी धारा से काटकर उसका विश्लेषण करते हैं, किंतु मुझे ऐसा प्रतीत होता है कि इस प्रकार का विवेचन किसी भी विधा के लिए उचित नहीं है, और तब उस समय यह प्रश्न और भी समीचीन बन जाता है, जब हम जीवन की समग्रता में मानवीय मूल्यों की पड़ताल करते हैं। क्या 'मानस का हंस' जैसा उपन्यास अथवा महाभारत की कथाओं पर आधारित आज के जीवन को समग्रता में रेखांकित करने वाले नरेन्द्र कोहली के कथा-साहित्य को हिंदी कथा-साहित्य की मूल धारा से काटकर साहित्य के साथ न्याय कर पाएँगे? स्पष्ट है, चाहे राजनीतिक परिवेश हो अथवा सामाजिक या सांस्कृतिक परिदृश्य हो या फिर दार्शनिक, यदि हमें इन सबका अध्ययन करना है तो स्वतंत्रता के पश्चात् और उसके आस-पास सृजित उपन्यासों का विश्लेषण करना अपरिहार्यता होगी।

यद्यपि प्रेमचंद के समय से ही उपन्यास के माध्यम से जीवन की कला को

वाणी प्राप्त होती रही है, तथापि प्रेमचंदोत्तर उपन्यासों में इसे और अधिक निखार प्राप्त हुआ है। एक ओर पाश्चात्य-सभ्यता है; जहाँ मानवीय जीवन की संवेदनाओं और सद्भावों की बूँदें भी सूख गई सी जान पड़ती हैं, घनिष्ठ और आत्मिक संबंधों को भी जहाँ कोई स्थान प्राप्त नहीं है। आडंबरपूर्ण शहरी जीवन के मानवमूल्यविहीन जीवन हमें त्रेता—रामायणकाल और द्वापर—महाभारतकाल का स्मरण कराते हैं, जिसके चरित्र नायक राम और कृष्ण हैं। इस परिदृश्य के साथ स्वातंत्र्योत्तर कथा-साहित्य की प्रवृत्तियों का अनुशीलन करने का मेरा लघुतर प्रयास है।

स्वातंत्र्योत्तर कथा-साहित्य में सांस्कृतिक मिथकीय उपन्यासों की एक धारा सतत प्रवाहमान है। आदरणीय द्विवेदी जी के उपन्यास—'बाणभट्ट की आत्मकथा', 'चारुचंद्रलेख', 'पुनर्नवा' तथा 'अनामदास का पोथा' ऐसे ही उपन्यास हैं। इन उपन्यासों में मिथकों, निजंधरी कथाओं, आद्य बिंबों और कथ्य-अभिप्रायों के माध्यम से संरचना का जो रूप खड़ा किया गया है वह अपनी व्यंजकता में आधुनिक जीवन बोध को भी लिए हुए है। एक विशिष्ट भागवत् दृष्टि, ऐतिहासिक परिप्रेक्ष्य और मिथकों के कारण इन उपन्यासों की अलग पहचान है।

स्वातंत्र्योत्तर कथा-साहित्य अपने शिल्पगत प्रयोग, मिथकीय संरचना और गहन जीवन-दर्शन के कारण हिंदी कथा-साहित्य का समग्र रूप उपस्थित करता है। इस काल के उपन्यासों में मिथकों के माध्यम से अतीत में पीछे हटकर अत्यंत वेगपूर्वक जड़ता पर आक्रमण करते हुए भविष्य के पुनर्निर्माण की रूप-रेखा भी है।

इन उपन्यासों में जड़ता से स्पंद चेतना की ओर जाने का भावाभिभूत वैचारिक उन्मेष है। सचराचर धरा जलमग्न है, संपूर्ण समाज एक प्रकार के अवरोध में है। राजनीति, संस्कृति और धर्म आदि तालाब के बँधे घाटों की तरह स्थिर हैं, प्रवाहशून्य हैं। ऐसी परिस्थिति में स्वातंत्र्योत्तर कथा-साहित्य की मिथकीय परंपरा जीवन में प्रवाह देते हुए जीवंत चेतना का वह दृढ़ आधार प्रदान करती है; जो आज की महती आवश्यकता है। अनेक बार इन उपन्यासों में जीवन की सार्थकता के प्रश्न भी उठाए गए हैं। इस काल के कथाकारों ने सार्थकता को प्रतिपद्यवाद समर्पण और गार्हस्थ्य-जीवन में चरितार्थ पाया है।

## 1. पौराणिक प्रवृत्ति

पौराणिक आदर्श चरित्र-नायक राम और कृष्ण हमारी भारतीय संस्कृति के आधार हैं, वे भारतीयता का मूल स्रोत ही नहीं प्राणतत्त्व भी हैं। अतः वैज्ञानिकता के विकासमान चरण-चिह्नों के अंतिम लक्ष्य तक हम अपने आपको उस आदर्शमयता से अलग नहीं कर सकते। अतः उस पौराणिक कथावस्तु को ही हम वर्तमान संदर्भों से संबद्ध कर वैज्ञानिकता और मनोवैज्ञानिकता की दृष्टि से अवलोकित करते हैं। नरेन्द्र कोहली ने भी पौराणिक आदर्श को आज के संदर्भों में प्रामाणिक बनाने हेतु

भागीरथ प्रयास किया है; जिसमें वे सफल भी हुए हैं। मानवीय प्रवृत्तियों को जानने-पहचानने तथा सत्य को तर्कसंगत निष्कर्ष तक पहुँचाने का कार्य इसी पौराणिक प्रवृत्ति को रहा है। मानवीय-चेतना का इतिहास चित्तवृत्ति का परिणाम है। पुराण उसी प्रकार का इतिहास है जैसा कि हमारा आधुनिक स्वतंत्रता संग्राम का इतिहास। साहित्य की कसौटी पर यह उतना ही खरा है जितना आधुनिक साहित्य का इतिहास। अतः उस सत्य को, धर्म को, न्याय को और अधि-आत्मिकता को हम किसी भी काल खंड और किसी भी संदर्भ में अपने आप से अलग कर नहीं देख सकते और न ही उससे अलग ही हो सकते हैं।

आधुनिक पश्चिम के मनोविज्ञान में प्रवृत्तियों पर सूक्ष्म जानकारी प्राप्त करने का अथक प्रयास किया गया। मनुष्य का अंतःसंसार अत्यधिक रहस्यमय, अद्भुत और अज्ञेय है, फिर भी मनुष्य की यह विशिष्टता है कि वह हार नहीं मानता। वह गिर-गिर कर उठता है और सत्य प्राप्ति की दिशा में अनवरत सचेष्ट है। प्राचीन ऋषियों ने मानव अंतःकरण को चार भागों में विभाजित किया है—चित्त, बुद्धि, मन और अहंकार तथा अंतःकरण को परिचालित करने वाले तीन गुण हैं, सतोगुण, रजोगुण और तमोगुण। मन अत्यधिक चंचल और कल्पनाशील है। बुद्धि तर्कों के माध्यम से मन को नियंत्रित करने और सहयोग देने का कार्य करती है। चित्त मन को जागरूक रखता है और अहंकार स्वामित्व का भाव, कर्त्ता और भोक्ता का भाव रखकर स्वयं को सारी क्रियाशीलता का नियामक मानता है। गुण अपनी त्रिगुणात्मक शक्ति से इन सबको तीन प्रकार से प्रभावित करता है—सतोगुण, सात्विक प्रवृत्ति की उत्पत्ति कर सात्विकता की ओर उन्मुख करता है। रजोगुण, रजोगुणी प्रवृत्ति से लोभ तथा कर्म की ओर प्रेरित करता है तथा तमोगुण, तामसिक प्रवृत्ति से आलस्य और प्रमाद की ओर अग्रसर करता है। मानव के आभ्यंतरिक संसार की इस संरचना से प्रत्येक व्यक्ति के मन की बनावट बाह्य रूप में एक लगते हुए भी भिन्न-भिन्न है। 'मुण्डे-मुण्डे मतिर्भिन्नाः।' इस विभिन्नता के कारण व्यक्ति के दृष्टिकोण में कभी व्यक्तिवादिता आती है तो कभी सामाजिकता। नाना प्रकार के व्यक्तियों में नाना प्रकार की व्यक्तिवादिता और अनेक प्रकार की सामाजिकताएँ परिलक्षित होती हैं। सभ्यता के विकास के तुंग शिखर की ओर बढ़ते विज्ञान के चरण दावा करते हैं कि हम इस जटिल संरचना को समझकर रहेंगे; किंतु धार्मिक दृष्टि का मानना है कि विज्ञान के चरण जहाँ समाप्त होते हैं वहीं से धर्म का प्रारंभ होता है।

असीम को सीमित बुद्धि से जानना-समझना असंभव है अतः वह हार मानकर समर्पित हो जाती है। समर्पण भावना से ध्यान करने वाला योगी ध्यान के माध्यम से आत्म-ज्ञान को उपलब्ध करता है और पूर्ण उपलब्धि मानकर इस सारी जटिल संरचना का साक्षी या द्रष्टा बन जाता है—जिसके प्रमाण हैं—राम, कृष्ण, बुद्ध,

विवेकानंद, महर्षि अरविंद और महात्मा गाँधी इत्यादि।

जिसे हम बाह्य या प्रत्यक्ष संसार कहते हैं उसकी सारी क्रियाशीलता को प्रकृति के नियम संचालित करते हैं। ये नियम भी बड़े जटिल और अज्ञेय हैं। प्रकृति के कुछ नियम हैं—परिवर्तनशीलता, क्षणभंगुरता, रहस्यमयता, संयोगविधान प्रारब्ध-संचित और क्रियमाण कर्मों का फल तथा इसके अतिरिक्त कर्म के फल पर मानव का अधिकार न होना। इन सबसे अधिक भयावह है वृद्धावस्था और मृत्यु। प्रकृति के अवलोकन से यह प्रत्यक्ष होता है कि जीव जीव का भोजन है सर्वत्र शोषण और भक्षण हो रहा है। हर जीव अपनी अस्तित्व रक्षा के लिए भयभीत है।

आभ्यंतरिक संसार का राजा है 'अहंकार', वह मन और बुद्धि का सहयोग लेकर सर्वभक्षी बन जाता है, इस प्रकार देखें तो अंदर-बाहर संघर्ष ही संघर्ष है। इस संघर्ष में पराजित व्यक्ति घोर निराशा और घुटन का अनुभव करता है। हिंसा और स्वार्थसाधन भी जैसे अस्तित्व का गुणधर्म हो। इस जटिल क्रिया-शीलता को अज्ञान, अविद्या, माया, शैतानी करतूत तथा अन्य नामों से अभिहित किया गया है।

इस महासमर में अस्तित्व ने द्वैत की स्थापना की। इसे मार्क्स ने द्वंद्वात्मक भौतिकवाद नाम दिया है। भारतीय ऋषियों ने विषमता नाम दिया है। मनोवैज्ञानिकों ने इसे दो अति के रूप में माना है। उनके अनुसार मन अतियों में डोलता है। कभी वह एक अति पर रहता है तो कभी दूसरी अति पर। मन की इस चंचलता से मनुष्य का द्वंद्व पीड़ित होकर चूर-चूर हो जाता है। संतों ने अस्तित्व के इसी जाल के पार जाने की शिक्षा दी है।

बिहारी का एक दोहा है :

*"को छूटै एइहि जाल परि, कत कुरंग अकुलात।*
*ज्यों-ज्यों सुरझि भगन चहत, त्यों-त्यों उरझत जात।"*[1]

कहने का तात्पर्य यह है कि समस्या के समाधान के लिए जितना अधिक प्रयास होगा, समस्याएँ उतनी ही अधिक बढ़ती जाएँगी। इसलिए सारी कामनाओं का परित्याग कर संसार के जाल को राग-द्वेष से रहित होकर, निष्पक्ष होकर, तटस्थ दृष्टि रखनी चाहिए। मन के द्वंद्व से मुक्ति पाने का एकमात्र मार्ग है—'मध्य-मार्ग'। बुद्ध ने इसे 'स्वर्ण-मध्य बिंदु' कहा है और महावीर ने इसी को 'वीतराग' बताया है तथा भक्तों ने इसे विशुद्ध सत्यमय, पवित्रमय 'समर्पण-भाव' या 'सर्वस्वीकार-भाव' के रूप में स्वीकार किया है। इस भाव से अहम् नष्ट हो जाता है, आत्मा पर से आवरण हट जाता है और समर्पित मनुष्य आत्मानुभूति कर ईश्वरत्व और अमरत्व की ब्राह्मी स्थिति में स्थित होकर स्थायी आनंद में प्रतिष्ठित हो जाता है। मन पंच तन्मात्राओं का भोग करता है। अतिवादी स्वभाव के कारण वह अतिवादिता को ही पसंद करता है। पंच तन्मात्राओं—रूप, रस, गंध, स्पर्श और शब्द के घने

चुंबकीय आकर्षण से मुक्त होना जीव के लिए अत्यंत कठिन होता है। पौराणिक प्रवृत्तियों में इन्हें विरोधी, प्रतिद्वंद्वी अथवा शत्रुवत् न मानकर सहयोगी तथा उत्प्रेरक माना गया है, तथा इनका प्रयोग आत्मानुसंधान की सीढ़ी के रूप में किया गया है, जिससे ऊपर उठकर ऊर्ध्वमुखी हो आत्मा के सत्-चित् आनंद स्वरूप का अनुभव प्राप्त कर द्वंद्वात्मकता के पार जाया जा सके।

पौराणिक प्रवृत्तियाँ राम-कृष्ण जैसे आदर्शों की स्थापना करके यह प्रमाणित करती हैं कि मनुष्य ईश्वर का अंश है, प्रतिरूप है, हताशा-निराशा उसकी प्रकृति नहीं है। अदम्य उत्साह-स्फूर्ति और जोश के साथ उसे बड़े-बड़े महासागर से जूझने की साधना करनी चाहिए। गीता का सार संदेश है :

जहाँ आत्मशक्ति या परमात्म शक्ति है उसका साथ यदि कर्मशक्ति दे तो वहाँ विजय सुनिश्चित होती है। अजेय आत्मशक्ति ही मनुष्य को विजय रूपी सिंहासन पर प्रतिष्ठित कर सकती है। यही समाधान और इसी सत्य की महान खोज हमारे प्राचीन ऋषि-मुनियों और मनीषियों ने की, जिसे पुराणों ने अपने कलेवर में सहेज कर संचित रखा है, ताकि आने वाली पीढ़ियाँ उस सत्य को समझ सकें और अपने जीवन में प्रतिफल होने वाले आंतरिक और बाह्य दोनों प्रकार के अंतर्द्वान्द्विक महासमर पर अपने आदर्शमय सदाचरण से विजय प्राप्त कर सकें।

आत्म-शक्ति की जागृति और उसके विकास रूपी महान लक्ष्य की प्राप्ति हेतु समय, स्थान और व्यक्ति का मिलन संयोग पर आधारित होता है। इस दृष्टि से योग से संयोग अधिक महत्त्वपूर्ण हो जाता है। संयोग को ही भाग्य अथवा नियति कहते हैं। संयोग का योग प्राप्त करने हेतु संतोष और धैर्य के साथ निःस्वार्थ भाव से कर्मरत रहते हुए कर्त्तव्यपूर्ति में सुख प्राप्त करना ही सर्वश्रेष्ठ होता है। दूसरे शब्दों में कहा जा सकता है—'जियो और जीने दो', सुख से रहो और दूसरों को भी रहने दो अथवा सम्मान की आकांक्षा हो तो सम्मान प्रदान करो। जीवन के इन सहज-सामान्य सूत्रों का आचरण द्वारा अनुकरण करके ही हमें आदर्शमय ईश्वरीय जीवन प्राप्त हो सकता है, यही धर्म का सार-सूत्र है। अहंकार इसके विरुद्ध है, वह मानव शरीर में कैंसर रूपी विषाणु है। मनुष्य के अत्यधिक निकट रहने वाले इस महान शक्तिशाली रिपु का हनन कर आत्मा का साम्राज्य स्थापित करना ही मानव का चरम पुरुषार्थ है। इसी पुरुषार्थ से मानव समाज और संस्कृति का उत्थान होता है। इस दिशा में अनेक कथाकारों ने इस चित्तवृत्ति का रेखांकन किया है :

अमृतलाल नागर कृत 'मानस का हंस'—यद्यपि यह कृति गोस्वामी तुलसीदास जी के चरित्र का उद्घाटन करती है; किंतु यह कृति उन तुलसीदास जी के चरित्र की अभिव्यक्ति देती है जिनके लिए जग सियाराम मय है, जो वर्णाश्रम धर्म के परिपोषक होते हुए भी संस्कारहीन, कुकर्मी ब्राह्मण, क्षत्रिय आदि को लताड़ने में

किसी से पीछे नहीं हैं, जिनका दृष्टिकोण जनवादी है, जिनका जीवन संघर्ष, विद्रोह और समर्पण भरा है। धार्मिक पाखंड, समाज में व्याप्त अनाचार, पापाचार, देश की आर्थिक दुर्व्यवस्था आदि के चित्रांकन से यथार्थ का अवबोधन इस उपन्यास के माध्यम से कराया गया है तथा मनोवैज्ञानिक दृष्टि से आदर्शों की स्थापना का प्रशंसनीय प्रयास किया गया है।

के. एम. मुंशी रचित 'कृष्णावतार'–जो सात खंडों में है, इसके माध्यम से भी पौराणिक आदर्शों को शाश्वत एवं जीवंत रखने का सफल प्रयास किया गया है।

मनु शर्मा रचित 'कृष्ण की आत्मकथा'–जो आठ खंडों में है, इसमें भी कृष्ण चरित को मनोवैज्ञानिकता के साथ प्रस्तुत किया गया है। आधुनिक संघर्षमय जटिल जीवन में कृष्ण चरित की जटिलताओं एवं उनके जीवन के संघर्षों का चित्रांकन अधिक समयानुकूल, मनोवैज्ञानिक, यथार्थ एवं प्रेरक प्रतीत होते हैं।

पौराणिक प्रवृत्तियाँ मानवीय दृष्टि को व्यष्टि से समष्टि की ओर ले जाती हैं। उनके अनुसार जीवन-दर्शन की दृष्टि समग्र होनी चाहिए। टुकड़ों-टुकड़ों में देखने से जीवन की एकलयता, तारबद्धता भंग होती है, जीवन मृतवत् हो जाता है, कहा भी गया है–'डिसेक्शन इज मर्डर'। मानव शरीर के भीतर और बाहर सर्वत्र एक ही तत्त्व है, अतः किसी भी वस्तु के दर्शन में हमारी दृष्टि समग्रता पूर्ण होनी चाहिए, तभी जीवन में रस-तत्त्व संचरित होता है। अप्रिय का त्याग और प्रिय का ग्रहण यह एक मायावी सांसारिक प्रवृत्ति और उसका भ्रमात्मक तथाकथित सुखसार है; किंतु प्रिय और अप्रिय दोनों की स्वीकृति करते हुए भी दोनों के प्रति निरपेक्ष भाव रखना और दोनों के पार जाना ही पूर्ण सत्य का बोध है। इस बोध की प्राप्ति आत्मदर्शी-बद्ध बिरले पुरुष ही कर सकते हैं।

अस्तित्व की इस अद्‌भुत रचना की सूक्ष्मता को स्पष्ट करने का मुख्य प्रयोजन है–मानवीय प्रवृत्तियों और उनके मूल उत्स की पहचान। जैसा पहले संकेत दिया गया है कि–बाह्य परिस्थितियों के प्रभाव और दबाव के कारण मानसिक प्रवृत्तियाँ निर्मित होती हैं। साथ ही प्रवृत्तियों के निर्माण में मानव की आभ्यंतरिक हलचलें भी पर्याप्त प्रभावशील होती हैं। परिवर्तनशीलता के कारण प्रवृत्तियाँ बदलती हैं; किंतु कुछ कालखंड तक उनका प्रभाव बना रहता है। प्रत्येक कालखंड में सभी प्रकार की प्रवृत्तियाँ जीवित रहती हैं ; किंतु जो प्रवृत्ति प्रभावपूर्ण होती है उसी के आधार पर उस साहित्य धारा का नामकरण किया जाता है। स्वातंत्र्योत्तर उपन्यास साहित्य की प्रवृत्तियों को समझने के लिए हमें प्रवृत्तियों के साथ-साथ परिस्थितियों की जानकारी होना अनिवार्य है। अतः स्वतंत्रता के पश्चात् देश की राजनीतिक, सामाजिक और सांस्कृतिक परिस्थितियों का संक्षिप्त स्पष्टीकरण समीचीन है जिन परिस्थितियों के प्रभाव से ये प्रवृत्तियाँ निर्मित हुईं।

## 2. राजनीतिक प्रवृत्ति

स्वातंत्र्योत्तर भारतीय समाज में सर्वाधिक महत्त्वपूर्ण संस्था राज्य रहा है। राजनीति के निर्णयों ने ही भारतीय समाज को प्रभावित किया है, क्योंकि अन्यान्य समाजवादी एवं साम्यवादी देशों के समान भारतीय शासन व्यवस्था भी जीवन के इतने निकट आ गई है कि उसको उपेक्षित कर जीवन की कोई भी योजना तैयार नहीं की जा सकती। अतः उसका पर्याप्त प्रभाव स्वातंत्र्योत्तर कथा-साहित्य पर भी परिलक्षित होता है।

आधुनिक युग में राजनीति आर्थिक आधार पर प्रतिष्ठित होती है, इसलिए जीवन की रोजी रोटी से लेकर कारखाने, दुकान और कार्यालय तक को राजनीति का ही मुखापेक्षी होना पड़ता है। राज्य के इस बढ़ते हुए कार्यक्षेत्र के कारण समाज में राज्य की नीतियों एवं उनकी कार्यान्विति का महत्त्वपूर्ण योगदान होता है। यही तथ्य समाज, सामाजिक व्यवस्था एवं मूल्यों के संदर्भ में क्रियान्वित होता है।

स्वतंत्रता से पूर्व समूचे भारतीय समाज में राष्ट्रीयता, राष्ट्रप्रेम और राष्ट्रभक्ति का मूल्य ही सर्वोपरि माना जाता था। स्वतंत्रताकाल एवं संविधान निर्माण के समय तक राष्ट्रीयता की भावना अपने चरम बिंदु पर थी; किंतु कालांतर में धीरे-धीरे इस भावना की एकनिष्ठा में कमी आने लगी और समाज में विद्यमान जातीय, सांप्रदायिक, सांस्कृतिक तथा भाषाई भिन्नताएँ उभरने लगीं। भारत के एक राष्ट्रीय इकाई के रूप में गठित हो जाने के बावजूद भी देश का राष्ट्रीय-बोध अराष्ट्रीय अथवा राष्ट्रद्रोही तत्त्वों के द्वारा खंडित होता रहा है।

स्वतंत्रता प्राप्ति के पश्चात् हर किसी को अपने राष्ट्र, अपनी राष्ट्रीय भाषा और राष्ट्रीयता की भावना की अपेक्षा अपनी स्वतः की भाषा तथा अपनी जाति-संप्रदाय और अपने प्रांत की चिंता अधिक होने लगी। इस भावना के विकास में राजनीति का महत्त्वपूर्ण हाथ है। आधुनिक समाज का प्रत्येक व्यक्ति पहले बंगाली, पंजाबी, मद्रासी अथवा महाराष्ट्रियन है बाद में भारतीय। समाज की बदलती हुई इस राजनीतिक प्रवृत्ति का प्रभाव कथा-साहित्य पर स्पष्ट एवं गहराई के साथ पड़ा।

स्वातंत्र्योत्तर हिंदी-उपन्यास-साहित्य इस प्रकार की राजनीतिक भावनाओं एवं परिवेश की अभिव्यक्ति से भरे पड़े हैं। इन उपन्यासों में राजनीतिक भावना को कहीं व्यक्तिगत स्वार्थपूर्ति की ओर मोड़ दिया गया है तो कहीं उसे दलीय स्वार्थ के रूप में बदल दिया गया है और कहीं दलीय गुटबंदी के रूप में।

स्वातंत्र्योत्तर कथा-साहित्य की राजनीतिक पृष्ठभूमि में भारत के प्रथम स्वतंत्रता संग्राम के साथ उससे संबद्ध तत्कालीन ब्रिटिश शासन की अनेक दमनात्मक कुनीतियाँ, उन्नीस सौ बयालीस का 'भारत छोड़ो आंदोलन', इंग्लैंड में मजदूर दल का विजयी होना, सन् 1946 में अंतरिम सरकार की स्थापना, मुस्लिम लीग की घृणित नीति के फलस्वरूप कलकत्ता, नोआखाली, बिहार और पंजाब में भयंकर

सांप्रदायिक विवाद-दंगे, सन् 1947 में 15 अगस्त को भारत का स्वतंत्र होना और उसके साथ अनेक राष्ट्रीय आंतरिक समस्याएँ प्रभावी रही हैं।

15 अगस्त सन् 1947 को भारत में स्वतंत्रता का स्वर्ण-विहान तो हुआ, किंतु उसके साथ ही हिंदुस्तान और पाकिस्तान के रूप में देश के विभाजन ने भारतीय हृदय के दो टुकड़े कर दिए। स्वतंत्र भारत भी छोटी-छोटी अनेक रियासतों में बँटा था उनका एकीकरण एक जटिल समस्या थी। दूसरी जटिल समस्या थी विभाजन के कारण उत्पन्न धार्मिक उन्माद। सरदार पटेल की सूझ-बूझ और दृढ़ता के कारण सभी रियासतें भारतीय संघ में विलय हुईं। केवल काश्मीर समस्या का पूर्ण समाधान नहीं हुआ जो अब तक कंटक बना हुआ है। हिंदू-मुस्लिम सांप्रदायिक हिंसा और विद्वेष स्वतंत्र भारत के नेतृत्व के लिए सदैव सिरदर्द बना रहा और आज भी यह समस्या निर्मूल नहीं हुई है। देश का संविधान निर्मित हुआ, समाजवादी प्रजातंत्र संविधान का प्राणतत्त्व घोषित किया गया। नेताओं के नवीन अनुभव शनैः -शनैः परिपक्व हुए, फलतः कई राजनीतिक पार्टियाँ बनीं, पक्ष-विपक्ष प्रभावशाली होकर समस्याओं के निदान में संलग्न हुए। स्वतंत्र भारत की नवचेतना नव-निर्माण में संलग्न हुई । प्रजातंत्र की नींव गहरी हुई। आज स्वतंत्र भारत राष्ट्र की राजनीतिक चेतना राष्ट्रीयता और अंतर्राष्ट्रीयता के रूप में विकसित हो रही है। भारत का पंचशील का सौहार्दिक संदेश युद्धों की विभीषिका से त्रस्त मानव-जाति के लिए अमर देन माना गया है। हिंदी कथा-साहित्य ने इस नव-जागरण और नव-राष्ट्रीय चेतना का केवल अनुसरण ही नहीं किया, वरन् उसे प्रेरित भी किया और उसका मार्ग भी प्रशस्त किया। राजनीतिक परिस्थितियों का हिंदी के उपन्यासकारों पर सम्यक् प्रभाव पड़ा। इस प्रभाव से प्रभावित उपन्यासकार और उनकी औपन्यासिक कृतियाँ इस प्रकार हैं :

ईसवी सन् 1958 में यशपाल कृत 'झूठा सच' राजनीतिक उपन्यासों की प्रकाशित शृंखला में उल्लेखनीय उपन्यास है। दो खंडों में सृजित इस उपन्यास में भारत के विभाजन की पूर्व-पीठिका, विभाजन की विभीषिका और विभीषिकोत्तर देश पर पड़े प्रभाव का विस्तृत, विशद और जीवंत चित्रांकन किया गया है। लेखक ने देश के विभाजन के समय उसके पूर्व और पश्चात् की सांप्रदायिक विभीषिका में जलते हुए भारत और पाकिस्तान की जन-यातना का बड़ा ही मार्मिक चित्रण किया है—यथा—"असद और तारा के विवाह का निर्णय कर लेने पर भी बीच में संप्रदाय, धर्म और बिरादरी की बहुत बड़ी खाई है"[2] और संप्रदाय के ठेकेदारों को मनुष्य के सुख-दुख, हित-अहित से अधिक इस बात की चिंता रहती है कि यदि एक हिंदू या एक मुसलमान लड़की दूसरे संप्रदाय में चली जाएगी तो उस धर्म की हार हो जाएगी। 'झूठा सच' में ही असद का विश्वास है कि "अगर धर्म या संप्रदाय के विश्वासों की पृथकता के बावजूद हिंदू-मुसलमानों के सामाजिक संबंध होते रहे तो झगड़ा कितना कम हो जाए।"[3]

राजनीतिक भाई-भतीजावाद की झलक भी इस समय के उपन्यासों में दिखाई देने लगी थी—यथा कांग्रेस के कार्यकर्ताओं के विषय में 'झूठा सच' के अनुसार "अंग्रेजी सरकार के पुराने रायबहादुर और खैरख्वाह अमन-सभाई और सरकारी अमलदारी से लाभ उठाने वाले लोग, कांग्रेस के मेम्बर बनकर सफेद नुकीली टोपी पहनने लगे थे। जो लोग चार साल पहले सौ सवा सौ की नौकरियों से निर्वाह कर रहे थे अब जहाँ-तहाँ हजार बारह सौ पाने लगे थे।"[4]

इसी तरह अमृतराय द्वारा रचित 'बीज' नामक उपन्यास में सन् 1942 के बाद की युद्धकालीन भारत की राजनीतिक-सामाजिक गतिविधि का चित्रण है, जिसमें आतंकवाद और गाँधीवाद का विरोध कर समाजवाद की परिकल्पना को प्रश्रय दिया गया है।

## 3. सामाजिक प्रवृत्ति

स्वातंत्र्योत्तर युग के राजनीतिक आंदोलन को चारित्रिक दृढ़ता और अगाध विश्वास की प्राप्ति तत्कालीन धार्मिक भावना से परिपूर्ण सामाजिक क्रांति से हुई। इन समस्त आंदोलनों का उद्देश्य था समाज सुधार एवं भारतीय स्वाधीनता। इन उद्देश्यों की पूर्ति प्रत्यक्ष और परोक्ष दोनों रूपों में होती रही। इन आंदोलनों में प्रमुख हैं—ब्रह्मसमाज, आर्य समाज, महाराष्ट्र समाज, थियोसोफिकल सोसायटी, सनातन धर्म, स्वामी रामकृष्ण परमहंस, विवेकानंद और श्री अरविंद के वेदांत दर्शन तथा गाँधीजी का मानवतावाद।

स्वतंत्रता के पश्चात् भारत के परंपरावादी, अंधविश्वासी, रूढ़िवादी मान्यताओं पर कठोर प्रहार किए गए। वैज्ञानिक दृष्टि से स्वस्थ समाज की संरचना के सूत्र दिए गए। नारी और पुरुष के संबंधों, अधिकारों और कर्त्तव्यों की नूतन व्याख्या की गई। आर्थिक वैषम्य के कारण वर्गों में विभाजित सामंतवादी और पूँजीवादी अर्थव्यवस्था को समाजवादी अर्थव्यवस्था में प्रस्थापित करने का प्रयास किया गया। समता मूलक समाज को आदर्श समाज बताया गया। व्यक्ति और समाज को समरस करने के लिए दोनों की सीमाओं का निर्धारण कर अन्योन्याश्रित भावना को महत्त्वपूर्ण माना गया। तत्कालीन भारत में अंग्रेजी शासन की स्थापना से जहाँ एक ओर राजनीतिक और आर्थिक शोषण हुआ, वहीं दूसरी ओर आंग्ल भारत संपर्क तथा ईसाई मत प्रसार की प्रतिक्रिया स्वरूप भारत में धार्मिक एवं सामाजिक सुधार के प्रति नवचेतना जाग्रत हुई। धार्मिक आंदोलनों तथा सामाजिक क्रांतियों के द्वारा बाल-विवाह, मिथ्या, रूढ़ियों, जाति-भेद, धार्मिक मतभेद, समुद्र-यात्रा निषेध, दहेज-प्रथा, पूँजीवाद, जमींदारी प्रथा और अंधविश्वासों का घोर विरोध किया गया। विधवा विवाह का समर्थन किया गया और अछूतोद्धार पर बल दिया गया। शोषित एवं पीड़ित समाज तथा नारी के प्रति संवेदना प्रकट की गई। मानवतावाद तथा

आध्यात्मिकता का प्रचार हुआ। स्वतंत्रता के पश्चात् सबको विकास के लिए समान अवसर मिला। इन्हीं उद्देश्यों की पूर्ति के लिए कालचेतना से अभिभूत उपन्यासकारों ने सामाजिक उपन्यासों की सर्जना की। ऐसे सामाजिक उपन्यासों में कुछ की दृष्टि सामान्य रही तो कुछ की विशिष्ट। विशिष्ट दृष्टि का आशय उन सामाजिक उपन्यासों से है, जो किसी सिद्धांत के आलोक में सृजित हुए। साम्यवादी उपन्यास 'मार्क्सवाद' की अवधारणाओं से अनुशासित है। सामान्य सामाजिक दृष्टि के उपन्यासकारों में प्रमुख हैं–प्रेमचंद, अमृतलाल नागर, उपेन्द्रनाथ अश्क, लक्ष्मीनारायण लाल इत्यादि।

## 4. ऐतिहासिक प्रवृत्ति

इतिहास और उपन्यास दोनों की अपनी अलग-अलग सीमाएँ हैं। इतिहास में सर्वाधिक प्रमुखता तथ्यों की रहती है। तथ्यों की उपेक्षा वह किसी भी स्थिति में नहीं कर सकता। जबकि इसके विपरीत ऐतिहासिक उपन्यास इतिहास के तथ्यों को ग्रहण करता हुआ भी उपन्यास की सरसता को अक्षुण्ण बनाए रखता है। ऐतिहासिक उपन्यासकार अपनी इस प्रवृत्ति के उपन्यास में ऐतिहासिक संदर्भ में मानवीय सत्य की प्रतिष्ठा करते हैं। वे ऐतिहासिक मर्यादा की रक्षा करते हुए अपनी सृजनात्मक प्रतिभा और कल्पना का पूर्ण प्रयोग करते हैं; क्योंकि वे तथ्यों का संकलन एवं वर्णन करने वाले कोरे इतिहासकार नहीं होते वरन् सहृदयी सरस रचनाकार भी होते हैं जिन्हें अपनी रचना पाठकों के समक्ष सरस, आकर्षक एवं मनोरंजक रूप में ऐतिहासिक तथ्यों के आधार पर रखनी होती है। अतः वे एक तरफ जहाँ ऐतिहासिक तथ्यों की छानबीन करते हैं वहीं दूसरी तरफ अपनी उर्वर कल्पना शक्ति के माध्यम से उन तत्त्वों को संगठित करके उपन्यास के रूप में रूपांतरित करके उनमें प्राण-प्रतिष्ठा भी करते हैं। इतिहास के उद्‌गाता अपने सृजन में बाह्य घटनाओं के वर्णन को प्रमुखता देते हैं, आंतरिक भावनाओं के चित्रांकन को नहीं। वे वास्तविक तथा अनुमानित तिथियों, घटनाओं तथा परिस्थितियों को क्रमिक रूप में प्रस्तुत करते हैं, जबकि उपन्यासकार कल्पना के माध्यम से भी घटना और परिस्थितियों का निर्माण कर लेते हैं। इस प्रकार यह स्पष्ट है कि ऐतिहासिक उपन्यास रचना के लिए उर्वर कल्पना शक्ति की विशेष आवश्यकता होती है; किंतु फिर भी ऐतिहासिक उपन्यासकारों की कल्पनाशीलता एक सीमा-बंधन में बँधी होती है। वे अपनी उर्वर कल्पना का स्वछंदतापूर्वक प्रयोग करने के लिए स्वतंत्र नहीं होते। उन्हें इतिहास और कल्पना इन दोनों का मर्यादित संतुलन करना होता है तभी उनको और उनकी रचना को सफलता प्राप्त हो पाती है। ऐतिहासिक प्रवृत्ति के उपन्यासकारों के मर्यादित संतुलन संबंधी विषय में आचार्य शुक्ल जी का कथन है–"अब किसी ऐतिहासिक उपन्यास में यदि बाबर के सामने हुक्का रखा जाएगा, गुप्तकाल में गुलाबी और फिरोजी रंग की साड़ियाँ, इत्र, मेज पर सजे गुलदस्ते, झाड़-फानूस लाए जाएँगे। सभा के बीच खड़े होकर

व्याख्यान दिए जाएँगे और उन पर करतल ध्वनि होगी, बात-बात में धन्यवाद, सहानुभूति ऐसे शब्द तथा सार्वजनिक कार्यों में भाग लेना ऐसे फिकरे पाए जाएँगे तो काफी हँसने वाले और नाक-भौं सिकोड़ने वाले मिलेंगे। इससे इस जमीन पर बहुत समझ-बूझ कर पैर रखना होगा।"[5]

हिंदी में दोनों प्रकार के ऐतिहासिक उपन्यास लिखे गए हैं :

1. कल्पना प्रधान ऐतिहासिक उपन्यास
2. इतिहास प्रधान ऐतिहासिक उपन्यास

कल्पना प्रधान ऐतिहासिक उपन्यासों में इतिहास का आधार अत्यल्प मात्रा में ग्रहण किया गया है। कहीं-कहीं तो ऐतिहासिक पात्रों का केवल नाम लेकर शेष समग्र कथानक सृष्टि काल्पनिक आधार पर हुई है कहीं देशकाल तो ऐतिहासिक है; किंतु घटनाएँ और पात्र काल्पनिक हैं। आचार्य चतुरसेन शास्त्री का 'वैशाली की नगरवधू'(1948), 'वयं रक्षामः '(1955), राहुल सांकृत्यायन का 'सिंह सेनापति'(1942), वृंदावनलाल वर्मा का 'कचनार' और 'टूटे काँटे'(1954) आदि इसी प्रकार के इतिहासोपाख्यान कल्पना प्रधान उपन्यास हैं।

इतिहास प्रधान ऐतिहासिक उपन्यासों में कल्पना की अपेक्षा इतिहास का अधिक सहारा लिया गया है। वृंदावनलाल वर्मा कृत 'मुसाहिब जू'(1946), 'झाँसी की रानी लक्ष्मीबाई'(1946), 'अहल्याबाई'(1955) और 'माधवजी सिंधिया'(1957) तथा डॉ. सत्यकेतु विद्यालंकार कृत 'आचार्य विष्णुगुप्त चाणक्य'(1957) आदि इसी श्रेणी के उपन्यास हैं।

इन दोनों के अतिरिक्त तीसरे प्रकार के ऐतिहासिक उपन्यास वे हैं जिनमें इतिहास और कल्पना का सुंदर संतुलित स्वरूप परिलक्षित होता है। इस प्रकार के उपन्यासों में इतिहास सम्मत कथानक और पात्रों को लेकर कल्पना का उचित प्रयोग किया गया है। इस श्रेणी में आने वाले उपन्यासों में वृंदावनलाल वर्मा की 'मृगनयनी' सर्वश्रेष्ठ उदाहरण है जिसमें प्रमुख घटनाएँ और प्रमुख पात्र इतिहास से ग्रहीत हैं, किंतु इसके अतिरिक्त लेखक ने जनश्रुतियों और किंवदंतियों का भी उपयोग किया है। इतिहास और कल्पना के सुंदर समन्वय से यह उपन्यास एक सफल ऐतिहासिक कृति के रूप में ख्याति प्राप्त कर सका है।

हिंदी के ऐतिहासिक उपन्यासों में देशभक्ति का स्वर प्रधान है। प्राचीन और मध्यकालीन भारतीय सभ्यता और संस्कृति, जातीय शौर्य तथा अतीत के गौरवपूर्ण इतिहास का चित्रण इनमें प्रमुख रूप से हुआ है। राष्ट्रीय गौरव के लिए आत्म-बलिदान की भावना इन उपन्यासों में दर्शनीय एवं अनुकरणीय है। हिंदी के ऐतिहासिक उपन्यासकारों में आचार्य चतुरसेन शास्त्री, वृंदावनलाल वर्मा तथा डॉ. हजारी प्रसाद द्विवेदी का नाम लिया जा सकता है, जिनकी कृतियों में मानवतावादी भावना की प्रचुरता है, एक आदर्शवादी दृष्टि है; जिससे भारतीय संस्कृति की जीवंतता बनी

रहती है। नैतिक मूल्यों की निरंतरता गतिशील रहती है। यथा 'बाणभट्ट की आत्मकथा' (हजारी प्रसाद द्विवेदी) तथा 'झाँसी की रानी' (वृंदावनलाल वर्मा) का आदर्श और प्रखर चरित्र राष्ट्रीय गौरव का प्रतीक है।

हिंदी के कुछ ऐतिहासिक उपन्यासों में साम्यवादी विचारधारा को भी ऐतिहासिक परिप्रेक्ष्य में उपस्थित किया गया है। इस प्रकार के रचनाकारों में राहुल सांकृत्यायन और यशपाल का नाम उल्लेखनीय है। राहुल सांकृत्यायन के 'सिंह सेनापति', 'जय यौधेय' और 'मधुर स्वप्न' तथा यशपाल का 'दिव्या' ऐसे ही उपन्यास हैं। रांगेय राघव के 'मुर्दों का टीला' (1948) में ऐतिहासिक तथ्यों, घटनाओं तथा सामग्री को पूर्ण तटस्थ और वैज्ञानिक आधार पर प्रस्तुत किया गया है जो ऐतिहासिक दृष्टि एवं ऐतिहासिक यथार्थ के अधिक समीप है। इस उपन्यास में मोहनजोदड़ो की सभ्यता, वैभव और उसके विनाश की कहानी को रोचक शैली में उपस्थित किया गया है।

ऐतिहासिक उपन्यास अतीतकालीन समाज का दर्पण होते हैं अतः इनमें तत्कालीन सामाजिक एवं राजनीतिक परिस्थितियों का यथार्थ चित्रण भी अत्यंत आवश्यक होता है, क्योंकि कथानक से संबद्ध देशकाल-वातावरण तथा तत्संबंधित सामाजिक, राजनीतिक और सांस्कृतिक परिस्थिति तथा रहन-सहन की पूर्ण जानकारी उपन्यास का प्रमुख अंग एवं शर्त है। इस दृष्टि से भी 'बाणभट्ट की आत्मकथा', 'दिव्या', 'वैशाली की नगरवधू' तथा वृंदावनलाल वर्मा के अनेक उपन्यास सफल ऐतिहासिक उपन्यासों की श्रेणी में आते हैं, जिनमें देशकाल-वातावरण का यथार्थ चित्रण है। वृंदावनलाल वर्मा की उर्वर कल्पनाएँ इतिहास की आधार भूमि पर लोक तत्त्वों के साथ सुंदर समन्वय स्थापित करती हैं। बुंदेलखंड की धरती पर आधारित वर्माजी के अधिकांश उपन्यासों में यहाँ के इतिहास और समाज का रूपांकन है। इसी प्रकार 'बाणभट्ट की आत्मकथा', मध्यकालीन भारत की सामाजिक-धार्मिक और राजनीतिक परिस्थिति का सजीव चित्रण उपस्थित करता है, आत्मकथात्मक शैली में सृजित यह संपूर्ण उपन्यास प्र॰म पुरुष में वर्णित है तथा ऐतिहासिक उपन्यासों के क्षेत्र में अभिनव प्रयोग है। उदात्त प्रेम, आदर्श चरित्र-चित्रण, सुंदर सजीव भाषा, सामाजिक पदावली, अलंकृत वर्णन एवं प्राकृतिक सौंदर्य के सुरम्य चित्रण की दृष्टि से यह उपन्यास अनुपम है।

इसके अतिरिक्त भगवतीचरण वर्मा द्वारा रचित 'चित्रलेखा', रांगेय राघव कृत 'मुर्दों का टीला' तथा आचार्य चतुरसेन शास्त्री कृत 'वैशाली की नगरवधू' इत्यादि ऐतिहासिक उपन्यासों में प्रमुख रूप से उल्लेखनीय हैं।

### 5. स्त्री-पुरुष संबंधों पर आधारित प्रवृत्ति

"मनु स्मृति कालीन संबंधों के अनुसार पत्नी पति को देव-तुल्य पूज्य मानती है,

स्वयं को पति के लिए समर्पिता समझते हुए पति के गुण, कर्म, स्वभाव आदि को आधार बनाकर पातिव्रत्य धर्म का पालन करती है। हजारों वर्षों से चले आ रहे ये संस्कार आज भी भारतीय समाज में विद्यमान हैं। घर के बाहर पति के किस-किससे क्या संबंध हैं, उसकी दो-चार प्रेमिकाएँ हैं अथवा और ज्यादा, इसका न तो स्त्रियों को ज्ञात ही हो पाता था और न ही वे उसके लिए दुःखी ही हो पाती थीं। शराबी, कोढ़ी पति उसे पुचकार अथवा पुकार देता तो उतने में ही नारी अपने आपको धन्य मानने लगती, अपने जीवन को सार्थक समझने लगती।[6] यह प्राचीन धारणा स्वातंत्र्योत्तर भारत में भी विद्यमान देखी जा सकती है।

'भागे हुए लोग' की पारवती तो अपने पति नरोत्तम जो कि दूसरा विवाह करने जा रहा है से कहती है कि "मैंने तो अपने सुख को तुम्हारे सुख से कभी अलग समझा ही नहीं...अगर तुम समझते हो कि दूसरी को लाने के बाद तुम्हारा मन ज्यादा रम सकता है...तो मुझे क्या दुःख होगा।"[7]

'प्यासा पानी' की मालती सुशिक्षिता होने के बावजूद अपनी रुचि के विरुद्ध पति के खुशी के लिए सभी प्रकार के पाश्चात्य रहन-सहन के तौर-तरीकों में अपने आप को ढाल लेती है; क्योंकि "कुछ ऐसे संस्कार हैं उसके—कुछ मान्यताएँ इतनी गहरी पैठ गई हैं उसमें, वह निजी सुख को इन सबसे खींच के अलग कर सुखी नहीं रह सकती।"[8]

पति-पत्नी के बीच इस प्रकार के एकांगी संबंध पुरुष-प्रधान संस्कृति की विकृतियों को सिद्ध करते हैं। जिसमें पति तो पत्नी से न बंधने के लिए पूर्ण स्वतंत्र है; किंतु पत्नी पति के व्यक्तित्व में ही अपने व्यक्तित्व का विलीन कर देने के लिए बाध्य है। इन परिस्थितियों में यह स्पष्ट होता है कि पुरुष प्रधान संस्कृति के संस्कार पति को अधिनायकत्व सौंपते हैं तो पत्नी को पति के प्रति समर्पण की गुलामी। फिर भी दोनों अपने संस्कारों से मुक्त नहीं हो पाते। ऐसी स्थिति में संबंध, पारस्परिक संस्कारों के सूत्रों से जुड़े हुए होते हैं वैयक्तिक आचरण और स्वतः स्फुरित प्रेरणाओं से नहीं। इसका प्रमुख कारण यह है कि संस्कारों की जकड़न में व्यक्तित्व का स्पंदन जड़ हो जाता है। इस प्रकार के संबंधों का मूल्यीकृत रूप समाप्त होकर परंपरा-निर्वाह का आग्रह ही शेष रह जाता है जिसमें व्यक्ति और समाज दोनों का ही हित उपेक्षित हो जाता है।

पति यदि पत्नी के प्रति अपने धर्म का निर्वाह नहीं कर पाता तो पत्नी इसे अपना ही दुर्भाग्य समझकर अपने आपको कोसते रहने में ही अपनी जीवनलीला समाप्त कर देती है। वह अपने इस दुर्भाग्य को चुनौती देने अथवा इससे बच निकलने का प्रयास नहीं करती; क्योंकि इस प्रकार के संस्कार उसमें बचपन से ही कूट-कूट कर भर दिए जाते हैं। 'परछाईं' की माँ अपने दामाद द्वारा संन्यासी बनकर बेटी को त्याग देने पर भी बेटी को पति की देहरी पर ही अपना कल्याण समझने की

शिक्षा देती है,[9] और परित्यक्ता बेटी को भी विश्वास है कि "हो सकता है कि किसी दिन वे यहाँ आवें। कम से कम इतना विश्वास तो मुझे है कि मेरे मरने पर वे मेरी माँग में सिंदूर भरने अवश्य आएँगे।"[10]

'कब तक पुकारूँ' के नट परिवार की कजरी सब कुछ सहने को स्वीकार कर एक ही भीख माँगती है कि "मेरी अर्थी उठे भी तो मेरा सुहाग बना रहे।"[11]

'सारा आकाश' में समर के अपनी पत्नी से म बोलने पर भी माँ—विश्वास है "अब जब दोनों के भाग्य बाँध दिए गए हैं तो निभाना तो पड़ेगा ही।"[12] समर भी भारतीय संस्कृति में श्रद्धा रखते हुए नारी के सती-स्वरूप में आस्था रखता है।[13]

स्वातंत्र्योत्तर कथा-साहित्य में स्त्री-पुरुष संबंधों पर आधारित प्रवृत्ति का एक और स्वरूप देखने में आता है—स्वतंत्रता से पूर्व तक प्रेमचंद और उनके पूर्ववर्ती उपन्यासों में स्त्री-पुरुष संबंधों पर आधारित विषयों का उल्लेख नहीं मिलता। स्त्री-पुरुष के संबंध पूर्ण मर्यादित और आदर्शमय चित्रित होते हैं; किंतु स्वतंत्रता के पश्चात् प्रेमचंदोत्तर उपन्यासों में इन संबंधों का खुल कर चित्रण होने लगा। इन उपन्यासों में यौन संबंधों को लेकर अनेक प्रश्न और समस्याएँ तथा उनके समाधानों का वर्णन किया गया। यौन विषयक नैतिकता के विषय में इन कलाकारों की दृष्टि पश्चिमी संस्कृति से आयातित आधुनिकता बोध से प्रभावित है। इनकी मान्यता है कि भूख के समान भोग भी एक ऐसी शक्ति है जिसे रोका नहीं जा सकता। उनके अनुसार भूख के पश्चात् भोग-लालसा की उत्पत्ति मानव की स्वाभाविक वृत्ति की परिचायक है। समाज में व्याप्त पापाचार और यौनाचार का विश्लेषण विवेकपूर्वक आचरणिक रीति से किया गया। पापाचार और व्यभिचार की बाध्यता का चित्रण भी अत्यंत निर्लिप्त भाव से हुआ। दूसरे शब्दों में यह स्पष्ट कहा जा सकता है कि स्वातंत्र्योत्तर कथा-साहित्य में इस प्रवृत्ति के उपन्यासों में प्रेम तथा यौन समस्याओं का चित्रण सामाजिक आदर्शों से अलग कर के किया गया तथा प्रवृत्ति और परिस्थिति ऐसी अनिवार्यता में चित्रित की गई कि यौन दुर्बलताएँ एवं उन दुर्बलताओं के परिणामस्वरूप हुए पापाचार भी सहानुभूति का केंद्र बिंदु बनाए जाने लगे।

नारी-पुरुष की समस्या को ही एकमात्र आधार बनाकर उपन्यास लिखने वाले उपन्यासकारों में जैनेंद्र का नाम सर्वप्रथम और विशेषोल्लेख्य है। उनके उपन्यास 'सुनीता' और 'कल्याणी', 'परख' और 'तपोभूमि' में यह प्रवृत्ति प्रमुख रूप से देखने को मिलती है। 'सुनीता' उपन्यास में यदि नारी-पुरुष के संबंधों को दार्शनिक आधार दिया गया है तो तपोभूमि की धारिणी अवैध यौन संबंधों का शिकार बन वेश्यावृत्ति अपनाने पर मजबूर हो जाती है।

जैनेंद्र के अधिकांश उपन्यास अंतर्विरोधी भावना से युक्त हैं। 'सुखदा', 'विवर्त', 'जयवर्धन' इत्यादि उपन्यासों में यह अंतर्विरोधी प्रवृत्ति मनोवैज्ञानिकता,

दार्शनिकता, वैयक्तिकता आदि के माध्यम से विविध रूपों में उभरी है।

इस प्रवृत्ति के कुछ प्रमुख उपन्यासकार और उनके उपन्यासों के नाम निम्नानुसार हैं :

इलाचंद्र जोशी कृत—'संन्यासी', 'पर्दे की रानी', 'प्रेत और छाया'।

अज्ञेय कृत—'शेखर : एक जीवनी', 'नदी के द्वीप' तथा 'अपने-अपने अजनबी' इत्यादि।

यशपाल कृत—'दादा कामरेड' इत्यादि।

स्त्री-पुरुष संबंधों पर आधारित प्रवृत्ति को केंद्र में रखने वाले उपन्यासकार पश्चिमी चिंतन के प्रभाव से अनुप्रेरित हैं। उपन्यासकार जैनेंद और अज्ञेय, फ्रायड के मनोविज्ञान से प्रभावित हैं, तो इलाचंद्र जोशी उनके मनोविश्लेषण से। इसी कारण इस धारा को मनोवैज्ञानिकता से जोड़ा गया है। इसी धारा के आधुनिकता बोध से प्रभावित कुछ और उपन्यास हैं, जिनमें—मोहन राकेश कृत 'अँधेरे बंद कमरे', 'न आने वाला कल', निर्मल वर्मा रचित 'वे दिन', राजकमल चौधरी कृत 'मछली मरी हुई', श्रीकांत वर्मा रचित 'दूसरी बार', महेंद्र भल्ला कृत 'एक पति के नोट्स', कमलेश्वर कृत 'डाक बंगला' और 'काली आँधी' तथा गंगाप्रसाद विमल कृत 'अपने से अलग' इत्यादि उल्लेखनीय हैं।

आधुनिकता के प्रभाव से उत्पन्न पारिवारिक-सामाजिक विषमताओं पर केंद्रित कुछ रचनात्मक स्तर के उपन्यासों का सृजन भी हुआ है, जिनके मूल में प्रेमचंद की परंपरा परिलक्षित होती है। ऐसे उपन्यासों में प्रमुख हैं—नरेश मेहता कृत 'यह पथ बंधु था' तथा 'नदी यशस्वी है', निर्मल वर्मा कृत 'एक चिथड़ा सुख' तथा 'लाल टीन की छत' तथा मन्नू भण्डारी कृत 'आपका बंटी' इत्यादि काफी प्रसिद्ध हैं, जिनमें कहीं वैयक्तिक तो कहीं पारिवारिक-सामाजिक विषमता के प्रति उग्र विरोध मुखरित हुआ है।

स्वातंत्र्योत्तर समाज में पति-पत्नी संबंधों की प्राचीन धारणा के प्रति दृढ़ विश्वास अधिकांशतः या तो पुरानी पीढ़ी की वृद्धाओं—जो कि प्राचीन संस्कारों में ही जन्मीं और पली-बढ़ीं—में देखने को मिलता है या फिर ग्रामीण समाज में जहाँ कि अभी भी प्राचीन संस्कारों को ही अपनाया जाता है। शहरों की नवीन चेतना को अपनाने वाली नारी में नवीन मूल्यों और पुरानी परंपराओं के प्रति द्वंद्वात्मक स्थिति चल रही है। कुछ इस द्वंद्वात्मक स्थिति से उबरकर परंपराओं के पार जाने के लिए संघर्षरत हैं तो कुछ इसके बंधन को स्वीकृति प्रदान कर द्वंद्व के बंधन में जकड़ी अपने आप को असहाय-सा महसूस करती हैं। यद्यपि आज की नारियों में परिस्थिति की जटिलता एवं जीवन की यथार्थता को समझने की चेतना तो है, किंतु उसके मस्तिष्क में प्राचीन संस्कार और सामाजिक परंपराएँ इतनी गहरी और मजबूत हैं कि वे उनसे उबर ही नहीं पाती हैं। इसी कारण उसमें एक तरफ प्राचीन संस्कारों को स्वीकार करने का मोह है तो दूसरी तरफ उसको त्याग देने का विद्रोह भी। किंतु अंततः यह तथाकथित आधुनिक नारी भी अधिकांशतः

पति-पत्नी के संबंध के रूप में प्राचीन वैवाहिक व्यवस्था को ही स्वीकारती हुई देखी जाती है।

स्वातंत्र्योत्तर कथा-साहित्य में इन सब प्रवृत्तियों के साथ ही एक और प्रवृत्ति विकासमान रही है, वह है धार्मिक और सांस्कृतिक प्रवृत्ति।

## 6. धार्मिक और सांस्कृतिक प्रवृत्ति

स्वतंत्रता के उपरांत प्रत्येक क्षेत्र में पुनर्मूल्यांकन, परिष्कार और आधुनिकीकरण के विकास उत्साह-परक विधान साहित्य की विभिन्न विधाओं में दृष्टिगोचर होता है। उपन्यास विधा तो इस विधान में सबसे आगे दिखलाई पड़ती है। भारत एक धर्म-प्रधान देश है। इसकी संस्कृति गरिमामयी और विश्ववंदनीय है। इस सृष्टि में सभी कुछ परिवर्तनशील है। परिवर्तन की इस प्रक्रिया में कुछ नवीनताएँ जुड़ती हैं तो कुछ पुरातनताएँ छूटती हैं। जिस देश की सभ्यता और संस्कृति जितनी अधिक पुरानी होती है, उसमें उतनी ही अधिक रूढ़ियाँ, परंपराएँ, अंधविश्वास, बुढ़िया पुराण जैसे दूषणों का अंबार होता है। रूढ़िवादी समाज पुरातनता को यथा स्थिति बनाए रखना चाहता है और प्रगतिशील तत्त्व नूतनता का अधिकाधिक विकास चाहता है। परिणामस्वरूप नए और पुराने का संघर्ष प्रारंभ हो जाता है। हिंदी उपन्यास के अद्यावधि अवलोकन से यह निष्कर्ष निकलता है कि पूर्व प्रेमचंद, प्रेमचंद और प्रेमचंदोत्तर काल में बराबर प्रक्षालन की प्रक्रिया चलती रही है। स्वतंत्रता के पश्चात् शासन के सहयोग से यह प्रक्षालन अत्यधिक प्रखर और तीव्र हो गया। अब तक उपन्यास और उपन्यासकार धर्म और संस्कृति को उसका मौलिक रूप प्रदान करने के प्रयास में श्रमरत हैं। धर्म और संस्कृति की नवीन परिभाषाएँ बन रही हैं, नवीन चिंतन और विवेचन हो रहे हैं। देश को एक विचारधारा से जोड़कर सांस्कृतिक एकता की अक्षुण्णता को बनाए रखने का प्रयास प्रभावपूर्ण ढंग से संपन्न हो रहा है। विद्वान विचारकों और चिंतकों की दृढ़ धारणा है कि धर्म और संस्कृति के आधार पर भारत की सांस्कृतिक एकता सदा से बनी रही है। भिन्न-भिन्न भाषाओं, धर्मों, जातियों के अलग-अलग रहन-सहन, विविध प्रकार के खान-पान और विश्वासों की अनेकता में एकता के सूत्र खोजे जा रहे हैं। इतना ही नहीं यह एक सर्व-सम्मत विचार तो बन ही गया था अब एक नारे का रूप भी धारण कर चुका है—'अनेकता में एकता ही भारत की सांस्कृतिक एकता का सूत्र है।' इस भावना को जन-जन के हृदय में विश्वस्त भूमिका के रूप में प्रतिष्ठित भी किया जा रहा है; किंतु इस प्रयास में कभी-कभी कट्टरपंथी विघ्न डालते दिखलाई पड़ते हैं; इसके मूल में कुछ राजनीतिक तो कुछ धार्मिक पृथकतावादी संगठनों का हाथ है। इसके निवारणार्थ पौराणिक उपन्यासों की भूमिका महत्त्वपूर्ण रही है। धार्मिक दृष्टि से अपनी-अपनी जातियों और धर्मों को अपनाते हुए भी एक उदारवादी और सर्वसम्मतीय भावना

को विकसित करने का प्रयास किया जा रहा है। हिंदी उपन्यासों के इतिहासों को देखने से यह विदित होता है कि पूर्व-प्रेमचंद युग में ही इस भावना का बीजारोपण हो चुका था।

सनातनधर्मी और आर्यसमाजी खेमे के उपन्यासकार पौराणिक आख्यानों के माध्यम से समाज की धार्मिक और सांस्कृतिक दृष्टि को समृद्ध व संपन्न करने में संलग्न थे। प्रेमचंद के युग के उपन्यासकार भी प्रकारांतर से इसी भावना को पुष्ट कर रहे थे। स्वयं प्रेमचंद भी हृदय-परिवर्तन, ईश्वरीय-न्याय, पुनर्जन्म, कर्मफल इत्यादि पर गहरी निष्ठा रखते थे। स्वतंत्रता के पूर्व व पश्चात् का युग गाँधी युग के नाम से विख्यात है। गाँधीजी स्वयं एक आध्यात्मिक व्यक्ति और सच्चे महात्मा थे। सत्य, अहिंसा और सत्याग्रह जैसी धार्मिक और सांस्कृतिक शक्ति के द्वारा स्वतंत्रता आंदोलन करते रहे तथा स्वतंत्रता प्राप्ति के पश्चात् इन्हीं सांस्कृतिक मूल्यों पर बलिदान हो गए। गाँधी युग में भी अनेक पौराणिक उपन्यासों का सृजन हुआ; किंतु वे सभी साहित्यिक-निकष पर खरे नहीं उतर पाते हैं। साहित्यिक दृष्टि से कुछ महत्त्वपूर्ण उपन्यास भी लिखे गए जैसे मनु शर्मा कृत 'कृष्ण की आत्मकथा', डॉ. भगवतीशरण मिश्र प्रणीत 'पुरुषोत्तम', अमृतलाल नागर कृत 'खंजन नयन' और 'मानस का हंस', कन्हैयालाल माणिकलाल द्वारा रचित महाभारत पर आधारित दस खंडी उपन्यास, गुरुदत्त द्वारा प्रणीत राम पर आधारित द्विखंडी उपन्यास तथा के. एम. मुंशी रचित सात खंडों में 'कृष्णावतार' और इसी क्रम में मूर्धन्य पद प्राप्त डॉ. नरेन्द्र कोहली के पौराणिक शृंखलाबद्ध उपन्यास जो निम्नानुसार हैं :

1. महाभारत पर आधारित उपन्यास—'महासमर' आठ खंडों में
2. रामायण पर आधारित उपन्यास—'अभ्युदय' दो खंडों में
3. कृष्ण-सुदामा मैत्री पर आधारित उपन्यास—'अभिज्ञान'।

स्वतंत्रता के पूर्व और पश्चात् पौराणिक कथानायकों को काव्य और नाटकों में बहुत महत्त्व दिया गया। पुराण वस्तुतः कवित्त पूर्ण कथा-ग्रंथ है। पौराणिक पात्र कविता और नाटक के लिए सर्वथा उपयुक्त हैं। जब गद्य का आविर्भाव भी नहीं हुआ था तब पुराण के नायक काव्य के माध्यम से ही साहित्य में अवतरित होते रहे हैं। गद्य विधा में संवेदना के स्थान पर विचारों को अधिक महत्त्व दिया गया, अतः उपन्यास एक विचार प्रधान रचना है। नरेन्द्र कोहली ने भी पौराणिक नायकों को बौद्धिक धरातल से संबद्ध कर उनके चरित्र का मूल्यांकन किया है। इस मूल्यांकन में कार्य-कारण सम्मतता को महत्त्व दिया गया है और चमत्कारों के स्थान पर यथार्थता को प्रतिष्ठित किया गया है।

उपन्यास साहित्य में भारतीय समाज के सभी रूप बाँधे गए; उन्हें रूप दिया गया। आंचलिक जीवन से लेकर महानगरीय जीवन-शैलियों में धड़कता समाज उपन्यास साहित्य में आकार ग्रहण करता है। भारतीय सामाजिक संदर्भों को रचनाकारों ने

ईमानदारीपूर्वक चित्रित करने का प्रयास किया है, जिससे स्वातंत्र्योत्तर रचनाकारों की सामाजिक संपृक्तता पर प्रश्नचिह्न नहीं लगाया जा सके।

सन् 1950 से 1960 तक के उपन्यासों में 'आधुनिकता बोध' के तीखेपन की धार अपेक्षाकृत कम पैनी थी। 1950 से 1960 तक के उपन्यासों में मध्यवर्गीय कथानक अंतर्मुखी और आत्मकेंद्रित होने पर भी एक काल्पनिक आदर्श की सृष्टि कर उसमें अपने खोखलेपन को छिपा लेते थे लेकिन बाद में स्थिति परिवर्तित हुई। उपन्यासकार ने यथार्थता से आँख मिलाने का दुःसाहस किया और उपन्यासों में जीवन का यथार्थ अभिव्यक्ति पाने लगा। इसी तारतम्य में पौराणिक काव्य-नायक राम और कृष्ण भी काव्य-नायक से उपन्यास नायक का स्थान पाने लगे। इन दोनों आदर्श-नायकों को नायकत्व प्रदान कर औपन्यासिक जगत में एक नवीन क्रांति का सूत्रपात नरेन्द्र कोहली जी ने किया जिनके वैविध्यपूर्ण साहित्यिक दृष्टिकोण ने राम और कृष्ण के नायकत्व को अपने उपन्यासों में वैज्ञानिक संदर्भों में प्रस्तुत कर प्रासंगिक बनाया है।

## 7. निष्कर्ष

स्वातंत्र्योत्तर कथा-साहित्य कई मोड़ों से गुजरता हुआ दिखाई देता है। 1950 के दशक तक के उपन्यासों में फ्रायड और मार्क्स की विचारधारा का प्रभाव है। 1950-60 के दशक में प्रयोगशील प्रवृत्ति तथा उसके बाद के उपन्यासों में आधुनिकताबोध की प्रवृत्तियाँ परिलक्षित होती हैं। प्रेमचंद समाज के साथ व्यक्ति के एकीकृत होने के प्रश्न को अधिक महत्त्व देते हैं तथा जैनेंद्र ने व्यक्ति की गुम होती हुई पहचान को उभारकर सामने रखा है। वहाँ अनमेल विवाह या दहेज प्रथा जैसी समस्याएँ नहीं हैं; बल्कि विवाह स्वयं में एक समस्या है; क्योंकि सारी अनिश्चितताएँ उसके बाद आरंभ होती हैं। यह प्रवृत्ति राजनीतिक, सामाजिक, ऐतिहासिक आदि विविध परिदृश्यों के माध्यम से उभरकर सामने आती है। पौराणिक प्रवृत्तियों का इस रूप में रेखांकन कम ही हुआ है। जैनेंद्र जैसे उपन्यासकारों के पात्र एक ओर समाज की मर्यादाओं को बनाए भी रखना चाहते हैं और दूसरी ओर अपने अस्तित्व की पहचान भी कराना चाहते हैं। नियति, ईश्वर, धर्म आदि में अटूट आस्था औपन्यासिक प्रवृत्तियों को आधुनिक नहीं होने देती यह उसका पौराणिक आख्यान है जो आजादी के बाद के कथा-साहित्य में दिखाई देता है।

अज्ञेय का उपन्यास 'शेखर : एक जीवनी' से उपन्यास की दिशा ही बदल जाती है। इसके माध्यम से लेखक ने स्वतंत्रता की खोज की है। यह खोज अपने आप को सबसे काटकर नहीं अपितु मानवीय परिस्थितियों के बीच की गई है। शेखर के विद्रोह के पीछे आज की पीढ़ी का विद्रोह दिखाई देता है। जैनेंद्र और अज्ञेय दोनों फ्रायड के मनोविज्ञान से प्रभावित हैं। इलाचंद्र जोशी मनोविश्लेषणवादी हैं।

प्रेमचंदोत्तर उपन्यासकारों में यशपाल का भी अपना विशिष्ट स्थान है। 'गोदान' के आदर्शवाद का विकास यशपाल में दिखाई देता है। यशपाल ने मार्क्सवादी विचारधारा से प्रभावित होते हुए अपने युग के यथार्थ को रेखांकित किया है। प्रेमचंद ने अपने उपन्यासों में समसामयिक समस्याओं को चित्रित किया है, जबकि उनके समकालीन और बाद के उपन्यासकारों—चाहे रामेश्वर शुक्ल अंचल हों या भगवतीचरण वर्मा—ने परिवर्तमान ऐतिहासिक धारा को मध्यमवर्ग के माध्यम से उपस्थित किया है। अमृतलाल नागर ने पौराणिक, ऐतिहासिक, राजनीतिक तथा सामाजिक दर्शन की पीठिका में अपने उपन्यासों को रचा है। 'मानस का हंस', 'अमृत और विष', 'एकदा नैमिषारण्ये', 'महाकाल', 'बूँद और समुद्र' ऐसे ही उपन्यास हैं।

आजादी के बाद हिंदी उपन्यासों के विकास में इतिहास तथा पौराणिक मिथक संबंधी नया दृष्टिकोण सामने आया है। पूर्व में किशोरीलाल गोस्वामी ने अपने उपन्यासों में तथ्यों और कल्पना के रचनात्मक पक्ष की चिंता न करके उनमें कौतूहल, उत्सुकता, साहसिकता, मनोरंजन और रोमांस को प्रमुखता दी थी। वृंदावनलाल वर्मा के उपन्यासों में इतिहास और कल्पना का सुंदर समन्वय है। चतुरसेन शास्त्री ने भी गोस्वामी जी की परंपरा का ही अनुसरण किया। इधर नवीन ऐतिहासिक दृष्टिकोण को ग्रहण करने वालों में हजारी प्रसाद द्विवेदी, राहुल सांकृत्यायन, यशपाल, रांगेय राघव तथा नरेन्द्र कोहली का विशिष्ट स्थान है।

धर्मवीर भारती तथा देवराज ने मनोविज्ञान के आधार पर उपन्यासों की सृष्टि की है। सामाजिक चेतना प्रधान उपन्यासकारों में मन्मथनाथ गुप्त, भैरवप्रसाद गुप्त, अमृतराय तथा राजेन्द्र यादव उल्लेखनीय हैं। यंत्रीकरण, दो महायुद्धों और अस्तित्ववादी चिंतन के फलस्वरूप आधुनिकता की जो स्थिति उत्पन्न हुई है उसे लेकर भी आजादी के बाद उपन्यास लिखे गए हैं। आस्थाविहीन समाज, अनिश्चय की स्थिति में लटके हुए इन्सान तथा आत्मनिर्वासन की अभिव्यक्ति देने की पहल भी हुई है। मोहन राकेश, निर्मल वर्मा, राजकमल चौधरी, महेन्द्र भल्ला, नरेश मेहता, कमलेश्वर, श्रीलाल शुक्ल, भीष्म साहनी तथा उषा प्रियंवदा आदि आधुनिकता बोध को रेखांकित करने वाले उपन्यासकार हैं। इनके कथा-साहित्य में स्त्री-पुरुष संबंधों पर भी विचार किया गया है। कुल मिलाकर आजादी के बाद के उपन्यास का फलक विस्तृत है। पौराणिक, राजनीतिक, सामाजिक, ऐतिहासिक आदि सभी प्रवृत्तियों का रेखांकन हुआ है।

## संदर्भ


1. बिहारी सतसई, देवेन्द्र शर्मा 'इंद्र', विनोद पुस्तक मंदिर आगरा, ग्यारहवाँ संस्करण, 1987-88, पृष्ठ 178
2. 'झूठा सच', भाग-1 (वतन और देश) : यशपाल, पृष्ठ 97
3. वही, पृष्ठ 89

4. वही, भाग-2, पृष्ठ 420
5. 'हिंदी साहित्य का इतिहास', पं रामचंद्र शुक्ल, सं. 2005 वि., पृष्ठ 537-538
6. 'शून्य की बाँहों में', शांति जोशी, पृष्ठ 124
7. 'भागे हुए लोग', शैलेश मटियानी, पृष्ठ 202
8. 'प्यासा पानी', विमला रैना, पृष्ठ 370
9. 'परछाईं' (पा. सं.), विष्णु प्रभाकर, पृष्ठ 20
10. वही, पृष्ठ 104
11. 'कब तक पुकारूँ', रांगेय राघव (पा. सं.), पृष्ठ 100
12. 'सारा आकाश', राजेन्द्र यादव, पृष्ठ 33
13. वही, पृष्ठ 154

*द्वितीय अध्याय*

# राम और कृष्ण पर केंद्रित कथा-कृतियों की पृष्ठभूमि

## 1. ऐतिहासिक पड़ताल (रामकथा संदर्भ)

**(अ) वैदिक साहित्य :** 'रामकथा' के लिए लोक-प्रसिद्ध आधार रामायण ही है; किंतु ऐतिहासिक अन्वेषण से यह ज्ञात होता है कि 'राम' का नाम वैदिक साहित्य में अनेक स्थानों पर पाया जाता है, अतः यह बात आज भी प्रश्नों के घेरे में है कि रामायण की रचना ही वैदिक काल में हुई थी अथवा उस काल में रामकथा संबंधी गाथाएँ प्रसिद्ध हो चुकी थीं, इसका निर्देश समस्त वैदिक साहित्य में कहीं भी नहीं पाया जाता। कुछ विद्वान मनीषियों का मात्र इतना ही मानना है कि ये नाम प्राचीन काल में भी प्रचलित थे क्योंकि अनेक ऐतिहासिक व्यक्तियों के नाम रामायण के पात्रों से मिलते हैं।

**(ब) वाल्मीकि रामायण :** लोक प्रसिद्ध रामकथा का आधार रामचरितमानस और रामचरितमानस का आधार वाल्मीकिकृत रामायण है। वाल्मीकि रामायण के पूर्व भी रामकथा संबंधी आख्यान प्रचलित थे, इसका आभास महाभारत के 'द्रोणपर्व' और 'शांतिपर्व' के संक्षिप्त रामचरित से तथा अन्य निर्देशों से भी मिलता है; किंतु ये आख्यान आजकल अप्राप्य हैं इसलिए वाल्मीकिकृत रामायण ही रामकथा की प्राचीनतम विस्तृत रचना सिद्ध होती है। यद्यपि 'वाल्मीकि रामायण' की प्रामाणिकता के बाद भी ऐतिहासिक पड़ताल के संदर्भ को लेकर हम यह कह सकते हैं कि 'रामकथा' का संदर्भ अन्य साहित्यों में भी प्राप्त होता है।

**(स) बौद्ध साहित्य :** बौद्धों के जातक साहित्य में प्राचीनकाल से ही रामकथा प्रचलित है। प्राचीन बौद्ध-साहित्य में रामकथा संबंधी तीन जातक सुरक्षित हैं, जिनमें दशरथ जातक प्रसिद्ध और महत्त्वपूर्ण है। दशरथ जातक के विषय में कहा गया है कि यह जातक रामकथा का एक आधार है।

**(द) जैन साहित्य :** बौद्धों की भाँति जैनियों में भी रामकथा अपनाई गई है।

अंतर यह है कि जैन-कथा ग्रंथों में हमें एक अत्यंत विस्तृत रामकथा-साहित्य मिलता है। जिस प्रकार बौद्ध महात्मा बुद्ध को राम का पुनरावतार मानते हैं, इसी तरह जैनियों ने रामकथा के पात्रों को अपने धर्म में महत्त्वपूर्ण स्थान दिया है।

रामकथा संबंधी आख्यान अथवा कथाकाव्य आदिकवि वाल्मीकि के पूर्व ही प्रचलित हो चुका था और इसके आधार पर ही वाल्मीकि ने रामायण का सृजन किया; ऐसा कतिपय विद्वानों का मत है, किंतु इसके विपरीत अधिकांश विद्वानों की धारणा है कि सर्वप्रथम वाल्मीकि ने दो अथवा तीन नितांत स्वतंत्र आख्यानकों को एक ही कथासूत्र में ग्रंथित कर रामकथा की सर्जना की। अतः निष्कर्षतः यह कहा जा सकता है कि जैन साहित्य के अनुसार भी 'वाल्मीकि रामायण' ही रामकथा का आधार है।

**(इ) पुराण साहित्य :** पुराण साहित्य में भी रामकथा का उल्लेख मिलता है। पुराण साहित्य दो वर्गों में विभक्त है—महापुराण और उपपुराण। प्रधान प्राचीनतम महापुराण कालक्रमानुसार इस रूप में रखे जा सकते हैं—मार्कंडेय महापुराण, ब्रह्मांड महापुराण, विष्णु महापुराण, वायु महापुराण, मत्स्य महापुराण, भागवत् महापुराण, तथा कूर्म महापुराण। लगभग इन सभी महापुराणों में रामकथा का उल्लेख है; किंतु कुछ में रामकथा का स्वरूप एकरूपता लिए हुए है तो कुछ में भिन्नता। जैसे—'ब्रह्मांड महापुराण' में राम के नाम का उल्लेख मात्र है तथा सीता के अलौकिकतामय जन्म का उल्लेख भी मैथिलवंश के वर्णन में है।[1] इस पुराण का काल चौथी शताब्दी ईसवी के आसपास माना जाता है। अतः यह माना गया है कि चार सौ शताब्दी ईसवी के आसपास पुराण काल में भी 'रामाख्यान' प्रचलित था; क्योंकि 'हरिवंश पुराण' का रचनाकाल भी चार सौ ईसवी के समय माना गया है, और हरिवंश पुराण में रामावतार-उल्लेख के साथ वनवास से लेकर राम के द्वारा रावणवध तक की प्रमुख घटनाओं का वर्णन है। 'मत्स्य महापुराण' में राम का नामोल्लेख मात्र है।[2] विष्णु महापुराण जिसका रचनाकाल चौथी शताब्दी ईसवी माना गया है, में भी रामकथा के संक्षिप्त स्वरूपोल्लेख सहित अयोनिजा सीता का भी अल्प-उल्लेख है।[3] फिर भी हरिवंश पुराण की रामकथा की अपेक्षा विष्णु पुराण की सामग्री कुछ अधिक विस्तृत है। वायु पुराण की रामकथा भी विष्णु पुराण की रामकथा की अनुगामिनी है। वायु पुराण का रचनाकाल भी पाँचवीं शताब्दी ईसवी है। भागवत् पुराण जिसका रचनाकाल छठवीं अथवा सातवीं शताब्दी के आस-पास माना जाता है। भागवत् पुराण के आधार पर पौराणिक साहित्य में सर्वप्रथम सीता को लक्ष्मी का अवतार माना गया है। भागवत् पुराण के अनुसार सीता स्वयंवर के अवसर पर राम द्वारा धनुषभंग, राम द्वारा ही शूर्पणखा विरूपण तथा धोबी के कथन पर सीता-त्याग की कथा भी प्रचलित है।[4] 'कूर्म पुराण' जिसका सृजनकाल भागवत् पुराण के ही आस-पास सातवीं शताब्दी माना जाता है, उसमें रामकथा से संबंधित राक्षसवंश वर्णन, सूर्यवंश वर्णन में रामचरित वर्णन है। इसमें सीता को जनकात्मजा माना गया है तथा रावण से युद्ध के पश्चात्

राम द्वारा शिवलिंग की स्थापना का उल्लेख है। इसी पुराण में पतिव्रतोपाख्यान में माया रूपी सीता-हरण वृत्तांत भी है।

गौण महापुराणों में रामकथा की प्राचीन सामग्री सहित कुछ प्रक्षेप भी शामिल हो गए हैं। जैसे अग्नि पुराण जिसका रचनाकाल आठ सौ ईसवी माना गया है, में रामकथा वाल्मीकि रामायण का संक्षिप्तीकरण है, प्रक्षेप के रूप में इसमें रामवनवास का कारण राम द्वारा मंथरा पर अत्याचार करना बताया गया है तथा राम के द्वारा माल्यवत् पर्वत पर चातुर्मस्य यज्ञ करने का भी उल्लेख है। वाराह पुराण, जो अग्नि पुराण का ही समकालीन है, क्योंकि इसका भी रचनाकाल आठ सौ ईसवी माना जाता है, में रामकथा तो नहीं है, किंतु दुर्जय कृत श्रीराम-स्तवन अवश्य उद्धृत है।[5] इसके अतिरिक्त वशिष्ठ के परामर्श पर दशरथ द्वारा द्वादशी व्रत का पालन और व्रत के परिणाम स्वरूप दशरथ की रामादि पुत्रों की प्राप्ति का उल्लेख भी है।[6] दसवीं शताब्दी के पूर्व सर्जित लिंग पुराण में इक्ष्वाकुवंश वर्णन में रामचरित का अत्यंत संक्षिप्त वर्णन है।[7] साथ ही अंबरीश उपाख्यान में राम तथा उनके तीनों भाइयों के अवतारत्व का उल्लेख भी है। इसी प्रकार वामन पुराण और भविष्य पुराण में भी रामकथा का अति संक्षिप्त वर्णन है। वर्तमान में अप्राप्य नारदीय पुराण में भी बालकांड से युद्धकांड तक संक्षिप्त रामकथा के साथ द्रविण-देशीय ब्राह्मणों द्वारा बंदी विभीषण की मुक्ति की कथा का वर्णन है। ब्रह्म पुराण की रामकथा की अधिकांश सामग्री अन्य पुराणों द्वारा ग्रहीत है। इसी प्रकार पद्‌म पुराण, गरुड़ पुराण तथा स्कंद पुराण में भी संक्षिप्त रूप में राम-चरित-उल्लेख प्राप्त है।

(ई) **सांप्रदायिक रामायण :** पौराणिक संदर्भों के अतिरिक्त 'रामकथा वर्णन' विभिन्न सांप्रदायिक रामायणों में भी प्राप्त होता है। यद्यपि सभी रामयणों का मूल आधार लगभग वाल्मीकि रामायण ही है, फिर भी थोड़े-बहुत परिवर्तनों और प्रक्षेपों के साथ 'रामकथा' विभिन्न रूपों में वर्णित है। ऐसे विभिन्न संप्रदायों में प्रचलित रामायणों में योगवसिष्ठ, अध्यात्म रामायण, अद्‌भुत रामायण, आनंद रामायण तथा तत्त्वसंग्रह रामायण प्रमुख हैं। इन सब प्रमुख रामायणों के अतिरिक्त कुछ गौण रामायणें भी प्रचलित हैं। गौण रामायणों में महारामायण, संवृत रामायण, अगस्त्य रामायण, मंजुल रामायण, सौपद्य रामायण, सौहार्द रामायण, रामायण मणिरत्न, सौर्य रामायण, चांद्र रामायण, मैन्द रामायण, स्वायंभुव रामायण, सुब्रह्म रामायण, सुवर्चस रामायण, देव रामायण, श्रवण रामायण, दुरंत रामायण, रामायण चंपू इत्यादि उल्लेखनीय हैं। इन सभी गौण रामायणों में भी पूर्वानुसार कुछ परिवर्तनों और कुछ प्रक्षेपों सहित 'रामकथा' के अनंत स्वरूप का वर्णन है। रामायणों की यह भिन्नताएँ मानों संतों की इस वाणी को यथार्थता प्रदान करती हैं कि *'हरि अनंत हरि कथा अनंता।'*

(उ) **संस्कृत महाकाव्य :** संस्कृत महाकाव्यों में रामकथा का स्वरूप सर्वप्रथम कालिदासकृत 'रघुवंश' में मिलता है, जिसका रचनाकाल लगभग 400 ईसवी के लगभग

माना गया है। इसके पश्चात् 550 से 650 ईसवी के मध्य सृजित 'रावणवध अथवा सेतुबंध' तथा 'भट्टि काव्य अथवा रावणवध' में रामकथा का वर्णन है। इसमें रावणवध के पंद्रह सर्गों में वर्णित रामकथा की शैली अलंकृत है तो भट्टि काव्य के बाईस सर्गों में व्याकरणीय नियमों के निरूपण के साथ-साथ वाल्मीकिकृत रामायण के प्रथम छह कांडों की कथावस्तु का वर्णन किंचित परिवर्तनों के साथ मिलता है। इसके अतिरिक्त जानकीहरण, अभिनंद कृत रामचरित, रामायण मंजरी, उदार राघव इत्यादि में भी 'रामकथा' का वर्णन अल्पाधिक परिवर्तनों सहित वाल्मीकि रामायण पर ही आधारित है। ये सभी महाकाव्य चौदहवीं शताब्दी तक के ही हैं। पंद्रहवीं शताब्दी से लेकर उसके बाद के महाकाव्यों में भी रामकथा का उल्लेख है। ऐसे महाकाव्यों में रघुनाथ चरित, राघवीय, रामविजय, रघुवीरचरित, जानकीपरिणय, रामलिंगामृत इत्यादि उल्लेखनीय हैं। रामलिंगामृत महाकाव्य का महत्त्व हिंदी साहित्य के दृष्टिकोण से बहुत अधिक है; क्योंकि इसके रचनाकाल में गोस्वामी तुलसीदास जी वाराणसी में ही विद्यमान थे। राघवोल्लास और रामरहस्य महाकाव्य भी उन संस्कृत महाकाव्यों की श्रेणी में सम्मानजन्य हैं, जिनमें 'रामकथा' का वर्णन है।

(ऊ) **नाटक :** प्राचीन काल से ही रामकथा के आधार पर नाटकों के अभिनय की परंपरा अनवरत चली आ रही है। इस बात की प्रामाणिकता हरिवंश पुराण में मिलती है।[8] कालक्रम की चक्रनेमि के घर्षण से पुराने नाटक लुप्त तो हुए हैं; किंतु समय की गति के साथ नवीन नाटकों की रचना भी होती रही है। इन नवीन नाटकों में प्रतिमानाटक तथा अभिषेक नाटक सर्वप्रथम उल्लेखनीय हैं। इन दोनों नाटकों का भी मूल स्रोत वाल्मीकि रामायण ही है। अभिषेक नाटक में वाल्मीकि कृत रामायण से किंचित परिवर्तन में प्रमुख है—सीता की अग्निपरीक्षा के समय अग्निदेव का प्रकट होकर सीता के लक्ष्मी होने का रहस्योद्घाटन करना—

*"इमां भगवतीं लक्ष्मीं जानीहि जनकात्मजाम्।*
*सा भवन्तमनुप्रापता मानुषी तनुमास्थिता।।"*[9]

रामकथा पर आधारित नाट्यरचना परंपरा में भवभूति कृत महावीर चरित तथा उत्तर रामचरित में भी वाल्मीकि रामायण के उत्तर कांड कथा की सामग्री नवीन रूप में प्रस्तुत की गई है। इसके अतिरिक्त रामकथा पर आधारित नाटकों की शृंखला में उदात्तराघव, कुंदमाला, अनर्घराघव, बालरामायण, महानाटक अथवा हनुमन्नाटक तथा आश्चर्यचूड़ामणि विशेष प्रसिद्ध हैं। रामकथा संबंधी कुछ ऐसे भी नाटक हैं जो आज अप्राप्य हैं, किंतु काव्यशास्त्र ग्रंथों के उद्धरणों में उनका उल्लेख प्राप्त होता है। ऐसे नाटकों में कनक जानकी, अभिनव राघव, रघुविलास तथा राघवाभ्युदय, रामाभ्युदय, रामानंद, छलितराम, कृत्यारावण, जानकी राघव, मायापुष्पक, स्वप्न दशानन, मारीच वंचित राघवानंद, अभिजात जानकी इत्यादि प्रमुख हैं। रामकथा पर आधृत

इन मूल प्रमुख नाटकों के अतिरिक्त कुछ गौण नाटक भी हैं। गौण नाट्य श्रृंखला में मैथिली कल्याण, अंजना पवनंजय, दूतांगद, उन्मत्त राघव, रामाभ्युदय, अद्भुत दर्पण तथा जानकी परिणय उल्लेखनीय हैं।

**(ए) हिंदी नाट्य साहित्य :** भारतीय हिंदी साहित्य में नाटकों का आरंभ भारतेंदु हरिश्चंद्र काल से माना गया है। भारतेंदु काल में महाराज विश्वनाथ सिंह जी द्वारा रचित 'आनंद-रघुनंदन', ही एक ऐसी रचना है जो नियमानुसार नाट्य विधा के नियमों एवं शर्तों को पूर्ण करती है। इसमें शास्त्रीय नियमों के अनुसार नांदी, विषकंभक, भरतवाक्य आदि का प्रयोग यथास्थान किया गया है। महाराज विश्वनाथ सिंह देव रीवा नरेश जयसिंह के पुत्र थे। इनका काल सन् 1661 से 1740 तक का है। 'आनंद रघुनंदन', सात अंकों का एक बड़ा नाटक है, जिसका आरंभ श्री राम और उनके तीनों भाइयों–भरत, लक्ष्मण, शत्रुघ्न के जन्म से होता है, तथा समापन रावण विजय के पश्चात् श्री राम के अयोध्या में राजतिलक से होता है। इस नाटक का आधार आदिकवि वाल्मीकि रचित वाल्मीकि रामायण है। राम-जन्म, आनंदोत्सव, विश्वामित्र द्वारा आश्रमरक्षा हेतु राम को लेने आना, जनकपुरी में धनुषयज्ञ, जनकपुरी प्रस्थान, अहल्या उद्धार, धनुषभंग, राम-सीता विवाह, अयोध्या में युवराज पर प्रस्ताव व तैयारी, कैकेयी-वरदान-आग्रह, राम-वनवास, भरत-उत्तराधिकारी, सीतापहरण, राम-सुग्रीव मैत्री, रावण संहार, अयोध्या वापसी एवं राम-राज्याभिषेक इत्यादि सभी घटनाएँ वाल्मीकि रामायण का ही अनुसरण करती हैं।

**कर्त्तव्य :** (प्रथम खंड) यह नाटक प्रसिद्ध साहित्यकार एवं जानेमाने राजनीतिज्ञ सेठ गोविंददास जी रचित पाँच अंकीय स्वतंत्र नाटक है, जिसका कथा और काल की दृष्टि से द्वितीय खंड से कोई सरोकार नहीं है। इस नाटक का आरंभ राम के राज्याभिषेक की तैयारी से होता है, जिसमें राम और सीता के दोनों के वार्तालाप में आने वाले उत्तरदायित्व की कर्त्तव्य चर्चा है। सीता अत्यंत प्रसन्न हैं; किंतु राम के संवादों में, उनके हृदय में कर्त्तव्य के प्रति जागरूकता है। नाटक के अगले चरण में कैकेयी-वरदान, दशरथ की अस्वस्थता, राम का बुलावा, राम-वनवास इत्यादि घटनाएँ वाल्मीकि रामायण का ही अनुसरण करती हैं। इसके पश्चात् रावण विजयोपरान्त सीता परीक्षा, सीता परित्याग, राम द्वारा अश्वमेध-यज्ञ, कुमारों द्वारा रामायण पाठ, वाल्मीकि आग्रह से सीता आगमन, पुनः सतीत्व परीक्षण के लिए राम का आग्रह, धरती का फटना, सीता का विलय, शंबूक वध, ऋषि की राम से एकांत चर्चा एवं कक्ष में किसी के प्रवेश न होने देने की शर्त एवं आने वाले का वध, दुर्वासा का आगमन-प्रवेश हेतु आग्रह, लक्ष्मण का रामकृत त्याग, त्यक्त लक्ष्मण द्वारा योग बल से सरयू तट पर शरीर त्याग, उर्मिला का सती होने का प्रयत्न, राम का मृत्यु भूचाल और उसमें वसिष्ठ, राम, भरत, शत्रुघ्न का विलय इत्यादि घटनाओं का अत्यंत आकर्षक चित्रण है। इसका आधार वाल्मीकि रामायण के साथ-साथ अध्यात्मरामायण, रघुवंश,

उत्तररामचरित और रामचरितमानस भी हैं।

भारतेंदु युग में रामचरित संबंधी नाटकों में देवकीनंदन खत्री कृत 'सीताहरण' और 'रामलीला', शीतलाप्रसाद त्रिपाठी कृत 'सीतावनवास' और द्विजदास कृत 'रामचरित्र नाटक' प्रसिद्ध हैं। द्विवेदी युग में भी इसी परंपरा ने विकास पाया तथा रामकथा धारा से संबंधित रामनारायण मिश्र कृत 'रामवनयात्रा', नारायण सहाय कृत 'रामलीला' और राम गुलाम लाल कृत 'धनुषयज्ञ लीला' इत्यादि ने विशेष प्रसिद्धि प्राप्त की। छायावाद युग में भी सैकड़ों पौराणिक एवं रामचरित से संबंधित नाटक लिखे गए। जिनमें अम्बिकादत्त त्रिपाठी रचित 'सीय स्वयंवर', रामचरित उपाध्याय कृत 'देवी द्रौपदी', रामनरेश त्रिपाठी कृत 'सुभद्रा' तथा 'जयंत' तथा जगन्नाथ प्रसाद कृत 'तुलसीदास' उल्लेखनीय हैं।

**संस्कृत कथा-साहित्य :** ऐतिहासिक पड़ताल की विहंगम दृष्टि-निक्षेपण से हम यह पाते हैं कि रामकथा धारा वेद, पुराण, महाकाव्य और नाटकों से होती हुई कथा-साहित्य की ओर भी उन्मुख हुई। कथा-साहित्य की सबसे प्राचीन रचना वृहत्कथा है, जिसकी रचना संभवतः प्रथम शताब्दी ईसा पूर्व हुई थी। इसमें रामकथा का भी वर्णन था, ऐसा अनुमान लगाया जाता है, क्योंकि वृहत्कथा के प्राप्त दो रूपांतरों में रामकथा भी वर्णित है। वृहत्कथा के पश्चात् कथासरित्सागर, चंपू रामायण, अमोघराघव चंपू, उत्तररामचरित चंपू तथा रामकथा इत्यादि कथाओं ने संस्कृत कथा-साहित्य में रामकथा के विकास को अभिवृद्धि दी। इस प्रकार हम देखते हैं कि रामकथा की शुचिमय सरिता वैदिक-पौराणिक युग से निरंतर प्रवाहित होती आ रही है।

## ऐतिहासिक पड़ताल (कृष्णकथा संदर्भ)

रामकथा संदर्भ के ही समान कृष्णकथा धारा के विकास की एक सुदीर्घ परंपरा प्राचीन काल से लेकर आज तक भारतीय वाङ्मय में मिलती है। कृष्णकथा धारा के मूल स्रोत वैदिक संहिता, ब्राह्मणग्रंथ, पुराण और उपनिषद् तक में उपलब्ध होते हैं। कृष्णकथा की विकासशील प्रक्रिया में श्रीकृष्ण—ब्रह्म, परब्रह्म, नारायण—ईश्वर, विष्णु, महापुरुष और सामान्य मानव के रूप में भारतीय जन मानस में उपस्थित होते हैं। विकास के प्रारंभिक काल में वे वैदिक कालीन देवता हैं और उनका यह विकास महाभारत काल तक हुआ है। उसके पश्चात् कृष्ण की समस्त क्रीड़ाएँ—राजनीतिक, सामाजिक और सांस्कृतिक गतिविधियों की चतुर्नीति लीलाओं से जुड़ गईं।

**(अ) वैदिक साहित्य :** वैदिक मंत्रों के अर्थनिरूपण के संदर्भ में विद्वानों-मनीषियों में पर्याप्त मतभेद रहा है और है; किंतु वैदिक साहित्य में ऐसी शब्दावली का प्रचुर प्रयोग है, जिसे कृष्ण काव्य से संबंधित सामग्री मानने में सभी एकमत हैं। ऋग्वेद में कृष्ण 'ऋषि-नाम' रूप में प्रचलित हैं,[10] जिसमें वे समस्त नर-नारियों को स्तोत्रपरायण, उपदेशक, विद्वान कृष्ण के आह्वान का श्रवण कर सोमपान हेतु आमंत्रित करते हैं।

सामवेद में अनेक मंत्र भक्ति-स्तुति परक हैं, फिर भी उनमें कृष्ण-राधा संबंधी केलि-क्रीड़ाओं का संकेत विद्यमान है।[11] इसी तरह अथर्ववेद में ईश्वर-भक्ति-लीला और उपासना संबंधी प्रचुर सामग्री भरी पड़ी है। जिसका प्रमाण हमें वसंत शर्मा द्वारा सम्पादित कृष्ण-चरित के पद क्रमांक 68-69 में प्राप्त होता है।

**(ब) ब्राह्मण ग्रंथ :** कृष्णकथा का संबंध ब्राह्मण और आरण्यक ग्रंथों से भी है। कौषितकि ब्राह्मण में अंगिरस के शिष्य कृष्ण का उल्लेख है।[12] शतपथ ब्राह्मण में कृष्ण को यज्ञ कहा गया है।[13] इसी प्रकार तैत्तिरीयारण्यक में नारायण, वासुदेव और विष्णु की उपासना का उल्लेख भी है।[14] इस प्रकार हमें यह विदित होता है कि ब्राह्मण और आरण्यक ग्रंथों में विविध अवतारों के साथ कृष्ण-स्तुति, कृष्ण-उपासना और कृष्ण-अवतार वर्णन भी है।

**(स) उपनिषद् साहित्य :** उपनिषद् साहित्य भारतीय ऋषियों-मनीषियों के तत्त्व-चिंतन की पराकाष्ठा का प्रतीक है। उपनिषद् ज्ञान-कर्म-उपासना, संदर्भित सिद्धांतों का असीम सागर है। इन उपनिषदों में भी कृष्ण और कृष्णकथा संदर्भ प्राप्त होते हैं। जिन प्रमुख उपनिषदों में कृष्ण का उल्लेख है उनमें सर्वप्रथम उल्लेखनीय है 'छांदोग्य उपनिषद्'। छांदोग्य उपनिषद् में देवकी पुत्र कृष्ण का स्पष्ट उल्लेख प्राप्त होता है।[15] जिनके गुरु का नाम अंगिरस था। देवकी पुत्र कृष्ण ने अपने गुरु अंगिरस से जिन उपदेशों को प्राप्त किया था उन्हीं के आधार पर वासुदेव कृष्ण ने अपने मित्र अर्जुन को गीता का उपदेश दिया। दोनों के सिद्धांतों की साम्यता के आधार पर ही देवकी पुत्र कृष्ण और वासुदेव कृष्ण को एक माना गया है। छांदोग्य उपनिषद् के पश्चात् 'महानारायणोपनिषद्' में अवतार मीमांसा, वैष्णवी भक्ति और श्रीकृष्णोपासना का वर्णन है तथा इसमें उन्हें विविध नामों से भी अभिहीत किया गया है।[16] इसके अतिरिक्त कृष्णोपनिषद् में तो श्रीकृष्ण, वासुदेव, देवकी, वृन्दावन, गोप और गोपियों के आध्यात्मिक रूपकों का विस्तृत वर्णन है।

**(द) पुराण साहित्य :** भारतीय धर्म में पुराण में वाङ्मय को विशिष्ट स्थान दिया गया है। 'पुराण' शब्द से ही इस साहित्य की प्राचीनता सिद्ध होती है। अथर्ववेद में वेदों के साथ पुराणों का उल्लेख भी प्राप्त है। कृष्ण का चरित्र अठारहों पुराणों में अल्पाधिक मात्रा में मिलता है; विशद् विवेचन विष्णु पुराण, पद्म पुराण, हरिवंश पुराण, भागवत पुराण और ब्रह्मवैवर्त पुराण में मिलता है। हरिवंश पुराण में ब्रजवासी और द्वारकावासी कृष्ण के रास, विहार, केलि-क्रीड़ा तथा शृंगार का वर्णन है।[17] पद्म पुराण में कृष्ण की साहित्य संबंधित प्रचुर सामग्री संगृहीत है, जिसका विशेष संबंध पुष्टिमार्ग से है।[18] ब्रह्मवैवर्त पुराण को संपूर्ण पुराणों का सार-तत्त्व और वेदसम्मत बताया गया है। इसमें श्रीकृष्ण के पूर्ण ब्रह्मत्व का विशद विवेचन है।[19] ब्रह्मवैवर्त पुराण के अध्याय द्वितीय से पंचम तक क्रमशः गोपवेश, रासेश्वर, गुणातीत, गोविंद, अक्षर सहित राधाकृष्ण की पूरकता को नवीन आयामों में प्रस्तुत किया गया है।[20]

इन प्रमुख पुराणों के अतिरिक्त ब्रह्मांड पुराण, ब्रह्म पुराण, वायु पुराण, विष्णु पुराण, वामन पुराण, मत्स्य पुराण, कूर्म पुराण, वाराह पुराण, लिंग पुराण, मार्कंडेय पुराण, गरुड़ पुराण, स्कंद पुराण, सहित भागवत् पुराण, में भी श्रीकृष्ण लीला का पर्याप्त और विशद वर्णन मिलता है।

(इ) **महाकाव्य साहित्य :** लौकिक संस्कृत साहित्य के प्रथम महाकाव्यकार महावैयाकरण पाणिनि हैं। इनके महाकाव्य का नाम 'जाम्बवती जय' है। जिसे पाताल-विजय भी कहते हैं। इस महाकाव्य में श्रीकृष्ण के पाताल में जाने और विजय प्राप्त कर वापस आने का बड़ा ही मनमोहक वर्णन है। पाणिनि के समय में वासुदेव कृष्ण उच्चकोटि के उपास्य देव समझे जाते थे, जिसका प्रमाण पाणिनि के ही एक सूत्र से मिलता है।[21]

**(ई) नाटक साहित्य :** कृष्णकथा धारा की यात्रा भी वेदों, उपनिषदों, ब्राह्मणआरण्यक ग्रंथों, पुराणों के साथ महाकाव्यीय शैली से प्रवाहित होती हुई संस्कृत नाटक साहित्य में भी प्रविष्ट हुई है। कृष्णकथा से संबंध रखने वाले नाटकों में सर्वप्रथम हम पतंजलि का ही नामोल्लेख कर सकते हैं; जिनके महाभाष्य में 'वालीवध' और 'कंसवध' नाटकों का उल्लेख है। भास विरचित—'बालचरित', 'पंचरात्रम्', 'मध्यमव्यायोग', 'दूतवाक्यम्', 'कर्णभारम्', 'ऊरुभंगम्' और 'दूत घटोत्कच' इत्यादि नाटकों में भी कृष्ण लीलाओं का वर्णन है। अतः कृष्ण लीलाओं से प्राचीन संस्कृत साहित्य पूर्णतया सुसमृद्ध है।

**हिंदी नाट्य साहित्य :** रामकथा धारा के समान ही नाटकों में कृष्णकथा धारा का प्रारंभ नाटकों के आरंभिक काल भारतेंदु युग से हुआ। इस काल में सर्वाधिक संख्या में पौराणिक नाटकों की रचना हुई। कृष्ण एवं उनके परिवार से संबंधित नाटकों में भारतेंदु कृत 'चंद्रावली', अंबिकादत्त व्यास कृत 'ललिता', हरिहरदत्त दुबे कृत 'महारास', खड्गबहादुर मल्ल कृत 'महारास' और 'कल्पवृक्ष', सूर्यनारायण सिंह कृत 'श्यामानुराग', चंद्रशर्मा कृत 'उषाहरण', कार्तिक प्रसाद खत्री तथा अयोध्या सिंह उपाध्याय कृत 'प्रद्युम्न विजय' तथा 'रुक्मिणी परिणय' उल्लेखनीय हैं। समय के विकास के साथ द्विवेदी युग में भी इस परंपरा ने गति पाई। इस युग में कृष्ण-चरित संबंधी नाटकों में राधाचरण गोस्वामी कृत 'श्रीदामा', शिवनंदन सहाय कृत 'सुदामा', बनवारीलाल कृत 'कृष्णकथा' एवं 'कंसवध', ब्रजनंदन सहाय कृत 'उद्धव' और नारायण मिश्र कृत 'कंस वध' इत्यादि नाटकों ने सर्जना प्राप्त की। इसी प्रकार युग की चक्रनेमि जब छायावादी युग में पहुँची तब भी पौराणिक नाटकों का महत्त्व बना रहा और कृष्ण चरित तथा कृष्ण से संबद्ध निम्नांकित नाटकों का सृजन हुआ। रामचरित उपाध्याय कृत 'देवी-द्रौपदी', गोकुलचन्द वर्मा कृत 'जयद्रथ वध', कैलाशनाथ भटनागर कृत 'भीष्म प्रतिज्ञा', लक्ष्मीनारायण गर्ग कृत 'श्रीकृष्णावतार', हरिऔध कृत 'प्रद्युम्न विजय व्यायोग' और 'रुक्मिणी परिणय', सेठ गोविंददास कृत 'कर्त्तव्य' तथा किशोरीदास वाजपेयी कृत 'सुदामा' इत्यादि।

## 2. विकास परंपरा (रामकथा संदर्भ)

'रामकथा' धारा प्राचीन काल से विकसित होती हुई अद्यतन विकासमान है। इस कथा ने समय के साथ 'सर्वजन-सुलभाय' की दृष्टि अपनाकर संस्कृत साहित्य से निकलकर हिंदी साहित्य में प्रवेश किया। रामकथा-साहित्य परंपरा में तीन प्रकार की रचना-दृष्टियाँ देखी जाती हैं—1. लौकिक, 2. आध्यात्मिक और 3. अद्‌भुत। लौकिक दृष्टि का विकास वाल्मीकीय रामायण में दृष्टिगत होता है, जो अपने चरम विकास पर प्रतिष्ठित है। पात्र और घटनाएँ समस्त मानवीय संदर्भों से युक्त होकर अपनी संपूर्ण सबलताओं के साथ प्रस्तुत होकर कथानक को सहज रीति से लौकिक स्तर पर गतिशील रखते हैं। अध्यात्म रामायण में राम और परिसर के पात्रों में मानवेतर गुणों का समावेश हो जाने के कारण कथानक के सहज-स्वाभाविक ऋजु-प्रवाह में बाधा उत्पन्न हुई है। ऐसा प्रतीत होता है मानों सभी पात्र और घटनाएँ विष्णु की मायारूपी लीला का प्रोद्‌भास हों। इस रामायण में समस्त कार्य पूर्व-निर्धारित तथा ईश्वरेच्छा प्रेरित होने के कारण पात्रों की स्वतंत्र निर्णय शक्ति तथा स्वतः प्रेरित क्रिया-कलापों पर अध्यात्म तथा भक्ति का आवरण पड़ जाने से घटनाओं की संबंध शृंखला में गुणात्मक परिवर्तन आ गया है। तुलसीदास जी का रामचरितमानस कथानक की भौतिक अथवा स्थूल रूपरेखा के लिए जहाँ वाल्मीकि रामायण का उपजीवी है, वहाँ अपने विचार-दर्शन के आधार पर उस कथानक को नवीन रूप में संयोजित करने हेतु 'अध्यात्म रामायण' का आधार भी लेता है।

'रामकथा' की कुछ प्रमुख घटनाओं में आकस्मिकता और नाटकीय प्रोद्‌दीप्ति का चमत्कार उत्पन्न करने हेतु अनेक नाटकों तथा काव्यों में विभिन्न अवांतर घटनाओं को अनुस्यूत किया गया है; किंतु इन घटनाओं का अनुस्यूयन कथानक की मूल धारा को प्रभावित नहीं करता, बल्कि राग और विस्मय का संचार करता है। अद्‌भुत रामायण, आश्चर्य चूड़ामणि, हनुमन्नाटक, प्रसन्नराघव आदि में ऐसी अनेक अलौकिक घटनाओं का वर्णन मिलता है, जो बौद्धिक व्याख्या की अपेक्षा रखती हैं। कवियों और साहित्यकारों ने निजी जीवन-दर्शन की अभिव्यक्ति एवं पुष्टि के लिए उन घटनाओं का उपयोग कर लिया है।

बौद्ध और जैन राम-साहित्य परंपरा ने रामकथा के मूल स्वरूप को अनेक स्थलों पर पूर्णतः परिवर्तित कर दिया है। आधुनिक युग में 'अग्नि परीक्षा' जैसी एकाध कृतियों को छोड़कर उस परिवर्तन का प्रायः उपयोग नहीं किया गया है। अग्नि परीक्षा में सीता, निर्वासन के उपरांत वाल्मीकि के आश्रम के स्थान पर पुंडरीकपुर के राजा वज्रजंघ के यहाँ बहन के रूप में आश्रय प्राप्त करती है। आगे की घटनाएँ रामायण से भिन्न सरणी पर चलती हैं।[22]

रामकथा धारा का विशाल वाङ्‌मय केवल भारत में ही नहीं अपितु लंका, सुमात्रा, जावा, कंबोडिया, हिंद एशिया आदि द्वीप समूहों के रामकाव्यों में भी प्राप्त

है। रामकथा के विशाल वाङ्मय में संयोग, सहयोजन, संक्षेपण, उप बृहण, बलाघात आदि के द्वारा एक ही घटना अनेक रूपों में व्यक्त हुई है। कथात्मक अनिवार्यताओं, संभावनाओं, लोक विश्वासों, युगीन परिस्थितियों, स्थानीय परंपराओं तथा अवधारणाओं के कारण रामकथा की विविध घटनाएँ संख्यातीत रूप में प्राप्त होती हैं।

वर्तमान समय में आधुनिक राम-साहित्य एक विशिष्ट युग एवं युगदर्शन की अभिव्यक्ति है। आधुनिक राम-साहित्य कथानकगत परिवर्तन एवं उद्‌भावनाएँ प्रायः चारित्रिक जीवन-दर्शन की आधार-भूमि पर हुई हैं। उपेक्षित पात्रों के अस्तित्व की पुनःप्रतिष्ठा, लांछित पात्रों के प्रति सहानुभूति और उनकी कलंक-मुक्ति के प्रयास, प्रतिपात्र एवं प्रतिनायक के चारित्रिक गुणों का उद्‌घाटन, तर्कातीत आदर्श पात्रों के नैतिक अंतर्द्वंद्व एवं क्षणिक दुर्बलता के लिए आधुनिक कवियों ने रामकाव्य के परंपरागत इतिवृत्त का पुनःसंस्कार किया है। दूसरी ओर आधुनिक युग की जिन अवधारणाओं ने प्रेरित किया है, उनसे प्रभावित होकर कवि, कथानक में परिवर्तन करने तथा उसमें परिवर्द्धन करने की ओर उन्मुख हुए हैं। विकासवाद (डार्विन), मार्क्सवाद-मनोविश्लेषण तथा अस्तित्ववाद इत्यादि अवधारणाओं का प्रभाव आधुनिक युग चिंतन पर बहुत गहरा पड़ा है, जिसके परिणामस्वरूप कवियों ने राम-साहित्य को कृषि-संस्कृति, अर्थ विषमता, अवचेतन की दमित कुंठा, अस्मिता का संकट इत्यादि के विश्लेषण के लिए उपकरण रूप में विवृत किया। प्राचीन एवं नवीन जीवन-मूल्यों के इस अंतःसंघर्ष के चित्रांकन के लिए नवीन कवियों को परंपरागत कथानक में काफी उलटफेर करना पड़ा है, जो आस्तिक आदर्शवादी बुद्धि को ग्राह्य नहीं हो सका, इसका प्रमाण हमें बंगला के माइकेल मधुसूदन दत्त के 'मेघनाद-वध' पर लगे आक्षेपों से मिलता है। ये आक्षेप इसी नैतिक बुद्धि के कारण लगे। आचार्य रामचंद्र शुक्ल जी का भी यही मानना है कि ये उलट-फेर कोई बहुत उपयोगी नहीं है।[23]

## रामकथा में मौलिक परिकल्पना

परिवर्तित परिवेश एवं युगबोध की अभिव्यक्ति के लिए आधुनिक साहित्यकार जहाँ अपने जीवनानुभवों तथा समसामयिक घटनाओं को आधार बनाते हैं, वहाँ युगीन समस्याओं के समाधान के लिए मिथकीय संदर्भों एवं पौराणिक आख्यानों का भी उपयोग करते रहे हैं। राम और रामचरित की आदर्शमयता भारतीय जनमानस की मानसिकता से इतनी गहराई से संबद्ध है कि एक तरफ तो उनमें परिव्याप्त जीवनदायिनी समसामयिकता का संदर्भ सहज ही दिया जा सकता है, दूसरी तरफ आधुनिक जीवन-बोध को रचनात्मक स्तर पर प्रतिफलित करने के लिए उनके सृजनात्मक व्यक्तित्व का आधार ग्रहण किया जा सकता है। भारतीय उपासना क्षेत्र में श्रीराम विष्णु के अवतार रूप में मान्य हैं; किंतु जन-मानस ने विष्णु की

अपेक्षा राम के चरित्र का दोहन युग की समस्याओं के समाधान के लिए अधिक किया है। विष्णु अपने मौलिक स्वरूप में भारतीय सृजनात्मकता को अधिक उद्दीप्त नहीं कर सके। राम के चरित्र के संबंध में कहा गया है—"एक चरित्र के रूप में राम का जितना सृजनात्मक व्यवहार हुआ, उतना दूसरे किसी चरित्र का नहीं हुआ। इसका कारण संभवतः यह था कि राम में अपौरुषेयता के स्थान पर कहीं अधिक विश्वसनीयता और साधारणता भी रही है। राम के देवत्व में मानवीय सुगंध भी थी।''[24] मध्यकाल में उपासना के आलंबन मात्र में ही राम के व्यक्तित्व का परिसीमन हो जाने के कारण सृजनात्मक स्तर पर उनके क्रिया-कलापों और जीवनानुभवों का उपयोग नहीं हुआ। आधुनिक युग की समस्याओं के लिए राम-चरित्र का पुनः व्यापक प्रयोग किया गया। जैसा कि पूर्व में ही कहा गया है कि राम-चरित्र के इस रचनात्मक उपयोग में दो विभिन्न दृष्टियों, 1. रामकथा की बुद्धि संगत व्याख्या और 2. आधुनिक जीवन दृष्टि की व्याख्या के लिए रामकथा के उपयोग; की प्रधानता रही है। अतः कथानक के पारंपरिक ढाँचे को बुद्धिसंगत एवं युगानुकूल बनाने के लिए साहित्यकारों ने उसमें पर्याप्त परिवर्तन किया है। यह परिवर्तन निम्नलिखित दिशाओं में दृष्टिगोचर होता है :

1. रामकथा की अलौकिक एवं चमत्कारपूर्ण अति प्राकृत घटनाओं की बुद्धिसंगत व्याख्याओं के लिए वैज्ञानिक एवं मनोवैज्ञानिक अवधारणाओं का उपयोग करके या तो उन घटनाओं का मूल स्वरूप ही बदल दिया गया है, अथवा उनका वैज्ञानिक कारण निर्दिष्ट किया गया है। मैथिलीशरण गुप्त ने अपने 'साकेत' महाकाव्य में *"गई गिरा मति फेर"*[25] के स्थान पर *"भरत से सुत पर भी संदेह"*[26] की मनोवैज्ञानिक पृष्ठभूमि, हनुमान के आकाशगामी संचरण का, योग की पृष्ठभूमि में वर्णन[27] किया गया है। इसी प्रकार अरुण रामायण में रावण को अणु-विज्ञानी मानकर आणविक विस्फोट द्वारा कैलाश का कंपन,[28] अशोक वाटिका का 'तंत्र रश्मियों द्वारा रक्षण'[29] इत्यादि इसी श्रेणी की रचनाएँ हैं। ये सब परिवर्तन बहुत कुछ 'प्रियप्रवास' की पद्धति पर हैं, जिस पर आधुनिक युग के बौद्धिक विश्लेषण का प्रभाव है।

2. पुनरुत्थानवादी चेतना से प्रभावित होकर रामकथा की अनार्य संस्कृति पर आर्य संस्कृति की विजय के रूप में प्रस्तुतीकरण किया गया है। साकेत[30], विदेह[31], उर्मिला[32], कैकेयी[33] (प्रभात व चाँदमल अग्रवाल) अरुण रामायण इत्यादि साहित्य में राम के वन-गमन संबंधी प्रेरक सूत्रों का इसी रूप में आकलन किया गया है। अनेक पूर्ववर्ती घटनाओं को भी इसी लक्ष्य से जोड़कर उनकी सामाजिक एवं राजनीतिक दृष्टि से पुनर्व्याख्या की गई है।

3. पाश्चात्य साहित्य के प्रभाव से भी प्रतिनायकों के प्रति मानवीय संवेदना एवं सहानुभूति के कारण एक तरफ तो ऐसे साहित्य की रचना हुई जिनमें रावण,

शूर्पणखा, मेघनाद आदि प्रतिपक्षी पात्रों को कृपाकेंद्र में रखा गया; दूसरी तरफ अनेक साहित्य में रावण, मेघनाद इत्यादि पात्रों में मानवीय भाव-संस्कार दिखलाने के लिए घटनाओं को परिवर्तित किया गया। 'रावण महाकाव्य' में रावणपक्ष के पारिवारिक सौहार्द, सैन्य संगठन, आंतरिक व्यवस्था इत्यादि का मर्यादित चित्रण हुआ है। 'अरुण रामायण' में रावण को आपात् खलनायक न मानकर उसे वैज्ञानिक संस्कृति अथवा भौतिक जड़वादी सभ्यता का प्रतीक मानकर मानवता के लिए आसन्न संकट के रूप में चित्रित किया गया है। 'विदेह'[34] में अधिकांश घटनाओं को इसी परिप्रेक्ष्य में परिवर्तित किया गया है।

4. रामकथा के अनेक गौण पात्रों के व्यक्तित्व की रेखाएँ इतनी धुँधली एवं अस्पष्ट हैं कि उनकी मनोदशा एवं प्रतिक्रियाओं का आकलन करने के लिए घटनाओं को किंचित परिवर्तन के साथ उपस्थित करना पड़ा है। 'साकेत' में उर्मिला तथा 'उर्मिला' महाकाव्य में उर्मिला के साथ-साथ सीता एवं अन्य भगिनियों के भी बाल्यकाल एवं गृहस्थ जीवन की घटनाएँ अधिकांशतः उत्पाद्य हैं तथा कथानक की इसी अपेक्षा की पूर्ति करती हैं।

5. नारी जागरण का एक प्रभाव सीता के आत्मसमर्पण मूलक व्यक्तित्व को अधिक ठोस बनाने में एवं संदर्भपूर्ण बनाने में दृष्टिगत होता है। 'वैदेही वनवास' में सीता राष्ट्रहित से सीधे संबद्ध हैं। वर्तमान युग की हरित क्रांति, कुटीर उद्योग (चरखा संघ) जैसे संदर्भों को भी सीता के वनवासी जीवन से सम्बद्ध कर 'धरा-नंदिनी सीता'[35] तथा 'वनस्थली'[36] कृतियों में आधुनिक भारत की अर्थ-व्यवस्था के समानांतर ही कथानक को नवीन उद्‌भावनाओं अथवा संभावनाओं की पृष्ठभूमि में विरूपित किया है।

पुनर्व्याख्या के अतिरिक्त आलोचना के स्तर पर भी सीता-वनवास आदि कृतियों के औचित्य पर प्रश्नचिह्न लगाया गया है। 'जानकी जीवन'[37] में यदि इस कृत्य की पुनर्व्याख्या है तो 'भूमिजा'[38] में राम का यह कृत्य साम्राज्यवादी चेतना से परिचालित है। 'उत्तरायण' कृति में तो इस घटना के अस्तित्व पर ही प्रश्नचिह्न लगाया गया है।

6. आधुनिक युग अनेक सामाजिक, राजनीतिक एवं सांस्कृतिक समस्याओं के विश्लेषण का युग है। सम-सामयिक चिंतन को गति देने के लिए भी साहित्यकारों ने 'रामकथा' के किसी एक विशिष्ट संदर्भ को लेकर उसकी पुनर्व्याख्या की है। इन कृतियों में संपूर्ण कथा पर नहीं वरन् उसके किसी एक प्रसंग पर ही कवि अथवा साहित्यकार की दृष्टि केंद्रीत रही है। ऐसी दृष्टि में केंद्रित वह प्रसंग प्रायः मध्यकालीन दृष्टि से विशेष प्रासंगिक नहीं होता । अतः साहित्यकार को कथा की केंद्रीय रेखा के अतिरिक्त शेष घटनाओं का चयन अपनी उत्पाद्यकल्पना के आधार पर करना होता है। जैसे—'संशय की एक रात' में सेतुबंध के पश्चात् राम की मनःस्थिति तथा युद्ध के औचित्य एवं अनौचित्य की व्यंजना हेतु दशरथ की

प्रेतात्मा के अवतरण इत्यादि की घटनाएँ कल्पित की गई हैं।

7. आधुनिक दृष्टि मानव को अतिरिक्त संवेदनशील मानकर उसके अंतर्द्वंद्व एवं मानसिकता को विशेष महत्त्व देती है। पात्रों को घटनाओं के उपकरण-मात्र न मानकर उन्हें सहज संवेदना से पूर्ण करती हैं। विभीषण जैसे पात्रों की मानसिकता राम के केंद्रीय वृत्त से जुड़ने के कारण अपना स्वतंत्र अस्तित्व नहीं रखती। 'संशय की एक रात' तथा 'राधेश्याम रामायण' (श्रीराम कथा) में विभीषण का अंतर्द्वंद्व एवं तदनुरूप प्रसंग परिवर्तन परिलक्षित है। यही नहीं, मध्यकाल में राम और रावण जैसे प्रमुख पात्रों की मानवीय संवेदना भी अनेक स्तरों पर प्रच्छन्न रह गई है। यहाँ रावण जैसे विकट प्रतिपक्षी के विरुद्ध भी पराजय की आशंका के लिए राम के हृदय में स्थान नहीं है; किंतु राम की अनास्था, आशंका, भय एवं दुविधा के चित्रण के लिए शक्ति-पूजा के प्रसंग को निराला जी ने आधुनिकता का संदर्भ दिया है। सीता के परित्याग के समय राम का अंतर्द्वंद्व आधुनिक पुरुष की मनःस्थिति को अधिक अभिव्यंजित करता है। इसी प्रकार रावण की सहज मानवोचित संवेदना के विस्तार के लिए 'साकेत' में कुंभकरण की मृत्यु का प्रसंग किंचित परिवर्तित रूप में प्रस्तुत किया गया है। 'अग्निपथ' में रावण के उस मनोमंथन का यथार्थ अंकन हुआ है जो राम-रावण युद्ध से चौबीस घंटे पूर्व होता है।

उपर्युक्त बिंदुओं से यह स्पष्ट होता है कि परिवर्तित जीवन-दृष्टि अथवा सामाजिक-राजनीतिक परिवेश की अभिव्यक्ति के लिए परंपरागत कथानक में आधुनिक साहित्यकारों ने युगानुकूल एवं प्रसंगानुकूल परिवर्तन किए हैं। फिर भी एकाधिक स्थल को छोड़कर अन्य ऐसे प्रमाण नहीं मिलते कि मूल कथानक को विकृत किया गया है। एक प्रकार से यह परिवर्तन रामकथा का पुनर्मूल्यांकन ही है, जो सुनिश्चित, पूर्व-निर्धारित सीमाओं में देखने वाली दृष्टि को प्रतिबद्धता से मुक्त कर उन्मुक्त चिंतन का आकाश प्रदान करता है। आधुनिक युग कुछ पात्रों को केंद्र में रखकर शेष को निस्संग, तटस्थ अथवा निष्क्रिय बनाने में विश्वास नहीं रखता। आधुनिक कवि अथवा साहित्यकारों को सीता-वनवास और लक्ष्मण मूर्छा जैसी घटनाओं की अभिज्ञेयता के बावजूद अयोध्यावासियों का निष्क्रिय रहना मनोवैज्ञानिक प्रतीत नहीं होता। 'साकेत' में अयोध्या की रणसज्जा की उद्‌भावना 'पद्‌म पुराण'[39] से प्रतीत होने पर भी एक मौलिक अर्थवत्ता रखती है। आधुनिक जनमानस राम को '*कर्त्तुमकर्त्तमन्यथाकर्तुंसमर्थ*' मानकर निश्चिंत नहीं बैठ सकता।

रामकथा के प्रमुख प्रसंगों में आधुनिक युगबोध के अनुरूप पर्याप्त परिवर्तन परिलक्षित है। परंपरागत कथा के अनुसंधान के लिए मूलतः 'वाल्मीकि रामायण' और 'रामचरितमानस' को आधार बनाया गया है। स्फुट प्रसंगों में प्राचीन तथा मध्यकाल के रामकथा-साहित्य का भी उल्लेख हुआ है, जिनमें 'अध्यात्म रामायण' तथा संस्कृत के रामकथा संबंधी प्रमुख नाटक जैन काव्य आदि प्रमुख हैं। आधुनिक

युग में संपूर्ण रामकथा संबंधी कृतियाँ बहुत अधिक नहीं हैं। साहित्यकारों ने केवल उन्हीं प्रसंगों को विशेष रूप से लिया है जिनमें युगबोध अथवा सृजनात्मक स्तर पर संभावनाएँ अधिक दृष्टिगत हुई हैं। मध्यकालीन दृष्टि से परशुराम-लक्ष्मण संवाद, राम-केवट संवाद, रावण-हनुमान सवांद, अंगद-रावण संवाद, अतिरिक्त भावुकता और मुखरता के कारण लोकप्रिय रहे हैं। आधुनिक कवि मुखर चरित्रों की अपेक्षा मनोवैज्ञानिक अथवा सृजनात्मक संभावनाओं से युक्त प्रतीत हुए हैं, उनमें प्रमुख हैं—कैकेयी की अभिरुचि, श्रीराम के वनगमन काल में परिजन, पुरजन तथा अन्य संबंधी प्रियजनों की प्रतिक्रिया, राम के वनगमन की सूचना प्राप्ति पर भरत की मनोदशा, भरत सहित माताओं तथा प्रिय जनों के राम की वापसी हेतु चित्रकूट आने पर कैकेयी के हृदय का अनुताप, राम के अयोध्या वापसी हेतु तैयार न होने पर खड़ाऊँ लेकर वापस आने पर अयोध्या में भरत, उर्मिला, मांडवी तथा अन्य सदस्यों एवं पुरजनों की मनःस्थिति तथा कर्त्तव्यनिष्ठा, राम के अयोध्या प्रत्यावर्तन पर लोकापवाद के कारण सीता-परित्याग तथा रामराज्य आदि। इन परंपरागत प्रसंगों की प्रायः पुनर्व्याख्या की गई है। 'युद्ध' वर्तमान समय के ऊहापोहात्मक जीवन की एक अनिवार्यता भी है और विडंबना भी। मध्यकाल में युद्ध शौर्य और पराक्रम का निकष था। अतः तत्कालीन रामकथा-साहित्य में युद्ध-वर्णन प्रसंग प्रचुर मात्रा में विद्यमान है। वर्तमान समय में आधुनिक भावबोध के स्तर पर यह शौर्य की अपेक्षा चिंतन का निकष अधिक बन गया है। यह चिंतन आधुनिक रामेतर साहित्य में भी विद्यमान है। 'कुरुक्षेत्र', 'अंधायुग', 'एक कंठ विषपायी' जैसे युद्ध काव्यों में युद्ध के औचित्य का प्रश्न ही अधिक मुखर है। राम-साहित्य के अंतर्गत 'संशय की एक रात', 'राम की शक्तिपूजा', तथा 'साकेत' में अयोध्या की रण-सज्जा जैसे वर्णन भी परंपरानुमोदित युद्ध-वर्णन नहीं हैं। उनकी उद्भावना साहित्यकारों ने आधुनिक चिंतन की दिशा निर्धारित करने के लिए ही की है।

आधुनिक राम-साहित्य में कथानक संबंधी नवीनताओं एवं उद्भावनाओं के विवेचन में उपर्युक्त तथ्यात्मक समाकलन आवश्यक है।

जीवन छोटी-बड़ी अनेक घटनाओं की एक शृंखला है। कुछ घटनाएँ दुखदायी हैं कुछ सुखदायी। हमारा चिंतन दुखदायी और सुखदायी दोनों घटनाओं के संदर्भ में क्यों और कैसे जैसे प्रश्नों में उलझ जाता है। घटना क्यों और कैसे हुई? घटना होने की प्रत्यक्षदर्शी सच्चाई को जानना, समझना, प्राप्त करना तथा साक्षी बनना एवं सच्चाई से उस साक्ष्य को अभिव्यक्त करना सहज मानवीय प्रवृत्ति है। साक्ष्य प्राप्ति और अभिव्यक्ति के अतिरिक्त भी वह कुछ कल्पना के सहारे घटना के होने के कारण का विवेचन तथा उसके परिणाम पर चिंतन करने लगना भी मानव स्वभाव है। परिणाम भविष्य की धरोहर है इस कारण चिंतन कभी पक्ष में जाता है तो कभी विपक्ष में। ये द्वैत इसलिए आता है; क्योंकि किसी की निषेध दृष्टि होती

है तो किसी की विधेय दृष्टि। घटना का सही परीक्षण न होने के कारण रचनाकार युग परिवर्तन, काल परिवर्तन, वंश, युग और काल की परिस्थितियों को ध्यान में रखते हुए आवश्यकतानुरूप घटना के क्यों और कैसे के प्रश्न को नाना रूपों में परिकल्पित कर वर्तमान के लिए उपयोगी बनाने का प्रयास करते हैं। रामकथा इस दृष्टि से सर्वाधिक प्रभावित हुई है। मैथिलीशरण गुप्त जिनका काल 1886 से 1964 तक अर्थात् स्वतंत्रता आंदोलन एवं स्वतंत्रता प्राप्ति के पश्चात् प्रारंभिक काल रहा। जिस समय राष्ट्र के विकास हेतु कठिन परिश्रम और स्वावलंबन की अत्यधिक आवश्यकता थी, उन्होंने अपने युग की आवश्यकता और उसी माँग को पहचाना, स्वीकार किया तथा अपने साहित्य के माध्यम से समाज का दिशा-निर्देश किया। उद्धृत पंक्तियों में श्रम का महत्त्व और उसकी महिमा द्रष्टव्य है :

*"हम राज्य के लिए मरते हैं।*
*सच्चा राज्य परंतु हमारे कर्षक ही करते हैं।*
*जिन खेतों में है अन्न, कौन अधिक उससे संपन्न?*
*पत्नी सहित विचरते हैं वे, भव-वैभव भरते हैं।*
*वे गोधन के धनी उदार,*
*उनको सुलभ सुधा की धार*
*सहनशीलता के आगर वे श्रम-सागर तरते हैं।*
*हम राज्य के लिए मरते हैं।*[40]

.........................................................

*स्वावलंब की एक झलक पर,*
*न्यौछावर कुबेर का कोष।*[41]
*चलो नदी को घड़े उठा लो,*
*करो और पुरुषार्थ।*[42]

इन उद्धरणों में मैथिलीशरण गुप्त जी के हृदय का जहाँ किसानों और उनके श्रम के प्रति राष्ट्र-प्रेम उमड़ता-सा दिखलाई देता है वहीं नारी जागृति एवं नारी के पुरुष की समतुल्य सहचरी होने का प्रमाण भी सूक्ष्म रूप में परिलक्षित है; कृषकों और कृषक पत्नियों का खेतों में भी साथ-साथ कार्य करना ही 'पत्नी सहित विचरते हैं वे...।' इस पंक्ति में वर्णित है।

गुप्तजी परम रामभक्त कवि तो थे ही; किंतु अपनी रामभक्ति के साथ ही उन्होंने भारतीय संस्कृति की भारतीयता तथा भारतीय जीवन की समग्रता को समझने तथा उसे अभिव्यक्त करने का सफल प्रयास किया है। रामचरितमानस के पश्चात् हिंदी साहित्य में रामकथा धारा का दूसरा स्तंभ मैथिलीशरण गुप्त जी के साकेत को ही माना जाता है। साहित्य सर्जना की दृष्टि से यदि देखा जाए तो मैथिलीशरण

जी ने सर्वाधिक ग्रंथ कृष्ण काव्यपरक रचे हैं, तथापि 'साकेत' की सशक्तता उन्हें आधुनिक काल में राम काव्य के प्रतिनिधि कवि के रूप में प्रतिष्ठित करती है; इसमें तनिक भी संदेह नहीं है। सच कहा जाय तो 'साकेत' मैथिलीशरण का प्रतीक बन गया है। 'साकेत' में उर्मिला जो रामचरितमानस में एक उपेक्षित पात्र के रूप में विद्यमान है उसके हृदय की संवेदना तथा विरह व्यथा के वर्णन से मैथिलीशरण गुप्त जी विश्व साहित्य में नारी संवेदना के श्रेष्ठतम कवि के रूप में अमर हो गए हैं। दूसरे शब्दों में कहा जाए तो वे नारी संवेदना के ही नहीं वरन् उपेक्षिताओं के कवि हैं। क्योंकि नारी संवेदना और उपेक्षिताओं की सहानुभूति से जुड़े उनके काव्य साहित्य की एक लंबी शृंखला है। यथा—यशोधरा, विष्णुप्रिया, रत्नावली, सैरंध्री, हिडिंबा, विधृता, कुब्जा, एवं देवकी ('द्वापर') तथा साकेत। साकेत में उर्मिला तो नायिका हैं ही, कैकेयी को भी मनोवैज्ञानिक दृष्टि से चित्रित कर संवेदन-पात्रा बना दिया गया है और ऐसा दशरथ, राम, सीता, लक्ष्मण के चरित्र को अक्षुण्ण रखकर किया गया है ; जिससे साकेत मेघनाद-वध की असांस्कृतिकता का आखेट नहीं बनने पाया। उर्मिला, महाकाव्य-नायिका होने में सर्वथा सक्षम हैं। वे राम, सीता, लक्ष्मण के वनवास की अवधि में सर्वाधिक मार्मिक पात्रा हैं। अष्टम सर्ग में वर्णित उत्कृष्ट चित्रकूट-प्रकरण महाकाव्य के 'साकेत' शीर्षक एवं उसकी व्यंजना को प्रश्नचिन्हित कर सकता था किंतु मैथिलीशरण जी ने कुशलतापूर्वक उसका समाधान करके महाकाव्य को इस दोष से बचा लिया है :

*चल, चपल कलम, निज चित्रकूट चल देखें,*
*प्रभु-चरण चिह्न पर सफल भाल लिपि लेखें।*
*सम्प्रति साकेत-समाज वहीं है सारा,*
*सर्वत्र हमारे संग स्वदेश हमारा।।*

'साकेत' की सर्वोपरि उपलब्धि उसका महान नारी संवेदन है। इस महाकाव्य ने उर्मिला के साथ-साथ कैकेयी, माण्डवी एवं श्रुतिकीर्ति को भी नव्य-भव्य जीवनदान दिया है। उर्मिला की विरह-व्यथा समूची प्रकृति की विरह-व्यथा बन गई है और सारी पृथ्वी के कष्टों को उर्मिला अपने कष्ट के समतुल्य सह-अनुभूति कर करुणा से भर उठती हैं। इतना ही नहीं समदुखी स्वभाव वाले से आत्मीयता हो जाने के कारण उर्मिला सभी प्रोषित पतिकाओं को निमंत्रण देती है :

*प्रोषित पतिकाएँ हों,*
*जितनी भी सखी, उन्हें निमंत्रण दे आ।*
*सम दुःखिनी मिलें तो दुःख बँटे जा,*
*प्रणय पुरस्सर ले आ।*

परंतु जब इतनी विशाल और विस्तृत अयोध्यापुरी में उर्मिला को कोई सम-दुःखिनी नहीं मिलती तो वह माता सरयू के पास जाती हैं, उनसे मानो ना जाने कितनी अतीत स्मृतियाँ कहती हैं, उनके साथ हँसती हैं, रोती हैं, और कभी संवेदना प्रकट करती हैं और कभी अपनी और उनकी तुलना करते हुए अधीर हो उठती हैं :

*'गति जीवन में मिली तुझे,*
*सरिते। बंधन की व्यथा मुझे।*

वेदना और व्यथा की धाराएँ जब उफान पर आ जाती हैं तो मानो उर्मिला की आशाओं रूपी चंद्रिका का हरण चिर वियोग रूपी राहू कर लेता है। उर्मिला रुदन और गान की सीमांत रेखा पर अधिष्ठित हो जाती है।

*मेरा रोदन मचल रहा है, कहता है कुछ गाऊँ।*
*उधर गान कहता है, रोना आवे तो मैं आऊँ।।*

उर्मिला की आँखों से बहती हुई अश्रुधारा मानों वर्षा से समरसता प्राप्त करती है, किंतु उर्मिला के अंतर की उदारता वहाँ भी परिलक्षित होती है :

*बरस घटा बरसूँ मैं संग,*
*सरसै अवनि के सब अंग।*
*मिले मुझे भी कभी उमंग,*
*सबके साथ सयानी।।*

उर्मिला के जीवन में वेदना प्रिय की पुण्य-स्मृति का प्रमुख माध्यम बनकर आई है तथा प्रिय की पुण्य-स्मृति ही उसके जीवन का मुख्य उद्‍देश्य बन गई है :

*वेदने, तू भी भली बनी।*
*पाई मैंने आज तुझी में अपनी चाह घनी।।*
*मन-सा मानिक मुझे मिला है मुझमें उप-लखनी।*
*तुझे तभी छोड़ूँ जब सजनी पाऊँ प्राणधनी।*

उर्मिला त्याग की प्रतिमूर्ति हैं, वे कर्त्तव्य की वेदी पर चढ़कर अपने आपको अपने स्वामी के चरणों में बलिदान कर देती हैं; किंतु स्वामी के विकास पथ की अवरोधक नहीं बनतीं :

*"हे मन*
*तू प्रिय-पथ का विघ्न न बन।*

*आज स्वार्थ है त्याग भरा,*
*हो अनुराग विराग भरा।*
*तू विकार से पूर्ण न हो।*
*शोक-भार से चूर्ण न हो।*
*भ्रात-स्नेह-सुधा बरसे,*
*भू पर स्वर्ग भाव सरसे।"*

इस प्रकार गुप्त जी उर्मिला के मुख से भारतीय संस्कृति के मूल आधार—विश्वबंधुत्व की भावना की भी प्रतिस्थापना कराते हैं और मानव जीवन के विकास को ही परम लक्ष्य बनाते हैं न कि भौतिक सुख-साधनों को।

इस प्रकार हम देखते हैं कि 'साकेत' की कथा-वस्तु भारत की प्राचीन कथा का नवीन प्रस्फुरित स्वरूप है, जिसमें मौलिकता है, मार्मिकता है एवं उपयोगितावादिता है। मैथिलीशरण गुप्त जहाँ आधुनिक युग के प्रतिनिधि कवि हैं वहीं रामकथा धारा से जुड़ा साकेत भी अपने समय का प्रतिनिधित्व करता है।

रामकथा धारा की विकास परंपरा का प्रवाह प्राचीन काल के समान ही आधुनिक युग में भी अपनी शाश्वतता को अक्षुण्ण बनाए हुए है। संक्रांति काल में भी निर्बाध रूप से प्रवाहित रामकथा धारा जिस रूप में आधुनिक अथवा आदर्शवादी युग में विकसित हुई, वैसी पुनरुत्थान काल के अतिरिक्त किसी काल या युग में नहीं हुई। आचार्य महावीर प्रसाद द्विवेदी ने भाव-सागर की गहराई में डुबकी लगाकर 'कवियों की उर्मिला विषयक उदासीनता' नामक निबंध की रचना की, फलतः रामकथा धारा की दिशा ही बदल गई। द्विवेदी जी के उस भावनात्मक निबंध के परिणाम स्वरूप विशेष रूप से उपेक्षित पात्राओं पर एवं सामान्य रूप से अन्य पात्रों पर विस्मयकारी सृजन शृंखला का प्रारंभ हुआ जो परंपरागत रूप में अद्यावधि जीवन्त है।

मैथिलीशरण गुप्त तो आचार्य महावीर प्रसाद द्विवेदी को गुरुतुल्य मानते थे अतः उन्होंने तो उस निबंध से प्रेरित होकर सन् 1931 में साकेत महाकाव्य की रचना की, तत्पश्चात् आचार्य प्रेरित और गुप्त अनुप्राणित इस परंपरा के अनुकरण पर ही बलदेव प्रसाद मिश्र रचित 'साकेत संत', बालकृष्ण शर्मा 'नवीन' रचित 'उर्मिला', केदारनाथ मिश्र 'प्रभात' रचित 'कैकेयी', श्रीकृष्ण मिश्र सृजित 'समरप्रिया', ओडम्प्रेमी की 'मांडवी-महाशया', रामकुमार वर्मा की 'ओ अहल्या', प्रभा खेतान रचित 'अहल्या', चंद्रिका प्रसाद दीक्षित रचित 'अभिशप्त शिला', दयानंद जड़िया 'अबोध' रचित 'अहल्योद्धार', लक्ष्मीशंकर मिश्र 'निशंक' की 'सुमित्रा', परमानंद जड़िया रचित 'कौशलेंद्र भरत', भानुप्रताप त्रिपाठी सृजित 'जय गीधराज' इत्यादि की रचनाएँ रामकथा की काव्य धारा से जुड़ीं। हरिऔध कृत 'वैदेही वनवास' का

सृजन 1940 में हुआ। यह अठारह सर्गीय महाकाव्य है एवं इसका आधार वाल्मीकि रामायण, रघुवंश तथा विशेषरूप से भवभूति का उत्तररामचरित है। वैदेही वनवास को आधुनिक युग की जनमंगलवादिता एवं जनसेवावादिता से संपृक्त किया गया है। रामचरित उपाध्याय कृत 'रामचंद्र चंद्रोदय' एवं 'रामचरित चिंतामणि' भी इसी धारा की उल्लेखनीय कृति हैं।

आधुनिक युग की रामकथा धारा कोरी रामकथा या पारंपरिक रामकथा नहीं है वरन् उसमें नव्यता है, क्रांतता है, संवेदन मिश्रित मनोवैज्ञानिकता है, जिसमें राम के देवत्व को नहीं उनकी अलौकिकता को नहीं वरन् उनके मानवीय स्वरूप को अधिक सँवारा-निखारा गया है, उनके दीनबंधु-रूप को अधिकाधिक प्रकाशित किया गया है, उनके अवतारत्व का निषेध करके उन्हें यथार्थ के धरातल पर उतारा गया है। उनके हृदय की मानव-सुलभ संवेदनाओं और अंतर्द्वंद्वों तक का स्पर्श किया गया है। वास्तविकता तो यह है कि रामकथा धारा में जो गरिमा है, महिमा है, मूल्यस्फीति है और परिपूर्णता-प्रतीति है वैसी विश्व-साहित्य में अन्यत्र कहीं भी उपलब्ध नहीं है। यही कारण है कि 'रामकथा' साहित्य सर्जना की अनवरत धारा बनी हुई है।

**उपन्यास :** उपन्यास को आधुनिक युग का महाकाव्य माना जाने लगा है। अतः वर्तमान समय और परिवेश के अनुसार पौराणिक चरित्र भी उपन्यास में प्रवेश करने लगे हैं। इसी परंपरा में 'राम' का अवतरण भी उपन्यास विधा में होने लगा है। यद्यपि राम पर लिखी गई उपन्यास-कृतियाँ अभी कुछ थोड़ी सी ही हैं, किंतु प्रस्तुतीकरण वर्तमान सामाजिक परिवेश, आवश्यकता, विश्वसनीयता, मनोवैज्ञानिकता और वैज्ञानिकता के आधार पर किया गया है :

1. 'राम' (ऐतिहासिक जीवन चरित)—डॉ. रामप्रसाद मिश्र
2. रामगाथा—डॉ. रमानाथ त्रिपाठी
3. सत्य रामायण—प्रो. जी. बी. कानूनगो
4. मानस का हंस—अमृतलाल नागर
5. पवनपुत्र—डॉ. भगवतीशरण मिश्र
6. अभ्युदय—डॉ. नरेन्द्र कोहली, इत्यादि

## विकास परंपरा (कृष्णकथा संदर्भ)

श्रीकृष्णकथा धारा का आविर्भाव ईसा की चौथी शताब्दी पूर्व ही हो चुका था। श्रीकृष्ण के अनेक नामों में 'वासुदेव' नाम उस समय भी प्रचलित था और आज भी है। प्रसिद्ध दार्शनिक, हॉपकिस का कथन है कि 'महाभारत' में श्रीकृष्ण केवल मनुष्य रूप में ही आते हैं, बाद में वे देवत्व पद पर अधिष्ठित हुए। इसके विपरीत कीथ विचारानुसार 'महाभारत' में श्रीकृष्ण का व्यक्तित्व पूर्णतया देवत्व भावना से

युक्त है।[43] इतना तो निश्चित है कि लगभग चार सौ वर्ष ईसा पूर्व कृष्ण में देवत्व भावना आ गई थी; क्योंकि पाणिनि के 'व्याकरण' में वासुदेव और अर्जुन देव-युग्म हैं। प्रसिद्ध यात्री मैगस्थनीज ने भी लिखा है कि कृष्ण की पूजा मथुरा और कृष्णपुर में होती थी। यह काल ईसा से तीन सौ वर्ष पूर्व का है। यदि वासुदेव कृष्ण की पूजा प्रथम मौर्य के समय प्रचलित थी तब निश्चित है कि इस पूजा का आरंभ मौर्य-वंश की स्थापना से काफी समय पूर्व हो गया होगा। संभवतः इस पूजा का प्रारंभ 'उपनिषदों' के साथ ही हुआ; क्योंकि 'महानारायण उपनिषद्' में विष्णु का पर्याय 'वासुदेव' ही है और वासुदेव कृष्ण का पर्यायवाची है।

सर भंडारकर के मत में वासुदेव और कृष्ण में अंतर है। उनका विचार है कि 'सात्वत' एक क्षत्रिय-वंश का नाम था जिसे 'वृष्णि' भी कहते थे। वासुदेव इसी 'सात्वत' वंश के एक महापुरुष थे, जिनका समय ईसा से छह सौ वर्ष पूर्व है। वासुदेव नामक इन महापुरुष ने ईश्वर के एकत्व भाव का प्रचार किया था। उनकी मृत्यु के पश्चात् उसी वंश के लोगों ने वासुदेव को ही साकार रूप से ब्रह्म मान लिया। 'भगवद्गीता' भी इसी कुल का ग्रंथ है।

वैदिक युग में कृष्ण एक वैदिक ऋषि का नाम था जिसने ऋग्वेद के अष्टम मंडल की रचना की थी। 'अनुक्रमणी' के लेखक उन्हें 'आंगिरस' नाम देते हैं। इसके पश्चात् 'छांदोग्य उपनिषद्' में कृष्ण देवकी के पुत्र के रूप में उपस्थित किए जाते हैं जो घोर आंगिरस के शिष्य हैं और आंगिरस ने उन्हें शिक्षा भी दी है।

> *"तद्वैतद् घोर आंगिरसः कृष्णायः देवकी पुत्रांयोक्त्वो*
> *वापाऽपिपास एवस बभूव, सोऽन्तवेलायामेतात्त्रयं प्रतिपद्ये*
> *ताक्षितमस्य च्युतमसि प्राण संशितमसीतिं।"*[44]

(अर्थात् देवकी पुत्र श्रीकृष्ण के लिए आंगिरस घोर ऋषि ने शिक्षा दी कि जब मनुष्य का अंतिम समय आए तो उसे इन तीन वाक्यों का उच्चारण करना चाहिए—)

1. त्वं अचितमसि—(तू अनश्वर है)
2. त्वं अच्युतमसि—(तू एक रूप है)
3. त्वं प्राण संशितमसि—(तू प्राणियों का जीवनदाता है)

यदि कृष्ण भी आंगिरस थे तो 'ऋग्वेद' के समय से छांदोग्य उपनिषद् के समय तक उनके संबंध में जनश्रुति चली आती होगी इसी जनश्रुति के आधार पर कृष्ण का साम्य वासुदेव में हुआ होगा, जब वासुदेव देवत्व के पद पर अधिष्ठित हुए होंगे। कृष्ण और वासुदेव के एकत्व का एक कारण और है; 'जानकी' की गाथा के भाष्यकार का मत है कि कृष्ण एक गोत्र का नाम है और यह क्षत्रियों द्वारा भी यज्ञ समय में धारण किया जा सकता था। इस गोत्र का पूर्ण रूप है

कार्ष्णायन। वासुदेव उसी कार्ष्णायन गोत्र के थे, अतः उनका नाम कृष्ण हो गया। इस प्रकार कृष्ण ऋषि का समस्त वेदज्ञान और देवकी-पुत्र का गौरव वासुदेव के साथ संबद्ध हो गया; क्योंकि वे अब कृष्ण के नाम से प्रसिद्ध हो गए।

दो सौ वर्ष ईसा पूर्व से दो सौ वर्ष ईसा पश्चात् तक इन चार सौ वर्षों में 'महाभारत' में कृष्ण अवतार के रूप में ज्ञात होते हैं। सभापर्व में भीष्म पितामह श्रीकृष्ण को अव्यक्त प्रकृति एवं सनातनकर्त्ता कहते हैं, वे उन्हें समस्त भूतों से परे मानते हैं :

*"एव प्रकृतिरव्यक्ता कर्त्ताचैव सनातनः।*
*परश्च सर्व भूतेभ्यः तस्मात्पूज्य तमोऽच्युतः।।*"[45]

आगे चलकर वे उन्हें परब्रह्म के रूप में देखते हैं :

*"एतत् परमकं ब्रह्म एतत्परमकं यशः।*
*एतदक्षरमव्यक्त एतत् वै शाश्वतं महः।।*"[46]

भीष्म द्वारा की गई श्रीकृष्ण की इस प्रशंसा में गोकुल की कृष्ण-लीलाओं का उल्लेख नहीं है, अतः इससे भी यह ज्ञात होता है कि 'महाभारत' में परब्रह्म कृष्ण की भावना है, गोपाल कृष्ण की नहीं। सभापर्व में शिशुपाल अवश्य श्रीकृष्ण की गोकुल संबंधी लीलाओं का निर्देश करता है पर वे पंक्तियाँ प्रक्षिप्त जान पड़ती हैं; क्योंकि 'महाभारत' के समय तक कृष्ण के देवत्व का उतना ही विकास हुआ था जितना भीष्म द्वारा वर्णित है। 'महाभारत' में कृष्ण के लिए एक नाम और आता हैं–'गोविंद' पर इस शब्द का अर्थ 'गो'(गाय) से संबंध रखने वाला नहीं है। आदि पर्व में 'गोविंद' का अर्थ वाराह अवतार के प्रसंग में है जहाँ विष्णु ने पानी मथ कर पृथ्वी को निकाला है। 'शांतिपर्व' में भी वासुदेव कृष्ण ने अपना नाम 'गोविंद' बताते हुए पृथ्वी के उद्धार की बात कही है। अतः महाभारत के काल में गायों से संबंध रखने वाले 'गोविंद' की कथाएँ प्रचलित नहीं थीं। 'गोविंद' का वास्तविक इतिहास 'गोविंद' शब्द से है जो ऋग्वेद में इंद्र के लिए प्रयुक्त है; जिसने गायों की खोज की थी।

'महाभारत' में विष्णु के महत्त्व की पूर्ण घोषणा है। यह बात अवश्य है कि विष्णु के साथ ब्रह्मा और शिव का भी निर्देश है; किंतु विष्णु का महत्त्व दोनों से अधिक है; क्योंकि विष्णु की भावना में अवतारवाद है। 'महाभारत' में कृष्ण विष्णु के ही अवतार माने गए हैं। इसी समय बौद्ध धर्म के महायान वर्ग में बुद्ध संपूर्ण ईश्वर बन जाते हैं। ऐसा ज्ञात होता है कि बौद्ध मत प्रधानतः 'महाभारत' की ईश्वरीय-भावना से ही प्रभावित है।

'महाभारत' के बाद 'भगवद्गीता' में भी श्रीकृष्ण विष्णु के पूर्ण अवतार हैं।

वे पूर्ण-ब्रह्म हैं :

*मत्तः परतरं नान्यत् किंचिदस्ति धनंजयः।*
*यदि सर्वमिदं प्रोक्तं सूत्रे मणि-गणा इव।।*[47]

महाभारत में कृष्ण जो विष्णु के अवतार माने गए हैं, 'भगवद्गीता' में एकांत ब्रह्म के पद पर अधिष्ठित होते हैं। विष्णु या कृष्ण का ब्रह्म से एकत्व प्राप्त करना यह घोषित करता है कि कृष्ण ब्रह्म के साकार रूप हैं। गीता के अनुसार उपासना के तीन मार्ग हैं—1. ज्ञान मार्ग 2. कर्म मार्ग और 3. भक्ति मार्ग। भक्ति मार्ग ने कृष्ण के देव-स्वरूप को और भी अधिक विकसित कर दिया।

मोक्षधर्म के अंतर्गत नारायणीय में नारद ने बद्रिकाश्रम की यात्रा की है और वहाँ उनका नर और नारायण से मिलना वर्णित है। उसमें नारायण अपनी प्रकृति अर्थात् नर का ही पूजन करते हैं। इस प्रकार नारायण की अभिव्यक्ति 'नारायणीय' में व्यूह प्रकार से है, जिसके अनुसार नारायण चतुर्व्यूहियों के रूप में आविर्भूत हैं।

नारायण के चार रूप हैं—वासुदेव, संकर्षण, प्रद्युम्न और अनिरुद्ध। इन चारों रूपों से ब्रह्मा की उत्पत्ति मानी जाती है जो दृश्य जगत के निर्माता हैं। नारायण अर्थात् विष्णु के ये चार रूप आध्यात्मिक दृष्टि से इस प्रकार वर्णित हैं :

1. वासुदेव—आदिब्रह्म
2. संकर्षण—प्रकृति
3. प्रद्युम्न—मानस
4. अनिरुद्ध—अहंकार

— ब्रह्म—सर्वभूतानि

विष्णु अपने चारों रूपों से संसार में अवतरित होते हैं और उन्हीं से अवतार की सृष्टि होती है। 'नारायणीय' में अवतार की भावना का अत्यधिक विस्तार है। इसमें अन्य अवतारों के साथ कंस-वध के निमित्त वासुदेव-अवतार अवश्य निर्देशित है, किंतु गोकुल में असुरवध अथवा गोपाल-कृष्ण के व्यक्तित्व का कोई उल्लेख प्राप्त नहीं होता। गोपाल-कृष्ण के व्यक्तित्व का निर्माण हरिवंश पुराण, वायु पुराण, और भागवत पुराण से हुआ है; किंतु यह अनुमान लगाया जा सकता है कि गोपाल कृष्ण की कथाएँ पुराणों की रचना से पूर्व प्रचलित अवश्य रही होंगी, तभी उन्हें लिपिबद्ध किया गया।

हरिवंश पुराण की रचना ईसा की तीसरी शताब्दी में की गई अतः गोपाल कृष्ण की जनश्रुतियाँ ईसा की पहली या दूसरी शताब्दी के बाद से ही प्रचलित हुई होंगी। 'नारायणीय' में अवतार की जो भावना व्यक्त की गई थी, उसका परिवर्द्धन विशेष रूप से पुराणों में हुआ, केवल भावनाओं में ही नहीं, वरन् संख्या में भी नारायणीय में छह अवतारों का उल्लेख है—वाराह, नृसिंह, वामन, परशुराम, राम

और वासुदेव-कृष्ण। पुराणों में अवतारों की संख्या निम्नानुसार है :

1. हरिवंश – नारायणीय में उल्लिखित छह अवतार।
2. वायु पुराण – अ. 97 वें अध्याय में बारह अवतार। जिसमें नारायणीय के छह अवतारों के अतिरिक्त शिव और इंद्र के भी अवतारों का वर्णन है।
   ब. 98 वें अध्याय में दस अवतारों का उल्लेख है जिसमें उपर्युक्त छह अवतारों के अतिरिक्त मत्स्य, कूर्म, वेदव्यास और कल्कि अवतारों का वर्णन है।
3. वाराह पुराण – दस अवतारों का वर्णन है, जो वायु पुराण के 98वें अध्याय में वर्णित अवतारों का अनुसरण करता है।
4. अग्नि पुराण – अग्नि पुराण भी अवतारों के वर्णन के संदर्भ में वाराह पुराण में वर्णित दस अवतारों का ही वर्णन करता है।
5. भागवत पुराण – भागवत पुराण में अलग-अलग स्कन्धों के अलग-अलग अध्यायों में अवतारों की संख्या विभिन्नता युक्त है–
   अ. प्रथम स्कंध–तृतीय अध्याय–बाईस अवतार
   ब. द्वितीय स्कंध–सप्तम अध्याय–तेईस अवतार
   स. एकादश स्कंध–चतुर्थ अध्याय–सोलह अवतार

भागवत पुराण के इन अवतारों में भी नारायणीय-वर्णित छह अवतारों के अतिरिक्त सनत्कुमार, नारद, कपिल, दत्तात्रेय, ऋषभ और धन्वंतरि आदि भी हैं। ऋषभ के जैनधर्मी तीर्थंकर होने की संभावना की जाती है। भागवत संप्रदाय के जन्मदाता देवकीपुत्र कृष्ण और आंगिरस के शिष्य कहे जाते हैं। छांदोग्य उपनिषद् के अनुसार गुरु ने शिष्य को एक नए 'आत्मयज्ञ' की शिक्षा दी थी। उसकी तपश्चर्या दान, ऋजुभाव, अहिंसा तथा सत्यवचन था। इस धर्म के एक अन्य प्रतिष्ठापक राजा वसु ने यज्ञों में पशु बलि का विरोध करके हरि की उपासना पर बल दिया था। यह 'हरि' निर्गुण ब्रह्म नहीं; किंतु भक्त द्वारा उपास्य वैयक्तिक ईश्वर था। यह यज्ञ और तपस्या करने वालों के द्वारा प्राप्य नहीं था। वह केवल भक्तों को ही अपने दर्शन देता था। यज्ञों और तप की निरर्थकता यज्ञों में पशु हिंसा की निंदा तथा भक्ति तत्त्व की प्रधानता द्वारा भागवत-संप्रदायों ने पुराने विश्वासों और परंपराओं के विरुद्ध क्रांति की; किंतु ईश्वर की सत्ता मानने के कारण यह क्रांति बौद्ध और जैनों की क्रांति की तरह उग्र, नास्तिक और दूरगामी नहीं थी।

भागवत धर्म का उद्‌भव उपनिषदों से प्रारंभ होने वाली उसी विचारधारा से हुआ, जिसने बौद्ध और जैन धर्म पैदा किए थे। प्रारंभ में यह धर्म यज्ञों तथा तपस्या के पुराने साधनों की अपेक्षा भक्तिपूर्वक हरि की उपासना पर बल देता था। यज्ञों को वह गौण समझता था और पशुबलि का विरोध करता था।

**कृष्ण और गीता :** धार्मिक सुधार की इस लहर को वृष्णि वंशी वसुदेव पुत्र श्रीकृष्ण से बहुत अधिक बल मिला। उन्होंने 'भगवद्गीता' में नवीन धार्मिक सुधारों के सिद्धांतों का स्पष्ट रूप से प्रतिपादन किया और इस सुधार आंदोलन को सुनिश्चित स्वरूप प्रदान किया। गीता के काल निर्धारण के विषय में भी विद्वानों और मनीषियों में पर्याप्त मतभेद है। कुछ विद्वान तो इसे गुप्त युग की कृति मानते हैं; किंतु इसमें कोई संदेह नहीं है कि गीता के सिद्धांत और उसके विचार अत्यंत प्राचीन हैं। छांदोग्य उपनिषद् में श्रीकृष्ण का स्पष्ट उल्लेख होने से वे काफी पुराने धर्म संशोधक प्रतीत होते हैं। भागवत धर्म के विकास की दृष्टि से गीता के दो सिद्धांत उल्लेखनीय हैं, इसके अनुसार मोक्ष के लिए तपस्या और वैराग्य का मार्ग आवश्यक नहीं; क्योंकि मनुष्य के लिए यह कदापि उचित नहीं कि वह अपने कार्यों-कर्त्तव्यों को छोड़कर मुक्ति प्राप्ति हेतु संन्यासी हो जाए। उसका परम आदर्श तो 'स्वधर्म-पालन' ही है। स्वधर्म- पालन करते हुए मरना ही श्रेयस्कर है। दूसरा सिद्धांत यह है कि मुक्ति शुष्क-नैतिक आचरण में नहीं; वरन् भक्ति में है और इस भक्ति मार्ग में जात-पाँत, ऊँच-नीच अथवा स्त्री-पुरुष का कोई भेद नहीं। जबकि वैदिक धर्म की मुक्ति केवल उच्चवर्ण के पुरुषों को प्राप्त थी; क्योंकि वेदाध्ययन और वैदिक अनुष्ठानों का अधिकार केवल उन्हें ही प्राप्त था। श्रीकृष्ण द्वारा प्रतिपादित मुक्ति बाल-वृद्ध; पुरुष-स्त्री तथा ब्राह्मण और शूद्र तक सबके लिए समान थी।

**भागवत धर्म का आरम्भिक प्रसार :** श्रीकृष्ण द्वारा प्रतिपादित यह मार्ग सर्वप्रथम उनकी अपनी जाति में फिर शनैः-शनैः भारत के अन्य भागों में भी लोकप्रिय होने लगा। भक्तों ने 'वसुदेव' श्रीकृष्ण को ही भगवान बनाकर उनकी पूजा शुरू कर दी। जातक, निद्देस और पाणिनि के सूत्रों में वासुदेव के भक्तों का स्पष्ट उल्लेख है। चौथी शताब्दी ई. पूर्व में मेगस्थनीज ने मथुरा में श्रीकृष्ण की पूजा का वर्णन किया है। दूसरी शताब्दी ई. पूर्व में वैष्णव धर्म इतना प्रबल हो चुका था कि विदेशी जातियाँ भी इससे आकर्षित हो रही थीं। यूनानी राजा अंतर्लिखित (एंटियाल्किडस) के राजदूत तक्षशिला निवासी हेलियोडोरस ने इस शती में वेसनगर (प्राचीन विदिशा) में एक गरुड़ ध्वज स्तंभ स्थापित किया। यह देव-देव वासुदेव के प्रतिष्ठार्थ खड़ा किया गया था। इस पर उत्कीर्ण लेख में वह अपने को भागवत अथवा वैष्णव धर्म का अनुयायी कहता है। सीरिया की एक अनुश्रुति के अनुसार दूसरी शताब्दी ई.पू. तक आर्मिनिया में श्रीकृष्ण की पूजा होने लगी थी। इसी समय के घोसुण्डी और नानाघाट के अभिलेखों में भागवत धर्म का स्पष्ट उल्लेख है।

**वैदिक धर्म के साथ भागवत धर्म का समन्वय :** भागवत धर्म की लहर यज्ञ-प्रधान प्राचीन वैदिक धर्म के विरोध से प्रारंभ हुई थी, किंतु इस काल में कट्टरपंथी वर्ग में नवीन संप्रदाय के प्रधान देवता कृष्ण का वैदिक विष्णु और नारायण से अभेद स्थापित करके नए धर्म को अपनाया गया। हेलियोडोरस के गरुड़ध्वज स्तंभ से यह विदित

होता है कि यह परिवर्तन दूसरी शताब्दी ई.पू. से पहले चुका था। यह दोनों के लिए लाभप्रद था। ब्राह्मणों ने इस लोकप्रिय धर्म को अपनाकर बौद्ध-धर्म के प्रति जनाकर्षण कम कर दिया। भागवत धर्म के अनुयायियों को इससे नवीन प्रतिष्ठा और गौरव प्राप्त हुआ। शिशुपाल ने महाभारत में कृष्ण के विरुद्ध जो विष-वमन किया है, उससे भी स्पष्ट है कि कुछ कट्टरपंथियों को श्रीकृष्ण को देवपद पर प्रतिष्ठित करना अप्रिय था; किंतु अंततः उन्हें भी यह परिवर्तन स्वीकार करना पड़ा और वैष्णव धर्म ने हिंदू-धर्म को नूतन स्वरूप प्रदान किया।

**कृष्णकथा में नवीन तत्त्वों का प्रवेश :** दूसरी शताब्दी ई.पू. में शनैः-शनैः वैष्णव धर्म और कृष्ण-चरित्र में नवीन तत्त्वों का प्रवेश प्रारंभ हो गया। इसमें अवतार-कल्पना, पाँचरात्र-पद्धति, कृष्ण की बाल-गोपाल; गोपियों और राधा के साथ की गई लीलाओं की कथाएँ प्रमुख हैं। यद्यपि अवतारों की कल्पना पुरानी थी, किंतु गुप्त युग में इस कल्पना का क्रमशः पूर्ण विकास हुआ। पाँचवीं शती ईसा पूर्व तक राम और कृष्ण मानव थे। दूसरी शती ईसा पूर्व में वे देव बने और धीरे-धीरे अवतारों की संख्या में निरंतर वृद्धि होने लगी। जो अवतार संख्या पहले छह थी, बाद में दस हुई, जिसमें बुद्ध को भी सम्मिलित कर लिया गया और अंत में जैनों के प्रथम तीर्थंकर ऋषभदेव आदि को समाविष्ट कर यह संख्या चौबीस तक पहुँच गई। पाँचरात्र-पद्धति में वासुदेव की पूजा चार रूपों में (चतुर्व्यूह) के साथ होती थी। इसके विस्तृत स्वरूप के प्रतिपादन हेतु 600 से 800 ई. के बीच अनुश्रुति के अनुसार एक सौ आठ पाँचरात्र संहिताएँ निर्मित हुईं; जिनमें तांत्रिक प्रभाव अत्यधिक है और वे विष्णु की शक्ति पर अधिक बल देती हैं।

**कृष्ण लीलाओं का विकास :** कृष्ण लीलाओं के विकास की कथाधारा भी कृष्णकथा धारा के समान ही अविच्छिन्न रूप से अविरल प्रवाहित होती रही। वैष्णव धर्म में पाँचरात्र के स्थान पर धीरे-धीरे श्रीकृष्ण की लीलाओं को प्रधानता मिलने लगी और मध्य युग में ये लीलाएँ वैष्णव धर्म का प्रधान अंग बन गईं। यद्यपि महाभारत में इन लीलाओं का कहीं कोई वर्णन नहीं है; किंतु भक्तों की भावनाओं के अनुसार पुराणकार इन लीलाओं को कृष्ण-चरित्र से जोड़ते चले गए। सर्वप्रथम ईसा की पहली शती में पश्चिमी भारत के आमीर शासकों के समय कृष्ण के गोपाल-बाल के रूप में उनकी क्रीड़ाओं का वर्णन लोकप्रिय हुआ। तत्पश्चात् गोपियों और उनसे संबंधित कृष्णकथाएँ प्रादुर्भावित हुईं। सातवीं से नवीं शती के मध्य में विरचित किए गए भागवत पुराण में श्रीकृष्ण की इन लीलाओं के भक्ति-प्रधान स्वरूप का प्रतिपादन किया गया, किंतु उस समय तक राधा की कल्पना उद्भूत नहीं की गई थी; क्योंकि भागवत पुराण में उसका कोई उल्लेख नहीं है; किंतु बारहवीं शती के अंत तक 'राधा' कृष्ण-चरित्र का अभिन्न अंग बन गईं। इस शती के अंत में जयदेव ने राधा-कृष्ण-केलियों का सरस वर्णन किया तत्पश्चात् निंबार्क ने दार्शनिक और धार्मिक दृष्टि से राधा-कृष्ण

की उपासना को उच्चतम स्थान प्रदान किया।

**नृसिंह पुराण :** नृसिंह पुराण में वाराह और अग्निपुराणों के ही अनुसार दस अवतारों का वर्णन है, किंतु इन अवतारों में कृष्ण के साथ बलराम को भी जोड़ दिया गया है और इस नाम की सार्थकता अध्याय 53 के इस श्लोक से स्पष्ट है :

*'प्रेषयामास द्वे शक्ती सित कृष्णे स्वके नृप।*
*तयोः सिता च रोहिण्यां वसुदेवाद् बभूव ह।।*
*तदात्कृष्णा च देवक्यां वसुदेवाद् बभूव ह।*
*रौहिणेयोऽथ पुण्यात्मा राम नामश्रितो महान।।*
*देवकी नंदन कृष्ण... ।'*

अर्थात् पृथ्वी का भार उतारने हेतु भगवान विष्णु ने अपनी दो शक्तियों को पृथ्वी पर भेजा—एक सफेद और दूसरी काली। श्वेत शक्ति रोहिणी के गर्भ से उत्पन्न होकर 'राम' नाम से प्रसिद्ध हुई और काली शक्ति देवकी के गर्भ से उत्पन्न होकर कृष्ण नाम से प्रसिद्ध हुई।[48]

गोपाल कृष्ण की भावना का विकास 'हरिवंश पुराण' में इस प्रकार हुआ—3808वें श्लोक में कृष्ण ने अपने पिता नंद से गोवर्धन पूजा की प्रार्थना करते समय अपने आपको पशु पालक कहा है और अपना वैभव 'गोधन' से ही माना है। 'गोवर्धन पूजा' और ब्रज निवास में इस प्रकार की एक ऐतिहासिक सामग्री मिलती है—

ब्रज और वृंदावन केंद्र में दूसरी और तीसरी शताब्दी में आमीर जाति रहती थी। संभवतः कृष्ण इसी जाति के देवता रहे होंगे। ईसा की दूसरी और तीसरी शताब्दी के आमीरों ने राजनीति में भी भाग लिया था और महाराष्ट्र के उत्तर में अपने राज्य की स्थापना की थी। इस जाति में ईश्वर सेन एक बड़ा भारी राजा हुआ जिसका एक शिलालेख नासिक में प्राप्त हुआ है।[49] यह जाति अपने साथ गोपाल—कृष्ण को ईश्वर रूप में लाई। सर भंडारकर का मानना है कि आमीर जाति का 'कृष्ण' संभवतः पश्चिम के क्राइस्ट शब्द से उद्भूत हो।[50] इसी कृष्ण को आमीर जाति ने अपने महत्त्व से 'वेद', 'उपनिषद्' और महाभारत' के वासुदेव-कृष्ण से संबद्ध कर दिया। अतः वासुदेव-कृष्ण जो महाभारत तक ब्रह्म और ब्रह्म के अवतार रहे, आमीरों के गोपाल-कृष्ण में रूपांतरित हो गए और गोपाल-कृष्ण की बाल लीलाएँ पुरातन कृष्ण की बाल लीलाएँ बन गईं; क्योंकि नारद-पंचरात्र की 'ज्ञानामृत सार-संहिता' में कृष्ण की बाललीलाओं का निर्देश प्राप्त होता है। 'ज्ञानामृत सार-संहिता' का रचनाकाल सर भंडारकर द्वारा ईसा की चौथी शताब्दी के बाद ही निर्धारित किया गया है।[51]

कृष्ण की ईश्वरीय-सृष्टि सर्वप्रथम 'वनदेव' की भावना में मानी जानी चाहिए। प्रकृति में 'वसंत श्री' से नवीन जीवन की सृष्टि होती है, नवीन पल्लवों में सौंदर्य फूट पड़ता है। इस नवीन जीवन को उत्पन्न करने वाली शक्ति प्राचीनतम काल से

असंस्कृत हृदय में भक्ति का उद्रेक होना स्वाभाविक है। आर्यों ने प्रकृति के अनेक रूपों को देवताओं के रूपों में माना तथा इंद्र, वरुण, अग्नि, मारुत इत्यादि देवों की कल्पना की। इसी प्रकार मृत्यु से जीवन का आविर्भाव करने वाली शक्ति भी कृष्ण के रूप में आई, जिसका स्वरूप हमें इस प्रकार मिलता है :

(अ) कृष्ण के जीवन की भावना स्पष्ट रूप से गोप रूप में है जिसका संबंध गाँवों से है। प्रकृति के जीवों की रक्षा करने वाले और प्रकृति के प्रांगण में विहार करने वाले देवताओं की कल्पना तो हमारे भक्तिकाल के साहित्य में भी मिलती है। गायें प्रकृति की निर्दोष, सरल और करुण प्रतिमाएँ हैं। श्रीकृष्ण उनके पोषक हैं, इसलिए वे आदि भावना में गोपरूप होने के कारण वनदेव के रूप में स्वतः प्रतिष्ठित हो जाते हैं। इसीलिए उनका नाम गोपाल अथवा गोपेन्द्र है।

(आ) कृष्ण के भाई का नाम बलराम है। वे भी ऋतु-देव हैं। उनका संबंध विशेष रूप में धान्यादिकों से है और उनका आयुध भी हल है। अतएव स्पष्ट है कि कृष्ण और बलराम प्रकृति की सृजन-शक्ति के प्रतिनिधि हैं।

(इ) गोवर्धन पूजा भी उपर्युक्त भावना से संबद्ध है; क्योंकि गोवर्धन पूजा में प्रधान रूप से अनाज की पूजा का विधान है, जिसका दूसरा नाम अन्नकूट भी है। इस उत्सव का प्रारंभ ही श्रीकृष्ण के द्वारा माना जाता है।

इससे सिद्ध होता है कि प्राचीनकाल के ये सब सिद्धांत जो प्रकृति के प्रति सम्मान-भावना से परिपूर्ण थे, कृष्ण के देवत्व-स्वरूप की निर्मिति में पूर्ण सहायक थे। कालांतर में अन्य सिद्धांतों से कृष्ण के स्वरूप और उनकी कथाधारा ने वैविध्यता धारण की किंतु आमीर जाति आराध्य होने के कारण उनका मूल एवं आदि स्वरूप 'वनदेव' से उद्भूत है।

कृष्णकथा धारा का विकास भी रामकथा धारा के समान ही काल-चक्र के साथ संवर्धित होता रहा। जिस प्रकार रामानुजाचार्य से प्रभावित होकर उनके अनुयायी रामानंद ने विष्णु और नारायण का रूपांतर कर रामभक्ति का प्रचार किया, ठीक उसी प्रकार निंबार्क मध्व और विष्णु स्वामी के आदर्शों से अनुप्रेरित होकर उनके अनुयारी चैतन्य और बल्लभाचार्य ने श्रीकृष्ण भक्ति का प्रचार-प्रसार किया, जिसकी कथाधारा 'भागवत पुराण' की कथा पर आधृत है एवं इस कथाधारा में ज्ञान की अपेक्षा प्रेम का अधिक महत्त्व है। आत्मचिंतन की अपेक्षा आत्मसमर्पण की भावना का अधिक प्राधान्य है। बल्लभाचार्य जी ने जहाँ दार्शनिक क्षेत्र में शुद्धाद्वैत की स्थापना की वहीं भक्ति क्षेत्र में पुष्टि मार्ग की। दोनों के योग से उन्होंने श्रीकृष्ण को ब्रह्मरूप मानकर उन्हीं की कृपा पर जीव के सत् चित् और आनंद रूप की कल्पना की। उनके पुष्टि संप्रदाय में अनेक वैष्णव दीक्षित हुए जिन्होंने श्रीकृष्ण को केंद्रित कर अनेक उत्कृष्ट रचनाएँ कीं, जिससे श्रीकृष्ण कथाधारा सुसमृद्ध हुई। इसी वैष्णवी शाखा में प्रसिद्ध अष्टछाप के मणि-माणिक्यों में सूरदास, नंददास, नाभादास आदि ब्रजभाषा

के श्रेष्ठ कवि थे, जो कृष्ण कथाधारा के यशस्वी और लोकप्रिय महाकवि हुए। कृष्ण जन्मभूमि से बल्लभाचार्य जी का सीधा संबंध हो जाने के कारण कृष्ण कथाधारा का प्रचार-प्रसार ब्रजभाषा में हुआ और अतिशीघ्र ब्रजभाषा काव्यभाषा के पद पर अधिष्ठित हो गई। ब्रजभाषा के सुंदर गेय पदों के सृजन से कृष्णकथा, कृष्ण-भक्ति के रूप में उत्तर के कोने-कोने में व्याप्त हो गई। कृष्णकथा धारा से ब्रजभाषा का और ब्रजभाषा से कृष्णकथा धारा का प्रचार-प्रसार हुआ, इस प्रकार ब्रजभाषा और कृष्णकथा संवर्धन की दृष्टि से परस्पर अन्योन्याश्रित हो गईं। कृष्णकथाधारा पर जिन साहित्यकारों ने रचनाएँ कीं, उनमें सूरदास जी अग्रगण्य हैं। सूरदास जी की रचनाओं में श्रीकृष्ण के बाल-लीलाओं के पद अत्यधिक प्रसिद्ध हैं जिनमें बाल-लीलाओं और बाल मनोभावों का अत्यंत सूक्ष्म विवेचन है, जिसे देखकर सूरदास को 'सूरदास' मानना भी आश्चर्यजनक प्रतीत होता है।

श्रीकृष्ण की कथा राधा के बिना पूर्णता प्राप्त नहीं कर सकती अतः श्रीकृष्ण कथा के विकास में राधा-कृष्ण के संयोग के विकास पर भी दृष्टिनिक्षेपण करना युक्ति संगत होगा।

'महाभारत' जिसमें कृष्ण-जीवन का चित्रण है, उसमें राधा से संबंधित कोई उल्लेख नहीं है। महाभारत में कृष्ण का जीवन ही महत्त्वपूर्ण है, वे मथुरा में जन्म लेते हैं बड़े होते हैं और कंस सहित अन्य असुरों का वध करते हैं तथा कंस-वध के पश्चात् द्वारका चले जाते हैं। कृष्ण के पिता वसुदेव और माता देवकी हैं, यह चरित तो महाभारत में प्राप्त होता है, किंतु कृष्ण के गोप-जीवन की छाया एवं उनके अलौकिक कृत्यों की कथाओं का संदर्भ महाभारत में नहीं है, और गोप-जीवन के अभाव में राधा-संदर्भ भी अनुल्लिखित है।

कूर्म पुराण में श्रीकृष्ण को साक्षात् विष्णु का अवतार माना गया है तथा इस पुराण में श्रीकृष्ण की सोलह हजार रानियों का उल्लेख प्राप्त है।[52] इस पुराण में श्रीकृष्ण के पुत्रों, तथा कृष्ण द्वारा शिव स्तुति एवं कैलाश-पर्वत-विहार का वर्णन है किंतु राधा का उल्लेख नहीं है।

ईसा की दशम शताब्दी में 'भागवत् पुराण' की रचना हुई जिसका आधार बनाकर नारद भक्ति सूत्र का सृजन हुआ। इन ग्रंथों में कृष्ण के भगवद्-स्वरूप का विकास पूर्ण रूप से हुआ। इन ग्रंथों में भक्ति-अभिव्यक्ति की प्रचुरता होते हुए भी भक्ति की प्रतिमूर्ति राधा का निर्देश कृष्ण के साथ नहीं है। भागवत् पुराण में तो कृष्ण के बाल-जीवन का ही विशेष रूप से वर्णन है, जिसमें गोपिकाओं के वर्णन के साथ एक ऐसी अनाम गोपी का वर्णन है जो कृष्ण के साथ अधिकांशतः एकांत में विचरण करती थी; किंतु उसका नाम राधा ही था इसका कोई प्रमाण नहीं है। कृष्णकथाधारा से जुड़े प्रसिद्ध संत—'संत ज्ञानेश्वर' और उसी वर्ग के अन्य संतों के गीतों में भी राधा का नाम अप्राप्त है। भागवत् पुराण के आधार पर कृष्ण-भक्ति शाखा का प्रथम

संप्रदाय 'माधव संप्रदाय' है, जिसका प्रतिपादन माधवाचार्य जी द्वारा किया गया तथा इसका समय संवत् 1256 से 1335 (अर्थात् सन् 1199 से 1278) माना गया है, यहाँ भी राधा का नामोल्लेख नहीं किया गया है। 'राधा' का नामोल्लेख सर्वप्रथम 'सूरसागर' में सूरदास जी ने किया है।

'राधा' का निर्देश माधव-संप्रदाय के पश्चात् विष्णु स्वामी और निंबार्क संप्रदायों में प्राप्त होता है। 'जयदेव' जो निंबार्क संप्रदाय से विशेष संबंध रखते हैं, उन्होंने राधा और कृष्ण के विहार में 'गीत-गोविंद' की रचना की। विष्णु स्वामी और निंबार्क संप्रदायों के पश्चात् चैतन्य और बल्लभ संप्रदायों में भी राधा को कृष्णकथा में विशिष्ट स्थान मिला। आगे चलकर विष्णु स्वामी से प्रभावित बल्लभाचार्य एवं बल्लभाचार्य से प्रभावित सूरदास ने तथा गीत-गोविंद के रचनाकार 'जयदेव' से प्रभावित विद्यापति ने अपनी रचनाओं में राधा को महत्त्वपूर्ण स्थान प्रदान किया।

भागवत् पुराण के जन्मदाता देवकीपुत्र कृष्ण और आंगिरस के शिष्य थे। छांदोग्य उपनिषद् के अनुसार गुरु ने शिष्य को एक नए आत्म-यज्ञ की शिक्षा दी थी।[53] उसकी दक्षिणा, तपश्चर्या, दान, ऋजुप्रभाव, अहिंसा तथा सत्य वचन था। इसी धर्म के एक अन्य प्रतिष्ठापक राजा 'वसु' ने यज्ञों में पशु-बलि का विरोध करके 'हरि' की उपासना पर बल दिया था। यह 'हरि' निर्गुण ब्रह्म नहीं; किंतु भक्त द्वारा उपास्य वैयक्तिक ईश्वर था। यह यज्ञ और तपस्या करने वालों द्वारा प्राप्य नहीं था, केवल भक्त को ही अपने दर्शन देता था। यज्ञों और तप की निरर्थकता, यज्ञों में पशु हिंसा की निंदा तथा भक्ति तत्त्व की प्रधानता द्वारा भागवत संप्रदायों ने पुराने विश्वासों और परंपराओं के विरुद्ध क्रांति की, किंतु ईश्वर की सत्ता मानने के कारण यह क्रांति बौद्ध और जैनों की क्रांति की तरह उग्र नास्तिक और दूरगामी नहीं थी।

आधुनिक काव्य में कृष्णकथा काव्य का प्रारंभ कुछ विद्वानों के मत में विद्यापति से माना जाता है, किंतु विद्यापति पर गीत-गोविंद के सर्जनाकार महाकवि जयदेव का विशेष प्रभाव होने के कारण कृष्णकथा काव्य का सूत्रपात जयदेव से ही माना जा सकता है।

## स्वातंत्र्योत्तर हिंदी कृष्ण-काव्य में कृष्णकथा का विकास

स्वतंत्रता के पश्चात तुलसी राम शर्मा ने सन् 1949 में कृष्ण के जीवन चरित को आधार बनाकर 'पुरुषोत्तम' नामक प्रबंध काव्य की सर्जना की। इस प्रबंध का भाव-विस्तार कृष्ण के जन्म से लेकर महाभारत के युद्ध तक विस्तीर्ण है। श्री रमाशंकर शुक्ल 'रसाल' ने ब्रजभाषा में 'उद्धव-शतक' तथा 'विनय-शतक' की सर्जना की। इसमें भक्ति तथा रीतिकालीन भावुकता के स्थान पर आधुनिक युग की प्रमुख प्रवृत्ति 'तर्कशीलता' की ही प्रधानता है। इन कृतियों में कृष्ण के चरित को आधुनिक संदर्भों में वर्णित करने का सुंदर और सफल प्रयास किया गया है।

सन् 1953 ई. में राजेश्वर प्रसाद नारायण सिंह ने 'राधा श्रीकृष्ण' नामक काव्यग्रंथ का प्रणयन किया। इस पुस्तक के दो भागों में राधा और कृष्ण के हृदय में उठने वाले अंतर्द्वंद्वों को व्यक्त किया गया है। इसके पश्चात् कृष्णकथा से संबंधित डॉ. धर्मवीर भारती की दो कृतियाँ क्रमशः 'अंधायुग' (नाटक सन् 1954) और 'कनुप्रिया' (काव्य सन् 1959) प्रकाशित हुईं। 'अंधायुग' नाटक महाभारत कालीन परिस्थितियों तथा कृष्ण के बौद्धिक स्वरूप का ही एक रूप है।[54]

भारती ने इन काव्यों में मिथकीय प्रयोग द्वारा कृष्ण के चरित्र को समकालीन संदर्भ में चित्रित किया है। वे अब अन्याय, शोषण, अत्याचार के विरोधी बनकर इसमें प्रस्तुत हुए हैं।

कृष्णकथा से संबंधित चार खंडकाव्यों—द्रौपदी, सुविरा, उत्तरजय और सुवर्णा की रचना कविवर नरेन्द्र शर्मा ने की। उन्होंने स्पष्ट लिखा है कि 'द्रौपदी' और उत्तरजय नाम के अपने काव्यगत प्रयासों में मैंने महाभारत की कथा का सहारा लिया है—प्रस्तुत काव्य 'सुवर्णा' की अवतारणा भी महाभारत की महती भूमिका में हुई। वस्तुतः द्रौपदी में महाभारत के युद्ध की पूर्व-पीठिका प्रस्तुत की गई है।[55] उत्तरजय में युद्धोत्तर स्थिति और परिस्थिति का पथ रूपकानुरूप वर्णन है और सुवर्णा में मध्य की स्थिति परिस्थिति को प्रस्तुत किया गया है। यहाँ कृष्ण अपने परिवर्तनकारी रूप में प्रस्तुत हैं। इन ग्रंथों का मुख्य स्रोत महाभारत ही है। इसी परंपरा की कृति 'सुविरा' भी है, यहाँ आकर श्रीकृष्ण, भगवान नहीं रहे। वे पूरी तरह से मानव हैं इसलिए उनके चरित में सभी कमजोरियाँ विद्यमान हैं जो एक मानव में आज उपस्थित हैं।

कृष्णकथा की परंपरा में योगदान प्रदान करते हुए संत कृपालदास ने सन् 1954 ई. में 'प्रेमरस मदिरा' की रचना की। प्रस्तुत काव्य में राधा-कृष्ण की मधुर भक्ति के दर्शन होते हैं। सन् 1957 ई. में पं. रूपानारायण पांडेय रचित 'श्रीकृष्ण चरित' अर्थात् रुक्मणी मंगल नामक रचना प्रकाशित हुई। यह काव्य अठारह भागों में विभक्त है। इस कथा का संबंध विशेषतः 'श्रीकृष्ण चरित' शीर्षक से है। इसी वर्ष 1957 ई. में ही परमेश्वर द्विरेफ ने 'मीरा' काव्य का प्रणयन किया। इसमें भक्त हृदया मीरा की भक्ति भावनाओं का वर्णन है। श्रीकृष्ण उनके आलंबन हैं। इन तीन रचनाओं में श्रीकृष्ण के अलौकिक चरित्र को ही पुराने ढर्रे पर वर्णित किया गया है।[56]

वर्तमान युग के प्रसिद्ध कवि वियोगी हरि ने कृष्णभक्ति काव्य 'अनुराग मंजरी' की रचना सन् 1956 ई. में की। प्रस्तुत काव्य में कवि की स्फुट कविताएँ संकलित हैं। अधिकांश कविताओं में प्रेम और पराभक्ति की अभिव्यक्ति है। रचना में कोई नयापन नहीं है।[57]

महाभारत के कथा प्रसंगों को ग्रहण कर नरेश मेहता ने 'महाप्रस्थान' नामक खंड काव्य की सर्जना की। सन् 1974 ई. में रचित इस काव्यग्रंथ में श्रीकृष्ण के

चरित्र को नए आयामों से उद्घाटित किया गया है। उनकी यह लीला उनके चरित्र निरूपण में भी विद्यमान है। श्रीकृष्ण के चरित्र में कल्पना और मिथक का योग है। यह योग है गोपाल और पार्थ सारथी का।[58] उनके चरित्र में जो सर्वसत्तात्मक, सर्वप्रभुता संपन्न, अनासक्त एवं गत्यात्मकता महाभारत में वर्णित है वही इस काव्य की आधारशिला है।

महाकवि तुलसीदास कृत रामचरितमानस की शैली के आधार पर भी प्रियदर्शी महाराज ने 'श्रीकृष्ण चरित मानस' नामक प्रबंधकाव्य की सर्जना की, जिसमें श्रीकृष्ण के सर्वांगीण जीवन चरित को विविध पहलुओं में चित्रित किया गया है। इसी परंपरा में लक्ष्मण किलाधीश सीतारामशरण की 'गोपीगीत' भी उल्लेख्य है। आरतीप्रसाद सिंह ने 'श्रीकृष्ण चेतना' नामक रचना में कृष्ण वृत्त को भावबोध के स्तर पर प्रस्तुत किया है। इसमें नई युग चेतना से लेकर कुरुक्षेत्र तक का प्रसंग वर्णित है। कवि स्वभाव पूर्ण स्वच्छंदतावादी है, अतएव इसी वृत्ति का इनके काव्य में पूर्ण विकास हुआ है।[59]

कृष्ण-काव्य विषयक उक्त रचनाओं के अतिरिक्त भी अनेक कृतियाँ इस पथ की पथ-राही बनीं। उदयशंकर भट्ट रचित 'युग पुरुष से', गंगा प्रसाद श्रीवास्तव प्रणीत 'जन्म दिवस पर', केशु की रचना 'सूर्यपुत्र के तीन मर्म कथन', लक्ष्मीकांत वर्मा की 'क्यूरियों मार्ट में अर्जुन की तलाश' तथा दुष्यंत कुमार की 'तदात्मानं सृजाम्यहम्' उल्लेखनीय है।[60]

नई कविताओं में कृष्ण का चरित्र निरूपण इतना अधिक नहीं हुआ है जितना वह युग की विभिन्न परिस्थितियों का प्रतीक बना है। एक ओर अगर कृष्ण को महामानव, मर्यादापालक, राष्ट्रनायक, प्रभु आदि रूपों में चित्रित किया गया है तो दूसरी ओर उन्हें अभिजात वर्ग का प्रतिनिधि तथा नेता, छली-प्रपंची-कापुरुष आदि रूपों में भी चित्रित किया है। स्पष्ट है कि समय-समय पर श्रीकृष्ण के चरित्र विकास के अनेक स्तर प्राप्त होते हैं। कृष्ण चरित्र प्रत्येक युग में समय की आवश्यकता एवं परिवेश के अनुरूप परिवर्तित होता रहा है।

## श्रीकृष्ण चरित्र का गद्य विधा में अवतरण

स्वातंत्र्योत्तर साहित्य में श्रीकृष्ण की गाथा काव्य के कलेवर में ही संयोजित की गई है। गद्य विधा में कहानियों, नाटकों, एकांकियों तथा समीक्षात्मक ग्रंथों और शोध-प्रबंधों में कृष्णकथा के लघु अंश यत्रतत्र परिलक्षित होते हैं। निबंधों में अवश्य कृष्ण के बहुआयामी व्यक्तित्व की समीक्षाएँ की गई हैं। कल्याण तथा अन्य धार्मिक पत्रिकाओं में इस प्रकार के समीक्षात्मक लेख प्रचुर मात्रा में उपलब्ध हैं। बृहद् कथा के रूप में भी गद्य विधा में लेखन हुआ है। धार्मिक दृष्टि से बहुत-सी पुस्तकें प्रकाशित हुई हैं, जिन्हें साहित्यिक कोटि की रचना नहीं माना जा सकता। कथा-साहित्य

में मनु शर्मा की 'कृष्ण की आत्मकथा' एक श्रेष्ठ रचना है।

**उपन्यास :** रामकथा धारा के समान ही आधुनिक युग में कृष्ण का उपन्यास विधा में अवतरण हुआ है। जहाँ तक कृष्ण पर आधारित उपन्यासों का प्रश्न है, उपन्यासों में कृष्ण-परक कथाएँ गिनीचुनी कृतियों में हैं :

1. 'सबै भूमि गोपाल की' व 'कृष्ण कामिनी'—सेठ गोविंददास
2. 'कृष्ण की आत्मकथा'—आठ खंड—मनु शर्मा
3. 'अभिमन्यु का सत्ता व्यूह'—श्रीराम ठाकुर दादा
4. 'द्रौपदी'—डॉ. चित्रा चतुर्वेदी
5. 'द्रौपदी'—प्रतिभा राय
6. 'पुरुषोत्तम'—डॉ. भगवती शरण मिश्र
7. 'श्याम, फिर एक बार तुम मिल जाते'—दिनकर जोशी
8. 'कृष्णावतार'—के. एम. मुंशी

डॉ. नरेन्द्र कोहली प्रथम रचनाकार हैं जिन्होंने उपन्यास विधा में आठ खंडों में श्रीकृष्णकथा और उनके चरित्र का चित्रण किया है। उपन्यास के क्षेत्र में इस दृष्टि से कोहली जी महारथी सिद्ध होते हैं। उन्हें उपन्यास लेखन में विशेषज्ञता प्राप्त है। उस विशेषज्ञता के कारण इनके उपन्यास हिंदी साहित्य के इतिहास में मील के पत्थर सिद्ध होते हैं। इनके आठ खंडों वाले 'महासमर' उपन्यास हिंदी साहित्य में अद्वितीय हैं। महासमर के आठ खंड हैं जो निम्नानुसार हैं :

1. बंधन 2. अधिकार 3. कर्म 4. धर्म 5. अंतराल 6. प्रच्छन्न 7. प्रत्यक्ष 8. निर्बन्ध

## 3. विकास परंपरा में नरेन्द्र कोहली : एक परिचय

काव्य विधा के प्रचलन के कारण कृष्ण का सारा जीवन-वृत्त चरित्र और कृतित्व काव्य की मधुर रसमय धारा से सिक्त है। हिंदी में गद्य का आविर्भाव चौदहवीं शताब्दी के उत्तरार्ध में दो सौ वैष्णवन की वार्ता और चौरासी वैष्णवन की वार्ता में प्रारंभ हुआ। खड़ी बोली हिंदी में गद्य-स्वरूप का पुष्टिकरण 'भारतेंदु युग' से होता है। महावीर प्रसाद द्विवेदी के कालखंड में खड़ी हिंदी का गद्य स्वरूप व्याकरण सम्मत होकर लेखन का आदर्श बन गया। कृष्ण के चरित को लेकर धार्मिक दृष्टि से अनेक पुस्तकों का लेखन हुआ, किंतु साहित्यिक निकष पर खरी उतरने वाली पुस्तकें गिनीचुनी ही हैं। उपन्यास विधा में ऐतिहासिक उपन्यासकारों ने अवश्य यत्रतत्र लेखनी उठाई है; किंतु महिमा-मंडन कुछ को ही प्राप्त हो सका है। ऐसे ही लब्धप्रतिष्ठ कथाकारों में प्रसिद्धि की ऊँचाइयों का स्पर्श करने वाला एक नाम है—डॉ. नरेन्द्र कोहली। जिनके उपन्यासों में राम और कृष्ण का चरित्र आधुनिकता बोध को उजागर करता हुआ औपन्यासिक उदात्तता से परिपूरित होकर गद्य विधा

का कंठहार बन गया है। अतीत की स्तुति करके कोई भी जाति सर्वांगीण समृद्धि के लक्ष्य को प्राप्त नहीं कर सकती। जाति के उत्थान और उत्कर्ष के लिए कठोर कर्म करना आवश्यक होता है। पर्वत शिखरों से लेकर सागर की अतल गहराइयों तक का मंथन और दोहन करना पड़ता है। रत्न-गर्भा धरित्रि के समृद्ध अक्षय-कोष को प्राप्त करने से स्वदेश तो विकसित होता ही है, विश्व-वंदनीयता भी प्राप्त होती है।

डॉ. नरेन्द्र कोहली ने भारतीय संस्कृति के गौरव लोकादर्श एवं पौरुष के प्रतीक श्रीराम और कृष्ण को धार्मिक वितंडावाद के कुहासे से निकालकर उज्ज्वल छवि के साथ गौरवशाली व्यक्तित्व, शौर्यशाली कर्मठ मानव के रूप में प्रस्तुत करने का सफल प्रयास किया है। कोहली जी के राम और कृष्ण कोमल और सुंदर ही नहीं हैं, वे कठोर, कर्मठ, उत्साही वीर योद्धा भी हैं। उनके विचारों की विनम्रता और प्रणति से एक तरफ जहाँ धरती का स्पर्श चुंबन किया जा सकता है, वहीं दूसरी तरफ संकल्प एवं कर्म का सामंजस्य युक्त दृढ़ता से विस्तृत आकाश में तन कर खड़ा हुआ जा सकता है। वे बेंत की लचीली छड़ी नहीं हैं, जिन्हें जो भी जिधर चाहे झुकाता और खेलता रहे। वे लौह-प्रदण्ड हैं, वे लौह-पुरुष हैं। उनकी सीता 'पलंग पीठि तजि गोद हिंडोला' वाली नहीं हैं। वे धरित्रि पुत्री हैं, कृषक बाला हैं, कर्मठ हैं, तेजस्विनी हैं, संघर्षशील हैं। वे आज की आधुनिक नारी स्वरूप की क्रांतिकारिता को धारण ही नहीं करतीं उसका मार्ग-दर्शन भी करती हैं। उनमें शांति-प्रिय विद्रोह है, वे अँधेरे से, संकट से भयभीत नहीं हैं, बल्कि उजाले की शोधिका हैं, साधिका हैं। वह पुरुष की सहचरी तो हैं ही, कहीं-कहीं अग्रचरी भी हैं।

नरेन्द्र कोहली जी का कृष्णकथा-साहित्य भी उनके राम-कथा-साहित्य की परंपरा का अनुसरण करता है, ऐसा प्रतीत होता है मानों 'महासमर' के प्रणेता 'कृष्ण' उनको सर्वाधिक प्रिय हैं। कोहली जी के कृष्ण भागवत महापुराण के दशम् स्कंध के कृष्ण नहीं हैं, वे तो गीता के कृष्ण हैं। वे भक्तों के अनुरंजक युगल किशोर अर्थात् राधा-कृष्ण के युग्म से सरोकार नहीं रखते, उनकी आस्था तो कर्मयोगी कृष्ण में है। कोहली जी सांख्य और ध्यान योग को आवश्यक नहीं मानते। उनकी योग संबंधी परिभाषा है योगः कर्मसु-कौशलम् अतः नायिका के रूप में राधा की परिकल्पना उनके लिए ग्राह्य नहीं है। कोहली जी ने जिन नारियों का उल्लेख किया है, वे वीरांगनाएँ हैं, कर्मठ हैं, पुरुष-चित्त धारिणी हैं, मातृ-रूप में वे श्रद्धेय हैं; किंतु नारी का प्रेयसि-स्वरूप कोहली जी के लिए अग्राह्य है।

कोहली जी कृष्ण के गीतोल्लिखित संकल्प—'परित्राणाय साधूनां विनाशाय च दुष्कृताम्' के समर्थक हैं। उनके विचार में शस्त्रेण रक्षिते राष्ट्रे शास्त्र चिंतन प्रवर्तक ही सच्चा जीवन दर्शन है। सुरक्षा की अनिवार्यता सर्वप्रथम है जिससे समाज और संस्कृति का विकास निर्बाध रूप में संभव हो सकता है। कोहली जी के कृष्ण

योद्धा हैं, वीर हैं, चतुर कूटनीतिज्ञ हैं वे साधनों की पवित्रता में विश्वास नहीं रखते। उनकी लक्ष्यसिद्धि महत्त्वपूर्ण है। वे न्याय के प्रबल समर्थक हैं। वे न्याय और धर्म की धरा पर किसी भी प्रकार समझौतावादी नहीं हैं। उनकी सारी शक्तियाँ राष्ट्र की सुरक्षा और राष्ट्र की समृद्धि हेतु समर्पित हैं। वे हमारे राष्ट्र नायक हैं, आधुनिक परिप्रेक्ष्य में भी हमारे आदर्श हैं।

आगे हम कोहली जी के इन विचारों के उत्प्रेरक तत्त्वों, उनके व्यक्तित्व, परिचय एवं उनकी सृजन क्षमता के विभिन्न बिंदुओं का अवलोकन करेंगे।

## कोहली जी के उपन्यास लेखन के प्रेरक तत्त्व

**(अ) जन्म :** आधुनिक संदर्भों में सांस्कृतिक जीवन के व्याख्याकार डॉ. नरेन्द्र कोहली जी का जन्म 6 जनवरी 1940 को स्यालकोट में हुआ था। स्यालकोट नगर अब पाकिस्तान में है।

**(ब) कौटुम्बिक स्थिति :** कोहली जी के दादा हरकिशन दास मैट्रिक पास उर्दू एवं अंग्रेजी भाषाविद् वन विभाग में हेड क्लर्क थे। कोहली जी अपनी दो दादियों श्रीमती भाइयां देई और दुर्गा देवी में से भाइयां देई के पौत्र थे।

**(स) पिता :** कोहली जी के पिता का नाम श्री परमानंद कोहली था, जिनका जन्म स्यालकोट में मध्यमवर्गीय नौकरी पेशा परिवार में 1903 में हुआ था। वे अपनी आँखों के रोग के कारण पढ़ने-लिखने का शौक होते हुए भी सातवीं कक्षा से आगे नहीं पढ़ सके, फिर भी साहित्यिक रुझान बनी रही, और उर्दू में लिखे गए अपने तीन-चार उपन्यासों की पांडुलिपियाँ अपने लेखक पुत्र के लिए उत्तराधिकार स्वरूप छोड़ गए। परमानंद जी पूर्व में वन विभाग (अविभाजित पंजाब) में अस्थायी क्लर्क के रूप में कार्यरत रहे, बाद में देश विभाजन के पश्चात् पूँजी, डिग्री तथा अन्य किसी कौशल के अभाव के कारण जमशेदपुर में रेलवे लाइन के किनारे फल बेचने को बाध्य हुए। अंत में एक छोटी-सी दुकान से आजीविका चलाने लगे। बयासी वर्ष की अवस्था में 1985 ई. में आपका देहांत हो गया।

**(द) माता :** कोहली जी की माता का नाम विद्यावंती था। उनका जन्म पंजाब के एक छोटे से गाँव में साधारण कृषक परिवार में हुआ था। बालिका शिक्षा के महत्त्व और सुव्यवस्था के अभाव के कारण वे निरक्षर ही रहीं। उनका देहांत अनुमानतः अस्सी वर्ष की अवस्था में सन् 1992 में दिल्ली में हुआ।

**(इ) शिक्षा :** कोहली जी की शिक्षा लगभग पाँच-छः वर्ष की अवस्था में देव समाज हाई स्कूल, लाहौर से आरंभ हुई। आपने स्यालकोट के गंडासिंह हाई स्कूल में भी कुछ समय तक शिक्षा प्राप्त की। सन् 1947 ई. में देश-विभाजन के पश्चात् जमशेदपुर आ गए, वहाँ धतकिडीह लोअर प्राइमरी स्कूल में तीसरी कक्षा की पढाई की। सन् 1949 से 1953 तक कक्षा 4 से कक्षा 7 तक की शिक्षा

न्यू मिडिल इंगलिश स्कूल में प्राप्त की; किंतु अंग्रेजी का मात्र अक्षर-ज्ञान ही हुआ। शेष सारी शिक्षा उर्दू भाषा के माध्यम से प्राप्त की। आठवीं से ग्यारहवीं तक की शिक्षा सन् 1954 से 1957 तक–मिसेज के.एम.पी.एम. हाई स्कूल जमशेदपुर में हुई। हाई स्कूल तक विज्ञान विषयों का अध्ययन उर्दू माध्यम से किया।

उच्च शिक्षा जमशेदपुर कोआपरेटिव कालेज से अनिवार्य अंग्रेजी और अनिवार्य हिंदी सहित मनोविज्ञान, तर्कशास्त्र तथा विशिष्ट हिंदी विषयों में प्राप्त की। आई. ए. 1959 की परीक्षा बिहार विश्वविद्यालय से दी। बी. ए. आनर्स के लिए अनिवार्य विषय अंग्रेजी के साथ हिंदी साहित्य तथा दर्शनशास्त्र का चुनाव किया। सन् 1961 ई. में रांची विश्वविद्यालय से संबद्ध जमशेदपुर कोआपरेटिव कालेज से बी. ए. आनर्स कर एम. ए. करने के लिए दिल्ली आ गए। 1963 ई. में रामजस कालेज–दिल्ली विश्वविद्यालय से हिंदी साहित्य में एम.ए. किया तथा बाद में 1970 में इसी विश्वविद्यालय से पी-एच.डी. की उपाधि प्राप्त की।

**(ई) आजीविका :** प्रथम आजीविका दिल्ली के पी.जी.डी.ए.वी. (सांध्य) कालेज में हिंदी के अध्यापक के रूप में 1963 से 1965 तक रहे। इसके पश्चात् दिल्ली के ही मोतीलाल नेहरू कालेज में 1965 ई. में दूसरी आजीविका आरंभ की। जो कि 31 अक्टूबर सन् 1995 तक जारी रही और एक नवंबर 1995 को पचपन वर्ष की अवस्था में स्वैच्छिक अवकाश लेकर नौकरियों का सिलसिला समाप्त कर दिया। तब से अपनी पेंशन और लेखन पर निर्भर हैं।

**(ए) परिवार :** कोहली जी ने सन् 1965 में अपना विवाह डॉ. मधुरिमा से किया, जो दिल्ली विश्वविद्यालय से हिंदी साहित्य में एम.ए., पी-एच.डी. हैं। वे कमला नेहरू कालेज नई दिल्ली के हिंदी विभाग से 1964 ई. से संबद्ध हैं और वर्तमान में रीडर के पद पर कार्यरत हैं।

संतानों में कोहली जी की पहली पुत्री संचिता मात्र चार महीने ही जीवित रही। दिसंबर 1967 में जुड़वाँ संतानों कार्तिकेय और सुरभि ने जन्म लिया। सुरभि मात्र चौबीस दिन ही जीवित रह सकी, कार्तिकेय ने दिल्ली विश्वविद्यालय से एम.ए., एम. फिल. किया और रामलाल आनंद (सांध्य) कालेज दिल्ली में अर्थशास्त्र का अध्यापन कर रहे हैं। उनकी पत्नी और कोहली जी की पुत्र-वधू वंदना चक्षु रोग विशेषज्ञ हैं।

छोटे पुत्र अगस्त्य का जन्म 1975 में हुआ, जिन्होंने दिल्ली के सरदार पटेल विद्यालय से उच्चतर माध्यमिक शिक्षा प्राप्त कर इलिनॉय इंस्टीट्यूट ऑफ टेक्नॉलाजी, शिकागो (संयुक्त राज्य अमरीका) में यांत्रिकी शिक्षा लेने गए और अब डॉलास (संयुक्त राज्य अमरीका) में ही कार्यरत हैं।

**संपर्क :** नरेन्द्र कोहली जी बाल्यावस्था में अपने परिजनों में अपनी माँ के संपर्क में रहना अधिक पसंद करते थे। उन्होंने स्वयं अपने आत्मकथ्य–'नरेन्द्र कोहली ने कहा' में लिखा है :

"मेरा शैशव कभी भी नटखट और खिलंदड़े बच्चों का शैशव नहीं रहा। आरंभ में कदाचित् मैं काफी बीमार और रोना बच्चा रहा होऊँगा। शरीर पर फोड़े फुंसियाँ भी बहुत थीं। अधिकांशतः माँ से ही चिपका रहता था। शक्ति की कमी रही होगी पर ऊर्जा की कमी नहीं थी, पर जो थी उसे मैंने बिखरने नहीं दिया।"[61]

इस प्रकार माँ की ममता के आँचल और पिता की अंतर्दृष्टि की देख-रेख में पले बढ़े कोहली जी कक्षा में सदैव प्रथम तो आते ही थे, भाषण, वाद-विवाद जैसी प्रतियोगिताओं में भी प्रथम आकर कक्षा में अपनी धाक जमा लेते थे।

बहुमुखी प्रतिभा के विकास क्रम में ही कोहली जी की साहित्यिक प्रतिभा का अंकुरण भी कक्षा छह में ही हो गया था। पिताजी की साहित्यिक अभिरुचि का हस्तांतरण संस्कारों के रूप में हुआ ही था, संयोगवश कक्षा छह में ही सहित्यिक अभिरुचि के कुछ मित्र भी आपको मिल गये। उम्र, संयोग और संपर्क रूपी हवा, पानी और प्रकाश को प्राप्त कर संस्कार रूपी बीज तीव्रता से मानस धरा के बाहर आने लगा और अपने चरम लक्ष्य को प्राप्त करने की दिशा में बढ़ चला। फलतः कक्षा छह में कक्षा की हस्तलिखित पत्रिका में दो कविताएँ लिखी थीं। सातवीं कक्षा में कुछ कहानियाँ हस्तलिखित पत्रिका में प्रकाशित हुईं और आठवीं में हिन्दोस्ताँ, जनता निशाँ नामक उर्दू कहानी लिखी जो स्कूल की मुद्रित पत्रिका में प्रकाशित हुई। कोहली जी की बड़ी बहन हिंदी साहित्य से एम.ए. कर रही थीं। उनके सान्निध्य में रहकर कोहली जी ने तुलसी, पद्माकर, रत्नाकर, जयशंकर प्रसाद, निराला, पंत और महादेवी की रचनाओं का अध्ययन एवं प्रभाव ग्रहण किया जो इनके साहित्यकार व्यक्तित्व को संप्रेरित करता रहा।

एम.ए. पूर्वार्द्ध की शिक्षा प्राप्त करते समय श्री नरेन्द्र कोहली एक लड़की के संपर्क में भी आए। संपर्क प्रेम में परिवर्तित हुआ; किंतु वह प्रेम संबंध कन्या पक्ष के सदस्यों के कारण यद्यपि असफल हो गया, किंतु उस असफल संपर्क ने भी नरेन्द्र के साहित्यिक मन को अभिप्रेरित किया।

एम.ए. फाइनल में मधुरिमा से संपर्क हुआ, जो कुछ वर्षों तक बना रहा। एक-दूसरे को जानने-समझने, साहचर्य से सहज प्रेम के विकसित होने का मौका मिला, दोनों कालेज में हिंदी विषय के लेक्चरर हो गए और कुछ समय पश्चात 1 अक्टूबर 1965 को यह संपर्क परिणय सूत्र के बंधन में परिवर्तित हो गया। मधुरिमा के मधुरिम संपर्क ने भी नरेन्द्र कोहली के अंतर में स्थित साहित्यकार को विकसित करने में पूर्ण सहयोग प्रदान किया।

**अध्यवसाय :** प्रतिभा परिष्कार हेतु जहाँ तक लेखन के पूर्व की तैयारी करने का प्रश्न है, तो इन्हें लेखन के लिए कोई तैयारी नहीं करनी पड़ी। कोहली जी जन्मजात प्रतिभा लेकर आए हैं। जहाँ तक अध्ययन का क्षेत्र है वह भी कम विशाल नहीं है। इनके द्वारा रचित आत्मकथा या उपन्यासों को पढ़कर ऐसा प्रतीत होता है कि

प्रेमचन्दोत्तर काल में या स्वातंत्र्योत्तर काल में रची गईं औपन्यासिक रचनाओं एवं पौराणिक ग्रंथों का आपने सूक्ष्म अध्ययन किया है। कुछ लोकप्रिय साहित्यिक उपन्यासों का भी विधिवत् अध्ययन किया है। कोहली जी के अधिकांश उपन्यास पौराणिकता पर आधारित हैं एवं इनके कथा-नायक राम और कृष्ण हैं जो आधुनिक संदर्भों में वैज्ञानिक एवं मनोवैज्ञानिक दृष्टि से अधिक उपयोगी हैं, इसलिए आपको विशेष प्रसिद्धि प्राप्त हुई है। जहाँ तक औपन्यासिक दृष्टि का प्रश्न है—चाहे वह राजनीतिक हो या सामाजिक, राष्ट्रीय, आर्थिक अथवा विश्व बंधुत्व आदि से संबंधित सभी दिशाओं में स्वतंत्रता के पश्चात् अनेक उच्चकोटि के उपन्यासों का सृजन किया गया । राम और कृष्ण पर भी साहित्य लेखन काफी मात्रा में हुआ है और हो रहा है, किंतु जो विराटता और विशालता साहित्यिक अनुमापन पर नरेन्द्र कोहली को प्राप्त हुई है, वह अन्य किसी को प्राप्त नहीं हो सकी है।

**रचनाएँ :** बहुमुखी प्रतिभा के धनी नरेन्द्र कोहली का रचना संसार अपने आप में पूर्ण वैविध्यता और व्यापकता लिए हुए है। कथा हो या उपन्यास, व्यंग्य हो या नाटक, निबंध हो या शोध-समीक्षा, संस्मरण हो या बाल-साहित्य सभी क्षेत्रों में कोहली जी अपनी पकड़ बनाए हुए हैं :

**1. उपन्यास :**

(1) पुनरांभ (2) आतंक (3) आश्रितों का विद्रोह (4) साथ-साथ सहा गया दुख (5) मेरा अपना संसार (6) दीक्षा (7) अवसर (8) जंगल की कहानी (9) संघर्ष की ओर (10) युद्ध—दो भाग (11) अभिज्ञान (12) आत्मदान (13) प्रीतिकथा (14) बंधन-महासमर-1 (15) अधिकार—महासमर-2 (16) कर्म—महासमर-3 (17) निर्माण—तोड़ो कारा तोड़ो-1 (18) साधना—तोड़ो कारा तोड़ो-2 (19) धर्म—महासमर-4 (20) क्षमा करना जीजी (21) अंतराल—महासमर-5 (22) प्रच्छन्न—महासमर-6 (23) अभ्युदय—दो खंड (24) प्रत्यक्ष—महासमर-7 (25) निर्बन्ध—महासमर-8।

**2. कथा संग्रह :**

1. परिणिति 2. कहानी का अभाव 3. दृष्टि देश में एकाएक 4. शटल 5. नमक का कैदी 6. निचले फ्लैट में 7. नरेन्द्र कोहली की कहानियाँ 8. संचित भूख 9. समग्र कहानियाँ।

**3. नाटक :**

1. शंबूक की हत्या 2. निर्णय रुका हुआ 3. हत्यारे 4. गारे की दीवार 5. समग्र नाटक।

**4. व्यंग्य :**

1. एक और लाल तिकोन 2. पाँच एब्सर्ड उपन्यास 3. जगाने का अपराध 4. मेरी श्रेष्ठ व्यंग्य रचनाएँ 5. आधुनिक लड़की की पीड़ा 6. त्रासदियाँ 7. परेशानियाँ 8. आत्मा की पवित्रता 9. समग्र व्यंग्य 10. गणतंत्र का गणित 11. मेरी इक्यावन व्यंग्य रचनाएँ।

**5. निबंध :**

1. नेपथ्य 2. माजरा क्या है? 3. जहाँ है धर्म वहीं है जय 4. किसे जगाऊँ।

**6. शोध समीक्षा :**

1. प्रेमचंद के साहित्य सिद्धांत 2. प्रेमचंद 1976 3. हिंदी उपन्यास 4. कुछ प्रसिद्ध कहानियों के विषय में 5. प्रेमचंद 1991।

**7. बाल साहित्य :**

1. गणित का पूजन 2. आसान रास्ता 3. तुम अभी बच्चे हो 4. एक दिन मथुरा में 5. हम सबका घर।

**8. संस्मरण पत्र :**

1. बाबा नागार्जुन 2. प्रतिवाद

**9. अन्य :**

1. नरेन्द्र कोहली की चुनी हुई रचनाएँ।

इस प्रकार हम देखते हैं कि नरेन्द्र कोहली एक लेखक के रूप में बहुआयामी व्यक्तित्व के धनी हैं।

## 4. समग्र आकलन

आजादी के बाद राम और कृष्ण पर केंद्रित कथानकों को लेकर उपन्यास की सर्जना करने वाले उपन्यासकारों की संख्या अधिक नहीं है। इस कालावधि में हिंदी उपन्यासों में मनुष्य के नए मानसिक विकास और अंतर्विरोधों का इतिहास समाविष्ट है। आर्थिक व्यवस्था में उलटफेर, शिक्षा तथा नई समस्याओं ने स्वातंत्र्योत्तर कथा-साहित्य को बहुत गहरे स्तर पर प्रभावित किया है। राम और कृष्ण पर केंद्रित उपन्यासों में इसे सहजता से अनुभव किया जा सकता है। हिंदी उपन्यास का प्रारंभ ही जीवन के उपदेश मूलक यथार्थ चित्रण से हुआ है। ठाकुर जगमोहन सिंह का उपन्यास 'श्यामा स्वप्न विवाह' भी परंपरा मूलक धारणा का विरोध करते हुए प्रेम को वरीयता देता

है। प्रेम के आगे वर्ण का मूल्य उन्हें मान्य नहीं है। किशोरीलाल गोस्वामी उपन्यास को प्रेम का विज्ञान कहते हैं *"प्रेम एव परंज्ञानं प्रेम एव परा गतिः "* उनका मूल मंत्र था। राम और कृष्ण मूल रूप से नरेन्द्र कोहली के उपन्यासों के चरित नायक हैं जहाँ उनका चरित्र आधुनिक उपन्यास के संपूर्ण आयामों को उद्घाटित करता है।

यद्यपि पुराणकाल में राम और कृष्ण का जो स्वरूप प्राप्त होता है बाद में मध्यकाल तक आते-आते परिवेश के बदलाव के साथ-साथ स्वतः परिवर्तित हो जाता है, किंतु आगे चलकर इस परंपरा का विकास अधिक नहीं हो पाता। गद्य-साहित्य और विशेषकर कथा-साहित्य में तो आधुनिक काल में प्रेमचंद और प्रेमचंदोत्तर उपन्यासों में कथा के चरित नायक राम और कृष्ण तो नरेन्द्र कोहली के उपन्यासों में ही आकार पाते हैं।

वैदिक वाङ्मय में राम और कृष्ण का निरूपण ब्रह्म तत्त्व के रूप में प्राप्त है। इसी परंपरा का विकास आगे चलकर उपनिषदों, आरण्यक एवं ब्राह्मणग्रंथों में भी मिलता है। रामायण काल में आकर राम एक चरित्र के रूप में उपस्थित होते हैं जिन्हें विष्णु का अवतार माना गया। इसी तरह पौराणिक काल में कृष्ण भी चरित-नायक हो जाते हैं तथा परमब्रह्म के अवतार के रूप में प्रतिष्ठित होते हैं।

संस्कृत नाटकों तथा पुराकथाओं में राम और कृष्ण का परंपरागत रूप ही प्राप्त होता है। मध्यकाल में एक बार पुनः दोनों के चरित्रों का विकास महामानव से मानव के रूप में होता है। रीतिकाल में राम का चरित्र नए रूप में प्राप्त नहीं होता। कृष्ण का विकास अवश्य हुआ है पर चारित्रिक सृष्टि में कहीं कोई बदलाव नहीं आया। पुनर्जागरण काल में एक बार फिर से इन चरित नायकों के स्वरूप में परिवर्तन दिखाई देने लगता है। यहाँ तक आते-आते राम और कृष्ण केवल ईश्वर के अवतार के रूप में ही नहीं, समूची मानवता के प्रतीक बनकर उपस्थित होते हैं और इसका कारण है देश की परतंत्रता, स्वाधीनता आंदोलन, पाश्चात्य संस्कृति का प्रभाव, समाज सुधार आंदोलन तथा शिक्षा का विकास एवं औद्योगीकरण। वस्तुतः देश के राजनीतिक, सामाजिक तथा आर्थिक परिदृश्य के बदलते ही राम और कृष्ण के मिथकीय स्वरूप में बदलाव होना युगानुकूलता ही है।

फ्रायड के मनोविश्लेषणवाद, मार्क्स के द्वंद्वात्मकवाद, इतिहास की नई व्यवस्था तथा वर्ग संघर्ष एवं क्रीकेगार्ड के अस्तित्ववादी दर्शन के परिणामस्वरूप आजादी के बाद देश की चिंतन प्रक्रिया में बदलाव आता है। इसका सीधा प्रभाव आजादी के बाद लिखे गए उपन्यासों में स्पष्टतः परिलक्षित होता है। नरेन्द्र कोहली के कथा-साहित्य में राम और कृष्ण पर इन सभी चिंतन-धाराओं का प्रभाव दिखाई देता है। कोहली जी की दृष्टि मार्क्सवाद से प्रभावित है इसलिए रामकथा हो या कृष्णकथा तथा दोनों से जुड़ी अवांतर कथाओं एवं पात्रों की परंपरागत जीवन शैली में परिवर्तन दिखाई देता है। चाहे शिक्षा हो या आर्थिक ढाँचा, नारी समस्या हो या युद्ध की बर्बरता कोहली जी ने सभी घटनाओं एवं तथ्यों को आधुनिक संदर्भों से जोड़कर देखने की कोशिश

की है। इस सबके मूल में कोहली जी की मानवतावादी दृष्टि है जो पात्रों का चरित्र संस्कार ही नहीं करती, कथा का भी संस्कार करती है।

## संदर्भ

1. ब्रह्मांड पुराण, 3 अध्याय 73 एवं 64, 15
2. मत्स्य पुराण, अध्याय 47
3. विष्णु पुराण, 4 अध्याय 4.5
4. भागवत पुराण, स्कंध, 3 अध्याय 10, 11
5. वाराह पुराण, अध्याय 12
6. वही, अध्याय 45
7. लिंग पुराण, पूर्वार्द्ध 66, 35, 36
8. कामिल बुल्के, रामकथा पृ. 158
9. अभिषेक नाटक, अंक 6, श्लोक 28
10. ऋग्वेद : अष्टम मण्डल, सूक्त 85, 86, 87 दशम मण्डल, सूक्त 42, 43, 44
11. सामवेद : 2/6/1 एवं 2/11/9
12. कौषितिकि ब्राह्मण, 30/9
13. शतपथ ब्राह्मण, 3/2/1/28
14. तैत्तिरीयारण्यक, 10/1/6
15. छांदोग्य उपनिषद्, 3/17
16. महानारायणोपनिषद् अध्याय 78/15/38
17. हरिवंश पुराण : विष्णुपर्व, 89/13-30
18. पद्म पुराण : सृष्टि खंड, 13/135
19. ब्रह्मवैवर्तपुराण : 1/130
20. वही, 2/21-23, 3/35
21. अष्टाध्यायी : 4/3/98
22. अग्निपरीक्षा (अनुताप) : 8, तुलसी, पृ. 81
23. काव्य में लोक मंगल की साधनावस्था : चिन्तामणि भाग-1, पृ. 220, संस्करण सन् 1953, इंडियन प्रेस लिमिटेड प्रयाग
24. महाप्रस्थान : नरेश मेहता, लोकभारती प्रकाशन, इलाहाबाद 1975, प्रस्थान, पूर्व पृ. 16
25. रामचरितमानस, 2/12 उत्तरार्द्ध
26. साकेत, सर्ग 2, पृ. 49
27. वही, सर्ग 11, पृ. 449
28. अरुण रामायण : बालकांड 'पोद्दार' रामावतार शर्मा 'अरुण', किरण कुंज प्रकाशन, समस्तीपुर पृ. 20
29. वही, सुंदरकांड, पृ. 45 "मेरा अशोक वनतंत्र रश्मि से रक्षित है"
30. साकेत, सर्ग 8, पृ. 235
31. विदेह : पोद्दार रामावतार शर्मा 'अरुण', प्रथम संस्करण सन् 1954, 'किरण कुंज प्रकाशन', समस्तीपुर, सर्ग 11, पृ. 191
32. उर्मिला, सर्ग 3, पृ. 191, 192

33. कैकेयी : केदारनाथ मिश्र 'प्रभात', सन् 1972, नवभारत प्रकाशन, खजांची रोड, पटना, सर्ग 3, पृ. 9
कैकेयी : चाँदमल अग्रवाल 'चन्द्र', सन् 1969, राजकमल प्रकाशन, दिल्ली, सर्ग 3, पृ. 77
34. विदेह, सर्ग 11, पृ. 196
35. "सीता थीं बस गईं सभी कृषकों के मानसघट में" धरानंदिनी सीता, रमेशचन्द्र शास्त्री, प्रथम संस्करण, 1968, राजस्थान प्रकाशन, जयपुर, पृ. 36
36. "विपिन के आसपास प्रतिग्राम, खुले थे चर्खा संघ ललाम।"
वनस्थली, नाथूलाल अग्निहोत्री 'नम्र', साहित्य निकेतन बरेली, सर्ग 13, पृ. 258
37. जानकी जीवन : राजाराम शुक्ल 'राष्ट्रीय आत्मा', सन् 1971, ग्रन्थम, कानपुर, सर्ग 17, पृ. 327, 329
38. भूमिजा (आक्रमण) : 'रघुवीरशरण मित्र', भारतीय साहित्य प्रकाशन, मेरठ, सन् 1967, पृ. 86
39. पद्मपुराण, 65/7/21
40. साकेत, नवम सर्ग
41. पंचवटी
42. वही।
43. जर्नल आफ दि रायल एशियाटक सोसायटी, 1915, पृ. 548
44. छांदोग्य उपनिषद्, प्रकरण 3, खंड 17
45. महाभारत, 28, 25
46. महाभारत, 66, 6
47. श्रीमद्भगवद्गीता, 7/7
48. श्रीकृष्णावतार, महामहोपाध्याय, डॉ. गंगानाथ झा, एम. ए., डी. लिट् (कल्याण, श्रीकृष्णांक 1988)
49. वैष्णविज्म, शैविज्म एंड माइनर रिलीजन्स सिस्टम (सर भंडारकर), पृ. 37
50. वही, पृ. 38
51. वही, पृ. 41
52. कूर्म पुराण : अध्याय 23/77-81
53. छांदोग्य उपनिषद्, 3/17/4/6
54. 'कनुप्रिया', धर्मवीर भारती, भूमिका, पृ. 7
55. सुवर्णा, नरेन्द्र शर्मा : निवेदन : पृ. घ
56. हिंदी वाङ्मय में कृष्णकथा का विकास, पृ. 60
57. वही, पृष्ठ 60
58. महाप्रस्थान, नरेश मेहता, पृ. 19
59. नवचेतना : अंक 17 : 1961, पृ. 51 से 73
60. हिंदी कृष्ण-काव्य की परंपरा का स्वरूप विकास : मुरारीलाल शर्मा, पृ. 310, 316
61. नरेन्द्र कोहली ने कहा, ईशान महेश, पृ. 10

*तृतीय अध्याय*

# पौराणिक कथा-साहित्य में काल और मिथक चेतना का संबंध

सामाजिक परिवर्तन एक अनिवार्य और शाश्वत प्रक्रिया है। काल चक्र के अनुसार समाज विकास क्रमानुसार एक अवस्था से दूसरी अवस्था में संक्रमित और परिवर्तित होता है, तभी जीवन-व्यवस्था से संबद्ध मानवीय संबंधों पर आधारित जीवन-मूल्यों के स्वरूप में तथा काल चेतना के प्रभाव स्वरूप, मिथक चेतना में भी परिवर्तन होने लगता है। जीवन-मूल्यों के स्वरूप के परिवर्तन की प्रक्रिया का प्रभाव स्वाभाविक रूप से उस काल के साहित्य पर पड़ता है, जो कि एक अनिवार्य शर्त है, क्योंकि साहित्य समाज का दर्पण है। पौराणिक कथा-साहित्य भी काल परिवर्तन प्रक्रिया के परिणामस्वरूप परिवर्तित विकासोन्मुखी दिशा की ओर निरंतर अग्रसर है और जिसका आधार है—समसामयिकता, वैज्ञानिकता, यथार्थता और विश्वसनीयता युक्त आधुनिकता।

## 1. पौराणिक कथा-साहित्य : दिक् और काल

'काल' पौराणिक हो या आधुनिक, साहित्य-सर्जक की सृजनशीलता अथवा उसकी अभिव्यंजनात्मक दृष्टि समसामयिक परिस्थितियों और सामाजिक समस्याओं से कभी अप्रभावित नहीं रही। अभिव्यक्ति काव्यात्मक हो अथवा गद्यात्मक, उसके केंद्र में कथा का स्वरूप ही विकासमान रहा है। पौराणिक कथा-साहित्य जिसका अधिकांश स्वरूप काव्यात्मक है, की समृद्धि मध्य काल अथवा गुप्त काल में चरम विकास को प्राप्त हुई। गुप्त युग भारतीय इतिहास का स्वर्णिम काल है। इस काल में धर्म-तत्त्व की प्रधानता थी, कला का मूल उत्स धर्म है। शिल्पकार अपनी शिल्प कला में विभिन्न प्रकार के देवी-देवताओं के स्वरूप को आकार देते थे फलतः उस काल में मूर्त्तिपूजा का विकास हुआ। राम-कृष्ण जैसे उत्तम पुरुषों में अवतारवाद की परिकल्पना की गई, समाज ने उनमें ईश्वरत्व के दर्शन किए और राम और कृष्ण जैसे पौराणिक कथानायक भारतीय संस्कृति और समाज के आदर्श बन गए। धार्मिक प्रधानता के

कारण भारतीय धर्म-भीरु जनता में तथा इस काल के सृजित साहित्य में कृष्ण का उल्लेख एक आदर्श महापुरुष के रूप में न होकर विष्णु के अवतार के रूप में हुआ। सामान्यतया कृष्ण चरित का उल्लेख ब्रह्म, पद्म, विष्णु, वायु, भागवत, ब्रह्मवैवर्त, स्कन्ध, वामन और कूर्म इन नौ पुराणों में मिलता है; किंतु जैसा विस्तार ब्रह्म, विष्णु, भागवत, और ब्रह्मवैवर्त पुराण में वैसा अन्य अवशिष्ट पुराणों में प्राय नहीं है। इन पौराणिक कृष्ण-चरित वर्णनों में न तो महाभारत के कृष्ण की राजनीतिक विचक्षणता के ही दर्शन होते हैं और न उनकी चारित्रिक महत्ता, ओजस्विता और उदात्तता के ही। पुराणकारों की दृष्टि में कृष्ण के राजनीतिक चातुर्य का मूल्य उनकी शृंगार-परक लीलाओं की अपेक्षा अत्यंत अल्प प्रतीत होता है। अतः कृष्ण चरित्र की मौलिकता को विनष्ट कर उसे अभिनव शृंगारिक-स्वरूप प्रदान करने के दायित्व का निर्वहन भी पुराणों ने ही किया था, जिसका परिष्कार मध्यकालीन साहित्य में हुआ है।

पुराणों का सृजन किसी एक समय में अथवा किसी एक व्यक्ति के द्वारा तो हुआ नहीं है। इनकी रचना तो अलग-अलग समय में अलग-अलग रचनाकारों के द्वारा की गई है। अतः उन पर समसामयिकता और काल चेतना का प्रभाव होना स्वाभाविक ही है। ऋषि दयानंद पुराणों के व्यासकृत ना होने के संदर्भ में प्रमाण प्रस्तुत करते हुए कहते हैं :

"जो अठारह पुराणों के कर्त्ता व्यास जी होते तो उनमें इतने गपोड़े न होते, क्योंकि शारीरिक सूत्र, योगशास्त्र के भाष्य आदि व्यासोक्त ग्रंथों को देखने से विदित होता है, कि व्यासजी बड़े सत्यवादी, धार्मिक, योगी थे।"[1] कृष्ण चरित्र के प्रसिद्ध मीमांसाकार बंकिमचंद ने भी यही बात कही है—"वर्तमान अष्टादश पुराण एक मनुष्य के बनाए या एक ही समय विभक्त या संगृहीत हुए हैं, ऐसा मालूम नहीं पड़ता। यह पृथक-पृथक समय में संग्रहीत हुए हैं।"[2] अपने इस कथन को सिद्ध करते हुए वे कहते हैं :

1. एक लेखक की लेखनशैली एक सी होती है, परंतु पुराणों की लेखन शैली में भिन्नता है।

2. एक व्यक्ति एक ही समय में अनेक ग्रंथ नहीं लिखता। जो अनेक ग्रंथ लिखता है वह एक ही विषय को बाँट कर वर्णन करने के लिए नहीं लिखता।

3. एक ही लेखक की रचना में पारस्परिक विरोध की संभावना नहीं रहती। ये सब दोष पुराणों में न्यूनाधिक रूप में सर्वत्र मिलते हैं अतः सिद्ध है कि पुराण एक ही व्यक्ति की रचना नहीं है।"[3]

प्रसिद्ध वैदिक विद्वान डॉ. संपूर्णानंद जी ने भी इसी मत की पुष्टि की है।[4]

इन प्रामाणिक तथ्यों के आधार पर यह निष्कर्ष निकलता है कि पुराणों के लेखन और कथ्य को अक्षरशः प्रामाणिक नहीं माना जा सकता। तत्कालीन अथवा आसपास घटित घटनाओं का वर्णन कल्पना के समावेश से पुराणों में हुआ; क्योंकि

कालक्रमानुसार कल्पनाप्रधान एवं समसामयिक सामाजिक आवश्यकताओं के अनुरूप सृजन, समय एवं परिस्थितियों की माँग है।

भागवत पुराण के दशम स्कन्ध में श्रीकृष्ण की बाल लीलाओं का चित्रण है, जो स्वाभाविक है तथा उसमें माता यशोदा के मातृत्व की अनूठी छवियाँ अंकित की गई हैं, पर कृष्ण के युवावस्था के वर्णनों में अतिरंजना तथा अनैतिकता का प्रदर्शन भी है, जो सर्वथा अग्राह्य है। इस कथानक का परिष्कार भी मध्ययुग में आध्यात्म से सिक्त करके किया गया है, सूरसागर इसका उत्कृष्टतम उदाहरण है।

कृष्ण न तो लम्पट थे और न स्त्रियों के प्रति उनकी भोगवादी दृष्टि ही थी। नरकासुर के कारागृह में बंदिनी सोलह हजार नारियों को मुक्त कराकर उन्हें अपने आश्रय में सुरक्षित रखना, कृष्ण के नारी-सम्मान का सूचक है।

इस प्रकार यहाँ यह कहा जा सकता है कि पुराण काल के पौराणिक कथा-साहित्य में विद्यमान मिथक भारतीय समाज और संस्कृति के आदर्श तथा प्रेरणा स्रोत कृष्ण के चरित्र का कहीं अवमूल्यन भी किया जाता है। मध्य काल में इसके प्रति चेतना जाग्रत हुई और इस प्रसंग को सही दिशा की ओर विकसित किया गया जिससे भारतीय समाज के आधार स्तम्भ आदर्श के प्रतिबिंब बन सके और जो सामाजिक चरित्र को भी सही दिशा में प्रेरित कर सके।

स्वातंत्र्योत्तर कथा-साहित्य में भी नैतिक मूल्यों और आदर्शों की पुनःप्रतिष्ठा की भावना को केंद्र में रखकर ही पौराणिक कथा-साहित्य की सर्जना की गई किंतु उसमें कुछ बिंदु और जुड़ गए जैसे आधुनिक युग पूर्णतया वैज्ञानिक युग है अतः वह भौतिक चक्षुदर्शन पर अधिक विश्वास करता है, अस्तु आधुनिक स्वातंत्र्योत्तर पौराणिक कथा-साहित्य से चमत्कारिक घटनाओं, अवतारवादी भावनाओं के स्थान पर यथार्थवादी और मनोवैज्ञानिक कल्पनाओं को प्रधानता दी गई।

परिवर्तनशील समाज के विविध मोड़ों पर समय की माँग के अनुसार परिवर्तन की दिशाएँ सदैव ही उजागर होती रही हैं; किंतु द्वितीय विश्व युद्ध के बाद से भारतीय समाज में जो परिवर्तन स्पष्ट हुए हैं, वे अपनी प्रकृति में काफी विद्रोही हैं। इतनी बड़ी और मौलिक सामाजिक क्रांति भारत में संभवतः पहले कभी नहीं हुई। भारत की स्वतंत्रता प्राप्ति ने इस क्रांति को और भी उग्रता तथा तीव्रता प्रदान की। स्वातंत्र्योत्तर हिंदी उपन्यासों में भारतीय सामाजिक जीवन के प्रत्येक क्षेत्र में हो रहे तीव्रगामी एवं क्रांतिकारी परिवर्तनों की स्थिति परिलक्षित होती है। पौराणिक कथा-साहित्य भी इस परिवर्तन से अछूता नहीं है। पौराणिक परंपरागत धार्मिक कर्मकांडों और अंधविश्वासों का स्थान बौद्धिकता एवं आधुनिकता ले रही है। धार्मिक रूढ़ियों का विरोध करके नवीन मानवतावादी धर्म की स्थापना की जा रही है। भारत का पौराणिक अद्वैतवादी दर्शन वर्तमान समाज के सामाजिक, आर्थिक और राजनीतिक संकट को हल करने में अधिक उपयुक्त एवं व्यावहारिक प्रतीत नहीं होता इसलिए अब वैज्ञानिकता एवं

व्यावहारिकता पर आधारित यथार्थवादी दार्शनिक मूल्यों को स्वीकृति दी जा रही है इसके अतिरिक्त भारतीय चिंतन में जो उल्लेखनीय तत्त्व उभरकर सामने आ रहा है वह है 'मानव चिंतन'। चिंतन के क्षेत्र से अब ईश्वरवादी दृष्टिकोण को उपेक्षित कर दिया गया है। और मानव को केंद्र में रखकर दार्शनिक मूल्यों का निर्माण होने लगा है। अब मानव ईश्वर के अंश के रूप में नहीं; अपितु समाज की इकाई के रूप में समझा जाता है। मानव का दायित्व अब ईश्वर के प्रति न होकर समाज तथा व्यक्ति के लिए हो गया है। वैज्ञानिकता एवं बौद्धिकता तथा इससे उत्पन्न मार्क्सवादी एवं अस्तित्ववादी दर्शन ने ईश्वर संबंधी विश्वास को असत्य ठहराकर मूल्य संबंधी धारणाओं को एक मात्र व्यक्ति से ही संबद्ध कर दिया है। अब व्यक्ति की सुख-शान्ति अथवा दुःख-उत्पीड़न के लिए न ईश्वर जिम्मेदार है, न भाग्य और न अन्य कोई नियति ही; बल्कि स्वयं व्यक्ति अथवा समाज उसके लिए उत्तरदायी समझे जाते हैं। नैतिकता और अनैतिकता के प्रश्न को भी व्यक्ति और समाज के संबंधों में ही निश्चित किया जाता है।

मूल्य धारणा की दृष्टि से मानव-केन्द्रितता एक महत्त्वपूर्ण दिशा है। इसके अंतर्गत मानवीय स्वतंत्रता और समानता में मूल्यों को स्वीकृति प्राप्त होती है, जो कि लोक-कल्याण की दृष्टि से एक उल्लेखनीय उपलब्धि है। स्वातंत्र्योत्तर भारतीय समाज में मानव-केंद्रित पारिवारिक एवं सामाजिक संबंधों तथा दार्शनिक एवं धार्मिक मान्यताओं की प्रस्थापना देखी जा सकती है। वर्तमान समय अथवा काल की परिपुष्टि करते हुए पौराणिक उपन्यासों का सृजन भी इसी आधार पर किया जा रहा है दूसरे शब्दों में यह कहा जा सकता है कि पौराणिक कथा-साहित्य पर भी वर्तमान संदर्भीय दिक् और काल का पूर्ण प्रभाव है।

आधुनिक यथार्थवादी अभिव्यक्ति की दिशा में भी पौराणिक कथा-साहित्य एवं साहित्यकार सजग और सचेतन हैं। उनमें समाज के सुंदर-असुंदर, शिव-अशिव, नैतिक-अनैतिक सभी पक्षों के बिना किसी कृत्रिमता अथवा लाग-लपेट को अभिव्यक्ति दी जा रही है। मनु शर्मा के कृष्ण मानवोचित भावनाओं से युक्त हैं, उनमें जहाँ बाल-सुलभ जिज्ञासाएँ उत्पन्न होती हैं वहीं युवावस्था की रागात्मक भावनाएँ भी जन्म लेती हैं।[5]

नरेन्द्र कोहली के उपन्यासों में कृष्ण पौराणिक क्षेत्र से ही चुने गए हैं पर उनके स्वरूप और चरित्र का निर्माण यथार्थवादी और मानवोचित आदर्श के अनुरूप गढ़ा गया है। यही स्थिति राम के स्वरूप और चरित्र के संबंध में भी है। पुराणों में उन्हें अवतार के रूप में चित्रित किया गया है। राम पुरुषोत्तम ही नहीं अवतारी भी हैं, उनमें ईश्वरीय गुण हैं। उनका चरित्र मर्यादावादी और आदर्शमय है। राम के चरित्र का अवमूल्यन रसिक संप्रदाय से प्रारंभ होता है। रीतिकालीन राजसी प्रवृत्ति और भोगवादी प्रवृत्ति के कारण कृष्ण की ही तरह राम के भी रसिक शिरोमणी स्वरूप

और चरित्र को प्रस्थापित किया गया है।

स्वातंत्र्योत्तर कथा-साहित्य में राम के मर्यादावादी आदर्शमय प्रेरणास्पद स्वरूप को स्वीकृति प्रदान की गई, किंतु उनके अवतारवादी ईश्वरीय रूप को नकारा गया है। उनके जीवन चरित की चमत्कारिक घटनाओं के स्वरूप को परिवर्तित कर वैज्ञानिक एवं मनोवैज्ञानिक दृष्टिकोण से यथार्थवादी धरातल पर प्रस्तुत किया गया है। इस प्रकार के साहित्य सर्जकों में नरेन्द्र कोहली का नाम उल्लेखनीय है। उपन्यासकार कोहली जी भी राम और कृष्ण के पुरुषोत्तम स्वरूप को महत्त्वपूर्ण मानते हैं और उसी रूप में राम को एक महामानव के रूप में चित्रित कर उनके उदात्त चरित्र को अभिव्यक्त करने का सफल प्रयास करते हैं।

साहित्यकार नरेन्द्र कोहली के समक्ष सबसे बड़ा प्रश्न मानवीय सृजन और प्रगति पथ में अवरोध उत्पन्न करने वाली उस सामाजिक संरचना और राजनीतिक प्रणाली का है, जो वर्ग असंतुलन, युद्ध तथा मनुष्य के अस्तित्वगत संकट के लिए जिम्मेदार है। यथार्थ की बहुआयामी प्रकृति, उसके जटिल स्वरूप की पहचान तथा मौजूदा ढाँचे में परिवर्तन के साथ ही श्रेष्ठतर समाज व्यवस्था की चिंता में नरेन्द्र कोहली को अतीत का स्मरण हो आता है। उन्हें लगता है कि समस्याओं के स्वरूप में किसी भी प्रकार का कोई परिवर्तन नहीं है। यदि बदली हैं तो केवल परिस्थितियाँ ही बदली हैं। अतः अतीत और वर्तमान की समानांतरीय समस्याओं के निदान के लिए आधार और निवारणीय प्रक्रिया के ढंग भी हमें समसामयिकतापूर्ण और प्रासंगिक रूप में ही अपनाने होंगे, तभी आधुनिक आततायी रूपी रावण और कंस का विनाश हो सकेगा, स्वर्ण मृग वेषी कपटी मारीच और निज बंधु-बांधवों के मुख के ग्रास को हड़प कर हजम करने वाले कौरवों से मुक्ति प्राप्त हो सकेगी।

## 2. कालचेतना और मिथक चेतना का अंतःसंबंध

काल का आशय है एक विशेष समयावधि। उस अवधि में जैसी परिस्थितियाँ निर्मित होती हैं, उनके अनुसार मनुष्य के क्रिया-कलाप, स्वभाव, सोच और सिद्धांत निर्मित होते हैं। परिस्थितियाँ परिवर्तनशील हैं इसलिए मनुष्य के सिद्धांत और जीवन में भी परिवर्तन होना अनिवार्य है। यह विवाद का विषय है कि परिस्थितियाँ मनुष्य को बनाती हैं या मनुष्य परिस्थितियों को। ऐसा प्रतीत होता है कि इन दोनों का अन्योन्याश्रित संबंध है। परिस्थिति के अनुसार मनुष्य बदले और प्रतिकूल परिस्थितियों को मनुष्य बदले यह है मानव-प्रगति का पथ। परिस्थिति के आगे हार जाना मनुष्य के लिए लज्जा की बात है। और परिस्थिति के स्वरूप को पहचानकर तदनुरूप परिवर्तित हो जाना, यह मनुष्य के समन्वय एवं सामंजस्य-शक्ति का परिचायक है। अतः परिस्थिति का निर्माण और उसके अनुसार परिवर्तित होने के लिए सन्नद्ध होना मनुष्य का चुनौतीपूर्ण दायित्व है। कर्मशीलता अर्थात् कठोर परिश्रम, आशा, उत्साह और

सफलता प्राप्ति हेतु आत्मविश्वास आदि ऐसे सद्गुण हैं, जिनके द्वारा मनुष्य कठिनतम परिस्थितियों में भी मुदितमना रह सकता है। कापुरुषत्व थोड़ी-सी प्रतिकूलता में अश्रुपात करते हुए दैन्य धारण कर लेते हैं, जबकि वीर पुरुष प्रतिकूलताओं के ज्वार में भी अनुकूलन के प्रतिस्थापन हेतु सहर्ष संघर्षरत रहने को उद्यत रहते हैं। अतः मानव चरित्र धैर्यवान, पौरुषवान और जुझारू होना चाहिए।

'काल' मानवीय चेतना का उत्कर्ष भी करता है और अपकर्ष भी। मानव काल-परक-परिस्थितियों से प्रेरणा लेकर, उसे चुनौती के रूप में स्वीकार करके प्रगति-पथ पर अग्रसर भी होता है और कभी नैराश्योदधि में डूब कर पराजय-भाव लेकर बैठ भी जाता है। 'काल' और 'चेतना' का अन्योन्याश्रित संबंध है। इस संबंध को नकारात्मक और निषेधात्मक दृष्टि से भी देखा जा सकता है, और स्वीकारात्मक और विधेयात्मक दृष्टि से भी। दृष्टि भेद के कारण ही काल को कहीं मृत्यु का देवता मान लिया जाता है, तो कहीं विकास की प्रक्रिया। सत्य तो यह है कि जो चेतना प्रबुद्ध हो जाती है, वह निर्भय हो जाती है, वीरत्व धारण कर लेती है, और संघर्षशील तथा सशक्त हो जाती है। ऐसे चेतनाधारी व्यक्ति के समक्ष काल परक प्रतिकूल परिस्थितियाँ भी अनुकूल हो जाया करती हैं। प्रतिकूल को अनुकूल बनाने के पराक्रम का ही नाम जाग्रत चेतना है। इसी कारण ऋषि-मुनि-महर्षि और प्रबृद्ध बुजुर्ग हमारा पथ-प्रदर्शन करते हुए कहते हैं—जाग्रत रहो, सजग रहो, सावधान रहो ताकि परिस्थिति तुम्हें प्रतिकूलता से भयभीत कर पराजित न कर सके। निर्भय चेतना ही ईश्वरीय चेतना है, ओजस्वी-ऊर्जामय चेतना है। ऐसी प्रबुद्ध-निर्भीक चेतना, काल से भी नजरें मिलाकर मुस्कुराने की शक्ति रखती है। आध्यात्मिक दृष्टि से मानव-चेतना ईश्वरीय अंश है, इसी कारण वह उस अदृश्य सत्ता रूपी ऊर्जा से कम ऊर्जावान चेतना नहीं है; किंतु उसकी ऊर्जा उसी प्रकार प्रसुप्त है, जैसे घर्षण से पूर्व पत्थर में अथवा माचिस की डिब्बी में अग्नि। बटन दबाने से पूर्व बल्ब में अथवा अन्य विद्युत उपकरणों में विद्युत। जिस प्रकार अग्नि हेतु पत्थर अथवा माचिस की तीली के घर्षण की आवश्यकता होती है, प्रकाश अथवा विद्युत ऊर्जा की उत्पत्ति हेतु बटन दबाने अथवा फ्यूज जोड़ने की आवश्यकता होती है, उसी प्रकार चेतना के प्रबुद्धिकरण अथवा उसे ऊर्जावान बनाने हेतु उसको सुषुप्तावस्था से जाग्रत करने की आवश्यकता होती है और मानवीय चेतना की जागृति का उत्तरदायित्व भी स्वयं मानव पर ही है जिसकी प्रतिपूर्ति मात्र सच्चे और दृढ़ संकल्प से संभव है अर्थात् जागृति के उद्देश्य से सच्चे संकल्प की भावना मात्र से जागृति क्रिया प्रारंभ एवं परिपूर्ण हो जाती है। यह प्रक्रिया प्रतिकूल परिस्थितियों में शीघ्र संभाव्य होती है, क्योंकि परिस्थितियों की प्रतिकूलता जब असह्य पीड़ादायक हो जाती है तो उसमें से स्वयमेव ईश्वरीय चेतना का आविर्भाव होने लगता है, किंतु उस परिस्थिति में सच्चे और दृढ़ संकल्प की संभाव्यता धैर्य, पौरुष और शौर्य जैसे सद्गुणों की उपस्थिति में ही संभव हो पाती है। ईश्वरीय अंश मानव में

जागृति-शक्ति को स्वीकृति प्रदान करते हुए कहा भी गया है।

*"ईश्वर अंश जीव अविनाशी ।"*

यह सत्य है कि परिस्थितियाँ चेतना को आवृत्त करती हैं, धूमिल करती हैं, प्रसुप्त करती हैं पर विवेक से विज्ञान से और अभ्यास से उस आवरण को हटाया जा सकता है, सुषुप्ति को दूर किया जा सकता है; किन्तु इसके लिए आवश्यकता होती है 'नीर-क्षीर-विवेक' की। परम सत्ता की ऊर्जा तो अनवरत प्रवाहित हो रही है, आवश्यकता है मानव स्वतः स्वयं पर कृपा करे, विवेक का प्रयोग करे, प्रबुद्धत्व धारण करे तो वह परिस्थिति की प्रतिकूलता को पलक झपकते अनुकूलता में परिवर्तित कर सकता है!

साहित्य में समाज का प्रतिबिंब होता है, अतः वह परिस्थितियों की अनुकूलता, प्रतिकूलता और जागृति तथा प्रबुद्धत्व-धारण को स्पष्ट करता है। दूसरे शब्दों में संक्षिप्त रूप में साहित्य काल और चेतना का दिग्दर्शन कराता है।

नरेन्द्र कोहली ऐसे ही रचनाकार हैं जो मानव चेतना को काल के अनुसार प्रबुद्धत्व धारण करने अथवा जाग्रत होने का संदेश देते हैं। वे लचर, क्लीव और दुर्बल रसिकता में पाठक को सिक्त नहीं करना चाहते, बल्कि वे पाठकों को जागृति और कर्मयोग का उपदेश देते हैं। वे मानव-जागृति के अभियान के माध्यम से राष्ट्र-जागृति के लक्ष्य पर पहुँचना चाहते हैं। यही कारण है कि कोहली जी के उपन्यास के सभी पात्र परिस्थितियों के दास नहीं, वरन् स्वामी हैं। 'चित्रलेखा' उपन्यास में अभिव्यक्त भगवती चरण वर्मा के ये विचार उन्हें अग्राह्य हैं कि दुनिया में न कुछ पाप है न पुण्य है। मनुष्य वही करता है जो उससे कराया जाता है। मनुष्य परिस्थितियों का दास है।

साहित्यकार समकालीन परिस्थितियों से अप्रभावित नहीं रहता है। उसके चिंतन में, उसकी कल्पना के केंद्र में देश-काल-स्थिति-मनुष्य और समाज होता है। समाज में यथार्थवादी लेखक की स्थिति सहभोक्ता और सहयात्री की होती है। सहभोक्ता के रूप में लेखक अपने समय के तनावों, द्वंद्वों, अंतर्विरोधों और घटना संदर्भों के साथ तादात्म्य स्थापित करके ही अपने रचनात्मक दायित्व का निर्वहन कर सकता है। वर्तमान समय में नरेन्द्र कोहली जैसे साहित्यकार जिस परिवेश और वातावरण में साँस ले रहे हैं, वह बेहद जटिल, तनावयुक्त, त्रासदायी और संघर्षपूर्ण है। परंतु सबसे अधिक जटिल और समस्यात्मक प्रश्न सामाजिक-आर्थिक विषमता, मूल्यमूढ़ता, अनजानेपन, अलगावपन, टूटन, घुटन, संत्रास, भय, आतंक, पारिवारिक और सामाजिक विघटन, राजनीतिक मूल्यहीनता, अवसरवादिता, अनुशासनहीनता, भ्रष्टाचार और मोहभंग का है। नरेन्द्र कोहली जैसे साहित्यकार इन स्थितियों का वर्णन-विवेचन-समय और परिस्थितियों तथा जीवन के साथ उसके संबंधों, अंतःसूत्रों एवं अंतःसंबंधों के आलोक में करने का प्रयास करते

हैं। वे अपने वैयक्तिक जीवन की उलझनों और आत्मग्रंथियों के जाल से मुक्त होकर मानव जीवन को संत्रस्त करने वाली जीवन-स्थितियों का सूक्ष्म विवेचन करते हैं। साथ ही उस व्यवस्था के अंतर्विरोधों और उसके उत्पीड़क एवं उत्प्रेरक स्वरूप को भी रेखांकित करते हैं, जो समकालीन जीवन की विसंगतियों के लिए जिम्मेदार है। दूसरे शब्दों में कहा जा सकता है कि साहित्यकार अपने साहित्य में जिस यथार्थ को लेकर चलता है, वह किसी परंपरागत अथवा परिमाणानुरूप फार्मूलों अथवा चौखटे का यथार्थ नहीं होता, वह मानव का यथार्थ होता है, मानव समाज का यथार्थ होता है और मानव समाज की व्यवस्था का यथार्थ होता है; जिस तक पहुँचने के लिए परिवेश मार्ग निर्मित करता है और परिवेश ही उस यथार्थ के संप्रेषण की, उसकी अभिव्यक्ति की शर्त बन जाता है। इस प्रकार यथार्थ से उभरती हुई जिजीविषा से संपुष्ट संघर्ष-चेतना ही समकालीन कथा-साहित्य को व्यापक आयाम देती है और वही 'काल-चेतना' के रूप में परिव्याप्ति प्राप्त करती है।

**मिथक :** 'मिथक' शब्द का स्वरूप अंग्रेजी के 'मिथ' शब्द से निर्मित हुआ है जिसका अर्थ है—पुराण-कथा, कल्पित-कथा एवं गप्प।[6] इसी मिथ से अंग्रेजी में माईथालॉजी बना और हिंदी में 'मिथक'। हिंदी में 'मिथक' का अर्थ है "प्राचीन पुराकथाओं का तत्त्व जो नवीन स्थितियों में नए अर्थ का वहन करे।"[7] भारतीय हिंदी साहित्य में मिथक को असत्य अथवा असत्य के आस-पास की कोई वस्तु या तत्त्व नहीं माना जा सकता। हमारी मान्यताओं और परंपराओं के अनुसार जो कुछ भी हमारे शास्त्रों, धर्मग्रंथों अथवा दर्शनग्रंथों में वर्णित है वह न केवल सत्य है, वरन् सशक्त भी है, इसीलिए हिंदी साहित्य में मिथक को पुराणकथा कहते हैं।

वास्तविकता यह भी है कि अंग्रेजी शब्द 'मिथ' और हिंदी के 'मिथक' की कोई ऐसी नपी-तुली परिभाषा देना, जो उस विचार को उसकी संपूर्णता में व्यक्त कर सके; अत्यंत कठिन है। संस्कृत में मिथक के लिए पुराण शब्द है। 'पौराणिक कथा' 'अथवा पुराकथा' के लिए निरुक्त में कहा गया है—'पुरा नवम् करोति इति पुराणम्' अर्थात् जो पुरानी कथाओं को नए ढंग से प्रस्तुत करे वह पुराण है। मिथकीय अवधारणाएँ दो स्वरूपों में देखी जा सकती हैं।

1. अंधविश्वास के रूप में। 2. प्रतीक के रूप में।

पुराण अथवा मिथक सत्य के मूल तक पहुँचने का प्रभावशाली उपक्रम है।

नरेन्द्र कोहली मिथक के संबंध में अपने विचार प्रकट करते हुए कहते हैं कि—"मेरी दृष्टि में 'मिथक' या 'पुराकथा' में सबसे बड़ा गुण यही है कि इसे उलट-पलट सकते हैं....उसके स्वरूप को बनाए रखते हुए। तुलसी ने जब रामकथा लिखी थी तब वाल्मीकि द्वारा स्थापित 'मिथक' उनके सामने थे...और मेरे समक्ष श्रीमद्भागवत् द्वारा स्थापित मिथक थे....मैंने इस चुनौती को स्वीकारा, लेकिन प्रमुख घटनाओं और

पात्रों को कहीं तोड़ा-मरोड़ा नहीं है।"[8]

इस प्रकार यह स्पष्ट होता है कि 'मिथक' अथवा 'पुरा कथाएँ' अपने नवीनतम स्वरूप को धारण करते समय काल और परिस्थिति के अनुसार प्रभावित और परिवर्तित तो होती हैं, किंतु उनका प्राणतत्त्व, उनकी आत्मा, उनका मूलतत्त्व शाश्वत-सनातन स्वरूप में विद्यमान रहता है।

साहित्य समाज, सामाजिक परिस्थितियों, काल अथवा समसामयिकता से अत्यधिक गहराई से प्रभावित होता है, किंतु वह संस्कृति का संस्कृति की पहचान का उसकी गरिमा और गौरव का उसकी विशिष्टताओं का संवाहक भी होता है। अतः वह समाज की संस्कृति की शाश्वतता-सनातनता को समसामयिक परिदृश्य में नवीनीकरण के साथ प्रस्तुत करता है। अतः स्पष्ट है कि साहित्य के लिए कालचेतना और मिथक चेतना एक ही सिक्के के दो पहलुओं के समान हैं।

कथा-साहित्य में कालचेतना और मिथक चेतना का अंतःसंबंध और भी अधिक महत्त्वपूर्ण है; क्योंकि कथा-साहित्य अधिक मनोरंजक और आकर्षक होता है और वर्तमान समय में तो गद्य-साहित्य में कथा-साहित्य को विशेष स्थान प्राप्त है, वह आधुनिक काव्य के नाम पर प्रतिष्ठित हो रहा है।

"लेवी स्त्रास और लुकाच के अनुसार बदलते हुए इतिहास तथा संपूर्णता के अंतर्विरोधों से ही उपन्यास के जगत की उत्पत्ति हुई है। लुकाच के मत में उपन्यास का पात्र जब यथार्थ और मूल्यों के अंतर्विरोध को सतह पर ले आता है, उसको दूर करने की कोशिश करता है तो उसका तात्पर्य यह होता है कि इतिहास क्रमशः मनुष्य की संपूर्णता को प्रकट करने की अभिलाषा रखता है। 'मिथ' जिस आदर्श चेतना का निर्माण करना चाहता है, इतिहास की चेतना का उससे कोई विरोध नहीं। मिथकीय चेतना इतिहास के प्रसंगों को नकार कर नहीं चलती। यह हमेशा सामाजिक तथा राजनीतिक, इतिहास तथ्यों से प्रभावित रहती है। जिस तरह इतिहास और संस्कृति मिथकों से जीवित है, उसी तरह 'मिथक' की संरचना, वस्तु और दिशा इतिहास और संस्कृति से प्रभावित होती है। उपन्यास की शुरुआत वहाँ से नहीं होती जहाँ से मिथक समाप्त होता है। मिथक इतिहास का विरोधी नहीं वरन् वह इतिहास का प्रतिपक्ष है। डॉ. इंद्रनाथ चौधरी ने लिखा है कि प्रेमचन्द की अंतश्चेतना में मिथकों का अपार समूह था। रचना के दौरान वे प्रसंग ही मिथकीकृत होकर उद्घाटित हुए हैं और इसीलिए प्रसंग से जुड़े हुए उनके पात्र इतिहास के भीतर और बाहर भी दिखलाई पड़ते हैं। यही कारण है कि प्रेमचन्द के पात्र रह-रहकर पाठक की आत्मा को कुरेदते हैं, झकझोरते हैं। 'रेणु' यशपाल, नागार्जुन, मार्कंडेय इत्यादि कथाकारों का इतिहास बोध भी अत्यंत प्रखर और सशक्त है। यही कारण है कि उनकी ऐतिहासिक चेतना उपन्यास संरचना के भीतर और बाहर झाँकती नजर आती है।"[9]

## ३. नरेन्द्र कोहली के पौराणिक कथा-साहित्य में काल चेतना और मिथक चेतना का अंतःसंबंध

नरेन्द्र कोहली पौराणिक कथा-वृत्त को समकालीन संदर्भों में समन्वयात्मक रूप में प्रस्तुत करते हैं। उन्होंने पौराणिक युग के आदर्श स्तंभ श्रीराम और श्रीकृष्ण, जो कथावृत्त के लिए चिर नवीन हैं; प्रत्येक काल, युग और परिवेश में प्रत्येक समाज के लिए प्रेरणा-स्रोत हैं, आदर्श हैं, और मानव समाज की शक्ति हैं, के जीवन चरित को वैज्ञानिकता की कसौटी पर रखकर मनोवैज्ञानिकता के साथ प्रस्तुत किया है। अतः हम कोहली जी के पौराणिक कथा-साहित्य में काल चेतना और मिथक चेतना के अंतःसंबंधों का अवलोकन करेंगे।

### ३.(अ) रामकथा-साहित्य में काल चेतना और मिथक चेतना का अंतःसंबंध

पौराणिक रामकथावृत्त की परंपरागत मान्यता यह है कि दशरथ महान चक्रवर्ती सम्राट थे, दूर-दूर तक उनकी कीर्ति-पताका फहरा रही थी, कैकेयी प्ररांग को लेकर बुद्धिवादियों ने उन पर अनेक आक्षेप भी किए हैं; किंतु व्यापक रूप में लोक-प्रसिद्धि प्राप्त रामचरितमानस में उस प्रसंग को भी बड़े ही सुंदर मर्यादित और आदर्शमयता के साथ प्रस्तुत किया गया है और अंत में गोस्वामी जी उसे विशेष मोड़ देते हुए रघुवंश की सुयश-चंद्रिका को परिपूर्णता प्रदान करते हैं–

*"रघुकुल रीति सदा चलि आई, प्राण जाए पर वचन न जाई।"*

जैसा कि विश्व विख्यात है कि दशरथ जी की तीन रानियाँ थीं, तुलसीदास जी के अनुसार तीनों में आदर्शमय सामंजस्य, सौहार्द और प्रेम था। सौतिया-डाह जैसी कलुषता सूक्ष्म स्वरूप मंथरा के भड़काने के कारण अवश्य सामने आता है, किंतु उसने भी सामाजिक एवं पारिवारिक वातावरण के बाह्य ढाँचे का विशेष स्पर्श नहीं किया और दशरथ-मरण जैसी गंभीर घटना हो जाने के बाद भी सारे क्रियाकलाप पुनः यथावत् चलने लगते हैं।

वाल्मीकि रामायण जो 'रामकथा' का मूल आधार है, उसमें भी पारिवारिक सौहार्द को बड़े ही अच्छे ढंग से अभिव्यक्त किया गया है–कैकेयी मंथरा से राम के राज्याभिषेक की सूचना पाकर उससे कहती है :

*'न मे परं किंचिदितो वरं पुनः प्रियं प्रियार्हे सुवचं वचोऽमृतम्।*
*तथा ह्यवोचस्त्वमतः प्रियोत्तरं, वरं परं ते प्रददामि तं वृणु।।'*[10]

अर्थात् कैकेयी मंथरा से कहती हैं–मंथरे! तू मुझसे प्रिय वस्तु पाने के योग्य

है। मेरे लिए श्रीराम के अभिषेक संबंधी इस समाचार से बढ़कर दूसरा कोई प्रिय एवं अमृत के समान मधुर वचन नहीं कहा जा सकता। ऐसी परम प्रिय बात तुमने कही है अतः अब यह प्रिय संवाद सुनाने के बाद तू कोई श्रेष्ठ 'वर' माँग ले, मैं उसे अवश्य दूँगी।

मंथरा की कुटिल नीति बातें सुनकर कैकेयी मंथरा को वाक्प्रताड़ना देती हुई कहती हैं :

*'धर्मज्ञो गुणवान् दान्तः कृतज्ञः सत्यवांछुविः।*
*रामो राजसुतो ज्येष्ठो यौव राज्यमतोऽर्हति।।*
*भातृन् भृत्यांश्च दीर्घायुः पितृवत् पालयिष्यिति।*
*संतप्यसे कथं कुब्जे श्रुत्वा रामाभिषेचनम्।।"*[11]

अर्थात् कुब्जे! श्रीराम धर्म के ज्ञाता, गुणवान, जितेन्द्रिय, कृतज्ञ, सत्यवादी और पवित्र हाने के साथ ही महाराज के ज्येष्ठ पुत्र हैं; अतः युवराज होने के योग्य वे ही हैं। वे दीर्घजीवी हो कर अपने भाइयों और भृत्यों का पिता की भाँति पालन करेंगे। कुब्जे! उनके अभिषेक की बात सुनकर तू इतनी जल क्यों रही है?

*"सा त्वमभ्युदये प्राप्ते दह्यमानेव मन्थरे।*
*भविष्यति च कल्याणो किमिदं परितप्यसे।।*
*यथा वै भरतो मान्यस्तथा भूयोऽपि राघवः।*
*कौसल्यातोऽतिरिक्तं च मम शुश्रूषते बहु।।"*[12]

कैकेयी राम के प्रति अपने एकनिष्ठ वात्सल्य को प्रकट करते हुए कहती हैं– "मंथरे! ऐसे अभ्युदय की प्राप्ति के समय, जबकि भविष्य में कल्याण ही कल्याण दिखाई दे रहा है, तू इस प्रकार जलती हुई सी संतप्त क्यों हो रही है? मेरे लिए जैसे भरत आदर के पात्र हैं; वैसे ही, बल्कि उनसे भी बढ़कर श्रीराम हैं क्योंकि वे कौशल्या से भी बढ़कर मेरी बहुत सेवा किया करते हैं।"

इस प्रकार वाल्मीकि रामायण में जहाँ कैकेयी की राम के प्रति मातृवत्सलता प्रकट होती है, वहीं कैकेयी के प्रति राम की भी मातृ-भक्ति स्पष्ट होती है, और पारिवारिक सौहार्द के दर्शन होते हैं जो कि तत्कालीन परिवेश के अनुरूप हैं। तुलसीदास जी ने भी रामचरितमानस के इस प्रसंग को वर्णित करते हुए लिखा है, कैकेयी मंथरा के मीठे किंतु कपट पूर्ण वचनों को सुनकर कहती हैं :

*"सुनि प्रिय वचन मलिन मनु जानी। झुकी रानि अब रहु अरगानी।।*
*पुनि असि कबहुँ कहसि घर फोरी। तब धरि जीभ कढ़ावहुँ तोरी।।"*[13]

अर्थात् मंथरा के प्रिय वचन सुनकर किंतु उसको मन की मैली जानकर रानी

झुककर (आवेश में डाँटते हुए) बोलीं—बस, अब चुप रह, घरफोड़ी कहीं की। जो फिर कभी ऐसा कहा तो तेरी जीभ पकड़कर निकलवा लूँगी। कैकेयी आगे कहती हैं :

*"जेठ स्वामि सेवक लघु भाई। यह दिनकर कुल रीति सुहाई।।*
*राम तिलक जौं साँचेहु काली। देऊँ मागु मन भावत आली।।"*[14]

अर्थात् "बड़ा भाई—स्वामी और छोटा भाई—सेवक होता है। यह सूर्यवंश की सुहावनी रीति ही है। यदि सचमुच कल ही श्रीराम का तिलक है तो हे सखी! तेरे मन को जो अच्छी लगे वही वस्तु माँग ले मैं दूँगी।"

किंतु मंथरा के बार-बार कुटिलतापूर्ण कुचक्र चलाने के कारण कैकेयी उसके प्रभाव में आ जाती हैं और सौतिया डाह का बीज अंकुरित हो जाता है—इसी प्रभाव को वर्तमान परिवेश के अनुरूप अभिव्यक्त करते हुए कोहली जी ने इस प्रसंग को अपने उपन्यास 'अभ्युदय' में बड़ी गंभीरता के साथ उठाया है; जिसमें सौतिया डाह की जड़ें काफी गहरी परिलक्षित होती हैं। इसका कारण बाह्य परिवेश, कलयुगी-प्रभाव के साथ-साथ संभवतः यह भी है कि कोहली जी के पितामह ने तीन विवाह किए थे। तीनों पितामहियों के सौतिया डाह के परिणामस्वरूप परिवार किस तरह 'कलह-कवलित' हुआ, इसे कोहली जी ने अपनी आँखों से देखा था, फलतः इस प्रसंग के चित्रांकन हेतु उन्हें बाह्य वातावरण के साथ-साथ निजी परिवेश से भी प्रेरणा प्राप्त हुई; जिससे प्रेरित होकर उन्होंने दशरथ के चरित्र एवं उनके अंतःपुर की महारानियों का वर्णन किया है।

कोहली जी ने महाराज दशरथ को कामुक, विलासी और सामान्य पुरुष अथवा आधुनिक राजनेताओं की तरह चित्रित किया है। यह उनकी आधुनिक दृष्टि का परिचायक है।

दशरथ सूर्यवंश के थे। सूर्यवंश अत्यधिक कुलीन और कर्मशील वंश के रूप में विख्यात है। इस वंश में राजा रघु उत्पन्न हुए, जिनकी शासन व्यवस्था ने अयोध्या को उसके नाम की सार्थकता प्रदान की।—"अयोध्या : जो युद्ध योग्य न हो, ऐसी अजेय नगरी या शांति की नगरी।"[15] इसी वंश में मांधाता, इक्ष्वाकु, भगीरथ इत्यादि राजाओं ने यथा समय जन-जीवन के उत्थान एवं उसकी सुख-समृद्धि के लिए अनवरत भगीरथ प्रयत्न किए। इन राजाओं के काल में अयोध्या सर्व-समृद्धि-शालिनी गौरवमयी नगरी थी। ऐसे यशस्वी वंश में महाराज दशरथ का जन्म हुआ था। परंपरागत मान्यता के अनुसार दशरथ स्वयं भी महान चक्रवर्ती सम्राट के रूप में प्रसिद्ध हुए। यद्यपि कैकेयी को लेकर उनकी चारित्रिक दुर्बलता पर विद्वानों ने नाना प्रकार के आक्षेप किए हैं किंतु इस संदर्भ में चित्र का दूसरा पहलू भी देखा जा सकता है—"आर्य भोग को योग बनाता है।"[16] कोहली जी का ही यह कथन दशरथ चरित्र के मिथकीय संदर्भ में अधिक उपयुक्त प्रतीत होता है; क्योंकि कोहली जी के द्वारा चित्रित भोगी

पिता-दशरथ के वीर्य ने ही राम और भरत जैसे योगी पुत्रों को जन्म दिया। प्रकृति की लीला बड़ी विचित्र है। उसके क्रिया-कलाप अत्यंत रहस्यमय हैं। रात्रि के घने अंधकार के गर्भ से जाज्वल्यमान दिनकर की उत्पत्ति एवं दिनकर की गति से रात्रि की उत्पत्ति होना एक तरफ जहाँ प्रकृति का सहज धर्म है, वहीं दूसरी तरफ यह उसकी आश्चर्यार्णव में निमज्जित कर देने वाला माया-जाल अथवा दशरथ इंद्रजाल भी है। इस दृष्टि से कोहली जी द्वारा वर्णित दशरथ-चरित की विलासी प्रवृत्ति को सहज स्वाभाविक प्रवाह मान लेना ही श्रेयस्कर होगा, अपेक्षाकृत इसके कि इस विलासी प्रवृत्ति को चित्त-विकृति माना जाए और उससे रघुवंश की कीर्ति अथवा भारतीय आत्मा 'श्रीराम' का वंश कलंकित हो।

### *दशरथ प्रशासन प्रसंग*

रामकथा के लब्धप्रतिष्ठ मूल स्रोत वाल्मीकि रामायण में दशरथ के प्रशासन से सुरक्षित अयोध्यापुरी का वर्णन करते हुए कहा गया है :

*तां तु राजा दशरथो महाराष्ट्र विवर्धनः।*
*पुरीमावासयामास दिवि देवपतिर्यथा।।*[17]

जैसे स्वर्ग में देवराज इंद्र ने 'अमरावती पुरी' बसाई थी, उसी प्रकार धर्म और न्याय के बल से अपने महान् राष्ट्र की वृद्धि करने वाले राजा दशरथ ने अयोध्यापुरी को पहले की अपेक्षा अधिक श्रेष्ठता प्रदान करते हुए विशेष रूप से बसाया था। राजा दशरथ के शासन काल में अयोध्या और वहाँ के नागरिकों की उत्तम स्थिति का वर्णन करते हुए वाल्मीकि जी कहते हैं :

*"तस्यां पुर्यामयोध्यायां वेदवित् सर्व संग्रहः।*
*दीर्घदर्शी महातेजाः पौरजानपदप्रियः।।*
*इक्ष्वाकूणामतिरथो यज्वा धर्म परोवशी।*
*महर्षिकल्पो राजर्षिस्त्रिषु लोकेषु विश्रुतः।।*
*बलवान् निहितामित्रो मित्रवान् विजितेन्द्रियः।*
*धनैश्च संचयैश्र्चान्यैः शक्रवैश्रवणोपमः।।*
*यथा मनुर्महातेजा लोकस्य परिरक्षिता।*
*तथा दशरथो राजा लोकस्य परिरक्षिता।।*
*तेन सत्याभिसंघेन त्रिवर्गमनुतिष्ठता।*
*पालिता सा पुरी श्रेष्ठा इंद्रेणेवामरावती।।"*[18]

अयोध्यापुरी में रहकर राजा दशरथ प्रजावर्ग का पालन करते थे। वे वेदों के विद्वान तथा सभी उपयोगी वस्तुओं का संग्रह करने वाले थे। दूरदर्शी और महान

तेजस्वी थे। नगर और जनपद की प्रजा उनसे बहुत प्रेम करती थी। वे इक्ष्वाकु कुल के अतिरथी (अर्थात् दस हजार महारथियों के साथ अकेले युद्ध करने वाले) थे। यज्ञ करने वाले धर्म परायण और जितेन्द्रिय थे। महर्षियों के समान दिव्य गुण संपन्न राजर्षि थे। उनकी तीनों लोकों में ख्याति थी। वे बलवान, शत्रुहीन, मित्रों से युक्त एवं इन्द्रिय विजयी थे। धन और अन्य वस्तुओं के संचय की दृष्टि से इंद्र और कुबेर के समान जान पड़ते थे। जैसे महातेजस्वी प्रजापति मनु संपूर्ण जगत् की रक्षा करते थे, उसी प्रकार महाराज दशरथ भी करते थे। धर्म, अर्थ और काम का संपादन करने वाले कर्मों का अनुष्ठान करते हुए वे सत्यप्रतिज्ञ नरेश उस श्रेष्ठ अयोध्यापुरी का उसी तरह पालन करते थे, जैसे इंद्र अमरावतीपुरी का।

महाकवि तुलसीदास जी भी दशरथ-चरित्र के संदर्भ में वर्णन करते हुए कहते हैं :

*"अवधपुरी रघुकुलमनि राऊ। बेद बिदित तेहि दसरथ नाऊँ।।*
*धरम धुरंधर गुननिधि ग्यानी। हृदय भगति मति सारँग पानी।।"*[19]

अवधपुरी में रघुकुल शिरोमणि दशरथ नाम के राजा हुए, जिनका नाम वेदों में विख्यात है। वे धर्म धुरंधर, गुणों के भंडार और ज्ञानी थे। उनके हृदय में शार्ङ्गधनुष धारण करने वाले भगवान की भक्ति थी, और उनकी बुद्धि भी उन्हीं में लगी रहती थी।

अतः स्पष्ट है कि सूर्यवंशी महाराज दशरथ सूर्य के समान ही प्रखर तेजस्विता को धारण करते थे। इस प्रसंग पर कोहली जी की रामकथा में काल चेतना का पर्याप्त प्रभाव पड़ा है और वर्तमान समय के विलासी राजनेताओं के अनुसार उनका वर्णन किया गया है तथा वर्तमान समय में यत्र-तत्र-सर्वत्र फैले हुए अनाचार-भ्रष्टाचार और दुष्टाचार का वर्णन दशरथ के राज्य की सीमा के आस-पास किया गया है। गुरु विश्वामित्र के आश्रम का क्षेत्र भी ऐसी ही दुर्वृत्तियों की परिव्याप्ति से युक्त क्षेत्र के अंतर्गत आता है, जिसके कारण विश्वामित्र जी निदान का संकल्प लेकर दशरथ जी के दरबार पहुँचते हैं, और सिद्धाश्रम में घटित-स्त्रियों के साथ किए गए अमानवीय अनाचार एवं नरसंहार की घटना की सूचना देते हैं तथा इस राक्षसी कृत्य के निवारण हेतु श्रीराम को माँगते हैं। दशरथ जी तो ऋषि के माँगने से पूर्व ही उनके द्वारा माँगी गई वस्तु देने के लिए प्रतिज्ञा कर चुके थे श्रीराम के माँगे जाने पर संकोच एवं असमंजस की स्थिति में आ जाते हैं। उनके स्वर में आनाकानी परिलक्षित होने लगती है तब विश्वामित्र उन्हें फटकारते हुए कहते हैं :

"दशरथ।.....वीर तो तुम्हें मैं नहीं ही मानता था; किंतु आज तुम यह सिद्ध करना चाहते हो कि तुम अपने वचन की रक्षा भी नहीं कर सकते।....आज सारे आर्यावर्त्त में जो चर्चा हो रही है, वह गलत नहीं है। तुम जानते हो कि जितने भी

ऋषि-मुनि, चिंतक-बुद्धिजीवी सत्य और न्याय की रक्षा के लिए रघुवंशियों की ओर देखा करते थे, उन सबको तुमने अपने आचरण से हताश कर डाला है। आज कोई भी व्यक्ति तुमसे न्याय के नाम पर कोई अपेक्षा नहीं रखता। यह मेरी ही मूर्खता थी कि मैं तुमसे इतनी बड़ी आशा लेकर आया कि तुम अन्याय और अत्याचार का विरोध करोगे। लोग ठीक कहते हैं, दशरथ का राज्य उसके अपने प्रासादों के भीतर भी शायद नहीं है, वहाँ कैकेयी का राज्य है......।''[20]

यहाँ गौरवमयी संस्कृति के आदर्श नायक श्री राम के पिता महाराज दशरथ–जो चक्रवर्ती थे, महान तेजस्वी और सूर्यवंश की कीर्ति को विशेष रूप से आगे बढ़ाने वाले थे, जो धर्म-धुरंधर थे तथा जिनका नाम वेदों में भी विख्यात था ऐसे सम्राट को ऋषि विश्वामित्र के द्वारा इस प्रकार प्रताड़ना भरे स्वर में संबोधित करना, अस्वाभाविक सा लगता है; किंतु इस प्रसंग पर भी काल चेतना का ही प्रभाव है। सिद्धाश्रम में घटित दुर्घटना बिहार में हुए नरसंहार एवं नारी-उत्पीड़न की ओर इंगित करती है तथा दशरथ की विलासी एवं कामुक प्रवृत्ति के साथ उनकी स्वार्थान्धता वर्तमान राजनेताओं की काली-करतूतों को संकेतात्मक रूप में उजागर करती है। ऋषि विश्वामित्र की प्रताड़ना भरी फटकार आज के बुद्धिजीवी वर्ग और समय के सजग प्रहरी एवं द्रष्टा साहित्यकारों एवं समाज सुधारकों के कर्त्तव्यों का दिग्दर्शन कराती है।

## *दशरथ के महल में कौशल्या एवं सुमित्रा की उपेक्षा*

मूल कथा में ऐसे प्रसंग कम आए हैं, जिनसे सम्राट दशरथ के महल में अंतःपुर की स्थिति को जाना जा सके। एक दो जो प्रसंग आए हैं, उनसे अनुमान अवश्य लगाया जा सकता है :

महाराज दशरथ के द्वारा संपन्न किए गए पुत्रयेष्टि यज्ञ के पश्चात खीर वितरण का प्रसंग है। वाल्मीकि रामायण के अनुसार :

*''ततो दशरथः प्राप्य पायसं देवनिर्मितम्।*
*बभूव परमप्रीतः प्राप्य वित्तमिवाधनः।।''[21]*
*''सोऽन्तःपुरं प्रविश्यैव कौसल्यामिदमब्रवीत्।।*
*पायसं प्रति गृहीष्व पुत्रीयं त्विदमात्मनः*
*कौसल्यायै नरपतिः पायसार्धम् ददौ तदा।*
*अर्धादर्धं ददौ चापि सुमित्रायै नराधिपः।।*
*कैकेय्यै चावशिष्टार्धे ददौ पुत्रार्थ कारणात्।*
*प्रददौ चावशिष्टार्धे पायसस्यामृतोपमम्।।*
*अनुचिन्त्य सुमित्रायै पुनरेव महामतिः।*
*एवं तासां ददौ राजा भार्याणां पायसं पृथक्।।''[22]*

तुलसीदास जी महाराज ने भी इस प्रसंग का संक्षिप्त में वर्णन करते हुए कहा है :

> *"तबहि रायँ प्रिय नारि बोलाई। कौसल्यादि तहाँ चलि आई।।*
> *अर्द्ध भाग कौसल्यहि दीन्हा। उभय भाग आधे कर दीन्हा।।*
> *कैकेयी कहँ नृप सो दयऊ। रहयो सो उभय भाग पुनि भयऊ।।*
> *कौसल्या कैकेयी हाथ धरि। दीन्ह सुमित्रहिं मन प्रसन्न करि।।"*[23]

अतः इस प्रसंग में रामकथा की लोक प्रसिद्ध कथाओं में यह स्पष्ट है कि दशरथ जी ने सर्वप्रथम कौशल्या को चरू प्रदान किया और उसमें भी समूचे चरू का आधा भाग कौशल्या को बड़ी रानी होने के नाते प्रदान किया और शेष भाग का आधा-आधा चरू कैकेयी और सुमित्रा को प्रदान किया, बल्कि वाल्मीकि रामायण के अनुसार तो आधे भाग का तीन चौथाई चरू सुमित्रा को और एक चौथाई कैकेयी को प्रदान किया। इस बँटवारे के आधार पर कौशल्या और सुमित्रा की उपेक्षा का भाव रंच मात्र भी प्रतीत नहीं होता। रानियों के द्वारा खीर को प्रेम से ग्रहण करना हर्षित एवं संतुष्ट होना भी उनके आपसी प्रेम और सौहार्द को प्रकट करता है। अतः कहा जा सकता है कि दशरथ के अंतःपुर में किसी भी प्रकार की सौतिया डाह अथवा क्लेशपूर्ण स्थिति नहीं थी।

कोहली जी ने इसके ठीक विपरीत यह स्थिति दर्शाई है कि अंतःपुर में कौसल्या और सुमित्रा सर्वथा उपेक्षित थीं। बल्कि कोहली जी ने तो अपने उपन्यास में उन्हें दशरथ द्वारा त्याज्य-सा ही दर्शाया है।[24] कोहली जी ने अपने उपन्यासों में कौशल्या के रूप में उन्होंने परंपरावादी नारी के 'दासी' स्वरूप का चित्रण किया है और सुमित्रा को एक पत्नीव्रत की पक्षधर सिद्ध किया है। वह पुरुष की स्वेच्छाचारिता को सर्वथा अस्वीकार करती है। सुमित्रा कोहली जी की विचारधारा के अधिक निकट है, जबकि कौशल्या का दासी स्वरूप उनके विचारों में अस्वीकारणीय है। नारी के तीन रूप होते हैं—अनुचरी, सहचरी और अग्रचरी। समाजवादी चिंतक अग्रचरी नारियों के पक्षधर हैं। यशपाल के उपन्यासों में नारी को इतने अधिक अधिकार दे दिए गए हैं कि वह यौन-पवित्रता का भी उल्लंघन करती दिखलाई पड़ती है।

पुरुषों का स्वभाव आक्रामक होता है, इसके विपरीत नारियों का स्वभाव सुरक्षात्मक होता है। 'काम-कलाधिक्य' से पुरुषों द्वारा नारियाँ सदैव छली जाती रही हैं, मानो यही प्रकृति का तथ्य भी है और विधान भी। पुरुषों को एकनिष्ठ बनाना दुष्कर कार्य है। यह या तो संयमशीलता से संभव है या अनुशासित समाज के कठोर दंड के भय से। राजाओं पर भय का प्रभाव शून्य ही होता है; क्योंकि वे विशेषाधिकारी होते हैं। 'समरथ को नहि दोष गोसाई' कहकर विचारकों को भी संतोष कर लेना पड़ता है। दशरथ भी सामंती संस्कृति की उपज थे, वैभव एवं ऐश्वर्यशाली न कि कोई ऋषि-महर्षि। अतः

उनसे एकनिष्ठता की अपेक्षा करना बालू से तेल की अपेक्षा करने जैसा ही होगा।

कालचेतना के प्रभाववश मनुष्य युगीन परिस्थितियों का दास है। उसकी स्वीकृति में ही समाज का कल्याण भी निहित है। राम एकनिष्ठ होते हुए भी सीता को हृदय से चाहते हुए भी समाज के अंकुश के कारण गर्भावस्था जैसी अत्यंत नाजुक स्थिति में भी सीता को महर्षि वाल्मीकि के आश्रम में पहुँचवा देते हैं। सीता की अग्निपरीक्षा तो पुरुष की अहंवादी नैतिकता की घृणित दुर्घटना कही जा सकती है। सीता जिस धरती से उत्पन्न हुईं उसी में समा जाती हैं। एक रूप में यह भिन्न लिंगियों का सनातन संघर्ष ही है, जिसमें अदृश्य अंकुर के रूप में एक-दूसरे को पराजित करने की भावना होती है। परंपरागत संस्कारों के तथाकथित कुलीन वातावरण में पली-बढ़ी नारियाँ इस संघर्ष से मुक्त होकर स्वेच्छया दासी बनीं। 'दासी' शब्द आधुनिक संदर्भों में अवमूल्यित हो गया है, वैसे दासी शब्द का तात्विक अर्थ है समर्पिता। 'समर्पण' नारी का स्वभाव है। 'समर्पण' के कारण ही उसमें पूर्ण-लयता का गुण है। प्रेम-पिपासु नारी जो सृष्टि-सर्जिका है, पुरुष की सम्पूरक शक्ति है, पूर्णलयता बिना न तो संतुष्टि प्राप्त कर सकती है और न ही संपुष्टि तथा उसके बिना उसके जीवन की सार्थकता भी संभव नहीं हो सकती।

कौशल्या का 'दासी-भाव' उनके अपने चरित्र में समर्पण का पर्याय है। कोहली जी ने कौशल्या के पवित्र चरित्र को असहाय रूप में चित्रित कर भारतीय संस्कृति की पुरुष-प्रधान परंपरा पर अंगुलि-निर्देश किया है। इसी प्रकार इनके उपन्यास अभ्युदय में सुमित्रा की एक-पत्नीव्रत की पक्षधरता औचित्यपूर्ण होते हुए भी उसके अपने आंतरिक जीवन को विषाक्त कर देती है; क्योंकि इस पक्षधरता के कारण वह दशरथ को अन्दर से स्वीकार नहीं करती—फलतः उसका आभ्यंतर जीवन दुःख एवं अशांति से परिपूर्ण है।

नवविवाहिता कैकेयी के प्रति दशरथ का आकर्षण और उनकी मुग्धमयता अत्यंत स्वाभाविक और सत्य है; किंतु यह भी अटल सत्य है कि वे न्याय और नीति के प्रति पूर्ण सजग एवं सचेतन हैं। इसी कारण कैकेयी द्वारा 'राम-वनवास' का वरदान माँगे जाने पर वे उस वरदान के फलीभूत होने अथवा अपनी सत्यप्रतिज्ञता पर आँच आने से पूर्व ही मृत्यु की गोद में समा जाते हैं। इन परिस्थितियों में ऐसा तो नहीं कहा जा सकता कि दशरथ के महल में कौशल्या और सुमित्रा उपेक्षित थीं, हाँ यह अवश्य है कि इस प्रसंग पर कालचेतना का पूर्ण-अभाव है और तीनों रानियों के आपसी संबंधों को तथा दशरथ के बहुपत्नियों के पति-स्वरूप को वर्तमान संदर्भों में वर्तमान परिवेश के अनुसार अभिव्यक्त किया गया है।

### *राम एवं उनके तीनों भाइयों का जन्म प्रसंग*

मूल रामकथा के अनुसार यह प्रसंग लोक प्रसिद्ध है कि महाराज दशरथ द्वारा किए

गए पुत्रेष्टि यज्ञ में अग्निकुंड से प्राजापत्य पुरुष का प्रकटीकरण हुआ, उन्होंने महाराज दशरथ को दिव्य खीर प्रदान की, जिसके कारण दशरथ जी की तीनों रानियाँ गर्भवती हुईं तथा राम, लक्ष्मण, भरत, शत्रुघ्न का जन्म हुआ। वाल्मीकि रामायण के अनुसार :

> *"ततस्तु ताः प्राश्य तमुत्तमास्त्रिया महीपतेरूत्तमपायसं पृथक।*
> *हुताशनादित्य समान तेजसोऽचिरेण गर्भान् प्रतिपेदिरे तदा।"*[25]

"उस उत्तम खीर को खाकर महाराज की उन तीनों साध्वी महारानियों ने शीघ्र ही पृथक-पृथक गर्भ धारण किया। उनके वे गर्भ अग्नि और सूर्य के समान तेजस्वी थे। रामचरितमानस में भी यह मिथक इसी रूप में वर्णित है :

> *"सृंगी रिषिहि बसिष्ठ बोलावा। पुत्रकाम सुभ जग्य करावा।।*
> *भगति सहित मुनि आहुति दीन्हें। प्रगटे अगिनि चरू कर लीन्हें।।*
> *जो बसिष्ठ कछु हृदयँ बिचारा। सकल काजु भा सिद्ध तुम्हारा।।*
> *यह हबि बाँटि देहु नृप जाई। जथा जोग जेहि भाग बनाई।।*
> ..............................................................
> *एहि बिधि गर्भ सहित सब नारी। भई हृदय हरषित सुख भारी।।*
> *जा दिन तें हरि गर्भहिं आए। सकल लोक सुख संपति छाए।।"*[26]

यह मिथक वर्तमान वैज्ञानिक युग में पूर्णतया अविश्वसनीय है। आज का समाज ट्यूब बेबी पर तो पूरी तरह विश्वास कर सकता है; किंतु खीर खाकर गर्भवती होने और बालक के जन्म पर किसी भी कीमत पर विश्वास नहीं कर सकता। और तो और इस प्रसंग के कारण भारतीय संस्कृति की धरोहर पर उसकी सत्यता पर भी आँच आने के पूर्ण संयोग बन जाते हैं। अतः कोहली जी भी इस प्रसंग को अस्वीकार करते हैं और राम-जन्म प्रसंग के विवाद में न पड़कर उन्हें सीधे पच्चीस वर्षीय नवयुवक के रूप में ही अपने उपन्यास में प्रवेश देते हैं—जब विश्वामित्र यज्ञ-रक्षा हेतु उन्हें लेने अयोध्या आते हैं।[27] स्पष्ट है यह मिथक कालचेतना के कारण अर्थहीन और अविश्वसनीय हो गया है।

### अहल्या उद्धार प्रसंग

रामचरितमानस में अहल्या उद्धार प्रसंग में अहल्या को एक शिला के रूप में वर्णित किया गया है।

> *गौतम नारि श्राप बस, उपल देह धरि धीर।*
> *चरन कमल रज चाहति, कृपा करहु रघुवीर।।* [28]
> *परसत पद पावन सोक नसावन प्रगट भई तपपुंज सही।*
> *देखत रघुनायक जन सुखदायक सनमुख होइ कर जोरि रही।।*

जबकि मूल कथा स्रोत वाल्मीकि रामायण में उन्हें तपोमूर्त्ति के रूप में चित्रित किया गया हैः

*"ददर्श च महाभागां तपासा द्योतितप्रभाम्।*
*लोकैरपि समागम्य दुर्निरीक्ष्यां सुरासुरैः ।।*
*प्रयत्नान्निर्मितां धात्रा दिव्यां मायामईमिव।*
*धूमेनाभिपरीतांगी दीप्तामग्नि शिखामिव।।*
*सतुषारावृतां साभ्रां पूर्णचन्द्रप्रभामिव।*
*मध्येऽम्भसो दुराधर्षा दीप्तां सूर्य प्रभामिव।।*
*सा हि गौतमवक्येन दुर्निरीक्ष्या बभूव ह।*
*त्रयाणामपि लोकानां यावद् रामस्य दर्शनम्।।*
*शापस्यान्तमुपागम्य तेषां दर्शनमागता।।*
*राघवौ तु तदा तस्याः पादौ जगृहतुर्मुदा।*
*स्मरन्ती गौतमवचः प्रति जग्राह सा हि तौ।।*[29]

स्पष्ट है कि वाल्मीकि रामायण में रामचरितमानस के अनुसार न तो अहल्या को शिला दर्शाया है और न ही श्रीरामचंद्र जी अपने पैरों से उस शिला का स्पर्श ही करते हैं बल्कि अहल्या ही राम लक्ष्मण के पैरों का स्पर्श करती हैं और वे शिलावत् तपोनिष्ठ जीवन व्यतीत कर रही हैं। हाँ एक चमत्कार अवश्य दिखलाई पड़ता है कि शापवश वे अदृश्य सी हैं और उन्हें कोई भी देख नहीं सकता, श्रीराम के दर्शन से पूर्व। कोहली जी ने इस चमत्कार को समाप्त करते हुए शेष प्रसंग वाल्मीकि रामायण के अनुसार ही वर्णित किया है, साथ ही उसमें वर्तमान परिवेश के अनुसार मनोवैज्ञानिक और कालचेतनापरक अवश्य बनाया है; कि इंद्र के अत्याचार के पश्चात् कोई भी उनसे मिलना-जुलना अथवा बात करना या दर्शन करना पसंद नहीं करता–

"अहल्या समझ नहीं पा रही थी कि क्या करे? वर्षों का अंतराल बीत गया, कभी कोई उसकी कुटिया में नहीं आया, उसके आश्रम में नहीं आया।"[30]

"पुत्र! मेरी कथा क्या होगी?...कितने ही समय तक मैं अपनी कुटिया से नहीं निकली। अपनी शैया पर पड़ी-पड़ी रोती रही। पर जब रो-रोकर मन की पीड़ा बहा चुकी और भूख-प्यास से पीड़ित हुई तो मुझे उठना ही पड़ा। मेरे पास डूंडी और दो-चार गाएँ थीं, फलों के कुछ वृक्ष थे, आश्रम में साग सब्जी थी। मुझे उन सबकी रक्षा करनी थी, ताकि वे मेरी रक्षा कर सकें।...इन दिनों मैं आश्रम से बाहर कभी नहीं निकली।...दो-तीन सप्ताह पश्चात् मैं कुछ अस्वस्थ हो गई। तेज ज्वर चढ़ आया और सिर पीड़ा से फटने लगा। जब तक सहन कर सकती थी किया किंतु जब कष्ट असहनीय हो उठा तो मैंने आश्रम के बाहर के किसी ग्राम में किसी वैद्य की सहायता लेने की सोची। पुत्र! बिना सोचे-समझे मैं ज्वर की अवस्था में चल पड़ी। मुझे दिशा

का कोई ज्ञान नहीं था, दूरी का पता नहीं था। पर मैं चलती गई।...पहले ग्राम में जो पहला घर मुझे दिखा मैंने उसी के द्वार पर थाप दी। द्वार खुला एक प्रौढ़ व्यक्ति बाहर निकला। उसने मुझे पहचानकर ऐसी चीख मारी, जैसे कोई प्रेत देख लिया हो। लोग चीखते-चिल्लाते घरों से निकल आए! मैं उनकी ओर बढ़ती तो वे भाग जाते। घर में घुस जाती तो वे अपना घर-द्वार छोड़कर निकल जाते। मुझसे दूर रहकर मेरी छाया से भी बचते हुए वे लोग चिल्ला रहे थे शोर मचा रहे थे। दो-एक ढेले भी मेरे सिर पर लगे।...उन्हें क्या दोष दूँ...मुझे पतिता घोषित करने वाले तो कोई और थे...ऋषि-मुनि, आचार्य-विद्वान, समाज-नियंता...तब से मैं अपने आश्रम से बाहर कभी नहीं गई। बाहर से आश्रम के भीतर भी कोई नहीं आया।...यह वस्त्र भी... स्वयं बोई कपास से काता और बुना गया है।...इस कथा में कोई मोड़ नहीं है, पुत्र! पच्चीस वर्षों में पहला मोड़ तुम लोगों ने यहाँ आकर दिया है।...''[31]

प्रेम की दस दशाओं में एक दशा जड़ता की भी होती है, जिसमें मनुष्य गुम-सुम मूर्त्तिवत् हो जाता है। शिला होने का श्राप व्यंजना शक्ति से इस अर्थ में भी लिया जा सकता है कि अहल्या, शिलावत् हो गईं अर्थात् जड़वत् मूर्त्तिवत् हो गई थीं। कोहली जी ने भी चमत्कारिक घटना अथवा अविश्वसनीय मिथक को अस्वीकार करते हुए मानो अभिव्यंजना को स्वीकृति देते हुए इस प्रसंग को अत्यधिक स्वाभाविक एवं समसामयिक बना दिया है। उनकी यह परिकल्पना भी अत्यंत संवेदनशील और मनोवैज्ञानिक है कि ऋषि गौतम श्राप न देकर अहल्या के प्रति संवेदना व्यक्त करते हैं। गौतम अहल्या को दोषी नहीं मानते। वे पुरुष द्वारा नारी का इस प्रकार छला जाना पुरुष का जघन्य कृत्य मानते हैं। वे अहल्या को सांत्वना देते हुए कहते हैं—"अहल्या! तुमने यथासंभव प्रतिरोध किया। जो कुछ हुआ तुम्हारी इच्छा के विरुद्ध हुआ, बलात् हुआ। तुम्हारे साथ अत्याचार हुआ। अहल्या! मरना पीड़ित को नहीं चाहिए, मरना तो अत्याचारी को चाहिए।''[32]

''शांत हो अहल्या!...तुम मेरी धर्म-पत्नी और पूर्णतः मेरे योग्य पत्नी हो। तुम पतित नहीं हो, तुम्हें पतित करने का साहस कोई नहीं कर सकता। तुम पूर्णतः शुद्ध, स्वच्छ और पवित्र हो।''[33]

कालक्रम से जब श्रीराम गुरु विश्वामित्र के साथ अहल्या के आश्रम में आते हैं तब अहल्या समूचे समाज से उपेक्षित, तिरस्कृत, एकाकी जीवन व्यतीत कर रही थीं। श्री राम अहल्या को सांत्वना देते हुए कहते हैं :

''...मैं उन संपूर्ण लोगों की तरफ से आपसे क्षमायाचना करता हूँ, जिन्होंने आपका अपराध किया है और प्रतिज्ञा करता हूँ, कि जीवन में जब कभी इंद्र से साक्षात्कार हुआ, उसे प्राणदंड दूँगा।''[34]

कोहली जी द्वारा वर्णित यह प्रसंग, काल और मिथक-चेतना के अंतःसंबंधों को स्थापित करता है। उनकी उद्भावनाएँ मौलिक, स्वाभाविक और प्रशंसनीय हैं।

### *सीता-जन्म प्रसंग*

प्रत्येक युग की अपनी-अपनी, अलग-अलग सामाजिक, राजनीतिक और सांस्कृतिक मान्यताएँ होती हैं। उन मान्यताओं को आधुनिक संदर्भों के निकष पर बलात् खींचना घटाना-बढ़ाना या तोड़ना-मरोड़ना बौद्धिक जादूगरी ही मानी जाएगी। अवैध संतानों को समाज का एक वर्ग उपेक्षणीय मानता है तो दूसरा ऐसा संवेदनशील प्रबुद्ध वर्ग है जो उन्हें रक्षणीय मानता है। यदि सीता को इस रूप में भी माना जाय तो भी उनकी महिमा और गरिमा में कभी कोई कमी नहीं आती। सीता-जन्म की परंपरागत कथा है कि ऋषियों के रक्त से भरा घड़ा उस क्षेत्र में गड़ा हुआ था जहाँ राजा जनक हल चला रहे थे। जनक के हल की फॉल के नोक से वह टूटा और सीता प्रकट हो गईं। इस कथा को यदि प्रतीक के रूप में माना जाए तो सीता उस युग की पीड़ा को समझने वाली एक संवेदनशील कन्या थीं। कालांतर में उन्हीं के कारण राक्षसी-संस्कृति का विनाश हुआ। वह शक्ति की प्रतीक थीं, वह राम की प्रेरणा-शक्ति थीं। कोहली जी के अनुसार वह किसी निर्धन की कन्या थीं, जो निर्धनतावश अथवा भयवश खेत में रख दी गई थीं। युगीन परिवेश से प्रभावित यह परिकल्पना भी श्लाघ्य है, क्योंकि उसी के माध्यम से शोषक संस्कृति का विनाश होता है। वह कन्या किसी निर्धन क्षत्रिय की भी हो सकती है, जिसे कोहली जी ने 'अज्ञातकुलशीला' कह कर परम पवित्र बनाया है, उनकी यह परिकल्पना भी चमत्कारिक-अविश्वसनीय मिथक है उसका भी परिहार किया जाकर उसे युगानुरूप विश्वसनीय एवं ग्राह्य बनाया गया है।

### *शूर्पणखा प्रसंग*

शूर्पणखा प्रसंग भी मूलकथा के अनुसार मिथकीय-संदर्भ-युक्त है। वाल्मीकि रामायण के अनुसार श्रीराम, लक्ष्मण और सीता तीनों गोदावरी तट से स्नान करके अपने आश्रम को लौटते हैं। होम पूजादि से निवृत्त होकर लक्ष्मण और सीता के साथ वार्तालाप करते हैं, तभी अचानक एक बीभत्स और विकराल रूप वाली राक्षसी शूर्पणखा वहाँ आ जाती है, श्रीराम के सुंदर मनमोहक स्वरूप पर मुग्ध हो जाती है। फिर मनोहर रूप धारण कर श्रीराम के समक्ष आती है और उनसे परिचय प्राप्त करती है, तथा अपना भी परिचय देते हुए सीता की निंदा के साथ निज को श्रीराम की पत्नी होने के योग्य निरूपित करती है, प्रणय याचना करती है :

*"अहं प्रभाव संपन्ना स्वच्छन्द बल गामिनी।*
*चिराय भव भर्ता मे सीतया किम् करिष्यसि।।*
*विकृता च विरूपा च न सेयं सदृशी तव।*
*अहमेवानुरूपा ते भार्या रूपेण पश्य माम्।।*

*इमां विरूपामसतीं करालां निर्णतोदरीम्।।*
*अनेन सह ते भ्राता भक्षयिष्यामि मानुषीम्।।*
*ततः पर्वतशृङ्गाणि वनानि विविधानि च।*
*पश्चन् सह मया कामी दण्डकान् विचरिष्यसि।।*[35]

श्रीराम उसको अत्यंत विनम्रतापूर्वक टाल देते हैं और कहते हैं कि मेरा यह भाई लक्ष्मण अत्यंत शीलवान् और सुदर्शन है इनके साथ स्त्री नहीं है—अतः यदि इन्हें भार्या की चाह होगी तो ये तुम्हारे इस सुंदर रूप के योग्य पति होंगे।[36]

शूर्पणखा लक्ष्मण से भी प्रणय निवेदन करती है तो लक्ष्मण ने स्वयं को दास बताकर पुनः श्रीरामचंद्र जी की ओर ही उनकी छोटी भार्या बनने हेतु भेज दिया। शूर्पणखा लक्ष्मण की बात सत्य मानकर पुनः श्रीराम की ओर उन्मुख होती है और देवी सीता को अपने मार्ग का कंटक मानते हुए उन पर आक्रामक होती है, तभी श्रीराम का संकेत पाकर लक्ष्मण उसके नाक-कान काट लेते हैं, और वह भयंकर चीत्कार-गर्जन करती हुई वन में अपने भाई 'खर' के पास भाग जाती है।

रामचरितमानस में भी इस प्रसंग का संक्षेप में इसी रूप में वर्णन किया गया है, जिसमें शूर्पणखा के मायावी मनोहर रूप धारण करने की चर्चा है; किंतु कोहली जी ने इसका युगानुरूप परिष्कार किया है और अनेक दास-दासियों के माध्यम से, उबटन, मालिश, स्नान, अनुलेपन और रूप तथा वेष-सज्जालंकरणों के माध्यम से रूप सौन्दर्य धारण करने का वर्णन किया है। कोहली जी के उपन्यास में शूर्पणखा को पचास वर्षीय बतलाया गया है, जबकि वाल्मीकि रामायण में उसे हजारों वर्षों की बूढ़ी बताया गया है अतः यह परिवर्तन भी युगानुरूप प्रासंगिक और ग्राह्य है। शूर्पणखा के रूप-सौंदर्य-प्रक्रिया में दुग्ध स्नान हेतु उसके सैनिकों का दुग्ध विक्रेताओं से संघर्ष तक हुआ, जिसमें चार अंगरक्षक मारे गए, और अन्य कुछ घायल भी हुए। इस प्रकार काफी लंबे समय के सघन सायास प्रयत्न के पश्चात काफी पीछा करते हुए शूर्पणखा श्रीराम से एकांत में मिलती है और उनसे प्रणय-याचना करते हुए कहती है :

शूर्पणखा राम के एकदम निकट चली आई, जैसे उनके कंठ में अपनी भुजाएँ डाल देगी। उनकी आँखों में गहरे झाँकते हुए बोली—"कामदेव!....यह काम-आह्वान है राम! मैं तुम्हें जीवन का वैभव-विलास और संसार का श्रेष्ठतम भोग मुक्तहस्त दान कर रही हूँ।..."[37] "मैंने जबसे तुम्हें देखा है, तुम्हारे अंकपाश में समा जाने के लिए तड़प रही हूँ"[38] ...

शूर्पणखा ने जी भरकर दुग्ध स्नान किया। उसकी दासियों ने दूध से मल-मलकर उसके अंग धोए...उसे आज सौमित्र से मिलने जाना था।[39] इस प्रकार वह लक्ष्मण के पास जाती है और उनके समक्ष प्रणय याचना करती है, अस्वीकृति पाकर वह पुनः राम के पास लक्ष्मण की शिकायत करने जाती है और सीता को पाकर उनके

प्रति हिंसात्मक हो उठती है, तभी लक्ष्मण क्रोधित होकर उसके नाक और कान पर कटार से एक रेखा खींच देते हैं; जिनसे रक्त की बूँदें टपकती हैं। लक्ष्मण उसे दंडित करते हुए कहते हैं :

"न्याय के अनुसार तो तेरा दंड सिवाय मृत्यु के और कुछ नहीं हो सकता किंतु तू निःशस्त्र स्त्री है और हमारे आश्रम में अकेली है, इसलिए तेरा वध नहीं करूँगा। पर अदंडित तू नहीं जाएगी। ले दंड के चिह्न...।"[40]

इस प्रसंग में स्पष्ट है कि शूर्पणखा एक ही दिन एक ही समय राम और लक्ष्मण दोनों से प्रणय याचना नहीं करती है। प्रसंग में चमत्कार का परिहार भी किया गया है। मौलिक कल्पनाएँ प्रासंगिक और मनोविश्लेषणात्मक भी हैं, किंतु साथ ही इस प्रसंग का अनावश्यक अति विस्तार हुआ है जो लगभग सौ पृष्ठों तक चलता है[41] तथा कुछ बोझिल-सा हो जाता है। इसके साथ ही शूर्पणखा द्वारा प्रणय निवेदन का ढंग उपन्यास के स्तर पर संभवतः उचित हो; किंतु कथा की गरिमा के स्तर पर कुछ ज्यादा ही भदेस हो जाता है। यद्यपि वह कथन राक्षसी प्रवृत्ति के अंतर्गत है; किंतु मूलकथा में वर्णित प्रणय-निवेदन के समक्ष कथा की गरिमा से अलग चलचित्रों का अनुकरण करता प्रतीत होता है।

## *सीताहरण प्रसंग*

सीताहरण प्रसंग का प्रारंभ मारीच के कपट-वेश से होता है, जिसके कारण सीता अकेली और असुरक्षित हुई और रावण अपनी कपट-नीति में सफल हो पाया। रामचरितमानस के अनुसार–

*"तेहि बन निकट दसानन गयऊ। तब मारीच कपट-मृग भयऊ।।*
*अति बिचित्र कछु बरनि न जाई। कनक देह मनि रचित बनाई।।*
*सीता परम रुचिर मृग देखा। अंग-अंग सुमनोहर वेषा।।*
*सुनहु देव रघुवीर कृपाला। एहि मृग कर अति सुंदर छाला।।"*[42]

मारीच ने स्वर्णमृग का कपटी वेष धारण किया, जिसके शरीर में मणियाँ जड़ी हुई थीं।

वाल्मीकि रामायण के अनुसार–

*"स रावणवचः श्रुत्वा मारीचोराक्षसस्तदा।।*
*मृगो भूत्वाऽऽश्रमद्वारि रामस्य विचचार ह।*
*स तु रूपं समास्थाय महदद्‌भुतदर्शनम्।।*
*मणिप्रवर शृङ्गाग्रः सितासितमुखाकृतिः।*
*रक्तपद्मोत्पलमुखं इंद्रनीलोत्पलश्रवाः।।*

*किंचिदभ्युन्नतग्रीव इंद्रनीलनिभोदरः।*
*मधूकनिभ पार्श्वश्च कञ्जकिञ्जल्कसंनिभः ।।*
*वैदूर्यसंकाशखुरस्तनुजङ्घ सुसंहतः।*
*इंद्रायुधसवर्णेन प्रच्छेनोर्ध्वं विराजितः।।*
*मनोहरस्निग्धवर्णो रत्नैर्नानाविधैर्वृत्तः।*
*क्षणेन राक्षसो जातः मृगः परमशोभनः ।।"* [43]

ऊपर दिए गए रामचरितमानस और वाल्मीकि रामायण के उद्धरणों से यह स्पष्ट होता है कि रामचरितमानस में मारीच ने 'स्वर्णमृग' का वेष धारण किया और वाल्मीकि रामायण में स्वर्णमृग के समान दिखलाई देने वाला वेष धारण किया। रामचरितमानस से अभिधात्मक अर्थ ग्रहण करने पर प्रसंग में अविश्वसनीयता का समावेश हो जाता है अतः कोहली जी ने इस प्रसंग की अभिव्यक्ति हेतु वाल्मीकि रामायण को आधार बनाते हुए भी इसे सर्वथा नवीन ढंग से प्रस्तुत किया है, जिससे उपन्यास का कथानक अविश्वसनीयता-मिथक-दोष से बच जाता है। और प्रसंग को युगानुरूपता प्राप्त होती है। इसके साथ ही सीताहरण प्रसंग में रावण के साधुवेश में आने पर एवं अपना परिचय देने पर सीता भयभीत हो जाती हैं, यद्यपि वे श्रीराम के पराक्रम का वर्णन करती हैं, दोनों में वाक्‌युद्ध भी होता है, सीता रावण को बुरी तरह फटकारती भी हैं; किंतु बाद में मायावी विशाल रूप धारण करके साधुवेश से अपने दशमुखी एवं बीस भुजी रावणी वेश में आ गया, तत्पश्चात् उसने बलात् सीता का अपहरण कर लिया एवं आकाश मार्ग से लंका की ओर चला गया।[44]

रामचरितमानस की कथा में यह प्रसंग अति संक्षिप्त में होते हुए भी इसी कथा का अनुसरण करता है, जबकि कोहली जी के उपन्यास में यह कथा नूतन स्वरूप धारण करती है। सीता जी जो पूर्व में ही अस्त्र-शस्त्र की शिक्षा प्राप्त कर चुकी थीं, रावण के साथ युद्ध करती हैं। यद्यपि उन्होंने सीताहरण का कारण सीता का मृग-चर्म-लोभ निरूपित किया है; किंतु सीता का रावण से युद्ध करना उनके चरित्र की महिमा को स्पष्ट करता है, जो कोहली जी की कल्पनाशीलता एवं उनकी क्षमता का प्रमाण है। युद्ध करते हुए सीता रावण पर आक्रामक प्रहार करती हैं, उसकी दाढ़ी-मूँछ नोचती हैं, यह अभिव्यक्ति पूर्णतया कालचेतना से प्रभावित है।

## सीता वियोग प्रसंग

सीता वियोग प्रसंग एक ऐसा प्रसंग है जो कि मूलकथा एवं कोहली जी के औपन्यासिक कथा प्रसंग में भी लगभग एक समान है। इस समरसता का प्रमुख कारण यह है कि मर्यादा-पुरुषोत्तम श्रीराम ने मानवीय मर्यादाओं का तथा मानवोचित कार्य-व्यवहार एवं प्रवृत्तियों का ही अपने जीवन में अक्षरशः पालन किया है। इस प्रवृत्ति के पालन

में काल अथवा युग चाहें जो भी हों; किंतु मानवीय आंतरिक मूल प्रवृत्तियाँ समान ही रहती हैं, यदि उनमें कुछ अंतर होता है तो वह उदात्त, अनुदात्त अथवा मध्यम श्रेणी के कारण, कुल, खानदान एवं परिवेश के प्रभाववश ही होता है; किंतु मूलतः आंतरिक तत्त्व ही कार्य करता है, रहीम की इस उक्ति को चरितार्थ करते हुए—

*"जो रहीम उत्तम प्रकृति, का करि सकत कुसंग।*
*चंदन विष व्यापत नहीं, लिपटे रहत भुजंग।।"*

अतः श्रीराम की अपनी प्रकृति उत्तमोत्तम है, कुल-खानदान भी सूर्यवंशी है, पालन-पोषण भी माता कौशल्या, पिता सम्राट दशरथ एवं गुरु विश्वामित्र की देखरेख में हुआ है, फिर महाकाव्य हो या उपन्यास वे कथा के प्रमुख नायक हैं, आदर्श हैं, प्रेरणा स्रोत हैं; अतः उनकी आंतरिक मूल प्रवृत्ति में कोर-कसर उत्पन्न करने की क्षमता किसी भी काल में समाज के किसी भी वर्ग में नहीं है, अन्यथा भारतीय संस्कृति का प्राणतत्त्व को ही गहरा आघात लगेगा। अतः सभी कथाओं में श्रीराम सीतावियोग में मानवोचित प्रवृत्ति के अनुसार ही दुखी होते हैं, सीता-हरण की स्थिति स्पष्ट होने से पूर्व आशंकित भी मानव-सुलभ प्रवृत्ति के अनुसार ही होते हैं :

*"दृष्ट्वैवाभ्यागतं त्वां मे मैथिलीं त्यज्य लक्ष्मण।*
*शङ्कमानं महत्पापं यत्सत्यं व्यथितं मनः।।*
*स्फुरते नयनं सव्यं बाहुश्च हृदयं च मे।*
*दृष्ट्वा लक्ष्मण दूरे त्वां सीता विरहितं पथि।।"* [45]

और इस प्रकार आशंकाओं से परिपूर्ण हृदय से राम आश्रम की ओर बढ़ते हैं, पुनः उनकी आँख बड़ी जोर से फड़कती है, वे चलते-चलते लड़खड़ा जाते हैं। बार-बार होने वाले अपशकुनों से वे बड़ी उतावली एवं उत्कंठा के साथ आश्रम में पहुँचते हैं, वहाँ सीता को न पाकर, उनका मन अत्यंत उद्विग्न हो उठता है, वे पर्णशाला का कोना-कोना छान मारते हैं। अंदर-बाहर कहीं भी न पाकर वे विभिन्न आशंकाओं के भय से विलाप करने लगते हैं। आस-पास, वन-वाटिका, पुष्करिणी तथा नदी तट एवं वन में यहाँ-वहाँ चारों तरफ ढूँढ़ने पर भी जब सीता जी कहीं नहीं मिलती हैं तो श्रीराम शोक विह्वलता के कारण उन्मत्त से हो जाते हैं।[46]

शोकाधिक्य के कारण श्रीराम में संज्ञा-शून्यता भी आती है और वे सृष्टि की समस्त जड़-चेतन वस्तुओं को अपनी संवेदना का साथी मानकर उनसे सीता जी का पता पूछते हैं :

*"वृक्षाद् वृक्षं प्रधावन् स गिरींश्र्चापि नदीनदम्।*
*बभ्राम विलपन् रामः शोकपङ्कार्णवप्लुतः।।*

*अस्ति कच्चित्त्वया दृष्टा सा कदम्ब प्रिया प्रिया।*
*कदम्ब यदि जानीषे शंस सीतां शुभाननाम्।।"*[47]

× × ×

*"अथवा अर्जुन शंस त्वम् प्रियां तामर्जुन प्रियाम्।*
*जनकस्य सुता तन्वी यदि जीवित वा न वा।।"*[48]

× × ×

*अशोक शोकापनुद शोकोपहतचेतनम्।*
*त्वन्नामानं कुरू क्षिप्रं प्रिया संदर्शनेन माम् ।।"* [49]

इसी प्रकार शोकविह्वलता में श्री रामचंद्रजी, ताल वृक्ष, जामुन, कनेर, आम, शाल, कटहल, कुख, धव, अनार के साथ-साथ बकुल, पुन्नाग, चन्दन आदि के वृक्षों से भी पागलों की तरह सीताजी का पता पूछते हुए वनों में इधर-उधर भटकते फिरते हैं। फिर वे चेतन जीवों—मृग, गज, व्याघ्र इत्यादि से भी सीताजी के विषय में जानने का प्रयास करते हैं। [50]

*एवं स विलपन् रामः सीता हरण कर्षितः।*
*दीनः शोक समाविष्टो मुहुर्ते विह्वलोऽभवत्।।*
*स विह्वलित सर्वांगो गतबुद्धिर्विचेतनः।*
*निषसादातुरो दीनो निःश्वस्याशीतमायतम्।।*
*बहुशः स तु निःश्वस्य रामो राजीवलोचनः।*
*हा प्रियेति विचुक्रोश बहुशो वाष्पगद्गदः।।*[51]

"इस प्रकार सीता हरण के कष्ट से पीड़ित हो विलाप करते हुए श्रीरामचंद्र जी दीन और शोकमग्न हो दो घड़ी तक अत्यंत व्याकुलता में पड़े रहे। उनका सारा अंग विह्वल और शिथिल हो गया, बुद्धि काम नहीं दे रही थी। वे गरम-गरम लंबी साँस खींचते हुए दीन और आतुर होकर विषाद में डूब गए। बार-बार उच्छ्वास लेकर राजीवलोचन श्रीराम आँसुओं से गद्गद अर्थात् रुँधी हुई वाणी में 'हा पिये!' कहकर बहुत रोने बिलखने लगे।" रामचरितमानस में भी इस प्रसंग की इसी रूप में पुनरावृत्ति हुई है।

*"अनुज समेत गए प्रभु तहवाँ। गोदावरि तट आश्रम जहवाँ।।*
*आश्रम देखि जानकी हीना। भए विकल जस प्राकृत दीना।।*
*हा गनु खानि जानकी सीता। रूप सील वृत नेम पुनीता।।*
*लछिमन समुझाए बहु भाँती। पूछत चले लता तरु पाँती।।*
*हे खग मृग हे मधुकर श्रेनी। तुम्ह देखी सीता मृगनैनी।।"*[52]

कोहली जी ने भी इसी स्वरूप का अनुसरण करते हुए सीता वियोग प्रसंग

का वर्णन किया है :

"सहसा उन्हें लगा, उनका मन और शरीर दोनों ही अवश होते जा रहे हैं। उन पर राम का कोई नियन्त्रण नहीं है। पेट के तल में कहीं हल्की-हल्की पीड़ा होने लगी है और अनायास ही आँखों से अश्रु बहने लगे हैं... ।"[53]

"...राम के वक्ष में सहस्रों चिताएँ एक साथ जल उठीं, रोम-रोम में बिच्छू दंश मार गए...किसी असहनीय पीड़ा से वक्ष फटने को हो आया।"[54]

"...भूमि पर गिरा कोई भी पुष्प दिख जाता तो उन्हें लगता कि वह सीता की वेणी से ही गिरा होगा... । वृक्षों की हिलती टहनियों के नवकिसलयों को देखकर उन्हें सीता की भुजाओं तथा हथेलियों का स्मरण हो जाता।..."[55]

स्पष्ट है कि उक्त प्रसंग में उसके मूल भाव में कोई विशेष परिवर्तन नहीं है। मनुष्य कितना भी महान् कितना भी उदात्त क्यों न हो जाए, घनीभूत रिश्तों के विरह की वेदना उसके अंतर्मन को आहत करती ही है, ऐसा ही श्रीराम के साथ भी हुआ; किंतु राम राजीवलोचन हैं, कमल-पत्र पर जल-बिंदु क्षणभर को ही ठहरते हैं, फिर ढुलक जाते हैं। उसी प्रकार राम की उद्विग्नता भी कुछ क्षणों के पश्चात अपनी विह्वलता को त्याग कर उन्हें अगले कर्म की ओर संकल्पित होने को प्रेरित करती है; क्योंकि राम की महानता उन्हें अप्रभावित अनासक्त कर्मयोग की ओर ले जाना चाहती है। अतः सीतापहरण उन्हें क्षणभर के लिए विचलित करता है और फिर अगले ही क्षण उन्हें प्रतिकारात्मक कर्त्तव्य पालन के लिए सन्नद्ध कर देता है। राम की मानसिक दशा प्रलाप-विलाप की स्थिति में पहुँचती तो अवश्य है; किंतु वह दशा क्षणिक है, इसके पश्चात वे अपने आपको संयमित करते हैं। वे तत्काल अपनी प्रकृति में प्रकृतिस्थ होते हैं। दुष्टों के संहार एवं सज्जनों की रक्षा का संकल्प तत्काल जाग्रत हो उठता है और वे निर्भय होकर क्षात्र-धर्म के अनुसार संघर्षों का सामना करने को तत्पर हो जाते हैं।

### *वालीवध प्रसंग*

वालीवध प्रसंग में मूल कथा के अनुसार हनुमान जी के माध्यम से श्रीराम की सुग्रीव से मैत्री होती है और श्रीराम को सुग्रीव पर किए गए उनके बड़े भाई वाली के द्वारा किए गए अत्याचार और सुग्रीव के दुःख का ज्ञान होता है। सुग्रीव, राम-कार्य जनकनन्दिनी की खोज के लिए और राम, सुग्रीव-काज, वाली वध करके सुग्रीव-भार्या को मुक्त कराने एवं उनका राज्य दिलाने की शपथ लेते हैं।[56]

*"ततो धनुषि संधाय शरमाशी विषोपमम्।*
*पूरयामास तच्चापं कालचक्रमिवान्तकः।।*
*तस्य ज्यातलघोषेण त्रस्ताः पत्ररथेश्वराः।*
*प्रदुद्रुवुर्मृगाश्चैव युगान्त इव मोहिताः।।*

*मुक्तस्तु वज्रनिर्घोषः प्रदीप्ताशनि संनिभः ।*
*राघवेण महाबाणो वालि वक्षसि पातितः ।।*
*ततस्तेन महातेजा वीर्ययुक्तः कपीश्वरः ।*
*वेगेनाभिहतो वाली निपपात महीतले ।।''*[58]

श्रीराम ने सुग्रीव से युद्ध में जूझते हुए वाली को छिपकर मारा था; यह बात घायल अवस्था में वाली द्वारा श्रीराम से कहे गए कथनांश से स्पष्ट है :

*''त्वयादृश्येन तु रणे निहितोऽहं दुरासदः ।*
*प्रसुप्तः पन्नगेनैव नरः पापवशं गतः ।।''* [59]

वाली के उलाहने का उत्तर देते हुए श्री राम कहते हैं :

*''त्वं तु संक्लिष्ट धर्मश्च कर्मणा च विगर्हितः ।*
*कामतन्त्र प्रधानश्च न स्थितो राजवर्त्मनि ।।''*[60]

इसके साथ ही श्रीराम वाली को उसके वध का कारण बताते हुए कहते हैं—तुमने अपने छोटे भाई सुग्रीव की पत्नी जो तुम्हारी पुत्रवधू तुल्य है, कामवश उसका उपभोग करके पापाचार किया है, तुम स्वेच्छाचारी हो इस कारण तुम्हारा वध किया गया है। धर्मज्ञ राजर्षि इस संसार में मृगया के लिए ही आते हैं, और वे सामान्य तथा हिंसात्मक जीवों, मृगों को विभिन्न कूटनीतियों से—जाल, फंदों, गड्ढों आदि के द्वारा छिपकर अथवा सामने आकर अपने मृगया कार्य को संपन्न करते हैं। विभिन्न जंतुओं का वध करते हैं। इसी प्रकार मैं भी क्षत्रिय (मृगयाधिकारी) हूँ और तुम शाखामृग हो, इसलिए मैंने भी तुम्हें अपना निशाना बनाया है। निःसंशयात्मक रूप से लोग दुर्लभ धर्म, जीवन और लौकिक अभ्युदय के प्रदाता होते हैं।[61]

इस प्रकार मूलकथा में राम अपने वचन, मित्रता और धर्म की रक्षा हेतु छिपकर वाली का वध करते हैं। वालीवध से पूर्व वे सुग्रीव की प्रतीति हेतु दुंदुभी राक्षस-कंकाल ढाहन एवं तालवृक्ष का भेदन भी करते हैं, जिसमें एक ही बाण सातों ताल वृक्षों का भेदन करता हुआ पार हो जाता है। रामचरितमानस में भी वह प्रसंग पूर्णतया इसी रूप में वर्णित है।

*''सुनु सुग्रीव मारिहऊँ वालिहि एकहि बान।*
*ब्रह्म रुद्र सरनागत गएँ न उबरिहिं प्रान।।''* [62]

× × ×

*अनुज बधू भगिनी सुत नारी। सुन सठ कन्या सम ए चारी।*
*इन्हहि कुदृष्टि बिलोकई जोई। ताहि बँधे कछु पाप न होई।।''*[63]

दुंदुभी राक्षस की हड्डियों को ढहाने और ताल वृक्ष के भेदन का प्रसंग भी रामचरितमानस में वाल्मीकीय रामायण के समान ज्यों का त्यों है :

*''कह सुग्रीव सुनहुँ रघुवीरा, वालि महाबल अति रनधीरा।*
*दुंदुभि अस्थि ताल देखए, बिनु प्रयास रघुनाथ ढहाए।।''*[64]

कोहली जी ने भी अपने उपन्यास में इस प्रसंग को लगभग उसी रूप में ग्रहण किया है :

राम सुग्रीव के आत्मबल को जगाने के उद्देश्य से स्वयं वाली के पराक्रम का प्रमाण जानने हेतु प्रश्न करते हैं, एवं सुग्रीव द्वारा इंगित करने पर वे एक तीक्ष्ण लौह फलक वाले बाण से सातों साल वृक्षों का भेदन करते हैं।[65]

राम सुग्रीव को वाली के साथ द्वंद्व युद्ध करने हेतु प्रशिक्षित करते हैं, तथा सुग्रीव के माँगने पर उन्हें यह वचन देते हैं, कि वाली के जीवित होते वे और लक्ष्मण उसके सम्मुख नहीं पड़ेंगे।[66] कथानक का आकस्मिक परिवर्तन दिक्-काल के कारण हुआ है यह कोहली जी की मौलिकता है जो उन्होंने अपने नायक-चरित्र को उदात्त बनाए रखने एवं उन्हें छिप कर वाली को मारने के दोष से बचाने हेतु तथा राम सुग्रीव-मैत्री को ऊँचाई देने हेतु प्रकल्पित की है।

वालीवध प्रसंग में कोहली जी का प्रस्तुतीकरण अत्यंत स्वाभाविक है। वाली और राम के संवाद उदात्त कोटि के हैं। राम का लक्ष्य है–'जनहित' और इस लक्ष्य पूर्ति के विरुद्ध जो भी सामने आएगा वह वधित होगा। राम वाली से कहते हैं– ''अत्याचारियों द्वारा अपनी सुविधा के लिए किए गए उद्घोषों के समूह का नाम न्याय नहीं है। तुमने अपनी निरीह प्रजा पर जो अत्याचार किए हैं, उनके पीछे कौन-सा न्याय था? न्याय सदा जनहित में होता है।''[67]

घायल वाली राम से कहता है–''तुमने मुझसे कहा होता, राम! मैं तुम्हारी पत्नी की खोज ही नहीं करवा देता, रावण से छीनकर उसे तुम्हारे सम्मुख उपस्थित कर देता।''[68] श्री राम वाली को उत्तर देते हैं :

''एक अपहरणकर्त्ता अन्य अपहरणकर्त्ता का क्या विरोध करता! एक रावण दूसरे रावण से सीता को कैसे मुक्त कराता।...और तुम कर भी देते तो भी तुम्हारी सहायता मेरे लिए वांछनीय नहीं थी।...राम अपनी सुविधा तथा लाभ के लिए भी अत्याचारियों की संगति नहीं चाहता। तुम चाहे कितना सद्भाव और सौहार्द लेकर मेरे पास आते, तुम्हारा और मेरा संबंध केवल एक ही हो सकता था–विरोध का।''[69]

बाण लगने से असह्य पीड़ा से तड़पते हुए वाली राम से कहता है–''मेरे वक्ष से बाण खींच दो राम। इस पीड़ा से मुझे मुक्त करो। इतनी कृपा तो कर ही दो।''[70] राम कहते हैं–''पीड़ा से मुक्त करना ही राम का लक्ष्य है।''[71]

राम वाली के वक्ष से बाण निकालते हैं और कुछ ही क्षणों में वाली की इहलीला

समाप्त हो जाती है। इस प्रकार वालीवध प्रसंग कोहली जी के उपन्यास में मूलकथा का अनुसरण होते हुए भी अपनी मौलिकता, प्रासंगिकता और मनोवैज्ञानिकता लिए हुए है।

## *लंकिनी प्रसंग*

हनुमान जी सीता जी का पता लगाने जब लंका पहुँचते हैं तो वे सुवर्णमयी अलकापुरी सदृश लंकापुरी का सौंदर्यावलोकन करके आश्चर्यचकित हो जाते हैं। इसके पश्चात जैसे ही वे पुरी के भीतर प्रवेश करना चाहते हैं, उनके समक्ष लंकिनी प्रकट हो जाती है :

*"अथ सा हरिशार्दूलं प्रविशन्तं महाकपिम्।*
*नगरी स्वेन रूपेण ददर्श पवनात्मजम्।।*
*सा तं हरिवरं दृष्ट्वा लंका रावणपालिता।*
*स्वयमेवोत्थिता तत्र विकृताननदर्शना।।*
*पुरस्तात् तस्य वीरस्य वायुसूनोरतिष्ठतं।*
*मुंच्चमाना महानादमब्रवीत् पवनात्मजम्।।*
*कस्त्वं केन च कार्येण इह प्राप्तो वनालय।*
*कथय स्वेह यत् तत्त्वं यावत् प्राणा धरन्ति ते।।"*[72]

हनुमान जी की यह बात सुनकर इच्छारूप धारिणी लंका क्रोधित हो कठोर वाणी में बोली :

*"अहं राक्षसराजस्य रावणस्य महात्मनः।*
*आज्ञा प्रतीक्षा दुर्धर्षा रक्षासि नगरीमिमाम्।।*
*न शक्यं ममवज्ञाय प्रवेष्टुं नगरीमिमाम्।*
*अद्य प्राणैः परित्यक्तः स्वप्स्यसे निहितो मया।।*
*अहं हि नगरी लंका स्वयमेव प्लवङ्गम।*
*सर्वतः परिरक्षामि अतस्ते कथितं मया।।"*[73]

लंकिनी की ये बातें सुनकर पवनपुत्र हनुमान प्रयत्नपूर्वक पर्वताकार होकर खड़े हो जाते हैं और अपने आगमन का हेतु लंकापुरी, वहाँ के उपवन-कानन, मुख्य-मुख्य भवन एवं अट्टालिकाओं, परकोटों का सौंदर्यदर्शन बताते हैं।

हनुमान जी के वचनों को सुनकर इच्छारूपधारिणी लंका कठोर वाणी में कहती हैं :

*"मामनिर्जित्य दुर्बुद्धे राक्षसेश्वरपालिताम्।*
*न शक्यं ह्द्य ते द्रष्टुं पुरीयं वानराधम।"*[74]

हनुमान जी पुरी को देखकर वापस लौट जाने की बात करते हैं; किंतु घनघोर गर्जना करती हुई उन्हें थप्पड़ मार देती है, तब कुपित होकर परम पराक्रमी पवन कुमार बड़े जोर से सिंहनाद करते हैं और बाएँ हाथ से एक मुक्का मारते हैं :

*"स्त्रीचेति मन्यमानेन नाति क्रोधः स्वयं कृत।*
*सा तु तेन प्रहारेण विह्वलांगी निशाचरी।*
*पपात सहसा भूमौ विकृतानन दर्शना।"*[75]

हनुमान जी उसकी स्थिति पर द्रवित हो ही रहे थे तब तक अत्यंत उद्विग्न हुई लंका अभिमान शून्य होकर गद्‌गद वाणी में कहती है कि मुझे आपने परास्त कर दिया है। हे वानरेश्वर! ब्रह्मा जी ने मुझे वरदान दिया था कि जब तुम वानर के द्वारा वश में कर ली जाओगी तो समझ लेना कि राक्षसों पर अब भारी भय आ गया है। अतः हे सौम्य आपका दर्शन पाकर आज मेरे समक्ष ब्रह्मलेख की सत्यता प्रकट हो रही है और अब सीता के कारण दुरात्मा रावण सहित समस्त राक्षसों के विनाश का समय आ गया है।" [76] अतः

*"तत् प्रविश्य हरिश्रेष्ठ पुरीं रावण पालिताम्।*
*विधत्स्व सर्व कार्याणि यानि यानीह वाञ्छसि।।*
*प्रविश्य शापोपहतां हरीश्वर पुरीं शुभां राक्षस मुख्यपालिताम्।*
*यदृच्छया त्वं जनकात्मजां सतीं विमार्ग सर्वत्र गतो यथासुखम्।"*[77]

इस प्रकार लंकिनी के वचनों को सुनकर परम वीर हनुमान जी लंकापुरी में प्रवेश करते हैं। गोस्वामी तुलसीदास जी ने भी इस प्रसंग को इसी रूप में अति संक्षिप्त में वर्णित किया है :

*"मसक समान रूप कपि धरी। लंकहि चलेऊ सुमिरि नरहरी।।*
*नाम लंकिनी एक निसिचरी। सो कह चलेसि मोहिं निंदरी।।*
× × ×
*मुठिका एक महाकपि हनी। रुधिर बमत धरनीं ढनमनी।।*
*पुनि संभारि उठी सो लंका। जोरि पानि कर विनय ससंका।।*
× × ×
*तात मोर अति प्रन्य बहूता। देखेउँ नयन राम कर दूता।।*
*प्रबिसि नगर कीजै सब काजा। हृदय राखि कौसलपुर राजा।।"*[78]

कोहली जी द्वारा वर्णित लंकिनी प्रसंग अन्य सभी प्रसंगों के समान ही वाल्मीकि रामायण के अधिक निकट होते हुए भी अपनी मौलिकता लिए हुए है और इस प्रसंग पर भी काल चेतना का प्रभाव परिलक्षित होता है—पहले तो हनुमान लंका के वास्तुकला

परक सौंदर्य को देखकर अत्यंत कौतूहल में थे। ऊँची-ऊँची प्राचीरों एवं रक्षा-सैनिक टुकड़ियों के कारण पुरी में प्रवेश करना असंभव हो रहा था। पुरी में प्रवेश-कार्य उन्हें दूसरा सागर संतरण प्रतीत हो रहा था। जैसे-तैसे वे अनेक फाटकों को सशस्त्र प्रहरियों के कारण छोड़ते हुए छिपते-छिपाते अंतिम फाटक के पास पहुँचते हैं और भीड़ कम देखकर प्रवेश करते हैं तभी लंकिनी ने उन्हें टोका? "ऐ कहाँ जा रहा है।"[79]

हनुमान अपनी प्रवेश का उद्देश्य ऊँचे-ऊँचे प्रासादों और लंबे-चौड़े पथों का सौंदर्य दर्शन ही बताते हैं। लंकिनी की प्रहर्योचित वाणी से विवाद बढ़ता है तथा लंकिनी अपने पौरुषपूर्ण हाथ का भरपूर वार हनुमान जी के मुख पर करती है, उसके द्वारा दूसरा वार करने से पूर्व ही हनुमान जी उसकी भुजा पकड़कर ऐंठते चले जाते हैं। इस पर लंकिनी पीड़ा से कराहती हुई कहती है–"क्या कर रहा है रे, देहाती ? ...तुझे नगर में प्रवेश करना है तो जा चला जा। तेरे जैसे कितने ही कंगले यहाँ रोटियाँ कमाते हैं, मेरी बाँह क्यों तोड़ रहा है।"[80] हनुमान जी उसकी बाँह थोड़ी और ऐंठ कर छोड़ देते हैं और उससे पूछते हैं–"किसी को पुकारोगी तो नहीं ?"[81] इस पर लंकिनी जवाब देती है–"नहीं! मुझे अपनी आजीविका खोनी है क्या? वे लोग पहले ही मेरी पदोन्नति नहीं कर रहे कि स्त्रियों से प्रहरी-कर्म नहीं होता। अपनी असमर्थता जताकर क्या मिलेगा मुझे?...छोड़ मुझे और भाग।"[82]

हनुमान उसे जोर का धक्का देकर पूरी शक्ति से नगर की ओर भागते हैं और कुछ दूर जाकर थककर एक वृक्ष के पीछे छिप जाते हैं, वहीं से झाँककर देखते हैं–उनके धक्के से लंकिनी भूमि पर गिरी पड़ी थी। वह चुपचाप उठी और अस्फुट-सा कुछ बड़बड़ाती हुई हाथ-पैर झाड़कर अपने स्थान पर बैठ गई। उसने किसी को पुकारने अथवा सूचना देने की आवश्यकता नहीं समझी और हनुमान निश्चिंत होकर नगर की ओर मुड़ गए।[83]

इस प्रसंग में कोहली जी ने लंकिनी को एक शोषित, पीड़ित महिला के रूप में चित्रित किया है, जो कि आधुनिक युग के संदर्भ में प्रासंगिक है। वर्तमान समय में महिला वर्ग का सर्वथा दुरुपयोग किया जा रहा है, विशेषकर श्रम-साध्य कर्मरत महिलाओं का। असामाजिक तत्त्व भी इसमें विशेष रूप से अवलिप्त दृष्टिगत होते हैं। लंकिनी भी रावण से नहीं तो रावण के प्रतिरक्षा विभाग के अधिकारियों द्वारा शोषित की जा रही है। पदोन्नति न होने का दर्द उसकी अर्थाल्पता निर्धनता को अभिव्यक्ति देता है। प्रहरी-कर्म उसके लिए जहाँ दुःसाध्य है वहीं खतरनाक भी। इसके साथ ही नगर रक्षा-कर्म के लिए लंकिनी जैसी महिला का दायित्व जो अपनी प्राणरक्षा हेतु घुसपैठियों को मनमानी करने का अवसर प्रदान कर देती है, इस पर भी काल-चेतना का पूरा प्रभाव है। यह प्रसंग वर्तमान में देश के प्रतिरक्षा विभाग की ओर इंगित करता है। अतः कोहली जी की लंकिनी प्रसंग की परिकल्पना उपयोगी समीचीन प्रासंगिक और मौलिक है।

## लंका दहन से रावण-वध तक के प्रसंग

लंका दहन से रावण-वध तक के प्रसंग लोक प्रसिद्ध परंपरागत कथा का अनुसरण करते हुए सृजित हैं; किंतु उपर्युक्त अन्य प्रसंगों के समान ही कुछ स्थलों पर घटनाओं में नूतनता एवं मौलिकता समाविष्ट है। यथा—वाल्मीकि रामायण के अनुसार अशोक वाटिका में वृक्षस्थ हनुमान श्रीराम के कुल का यशगान करते हुए सीता का ध्यान अपनी ओर आकृष्ट करते हैं, रामचरितमानस में सीता द्वारा अशोक वृक्ष में निज तापहरण हेतु अग्नि माँगे जाने पर मुद्रिका गिराकर उनका ध्यान खींचते हैं। कोहली जी इस प्रसंग के वर्णन में रामचरितमानस के अधिक समीप हैं। किंतु यहाँ स्वर्ण मुद्रिका के स्थान पर गवन्द नामक घास से बनी हुई मुद्रिका गिराई जाती है, तो सीता की परिहास-परक आभूषण-भेंट की अपेक्षा पर वन-सम्राट राम द्वारा बनाई जाकर वन सम्राज्ञी सीता को भेंट की गई थी एवं उस घास से बने अनेक आभूषणों और मुद्रिकाओं में वह सीता को अत्यंत पसंद थी।[84] साथ ही मुद्रिका गिराने के पूर्व उद्विग्न सीता (जो जीवन यातना से ऊब कर कभी अपने वस्त्र तथा कभी वेणी को कंठ में लपेट कर आत्महत्या की इच्छा से उसे खींचने का प्रयत्न करती हैं) को देखकर 'देवी वैदेही' कहकर पुकारते हैं।[85]

परंपरागत कथा में रावण दरबार में प्रस्तुत किए जाने हेतु अशोक वाटिका में विध्वंस मचाने वाले हनुमान को नागपाश से बाँधा जाना वर्णित है, कोहली जी ने शस्त्रों से अपराजेय हनुमान को एक साथ फेंकी गई रस्सियों के फंदों से बाँधा गया चित्रित किया है।[86]

इसी प्रकार लंकादहन प्रसंग में हनुमान की पूँछ बढ़ती नहीं है, वरन् लंकावासियों द्वारा हनुमान के विशालकाय शरीर में पूँछ को छोटी मानकर वस्त्रों के ढेर से बनी विराटकाय भारी-भरकम पूँछ लगाई जाती है और वे स्वयं भी उस भारी-भरकम पूँछ को आग लगाने हेतु अनायास ही उस स्थान पर ले जाते हैं जहाँ काफी भारी मात्रा में प्रज्वलनशील पदार्थों के भंडार थे और लंकावासियों द्वारा हनुमान को त्रास देने के उन्माद-वश उनकी कृत्रिम पूँछ में अनेक स्थानों पर सैकड़ों गैलन तेल डाल कर आग लगा दी जाती है, तथा हनुमान कूद-कूद कर लीला करते हुए बड़ी चतुराई से कहीं तेल के सैकड़ों कनस्तर उलट देते हैं तो कहीं कपास के भंडार में या विस्फोटक प्रज्वलनशील पदार्थों में आग लगा देते हैं।[87] इस प्रकार लंका-दहन का प्रसंग मिथक से यथार्थता और विश्वसनीयता को प्राप्त काल चेतना-परक हो जाता है।

मेघनाद के ब्रह्मास्त्र की परिकल्पना आधुनिक तीव्र उच्चतम मारक यंत्रों से की गई है,[88] जो कि उपयुक्त ही है। इसी प्रकार रावण-वध प्रसंग में वाल्मीकि रामायण के अनुसार मातलि के स्मरण कराने पर ब्रह्माजी जी द्वारा दिए गए अस्त्र के द्वारा रावण के वक्षस्थल पर राम द्वारा किए गए बाण-प्रहार से उसकी मृत्यु होती है।[89] रामचरितमानस के अनुसार राम-रावण युद्ध में रावण मायावी एवं अपराजेय प्रतीत

होता है, बार-बार राम द्वारा काटे जाने पर भी उसके सिर और भुजाएँ समूह में बढ़ जाती हैं तब विभीषण रावण की नाभि में अमृत कुंड होने की बात बताते हैं। उसके पश्चात राम नाभि के अमृतकुंड को अपने बाण से सुखाकर रावण का वध करते हैं और उस पर विजय प्राप्त करते हैं।

*"नाभि कुंड पियुष बस याके। नाथ जिअत रावन बल ताके।।*
*सुनत विभीषन बचन कृपाला । हरषि गहे कर बान कराला।।*[90]

*..................................................*

*सायक एक नाभि कर सोषा। अपर लगे भुज सिर करि रोषा।।*
*लै सिर बाहु चले नाराचा। सिर भुज हीन रुंड महि नाचा।।*

× × ×

*डोली भूमि गिरत दसकंधर। छुभित सिंधु सा दिग्गज भूधर।।*
*धरनि परेउ द्वौ खंड बढ़ाई। चापि भालु मर्कट समुदाई।।*[91]

कोहली जी इस प्रसंग में वाल्मीकीय रामायण का आधार ग्रहण करते हैं—इनके द्वारा वर्णित इस कथांश में भी मातलि राम से शत्रु प्रहारों के प्रतिकार परक बाणों की ओर संकेत करते हुए प्रहारात्मक युद्ध न होने का कारण पूछते हैं, तब राम ने सजग होकर क्षुर और नाराच बाणों का प्रयोग रावण के वक्ष पर किया और अंत में अगस्त्य द्वारा प्रदत्त ब्रह्मा निर्मित बाण का प्रयोग, उस बाण की शर्त के अनुसार निर्णायक क्षण में किया। रावण के कंठ पर किए गए इस प्रहार से रावण का वध हो गया और राम की विजय हुई।[92]

### सीता की अग्निपरीक्षा प्रसंग

वाल्मीकीय रामायण के अनुसार रावण-वधोपरान्त विजयी राम हनुमान को सीता जी के पास विजय-संदेश देने हेतु भेजते हैं। हनुमान सीता जी को संदेश सुनाकर उनसे 'रामदर्शनेच्छा' का संदेश लेकर वापस आते हैं। तब श्रीराम विभीषण द्वारा सीता जी को बुलवाते हैं। दोनों एक-दूसरे का दर्शन करते हैं, और सीताहरण की घटना को अपने पुरुषार्थ पर लगा 'कंलक' बताते हैं तथा लंका विजय और रावण-वध के अपने पराक्रम को उस कलंक का प्रक्षालन सिद्ध करते हैं; न कि सीता की प्राप्ति! साथ ही वे कहते हैं :

*"रक्षता तु मया वृत्तमपवादं च सर्वतः।*
*प्रख्यातस्यात्मवंशस्य न्यङ्ग च परिमार्जता।।*
*प्राप्त चारित्र संदेहा मम प्रति मुखे स्थिता।*
*दीपो नेत्रातुरस्एव प्रतिकूलासि में दृढ़ा।।*

*तद् गच्छ त्वानुजानेऽद्य यथेष्टं जनकात्मजे।*
*एतां दश दिशो भद्रे कार्यमस्ति न मे त्वया।।"*[93]

× × ×

*"चितां मे कुरु सौमित्रे व्यसनस्यास्य भेषजम्।*
*मिथ्यापवादोपहता नाहं जीवितुमुत्सहे।।*
*अप्रीतेन गुणैर्भर्त्रा त्यक्ताया जनसंसदि।*
*या क्षमा मे गतिर्गन्तु प्रवेक्ष्ये हव्यवाहनम्।।*[94]

इसके पश्चात् राम की अभिमति जानकर पराक्रमी लक्ष्मण चिता तैयार करते हैं और–

*"सा तप्तनवहेमाभा तप्त काञ्चनभूषणा।*
*पपात ज्वलनं दीप्तं सर्वलोकस्य संनिधौ।।"*[95]

और इसके पश्चात श्रीराम के पास देवताओं का आगमन होता है और ब्रह्मा जी द्वारा श्रीराम की भगवत्ता का प्रतिपादन तथा स्तवन किया जाता है। तदुपरांत मूर्त्तिमान अग्निदेव सीता को लेकर चिता से प्रकट होते हैं। और उन्हें राम को समर्पित कर उनकी पवित्रता प्रमाणित करते हैं :

*"एतंच्छुत्वा शुभं वाक्यं पितामहसभीरितम्।*
*अङ्केनादाय वैदेहीमुत्पपात विभावसुः।।"*[96]

अग्निदेव सीता को राम को समर्पित करते हुए कहते हैं–

*"अब्रवीत् तु तदा रामं साक्षी लोकस्य पावकः।*
*एषा ते राम वैदेही पापमस्यां न विद्यते।।"*[97]

अग्निदेव द्वारा अनेक प्रकार से सीता की शुद्धता का वर्णन करने पर श्रीराम उन्हें स्वीकार करते हैं। और सीता के प्रति अपनी प्रीति और प्रतीति की अभिव्यक्ति देते हुए कहते हैं कि मैंने लोकापवाद के निवारण हेतु ही सीता की अग्नि परीक्षा ली है।

गोस्वामी जी ने रामचरितमानस में इस प्रसंग को मौलिकता प्रदान करते हुए लिखा है :

*"सीता प्रथम अनल महुँ राखी। प्रगट कीन्हि चह अंतर साखी।*

× × ×

*प्रभु के बचन सीस धरि सीता। बोली मन क्रम बचन पुनीता।।*
*लछिमन होहु धरम के नेगी। पावक प्रगट करहु तुम्ह बेगी।।*

×　　　　×　　　　×

*जौ मन बच क्रम मम उर माहिं। तजि रघुबीर आन गति नाहिं।।*
*तौ कृसानु सब कै गति जाना। मो कहुँ होऊ श्रीखंड समाना।।*
*श्रीखंड सम पावक प्रबेस कियो सुमिरि प्रभु मैथिली।*
*जय कोसलेस महेस बंदित चरन रति अति निर्मली।।*
*प्रतिबिम्ब अरु लौकिक कलंक प्रचण्ड पावक महुँ जरे।*
*प्रभु चरित काहु न लखे नभ-सुर सिद्ध मुनि देखहिं खरे।।*
*धरि रूप पावक पानि गहि श्री सत्य श्रुति जग बिदित जो।*
*जिमि क्षीर-सागर इंदिरा रामहि समर्पी आनि सो।।*

सारांश यह है कि रामचरितमानस के अनुसार श्रीराम ने सीताजी के असली स्वरूप को पहले ही अग्नि में रख रखा था। (सीता-हरण तो सीता की छाया का हुआ था) अब भीतर के साक्षी भगवान उनको प्रकट करना चाहते हैं। इसी कारण श्रीराम लीला करके कुछ कठोर वचन कहते हैं और सीता जी लक्ष्मण को आदेश देकर (श्रीराम की सम्मति-अनुसार) अग्नि तैयार कराकर प्रभु का स्मरण करते हुए तथा मन-वचन-कर्म से राम के प्रति अपनी प्रीति की शपथ लेते हुए अग्निप्रवेश करती हैं, अग्नि उनके लिए चंदन के समान शीतल हो जाती है तथा प्रतिबिंब (छायामयी सीता) और उनका कलंक प्रचंड अग्नि में जल जाता है। श्रीराम के इस रहस्य को कोई नहीं जान पाता और अग्निदेव साक्षात शरीर धारण कर वास्तविक सीता को श्रीराम को समर्पित कर देते हैं।

कोहली जी इस लोकप्रसिद्ध प्रसंग से सर्वथा अलग युगानुरूप इस प्रसंग का वर्णन करते हैं। रावण-वध के उपरान्त हनुमान और विभीषण सीता को राम के पास लाते हैं। स्वाभाविक दर्शन एवं संवाद होता है इसके बाद संध्या समय एकांत होने पर सीता राम से कहती हैं–''तुमने एक बार भी नहीं सोचा, राम! कि रावण मेरे साथ बलात्कार कर सकता है मैं पतित, भ्रष्ट और तुम्हारे अयोग्य हो सकती हूँ?" इस पर राम कहते हैं–''मेरे मन में पूर्ण निश्चय था कि रावण बलात्कार करेगा ही। ...इस बात की तो मैं कल्पना भी नहीं कर सकता था कि तुम पर यह विपदा नहीं आएगी।'' राम के ये वचन सुनकर सीता पूछती हैं–"फिर भी मुझे प्राप्त करने का प्रयत्न करते रहे?"...राम अट्टहास कर उठे–"इस युद्ध में राक्षसों ने मेरे शरीर पर सैकड़ों घाव किए हैं, फिर भी तुम मेरा ही नाम रटती रहीं...तुमने कभी सोचा कि मेरा शरीर पतित और भ्रष्ट हो चुका है और अब मैं तुम्हारे योग्य नहीं रहा?" सीता जी पुनः प्रश्न करते हुए कहती हैं–किंतु सतीत्व...राम कहते हैं–"सतीत्व मन से होता है मेरी प्रियतमा। शरीर से नहीं। किसी व्यक्ति को घाव लग जाए, उसकी भुजा या टांग कट जाए तो वह पतित या चरित्रहीन नहीं हो जाता...मैं रूमा के विषय

में सुनता था और तुम्हारी कल्पना करता था। रूमा के अपने जेठ ने उसके साथ बार-बार बलात्कार किया। किष्किंधा का सारा राजवंश इस तथ्य से दुखी था। इस पर भी जब मैंने सुना कि उसे सुग्रीव के पैरों पर गिरकर अपनी निर्दोषता की दुहाई देनी पड़ी है, तो मेरा मन उसके लिए बहुत रोया।...वह रुदन तुम्हारे लिए भी था। कहीं तुम्हें वैसी दुहाई न देनी पड़े।" राम की ये बातें सुनकर सीता पूछती हैं—"इस समाज में रह कर भी तुम इतने उदार कैसे हो प्रिय?" राम संयत स्वर में उत्तर देते हैं—"तुम गुरु विश्वामित्र की दीक्षा को भूल गईं प्रिये। तुमसे विवाह के पूर्व उन्होंने मेरे हाथों अहल्या को सामाजिक मर्यादा दिलवाई थी। गुरु दूरदर्शी थे। उन्होंने कदाचित् उसी समय तुम्हारे जीवन में इस दुर्घटना की संभावना देखी होगी।..."[98]

स्पष्ट है कि कोहली जी सीता की अग्नि-परीक्षा प्रसंग के मिथक का परिहार कर उस पर युगानुरूप काल चेतना का आरोपण करते हैं। वे शारीरिक पवित्रता की अपेक्षा मानसिक पवित्रता पर विशेष बल देते हैं। यहाँ वे एक तरफ जहाँ अविश्वसनीय मिथक के स्थान पर मनोवैज्ञानिक मनोविश्लेषणात्मक यथार्थ की स्थापना करते हैं, वहीं वे काम-लोलुप असामाजिक-तत्त्वों की हवस का शिकार हुई। दलित, पीड़ित, शोषित नारियों के उद्धार का मार्ग भी निर्देशित करते हैं।

गोस्वामी तुलसीदास जी तथा अन्य अनुसंधान कर्त्ताओं ने 'रामायण—शत कोटि अपारा' कहकर यह स्पष्ट कर दिया है कि जिसकी जैसी इच्छा हो, भावना हो, वह उसी के अनुरूप इस 'रामकथा' को लिखने-पढ़ने और समझने को स्वतंत्र है। भारतीय संस्कृति की उदारवादी दृष्टि एक मात्र 'स्वीकृति-पथ' का ही आचरण करती है। क्योंकि भारतीय संस्कृति यह स्वीकार करती है कि समूची सृष्टि के सृजन, पालन और संहार का कार्य अदृश्य सत्ता पर है। सृजन और पालन की स्थिति का प्रतीक है सामाजिक शांति, किंतु संहार की स्थिति आने पर युद्ध अनिवार्य हो जाता है। युद्ध की अनिवार्यता का प्रतिफलन होता है—किसी के न्याय पूर्ण सुदृढ़ नेतृत्व में, जो दुष्टों को दंड देने, उनका विनाश करने की तथा सज्जनों की रक्षा करने, उनका परिपोषण करने में समर्थ हो। यह सामर्थ्य भी उत्पन्न होता है गुरु विश्वामित्र जैसे गुरु की शिक्षा से दीक्षा से और दूरदर्शिता से।

वर्तमान संदर्भों में भी विद्वान मनीषी, चिंतक एवं साहित्यकार चिंतित हैं भारत के समग्र समाज रूपी सिद्धाश्रम में व्याप्त अनाचार के प्रति, भ्रष्टाचार के प्रति, अराजकता के प्रति और इन विषम परिस्थितियों में स्वार्थांध नेतृत्व के प्रति। आवश्यकता है राम के अवतार की, उनकी दीक्षा की तथा प्रतीक्षा है उस दीक्षानुसार आचरण से समाज में फैली अनाचार की समाप्ति की।

## कृष्णकथा में मिथक और काल चेतना का अंतःसंबंध

रामकथा के सदृश ही कृष्णकथा भी अपने प्रारंभ काल से लेकर आधुनिक काल तक

समय की धारा में सरसित होती हुई निरंतर आगे बढ़ती रही है। अतः उस पर मिथक एवं कालचेतना का पर्याप्त प्रभाव होना स्वाभाविक ही है।

कृष्णकथा अथवा कृष्ण नामोल्लेख वैदिक काल से ही यत्र-तत्र सर्वत्र छुटपुट रूप में प्राप्त होता है; किंतु इसका मूल आधार श्रीमद्भागवत्-सुधा-सागर ही है। इसके पश्चात सूरसागर में कुछ मौलिक परिकल्पनाओं के साथ कृष्णकथा ने परिव्याप्ति प्राप्त की। अतः हम इन्हीं दोनों ग्रंथों के आधार पर इस कथा में विद्यमान मिथक एवं काल चेतना के अंतःसंबंधों का अवलोकन करेंगे।

## *कृष्ण जन्म कथा प्रसंग*

श्रीमद्भागवत् कथा के अनुसार शुकदेव जी द्वारा वर्णित अभिव्यक्ति में श्रीकृष्ण के प्राकट्य के समय रोहिणी नक्षत्र था। आकाश के सभी नक्षत्र, ग्रह और तारे शांत-सौम्य हो रहे थे। मानो जिस प्रकार अंतःकरण के शुद्ध होने पर उसमें भगवान् का आविर्भाव होता है, श्रीकृष्णावतार के अवसर पर भी ठीक उसी प्रकार समष्टि की शुद्धि परिलक्षित हो रही थी। (काल, दिशाएँ, पृथ्वी, जल स्रोत-नदियाँ, अग्नि, वायु, आकाश, नक्षत्र, मन, मास मानो सभी में एक विशेष प्रकार का आह्लाद उमंग और धन्य भाव सा था।)

*"अथ सर्व गुणोपेतः कालः परम शोभनः ।*
*यर्ह्येवाजनजन्मर्क्षं शान्तर्क्षग्रहतारकम् ।।*
*दिशः प्रसेदुर्गगनं निर्मलोडुगणोदयम् ।*
*मही मंगलभूयिष्ठपुरग्रामव्रजाकरा ।।*
× × ×
*मनांस्यासन् प्रसन्नानि साधूनामसुरद्रुहाम् ।*
*जामाऽनेयजने तस्मिन् नेदुर्दुन्दुभयो दिवि ।।*
× × ×
*मुमुचुर्मुनयोः देवाः सुमनांसि मुदान्विता ।*
*मन्दं-मन्दं जलधरा जगर्जुरनुसागरम् ।।*
*निशीथे तम उद्भूते जायमाने जनार्दने ।*
*देवक्यां देवरूपिण्यां विष्णुः सर्व ग्रहाशयः ।।*
× × ×
*तमद्भुतं बालकमम्बुजेक्षणं चतुर्भुजं शंख गदार्युदायुधम् ।।*
*श्री वत्स लक्ष्मं गलशौभिकौस्तुभं पीताम्बरं सान्द्रपयोदसौभगम् ।।*
*स विस्मयोत्फुल्लविलोचनो हरिं सुतं विलोक्यानककदुन्दुभिस्तदा ।*
*कृष्णावतारोत्सव सम्भ्रमोऽस्पृशन् मुदा द्विजेभ्योऽयुतमाप्लुतो गवाम् ।।"*[9]

श्रीकृष्ण का जन्मोत्सव मनाने की उतावली में उन्होंने उसी समय ब्राह्मणों के लिए दस हजार गायों का संकल्प कर दिया।

इसके पश्चात वसुदेव और देवकी भगवान की स्तुति करते हैं। श्रीकृष्ण भी उन दोनों को अपने पूर्व-जन्मों के वृत्तांत को सुनाकर उन्हें परम-पद प्राप्ति का वरदान देते हैं। तत्पश्चात वे योग माया से शिशु का रूप धारण कर लेते हैं।

*''इत्युक्त्वाऽऽसीद्धरिस्तूष्णीं भगवानात्ममायया।*
*पित्रोः सम्पश्यतोः सद्यो बभूव प्राकृतः शिशुः ।।''*[100]

और तब वसुदेवजी ने भगवान की प्रेरणा से अपने पुत्र को लेकर सूतिका-गृह से बाहर निकलने की इच्छा की। उसी समय नंदपत्नी यशोदा के गर्भ से उस योगमाया का जन्म हुआ जो भगवान की शक्ति होने के कारण उनके समान ही जन्म रहित है। उसी योगमाया ने द्वारपाल और पुरवासियों की समस्त इंद्रिय वृत्तियों की चेतना हर ली। वे सब के सब अचेत होकर सो गए। बंदीगृह के बड़े-बड़े लोहे के किवाड़ जो लोहे की जंजीरों से युक्त बड़े-बड़े तालों के द्वारा बंद थे, वसुदेव भगवान श्रीकृष्ण को गोद में लेकर ज्योंही उनके निकट पहुँचे वे सब दरवाजे अपने आप खुल गए। वर्षा हो रही थी, यमुना जी में भयंकर बाढ़ आई हुई थी, उनका प्रवाह गहरा और तेज था; किंतु उन्होंने भगवान को उसी प्रकार मार्ग दिया जिस प्रकार समुद्र ने भगवान श्रीराम को दिया था। उस समय शेषनाग भगवान कृष्ण पर अपने फन से छाया करके वर्षा से उनकी रक्षा कर रहे थे और इस प्रकार वसुदेव गोकुल पहुँचते हैं। वहाँ भी सभी को नींद में अचेत पाते हैं और वे कृष्ण को यशोदा की शय्या पर सुलाकर नवजात कन्या को लेकर वापस बंदीगृह में लौट आते हैं। बंदीगृह के दरवाजे पुनः उसी प्रकार बंद हो जाते हैं। उधर यशोदा भी प्रसवपीड़ा से एवं योगमाया से अचेत हो जाने के कारण संतान के रूप में पुत्र हुआ या पुत्री, यह न जान सकीं :

*''ततश्च शौरिर्भगतत्प्रचोदितः सुतं समादाय व सूतिकागृहात्।*
*यदा बहिर्गन्तुमियेष तहर्यजा या योग मायाजनि नंदजायया।*

× × ×

*ताः कृष्णवाहे वसुदेव आगते स्वयं व्यवर्यन्त यथा तमो रवेः।*
*ववर्ष पर्जन्य उपांशुगर्जितः शेषोऽन्वगाद् वारि निवारयन् फणैः ।।*
*मघोनि वर्षत्यसकृद् यमानुजा गम्भीरतोयौधजवोर्मिफेनिला।*
*भयानकावर्तशताकुला नदी मार्ग ददौ सिन्धुरिव श्रियः पतेः ।।*
*नंदंव्रजं शौरिरूपेत्य तत्र तान् गोपान् प्रसुप्तानुपलभ्य निद्रया।*
*सुतं यशोदाशयने निधाय तत्सुतामुपादाय पुनर्गृहानगात्।।*

× × ×

*यशोदा नंद पत्नी च जातं परमबुध्यत्।*
*न तािल्लङ्ग परिश्रान्ता निद्रयापगत स्मृतिः ।"[101]*

भागवत् पुराण के पश्चात कृष्ण-जीवन-लीलाओं का विशद और सजीव वर्णन सूर-सागर में प्राप्त होता है। सूर-सागर में भी कृष्ण-जन्म की इस चमत्कारी घटना के वर्णन में भागवत् पुराण का ही अनुकरण है। और वास्तविकता तो यह है सूरसागर का आधार ही भागवत् पुराण का दशम स्कन्ध है। अतः उसमें भी कृष्ण जन्म की घटना ईश्वरीय अवतार के रूप में वर्णित है :

*"आनन्दै आनंद बढ़यो अति।*
*देवनि दिवि दुंदुभी बजाई, सुनि मथुरा प्रगटे जादवपति।*

× × ×

*बरषत सुमन सुदेस सूर-सुर, जय-जयकार करत मानत रति।*
*सिव-विरंचि-इंद्रादि अमर मुनि, फूले सुख न समात मुदित मति।*

× × ×

*घोरे निगड़ सोआए पहरू, द्वारे कौ कपाट उघरयौ।*
*तुरत मोहिं गोकुल पहुँचावहु, यह कहिके सिसु वेष धरयौ।*
*तब वसुदेव उठे यह सुनतहिं, हरषवंत नँद-भवन गए।*
*बालक धरि, लै सुरदेवी कौं, आइ सूर मधुपुरी ठए।"[102]*

कृष्ण जन्म की इस चमत्कार पूर्ण 'अवतारी' घटना को नरेन्द्र कोहली थोड़े परिवर्तन के साथ विश्वसनीय बनाने का प्रयास करते हैं। उनके अनुसार—"कृष्ण जन्म के समय घनघोर वृष्टि हो ही रही थी, यमुना में अभूतपूर्व बाढ़ आई हुई थी, पथों, वीथियों सहित प्रासादों, अट्टालिकाओं में भी यमुना का जल घुस गया था। जल के साथ सर्प और भयंकर जीव-जंतु स्थान-स्थान पर तैरते दिखाई पड़ रहे थे। कारागार के प्रहरी अपने परिजनों की सुरक्षा हेतु चिंतित होकर भाग गए। वे घबराहट अथवा प्रमादवश कारागार के द्वार खुले छोड़ गए और वसुदेव कृष्ण को उस घनघोर वृष्टि में एक मंजूषा में बंद करके गोकुल में नंदबाबा के यहाँ लेकर आए और उन्हें कृष्ण को सौंप देते हैं तथा नंदबाबा एक दुर्बल-जर्जर मृतप्राय सी कन्या (जिसे कुछ समय पूर्व ही यशोदा जन्म देकर प्रसव-पीड़ा से अचेत हो जाती हैं) को स्वतः वसुदेव को सौंप देते हैं, ताकि कंस को किसी प्रकार की शंका न होने पावे तथा वसुदेव को कंस का कोप-भाजन न बनना पड़े।"[103]

### *कंस-वध*

भागवत् पुराण की कथा के अनुसार—कंस द्वारा कृष्ण की हत्या हेतु किए गए अनेक षड्यंत्र जब विफल हो गए तो उसने अक्रूर के द्वारा धनुषयज्ञ के अवसर पर कृष्ण

और बलराम दोनों को मथुरा बुलवाया। कृष्ण और बलराम मथुरा में आते हैं और धनुषयज्ञ हेतु निर्मित रंग-शाला का पता पूछकर वहाँ पहुँचते हैं और देखते ही देखते क्रीड़ा करते हुए उस धनुष पर प्रत्यंचा चढ़ाकर उसके दो टुकड़े कर देते हैं। इसके पश्चात् कंस द्वारा आयोजित मल्ल-क्रीड़ा महोत्सव के दर्शन हेतु अखाड़े में वहाँ की रंग-भूमि देखने हेतु पहुँचते हैं; किंतु वहाँ कुबलयापीड़ नामक मतवाला हाथी महावत की प्रेरणा से द्वार पर रास्ता रोके खड़ा था। कृष्ण महावत को ललकार रास्ता देने के लिए कहते हैं; किंतु महावत कृष्ण की ललकार से क्रोधित होकर हाथी को अंकुश की मार से क्रुद्ध करता है और उसे कृष्ण को रौंदने हेतु प्रेरित करता है, किंतु कृष्ण हाथी के द्वारा सूँढ़ में लपेट लिए जाने पर भी अपनी चतुराई से उसकी लपेट से बाहर हो जाते हैं, तथा उसकी पूँछ पकड़कर क्रीड़ावत् उसे सौ हाथ पीछे घसीट लाए और अंत में अपने विवेक-चातुर्य और पराक्रम से उसका वध कर देते हैं।

कुबलयापीड़ के वध से कंस के मन में कृष्ण के पराक्रम को लेकर घबराहट होती है, किंतु फिर भी उसने नियोजित ढंग से चाणूर के मुख से कृष्ण-बलराम के बल-पराक्रम की प्रशंसा करवाकर उनका मल्ल-कौशल देखने के बहाने कृष्ण और बलराम को महापराक्रमी-चाणूर और मुष्टिक आदि पहलवानों से मल्ल-युद्ध के लिए आमंत्रित करवाया; किंतु वे दोनों पहलवान भी सहज ही परास्त होकर मृत्यु को प्राप्त हुए। इससे कंस अत्यंत दुःखी हुआ और उसने चिढ़कर कृष्ण-बलराम को नगर से बाहर निकालने, गोपों का समस्त धन छीन लेने, नंदजी को कैद करने तथा वसुदेव एवं उग्रसेन के मार डालने हेतु अपने सैनिकों को आदेश दिया। इससे कुपित होकर कृष्ण लीला करते हुए फुर्ती से वेगपूर्वक उछलकर कंस के समक्ष ऊँचे मंच पर जा चढ़े। कंस भी कुपित होकर ढाल और तलवार लेकर श्रीकृष्ण के सामने आ जाता है। और मानो आकाश में उड़ते हुए प्रहार करने का प्रयास करता है; किंतु श्रीकृष्ण ने उसे बलपूर्वक पकड़ लिया और ऊँचे मंच से नीचे पटककर स्वयं भी उसके ऊपर कूद पड़े जिससे कंस की मृत्यु हो गई। इसके पश्चात श्रीकृष्ण कंस के मृत शरीर को सबके देखते ही देखते उसी प्रकार घसीटने लगे जैसे सिंह हाथी को घसीटता है।[104]

कंस वध की इस घटना का वर्णन सूरदास जी भी लगभग इसी रूप में करते हैं। सर्वप्रथम कंस बलराम और कृष्ण को गोकुल से मथुरा बुलवाते हैं।

*"मथुरा पुर मैं सोर पर्‌यौ।*
*गरजत कंस बंस सब साजे, मुख कौ नीर हर्‌यौ।*
*पीरौ भयौ, फेफरी अधरनि, हिरदय अतिहि डर्‌यौ।*
*नंद महर के सूत दोउ सुनि कै, नारिनि हर्ष भर्‌यौ।*
*कोउ महलानि पर कोउ छज्जनि पर, कुल लज्जा न कर्‌यौ।* [105]

..............................................................

*भए सखि नैन सनाथ हमारे।*
*मदनगोपाल देखतहिं सजनी, सब दुःख सोक बिसारे।*
*पठए हे सुफलक-सुत गोकुल, लैन सों इहाँ सिधारे।*
*मल्ल जुद्ध प्रति कंस कुटिल मति, छल करि इहाँ हँकारे।''* [106]

मथुरा पहुँचकर कृष्ण और बलराम धनुषशाला देखने जाते हैं तथा वहाँ पहुँचकर वे क्रीड़ा करते हुए धनुष-भंग कर देते हैं।

*''धनुष साला चले नंदलाला।*
*सखा लिए संग प्रभु रंग नाना करत, देव नर कोउ न लखि सकत ख्याला।*
*नृपति के रजक सौं भेंट मग में भई, कह्यौ दै बसन हम पहिरि जाहीं।*
*पुनि गए तहाँ जहाँ धनुष, बोले सुभट, हौंस जिन मन करौ बन-बिहारी।*
*सूर प्रभु छुवत धनु टूटि धरनी परयौ सोर सुनि कंस भयौ भ्रमित भारी।''*[107]

मल्ल-क्रीड़ा हेतु निर्धारित रंगशाला के द्वार पर कुबलयापीड़ हाथी सहित महावत रास्ता रोके खड़ा रहता है। रास्ता न देने पर युद्ध होता है और श्रीकृष्ण हाथी का संहार कर देते हैं :

*''सुनिहि महावत बात हमारी।*
*बार-बार संकर्षन भाषत लेत नाहिं ह्याँ ते गज टारी।*
× × ×
*न्यारौ करि गयंद तू अजहूँ जान देहि कै आपु सँभारी।*
*सूरदास प्रभु दुष्ट निकंदन, धरनी भार उतारन कारी।''*[108]
...........................................................................
*''आँकुस राखि कुम्भ पर करष्यौं, हलधर उठे हँकारि।*
*धायौ पवनहुँ तैं अति आतुर, धरनी दंत खँभारि।*
*तब हरि पूँछ गह्यौ दच्छिन कर कँबुक फेरी सिर वारि।*
*पटक्यौ भूमि फेरि नहि मटक्यौ लीन्हें दंत उपारि।''* [109]

कुबलयापीड़ हाथी के मारे जाने के पश्चात मुष्टिक और चाणूर नामक महाप्रतापी पहलवानों के साथ श्रीकृष्ण और बलराम का मल्ल-युद्ध होता है और वे दोनों मारे जाते हैं :

*''सुनौ हो बीर मुष्टिक चानूर सबै, हमहिं नृप पास नहिं जान दैहौ।*
*धरि राखे हमै, नहीं बूझे तुम्है, जगत मैं कहाँ उपहास लैहो।*
*सबै यहै कैहे भली मत तुम पै है, नंद के कुंवर दोउ मल्ल मारे।...*
*गह्यौ कर स्याम भुज मल्ल अपने धाई, झटकि लीन्हौ तुरत पटकि धरनी।*

*भटकिअति सब्द भयौ खटक नृप के हियैं, अटकि प्रानिन परयौ चटक करनी।*

× × ×

*मल्ल जे-जे रहे सबै मारे तुरत, असुर जोधा सबै तेउ सँहारे।*
*धाइ दूतिन कह्यौ, मल्ल कोउ न रह्यौ, सूर बलराम हरि सब पछारे।"* [110]

और अंत में भागवत् पुराण की लीक का ही अनुसरण करते हुए सूरदास जी के सूरसागर में कंस का वध होता है।

*"नवल नंदनंदन रंगभूमि राजै।*
*स्याम तन पीतपट मनौ घन में तड़ित मोर के पंख माथे विराजैं।*

× × ×

*कुबलया मारि चानूर मुष्टिक पटकि, बीर दोउ कंस गज-दंत धारे।*
*जाइ पहुँचे तहाँ, कंस बैठयो जहाँ, गए अवसान प्रभु के निहारे।*
*ढाल तरवारि आगैं, धरी रहि गई, महल कौ पंथ खोजत न पावत।*
*लात कैं लगत सिंर तैं गयो मुकुट गिरि केस गहि लै चले हरि-खसावत।*

× × ×

*सूर-प्रभु अगम महिमा न कछु कहि परति,*
*सुरनि की गति तुरत असुर पाई"* [111]

कोहली जी द्वारा रचित 'महासमर' महाभारत पर आधारित है अतः इसमें कंस-वध का स्पष्ट दृश्य-चित्रण तो नहीं है, किंतु सांकेतिक रूप में विदुर-कुंती और युधिष्ठिर की वार्ता के मध्य इसका वर्णन आता है जब विदुर युधिष्ठिर से कहते हैं :

"किंतु यह अवश्य चाहता हूँ कि यदि कृष्ण ने कंस का वध कर अन्याय का विध्वंस आरंभ किया है तो यह प्रक्रिया यहीं न रुके, आगे भी चले। इस समय जरासंध की सहायता से भीष्मक, दामघोष, शाल्व तथा अन्य राजाओं की राजसभाओं में कृष्ण के विरुद्ध यदि षड्यंत्र रचे जा रहे हैं, तो तुम कम से कम, हस्तिनापुर में तो कृष्ण के विरुद्ध व्यूह मत रचा जाने दो। कृष्ण से सहायता नहीं चाहते तो कृष्ण की सहायता करो तो...।"[112]

"भाई तो वह तुम्हारा है ही,...किंतु मैं केवल भाई के नाते कृष्ण से सहायता लेने अथवा कृष्ण की सहायता करने की बात नहीं कर रहा हूँ। तुम कृष्ण के फुफेरे भाई हो तो शिशुपाल भी वही है; किंतु कृष्ण, अन्याय के समर्थक शिशुपाल का न सहायक होगा, न उससे सहायता लेगा।...धर्म का आचरण करने के लिए कृष्ण की सहायता लो और उसकी सहायता करो।"[113]

कंस-वध की घटना को लेकर ही भीष्म और अक्रूर के बीच बातचीत होती है जिसका केंद्रबिंदु कृष्ण और उनके विलक्षण गुण हैं :

भीष्म कहते हैं–"मैं इसे समझ नहीं पाता"..."वह योद्धा है या प्रेमी? कोई अपने शत्रु तथा मित्र को समान प्रेम कैसे कर सकता है? और यदि वह कंस से भी प्रेम करता था, तो उसने उसका वध क्यों किया?"[114]

अक्रूर भी भीष्म की इस शंका का समाधान करते हुए कहते हैं–"कृष्ण कहता है कि एक से प्रेम करने के लिए, दूसरे से प्रेम न किया जाए यह एकदम आवश्यक नहीं है।"..."और प्रेम करने वाली माता अपने पुत्र को दंडित भी करती है; और उसका उपचार भी करती है। यह उसके हित के लिए ही तो होता है। कृष्ण कहता है कि कंस का अहंकार मानसिक रोग बन चुका था। वस्तुतः अहंकार अपने आप में एक रोग ही तो है। अहंकार से स्वार्थ के कीटाणु जन्म लेते हैं और स्वार्थ शुद्ध मूर्खता का नाम है। व्यक्ति समझता है कि वह अपना हित साध रहा है, इसलिए उसे दूसरों का हित नहीं देखना है। कृष्ण यह नहीं मानता। वह कहता है कि संपूर्ण सृष्टि में कोई किसी से विलग नहीं है। संपूर्ण से पृथक कोई खंड नहीं है, इसलिए किसी एक व्यक्ति अथवा समुदाय को अन्य से पृथक कर देखना और उसका हित साधना अदूरदर्शिता और अज्ञान है, और ऐसी अदूरदर्शिता सदा ही मानवता का अहित करती आई है। हमें धर्म-निर्णय करते हुए संपूर्ण सृष्टि का ध्यान रखना चाहिए। एक समुदाय का हित करने के लिए अन्य समुदायों का अहित नहीं करना चाहिए। अनेक के अहित में से किसी एक का हित हो ही नहीं सकता। मनुष्य का हित साधने के लिए, मानवेतर सृष्टि का अहित नहीं करना चाहिए; क्योंकि संपूर्ण सृष्टि के हित में ही मनुष्य का हित है। गोधन के हित में गोपालों का हित है; तथा गोपालों के हित में कृषक का हित है।"[115]

भीष्म कहते हैं–"तुम्हारा यह कृष्ण तो मुझे योद्धा नहीं, ऋषि लगता है।...कोई योद्धा इस प्रकार चिंतन नहीं कर सकता।"[116]

राज्यसभा में धृतराष्ट्र से वार्ता करते हुए अक्रूर जी कहते हैं :

"महाराज! जैसा कि आप जानते हैं कि मथुरा में अत्याचारी कंस का वध कर यादवों ने पुनः महाराज उग्रसेन को सिंहासन पर बैठा दिया है। इससे मथुरा में स्वेच्छाचारी, अत्याचारी तथा नृशंस शासन के स्थान पर यादवों का अपना सर्वप्रिय तथा कल्याणकारी शासन स्थापित हुआ है। यादवों का आत्मविश्वास लौट आया है। वे लोग अब कंस की दलित, दमित तथा निरीह प्रजा न होकर मथुरा के स्वतंत्र और समर्थ नागरिक हैं। उन्हें मालूम है कि अपने सुख, कल्याण, स्वतंत्रता तथा अधिकारों की रक्षा उन्हें स्वयं ही करनी है। इसलिए वे अपने समाज के निर्माण में लगे हैं और चाहते हैं कि फिर से उन्हें पहले के समान पीड़ित और शोषित स्थिति में न लौटना पड़े।"[117]

इस प्रकार कंस-वध की घटना का प्रत्यक्ष चित्रण न होते हुए भी इन उद्धरणों से यह स्पष्ट होता है कि कृष्ण विलक्षण प्रतिभा के धनी थे। वे अन्याय-अत्याचार

के घोर विरोधी और संहारक थे तथा न्याय और धर्म के संस्थापक। कृष्ण जीवन की विशिष्टताओं से जुड़ी आगे की मिथकीय घटनाओं को भी हम नरेन्द्र कोहली के महासमर का अनुकरण करते हुए पौराणिक तथा 'महाभारत' और भागवतमहापुराण के परिप्रेक्ष्य में देखेंगे।

## *जरासंध-वध प्रसंग*

जरासंध का वध यद्यपि भीम के द्वारा हुआ था, किंतु भीम निमित्त मात्र थे उनके माध्यम से इस प्रसंग में असली शक्ति कृष्ण की ही थी–ऐसा पौराणिक आख्यान है–

श्रीमद्भागवत् पुराण के अनुसार महापराक्रमी जरासंध के दुराचारों से मुक्ति पाने के लिए कृष्ण एक विशेष उपाय सोचते हैं। वे भीमसेन और अर्जुन के साथ ब्राह्मण वेष धारण करके जरासंध की राजधानी गिरिव्रज पहुँचते हैं। जरासंध ब्राह्मणों का परम भक्त और गृहस्थोचित धर्म का पालन करने वाला था। ये तीनों ब्राह्मण वेशधारी अतिथि अभ्यागतों के सत्कार के समय जरासंध के पास पहुँचते हैं और उससे याचना करते हुए तथा उसकी प्रशंसा करते हुए अपनी आशा पूर्ण करने का अनुरोध करते हैं।

*"श्रुत्वाजितं जरासंधं नृपतेर्ध्यायतो हरिः।*
*आहोपायं तमेवाद्य उद्धवो यमुवाच ह।।*
*भीमसेनोऽर्जुनः कृष्णो ब्रह्मलिंगधरास्त्रयः।।*
*जग्मुर्गिरिव्रजं तात वृहद्रथसुतों यतः।*
× × ×
*थोऽनित्येन शरीरेण सतां गेयं यशो ध्रुवम्।*
*नाचिनोति स्वयं कल्पः स वाच्यः शोच्य एव सः।।*
*हरिश्चन्द्रो रन्तिदेव उञ्छवृतिः शिबिर्बलिः।*
*व्याधः कपोतो बहवों ह्यध्रुवेण ध्रुवं गताः ।।"* [118]

याचना करते हुए उन तीनों वेशधारी ब्राह्मणों की आवाज, सूरत-शक्ल और कलाइयों पर पड़े हुए धनुष की प्रत्यंचा की रगड़ के चिह्नों को देखकर जरासंध ने पहचान लिया कि ये ब्राह्मण नहीं क्षत्रिय हैं। पूर्व में कहीं देखे जाने का स्मरण भी उसे होने लगता है। अंत में जरासंध को यह विचार आता है कि यदि मेरे भय से इन्होंने ब्राह्मण वेष धारण किया है तो अब ये जो भी माँगेंगे मैं उसे अवश्य दूँगा। इस विचार के आते ही उसे ब्राह्मण वेशधारी याचक-विष्णु भगवान एवं दानवीर वाली की कथा तथा उसकी पवित्र कीर्ति का स्मरण आ जाता है। उसकी उदार बुद्धि में ब्राह्मण के लिए ही जिए गए क्षत्रिय जीवन की सार्थकता का महत्त्व स्थापित होता है और वह ब्राह्मण वेशधारी श्रीकृष्ण, अर्जुन और भीम से मनचाही

वस्तु माँग लेने का अनुरोध करता हुआ अपना सिर भी देने के लिए प्रस्तुत हो जाता है :

> *"स्वरैराकृतिभिस्तांस्तु प्रकोष्ठैर्ज्याहतैरपि।*
> *राजन्यबन्धून् विज्ञाय दृष्ट पूर्वानचिन्तयत्।।*
> × × ×
> *जीवता ब्राह्मणार्थाय कोन्वर्थः क्षत्रबन्धुना।*
> *देहेन पतमानेन नेहता विपुलं यशः।।*
> *इत्युदारमतिः प्राह कृष्णार्जुनवृकोदरान्।*
> *हे विप्रा व्रियतां कामो ददाम्यात्मशिरोऽपि वः।।"*[119]

जरासंध को अपनी इच्छानुसार वस्तु देने के लिए प्रस्तुत देखकर श्रीकृष्ण अपना और पांडुपुत्र भीमसेन और अर्जुन का परिचय देते हैं—वे स्वीकार करते हैं कि वे अन्नयाचक ब्राह्मण नहीं अपितु क्षत्रिय हैं और जरासंध के पुराने शत्रु हैं, तथा (अन्न-धन नहीं वरन्) द्वंद्व युद्ध की भिक्षा की इच्छा है। जरासंध अपने प्रताप और उसके भय से कृष्ण द्वारा मथुरा छोड़कर समुद्र की शरण लेने की बात करता है और स्वयश वर्णन स्वमुख से करते हुए द्वंद्व युद्ध के लिए प्रस्तुत हो जाता है। कृष्ण को अपने आप भयभीत मानकर और अर्जुन को अपने से छोटा मानकर जरासंध उन दोनों को अपने साथ द्वंद्व युद्ध करने योग्य नहीं मानता है तथा भीम के साथ द्वंद्व युद्ध करने की सहमति देता है, भीम को एक बड़ी-सी गदा देकर दूसरी स्वयं लेकर युद्ध के लिए प्रस्तुत होता है :

> *"युद्धं नो देहि राजेन्द्र द्वन्द्वशो यदि मन्यसे।*
> *युद्धार्थिनो वयं प्राप्ता राजन्या नान्नकङ्क्षिणः।।*
> *असौ वृकोदरः पार्थस्तस्य भ्रातार्जुनो ह्ययम।*
> *अनयोर्मातुलेयं मां कृष्णं जानीहि ते रिपुम्।*
> × × ×
> *मण्डलानि विचित्राणि सव्यं दक्षिणमेव च।*
> *चरतुः शुशुभे युद्धं नटयोरिव रङ्गिणोः।।*
> *ततश्चटचटाशब्दो वज्र निष्पेषसन्निभः।*
> *गदयोः क्षिप्तयो राजन् दन्तयोरिव दन्तिनोः।।"*[120]

इस प्रकार जरासंध और भीमसेन दो गदायुद्ध कौशलपारंगत वीरों को दो मद-मस्त हाथियों के समान लड़ते हुए सत्ताईस दिन बीत गए। अट्ठाइसवें दिन भीमसेन ने अपने ममेरे भाई श्रीकृष्ण से कहा—श्रीकृष्ण! मैं युद्ध में जरासंध को जीत नहीं सकता। भगवान श्रीकृष्ण जरासंध के जन्म और मृत्यु का रहस्य जानते थे और यह भी जानते थे कि जरा राक्षसी ने जरासंध के शरीर के दो टुकड़ों को जोड़कर इसे जीवनदान दिया है।

अतः उन्होंने भीमसेन के शरीर में अपनी शक्ति का संचार किया और जरासंध की मृत्यु का उपाय सांकेतिक रूप में एक वृक्ष की डाली को बीचों-बीच से चीर कर भीमसेन को दिखाते हुए बताया। भीमसेन अपना पराक्रम दिखाते हुए उसी उक्ति का सहारा लेते हैं और जरासंध का पैर पकड़ कर बीचों-बीच से चीर कर उसका वध कर देते हैं; जिससे सभी के हृदय में हर्ष की लहर दौड़ पड़ती है :

*"एकदा मातुलेयं वै प्राह राजन् वृकोदरः ।*
*न शक्तोहं जरासंधं निर्जेतुं युधि माधव।*
*शत्रोर्जन्ममृती विद्वान जीवितम् च जराकृतम्।*
*पार्थमाप्यायन् स्वेन तेज साचिन्तयद्धरिः ।।*
× × ×
*एकं पादं पदाऽऽक्रम्य दोर्भ्यमिन्यं प्रगृह्य सः ।*
*गुदतः पाटयामास शाखामिव महागजः ।।*
*हाहाकारो महानासीन्निहते मगधेश्वरे।*
*पूजयामासतुर्भीमं परिरभ्य जयाच्युतौ।।*
*सहदेवं तत्तनयं भगवान् भूतभावनः ।*
*अभ्यषिञ्चदमेयात्मा मगधानां पतिं प्रभुः ।।*
*मोचयामास राजन्यान् संरूद्धा मागधेन ये।"*[121]

इस प्रकार भागवत् पुराण की मूलकथा के अनुसार जरासंध का वध भीम के माध्यम से श्रीकृष्ण की शक्ति संचार से ही होता है।

'महाभारत' में यह कथा थोड़े परिवर्तन के साथ वर्णित है। उसके अनुसार श्रीकृष्ण, भीमसेन और अर्जुन तपस्वियों के वेश में, जरासंध से बाहु-युद्ध का उद्देश्य लेकर नगर में प्रवेश करते हैं। वे जनसंकीर्ण एवं सुरक्षित तीन ड्योढ़ियाँ पार कर निःशंक भाव से जरासंध के पास पहुँच जाते हैं। जरासंध उन्हें देखते ही खड़ा हो जाता है और अर्घ्य, पाथ, मधुपर्क आदि से उनका सत्कार करता है; किंतु उनके वेष-आचरण एवं बुर्ज तोड़कर आने के तरीके से उत्पन्न हुई अपने मन की शंका को प्रकट करते हुए उनसे उनका परिचय पूछता है। श्रीकृष्ण सांकेतिक भाषा में जरासंध की शंका का समाधान करते हुए कहते हैं—धीर-वीर पुरुष शत्रु के घर में बिना द्वार के और मित्र के घर में द्वार से प्रवेश करते हैं। हमने जो कुछ किया है, सब सुसंगत है।

जरासंध कृष्ण से कहता है कि मैंने आप लोगों के साथ शत्रुता या दुर्व्यवहार किया हो ऐसा मुझे ध्यान देने पर भी स्मरण नहीं आ रहा है, अतः आपके द्वारा मुझ निरपराध को शत्रु समझने का क्या कारण है? सत्पुरुषों के लिए ऐसा उचित नहीं है, मैं अपने धर्म में तत्पर हूँ।

कृष्ण शत्रुता का कारण जरासंध द्वारा किए गए क्रूर कर्म निरपराध राजाओं

की हिंसा और क्षत्रिय जाति के नाश करने की इच्छा एवं उसके निज-बल के अहंकार को बताते हैं। तथा अपना परिचय देते हुए अपने आगमन का उद्देश्य भी बताते हैं। श्रीकृष्ण यह जानते थे कि पूर्व में हुई आकाशवाणी के अनुसार यदुवंशियों के हाथों जरासंध का वध नहीं होना चाहिए। इसलिए उन्होंने जरासंध को स्वयं न मारकर भीमसेन के हाथों मरवाने का निश्चय किया, और उन्हीं की प्रेरणा से जरासंध, भीमसेन के साथ मल्ल-युद्ध के लिए तैयार हो जाता है। दोनों महापराक्रमियों के बीच मल्ल-युद्ध प्रारंभ होता है। महाभारत की कथा के अनुसार यह युद्ध तेरह दिन-रात बिना खाए-पीए और बिना रुके चलता रहा जिसकी तिथि कार्तिक कृष्ण प्रतिपदा से लेकर त्रयोदशी तक रही। चौदहवें दिन रात्रि के समय जरासंध थककर कुछ सुस्त सा पड़ जाता है। तब श्रीकृष्ण भीमसेन को प्रेरित करते हैं और उन्हें उत्साहित करते हुए कहते हैं कि भीमसेन! तुम में दैवबल और वायुबल दोनों ही विद्यमान है। तुम जरासंध पर तनिक उन बलों को दिखाओ तो। भीमसेन श्रीकृष्ण का संकेत समझकर जरासंध को उठाकर उसे बड़े जोर से आकाश में घुमाते हैं। सौ बार घुमाकर उसे जमीन पर पटक देते हैं तथा घुटनों की चोट से उसकी पीठ की रीढ़ को तोड़कर पीस देते हैं, और उसके बाद गर्जना करते हुए उसका एक पैर पकड़ कर तथा दूसरे पैर पर अपना पैर रखकर उसे बीच से चीर देते हैं। इस प्रकार जरासंध का वध हो जाता है। इस कथा के अनुसार भी जरासंध-वध के मूल में श्रीकृष्ण की ही प्रेरणा एवं शक्ति कार्य करती है।[122]

कोहली जी के महासमर में भी इन्हीं कथाओं का अनुसरण करते हुए जरासंध-वध का प्रसंग वर्णित है। इसके अनुसार भी भीम-अर्जुन और कृष्ण तीनों कठिनाईपूर्वक जरासंध के नगर में पहुँचते हैं, जहाँ कि एक बड़े यज्ञ का आयोजन चल रहा था, जिसमें अनेक क्षत्रिय राजाओं की बलि देकर रुद्र-देव को प्रसन्न किया जाना था। कृष्ण वहीं के एक मुख्य-द्वार के द्वारपाल को बहला-फुसला कर उससे सुरक्षा-व्यवस्थाओं की एवं जरासंध की दिनचर्या की अनेक सूक्ष्म जानकारियाँ प्राप्त करते हैं। रात्रि के अंधकार चैत्यक-पर्वत की चोटी पर कठिनतापूर्वक चढ़कर-रेंगकर पहुँचते हैं तभी एक सैनिक टुकड़ी उन्हें पकड़ लेती है, जिसे कृष्ण पकड़कर अपने बुद्धि कौशल से पराजित व बेहोश कर देते हैं। एक भागता हुआ सैनिक बंदी बना लिया गया। प्राण-दान का लोभ देकर पुनः उससे सूक्ष्म जानकारियाँ प्राप्त कीं। आपात् सूचना हेतु रखे गए बड़े-बड़े नगाड़ों का चमड़ा बिना आवाज किए कटार से काट दिया गया और शीघ्र ही वे पर्वत से नीचे उतर कर नगर में छिप गए और एक दुकानदार से प्राप्त जानकारी के अनुसार गोधूलि वेला—जो जरासंध के दान की वेला थी, की प्रतीक्षा करने लगे। याचकों की भीड़ में शामिल होकर ये लोग अपनी बारी आने पर दान में दी जाने वाली थाली को लेने से इनकार कर देते हैं और पारंपरिक कथा के अनुसार ही जरासंध को द्वंद्व युद्ध के लिए तैयार कर लेते हैं और भीम में न चमत्कारिक रूप से अपनी

शक्ति का संचार करते हैं और न ही उसकी प्रशंसा करके उसे उत्साहित करते हैं वरन् वे जरासंध को अपने नाना की उम्र का वृद्ध बताकर भीम से कहते हैं कि "जरासंध को पराभूत करना तो दूर तुम उसे थका भी नहीं पा रहे हो"[123] और इस प्रकार भीम को क्रोध दिलाकर उसमें असाधारण स्फूर्ति का संचार कराते हैं और फिर विभिन्न दाँव-पेंच से जरासंध को थका कर भीम के द्वारा उसका वध होता है।

## *शिशुपाल-वध प्रसंग*

भागवत् पुराण की कथा के अनुसार युधिष्ठिर के राजसूय यज्ञ में कृष्ण की अग्रपूजा से शिशुपाल अत्यंत क्रोधित हो जाता है। कृष्ण से उसका पुराना बैर तो रुक्मिणी और द्रौपदी के विवाह प्रसंग से था ही। इस यज्ञ में वह कृष्ण की अग्रपूजा सभी के द्वारा की जाने वाली जयकार-ध्वनि और पूजा-समय आकाश से होने वाली पुष्प वृष्टि से अपने आप पर काबू न रख सका और ईर्ष्याग्नि में दहकता हुआ अत्यंत कठोर, अप्रिय और कर्णकटु शब्द कृष्ण के लिए कहने लगा। सभासदों ने उसको रोकना चाहा; न रुकने पर वे सभी उसे अपशब्द कहते हुए बाहर चले गए। तब पांडव, मत्स्य, केकय, और सृंजयवंशी नरपति क्रोधित होकर हाथों में हथियार लेकर उसे मारने हेतु उठ खड़े हुए किंतु शिशुपाल तनिक भी शांत नहीं हुआ और वह बिना सोचे समझे ढाल तलवार उठाकर कृष्ण के पक्षपाती राजाओं को ललकारने लगा। जिससे युद्ध की स्थिति उत्पन्न हो गई और तब श्रीकृष्ण उठे और सभी राजाओं को शांत करते हुए स्वयं क्रोधित हो गए और उन्होंने छुरे के समान तीखी धार वाले चक्र से शिशुपाल का सिर काट दिया :

*"नमो जएति नेमुस्तं निपेतुः पुष्पवृष्टयः ।।*
*इत्थं निशम्य दमघोषसुतः स्वपीठादुत्थाय कृष्णगुणवर्णनजातमन्युः।*
*उत्क्षिप्य बाहुमिदमाह सदस्यमर्षी संश्रावयन् भगवते परूषाण्यभीतः ।।*[124]

.......................................................

*एवमादीन्यभद्राणि बभाषे नष्टमंगलः ।*
*नोवाच किंचिद् भगवान यथा सिंहः शिवारुतम् ।।*
*भगवन्निंदनं श्रुत्वा दुः सहं तत् सभासदः ।*
*कर्णो पिधाय निर्जग्मुः शपन्तश्चेदिपं रूषा।।*

× × ×

*तावदुत्थाय भगवान् स्वान् निवार्य स्वयं रूषा।*
*शिरः क्षुरान्त चक्रेण जहारापततो रिपोः ।।"*[125]

महाभारत में वर्णित इस प्रसंग में शिशुपाल के जन्म का बड़ा ही रोचक आश्चर्यजनक और अविश्वसनीय वर्णन है। जिसके अनुसार चेदिराज वंश में पैदा

हुए शिशुपाल के जन्म के समय तीन नेत्र और चार भुजाएँ थीं। पैदा होते ही यह गधों के समान रेंकने लगा। सभी सगे-संबंधी उसका दर्शन करके डर गए एवं माता-पिता, मंत्री-सभासद सभी एक मत से उसको त्याग देने का विचार करने लगे, तभी आकाशवाणी हुई कि राजन्! तुम्हारा यह पुत्र बड़ा श्रीमान् और बली होगा। इससे डरो मत, निश्चिंत होकर इसका पालन करो। माता यह बात सुनकर आनंदित हो गईं। उन्होंने हाथ जोड़कर कहा जिसने मेरे पुत्र के संबंध में यह आकाशवाणी की है, उसे मैं प्रणाम करती हूँ और उससे इतना और जानना चाहती हूँ कि मेरे पुत्र की मृत्यु किसके हाथों होगी? माता के इस प्रश्न पर दुबारा आकाशवाणी हुई कि 'जिसकी गोद में जाने पर तुम्हारे पुत्र की दो अतिरिक्त भुजाएँ गिर जाएँ और तीसरा नेत्र लुप्त हो जाए, उसी के हाथों इसकी मृत्यु होगी।' तब से जो भी चेदिराज से मिलने आता अथवा शिशु को देखने आता, सभी की गोद में शिशु शिशुपाल को रखा जाता। इसी क्रम में कृष्ण जो शिशुपाल के ममेरे भाई थे उनकी गोद में भी रखा गया। कृष्ण की गोद में जाते ही शिशुपाल की दोनों अतिरिक्त भुजाएँ गिर गईं और तीसरा नेत्र लुप्त हो गया। यह देखकर शिशुपाल की माता भयभीत हो गई और उन्होंने कृष्ण से शिशुपाल की गलतियों को क्षमा करने का वरदान माँगा। कृष्ण ने कहा—बुआ मैं शिशुपाल की ऐसी सौ गलतियों को क्षमा करूँगा जो कि मानने योग्य होंगी। और उसी वरदान के कारण कृष्ण उस यज्ञ में सभा के मध्य अत्यंत कटु वचनों को भी क्षमा करते जाते हैं, मानों सुन ही नहीं रहे हों। और अंत में उनके वरदान की सीमा समाप्त होने पर वे चक्र का स्मरण करते हैं और स्मरण करते ही सुदर्शन चक्र उनके हाथ में आकर चमकने लगा। तब कृष्ण भगवान सारी सभी के समक्ष उसके दुर्व्यवहार को एवं उसकी माता तथा अपनी बुआ को दिए हुए वचनों को जताकर वचनों से बंधन मुक्त होने की बात कहकर शिशुपाल का सिर धड़ से अलग कर देते है।"[126]

इस कथा में शिशुपाल के चार भुजाओं तथा तीन नेत्रों से युक्त जन्म, आकाशवाणी एवं गोद में जाते ही भुजाओं का गिर जाना तथा तीसरे नेत्र का लुप्त हो जाना तथा स्मरण करते ही सुदर्शन चक्र का प्रकट होना इत्यादि ऐसे मिथक हैं जो वर्तमान वैज्ञानिक संदर्भ में पूर्णतया अस्वीकारणीय हैं।

नरेन्द्र कोहली का इन मिथकों के प्रति अंशतः सजग होकर उन्हें नवीन रूप में प्रस्तुत करने का प्रयास है। उनके अनुसार यज्ञ-सभा में अग्र-पूजन से शिशुपाल परंपरागत कथा के अनुसार ही क्रोधित होता है और वह अप्रिय वचनों का प्रयोग कृष्ण के प्रति करने लगता है। अनेक प्रकार से अपमानजनक शब्द कहते हुए शिशुपाल कहता है—"जैसे इस ग्वाले ने तब रुक्मिणी का हरण किया था, वैसे ही यहाँ इसने अग्रपूजा का अपहरण किया।"[127]

अभद्र अट्टहास करते हुए शिशुपाल आगे कहता है—"रुक्मिणी ने इसका वरण

नहीं किया था। इसे तो स्वयंवर में निमंत्रित भी नहीं किया गया था।"[128] वह पुनः जैसे कृष्ण का अपमान करने के लिए हँसता है और कहता है—"अब इस भरी सभा में इसने रुक्मिणी से मेरा संबंध स्वीकार किया है। रुक्मिणी मेरी वाग्दत्ता थी। वह मेरी मनोनीत पत्नी थी...।"[129]

कृष्ण क्रोधित हो जाते हैं और कहते हैं—"अपना अपमान मैं सहन कर सकता हूँ किंतु इस प्रकार भरी सभा में मैं किसी नारी का अपमान नहीं होने दूँगा।"[130]

शिशुपाल और भी अधिक दुष्टता प्रदर्शित करते हुए कहता है—"तो क्या करेगा तू?...सभा से पलायन करेगा"[131] और इस प्रकार कहते हुए वह खड्ग प्रहार की मुद्रा में आ जाता है।

तभी कृष्ण शांत होकर बिना एक भी शब्द कहे अपना दाहिना हाथ ऊपर उठाते हैं और समूची सभा आश्चर्यचकित होकर देखती रह जाती है अचानक सुदर्शन चक्र प्रकट हो जाता है, कृष्ण की तर्जनी पर! शिशुपाल भयभीत हो जाता है। घबराकर कृष्ण पर प्रहार करता है; किंतु उससे पूर्व ही चला हुआ सुदर्शन चक्र उसका मस्तक काट कर भूमि पर गिरा देता है।[132]

यहाँ कोहली जी की पूर्ण सजगता के बाद भी सुदर्शन चक्र का प्राकट्य मिथक के रूप में कथा में प्रविष्ट हो गया है।

### *द्रौपदी चीर-वृद्धि प्रसंग*

महाभारत के सभापर्व में वर्णित कथा के अनुसार पांडव दुर्योधन के द्वारा शकुनि की सहायता से छलपूर्वक जुए में जीत लिए गए—अंततः पांडवों ने अपने आपको और द्रौपदी को भी दाँव पर लगाया और हार गए। दुर्योधन द्रौपदी को अपमानित करने की दृष्टि से दुःशासन को राजसभा में बुलवाता है। दुःशासन एकवस्त्रा, रजस्वला द्रौपदी को केश पकड़कर घसीटता हुआ राजसभा में लाता है और उसे अनेक दुर्वचन कहता है। उसे 'दासी' शब्द से बार-बार सम्बोधित करते हुए ठठाकर हँसता है। द्रौपदी बार-बार समूची सभा, भीष्म, धृतराष्ट्र, पांडवों एवं गुरुजनों की ओर देखकर अपनी रक्षा की भीख माँगती रही, धर्म की दुहाई देती रही, अन्याय के प्रतिकार हेतु गुहार करती रही; किंतु सभी सिर नीचे किए हुए असहाय से बैठे रहे। अंत में दुर्योधन दुःशासन को आदेश देता है कि वह द्रौपदी को निर्वस्त्र कर दे। दुःशासन दुर्योधन के ओदश का पालन करने में संलग्न हो जाता है और द्रौपदी व्याकुल होकर श्रीकृष्ण का स्मरण करके बार—बार उन्हें पुकारने लगी। द्रौपदी त्रिभुवन पति श्रीकृष्ण के स्मरण से तन्मय हो जाती है—वे कृष्ण को पुकारते हुए कहती हैं :

*"गोविंद द्वारकावासिन कृष्ण गोपी जन प्रिय।*
*कौरवैः परिभूतां मां किं न जानासि केशव।*

*हे नाथ हे रमानाथ ब्रजनाथार्तिनाशन।।*
*कौरवार्णवमग्नां मामुद्धरस्व जनार्दन।*
*कृष्ण-कृष्ण महायोगिन विश्वात्मन् विश्वभावन।*
*प्रपन्नां पाहि गोविंद कुरूमध्येऽवसीदतीम्।।*[133]

उधर भक्त वत्सल प्रेमपरवश भगवान श्रीकृष्ण द्वारका की सेज, भोजन इत्यादि सब कुछ छोड़ कर सूक्ष्म रूप में द्रौपदी के पास निमिष मात्र में पहुँच गए और उन्होंने गुप्त रूप से द्रौपदी को बहुत से सुंदर वस्त्रों से सुरक्षित कर दिया। फलतः दुःशासन द्रौपदी को निर्वस्त्र करने हेतु जितना ही वस्त्र खींचता जाता उतने ही वस्त्रों की वृद्धि होती जाती। इस प्रकार रंग-बिरंगे वस्त्रों (साड़ियों) का ढेर लग गया; किंतु द्रौपदी निर्वस्त्र नहीं हो सकीं। इस अद्भुत घटना से सभा में हलचल मच गई। चारों तरफ आश्चर्य व्याप्त हो गया और सभी सभासद स्पष्ट रूप से दुर्योधन को धिक्कारने लगे।[134]

कोहली जी ने इस प्रसंग को भी मिथकीयता से अलग करने का प्रयास किया है। उनके अनुसार कपट-द्यूत, द्यूत में पांडवों एवं द्रौपदी का दाँव पर लगना, हारना और दुःशासन के द्वारा केश पकड़कर, अपमानित की जाती हुई द्रौपदी को सभा में लाया जाना, द्रौपदी द्वारा सभी से न्याय, धर्म और आत्मरक्षा की पुकार करना तथा अंत में श्रीकृष्ण घटना तक तो यह पौराणिक कथा का ही अनुसरण करती है; किंतु 'साड़ी बढ़ने' के मिथक के स्थान पर वह दूसरा मोड़ लेती है, जो कि वर्तमान संदर्भों में विश्वसनीय और स्वीकारणीय हो सके।

कोहली जी के महासमर के अनुसार–एकवस्त्रा रजस्वला द्रौपदी सभा में सभी बड़े बुजुर्गों से न्याय एवं आत्मरक्षा के लिए कहती है; किंतु जब सभी सिर नीचा कर लेते हैं और रक्षा के लिए प्रस्तुत नहीं होते हैं, उसके प्रति होने वाले अन्याय को रोकना तो दूर उसका विरोध अथवा प्रतिकार भी नहीं करते हैं तब वस्त्र खींचने के लिए हाथ बढ़ाते हुए दुःशासन को देखकर द्रौपदी क्रोध से प्रज्वलित आँखें आकाश की ओर उठाकर आर्त्त स्वर में कहती हैं–

"मैं महाराज पांडु की पुत्रवधू, वीर पांडवों की पत्नी, पंचाल वीर द्रुपद की पुत्री, धृष्टद्युम्न की बहन और वासुदेव कृष्ण की सखी हूँ।..."[135]

द्रौपदी के इन वचनों को सुनते ही दुःशासन का हाथ ठिठक गया। उसके कानों में निरंतर एक ही स्वर गूँज रहा था..."मैं वासुदेव कृष्ण की सखी हूँ।"[136]

उसने अपना मस्तक झटककर पुनः द्रौपदी की ओर क्रूर दृष्टि से देखा। द्रौपदी बोली–"मेरा ऐसा अपमान, जैसा कभी किसी साधारण दासी का भी नहीं हुआ। शत्रुघाती मधुसूदन! सखा कृष्ण! कहाँ हो तुम! मेरे पति मेरी रक्षा नहीं कर रहे। समर्थ होकर भी वे धर्म के रूप में अधर्म के बंधन में बँधे हैं। स्वयं अपनी मर्यादा से बँधे वे असमर्थ हैं। तुम समर्थ हो कृष्ण। तुम धर्म के मर्मज्ञ हो। तुम जानते हो,

यह धर्म नहीं है। इनका नाश करो कृष्ण! मेरी रक्षा करो।..."[137]

द्रौपदी के इन वचनों को सुनकर दुःशासन को समर्थ कृष्ण का स्मरण आ गया। उसकी आँखों के सम्मुख इंद्रप्रस्थ की सभा घूम गई, मधुसूदन, शत्रुघाती कृष्ण। कृष्ण ने अपनी तर्जनी पर सुदर्शन चक्र रखकर फेंका था और शिशुपाल का मस्तक कट कर भूमि पर जा गिरा था।....और सहसा दुःशासन को लगा, उसके चारों ओर सुदर्शन चक्र ही सुदर्शन चक्र हैं। वे उसके कंठ के बहुत निकट थे। उसे लग रहा था कि अभी उसका मुंड भी कट कर धरती पर लुढ़कने लगेगा.... । और इस आभास के साथ ही दुःशासन की वस्त्र खींचने के लिए उठी हुई भुजा अपने आप ही बेजान सी लटक गई। उसे लगा मानों उसके पैरों के नीचे धरती डोल रही है, उसका मस्तक स्थिर नहीं हो पा रहा था। और अंत में वह (वस्त्र खींचने की क्रिया से सर्वथा विरत और विस्मृत हो) अपना माथा पकड़कर बैठ जाता है। इस प्रकार द्रौपदी की लज्जा की रक्षा भी हो जाती है और कृष्ण के द्वारा वस्त्र बढ़ाए जाने की पौराणिक चमत्कारिक मिथकीय घटना का परिहार भी हो जाता है।

## *युधिष्ठिर के आश्रम पर दुर्वासा का आतिथ्य प्रसंग*

महाभारत की कथा के अनुसार दुर्योधन के द्वारा कपटनीति से माँगे गए वरदान के अनुसार ऋषि दुर्वासा जानबूझकर दस हजार शिष्यों सहित ऐसे समय वन में युधिष्ठिर के आश्रम पर पहुँचते हैं; जबकि पांडव और द्रौपदी सभी लोग भोजन से निवृत्त होकर आराम कर रहे थे। महाराज युधिष्ठिर अतिथि को आते देखकर भाइयों सहित अगवानी करके उन्हें घर ले आए, प्रणाम करके ससम्मान आसन दिया और विधिवत् उनका पूजन करके कहा—"भगवान्! आप नित्यकर्म से निवृत्त होकर शीघ्र आइए और भोजन कीजिए।" मुनि शिष्यों सहित स्नान करने चले गए। अब द्रौपदी को बड़ी चिन्ता हुई, कि दुर्वासा सहित उनके दस हजार शिष्यों के लिए भोजन की व्यवस्था कैसे हो? उन्होंने बहुत सोचा विचारा; किंतु अन्न-व्यवस्था का कोई उपाय उनकी समझ में नहीं आया। तब वे अतिथि-सेवा-धर्म से विचलित होने के भय से मन ही मन भगवान श्रीकृष्ण का इस प्रकार स्मरण करने लगीं :

*"कृष्ण-कृष्ण महाबाहो देवकीनंदनाव्यय।।*
*वासुदेव जगन्नाथ प्रणतार्तिविनाशन।*
*विश्वात्मन् विश्वजनक विश्वहर्तः प्रभोऽव्यय।।*
*प्रपन्नपाल गोपाल प्रजापाल परात्पर।*
*आकूतीनां च चित्तीनां प्रवर्तक नतास्मि ते।।*
*वरेण्य वरदानन्त अगतीनां गतिर्भव।*
*पुराणपुरुष प्राणमनोवृत्त्याद्यगोचर।।*

*सर्वाध्यक्ष पराध्यक्ष त्वामहं शरणं गता।*

× × ×

*पाहि मां कृपया देव शरणागत वत्सल।।*
*त्वामादिरन्तो भूतानां त्वमेव च परायणम्।*
*परात्परतरं ज्योतिर्विश्वात्मा सर्वतोमुखः ।।*
*त्वामेवाहुः परं बीजं निधान सर्व सम्पदाम्।*
*त्वया नाथेन देवेश सर्वापद्भ्यो भयं न हि।।*
*दुःशासनादहं पूर्वं सभायां मोचिता यथा।*
*तथैव सकंटादस्मान्मामुद्धर्तुमिहार्हसि।।"*[138]

इस प्रकार द्रौपदी भक्त वत्सल भगवान श्रीकृष्ण की स्तुति करती हैं और अचिंत्य गति परमेश्वर वहाँ प्रकट हो जाते हैं। भगवान को आया हुआ देख कर द्रौपदी को अपार आनंद होता है। वे उन्हें प्रणाम करके शिष्यों सहित दुर्वासा ऋषि का आगमन एवं भोजन संबंधी अपना आतिथ्य संकट बताती हैं। कृष्ण बोले–हे कृष्णे! इस समय मैं बहुत थका हुआ हूँ, भूख लगी है; पहले शीघ्र मुझे कुछ खाने को दो, फिर सारा प्रबंध करती रहना।

उनकी बात सुनकर द्रौपदी शर्मिन्दा होती हुई बोलीं–"भगवान! सूर्यनारायण की दी हुई बटलोई से तो तभी तक अन्न मिलता है; जब तक मैं भोजन न कर लूँ। आज तो मैं भोजन कर चुकी हूँ। अतः अब कुछ भी नहीं है, कहाँ से लाऊँ?" भगवान ने कहा–"द्रौपदी! मैं तो भूख और थकावट से कष्ट पा रहा हूँ और तुझे हँसी सूझती है। यह हँसी का समय नहीं है जल्दी जा और बटलोई लाकर मुझे दिखा।"

इस प्रकार हठ करके भगवान ने द्रौपदी से बटलोई मँगवाई। देखा तो उसके कण्ठ में जरा-सा साग लगा हुआ था। उन्होंने उसे ही लेकर खा लिया और बोले–इस साग के द्वारा संपूर्ण जगत् के आत्मा यज्ञभोक्ता परमेश्वर तृप्त एवं संतुष्ट हों।

इसके पश्चात उन्होंने सहदेव से कहा–अब शीघ्र ही मुनियों को भोजन के लिए बुला लाओ। उनकी आज्ञा पाकर सहदेव देवनदी में स्नान हेतु गए हुए मुनियों को बुलाने गए, मुनिलोग पानी में खड़े होकर अघमर्षण कर रहे थे। उन्हें सहसा पूर्ण तृप्ति मालूम हुई मानो भोजन कर चुके हों, बार-बार अन्न रस युक्त डकारें आने लगीं। जल से बाहर निकलकर सब एक दूसरे की तरफ देखने लगे। सबकी एक ही अवस्था हो रही है। फिर सब लोग दुर्वासा से कहने लगे, ब्रह्मर्षे! राजा को अन्न तैयार कराने की आज्ञा देकर हम लोग यहाँ नहाने आए थे, पर इस समय तो इतनी तृप्ति हो गई है कि कण्ठ तक भरा हुआ जान पड़ता है। कैसे भोजन करेंगे? हमने जो रसोई तैयार कराई है, वह व्यर्थ होगी। अब इसके लिए क्या करना चाहिए?

दुर्वासा भी अपनी और अपने शिष्यों की दशा देखकर युधिष्ठिर के प्रति अपना

अपराध-बोध महसूस करने लगे। राजा अम्बरीश के प्रभाव वाली घटना का स्मरण कर वे भयभीत भी हो जाते हैं सोचते हैं–समस्त पाण्डव महात्मा हैं। वे धार्मिक, शूरवीर, विद्वान, व्रतधारी, तपस्वी, सदाचारी, तथा नित्य भगवान वासुदेव के भजन में रत रहने वाले हैं। उनका क्रोध रुई के ढेर के समान हमें जला सकता है। अतः वे शिष्यों सहित पांडवों से बिना पूछे ही तुरंत भाग जाने का निर्णय लेते हैं और भाग जाते हैं। सहदेव जब देवनदी गंगा जी के पास पहुँचते हैं तो वहाँ मुनियों को नहीं पाते हैं, तो सभी घाटों में घूम घूम कर खोजते हैं। और फिर बड़ी देर तक प्रतीक्षा करके हार कर लौट आते हैं। युधिष्ठिर सहित पाण्डव पुनः इस आकाश से भयभीत हो जाते हैं कि कहीं रात्रि में पुनः ऋषि शिष्यों सहित आकर भोजन याचना हेतु छल न करें; किंतु कृष्ण उन्हें द्रौपदी के द्वारा की गई स्तुति एवं स्मरण की बात बताते हैं और आश्वस्त करते हैं, कि अब विपत्ति टल गई है, आप लोग निश्चिंत हो जाएँ। भगवान की बात सुनकर द्रौपदी सहित पांडव कृष्ण के प्रति कृतज्ञता से भर जाते हैं और अपने सहायक के रूप में उन्हें महासागर में डूबते हुए जहाज के रूप में रूपायित करते हैं और इस प्रकार कृष्ण-चरित में एक और चमत्कारिक मिथक का प्रवेश हो जाता है।[139]

कोहली ने इस प्रसंग को कुछ मोड़ देते हुए लगभग उसी रूप में स्वीकार किया है। उनके चित्रण के अनुसार दुर्योधन कपटपूर्ण वरदान माँगने हेतु दुर्वासा का अत्यंत विनम्र भाव से आदर सत्कार करके उन्हें प्रसन्न करता है :

"उठो वत्स!...आज तक तो मैंने यही सुना था कि तुम्हें तपस्या और तपस्वियों में कोई रुचि ही नहीं है। सामान्य जन न तुम्हें आस्तिक मानता है, न भक्त। फिर मुझमें तुम्हारी इतनी भक्ति कैसे जाग्रत हो गई?"[140]

"मुझे मूर्ख मत समझो दुर्योधन!....मुझे ज्ञात है कि आज तक किसी भी तपस्वी के प्रति तुम्हारा व्यवहार सम्मानजनक नहीं रहा। तुमने हृदय से कभी किसी साधक का आदर सत्कार नहीं किया; किसी को आमंत्रित करना तो बहुत दूर की बात है। फिर भी इतने आग्रहपूर्वक तुमने मुझे बार-बार आमंत्रित किया है। मैं इसे क्या समझूँ? मेरे प्रति तुम्हारा ऐसा भाव क्यों है?"[141]

दुर्वासा ऋषि की बात सुनकर दुर्याधन उनके प्रति अपनी निष्ठा की दुहाई देता है। ऋषि उसकी ओर देखते हुए कहते हैं :

"मेरी बात ध्यान से सुनो राजा दुर्योधन!...न तो मैं अपने विषय में किसी भ्रम में हूँ, न तुम्हारे विषय में। मैं जानता हूँ कि जो लोग मेरे प्रति श्रद्धा और भक्ति दर्शाते हैं, उनके मन में या तो भय होता है अथवा लोभ। उन्हें भय होता है कि अप्रसन्न होकर कहीं मैं उनका कोई अहित न कर बैठूँ। या फिर वे अपने मन में कोई कामना लेकर मेरे प्रति भक्ति प्रकट करते हैं।....भयभीत तो वे होते हैं, जिनके द्वार पर मैं स्वयं प्रकट हो जाता हूँ। तुम्हारे द्वार पर मैं स्वयं नहीं आया हूँ। तुमने

बार-बार मुझे निमंत्रण भेजा है। सेवा का अवसर देने हेतु आग्रह किया है। इसलिए तुम मुझसे भयभीत नहीं हो। भयभीत होते तो मुझे दूर रखना चाहते, इस प्रकार बार-बार आमंत्रित न करते। इसका अर्थ है कि तुम्हारे मन में कोई कामना है। तुम्हारे एक-एक स्पर्श में सौ-सौ वासनाएँ हैं, याचनाएँ है।..."[142]

दुर्योधन अति विनीत भाव दर्शाते हुए उनके भोजन आवास की सुव्यवस्था में रत रहता है; किंतु दुर्वासा महल-प्रासाद में नहीं वरन् गंगातट पर नवीन कुटीरों के निर्माण कराकर अपने शिष्यों के साथ ही रहने की इच्छा प्रकट करते हैं :

"नहीं...मेरे शिष्य मेरे साथ ही रहेंगे। वैसे तो उचित था कि तुम हमें अपने प्रासाद में, अपने निकट ही ठहराते; किंतु लगता है कि तुम्हारे पास कोई इतना बड़ा प्रासाद ही नहीं है, जिसमें सहस्रों व्यक्ति ठहर सकें। तो तुम नगर द्वार के बाहर गंगा तट पर ही हमारे ठहरने की व्यवस्था करो;...किंतु व्यवस्था के लिए जिस व्यक्ति को भी नियुक्त करो, वह तुम्हारा प्रिय हो, विश्वसनीय हो, अधिकार युक्त हो; और प्रबंधपटु हो। हम कुछ माँग बैठे और वही यही कहता रहा कि मैं युवराज से पूछ आऊँ, तो मुझे तनिक भी अच्छा नहीं लगेगा।"[143]

दुर्योधन अपने स्वर में असाधारण माधुर्य मिश्रित करते हुए बोला—"आप चिंता न करें ऋषिवर!.....मैं स्वयं आपके निकट रहूँगा। संचित कर्मों के पुण्य स्वरूप हाथ में आया आपकी सेवा का यह सौभाग्य नहीं छोड़ूँगा।"[144]

दुर्वासा उसके रहने पर अविश्वास और आश्चर्य प्रकट करते हुए वितृष्णा भाव से कहते हैं—"अपना राजप्रासाद त्यागकर अपनी रानियों का सुख छोड़कर हमारे निकट रहोगे?"[145]

दुर्योधन कहता है—"हाँ ऋषिवर! आपके चरण धोने का सुख मैं किसी और को नहीं दे सकता।...आपकी सेवा के सुख के सम्मुख राजप्रासाद का सुख अत्यंत तुच्छ है महाराज।"[146]

दुर्वासा ऋषि कहते हैं—"वैसे तो तुम सर्वथा मिथ्याभाषण कर रहे हो दुर्योधन!. ..जिन्हें ऋषियों के चरण धोने में राजप्रासादों के भोग भोगने से अधिक सुख का अनुभव होता है; वे द्यूत सभाओं में अपने ही भाइयों के राज्य का अपहरण नहीं करते...पर मुझे तुम्हारी व्यक्तिगत नीतियों से क्या लेना-देना।...तुम यह न समझ लेना कि हम दो-तीन दिनों में चले जाएँगे?"[147]

दुर्योधन दुर्वासा के हस्तिनापुर में दीर्घकालीन वास की इच्छा प्रकट करता है तो दुर्वासा कहते हैं कि—"तुम्हारी कामना तुम्हारे प्रासाद से भी बड़ी लगती है।"[148]

दुर्वासा ने दूसरे दिन सुबह अपने तथा अपने शिष्यों के लिए निर्मित समस्त कुटीर जलवा दिए; क्योंकि उन्हें अपने शिष्यों को पंचाग्नि ताप का अभ्यास कराने की प्रेरणा हुई एवं पंचाग्नि-ताप-अभ्यास की संध्या-समय तक समाप्ति के पश्चात् पुनः किसी भी अन्य स्थान पर कुटीरों के निर्माण कराने की बात उन्होंने दुर्योधन

से कही। इस प्रकार दुर्वासा जैसे अटपट ऋषि की कठिनतम सेवा दुर्योधन ने 'साँप छछूंदर की सी गति' में रहते हुए की एवं पांडवों के अनिष्ट हेतु कपटपूर्ण वरदान प्राप्त किया; महाभारत की कथा के अनुसार दुर्योधन का कपट ऋषि के समक्ष प्रकट नहीं होता; किंतु कोहली जी के द्वारा वर्णित कथा के अनुसार यह कपट स्पष्ट हो जाता है–

"जिन्हें मैंने भिक्षुकों से भी हीनतर स्थिति में हस्तिनापुर से निकाला था, वे वन में भी राजर्षियों के समान रह रहे हैं, यह क्या मेरे लिए कम कष्ट का कारण है?...मेरी इच्छा है कि आप उनका आतिथ्य ग्रहण करें, ताकि उन्हें अपने असामर्थ्य की अनुभूति हो। वे आपका आतिथ्य करने में असफल रहें। आपसे क्षमा माँगें। अपनी निर्धनता पर रोएँ, झींकें और समझ सकें कि दुर्योधन के समक्ष उनकी क्या स्थिति है।"[149]

"हाँ महाराज। इतना ही चाहता हूँ कि युधिष्ठिर अपने आतिथ्य धर्म से स्खलित हो। अपमानित हो।...मैं एक बार युधिष्ठिर को कष्ट के मारे सिर पटक-पटककर रोते हुए देखना चाहता हूँ, ऋषिवर।"[150]

दुर्वासा ऋषि, दुर्योधन के हृदय के इस कलुष को देखकर और उसके द्वारा मांगे गये कपटपूर्ण वरदान के आशय को समझकर गंभीर दृष्टि से दुर्योधान की ओर देखते हुए कहते हैं :

"मैंने तुम्हें वरदान दिया है कि मैं अपने शिष्यों के साथ युधिष्ठिर के आश्रम पर जाऊँगा। यह वचन मैं नहीं दे सकता कि तुम युधिष्ठिर को पीड़ा से कराहते हुए उस प्रकार देख सकोगे, जिस प्रकार तुम देखना चाहते हो।"[151]

इस प्रकार दुर्योधन को दिए गए वरदान के बंधन से बंधकर दुर्वासा अपने शिष्यों सहित काम्यकवन में युधिष्ठिर के आश्रम पर पहुँचते हैं। युधिष्ठिर का आत्मबल दुर्वासा को अंदर से भयभीत कर देता है; किंतु वे आ तो चुके ही थे। अतः उन्हें अपने दिए गए वरदान के अनुसार युधिष्ठिर का आतिथ्य स्वीकार करना ही था।

मूल पौराणिक कथा के अनुसार ही दुर्वासा स्नान के लिए जाते हैं। और यहाँ द्रौपदी अपनी रसोई का सर्वेक्षण कर चिंतित हो जाती है। और इस संकट के समय उन्हें अपने सखा कृष्ण याद आते हैं।

"द्रौपदी की दृष्टि अपनी रसोई का सर्वेक्षण कर गई...दुर्वासा पूर्वाह्न में आ गए होते तो दस-बीस लोगों को वह फिर भी भोजन करवा देती किंतु इस समय तो वह एक व्यक्ति को भी भोजन नहीं करवा सकती है। स्वयं कृष्ण आ जाएँ तो भी द्रौपदी के पास कुछ नहीं है, उन्हें खिलाने के लिए।...और युधिष्ठिर द्रौपदी को अन्नपूर्णा कहते हैं। यह रसोई द्रौपदी की रसोई कहलाती है।...इस संकट में कौन उबारेगा उसको? ईश्वर?...किंतु वह तो किसी ईश्वर को जानती ही नहीं।...वह जानती तो बस अपने सखा कृष्ण को। कुछ लोग कहते हैं कि अर्जुन और कृष्ण, नर और

नारायण के अवतार हैं।...हैं या नहीं, द्रौपदी नहीं जानती। वह तो बस इतना ही जानती है कि प्रत्येक संकट में कृष्ण का ही स्मरण आता है। वही उसकी अक्षुण्ण शक्ति का स्रोत्र हैं, वही उसका सहारा और संबल हैं, वही उसकी श्रद्धा और भक्ति हैं, वही उसका बल और ईश्वर हैं। कृष्ण कहाँ हो तुम? कष्ण!...कृष्ण!"

इस प्रकार द्रौपदी विह्वल होकर, भावविभोर होकर कृष्ण को पुकारती है और कथा नया मोड़ लेती है जिसमें कुंती के द्वारा पूछे जाने पर विदुर काम्यकवन में निवास करते हुए पांडवों का समाचार सुनाते हैं, जिसमें दुर्वासा ऋषि के आतिथ्य की चर्चा भी आती है। उस चर्चा में महाभारत की कथा के अनुसार ही कृष्ण के चमत्कारपूर्ण ढंग से प्रकट होने की बात भी आती है...

"...जब पांडव ऋषि की प्रतीक्षा कर रहे थे और द्रौपदी अपनी रसोई में अत्यंत व्याकुल बैठी थी तब उसने अत्यंत विह्वल होकर कृष्ण को पुकारा और कृष्ण वहाँ प्रकट हो गए।"[152]

"कृष्ण को अपने सम्मुख देख कर द्रौपदी ने यह नहीं सोचा कि कृष्ण सहसा आ कैसे गए; अथवा प्रकट कैसे हो गए? वह तो बस प्रसन्न हो गई कि उसके सखा आ गए हैं, तो उसका संकट कट जाएगा। न उसका सारा अन्न भंडार समाप्त होगा न उनका आतिथेय धर्म स्खलित होगा, न दुर्वासा की अप्रसन्नता का भय रहेगा।"[153]

द्रौपदी कृष्ण के प्रकट होने पर उनसे अपनी व्याकुलता का कारण बताती है; किंतु कृष्ण कुछ सुनते ही नहीं हैं, उल्टे वे उनसे थकान और सुबह से ही भूखे होने की बात कह कर भोजन माँगते हैं। द्रौपदी असमर्थता व्यक्त करती है तो वे द्रौपदी पर खिलाने की इच्छा न होने और झूठ बोलने का आरोप लगाते हैं तब द्रौपदी रो पड़ती है और क्रोधित होकर कहती हैं :

"तुम कितने निष्ठुर हो केशव! मैं तुमसे झूठ बोलूँगी? तुमसे, जो मेरे सबसे बड़े हितैषी हो, जो मेरे सखा हो, मेरे ईश्वर हो! तुम्हें खिलाना नहीं चाहूँगी, जिसके मुख में एक ग्रास डालकर मेरे जन्म-जन्मांतर तृप्त हो जाते हैं। तुम्हारा सत्कार नहीं करूँगी, जिसके चरणों को अपनी बरौनियों से स्वच्छ करूँ तो मेरी आत्मा अपनी सार्थकता पा जाए।"[154]

द्रौपदी के इस प्रकार रोने-बिलखने पर भी कृष्ण नहीं मानते हैं और वे रसोई का खाली भांड दिखाने पर ही विश्वास करने की बात करते हैं और अंततः द्रौपदी भांड दिखाती है और कृष्ण ध्यान से निरीक्षण करते हुए, असावधानी वश लगे रह गए शाक के एक पत्ते को खाकर डकार लेते हैं और कहते हैं—"तुम्हारे परोसे हुए भोजन से संपूर्ण सृष्टि का उदर भर गया है कृष्णे! अब यदि दुर्वासा और उनके शिष्य यहाँ आएँ। भोजन माँगें। तुम उनको छत्तीस व्यंजन भी परोसोगी, तो वे एक ग्रास भी नहीं खा सकते।"[155]

इस प्रकार विदुर द्वारा कुंती को बताए जाते वृत्तांत के अनुसार मूल कथा के अनुसार ही, स्नान करते-करते ही दुर्वासा और उनके शिष्यों को अपने-अपने उदर आकंठ अफरने की अनुभूति हुई और वे लोग अंततः पांडवों के आश्रम में गए ही नहीं। इस प्रकार युधिष्ठिर के आतिथ्य-धर्म की रक्षा हुई।

इस प्रसंग में कृष्ण के प्राकट्य के चमत्कार को स्वीकार कर उन्हें अलौकिक चमत्कारी पुरुष अथवा ईश्वर के रूप में स्वीकार किया गया है।

विदुर कुंती से बात करते हुए कहते हैं :

"इतना तो यथार्थ है भाभी! दुर्योधन की प्रेरणा से दुर्वासा, अपने दस सहस्र अथवा ऐसी ही किसी बड़ी संख्या में अपने शिष्यों के साथ, पांडवों के आश्रम में पहुँचे थे। यह भी यथार्थ है कि उनके भोजन के लिए युधिष्ठिर का निमंत्रण था और पांडवों ने दुर्वासा की प्रतीक्षा भी की थी। यह भी यथार्थ है कि किसी भी प्रकार कृष्ण वहाँ पहुँच गए थे और यह भी यथार्थ है कि दुर्वासा भोजन के लिए पांडवों के आश्रम पर नहीं पहुँचे।...सारा रहस्य यह है कि कृष्ण के पहुँच जाने पर उन लोगों के मध्य ऐसा क्या हुआ कि दुर्वासा पांडवों से मुँह छिपाकर वहाँ से भाग निकले और लौट कर कभी उनके आश्रम पर नहीं गए?"[156]

कुंती भी अपनी जिज्ञासा प्रकट करते हुए कहती हैं :

"हाँ। रहस्य तो इतना ही है।.....मेरी जिज्ञासा है कि क्या तुम मानते हो कि कृष्ण में ऐसी अलौकिक शक्ति है, कि काम्यकवन में अपनी कुटिया में रोती हुई द्रौपदी उसे पुकारे और कृष्ण उसे द्वारका में अपने भवन में बैठा सुन ही नहीं ले, कुछ क्षणों में द्वारका से, काम्यकवन में पांडवों के आश्रम में प्रकट हो जाएँ?..... और फिर उसके द्वारा शाक का एक पत्ता खाने भर से सारे विश्व का उदर भर जाए?"[157]

विदुर जी कुंती की इस जिज्ञासा पर आँखें बंद करके मानो ध्यान लीन हो जाते हैं। और पारंसवी के टोकने पर आँखें खोलकर कहते हैं :

"कृष्ण चमत्कारी पुरुष हैं, यह तो मैं आरंभ से ही मानता आया हूँ।...कुछ लोग उन्हें योगीराज और योगेश्वर भी मानते हैं। योगशास्त्र कहता है कि योग की सिद्धि से मनुष्य मानव शरीर की सीमाओं का अतिक्रमण कर अपने मूल स्वरूप अर्थात् ईश्वर के निकट पहुँच जाता है। कार्य-कारण संबंध और प्रकृति के सामान्य नियम, उस पर लागू नहीं होते।....उससे व्यक्ति की क्षमताएँ असीम हो जाती हैं। वह ईश्वर के समान ही सर्व-व्यापक हो जाता है। वह सहस्रों योजन दूर का शब्द सुन सकता है। एक ही समय में एक से अधिक स्थानों पर प्रकट हो सकता है।......संभव है कृष्ण ने यह सब अपने योग बल से किया हो।"[158]

इस प्रकार दुर्वासा प्रसंग में कृष्ण चरित से संबंधित मिथक का उसी रूप में कुछ कथात्मक मोड़ों सहित चित्रण करते हुए कोहली जी ने कृष्ण के प्राकट्य एवं शाक के छोटे से पत्ते को खाकर समूची सृष्टि को तृप्त करने के चमत्कार को रहस्यात्मक

स्वरूप प्रदान करते हुए अंत में एक यौगिक क्रिया के रूप में निरूपित किया है। साथ ही उनके ईश्वरत्व को भी स्वीकार किया है।[159]

## *अर्जुन द्वारा श्रीकृष्ण में विश्वरूप (विराट) दर्शन प्रसंग*

कुरुक्षेत्र में युद्ध के मैदान में अर्जुन अपने समक्ष कौरवों की सेना की तरफ से युद्ध करने हेतु प्रस्तुत अपने गुरुजन श्रेष्ठजन और सगे-संबंधी जनों को देखकर युद्ध से विमुख हो रथ के पिछले भाग में जाकर बैठ जाते हैं। तब श्रीकृष्ण उन्हें कर्म-रत करने हेतु उपदेश देते हैं। उनके उपदेश कर्म से संबद्ध जीवन के सभी दृष्टिकोणों पर आधारित थे, जिन्हें श्रीमद्‌भगवद्‌गीता में सांख्य योग, ज्ञान-विज्ञान योग, अक्षर ब्रह्मयोग, राज विद्याराजगुह्य योग, विभूति योग, विश्वरूप दर्शन योग, भक्ति योग, क्षेत्र क्षेत्रज्ञविभाग योग, गुणत्रय विभाग योग, पुरुषोत्तमयोग, दैवासुर संपद्विभागयोग, श्रद्धात्रय विभाग योग एवं मोक्षसंन्यास योग नामों से वर्णित है। सांख्य योग से लेकर विभूति योग वर्णन तक में भगवान श्रीकृष्ण क्षात्र धर्म से लेकर निष्काम कर्म योग के विषय में बताते हुए ज्ञान-विज्ञान सहित संपूर्ण पदार्थों में कारण रूप से भगवान की व्यापकता का कथन करते हैं। वे आत्मा की शाश्वतता तथा शरीर की नश्वरता को सिद्ध करते हुए कहते हैं :

*"न जायते म्रियते वा कदाचिन्*
*नायं भूत्वा भविता वा न भूयः ।*
*अजो नित्यः शाश्तोऽयं पुराणो*
*न हन्यते हन्यमाने शरीरे।। (2/20)*
*वासांसि जीर्णानि यथा विहाय*
*नवानि गृह्णाति नरोऽपराणि।*
*तथा शरीराणि विहाय जीर्णा*
*न्यन्यानि संयाति नवानि देही।।(2/22)"*[160]

कृष्ण प्रत्येक कर्म का कर्त्ता वे स्वयं अपने आपको ही बताते हैं। श्रीकृष्ण के द्वारा किए गए वृहद् वर्णन के अनुसार वे चर-अचर समूची सृष्टि में व्याप्त हैं। श्रीकृष्ण के इन वचनों को सुनकर अर्जुन उनके ज्ञान, ऐश्वर्य, शक्ति बल, वीर्य और तेजयुक्त, अविनाशी विराट स्वरूप को देखने की इच्छा प्रकट करते हैं :

*"एवमेतद्यथात्थ त्वमात्यानं परमेश्वर।*
*द्रष्टुमिच्छामि ते रूपमैश्वरं पुरुषोत्तम।।*
*मन्यसे यदि तच्छक्यं मया द्रष्टुमिति प्रभो।*
*योगेश्वर ततो मे त्वं दर्शयात्मानमव्ययम।।"*[161]

श्रीकृष्ण, अर्जुन की इच्छा को सुनकर और उनकी योग्यता को जानकर अपने उस दिव्य विराट स्वरूप को देखने के लिए कहते हैं :

*"पश्य मे पार्थ रूपाणि शतशोऽथ सहस्र शः।*
*नाना विधानि दिव्यानि नाना वर्णाकृतीनि च।।"*[162]

.......................................................

*"इहैकस्थं जगत्कृत्स्नं पश्याद्य सचराचरं।*
*मम देहे गुडाकेश यच्चान्यद्द्रष्टुमिच्छसि।।"*[163]

कृष्ण, अर्जुन से कहते हैं कि तुम अपनी इन प्राकृत आँखों से मुझे देखने में समर्थ नहीं हो इसलिए मैं तुम्हे दिव्य दृष्टि देता हूँ, उससे तुम मेरे प्रभाव को और योग-शक्ति को देखो :

*"न तु मां शक्यसे द्रष्टुमनेनैव स्वचक्षुषा।*
*दिव्यं ददामि ते चक्षुः पश्य मे योगमैश्वरम्।।"*[164]

इस प्रकार दिव्य-दृष्टि प्राप्त करके अर्जुन ने श्रीकृष्ण के उस विराट स्वरूप के दर्शन किए।

*"अनेक वक्त्रनयनमनेकाद्भुतदर्शनम्।*
*अनेक दिव्याभरणं दिव्यानेकोद्यतायुधम्।।*
*दिव्यमाल्याम्बरधरं दिव्यगन्धानुलेपनम्।*
*सर्वाश्चर्यमयं देवमनन्तं विश्वतोमुखम्।।"*[165]

तात्पर्य यह है कि अर्जुन ने श्रीकृष्ण के उस दिव्य स्वरूप में अनेक मुख-नेत्रों से युक्त दिव्याभूषणों और दिव्यशस्त्रों को धारण किए हुए, दिव्यमाला-अनुलेपन धारी सहस्रों सूर्यों के प्रकाश से अधिक प्रकाशवान, अद्भुत, आश्चर्यजनक स्वरूप को देखा, जिसमें एक ही काल में अनेक प्रकार से विभक्त हुआ संपूर्ण संसार एक ही जगह श्रीकृष्ण भगवान के शरीर में दृश्यमान था। तब अर्जुन रोमांच से अभिभूत हो जाते हैं और बड़ी श्रद्धा से श्रीकृष्ण को प्रणाम करके उन सभी का अलग-अलग वर्णन करते हैं जो-जो उन्हें श्रीकृष्ण भगवान के शरीर में दिखलाई दे रहा था। सार रूप में अर्जुन ने श्रीकृष्ण के शरीर में सभी देवों, ऋषियों, सर्पो, अक्षरब्रह्म, आदि-अंत-मध्यरहित अनंत भुजीय प्रकाशित दिव्य स्वरूप को देखा जिसमें समस्त सुर-असुर, महर्षि-सिद्ध सहित गन्धर्व, राक्षस, पितर, ऋतुएँ, दिशाएँ काल-प्रलय से युक्त भूत-भविष्य और वर्तमान समस्त चराचर जगत दिखलाई दे रहा था और सब कुछ उनके विकराल मुख में समाहित होता जा रहा था :

*"वक्त्राणि ते त्वरमाणा विशन्ति द्रंष्टाकरालानि भयानकानि।*
*केचिद्विलग्ना दशनान्तरेषु संदृश्यन्ते चूर्णितैरुत्तमाङ्गैः ।।*
× × ×
*यथा प्रदीप्तं ज्वलनं पतंगा विशन्ति नाशाय समृद्धवेगाः।।*
*तथैत नाशाय विशन्ति लोकास्तवापि वक्त्राणि समृद्धवेगाः।।*
*लेलिहयसे ग्रसमानः समन्ताल्लोकान्समग्रान्वदनैर्ज्वलधिः।*
*तेजोभिरापूर्य जगत्समग्रं भासस्तवोग्राः प्रतपन्ति विष्णो।।"*[166]

कृष्ण के इस स्वरूप का दर्शन करके अर्जुन उन्हें नमस्कार करते हैं और जिज्ञासा प्रकट करते हुए प्रश्न करते हैं कि हे देवों में श्रेष्ठ! आप उग्र रूप वाले कौन हैं? अर्जुन के इस प्रश्न पर कृष्ण बताते हैं कि मैं महाकाल हूँ और इस समय इन लोकों को नष्ट करने के लिए प्रवृत्त हुआ हूँ। साथ ही वे अर्जुन को इस दिव्यरूप दर्शन से युद्धरत होने के लिए तैयार भी करते हैं। महाभारत की कथा के अनुसार भी यह प्रसंग पूर्णतः इसी प्रकार है; जिसमें अर्जुन कृष्ण से कहते हैं कि—"मुझ पर अनुग्रह करने के लिए आपने जो परम गोपनीय अध्यात्म विषयक वचन कहे, उससे मेरा यह अज्ञान नष्ट हो गया है; क्योंकि कमलनेत्र! मैंने आपसे भूतों की उत्पत्ति और प्रलय विस्तारपूर्वक सुने हैं तथा आपकी अविनाशी महिमा भी सुनी। परमेश्वर! आप अपने को जैसा कहते हैं, यह ठीक ऐसा ही है; परंतु पुरुषोत्तम! आपके ज्ञान, ऐश्वर्य, शक्ति, बल, वीर्य और तेज से युक्त ईश्वर रूप को मैं प्रत्यक्ष देखना चाहता हूँ। प्रभु! यदि मेरे द्वारा आपका वह रूप देखा जाना शक्य है—ऐसा आप मानते हैं तो योगेश्वर! उस अविनाशी स्वरूप का मुझे दर्शन कराइए।"[167]

श्रीकृष्ण भी अर्जुन से श्रीमद्‌भगवद्‌गीता के अनुसार ही अपने विराट स्वरूप के दर्शन करने के लिए कहते हैं और उसे दिव्य-दृष्टि प्रदान करते है; जिससे अर्जुन वहीं पर स्थित होकर श्रीकृष्ण के शरीर में चराचर जगत के विराट स्वरूप में दर्शन करते हैं :

अर्जुन बोले—हे देव! मैं आपके शरीर में संपूर्ण देवों को तथा अनेक भूतों को तथा अनेक भूतों के समुदायों को, कमल के आसन पर विराजित ब्रह्मा को, महादेव को और संपूर्ण ऋषियों को तथा दिव्य सर्पों को देखता हूँ। संपूर्ण विश्व के स्वामिन्! आपको अनेक भुजा, पेट, मुख और नेत्रों से युक्त तथा सब ओर से अनंत रूपों वाला देखता हूँ। विश्वरूप! मैं आपके न अंत को देखता हूँ न मध्य को और न आदि को ही। आपको मैं मुकुटयुक्त, गदायुक्त और चक्रयुक्त तथा सब ओर से प्रकाशमान तेज के पुंज, प्रज्वलित अग्नि और सूर्य के सदृश ज्योति युक्त, कठिनता से देखे जाने योग्य और सब ओर से अप्रमेय स्वरूप देखता हूँ।...आप ही जगत् के परम आश्रय हैं, आप ही इस जगत् के आश्रय हैं, आप ही अनादि, धर्म के रक्षक हैं और आप ही अविनाशी

सनातन पुरुष हैं। आपको...और अपने तेज से इस जगत को संतप्त करते हुए देखता हूँ। महात्मन्! यह स्वर्ग और पृथ्वी के बीच का संपूर्ण आकाश तथा सब दिशाएँ एक आपसे ही परिपूर्ण हैं... ।[168]

"...हे अनंत! हे देवेश! हे जगन्निवास! जो सत्-असत् और उनसे परे सच्चिदानंदघन ब्रह्म है, वह आप ही हैं।...आपसे यह सब जगत् व्याप्त है।...आपसे यह सब जगत् व्याप्त है... ।"[169]

इस प्रकार स्पष्ट है कि श्रीमद्भगवद्गीता में वर्णित विश्वरूप दर्शन प्रसंग और महाभारत में वर्णित विश्वरूप दर्शन दोनों मूलतः एक ही हैं।

कोहली जी इस प्रसंग का वर्णन औपन्यासिक संवादों के आधार पर ही करते हैं :

..."अर्जुन ने अनायास गांडीव त्याग दिया और रथ के पृष्ठ भाग में जाकर हताश-सा बैठ गया।"

"यह क्या है अर्जुन!" कृष्ण ने पूछा।

"मैं युद्ध नहीं करूँगा।" अर्जुन ने कहा, "अपने गुरुओं को मार, कृतघ्नता जैसा पाप नहीं कर सकता मैं। उसकी कल्पना से ही मेरे शरीर का सारा रक्त सूख गया है। कृतघ्नता अधर्म है।"

"तुम केवल भीष्म और द्रोण की मृत्यु की संभावना से इतने चिंतित हो?"

अर्जुन ने तत्काल कोई उत्तर नहीं दिया। कुछ रुककर बोला, "उनकी चिंता तो है ही; किंतु मेरे मन पर तो इस समय जैसे महानाश का आतंक छा गया है। ये सारे लोग जो इस युद्धक्षेत्र में एकत्रित हुए हैं इनमें से कोई बचेगा अथवा नहीं, कह नहीं सकता। और इस महानाश का सूत्रपात मैं करूँ...यह नहीं हो सकता।"

यह तो मोह के एक ही आघात से सारा ज्ञान भूल गया। इसे स्मरण नहीं है कि जो पंचभूत संघटित होकर शरीर को आकार देते हैं, वे ही विघटित होकर उस आकार का रूपांतरण कर देते हैं। उसे नाश मानता है यह। संघटन और विघटन के संबंध को नहीं जानता। संघटन को सत्य मानता है विघटन को नहीं।...

"तुम वाण नहीं चलाओगे तो भीष्म और द्रोण मरेंगे नहीं? यह सारा विनाश रुक जाएगा?"

"कह नहीं सकता।" अर्जुन बोला, "कदाचित नहीं रुकेगा।..."

कृष्ण ने उसकी ओर देखा, "आततायी अपने पाप से मारा जाता है अर्जुन। किसी और के मारे नहीं। देहधारी की मृत्यु उसके अपने शरीर में ही निवास करती है।"[170]

कृष्ण आत्मा की अजरता, अमरता और शाश्वतता का वर्णन करते हुए कहते हैं :

"...जो मरता है, वह शरीर है। हम शरीर नहीं हैं, आत्मा हैं। आत्मा का न

संघटन होता है न विघटन। वह अविकारी है। यह पंचभूतों से संघटित नहीं हुई है, इसलिए उसका विघटन भी संभव नहीं है। हममें से ऐसा कोई नहीं है, जिसका अस्तित्व आत्मा के रूप में किसी काल में नहीं था, अथवा भविष्य में किसी काल में नहीं होगा। और शरीर का क्या है, वह तो ऋतु में आए पुष्प के समान खिलता और मुरझा जाता है। कोई नहीं भी तोड़ता तो भी मुरझाकर टहनी से गिर जाता है। जिन राजाओं ने युद्ध नहीं किए, क्या उनका देहांत नहीं हुआ? जिसने जन्म लिया है उसकी मृत्यु अवश्यंभावी है और जो मरता है उसका पुनर्जन्म निश्चित है। आत्मा पुराना शरीर त्याग कर नया शरीर धारण करती है, जैसे शरीर पुराना वस्त्र त्याग कर नया वस्त्र धारण करता है। असत् की सत्ता नहीं हो सकती और सत् का अभाव नहीं हो सकता।"[171]...

"कर्म तो प्रकृति ही करती है धनंजय।...मधुमक्खी यदि पुष्पों के रस से मधु बनाती है, तो तुम समझते हो कि वह उसके अपने वश का काम है? वह अपनी इच्छा से कर रही है मधुसंचय? गाय अपनी इच्छा से अपने सामर्थ्य से घास को दूध में परिणत कर लेती है? तुम अपने भोजन पर नियंत्रण कर अपनी इच्छानुसार उसका रक्त, मल अथवा मांस बना सकते हो?"[172]

"नहीं।"

"तो कौन कर रहा है यह सब? प्रकृति ही तो करती है। प्रकृति का यंत्र है मधुमक्खी, गाय अथवा मनुष्य का शरीर। उन शरीरों में अपनी इच्छानुसार यंत्रों का निर्माण करती है वह।"

"तो अपनी वीरता का अहंकार व्यर्थ है? अपनी क्षमता का गर्व तर्कहीन है?"

"व्यर्थ! पूर्णतः व्यर्थ और तर्कहीन। क्योंकि यह भ्रम है, अज्ञान है।" कृष्ण बोले, "इसीलिए कहता हूँ कि जब तक ज्ञान नहीं है, स्वधर्म पर टिक कर निष्काम कर्म करो।"

अर्जुन को कृष्ण का रूप कुछ दिव्य होता सा लग रहा था, "ज्ञान होने पर अपने स्वरूप को पहचानो। आत्मस्थ होने का प्रयत्न करो। आत्मस्थ हो जाओगे तो अपनी आत्मा और परमात्मा की समानता पहचानोगे। उससे तादात्म्य करना चाहोगे।"[173]

इस प्रकार कृष्ण अर्जुन को आत्मा-परमात्मा, प्रकृति, ज्ञान, कर्म और कर्मफल के तात्विक रहस्य को समझाते हैं और इस प्रकार गीता-ज्ञान का दिग्दर्शन कराते हुए कृष्ण में अर्जुन को कृष्ण के रूप में विराट-स्वरूप के दर्शन का आभास होने लगता है :

"अर्जुन बैठा नहीं रह सका। उसके सम्मुख ये वे कृष्ण नहीं थे, जो उसका रथ हाँक रहे थे, ये तो उनमें से कोई और ही कृष्ण प्रकट हुए थे। उसे कई बार लगता था कि वह जिस कृष्ण को जानता है, वह संपूर्ण कृष्ण नहीं हैं, वह उनका एक अंश मात्र है। उस एक कृष्ण में से जैसे प्रतिक्षण एक नए कृष्ण प्रकट होते

हैं। संपूर्ण कृष्ण को जाना भी जा सकता है क्या?"[174]

उसने कृष्ण की ओर देखा : उनका रूप कुछ अद्भुत होता जा रहा था।

"यह क्या है कृष्ण?"

"मानव शरीर की इस सांतता में भी मुझे अपनी अनंतता का बोध है।" कृष्ण बोले, "मैंने प्रकृति द्वारा निर्मित यह शरीर धारण अवश्य किया है; किंतु मैं इस शरीर में नहीं, आत्मा में निवास करता हूँ। संसार के सारे भोग प्रकृति द्वारा निर्मित मेरा यह शरीर भोगता है, मैं इससे मुक्त हूँ, क्योंकि मैं शरीर नहीं हूँ।"

अर्जुन का मन कृष्ण की विराटता देखता रहा और मुग्ध होता गया। उसे लगा, उसका प्रेम श्रद्धा में बदलता जा रहा है; और उसकी श्रद्धा भक्ति में परिणत होती जा रही है, "तुम महामानव हो कृष्ण! तुम मानव से आरोह कर चुके हो...ऊपर उठ गए हो।"

"नहीं। मनुष्य का आरोह नहीं होता है जब होता है तो ईश्वर का अवरोह ही होता है।'' कृष्ण का स्वर जैसे मेघों से आ रहा था, "मनुष्य का विकास ईश्वर नहीं होता, ईश्वर का अवतरण ही मनुष्य होता है।"[175]

इस प्रकार कोहली जी अर्जुन को सांकेतिक रूप में कृष्ण के विराट अस्तित्व का बोध कराते हुए मानवमात्र में ईश्वरीय अंश की परिव्याप्ति का निरूपण करते हैं। कोहली जी कृष्ण के मुख से आगे कहलवाते हैं :

"इसीलिए तो कहता हूँ कि जो मार रहा है, वह भी मैं हूँ और जो मर रहा है वह भी मैं हूँ।"...

अर्जुन स्तब्ध भाव से कृष्ण की ओर देखता ही रह गया। आज तो कृष्ण उसकी पकड़ में ही नहीं आ रहे थे। आज तक कृष्ण ने उसे असंख्य बार समझाया था, बताया था, ज्ञान दिया था। कर्म, विकर्म, अकर्म और निष्काम कर्म के विषय में उनकी चर्चा हुई थी...किंतु कृष्ण कभी ऐसे तो नहीं लगे थे उसे। वे उसे एक अत्यंत बुद्धिमान, प्रतिभावान, प्रज्ञावान पुरुष लगे थे। किंतु आज तो...।

कृष्ण ने अर्जुन की आँखों में देखा। अर्जुन को लगा, उसकी दृष्टि ही जैसे कुछ और हो गयी है। उसका रोम-रोम जैसे संवेदनशील हो गया है। चारों ओर दिव्यता का सा भाव आ गया था।...।

कृष्ण बोले तो उनका स्वर नंदनकानन के किसी अलौकिक निर्झर का कलकल निनाद लिए हुए था, "तू सब धर्मों का त्याग कर मेरी शरण में आ जा अर्जुन! मैं तुझे सारे संशयों और पापों से मुक्त कर दूँगा।"

अर्जुन को लगा, यह किसी मनुष्य का साधारण स्वर नहीं था। यह तो जैसे ब्राह्मी आदेश हुआ था उसे। इस आदेश का उल्लंघन नहीं हो सकता था...वह जैसे चेतना के दिव्य सागर में तैर रहा था। जो कुछ सामने घटित हो रहा था, वह तो उसका द्रष्टा मात्र था।...उसके सामने खड़े कृष्ण का स्वरूप कुछ वायवीय हो गया

था और क्रमशः आलोकमय होता जा रहा था...।

...अर्जुन को लगा कि सारे युद्ध क्षेत्र में एक कृष्ण ही हैं, जो लड़ रहे हैं।..कृष्ण केवल कृष्ण!...

"तुम कौन हो कृष्ण?" सहसा अर्जुन ने पूछा।

कृष्ण हँसे तो लगा जैसे इंद्रधनुष पर चपला चमकी हो, ''इस भेद दृष्टि को त्याग कर देखो अर्जुन। मैं ही हूँ—और है ही क्या। यहाँ और कोई नहीं है, बस मैं ही मैं हूँ।"

अर्जुन ने कृष्ण को देखा; उसे लगा कि कृष्ण ही नहीं बदले वह स्वयं भी बदल गया है और चारों ओर का संसार कुछ विचित्र-सा हो गया है। सब कुछ यथावत् है; किंतु क्यों लगता है कि आकार का सारा भेद होने पर भी कहीं कोई भेद नहीं है। यह कैसा तो तादात्म्य है कि उसे सबमें एक ही पदार्थ दिखाई दे रहा है—उसमें, कृष्ण में, वृक्षों में, रथ के अश्वों में—...

"इस समय मैं महाकाल के रूप में उपस्थित हुआ हूँ अर्जुन। जो कुछ दिखाई देता है वह सब मुझमें से ही प्रकट हुआ है और इसको लौटकर मुझमें ही विलीन हो जाना है।"

अर्जुन के मन में एक बिंब जन्म ले रहा था : मनुष्य पिता के वीर्य और माँ के रज से जन्म लेता है। वह छोटा-सा शरीर पृथ्वी से अन्न, सरिता से जल, वायु-मंडल से वायु और सूर्य से प्रकाश लेता है। वह विकसित होकर पूर्ण मनुष्य बनता है विकास के पूर्ण होते ही उसका क्षरण आरंभ हो जाता है।...और अंत में यह शरीर क्षार होकर पंचभूतों में समा जाता है, ऋतु के सुमनों के समान। वही सूर्य है, वही पवन है, वही धरती और उसका उत्पन्न किया हुआ अन्न है : किंतु कोई उसके शरीर का पोषण नहीं करता। वे ही तत्त्व, जिन्होंने उसके शरीर का निर्माण किया था, अब उसका क्षय करने आ गए हैं। महामाया ही उसका भक्षण कर रही थी...

अर्जुन ने कृष्ण की ओर देखा, कृष्ण मुस्कुरा रहे थे। वे उनकी आँखों में देख रहे थे। अर्जुन को लगा, जैसे कृष्ण की आँखें उसे अपनी ओर खींच रही हैं। उसका सारा अस्तित्व उन आँखों में समाता जा रहा है।

अर्जुन के मन का बिंब जैसे साक्षात् प्रकट हो रहा था। कृष्ण एक अद्भुत प्रकाशपुंज में परिणत हो गए थे, जैसे सहस्रों सूर्य एक साथ आकाश पर उदित हो गए हों।...उस प्रचंड सूर्य की ऊर्जा से वायु का जन्म हुआ। वायु ने जल का सृजन किया। ताप, वायु और जल ने मिलकर वनस्पति को जन्म दिया। वनस्पति को जीव-जंतुओं, वृक्षों और मनुष्यों ने खाया। उन विराट जीव-जंतुओं, वृक्षों, और मनुष्यों को सूक्ष्म कीटाणुओं ने खाया और सारा कुछ लौटकर उसी सूर्य में समा गया। उस सूर्य का स्वरूप अति भयंकर हो गया था। उसके सहस्रों मुँख प्रगट हो गए थे। बड़ी-बड़ी सेनाएँ उसके श्वासों से खिंची चली आ रही थीं और उसकी दाढ़ों में कुचली जा

रही थीं। उन्हीं दाढ़ों में भीष्म भी दबे हुए थे और द्रोण भी। दुर्योधन और उसके भाई भी...अर्जुन ने स्वयं को भी उन श्वासों से खिंचकर उन दाढ़ों में दबते देखा। उस भयंकर आकृति के मुख से निकलती ज्वाला में जलते देखा...

अर्जुन ने अपनी हथेलियों से अपनी आँखें ढाँप लीं। आँखें खोलीं तो सब कुछ यथावत् ही था। वह अपने रथ पर बैठा था और कृष्ण उसके निकट खड़े मुस्करा रहे थे।

"यह सब क्या था केशव?"

"सृष्टि का सत्य।"

"तुमने मुझे सम्मोहित किया?''

"नहीं। माया का आवरण हटा दिया। सत्य प्रकट हो गया।"

अर्जुन का मन पवन वेग से दौड़ रहा था। क्या यह सब कृष्ण की योगमाया थी? कृष्ण का तांत्रिक रूप था? कृष्ण ने अपनी कोई सिद्धि दिखाई थी?...और उसका मन ही चीत्कार कर रहा था–नहीं! ऐसा कुछ नहीं था। यह उपलब्धि कुछ और ही थी। अब अर्जुन का न तन शिथिल था, न मन। उसे युद्ध से भय नहीं लग रहा था। वह विनाश की कल्पना से त्रस्त नहीं था। वह जान रहा था कि न निर्माण कुछ होता है न विनाश। न जन्म कुछ है, न मृत्यु।[176]

...नहीं... ।...उसका मन प्रशांत रूप से उसे समझा रहा था...यह कोई साधारण प्रेरणा नहीं थी, यह तो जैसे अलंघ्य ब्राह्मी आहूवान था। आज तक वह अपनी संवेदना के आधार पर मानवता में रह रहा था; किंतु अब वह जान गया था कि दिव्य जीवन उससे कुछ भिन्न होता है...[177]

...उसे जो दिव्य अनुभूति हुई है, वह अत्यंत व्यापक चित्र के समान है।[178]

इस प्रकार कोहली जी दिव्य अनुभूति के माध्यम से अर्जुन को कृष्ण के विराट स्वरूप का दर्शन कराते हैं। मानो एक गुरु ने अपने शिष्य को आत्मसाक्षात्कार कराकर सत्य का दिग्दर्शन कराया हो; क्योंकि अर्जुन ने कृष्ण को गुरु के रूप में स्वीकार भी किया है :

"वह उठा और कृष्ण के सम्मुख हाथ जोड़कर खड़ा हो गया हम दोनों मित्र रहे हैं पर मैंने सदा तुम्हें गुरु ही माना है।"[179]

समर्थ गुरु और सच्चे शिष्य की अनुभूतियाँ आज के वैज्ञानिक युग में भी सर्वमान्य एवं प्रमाणित हैं। विवेकानंद जैसे महापुरुष उसके उदाहरण हैं। अतः कोहली जी, कृष्ण जैसे समर्थ गुरु द्वारा कराई गई एवं अर्जुन जैसे समर्पित-शरणागत शिष्य द्वारा की गई दिव्य अनुभूति के माध्यम से इस विराट-स्वरूप दर्शन के प्रसंग को मिथकीय परंपरा से हटा कर सत्य एवं विश्वसनीयता के धरातल पर स्थापित करने का प्रयास करते हैं।

## निष्कर्ष

साहित्य समाज की धड़कनों का प्रतिबिंब होता है। इसीलिए प्रत्येक काल की चेतना अपने युगीन साहित्य को प्रभावित करती है। वैदिक काल में हमारी सामाजिक व्यवस्थाएँ जिस प्रकार थीं, उसी का रेखांकन हमें तत्कालीन सृजित साहित्य अर्थात् वैदिक ऋचाओं में प्राप्त होता है। शनैः-शनैः काल का प्रवाह चलता रहा। आरण्यक, उपनिषद्, ब्राह्मण ग्रंथ आदि लिखे जाते रहे। एक समय ऐसा भी आया जब सामाजिक व्यवस्था पूरी तरह से नियंत्रित होने लगी तथा कथा-कहानियों की रचना की जाने लगी जिसे हम पुराण-काल कहते हैं।

साहित्य पूर्णतया इतिहास नहीं होता; किंतु ऐसा भी नहीं है कि उसमें इतिहास की शून्यता हो। अपने युग का इतिहास साहित्य में कल्पना के माध्यम से अवतरित होता है और यही कारण है कि वैदिक वाङ्मय में जिन तत्त्वों अथवा देवी-देवताओं की कहानियाँ सूक्तियों के रूप में प्राप्त होती हैं, पुराण काल में आकर कल्पना का आधार प्राप्त कर अपने वृहद् कलेवर में उपस्थित होकर मिथक चेतना का स्वरूप बनती हैं। अपने दिक् और काल से संपृक्त होकर यही मिथक-चेतना राम और कृष्ण के चरित्रों की सृष्टि करती है।

इतिहास चक्र जैसे-जैसे अग्रसित होता है, कथा-कहानियों की घटनाओं तथा उनसे जुड़े चरित्रों के स्वरूप में भी विकास होता है। मध्यकाल और रीतिकाल में राम तथा कृष्ण से संबंधित आख्यान इसके उदाहरण हैं। आधुनिक काल देश के स्वतंत्रता-आंदोलन का काल है। दो प्रकार की संस्कृतियों की टकराहट, शिक्षा के प्रचार और प्रसार तथा सामाजिक सुधार आंदोलनों के परिणाम स्वरूप काल चेतना के परिवर्तन के साथ ही साथ मिथक चेतना में परिवर्तन आना स्वाभाविक था, इसी से आधुनिकता जन्म लेती है।

आधुनिकता के जन्म के साथ-साथ विचार दृष्टि में परिवर्तन आने तथा नए-नए चिंतनात्मक आंदोलनों के प्रभाव-स्वरूप कथा-कहानियों में वर्णित राम-कृष्ण तथा इनसे सम्बद्ध गाथाओं का परिष्करण होता रहता है। यही कारण है कि रामायणकालीन वाल्मीकि के राम तथा रामचरितमानस में तुलसी के राम और आधुनिक कालीन नरेन्द्र कोहली के राम आधुनिकता का नवीन स्वरूप प्राप्त करते हैं। यही स्थिति भारतीय आदर्श के दूसरे चरित्र नायक कृष्ण की भी है—पुराण युगीन श्रीमद्भागवत् महापुराण के कृष्ण—महाभारतकालीन कृष्ण, सूरसागर में सूर के कृष्ण तथा नरेन्द्र कोहली के कृष्ण क्रमशः आधुनिकता का नया रूप धारण करते हैं। काल-चेतना के परिणामस्वरूप आधुनिकता का नवीन रूप धारण करने वाले इन दोनों चरित्रों को मार्क्स के प्रभावानुसार कृषि, शिक्षा, अर्थव्यवस्था आदि का नवीन चिंतन प्राप्त हुआ है। नरेन्द्र कोहली के राम और कृष्ण निश्चित रूप से रामायण और महाभारत काल की मनोसरंचना से

भिन्न दिखाई देते हैं; क्योंकि दिक् और काल केवल मिथकीय चेतना में ही परिवर्तन नहीं लाते, मिथकों से संबद्ध घटनाओ और जीवन-मूल्यों को भी अपने अनुसार गढ़ते और सँवारते हैं।

नरेन्द्र कोहली ने रामकथा में आकर स्रोत-ग्रथों से प्राप्त महत्त्वपूर्ण घटनाओं—रामजन्म, सीताजन्म, विवाह, वन-गमन प्रसंग, अहल्या-आख्यान, वाली-वध, शूर्पणखा-प्रसंग, सीता-हरण, राम-रावण युद्ध; सीता विरह प्रसंग तथा सीता अग्नि परीक्षा जैसे मिथकीय आख्यानों को ग्रहण करते हुए भी युगानुरूपता प्रदान करने के कारण घटनाओं के क्रम, संयोजन तथा रचना संस्कार में परिशोधन किया, इसीलिए जहाँ वे सीताहरण में सीता को संघर्ष करते हुए दिखाते हैं, वहीं अहल्या का पुनःसंस्कार भी करते हैं तथा सीता के विरह-प्रसंग को मानवीय अनिवार्यता प्रतिपादित करते हुए वाली-वध का मनोवैज्ञानिक आख्यान भी उपस्थित करते हैं। यह वस्तुतः लेखक की नई दृष्टि का परिचायक है।

कृष्णकथा से संबंधित मिथक को नरेन्द्र जी ने महाभारत को आधार बनाकर आधुनिक संदर्भों में उपस्थित किया है और इसीलिए कुछ घटनाएँ ऐसी होती हैं जिनकी केवल सूचना भर दी गई है। कंस-वध ऐसा की दृष्टान्त है। जरासंध की लड़ाई, इतिहास की लड़ाई है उसे कोहली जी ने विस्तार के साथ उपस्थित किया है, क्योंकि देश ने दो-दो महायुद्ध एवं स्वतंत्रता आंदोलन की त्रासदी को देश विभाजन के परिणाम के रूप में देखा है, जिसकी पीड़ा लेखक को है, इसीलिए कोहली जी ने इस तरह के प्रसंगों को इतिहास के आइने में आधुनिकता का रंग देकर उपस्थित किया है।

शिशुपाल-वध, द्रौपदी-चीरहरण, दुर्वासा-आतिथ्य तथा कृष्ण द्वारा अर्जुन को विराट-दर्शन के पीछे भी नरेन्द्र कोहली की आधुनिक दृष्टि रही है। विशेषकर द्रौपदी-चीरहरण प्रसंग को उन्होंने बड़े मनोवैज्ञानिक और तार्किक शैली में उपस्थित किया है।

कुल मिलाकर पौराणिक कथा-साहित्य में प्राप्त दिक् और काल की चेतना जिस संदर्भ में उपस्थित हुई है, आधुनिक काल में आकर आधुनिक काल की चिंतन-धाराएँ राष्ट्रीय और अंतर्राष्ट्रीय स्तर पर घटित घटनाओं के साथ मिलकर एकाकार होती दिखाई देती हैं। इसीलिए आधुनिक युग के नरेन्द्र कोहली जैसे कथाकार पौराणिक आख्यानों को भी आधुनिक संदर्भ में उपस्थित कर सके हैं।

## संदर्भ


1. सत्यार्थ प्रकाश, एकादश समुल्लास।
2. कृष्ण चरित्र, डॉ. भगवती लाल भारतीय, पृ. 89
3. वही, पृ. 85
4. ब्राह्मण सावधान, पृ. 24, ज्ञानमंडल काशी से प्रकाशित।
5. मनु शर्मा : कृष्ण की आत्मकथा, भाग एक एवं दो।

6. भार्गव एंग्लो हिंदी शब्दकोश, पृ. 535
7. बृहद् हिंदी कोश, पृ. 894
8. नरेन्द्र कोहली, 7 जनवरी 1995 को हितेन्द्र यादव को दिया गया साक्षात्कार : पौराणिक उपन्यास : समीक्षात्मक अध्ययन, पृ. 30
9. हिंदी साहित्य समकालीन परिदृश्य : श्रीनिवास शर्मा, पृ. 110, 111
10. महर्षि वाल्मीकि : वाल्मीकि रामायण : अयोध्या कांड, सप्तम सर्ग, श्लोक 36
11. वहीं, अष्टम् सर्ग, श्लोक क्र. 14, 15
12. वही, श्लोक क्र. 17, 18
13. रामचरितमानस : अयोध्याकांड, दोहा क्र.13, 14
14. वही, पृ. 345 से 346
15. श्री रामप्रसाद मिश्र, 'राम', पृ. 24
16. नरेन्द्र कोहली, 'अभ्युदय' प्रथम खंड : 'दीक्षा', पृ. 22
17. वाल्मीकि रामायण, बालकांड : पंचम सर्ग, श्लोक 09
18. वही, श्लोक 1, 5
19. रामचरितमानस : बालकांड : दोहा 187-188
20. अभ्युदय : प्रथम खंड : 'दीक्षा', नरेन्द्र कोहली पृ. 22
21. वाल्मीकि रामायण, बालकांड : षोडश सर्ग, श्लोक 23
22. वही, श्लोक 26, 29
23. रामचरितमानस : बाल कांड : दोहा 189, 190
24. अभ्युदय : दीक्षा : नरेन्द्र कोहली, पृ. 25, 27
25. वाल्मीकिय रामायण : बालकांड : सप्तदश सर्ग, श्लोक 31
26. रामचरितमानस : बालकांड : दोहा 188, 190
27. अभ्युदय : दीक्षा : नरेन्द्र कोहली, पृ. 23
28. रामचरितमानस : बालकांड, दोहा 9-10
29. वाल्मीकि रामायण : बालकांड, एकोनपच्चाशः सर्ग, श्लोक 13, 17
30. अभ्युदय : दीक्षा : नरेन्द्र कोहली, पृ. 148
31. वही, पृ. 151, 152
32. वही, पृ. 122
33. वही, पृ. 123
34. वही, पृ. 149, 150
35. वाल्मीकि रामायण : अरण्यकांड, सप्तदश सर्ग, श्लोक 25, 28
36. वही, अष्टादशः सर्ग : श्लोक 3, 4
37. अभ्युदय : संघर्ष की ओर : नरेन्द्र कोहली, पृ. 627
38. वही, पृ. 628
39. वही, पृ. 646
40. वही, पृ. 650
41. वही, पृ. 593, 697
42. रामचरितमानस : अरण्यकांड : दोहा 26, 27
43. वाल्मीकि रामायण : अरण्यकांड, द्विचत्वारिंशः सर्ग, श्लोक 14, 19
44. वही।

45. वही, एकषष्टितमः सर्ग, श्लोक 3, 4
46. वही, श्लोक 1, 10
47. वही, श्लोक 11, 12
48. वही, श्लोक 14
49. वही, श्लोक 17
50. वही, श्लोक 18, 27
51. वही, द्विषष्टितमः सर्ग, श्लोक 27, 29
52. रामचरितमानस : अरण्यकांड : दोहा 29, 30
53. अभ्युदय : युद्ध-1, नरेन्द्र कोहली, पृ. 63
54. वही, पृ. 67
55. वही, पृ. 80, 81
56. वाल्मीकि रामायण : किष्किन्धाकांड : सर्ग चतुर्थ से चतुर्दश।
57. वही, चतुर्दश सर्ग, श्लोक 10
58. वही, षोडश सर्ग, श्लोक 33, 36
59. वही, सप्तदशः सर्ग, श्लोक 48
60. अष्टादशः सर्ग, श्लोक 12
61. वही, श्लोक 19, 40
62. रामचरितमानस : किष्किन्धाकांड : दोहा 6
63. वही : दोहा 8, 9
64. वही : दोहा 6, 7
65. अभ्युदय : युद्ध-1, नरेन्द्र कोहली, पृ. 192-193
66. वही, पृ. 201, 207
67. वही, पृ. 220
68. वही।
69. वही, पृ. 220, 221
70. वही, पृ. 221
71. वही।
72. वाल्मीकि रामायण : सुंदरकांड : तृतीय सर्ग, श्लोक 20, 30
73. वही, श्लोक 28, 30
74. वही, श्लोक 36
75. वही, श्लोक 41
76. वही, श्लोक 42, 49
77. वही, श्लोक 50, 51
78. रामचरितमानस : सुंदरकांड : दोहा 3, 5
79. अभ्युदय : युद्ध-1 : नरेन्द्र कोहली, पृ. 344
80. वही, पृ. 345
81. वही।
82. वही।
83. वही।
84. वही, पृ. 381, 82

85. वही, पृ. 381
86. वही, पृ. 400
87. वही, पृ. 422, 427
88. वही, पृ. 578
89. वाल्मीकि रामायण : अष्टदशाधिकशततमः सर्ग, श्लोक 1, 20
90. रामचरितमानस : लंकाकांड, दोहा 101, 102
91. वही, दोहा 102, 103
92. अभ्युदयः युद्ध-2 : नरेन्द्र कोहली, पृ. 619, 621
93. वाल्मीकि रामायण : युद्धकांड, पंचदशाधिकशततमः सर्ग, श्लोक 16, 18
94. वही, षोडशाधिकशततमः सर्ग, श्लोक 18, 19
95. वही, श्लोक 31
96. वही, अष्टदशाधिकशततमः सर्ग, श्लोक 01
97. वही, श्लोक 05
98. अभ्युदय : युद्ध-2, नरेन्द्र कोहली, पृ. 625, 626
99. श्रीमद्भागवत्पुराण, दशम स्कन्ध, अध्याय 3, श्लोक 1, 11
100. वही, श्लोक 46
101. वही, श्लोक 47, 53
102. सूरसागर, सं. डॉ. धीरेन्द्र वर्मा, साहित्य भवन प्रा.लि., जीरो रोड, इलाहाबाद, सं. 1998, पृ. 47
103. महासमर : प्रत्यक्ष, पृ. 55, 66
104. श्रीमद्भागवत्पुराण, दशम स्कन्ध, अध्याय, 43, 44
105. सूरसागर, सं. डॉ. धीरेन्द्र वर्मा, साहित्य भवन प्रा.लि., जीरो रोड, इलाहाबाद, सं. 1998, पृ. 217, 218
106. वही, पृ. 218
107. वही, पृ. 219
108. वही, पृ. 220
109. वही, पृ. 220
110. वही, पृ. 221
111. वही, पृ. 222
112. महासमर : अधिकार, नरेन्द्र कोहली, पृ.319
113. वही।
114. वही, पृ. 339
115. वही, पृ. 340
116. वही।
117. वही, पृ. 341
118. श्रीमद्भागवत्पुराण, दशम स्कन्ध, अध्याय 72, श्लोक 15, 21
119. वही, श्लोक 22, 27
120. वही, श्लोक 28, 36
121. वही, श्लोक 40, 48
122. संक्षिप्त महाभारत, सभापर्व : जरासंध और भीमसेन का मल्लयुद्ध प्रसंग, पृ. 140

123. महासमर : धर्म : नरेन्द्र कोहली, पृ. 280, 281
124. श्रीमद्भागवत्पुराण : दशम स्कन्ध, अध्याय 75, श्लोक 26, 30
125. वही, श्लोक 38, 43
126. संक्षिप्त महाभारत, सभापर्व : शिशुपाल की जन्म और वध कथा, पृ. 151, 152
127. महासमर : धर्म : नरेन्द्र कोहली, पृ. 333
128. वही।
129. वही।
130. वही।
131. वही।
132. वही।
133. संक्षिप्त महाभारत, सभापर्व 67/41, 44
134. वही, कौरव सभा में द्रौपदी, पृ. 165, 167
135. महासमर : धर्म : नरेन्द्र कोहली, पृ. 410
136. वही।
137. वही।
138. संक्षिप्त महाभारत : वनपर्व, 263/ 8, 16
139. वही, युधिष्ठिर के आश्रम पर दुर्वासा का आतिथ्य, भगवान के द्वारा पाण्डवों की रक्षा प्रसंग, पृ. 360, 362
140. महासमर : प्रच्छन्न : नरेन्द्र कोहली, पृ. 219
141. वही।
142. वही, पृ. 219, 220
143. वही, पृ. 221
144. वही, पृ. 222
145. वही।
146. वही।
147. वही।
148. वही।
149. वही, पृ. 232
150. वही।
151. वही।
152. वही, पृ. 250, 251
153. वही, पृ. 251
154. वही
155. वही, पृ. 252
156. वही, पृ. 253
157. वही।
158. वही, पृ. 253, 254
159. वही, पृ. 254
160. श्रीमद्भगवत् गीता, अध्याय 2 : श्लोक 20, 22
161. वही, अध्याय 11 : श्लोक 3, 4

162. वही, श्लोक 5
163. वही, श्लोक 7
164. वही, श्लोक 8
165. वही, श्लोक 10, 13
166. वही, श्लोक 27, 30
167. महाभारत : भीष्म पर्व : विश्वरूपदर्शनयोग श्लोक 1, 4
168. वही, श्लोक 15, 30
169. वही, श्लोक 36, 40
170. 'महासमर' खंड-7, नरेन्द्र कोहली, पृ. 347, 348
171. वही, पृ. 348
172. वही, पृ. 350
173. वही, पृ. 351
174. वही।
175. वही, पृ. 354
176. वही, पृ. 354, 356
177. वही, पृ. 357
178. वही।
179. वही, पृ. 351

*चतुर्थ अध्याय*

# राम और कृष्णकथा पर आधारित कथा-साहित्य का वैशिष्ट्य

## 1. रामकथा पर आधारित कथा-साहित्य का वैशिष्ट्य

भारतीय प्रज्ञा पर रामकथा धारा ने व्यापक प्रभाव डाला है। भारत-भूमि राम की निर्मात्री होने के कारण अत्यंत महिमामयी है, क्योंकि राम भारत के ही नहीं वरन् विश्व इतिहास के महापुरुष हैं। भारतीय वाङ्मय में राम के दो स्वरूप स्पष्ट रूप से स्वीकार किये गये हैं जिसमें एक स्वरूप है 'नर' और दूसरा है नारायण का अस्तित्व या परमात्मा सृष्टि का सृजनहार है। उसने सृष्टि की लीला अथवा कार्यावधि की पूर्ति हेतु नाना रूपों की रचना की है किंतु फिर भी समूची सृष्टि में एक तत्त्व की ही प्रधानता है, चाहे वह जड़ हो या चेतन। रचना अद्वय है, अद्वैत है। 'एको ब्रह्म द्वितीयो नास्ति।' उसी एक ब्रह्म का एक अदृश्य है। उसी अदृश्य से अर्थात शून्य से ये समूची रचना रचित है। सारा दृश्यमान जगत् उस ब्रह्म का सगुण रूप है अर्थात वही राम का सगुण स्वरूप है।

इस सगुण स्वरूप का जो गुण रूप है अर्थात 'सूक्ष्म शरीर' उसे सगुणत्व स्वरूप भी कहा जा सकता है वही उस ब्रह्म का निराकार रूप है। उसे हम अस्तित्व का अदृश्य रूप भी कह सकते हैं। यही सगुण स्वरूप 'नर' रूप है और निर्गुण या निराकार स्वरूप नारायण रूप। राम ने अपने भौतिक सगुण स्वरूप से लोक-मर्यादा की रक्षा करते हुए 'नर' रूप अथवा 'नर' 'स्वभाव' के आदर्श की स्थापना की, तो अपने सूक्ष्म शरीर अर्थात 'रामत्व' से पृथ्वी को दुष्टों के भार से मुक्त करके नारायणलीला की। योग साधना द्वारा अनुभूत किये जाने वाले स्थूल शरीर के भीतर जो सूक्ष्म शरीर है वही अस्तित्व का अदृश्य रूप है। ध्यानमार्गी साधक कुंडलिनी जागरण के द्वारा अपने सूक्ष्म शरीर की पहचान करते हैं किंतु राम में यह शक्ति पूर्ण जाग्रत स्थिति में है। उनकी चेतना पूर्ण है, वे बुद्धत्व प्राप्त हैं। दैहिक तल पर वे परम वीर, मानसिक

स्तर पर परम उत्साही तथा अंतर-चेतना-स्तर पर अजेय शक्ति-संपन्न हैं। वे अंतर की शुचिता और तेज तथा बाहर की समर्थ काया लेकर इस धरती पर आए हैं। ऐसे उत्तम पुरुष को अवतारी पुरुषोत्तम कहा जाता है। अवतार का आशय है ऐसा पुरुष जो युग की समस्याओं के निवारण में पूर्ण समर्थ हो। 'अस्तित्व' अपनी सृष्टि में संतुलन स्थापित करने के लिए युग और परिस्थिति के अनुरूप ऐसे विशिष्ट महापुरुषों को अवतरित करता है। राम एक ऐसे ही अवतारी पुरुष हैं।

राम का जन्म एक ऐतिहासिक घटना मानी जा सकती है। उनका जन्म अपने युग की प्रमुख-घनी-समस्याओं का निदान करने के उददेश्य से हुआ है। उनके जन्म के समय में दुष्कर्मियों-दुराचारियों का वर्चस्व यत्र-तत्र-सर्वत्र परिव्याप्त था। सज्जन लोग असामाजिक तत्त्वों की आपराधिक प्रवृत्ति से उनकी राक्षसी वृत्ति से संत्रस्त थे। राक्षसी वृत्ति सज्जनों के अस्तित्व को समाप्त कर, सतोगुणी प्रवृत्ति को निर्मूल कर एकक्षत्र राक्षसी-वृत्ति के राज्य की परिव्याप्ति चाहती थी, दूर्वृत्तियों का प्रचार-प्रसार ही उनका तोष था। तत्कालीन परिस्थितियों में सामाजिक चेतना के प्रति सजग आर्य सात्विक कर्मों द्वारा समाज एवं सृष्टि-कल्याण हेतु कर्मरत थे, जिससे दुष्कर्मियों के स्वच्छंदता पूर्ण आपराधिक कृत्यों में एवं पैशाचिक सुखों को लूटने में व्यवधान उत्पन्न होता था। एक तरफ सत्व और रज का संतुलित पवित्र जीवन था तो दूसरी तरफ तमाच्छादित पिशाचवृत्ति संपृक्त-भोगवादी दुष्कृत्य। पावनता की पक्षधर आर्यसंस्कृति पैशाचिक वृत्तियों से जूझते हुए पापाचार से टक्कर ले रही थी। राम के जन्म का संकल्प था :

*"जब-जब होय धरम की हानी, बाढ़हिं असुर अधम अभिमानी।*
*तब-तब धरि प्रभु मनुज सरीरा, हरहिं कृपानिधि सज्जन पीरा।।"*[1]

धर्म का अर्थ है—धरती पर शांति की स्थापना। शांति परम शक्ति है। उसी से विकास के सारे कार्य संभव होते हैं। अशांति और युद्ध विकास के अवरोधक तथा विनाश के संपादक हैं। रामाभ्युदय काल में विकास अवरुद्ध था, विनाश अपने चरम स्वरूप को धारण कर रहा था। शांति की स्थापना हेतु दुष्टों अथवा असामाजिक तत्त्वों का विनाश परम आवश्यक होता है; जिसके लिए सशक्त-सबल और साहसी नेतृत्व की आवश्यकता होती है। इस कार्य के संपादन हेतु सृष्टि स्वयं ही सहज-स्वाभाविक रूप से ऐसे नेतृत्व की उत्पत्ति हेतु महतूधारी विशिष्ट पुरुषों को पृथ्वी पर प्रेषित करती है, जनमत उसे अवतार की संज्ञा देता है। राम के जन्म का हेतु भी दुष्टों का दलन करके शांति और समृद्धि का पथ प्रशस्त करना था।

रामकथा धारा पर आधारित कथा-साहित्य में यह महत्त्वपूर्ण नहीं है कि राम किसके घर जन्मे, उनके माता-पिता कौन थे, उनकी जन्मतिथि क्या थी अथवा उनका निर्वाण कब और कैसे हुआ? ये सभी बातें गौण हैं। महत्त्वपूर्ण ये है कि राम ने

धरती पर कौन-कौन से कार्य किये, उनका चरित्र एवं आचरण कैसा था, उनका आगमन अथवा जीवन समाज के लिए किस रूप में और कितना लाभदायक रहा। तात्पर्य यह है कि रामकथा के संदर्भ में हमें बुढ़िया-पुराण से संबंधित कथा-विस्तार में न पड़कर राम के 'रामत्व' को जानना और पहचानना है। राम का चरित्र एवं उनके सत्कर्म ही समाज के लिए अनुकरणीय हैं, जिससे समाज का कल्याण तथा समाज, सभ्यता और संस्कृति का विकास संभव है, संस्कृति के गौरव की रक्षा भी इसी से संभव है, न कि राम-नाम जप अथवा उनके प्रशस्तिवाचन से। तुलसी के राम कहते हैं :

*"निर्मल मन जन सो मोहि पावा। मोहि कपट छल छिद्र न भावा।।"*[2]

राम के रामत्व को उनके चरित्र को छल-छद्‌म-कपट अप्रिय है और निर्मल मन वाला मनुष्य ही प्रिय है। निर्मल मन से तात्पर्य है—ऐसा 'मन' जो मल रहित हो, विकार रहित हो। जिसमें 'सर्वे भवन्तु सुखिनः' की भावना हो, निष्कपट एवं निःस्वार्थपूर्ण सर्व-जन-हिताय की कल्याणकारी प्रवृत्ति हो।

राम के रामत्व की, उनके अस्तित्व की अनुभूति सर्वत्र की जा सकती है; ठीक उसी प्रकार जिस प्रकार हम स्वामी विवेकानंद, अरविंद, विनोबा भावे और महात्मा गाँधी जैसे महापुरुषों के अस्तित्व की अनुभूति आज भी करते हैं ये किंतु इस अनुभूति हेतु हृदय में सच्ची श्रद्धा और सच्चा प्रेम होना अत्यंत आवश्यक है। यदि हमारे हृदय में अपने महापुरुषों के प्रति अथवा 'राम' के प्रति सच्ची श्रद्धा और सच्चा प्रेम नहीं है तो हम इस अनुभूति को प्राप्त करने में समर्थ नहीं हो सकते। इसीलिए कहा गया है :

*"हरि व्यापक सर्वत्र समाना, प्रेम तें प्रगट होंहिं मैं जाना।।"*[3]

वर्तमान समय में 'प्रेम' शब्द का अपकर्ष हुआ है, जिसके कारण इसे वासना, आसक्ति अथवा राग के रूप में स्वीकार किया जाता है जबकि अपने वास्तविक स्वरूप में प्रेम का तात्पर्य है—दया, करुणा, सत्य, अहिंसा, प्रकारांतर से अपने श्रद्धास्वरूप में प्रेम ईश्वर रूप है, अदृश्य सत्ता है जो सर्व-मंगलमय कामना से युक्त होती है। वह 'विभुतत्त्व' है। वह प्रेरणा और प्रकाश है, अमंगल नाशक है। वह ईश्वरत्व और अमरत्व प्रदाता है। राम से प्रेम का अर्थ है—राम की समस्त रचना को प्रेम करना। सृष्टि को, सृष्टि में अवस्थित जीव मात्र को प्रेम करना। सृजन-पालन और संहार की जीवन-चक्र प्रक्रिया को समझकर अपने आचरण को संतुलित रूप में व्यवहृत करना। राम की मूर्त्ति अथवा चित्र मात्र में 'रामत्व' नहीं है। राम का रामत्व है—समूचे दृश्य और अदृश्य जगत् का स्वरूप। उसे सीमित नहीं किया जा सकता। राम का 'रामत्व' है—सूक्ष्म परहितकारी आचरण, उसे स्वार्थ की स्थूलता में नहीं देखा जा सकता।

राम का 'रामत्व' है उनके चरित्र की व्यापकता उसे संकुचितता से नहीं जाना जा सकता। अतः राम से प्रेम करने उनके 'रामत्व' को जानने का तात्पर्य है उनके आचरण का अनुकरण और अनुसरण।

राम के लोक मंगलकारी चरित्र की शाश्वतता को जीवंत रखने के लिए ही रामकथा धारा एवं उसका वैशिष्ट्य अजस्र प्रवाहमान रहता है। राम का 'चरित्र' उनका 'रामत्व' समूचे समाज के लिए, समूची सृष्टि के लिए कल्याणकारी होने के कारण हर युग में, हर काल में प्रासंगिक एवं उपयोगी है। यही कारण है कि 'राम' और उनके रामत्व से परिपूर्ण चरित्र हमें वैदिक काल से लेकर आज तक प्राप्त होता है। राम का चरित्र प्रत्येक काल में, प्रत्येक युग में तथा प्रत्येक समाज के लिए चिर-प्रासंगिक है। अतः आधुनिक काल में भी राम-कथा का वर्णन, आधुनिक काल की मान्यताओं, आवश्यकताओं और माँगों के अनुसार करने में साहित्य-सर्जक साधना-रत हैं। रामकथा धारा के कुछ कथाकार एवं उनकी कृतियाँ निम्नानुसार हैं :

### *'राम' : ऐतिहासिक जीवन चरित : डॉ. रामप्रसाद मिश्र*

डॉ. रामप्रसाद मिश्र ने 'राम' राम के ऐतिहासिक जीवन चरित्र को स्पष्ट करने वाले उपन्यास का सृजन किया है। राम के सर्व-व्यापक स्वरूप को सिद्ध करते हुए डॉ. मिश्र इस कृति की भूमिका में कहते हैं :

"जिन्ना की डायरी में लिखा मिला था : मुझे फख्र है कि हमारे पुरखे कुशपुर या कसूर के निवासी क्षत्री या खत्री थे और मैं राम का वंशज हूँ।"

इकबाल ने लिखा था : 'है राम के वजूद पे हिन्दोस्ताँ को नाज' जो वस्तुतः है राम के वजूद पे सारे जहाँ को नाज या है राम के वजूद पे इंसानियत को नाज होना चाहिए था। हिन्दू, बौद्ध, जैन, सिक्ख, मुसलमान, ईसाई सब राम से कहीं-न-कहीं जुड़े हुए हैं। मानवता को राम जैसा संयोजक नहीं प्राप्त हो सका।[4]

भारतीय आत्मा के रूप में राम को निरूपित करते हुए डॉ. मिश्र कहते हैं–"जहाँ तक भारत का संबंध है वह राम का निर्माण है। जनकपुर (नेपाल) से लंका तक हिमालय से सागर तक (आसेतु हिमाचल) सारा भारतीय राष्ट्र उनके द्वारा ही एक किया गया था, 'समुद्र इव गाम्भीर्ये धैर्येण हिमवान्-इव' यदि सारा भारत राम की मूर्ति कहा जाय तो अत्युक्ति नहीं, यदि सारा भारत उठा कर खड़ा कर दिया जाय तो वह राम लगेगा।"[5]

डॉ. मिश्र ने अपनी इसी कृति में राम जन्म से लेकर रामराज्य तक की कथा का सुंदर मनोहारी वर्णन किया है।..."सीधे-सरल व्यक्तियों को राम पिता दिखते, कुटिल-कठोर लोगों को साक्षात काल, वात्सल्यमय आयुवृद्ध नर-नारियों को पुत्र, सच्चरित्र-सशक्त किशोरों को सखा, सहज-सुंदर किशोरियों को कामदेव और सर्व

साधारण को इंद्र का प्रकट-रूप, देवत्व की साकार प्रतिमा।...इस आयु तक ही वे अवध-राज्य के प्रायः प्रत्येक जनपद, प्रत्येक ग्राम, प्रत्येक नदी-नद, प्रत्येक पर्वत से प्रायः सर्वतः अभिज्ञ हो गए थे।...प्रजा अपने को सर्वथा सुरक्षित एवं सुखी अनुभव करती थी, अवध का अर्थ वध-मुक्त या अमर हो गया। दूर-दूर से लोग राम और उनके अनुजों के अवलोकनार्थ आने लगे।"[6]

इस कृति में राम की विनम्रता स्पष्ट परिलक्षित होती है—"तभी एक दिन अचानक विश्वामित्र का आगमन हुआ, शाल-सदृश समुन्नत वृषभस्कंध सिंहकटि किशोर राम ने ज्यों ही चरणवंदन किया, महर्षि विश्वामित्र ने उठाकर वक्ष में भर लिया : तुम्हारा असाधारण आकार-प्रकार और विनम्र व्यवहार घोषणा करता है कि तुम राम हो।

*धातु ने ज्योति से जोड़ लिया नाता है,*
*विक्रम बना हुआ गंभीर ज्ञाता है,*
*शांति ने ज्वाला का आलिंगन पाया है,*
*पौरुष स्वयं रूप धारण कर आया है।*

राम, तुम पुरुष शब्द के अर्थ हो! राम तुम मानव शब्द का रूप हो! राम, तुम आर्य कल्पना का यथार्थ हो! राम, तुम केवल राम ही हो सकते हो। हे ऊनषोडशवर्षीय विख्यात धनुर्धर! तुम 'न भूतो न भविष्यति' हो जिसे देखकर इतिहास किंकर्त्तव्यविमूढ़ है और कल्पना ठगी सी...।"[7]

डॉ. मिश्र का यह ऐतिहासिकता पर आधारित उपन्यास वाल्मीकि रामायण का अनुसरण करता है।

अभिषेक के स्थान पर बनवास की बात सुनकर राम की प्रतिक्रिया से उनकी अनन्य पितृभक्ति एवं शील का परिचय मिलता है। न भूतो न भविष्यति को चरितार्थ करने वाले ऐतिहासिक पुरुष राम अपने वनवास की बात सुनकर प्रसन्नतापूर्वक सभ्यता और संस्कृति के विकास की बात सोचते हैं—"मुझे हर्ष है कि पिता माता द्वारा परीक्षा में शतशः सफल होने जा रहा हूँ। सूर्यवंश की शाश्वत ज्योति, रघुवंश के प्रज्चलित प्रण, पिता के पावन संकेत, माता के कल्याणकारी आदेश, प्राणप्रिय भरत की गौरवमयी राज्यप्राप्ति और मेरी अपूर्व वनवास-तपश्चर्या जिसमें पर्वत नदी वन का अवलोकन अनेक मानव वर्गों एवं पशुओं-पक्षियों का अध्ययन, ऋषियों-मुनियों-योगियों इत्यादि के दर्शन एवं उद्‌गारों के अनुशीलन, जन सहयोग से नरभक्षी नर-नारियों एवं पशुओं का संहार करते हुए सभ्यता का प्रस्तार, आर्य-संस्कृति का विस्तार—इतने लाभ एक साथ! ऐसा सुयोग न अब तक संभव हुआ था, न कभी हो पाएगा। मैं ब्रह्मचर्य का पवित्र पालन करते हुए चौदह वर्ष तप करूँगा। मैं आपका चिरकृतज्ञ रहूँगा।"[8]

डॉ. मिश्र ने महापराक्रमी, दृढ़व्रती श्रीराम के भावुक हृदय का वर्णन भी बड़ी

कुशलतापूर्वक किया है—"कुछ देर बाद अवध-राज्य के बाहर प्रथम निशा का उल्लेख करते राम कौसल्या का स्मरण कर रोने लगे : धिक्कार है मुझे जो जीवन भर मेरे काममोहित पिता दशरथ की उपेक्षा सहते हुए मुझे प्राप्त कर आनंदित हुई जननी की सेवा न कर सका, जिसने अनेक कष्ट सहकर मुझे पाला उसे सुख प्राप्ति काल में सुख प्रदान न कर सका—मुझसे तो वह सारिका ही अच्छी जो शुक से माता कौसल्या के शत्रु के पैर में काट खाने का आग्रह करती है। लक्ष्मण! कठोर हृदया कैकेयी भरत के आने पर पिता महाराज दशरथ की हत्या करा सकती है—वैसे भी, मेरे और तुम्हारे वियोग में रोते-रोते महाराज दशरथ नेत्र-ज्योति अवश्य खो न बैठेंगे, स्यात् जीवित भी न रह सकेंगे। मैं चाहूँ तो अयोध्या क्या, सारे संसार को वश में कर सकता हूँ—कौन है जो युद्ध में मेरे समक्ष टिक सके; किंतु धर्म में बँधा हूँ। तुम्हारा साथ आना सर्वविध हितकर है; किंतु हृष्ट-पुष्ट प्रजा एवं सुंदर-उर्वर वसुंधरा के अवध-राज्य एवं संपन्न राजधानी अयोध्या के हित में ही नहीं, प्रत्युत महाराज दशरथ एवं कौसल्या-सुमित्रा के हित में भी तुम कल ही अयोध्या लौट जाओ..."[9]

भरत-मिलन प्रसंग में मौलिक कथा के अनुसार ही लक्ष्मण के मन में शंका उत्पन्न होती है; किंतु राम अपने प्रिय भरत पर विश्वास प्रकट करते हैं :

तात! भरत से किसी संकट की कल्पना भी अनुचित है। मैं उन्हें भली-भाँति जानता हूँ। जैसे हम दोनों अपूर्व, अप्रत्याशित-अकल्पनीय रूप में सीता के साथ वन आए हैं। वेसे ही भरत-शत्रुघ्न सदलबल अपूर्व, अप्रत्याशित-अकल्पनीय रूप में यहाँ आ रहे हैं। हम चारों भाई इतिहास को चकित करने वाले हैं—सामान्य जन हमें सत्य नहीं, कथा मानेंगे, कल्पना मानेंगे और यही हमारी विलक्षणता होगी।

यथा समय क्षिप्रतापूर्वक शत्रुघ्न-सहित भरत राम के चरणों में आ गिरे तो उनकी अप्रत्याशित दुर्बलता, चीरवसन एवं जटाओं के कारण पहचानना कठिन लगा। राम ने हृदय से लगाया, सिर सूँघा, अपनी गोद में बैठाया और स्नेहविभोर कर दिया।"[10]

शूर्पणखा प्रसंग में डॉ. मिश्र ने कुछ नवीन रहस्यों का रहस्योद्घाटन किया है। साथ ही राम और लक्ष्मण के एक पत्नीव्रत धर्म तथा नारी के प्रति अतुलनीय सम्मान का वर्णन किया है।

1. लोक प्रसिद्ध कथा के अनुसार महाराज दशरथ की तीन ही रानियाँ मानी गयी हैं—कौसल्या, कैकेयी और सुमित्रा; किंतु डॉ. मिश्र की इतिवृत्यात्मक खोज अथवा कल्पना के आधार पर दशरथ की तीन रानियाँ तो पट्टमहिषी थीं, इनके अतिरिक्त उनके महल में सात सौ रानियाँ और थीं।

2. सीता के पिता राजा जनक के गुरु महर्षि याज्ञवल्क्यजी भी बहुपत्नीधारी ऋषि थे।

मानव प्रकृतिगत अपनी प्रशंसा सुनकर प्रसन्न होता है, किंतु प्रतिपल सजग

रहने वाले राम को अपनी प्रशंसा सुनकर, अहंकार के मार्ग पर जाने का भय रहता है, जो उनके गुरु गंभीर स्वभाव के अनुरूप है।

खर-दूषण तथा उनके सहयोगियों का वध कर दिये जाने पर लक्ष्मण राम से कहते हैं :

"आर्य, आप जैसा दुर्जेय योद्धा न हुआ था, न विद्यमान है, न भविष्य में होगा—क्या वक्ष है, क्या भुजदंड है, क्या बाण हैं, क्या धनुष है, क्या खड्ग है, क्या लक्ष्यवेध है, क्या धावन है और क्या बुद्धि है।"

इस पर राम कहते हैं—बस करो नहीं तो अहंकार आ दबोचेगा। मैं तो कहता हूँ, क्या लक्ष्मण है, क्या सीता है लक्ष्मण मेरे दक्षिण बाहु हैं, सीता मेरी प्राण है।"[11]

स्वर्णमृग प्रसंग डॉ. मिश्र की कल्पना के अनुसार मूल कथा से थोड़ा हटकर चित्रित किया गया है। इसके अनुसार रावण अपनी योजना को समझाता हुआ कहता है :

"तभी तो मैंने ऐसी योजना बनाई है कि साँप भी मर जाए और लाठी भी न टूटे।..."

"वह कैसे?"

"तुम अपने सर्वाधिक प्रशिक्षित सुंदर और विशाल मृग को लेकर पंचवटी के नीचे जाओ, आखेट के आचार्य राम उसे देखकर अवश्य निकल पड़ेंगे। वे न भी चाहें तो सीता ऐसा अमूल्य उपहार देखकर लुब्ध हुए बिना न रहेंगी; क्योंकि उनकी सुंदरतम मृगचर्म में विशेष रुचि है, ऐसा पता चला है। तुम अपने को पत्र-पर्ण इत्यादि से आवृत्त कर कभी पृथ्वी पर लेटकर, कभी लताकुंजादि में छिपकर, कभी अचानक प्रकट होकर, मृग से वैसा ही कराते, राम को दूर तक ले जाना...

अधिक दूर संभव कहाँ? क्षिप्रचरण राम की गति व्याघ्रलज्जितकर है : उनका एक डग मेरे तीन डग! उनकी एक छलाँग मेरी तीन छलाँगें। मैं उनको भली भाँति जानता हूँ—मैं और मृग दोनों ही मारे जाएँगे..."[12]

इस प्रकार इस प्रसंग में मारीच कपट से स्वर्णमृग का रूप धारण नहीं करता है वरन् वह अपने पाले हुए सर्वाधिक प्रशिक्षित मृग को सामने करके स्वयं कपट से उसके साथ छिपता हुआ राम को दूर ले जाता है। पूर्व में मारीच इस कार्य को करने के लिए सहमत नहीं होता है ; किंतु बाद में रावण जो उसे असहमत देखकर अपशब्दों का प्रयोग करता है और अपनी विकराल चंद्रहास निकालकर उसे उसका ग्रास बना देना चाहता है। इससे भयभीत होकर अंततः मारीच रावण के कथनानुसार कपट करने को तैयार हो जाता है। रावण की योजना यथार्थ रूप लेती है और राम जब मृग के पीछे दौड़ते हुए आश्रम से कुछ दूर समतल स्थान पर निकल आते हैं तो मृग और मारीच जो लताकुंजादि में छिपते आ रहे थे स्पष्ट होते हैं । राम वाण मारते हैं। और मारीच पूर्व योजनानुसार 'हा लक्ष्मण, रक्षा करो! हा लक्ष्मण, रक्षा करो!!'

के निनाद से समूचे वन-प्रांत को गुंजा देता है। सीता इस नाद को सुनकर विचलित होकर लक्ष्मण से कहती हैं :

"...लक्ष्मण, अविलंब धावन करो!''

''देवी यह नाद राम का नहीं किसी प्रवंचक का है अन्यथा आखेट में इतना विलंब संभव न था; दूसरे, राम से आर्तनाद की अपेक्षा राम का अनादर करना है, तीसरे राम सर्वथा दुर्जेय हैं। आप धृति-मति का आश्रय लें; क्योंकि राम से अभिज्ञ हैं।" सीता पल भर को रुकीं; किंतु पुनः आर्त्तनाद सुनकर विचलित हो उठीं। इस बार आवेशपूर्वक बोलीं : "मैं तुम्हें आदेश देती हूँ कि इसी क्षण प्रस्थान करो।"

"देवी, मैं लक्ष्मण हूँ और राम का आदेश पालन कर रहा हूँ कि आपकी रक्षा करूँ तथा एकाकी न छोड़ूँ। धैर्य न खोएँ। वनवासकाल समाप्त होने वाला...''

''चुप रहो। मैं समझ गयी कि तुम क्यों नहीं जा रहे!"

"क्या?"

"हाँ तुम चाहते हो कि राम का मरण हो जाए और तुम मुझ पर अधिकार कर लो—इसीलिए साथ आए हो..."

लक्ष्मण की आँखों में आँसू आ गए : "आप ऐसी कल्पना भी कर सकती हैं—मैंने रामांत की कल्पना तक न की थी; किंतु राम को शैलूष कहने वाली आप लक्ष्मण को कुछ भी कह सकती हैं..."

"इसी पल चल दो अन्यथा मैं टीले से कूदकर प्राण त्याग दूँगी..."

"आप जानबूझकर स्वयं अपने लिए भारी संकट और हम दोनों भ्राताओं के लिए भारी विपत्ति..."

"अग्रजवधूलंपट! मैं तेरे विचार कभी सफल न होने दूँगी...''

और सीता वायुवेग से ऐसे स्थल की ओर दौड़ीं जहाँ से पतन पर प्राणांत निश्चित था। चकित एवं खिन्न लक्ष्मण ने कहा : "रुकिए मैं जाता हूँ।..." और लक्ष्मण चले गए तथा रावण की सीताहरण की योजना सफल हो गई।

आगे के घटना क्रम मूलकथा के अनुसार ही चलते हैं। सुग्रीव मैत्री-उपरांत जब सुग्रीव ने कुछ समय पूर्व रथ पर बद्धप्राय अपहृता द्वारा फेंके गये, केयूर, कुंडल, एवं नूपुर तथा साटिका लाकर दिखलाए तो राम उन्हें देखते ही पहचान गए, फिर भी वे लक्ष्मण से पूछते हैं, तात! ये सीता के ही हैं न? लक्ष्मण तत्क्षण भारतीय संस्कृति की पावन मर्यादा...

*"मैंने तो चरण निहारे हैं, देखे माता के कान नहीं!*
*बिछुओं का मैं सेवक हूँ, कुण्डल की कुछ पहचान नहीं।।"*

के भावों को प्रकट करते हुए कहते हैं--केयूर एवं कुंडलों के विषय में कुछ नहीं कह सकता, किंतु नूपुर पहचान गया हूँ ; क्योंकि नित्य चरणवंदन करते समय इन्हें

अनायास ही देखता था...

और साटिका?

लगता है, इसे आपके जन्मदिवस पर पहनती थीं...राम केयूर, कुंडल, नूपुर एवं साटिका को हृदय से लगाकर चुपचाप रोने लगे। उन्हें सीता के विशिष्टतम रूप एवं विशिष्टतम गुणों का ध्यान आने लगा। किस नारी ने घोर वनवास में, वर्जन होते हुए भी, हठात् पति का साथ दिया है ? किस नारी ने युवावस्था में पति के साथ रहकर भी ब्रह्मचारिणी के तप का सहज निर्वाह किया है? सीता उपमेय नहीं उपमान हैं—अद्वितीय उपमान हैं...[13]

इस प्रकार व्याकुल होते राम को लक्ष्मण, सुग्रीव और हनुमान धैर्य बँधाते हैं और कथा अपने मूल रूप का अनुसरण करती हुई आगे बढ़ती है। हनुमान आकाश मार्ग से नहीं वरन् सागर संतरण करते हुए लंका पहुँचते हैं। सुंदरकांड में वर्णित कथा के अनुसार ही कथा आगे बढ़ती है; किंतु हनुमान की पूँछ बढ़ती नहीं है, बल्कि वे नर्तन करते हुए अपने वानरी स्वभाववश यहाँ-वहाँ उछलकर लंका-दहन की घटना को संपूर्ण करते हैं।

एक नाम कुंभज था, संभवतः इनसे प्रभावित। राम सीतावध का समाचार सुनकर मूर्च्छित से हो गए। लक्ष्मण ने दैव की कठोर आलोचना करते हुए सत् पर अनवरत विपत्तियों तथा असत् का बलवान होना खेदजनक बताया, किंतु पुरुषार्थ से विरत न होने का परामर्श दिया। स्वयं मेघनाद के आज के ही वध का प्रण किया। विभीषण ने कहा, रावण का सीता से जो अभिप्राय है उसे देखते वह उनका वध कदापि न होने देगा। यह मायावी सीता थीं। ठीक इसी प्रकार रावण सीता को राम का सिर दिखा चुका है। विभीषण ने बताया कि मेघनाद का रथ ऐसा है जिसके पार्श्व में वह छिप जाता है तथा अस्त्र-प्रहार भी कर लेता : लोग समझते हैं, माया है; 'मय' दानव की पुत्री मंदोदरी से रावण के विवाह के उपरांत 'मय' जाति के कुशलतम शिल्पियों ने माया का प्रभूत प्रशिक्षण देकर अनेक राक्षसों को बहुत कुशल मायावी भी बना दिया है। आर्य-अनार्य, सुर-असुर, मानव-दानव, सब माया से अपरिचित थे। 'मय' जाति के कारण माया का उद्भव हुआ तथा मायावी युद्धकला तो दृग्गत होने लगी। सीता के कारण राम का सिर, राम सेना को सीता की हत्या, मेघनाद का प्रकट-अप्रकट होना इत्यादि इसी माया के परिणाम हैं। जगज्जयी राम! आप लक्ष्मण के प्रण का आदर करते हुए उन्हें निकुंभिला-मंदिर जाकर मेघनाद की अंधविश्वास-पुष्टि से पूर्व ही युद्धव्यस्त करने तथा माया-युद्ध को समझते हुए उसे अवसर तक न देने का आदेश दें, जिससे वध संभव हो सके।

एतदनुसार, विभीषण स्वयं पथप्रदर्शक बनते हुए गहन वन पथ से होते, लक्ष्मण को निकुंभिला-मंदिर ले गए। उन्होंने सचेत किया : अंधविश्वास में प्रचंड शक्ति निहित है। इसकी प्राप्ति कल्पना के पूर्व ही मेघनाद का वध उचित होगा। अंधविश्वास प्रतीति

पर जितना प्रचंड होता है, अप्रतीति पर उतना ही निरुपाय।

विभीषण को देखकर मेघनाद ने व्यंग्य किया : अहा! विभीषण!! कौन-सा पितृव्य होगा जो अग्रजात्मज के वध का इच्छुक हो?

धिक्कार है! मैं सत् के सूक्ष्म पक्ष का वरण करता हूँ, स्थूल संबंधों का नहीं, अन्याय का विरोध मेरा धर्म है, चाहे अन्य व्यक्ति करे या संबंधी या आत्मीय या कुल या ग्राम या जनपद या राष्ट्र। मैं राम का मित्र हूँ तथा 'मित्र का मित्र, मित्र' एवं 'मित्र का शत्रु, शत्रु' की विश्वगृहीत नीति का पालन कर रहा हूँ।

सुग्रीव के सदृश? क्यों, लंकेश्वर?

उसने विभीषण पर आक्रमण करना चाहा; किंतु हनुमान के स्कंधों पर आरूढ़ लक्ष्मण ने विरत किया। दोनों योद्धाओं में प्रचंड संग्राम होने लगा। रथारूढ़ मेघनाद को मारुति आरूढ़ लक्ष्मण ने न तो विश्राम का अवसर दिया न माया का, न सेना संहार का। दोनों योद्धा युवा थे। दोनों गत सप्तदिवसीय युद्ध में पर्याप्त श्रम कर चुके थे। देर तक लड़ते-लड़ते दोनों को ही श्रांति का अनुभव होने लगा। पूर्व श्रांति एवं ब्रणादि थे ही; किंतु लक्ष्मण के प्राण में मेघनाद प्रसंग में डॉ. मिश्र ने एक तरफ जहाँ मेघनाद के मायावी स्वरूप और उसके मायावी युद्ध को वर्तमान संदर्भों में प्रासंगिक बनाने का सफल प्रयास किया है, वहीं दूसरी तरफ 'रावण रथी विरथ रघुवीरा' को पुष्टि प्रदान की है। साथ ही विभीषण के द्वारा व्याख्यायित विश्वगृहीत नीति एवं अन्याय के विरोध प्रदर्शन की चर्चा से विभीषण पर लगे कलंक की कालिमा को भी धवल करने का प्रयास किया गया है।

युद्ध का अंतिम दृश्य 'राम-रावण-युद्ध' प्रसंग में भी डॉ. मिश्र ने ऐतिहासिक स्वाभाविकता लाने का प्रयास किया है :

"दशम दिवसीय युद्ध। भयानक राम-रावण-युद्ध। इतने बाण चले कि राम, रावण को तथा रावण, राम को देख तक न पा रहे थे। पर ऊपर से वानर वीर अश्म-वर्षा कर रहे थे। राम के बाणों ने रावण को मूर्च्छित कर दिया। सारथी ने मृत्यु की कल्पना करते हुए रथ घुमा दिया। पुनः पलायन। राम से युद्ध में बारंबार पलायन किंतु सचेत होते ही रावण सारथी पर रुष्ट हुआ।.....

कवियों ने लिखा : आकाश के तुल्य केवल आकाश है, सागर के तुल्य केवल सागर है, और राम-रावण युद्ध के तुल्य केवल राम-रावण युद्ध।...रावण के सुखोपभोग-अभ्यस्त एवं शयनाभाव-शिथिल शरीर में क्षिप्रता की अल्पता परिलक्षित हो रही थी। अनेक बार विरथ, अनेक सारथी हत अथवा आहत, अनेक अश्वहत अथवा आहत—संप्रति वह भी भूमि पर था। तभी राम को अगस्त्य ऋषि के आश्रम में मिले विशाल धनुष एवं तदाकार विविध बाणों का स्मरण आया। अनेक धनुष एवं तूणीर वहीं रखे थे। लक्ष्मण, हनुमान इत्यादि पूरी तैयारी किए रहते थे। खड्ग भी साथ-साथ ही थे। राम केवल धनुष एवं उस पर अनवरत एक बाण रखने के

कारण भारहीन एवं क्षिप्र रहें, यह ध्यान लगातार रखा गया था। जब राम अधिक बाण एक साथ चलाने की बात कहते, तत्काल वही सुविधा। सबको प्रत्यय था कि रावण-पराभव केवल राम के द्वारा ही संभव है, कुंभकर्ण के सदृश और सब शीघ्र परिणामकामी हो रहे थे, क्योंकि श्रांति का अतिरेक म्रियमाण किए था। राम को तत्क्षण विशाल अगस्त्य-धनुष एवं तद्वत् बाण उपलब्ध हो गया। सारा का सारा धातु निर्मित। राम ने जिस ऊर्जा से सीता के लिए अजगव को खींचकर 'आकर्ण' शब्द को कालातीत किया था, उसी ऊर्जा से सीता के लिए अगस्त्य-धनुष को खींचकर 'आकर्ण' शब्द को पुनः कालातीत किया और अत्यधिक सावधानी से रावण के वक्ष पर छोड़ दिया और इतिहास का एक ग्रंथ समाप्त हो गया।"[14]

और इसके बाद मूलकथा के अनुसार ही विभीषण का अभिषेक, एवं विभीषण के द्वारा सीता को लाया जाना तथा वाल्मीकि रामायण की शैली में... :

"सीता ने हर्षातिरेक, स्नेहातिरेक, एवं विस्मयातिरेक के त्रित् में डूबते हुए व्रणचिन्हप्रचंड, युद्धानुभवकठोर किंतु सुंदरतम, सौम्यतम राम के दर्शन किए। उनके सारे कष्ट पल भर में दूर हो गए, किंतु राम के आनन पर न तो हर्ष का अनुभव दिखा, न नेत्रों में स्वागत की ऊष्मा। उनकी कठोर मुद्रा द्वारा आक्रोश स्पष्टतः व्यक्त हो रहा था। सन्नाटा छा गया। विस्मय कौतूहल।

राम ने निस्संगभाव से मंद्रगंभीर स्वर में कहा : आज मेरा पुरुषार्थ सफल हुआ, लक्ष्मण का वीरत्व सफल हुआ। हनुमान का सागर संतरण एवं पराक्रम सफल हुआ। नल एवं नील का सेतुबंध सफल हुआ। सुग्रीव का सहाय्य एवं विक्रम सफल हुआ, विभीषण का संकीर्ण संबंधवाद से बहुत ऊपर उठा सत्कर्मवाद सफल हुआ, भिषगरत्न-योद्धा सुषेण का बारंबार जीवन-दान एवं रणधीरत्व सफल हुआ, अनुभव-ज्वलित वीर रत्न जांबवान का अभिमतदान एवं कालजयी शूरत्व सफल हुआ तथा अंगद, द्विविद, मैंद इत्यादि का अमर कर्तृत्व सफल हुआ और...और...हुतात्मा वीरों का बलिदान सफल हुआ...

राम के नेत्रों पर अश्रु झलके, सीता के नेत्रसागर से अश्रुमुक्ता प्रकट हुए। सन्नाटा।...

कुछ देर मौन।

मैंने यह सब मानवता के त्राण हेतु किया है, सूर्यवंश के गौरव संवर्धन हेतु किया है, केवल तुम्हारे हेतु नहीं। तुम्हारा पंचवटी में मेरे निर्देश का पालन न करते हुए, मेरे पराक्रम पर संदेह करते हुए, लक्ष्मण के प्रति अपमानजनक शब्दों तथा उनके चरित्र पर घृणास्पद आक्षेप करना नितांत अशोभनीय एवं निंदनीय था। सर्वोपरि रूपवती का इतने दिन अपहृता के रूप में पथ, प्रासाद एवं अशोकवन में रहना लोगों के मन में शंका उत्पन्न कर सकता है। जैसे नेत्ररोगी को दीप नहीं सुहाता वैसे तुम मुझे नहीं सुहा रहीं। मेरा तुमसे कोई प्रयोजन नहीं। तुम मुक्त हो, जहाँ चाहो जाओ

जिसके साथ चाहो रहो।

राम के इन वचनों को सुनकर सीता को अपार व्यथा हुई किंतु उन्होंने धैर्यपूर्वक अश्रुमोचन करते हुए कहा : आपने जो श्रुतिदारुण, रुक्ष एवं अनुचित वचन कहे हैं वे निम्नकोटि के पुरुष निम्नकोटि की स्त्रियों से कहते हैं। आप किस आधार पर मेरे चरित्र पर आक्षेप लगा रहे हैं? यह आरोप दिवंगत रावण के साथ भी घोर अन्याय करता है। आर्य सदा अपहृता को न्याय प्रदान करते हैं तथा अपहरणकारी को दंड देते हैं : जैसा कि आपने भी किया है किंतु मुझ पर आक्षेप अनार्योपयुक्त मात्र है। मैं अपने सदाचार की शपथ लेकर कहती हूँ कि मैं तन-मन-प्राण से सर्वतः निर्दोष एवं पवित्र हूँ। लक्ष्मण के प्रति कथन का मुझे सदैव खेद रहा है। विनाश काल में बुद्धि विपरीत हो जाती है; किंतु उस भूल का दंड भी भुगत चुकी हूँ। इस सार्वजनिक अपमान के अनंतर मुझमें जीवन की कोई स्पृहा शेष नहीं रही। और वे कल समाप्त हुए युद्ध के रक्तरंजित, भयावह स्थल के समीप प्रज्वलित अग्नि की ओर लपकीं। क्षिप्रतामूर्ति हनुमान ने उन्हें यत्किंचित ज्वलित दशा में चरणों से पकड़ लिया। बोले : देवी इस अग्नि परीक्षा के अनंतर आशंका इत्यादि का समापन।[15] तत्पश्चात् विभीषण, सुग्रीव, हनुमान, जाम्बवान सहित लक्ष्मण की प्रार्थना पर राम का रोष शमित होता है एवं सबके साथ अयोध्या में वापसी तथा रामराज्य की स्थापना।

इस प्रसंग पर वर्तमान संदर्भों में प्रासंगिक पति-पत्नी संबंधों का प्रभाव परिलक्षित होता है।

रामराज्य में प्रजातांत्रिक सुव्यवस्था की रमणीय झलक मिलती है—"राम के राज्य में कहीं विषमता का नाम न था, सारी प्रजा सुखी थी सब अपने कार्यों में संलग्न रहते थे। सबको राजा की आलोचना का अधिकार था।...यथा राजा तथा प्रजा का सनातन सत्य उतना सार्थक कभी नहीं हुआ जितना राम के राज्य में। रामराज्य की सबसे बड़ी और समग्र इतिहास में अतुलनीय विशेषता एक पतिव्रत अथवा एक पत्नीव्रत का विशद अनुपालन था। ब्रह्मचर्य निर्वाह, उचित आयु में विवाह, संयम-नियम इत्यादि के कारण परिवार ऐसे न थे कि अभाव या दरिद्रता का प्रवेश संभव हो सके।"

इस तरह लेखक ने राम के चरित्र वैशिष्ट्य को आधुनिक कथा प्रवृत्तियों के परिप्रेक्ष्य में उपस्थित कर पौराणिक रामकथा की परंपरा में नवीन जीवन-मूल्यों की तलाश की है। यही कृतिकार का मूल प्रतिपाद्य भी है।

### *रामगाथा : डॉ. रमानाथ त्रिपाठी*

वाल्मीकि रामायण को आधार बनाकर आधुनिक युग में अनेक साहित्यकार उपन्यास-सृजन कर रहे हैं। उसका कारण संभवतः यह भी है कि वाल्मीकि के राम मानव के अधिक निकट हैं तथा वर्तमान समय की वैज्ञानिक एवं विश्वसनीय दृष्टि को देव रूप राम की नहीं वरन् मानव रूप राम की ही आवश्यकता है, जो मानव-समाज के प्रेरणास्पद

हो सकें। इस प्रकार के साहित्यकारों की शृंखला में अत्यंत प्रसिद्धि प्राप्त एवं लोकचर्चित नाम है डॉ. रमानाथ त्रिपाठी का। डॉ. रमानाथ त्रिपाठी ने अजेय पुरस्कार से सम्मानित अपने उपन्यास 'रामगाथा' का आधार वाल्मीकि रामायण को बनाया है। इसमें उन्होंने बड़े रोचक ढंग से और–प्रमाणों सहित–राम के विलक्षण जीवन और चरित्र को चित्रित किया है। साथ ही रामायण युग के जन-जीवन, रहन-सहन, परिवेश और वातावरण की सजीव झाँकी भी प्रस्तुत की है।

इस उपन्यास की कथा एक तरफ जहाँ वाल्मीकि रामायण के ऐतिहासिक कथ्य से जुड़ी है, तो दूसरी तरफ वह जन-जीवन से भी जुड़ी है। वह आज के तर्क-प्रधान युग के लिए अधिक विश्वसनीय है।

डॉ. रुक्मिणी ने इस उपन्यास की समीक्षा करते हुए लिखा है :

"घर परिवार और समाज के समक्ष त्याग और प्रेम का उच्च आदर्श प्रस्तुत करने वाले राम आवेशमय मानव हैं किंतु कर्त्तव्य के आगे वे संयमी और नीति-संपन्न पुरुष जैसा आचरण करते हैं। सीता के वियोग में वे दल-दल में फँसे हाथी से अकुलाते हैं, युद्ध में घायल लक्ष्मण को देख वे हिल उठते हैं। वही राम जनमत का आदर करते हुए अपनी प्राण-प्रिया के हितों की उपेक्षा कर जाते हैं।"[16]

उपन्यास में रामकथा के उपेक्षित पात्रों का चित्रण गिने-चुने शब्दों में मार्मिकता के साथ किया गया है। गरिमामयी नारी सीता का ममता भरा आंचल नगर, ग्राम और वनांचल पर पसरा प्रतीत होता है। सीता-निर्वासन का प्रसंग तो पाठकों को रुला देता है। लेखक कहीं त्रेता-युगीन व्यवस्था का सजीव चित्रांकन करता है, कहीं रस से भरपूर प्रसंग प्रस्तुत करता है तो कहीं किसी प्रसंग विशेष का सटीक तार्किक आधार देता चलता है। कई स्थलों पर नाटकीय चमत्कार कथा को सशक्त और प्रभावी बना देता है। स्त्री-पुरुष संबंधों के कई मनोवैज्ञानिक चित्रण भी पुस्तक में उपलब्ध हैं, जैसे–

**अहल्या-आख्यान और सुग्रीव-तारा संवाद :** राम के दंडकारण्य जीवन के प्रसंगों में लेखक ने वन्य जीवन का सजीव चित्रण किया है, जैसे कि वनस्पतियों एवं जीव-जंतुओं के गुण-स्वभाव, वनवासियों की जीवन पद्धति तथा उनके जीवन में रामकथा का प्रवेश आदि। लोकगीतों और लोकाख्यानों के समावेश द्वारा कथा को जन-जीवन से जोड़ने का प्रयास किया गया है। राम के समय की वेश-भूषा, खान-पान, युद्ध नीति, उत्सव समारोह आदि का यथार्थपरक चित्रण है। पढ़ते समय पाठक को लगता है कि वह राम के युग में प्रवेश कर गया है। ऐसी कृति वही लेखक दे सकता है, जिसका गहरा जुड़ाव देश की माटी से, उसके इतिहास-भूगोल और परंपरा से रहा हो।

कथा इस कोसल के साथ प्रस्तुत की गयी है कि रामकथा पर शंका व्यक्त करने वालों को स्वतः ही समाधान मिलता चलता है। लेखक के निष्कर्ष तर्कपुष्ट

हैं। राम को महामानव मानते हुए भी लेखक ने कथा के उपसंहार में उन्हें प्रबुद्ध ब्रह्मत्व प्रदान किया है।... "यह ग्रंथ रस ज्ञान, इतिहास, नीति आदि का अमृतमय कोष है।"[17]

डॉ. त्रिपाठी अपनी कृति 'रामगाथा' के संदर्भ में अपनी दृष्टि प्रस्तुत करते हुए कहते हैं :

"वाल्मीकि के राम ऐतिहासिक महापुरुष हैं। उन्होंने घर-परिवार-समाज के समक्ष स्नेह और त्याग के भव्य आदर्श प्रस्तुत किए हैं। वे अपने सद्गुणों के कारण कालांतर में नर से नारायण मान लिए गए।...तुलसी के सहृदय ब्रह्म 'राम' भारतीय संस्कृति की श्रेष्ठ उपलब्धियों के पुंज हैं। वे इतिहास नहीं अपितु निरंतर विकसित होने वाली स्वस्थ परंपरा हैं।"[18]

शंबूक-वध को ऊपर से जोड़ा गया आख्यान स्वीकार करते हुए डॉ. त्रिपाठी आगे सीता जन्म के संदर्भ में कहते हैं—"वाल्मीकि रामायण में सीता की उत्पत्ति धरती से बतायी गयी। इस घटना की व्याख्या अति-आधुनिकवादियों ने इस रूप में की कि वे अवैध संतान थीं, अतः उन्हें कोई फेंक गया था। मैंने यह अद्भुत व्याख्या स्वीकार नहीं की। सीता जनक की महारानी से उत्पन्न बेटी थीं। सीता का अर्थ होता है—हल से खींची हुई रेखा, अतः उनकी उत्पत्ति को कालांतर में हल से खींची हुई रेखा से जोड़ दिया गया।"

वाल्मीकि के अधिकांश स्थलों के समान रामगाथा में भी रावण को एकानन ही दिखलाया गया है।

रामगाथा में राम वनवास की सबसे लंबी अवधि (दस वर्ष) दंडकारण्य में व्यतीत हुई, अतः डॉ. त्रिपाठी ने दंडकारण्य--छत्तीसगढ़ का, वहाँ के जीव-जंतुओं, वनस्पतियों, वनवासी जातियों-प्रजातियों सहित वहाँ की लोक कलाओं का भी विशद् वर्णन किया है। कौसल्या दक्षिण कोसल अर्थात छत्तीसगढ़ की ही थीं। इस नाते वहाँ के वनवासी राम को अपना फुफेरा भाई भी मानते हैं। तात्पर्य यह है कि रामगाथा एक तरफ जहाँ रामायण के ऐतिहासिक कथ्य पर आधारित है, वहीं दूसरी तरफ वह लोक-जीवन से भी जुड़ी हुई है।

रामायण तथा रामकाव्य में उपेक्षित उर्मिला के भव्य चरित्र को अंकित करने का भी सफल प्रयास किया गया है। "जब राम लंका से लौटकर पहले लक्ष्मण के भवन को गए सामने खरे गोरे रंग की देवी खड़ी थी। सुहाग चिन्हों को छोड़कर कोई शृंगार-प्रसाधन उसके शरीर पर न था। सूख कर काँटा हो गयी थी, किंतु उसके मुख-मंडल पर अपूर्व तेज था। सीता विह्वल होकर लपकीं—उर्मि-उर्मि। उनके पैर लड़खड़ाने लगे। उर्मिला ने उन्हें बाँहों में भरकर सहारा दिया। उसने निष्कंप स्वर में कहा—दीदी आप चिंता किस बात की कर रही हैं। मैं बड़े भैया की अनुज-वधू हूँ। मुझे आपके देवर की धर्मपत्नी होने पर गर्व है। राम भरे गले से बोले, पुत्रि मेरे

पास शब्द नहीं हैं।"[19]

दंडकारण्य का एक दृश्य जिसमें एक तरफ राक्षसी आतंक है तो दूसरी तरफ पारिवारिक मनोविनोद और सामाजिक संगठन तथा प्रेम की अजस्र धारा–

...सीता प्रसन्न हो उठीं...वाह यह चिड़िया पूरी तुन्नवाय (दर्जी) है। यह तो मेरी पुतुल (श्रुतकीर्ति) है।

राम ने वह स्थान छोड़ने का निश्चय किया।

नहीं, मेरी पुतुल का क्या होगा? उसके बच्चे आने वाले हैं।

प्रिये! यह पुतुल तुम पर निर्भर नहीं करती। सृष्टि को अपने ढंग से काम करने दो। इनके मोह के कारण हमारे कार्यक्रम कैसे बदले जा सकते हैं?

लक्ष्मण पीठ पर पिटारी बाँधे आगे-आगे चल रहे थे।

कंधे पर प्रत्यंचा चढ़ा धनुष था। राम बाणों से भरे हुए कई तूणीरों का बोझा उठाये थे। सीता बीच में चल रही थीं। उनके पास भी कुछ सामान था। एक मोर भागता हुआ निकल गया। पेड़ों पर बैठे बंदर चिंचिया उठे। राम ठिठक कर रुक गये...

"लक्ष्मण, सावधान! मेरी इंद्रिय कह रही है कि कोई विपत्ति आने को है।"

पदचाप सुनायी पड़े। लक्ष्मण ने पिटारी धरती पर रख दी। राक्षसों का एक दल पेड़ों के बीच से आता दिखायी दिया ये लोग इन तीनों को देख रुक गये। उनका दलपति आगे आकर बोला–"यह अमरकंटक क्षेत्र है, अर्थात तुम्हारे जैसे क्षत्रियों, सिरफिरे तपस्वियों, और उद्दंड वनवासियों के लिए काँटों भरा प्रदेश। यहाँ राक्षस शासन करते हैं। तुम्हारी भलाई इसी में है कि तुम यहाँ से लौट जाओ। हाँ, यह पतली कमर और कजरारी आँखों वाली काम-सुंदरी मुझे सौंप दो। तुम इसका क्या करोगे? मैं इसे वह सुख दूँगा, जिसे तुम दोनों मिलकर भी..."

लक्ष्मण का अर्द्धचंद्राकार वाण सनसनाता हुआ छूटा और दलपति का सिर काटकर हवा में उड़ाता हुआ महुआ के तने में जा धँसा। तब तक राम ने कई राक्षसों को धराशायी कर दिया...सीता पेड़ की आड़ से निकलकर आ गयीं...इस अमरकंटक की ओर यात्रा न की जाय तो?

राम हँसे...तो लोग कहेंगे कि सीता क्षत्राणी की भाषा भूल गयी है। हम अमरकंटक के कंटक-शोधक। सीता ने राक्षस द्वारा फेंका बर्छा उठा लिया। लक्ष्मण सिर झुकाये मुस्कुराये...आर्या! इस समय तो तुम साक्षात् दुर्गा दिखायी पड़ रही हो।

कुछ दूर आगे बढ़ने पर सघन पत्तों वाले बरगद से उतर कर एक वनवासी युवक हाथ जोड़े इनके पास आ खड़ा हुआ।

"आप राजकुमार राम हैं? मैं इस बस्ती के मुखिया का बेटा हूँ। इन राक्षसों के डर से पेड़ पर चढ़ गया था। राक्षसों से हम बहुत ही आतंकित हैं। इनके अत्याचारों का बँधा बँधाया रूप है पुरुषों की हत्या, स्त्रियों के साथ बलात्कार और सामान लूटकर

झोंपड़ियों में आग लगा देना।"

"तुम सब लोग संख्या में इतने कम नहीं हो, मिलकर संघर्ष क्यों नहीं करते?"

"हम क्या करें? वे संगठित हैं, उनके साथ उनकी सेना है, उनके पीछे लंका का राजा है।"

"मैं यह बरसात तुम लोगों की बस्ती के पास रहकर बिताऊँगा। यहाँ जो राक्षस आये, उसे मार दो। लहू के प्यासे इन जानवरों से युद्ध थोड़े ही करना है, इनका तो आखेट करना है। उनके साथ लंका का राजा है तो तुम्हारे साथ अयोध्या के राजा का प्रतिनिधि है।"

"नहीं भैया राम, हमारे साथ हमारी धरती की बेटी का लाल है।"

"हाँ, मैं तो भूल ही गया कि हमारी बड़ी माँ दक्षिण कोसल की है।"

"भैया राम, तुम हमारे फुफेरे भाई हो, अपना रंग देखो हम दोनों के रंग में अंतर कहाँ है? हम धनुषधारी और वनवासी हैं और तुम भी तो वैसे ही हो।"

"तो सभी वनवासियों को संदेश भेज दो कि उनकी धरती की बेटी के दोनों बेटे उनकी रक्षा के लिए आ गए हैं। तुम लोग हमारे ममेरे भाई हो।"[20]

रामगाथा में कथा को तत्कालीन परिस्थितियों और परिवेश में प्रस्तुत करने का प्रयास किया गया है। वस्त्राभूषण, खान-पान, रीति-नीति, इत्यादि की दृष्टि से पाठक को रामयुग में प्रविष्ट कराने का प्रयास किया गया है।

डॉ. त्रिपाठी कहते हैं—"मैंने जिस राम का वर्णन किया है वह जीता जागता मानव है, उसके सूई चुभायी जाए तो उसी प्रकार रक्त निकलेगा जैसे कि हम सब के शरीर से निकलता है।"[21]

अतः स्पष्ट है कि डॉ. रमानाथ त्रिपाठी परंपरागत रामकथा को अपनी नवीन दृष्टि के आधार पर कल्पना के सतरंगी रंगों में रंग कर प्रासंगिक युगानुरूप बनाते हैं तथा काल-चेतना की आवश्यकता के अनुसार उसे पाठक के सम्मुख प्रस्तुत करते हैं।

## *सत्य रामायण : प्रो. जी. बी. कानूनगो*

प्रो. जी. बी. कानूनगो द्वारा रचित 'सत्य रामायण' सत्य की खोज के उद्देश्य से लिखी गयी है जो मूल वाल्मीकि रामायण (वेड जर्मन विश्व पुस्तकालय) से लेकर पचपन देशों में प्रचलित दो हजार सात विभिन्न रामायण ग्रंथों और अन्य अनेक राम परक प्रचलित कथा-साहित्य के आधार पर रचित है। इस कृति में भारत की तत्कालीन भौगोलिक स्थितियों से लेकर वंश परंपराओं एवं घटनाओं का सचित्र चित्रण किया गया है।

इस ग्रंथ में राम की कुछ विशेषताओं को स्पष्ट करने का प्रयास किया गया है...

1. क्षत्रिय वंशज रघुकुलभूषण श्रीराम ने कभी किसी स्त्री जाति पर हाथ नहीं उठाया।...उदाहरण है ताड़का, शूर्पणखा जो राक्षसी गुण वाली स्त्रियाँ थीं लेकिन भगवान

राम ने उन पर हाथ उठाना धर्म के विरुद्ध समझा।

2. उन्होंने हर एक स्त्री को बगैर जाति-भेद माँ-बहिन-बेटी का आदर सम्मान दिया, जिसका उदाहरण अहल्या एवं शबरी।

3. उनका किसी के साथ भी बैर-विरोध नहीं था...वाली सुग्रीव की भ्रातृ-मित्रता।

4. पवित्रता राम की उदारता का एक उदाहरण है कि उन्होंने कैकेयी को भी अपनी जननी कौसल्या से कम नहीं समझा।

5. भक्त-वत्सल श्रीराम ने अपने दुश्मन के भाई विभीषण को भी अपना लिया और रावण की पत्नी मंदोदरी की विनती पर युद्ध की अंतिम रात को अकेले निरस्त्र युद्ध मैदान में रावण को समझाने गए।

6. श्रीराम और देवी सीता दोनों अनन्य प्रेमी थे। लक्ष्मण-उर्मिला की वियोग व्यथा वे सहन नहीं कर सके और उन्होंने इसका समाधान भी किया।

7. सीता और राम प्रेम की पीड़ा जानते थे। इसका उदाहरण है—अनुराधा-राहुल और उर्वली-निर्वाण।

8. भक्ति के भंडार वे दोनों, भक्तों को अपने से भी अधिक प्यार करते थे ...भरत मिलाप और गुहक, केवट तथा हनुमान की भक्ति में इसका प्रमाण मिलता है।...

इसके साथ ही सत्य रामायण में यह साबित किया गया है कि निर्दोष सीता का वनवास एक झूठी कहानी है। वाल्मीकि रामायण की रचना के 600 वर्षों के बाद भवभूति नामक जम्बूदरी ब्राह्मण ने इसे ईसाई धर्म-प्रचार के लिए थामस नामक एक ईसाई से रिश्वत लेकर नौटंकी के रूप में लिखा था। असली वाल्मीकि रामायण के साथ इसका कोई संबंध नहीं है।...

लव भरत का दत्तक पुत्र था। लव के प्रति भरत का स्नेह एवं राम के प्रति भक्ति देखकर संसद व राम के निर्णय से लव को आर्यावर्त सम्राट बनाया गया, एवं भरत के पुत्र नक्षत्र को युवराज बनाया गया। महाराजा दशरथ के वचन तथा कैकेयी की इच्छानुसार लव के शासन के उपरांत भरत-वंश सम्राट कोसल साम्राज्य पर राज्य करता रहा।

'सत्य रामायण' 'इमोर्टल लव ऑफ रामा' के नाम से अंग्रेजी में भी प्रकाशित हो चुकी है।[22]

सत्य रामायण में राम वनगमन से पूर्व लक्ष्मण से कहते हैं :

"लक्ष्मण! मेरे प्रिय भाई! यह संसार अद्भुत रहस्यों से भरा पड़ा है जो मानव बुद्धि से परे और असंभाव्य से लगते हैं। भूकंप, तूफान, अकाल, अनावृष्टि आदि ऐसी ही अन्य प्राकृतिक आपदायें मानव समुदाय पर आती रहती हैं, कौन दोषी है इन सबके लिए? इन्हें हम विधाता का खेल कहकर सहन कर लेते हैं। जो आपदा हम पर आ पड़ी है वह भी प्रकृति प्रदत्त है। जो होना है वह हो रहा है। और होता

रहेगा। ऐसी आपदाओं से युद्ध नहीं किया जाता। इन्हें तो शांत चित्त होकर भोगना ही पड़ता है। धर्म की सच्ची परीक्षा तो ऐसी आपदाओं के समय ही होती हैं..."[23]

सत्य रामायण में कैकेयी वरदान के समय दशरथ के वचनों में प्रजातांत्रिक भावना परिलक्षित होती है :

"कैकेयी! युवराज बनने के लिए राम का चयन राजसभा द्वारा सर्वसम्मति से किया गया है। अपने राजा का चयन करना प्रजा का मान्य अधिकार है। अतः अब सम्राट होने पर भी राम को इस पद से वंचित करने का अधिकार मुझे प्राप्त नहीं है। और यदि मैं यह अनधिकार चेष्टा करता हूँ तो पूरे साम्राज्य में विद्रोह शुरू हो जाएगा और रक्तपात हो जाएगा। ........ इस विशाल साम्राज्य की राजसभा के पार्षद परेशानी, निराशा और निरादर अनुभव करेंगे..."[24]

"कैकेयी, मैं एक न्यायप्रिय सम्राट हूँ और अपने निष्पक्ष निर्णय के लिए प्रसिद्ध हूँ। अब तक मेरे राज्य में अन्याय का एक भी उदाहरण देखने सुनने में नहीं आया है।"[25]

सत्य रामायण में रामवनगमन और दशरथ-मरण के पश्चात कोसल्या-मृत्यु की घटना का भी वर्णन किया गया है :

"...साध्वी मांडवी की कार्य-साधना जटिल हो गयी थी। उसे प्रतिदिन दो बार नंदीग्राम और राजप्रासाद के बीच अवश्य जाना पड़ता था ताकि भरतलाल को कौसल्या माता के स्वास्थ्य की निरंतर सूचना मिलती रहे। क्षीणकाय माता अब दिनोंदिन अवश होती जा रही थीं और उन लोगों के चित्रकूट से लौटने के कुछ ही दिनों के बाद बुधवार 14 दिसम्बर, 4406 ई.पू. (25 अग्रहायण, 4485 शाका पूर्व) को कोसल साम्राज्य की राजमहिषी कौसल्या ने पुत्री शांता की गोद में ही अपने प्राण त्याग दिये।"[26]

सत्य रामायण में राम को 'अवतारी' माना गया है :

"मुनि (अगस्त्य) ने विभिन्न अस्त्र-शस्त्र उन्हें भेंट करते हुए कहा, राम! यह धनुष चक्रवान, गदा और अस्त्र-शस्त्र विश्वकर्मा ने स्वयं भगवान विष्णु के लिए निर्मित किया था। इन तीनों को तुम प्राप्त करो। शेष अस्त्र जो देवराज इंद्र के लिए बनाये गये थे, लक्ष्मण! तुम इन्हें प्राप्त करो। देखो वत्स अग्निशिखा की भाँति प्रदीप्त ये बाण कभी व्यर्थ नहीं जाते। इस खड्ग का मुष्ठ स्वर्ण मंडित है। इन्हें आप दोनों भाई अवश्य प्राप्त करो। श्रीराम भगवान विष्णु के अवतार थे, अतः महामुनि ने उन दिव्य अस्त्र-शस्त्र को उन्हें सौंपते हुए कहा कि ये तुम्हारे ही हैं।"[27]

प्रो. जी. बी. कानूनगो ने सीता को भी वीरांगना स्वरूप में चित्रित किया है। अगस्त्य मुनि राम और लक्ष्मण को अस्त्र-शस्त्र सौंपने के पश्चात् सीता से कहते हैं—"पुत्री सीते! यह तीक्ष्ण धार वाली एवं स्वर्ण और मणियों से जड़ित 'विजय अस्त्र खड्ग' जो लक्ष्मी के लिए बनाया गया था, इन्हें तुम स्वीकार करो। इसकी सहायता

से तुम पर्वताकार राक्षसों तथा अन्य अनिष्ट कर्ताओं से अपनी रक्षा कर सकोगी। ...तुम्हारी वीरता एवं साहस का आख्यान मैं श्रवण कर चुका हूँ।"[28]

सीता की प्रशंसा करते हुए मुनि राम से कहते हैं—"...इस लंबी एवं कठिन यात्रा से सुख-सुविधाओं में पली राजर्षि जनक की पुत्री जानकी को बड़ी कठिनाई हुई होगी। आप दोनों से बढ़कर वह सब कष्टों को हँसते-हँसते सहन कर लेती है। ...उसका त्याग कहीं महान है।...आपके साथ ऐसे दुर्गम, निर्जन एवं भयप्रद स्थानों पर आने के उसके साहस को देखकर मैं आश्चर्यचकित हो रहा हूँ।...यह नारी का सहज गुण है कि वह सुख-समृद्धि एवं विपत्ति में समान रूप से अपने पति की संगिनी बनी रहे। मैं सीता को बुद्धि एवं वीरता के सर्व गुणों से संपन्न देख रहा हूँ। यह सद्गुण संपन्न एवं पवित्र महात्माओं द्वारा सम्मान एवं अनुसरण करने योग्य है। यह विश्व में सभी पत्नियों में शिरोमणि है और विश्व के विरल सतीत्व का सम्माननीय उदाहरण बनी रहेगी। यह पतिश्रद्धा के लिए विश्व प्रसिद्ध वसिष्ठ पत्नी अरुंधती तथा अत्रि पत्नी अनसूया से भी अग्रगण्य है।"[29]

राम के सहयोगी बंदरों की सत्यता को सिद्ध करते हुए प्रो. जी. बी. कानूनगो ने स्पष्ट किया है कि कोरिया में वानरों का एक महायुद्ध हुआ था जो जापान के विरुद्ध था।[30]

रावण के विशाल दुर्ग को सत्य सिद्ध करते हुए प्रो. जी. बी. कानूनगो कहते हैं—"यापाहाउवा अनुराधापुर के निकट एक प्राचीन दुर्ग है जिसके चारों ओर परकोटे एवं गहरी खाइयाँ बनी हुई हैं। इस दुर्ग के परकोटों और बुर्जों पर प्राचीन युद्ध के अनेक चिन्ह अब भी विद्यमान हैं और एक सुसज्जित सोपान मार्ग के अवशेष भी वहाँ सुरक्षित हैं, जहाँ से रावण राम की सेना का निरीक्षण करता था।"[31]

इसी प्रकार राम की पहाड़ी-छावनी का गुफा का उल्लेख करते हुए प्रो. कानूनगो कहते हैं :

"...राम और लक्ष्मण...अपने सैनिकों की रक्षा के लिए वे अपनी गुफा दमबुल्ला से अस्त्र-शस्त्र लेकर बाहर निकल आए। दमबुल्ला सिगिरिया अशोक वाटिका से 12 कि. मी. दूर है। यह एक विस्तृत एवं एकाकी पर्वत शिखर है जो 500 फीट ऊँचा है और जिसके निचले भाग की गोलाई एक मील है। युद्ध के दिनों में राम-लक्ष्मण यहाँ एक गुफा में ठहरे थे। विजय प्राप्त करने के उपरांत विभीषण ने लंका के इस शिखर पर एक भव्य शिला मंदिर बनवाया था। इसके शिखर से दिखायी देने वाला दिव्य प्रकाश मन को एक अद्भुत आनंद से भर देता है। 350 फीट की ऊँचाई पर पाँच गुफाएँ बनी हुई हैं। इनमें राक्षसों के देवताओं की एक सौ पचास मूर्तियों बनी हुई हैं। गुफाओं की छत पर भित्ति चित्र बने हुए हैं, जिनमें राम से संबंधित महत्त्वपूर्ण घटनाओं एवं सिंहल द्वीप के इतिहास की युगांतरकारी घटनाओं को अंकित किया हुआ है।"[32]

राम-सीता के शरीर त्याग की घटना का वर्णन करते हुए प्रो. कानूनगो कहते हैं :

"बृहस्पतिवार 11 अप्रैल, 4333 ई. पू. (21 चैत्र 4412 शाका पूर्व) को राम ने लव, कुश को बुलाया। परंतु उनके पहुँचने से पूर्व ही साधना में लीन सीता अकस्मात् राम की गोद में लुढ़क गयीं।...श्रीराम ने निम्नलिखित वेदमंत्रों का पाठ किया था :

असतो मा सद्‌गमयः...तमसो मा ज्योतिर्गमयः

मृत्योर्मा अमृतं गमयः...

राम ने परम भक्त हनुमान को बुलाया और कहा हनुमान, मेरे अवतार धारण करने का लक्ष्य पूरा हो चुका है और देवी सीता परलोक में मेरी प्रतीक्षा कर रही हैं। तदुपरांत राम अपने शरीर पिण्ड को समेट कर यौगिक समाधि की स्थिति में आ गए और अपनी सीता के शरीर को उठाकर सरयू नदी में प्रवेश कर गये और जल में उतर कर उसी में अलक्षित हो गए।"[33]

प्रो. कानूनगो टिप्पणी के अंतर्गत इस घटना को प्रमाणित करते हुए कहते हैं..."जहाँ सीता राम की गोद में गिरी थीं वहाँ सीता की दायें पैर की एड़ी अटक गयी थी। वहाँ एक पानी का स्रोत बन गया जो औषधि युक्त है। भारत सरकार इस जल को औषधि बनाने वाली संस्थाओं को बेचती है। यह पानी कभी समाप्त नहीं होता। न बढ़ता है और न घटता है। यह मंडला गाँव, उत्तर प्रदेश में है।"[34]

अंत में प्रो. कानूनगो ने राम राज्य में प्रचलित स्वर्ण मुद्राओं के चित्र भी अंकित किए हैं।

इस प्रकार सत्य रामायण में राम के अवतारत्व को युगीन परिप्रेक्ष्य में उपस्थित करने का प्रयास किया है।

## *अभ्युदय : डॉ. नरेन्द्र कोहली*

रामकथा के क्रम में राम के चरित्र को अवतारत्व, ईश्वरत्व और चमत्कारी अविश्वसनीय मिथकों से अलग करके युगीन परिप्रेक्ष्य में मनोवैज्ञानिक ढंग से प्रस्तुत करने वाले डॉ. नरेन्द्र कोहली का विशिष्ट स्थान है।

कोहली जी ने अपनी कृति 'अभ्युदय' (दो खंड) के दीक्षा, अवसर, संघर्ष की ओर तथा युद्ध-1 एवं युद्ध-2 नामक उपशीर्षकों में समग्र रामकथा का युगानुकूल वर्णन किया है। अभ्युदय के प्रथम खंड–दीक्षा, अवसर और संघर्ष की ओर में–विश्वामित्र के सिद्धाश्रम में राक्षसों के उत्पात से लेकर परिणामस्वरूप सद्‌मूल्यों के हनन और राक्षसी वृत्तियों के लोमहर्षक आतंक के विस्तार को देखने-परखने और उसका प्रतिरोध करने की दीक्षा ऋषि विश्वामित्र ने राम को दी थी। 'अवसर' में राम के चरित्र को 'रामत्व' प्राप्त करने का अवसर प्राप्त होता है। राम विश्वामित्र के यज्ञ और उनके आश्रम को निर्विघ्न करके राक्षसों का संहार करते हैं और जनकपुर यात्रा के मध्य

अहल्या-प्रसंग को प्रासंगिकता प्रदान करते हुए सीता-विवाह के पश्चात् राज-काज में व्यस्त हो जाते हैं। व्यस्तता इतनी अधिक हो जाती है कि–

"कर्म के तेज बहाव वाले इस जीवन में, प्रेम के पुलक प्रसंगों का समय कदाचित् व्यतीत हो गया है। अपवादस्वरूप कभी कोई क्षण प्रेम-पुलक से भर जाए तो भर जाए; नहीं तो कामकाजी व्यावहारिक जीवन में प्रेम की ऊहात्मक उक्तियाँ परिहास बन कर रह जाती हैं। अब जीवन मात्र कर्म हो गया है। करने को इतना कुछ हो तो सामाजिक दायित्व के प्रति सजग पति-पत्नी अपने जीवन को पुलकित प्रेम की कहानी नहीं बना सकते।"[35]

इस उद्धरण में एक तरफ जहाँ वैयक्तिक-सुख की निस्सारता परिलक्षित होती है, वहीं सामाजिक-दायित्व-बोध के माध्यम से 'कर्मण्येवाधिकारस्तु मा फलेषु कदाचन' का संदेश भी अभिगुंजित होता है। इसी प्रकार राज्याभिषेक के अवसर पर राम के हृदय में प्रसन्नता के स्थान पर मानसिक संघर्ष उत्पन्न हो जाता है। उन्हें विश्वामित्र को दिया हुआ अपना वचन याद आता है, वे सोचते हैं–"सिंहासन स्वीकार कर लिया एक बार सम्राट बन कर बैठ गया तो मेरी मानवीय दुर्बलताएँ नहीं जाग उठेंगी क्या? सुविधापूर्ण विलासी जीवन में लिप्त हो, बहानों की आड़ में स्वयं को प्रवंचित नहीं करूँगा क्या? मोह-त्याग बड़ा कठिन होता है। जब तक मोह का रोग न लगे तभी तक ठीक...यदि मोह-त्याग में मैं सफल हो भी गया तो राज्य के विभिन्न उत्तरदायित्वों से मुक्त कर, कौन मुझे उन गहन वनों में जाने देगा।...न्याय और समता को, मानवता और उच्च चिंतन को, ज्ञान और विद्या को एक रक्षक की प्रतीक्षा है, और उस रक्षक का दायित्व सँभालने का वचन राम ने विश्वामित्र को दिया था। सम्राट बन अयोध्या में बैठकर, सेना की सहायता से यह कार्य नहीं हो सकता।

वेतन भोगी सेनाओं की सहायता से मानव-जाति का भाग्य नहीं बदला जा सकता। वह तो जन-उद्‌बोधन से ही संभव होगा।...अभिषेक हो जाने से वन जाने का अवसर कभी नहीं आएगा।"[36]

कोहली जी के राम परंपरागत राम-चरित के अनुसार कर्त्तव्यनिष्ठ, सत्यप्रतिज्ञ, और सच्चरित्र तो हैं ही, वे ऋषि-मुनियों के दर्शन, उनकी सेवा तथा उनके कष्टों के निवारण का भी विशेष ध्यान रखते हैं। वनवासी लोगों की सेवा और उनकी शिक्षा-दीक्षा के द्वारा उन्हें आत्मनिर्भरता प्रदान करना ही वे अपना दायित्व मानते हैं। वे स्वयं कठिन श्रम करते हैं। वाल्मीकि के आश्रम में पहुँचकर राम, सीता और लक्ष्मण सहित स्वयं अपनी कुटिया का निर्माण एवं अन्य व्यवस्थाएँ करते हैं। यह राम की कर्म-भक्ति का श्रेष्ठ उदाहरण है। राम सीता को शस्त्र-शिक्षा देते हैं, इससे सिद्ध होता है कि कोहली के राम स्त्रियों की आत्मनिर्भरता के पक्षधर हैं। श्रीराम संगठन शक्ति के प्रबल समर्थक हैं और उनमें बुद्धि-कोसल तथा युद्ध-कौशल का अद्‌भुत समन्वय है। यथा खर-दूषण के अत्याचारों का संदर्भ देकर राम मुखर से

कहते हैं :

"तो मित्र! अपने आपको तैयार करो। सारे पीड़ितों को तैयार करो।...अकेला बलिदान कुछ नहीं करेगा। शुभ कर्मों के लिए जागरण, संगठन और बलिदान तीनों की आवश्यकता होती है। नहीं तो, मैं भी कब से जा रावण से टकराया होता और छोटे-छोटे तुंभरणों की स्वतः समाप्ति हो जाती; किंतु अभी संगठन नहीं है, अतः रावण से टकराना मूर्खता होगी।..."[37]

राम श्रेष्ठतम आदर्शवादी हैं, मर्यादा पुरुषोत्तम हैं, फिर भी वे षड्यंत्रकारियों के प्रति सरोष और सजग हैं...

इंद्र पुत्र जयंत राम-लक्ष्मण की अनुपस्थिति में सीता की कुटिया में आ जाता है। उसके अभद्र व्यवहार पर सीता खड्ग उठा लेती हैं, तभी राम आ जाते हैं ; जयंत ब्रह्मा और इंद्र का नाम लेकर उन्हें धमकाता है, तब राम कहते हैं :

"मैं किसी दुष्ट अथवा दुष्टता के संरक्षक से नहीं डरता...मैं ऐसे लोगों से घृणा करता हूँ। बड़े-बड़े नाम लेकर मुझे मत डराओ। सत्ताधारियों और उनके पुत्रों के अत्याचारों की कथा सुनकर मेरे मन में घृणा की आग धधकने लगती है। मैं दुष्टता का समूल नाश करने को वचन-बद्ध हूँ, चाहे वे दुष्ट कितने ही सबल, सत्ता-संपन्न अथवा धनवान हों।"[38]

जयंत शरणागत होने का नाटक करता है और प्राण-भिक्षा के साथ-साथ अभयदान माँगता है। तब श्रीराम कहते हैं..."मुझे मेरे आदर्शों में बाँधने की कुटिलता मत करो, पापी पिता के पापी पुत्र। क्षत्रिय शरण में आये व्यक्ति की रक्षा अवश्य करता है; किंतु मैं तुम जैसे नीच की शरण-याचना को एक षड्यंत्र मानता हूँ।..."[39]

गुरु अगस्त्य के विषय में चिंतन करते हुए राम, सीता से कहते हैं :

"इस सारे क्षेत्र में मुझे किसी भी आश्रम में शस्त्र-शिक्षा का आभास तक नहीं मिला है; किंतु धर्म-भृत्य ने उनके आश्रम में शस्त्र-प्रशिक्षण की बात कही है। मुझे उनकी योजना अच्छी लगी। चेतना, आर्थिक उन्नति तथा आत्मरक्षा यदि ये तीन मंत्र जन-सामान्य तक पहुँच जाएँ तो फिर उनका शोषण असंभव हो जाएगा।"[40]

इस उदाहरण से यह स्पष्ट होता है कि कोहली जी के राम सामाजिक चेतना, उन्नति और संरक्षण के प्रति सचेत तो हैं ही, जन-सामान्य को जाग्रत करने में भी उनका अखंड विश्वास है।

नरेन्द्र कोहली के राम में अतुलित धैर्य और गांभीर्य है। सुग्रीव के आक्रोश को देखकर लक्ष्मण आवेशित हो जाते हैं, तब राम उन्हें समझाते हुए कहते हैं कि "शांत हो जाओ, सौमित्र!...क्रोध में कही गयी मित्र की बात का क्या बुरा मानना।"[41]

कोहली जी के राम का चरित्र आधुनिक और मनोवैज्ञानिक होते हुए भी मर्यादा-पुरुषोत्तमीय परंपरा का अनुपालक है। दुःख, आक्रोश या उल्लास के क्षणों

में भी उन्मादित अथवा अमर्यादित होने के पक्षधर नहीं हैं। हनुमान के मधुवन उजाड़ने के विषय में वे सोचते हैं–

"भूख मिटाने के लिए मधुवन को उजाड़ना आवश्यक नहीं था। यदि यह उत्पात उन्होंने अपनी सफलता के उन्माद में मचाया है तो यह उचित नहीं है। सीता का संधान तो छोटी सफलता है। यदि ये लोग रावण का वध कर लंका विजय में सफल हो गए तो कितना उत्पात मचाएँगे? सफलता के पश्चात व्यक्ति को और भी विनम्र होना चाहिए; सफलता का उन्माद तो व्यक्तित्व की दुर्बलता है, अंगद और हनुमान में ये दुर्बलता नहीं होनी चाहिए...।"[42]

रावण विजय के पश्चात् उपन्यास के अंतिम चरण में राम विभीषण को समझाते हुए कहते हैं...

"ऐसा न हो कि नया समाज बनाने की आड़ में एक नयी शोषण-व्यवस्था आरंभ हो जाए। अपने सगे-संबंधियों, मित्रों तथा अपने पक्षधरों द्वारा होने वाले अन्यायों का विरोध तथा प्रतिकार न्याय की पहली माँग है। रावण के समान संसार भर के आततायी गुंडों को एकत्रित कर हिंसा, शोषण तथा अन्याय के आधार पर साम्राज्य स्थापित करना तथा विलास में लिप्त हो जाना राजनीतिक आदर्श नहीं है।...

प्रकृति के नियम बड़े कठोर हैं और जटिल भी, सुख अर्जित करना चाहिए एकत्रित नहीं।"[43]

...राम विभीषण को समझाते हुए आगे कहते हैं :

"अपने साथियों को तुम्हें समझाना होगा कि वस्तुतः हित क्या है? सुख क्या है? इंद्रियों का सुख भौतिक सुख है, वह उपयोगिता की दृष्टि से अनिवार्य है, किंतु जब वह, उसकी अनिवार्यता का अतिक्रमण कर अतिरिक्त सुख खोजता है तो रोग बन जाता है। भोजन पौष्टिकता तक अनिवार्य है; किंतु स्वाद की सीमा में प्रवेश करते ही वह रोग को जन्म देता है। निद्रा विश्राम की सीमा तक अनिवार्य है; किंतु अकर्मण्यता तक पहुँचकर वह विष में बदल जाती है। यौन सुख, जाति-सुरक्षा की वृत्ति शरीर की आवश्यकता तक निर्माण है, विलास के क्षेत्र में पहुँचकर वह क्षय है।...

प्रकृति द्वंद्वात्मक है...इसलिए मनुष्य को अपनी सीमा पहचाननी होगी।...शरीर की क्षमताएँ सीमित हैं। बुद्धि सूक्ष्म है, उसकी सीमा नहीं, इसलिए उसका विष और भी भयंकर है।...पदार्थों के भोग की सीमा हो सकती है किंतु उनके संचय की कोई सीमा नहीं होती।...बौद्धिक सुख स्वाभिमान की सीमा तक रहे तो ठीक है; अहंकार के क्षेत्र में पहुँचकर व्यक्ति स्व-श्रेष्ठता का भाव पाल लेता है। वह अन्य मनुष्यों को स्वयं से हीन मानकर उनके सुख और कल्याण की कामना न कर उनका भावात्मक और शारीरिक उत्पीड़न करता है।"[44]

संसार की दुःखमयता के प्रश्न पर राम कहते हैं :

"समस्त अभौतिक सुख दोषहीन हैं। विवेक सुख ऐसा ही सुख है। यह निर्माण का सुख है। स्वार्थ का त्याग कर अपनी शक्तियों को जन कल्याण में लगाओ, यह सारा संसार तुम्हारे लिए सुखमय हो जाएगा।"[45]

स्पष्ट है, नरेन्द्र कोहली की रामकथा परंपरागत रामकथा से संबद्ध समस्त घटनाओं और प्रसंगों से गुजरते हुए भी अपना नवीन अस्तित्व स्थापित करती है। लेखक इस कथा के माध्यम से विभिन्न राजनीतिक व्यवस्थाओं, जन सामान्य के शोषण, बुद्धिजीवियों के कर्त्तव्य, समाज में नारी का स्थान, स्त्री-पुरुष संबंध, जाति और वर्ण की विभीषिकाओं, लोलुप और स्वार्थी बुद्धिजीवियों, शासनाधिकारियों इत्यादि के संदर्भ में अत्यंत क्रांतिकारी विश्लेषण करते हैं और अपनी मान्यताओं तथा कल्पनाओं के आधार पर प्रख्यात पौराणिक कथा को पूर्णतः आधुनिक, प्रासंगिक और मनोवैज्ञानिक रूप में प्रस्तुत करते हैं।

## 2. कृष्णकथा पर आधारित कथा-साहित्य का वैशिष्ट्य

आर्यावर्त में राम के समान ही कृष्ण भी एक ऐसे महापुरुष हुए हैं, जिन्हें राष्ट्रपुरुष और इतिहास पुरुष की दृष्टि से अद्वितीय कहा जा सकता है। आर्यत्व की दृष्टि से जीवन को उत्तमता की चरम सीमा तक ले जाने वाले इस चरित्र से मानव-जाति युग-युगांतर तक प्रेरणा ग्रहण करती रही है और रहेगी।

श्रीकृष्ण भारतीय संस्कृति, राष्ट्रीय अस्मिता और राष्ट्रधर्म के मूर्त्ति-मन्त प्रतीक हैं। कृष्ण के समान प्रगल्भ, बुद्धिशाली, कर्त्तृत्ववान, प्रज्ञावान, व्यवहार कुशल, पराक्रमी और पटु-पारंगत पुरुष आज तक संसार में नहीं हुआ। कृष्ण की अद्भुत गुणावली वर्णन महाभारत के सभापर्व में भीष्म पितामह के शब्दों में मिलता है :

*"नृणां लोके हि कोऽन्योऽस्ति विशिष्टः केशवादृते।*
*दानं दाक्ष्यं शौर्यं ह्रीः कीर्तिबुद्धिरूत्तमा।*
*सन्नतिः श्रीर्धृतिस्तुष्टिः पुष्टिश्च नियताच्युते।।"*[46]

अर्थात–इस समय मनुष्य लोक में श्रीकृष्ण से बढ़कर कौन है? दान, दक्षता, वेदादि शास्त्रों का श्रवण, शूरवीरता, बुरे कार्य करने में लज्जा, कीर्ति, उत्तम बुद्धि, नम्रता, शोभा व ऐश्वर्य, धैर्य, सन्तोष, सब प्रकार की शारीरिक, मानसिक, आत्मिक पुष्टि व शक्ति का विकास ये सब गुण अच्युत अथवा कर्त्तव्य मार्ग से कभी न विचलित होने वाले श्रीकृष्ण में नियत रूप से विद्यमान हैं।

इस प्रकार परस्पर विरोधाभासी, दुर्लभ गुणों से युक्त योगीराज श्रीकृष्ण की कथा भी दिक् और काल की सीमा से परे सदा-सर्वदा-सर्वत्र प्रासंगिक है। कृष्ण की कथाओं का आधार महाभारत ही है। अतः आधुनिक कथाकार महाभारत का आधार लेकर ही कृष्ण के चरित्र को आधुनिक परिवेश में मनोवैज्ञानिकता और प्रासंगिकता

के साथ प्रस्तुत कर रहे हैं। कृष्णकथा को नवीन चिंतन धारा में निमज्जित कर प्रस्तुत करने वाले कुछ कथाकार और उनकी कृतियाँ निम्नानुसार हैं :

### *(क) 'श्याम, फिर एक बार तुम मिल जाते' : दिनकर जोशी*

कृष्ण से संबंधित उपन्यासों की श्रृंखला में एक बहुचर्चित उपन्यास है–'श्याम, फिर एक बार तुम मिल जाते', यह उपन्यास गुजराती के प्रसिद्ध उपन्यासकार दिनकर जोशी द्वारा रचित मूलतः गुजराती में है। इस उपन्यास का हिंदी में अनुवाद किया है नंदिनी मेहता ने। यह उपन्यास अपने आप में बिल्कुल अनूठा और अत्यंत मर्मस्पर्शी है। इस उपन्यास की समूची पृष्ठभूमि कृष्ण से संबंधित होते हुए भी इसका प्रारंभ कृष्ण के विहीनत्व से होता है।

तत्कालीन आर्यावर्त में श्रीकृष्ण एक विराट व्यक्तित्व था। जब यह व्यक्तित्व विराट में विलीन हो गया तो चारों तरफ जो सन्नाटा छा गया, उस सन्नाटे के चीत्कार का आलेखन है यह उपन्यास–श्याम, फिर एक बार तुम मिल जाते! जब श्रीकृष्ण सबके सम्मुख थे तब बात और थी; किंतु जब वे विलीन हो गए तब वसुदेव-देवकी से लेकर अर्जुन, द्रौपदी, अश्वत्थामा, अक्रूर, उद्धव और राधा पर्यन्त पात्रों की मनोदशा और उनकी विह्लता को एक अनूठी ऊँचाई पर ले जाने का कार्य दिनकर जोशी जैसे गंभीर, मर्मस्पर्शक एवं सूक्ष्म भावनाओं के कुशल चितेरे उपन्यासकार ही कर सकते हैं।

अंतिम क्षणों में जरा के द्वारा मारा बाण जब कृष्ण के पैर में लग जाता है तो कृष्ण और जरा के संवाद को प्रस्तुत करते हुए दिनकर जोशी कहते हैं :

"दौड़कर उसने कृष्ण के पाँव से तीर खींचने के लिए हाथ बढ़ाया। कृष्ण उसकी व्यग्रता को निमिष भर ताकते रहे, फिर निषेध में दाहिना हाथ उठाया।...जरा ठिठक गया–'क्यों, नाथ क्यों?'

'रहने दो, भाई। माता गांधारी के वचन में व्यवधान बनने का प्रयत्न मत करो,' बड़ी धीरता से वे बोले।

'मैंने महापातक किया है। मुझे क्षमा करो, नाथ! मैंने...मैंने आपको जंगली प्राणी समझकर आप पर तीर चलाया। यह मैंने क्या किया, नाथ!' जरा भूमि पर लोटकर करुण क्रंदन करने लगा।

'उठो वत्स!' करुणाई स्वर में कृष्ण बोले –'तुम्हारा नाम क्या है?'

'मेरा नाम ?...जरा !'

'जरा!...ठीक।' कृष्ण का मधुर हास्य छलका। तलवे से बहकर रक्त धारा भूमि पर काफी दूर चली गई थी। 'जरा तुम्हारा नाम सार्थक है, तात! 'जरा' कभी किसी को नहीं छोड़ती। अमरत्व के अभिशाप ने जिसे घेरा हो, उसे भी महाकाल जरा समेट ही लेता है न। जरा तू तो निमित्त मात्र है, वत्स।"[47]

कृष्ण के निर्देशानुसार ही कृष्ण-जीवन-लीला समाप्ति के पश्चात अर्जुन द्वारका

जाते हैं, वसुदेव और देवकी को समझाने, सम्हालने; किंतु मार्ग में जाते हुए अर्जुन जैसे महावीर की मन-अंतर्दशा अत्यंत भाव-विह्वलता में डूबी हुई है :

"आज...पूरा शरीर पसीने से नहा उठा। फिर भी त्वचा में कितनी जलन थी। छत्तीस वर्ष पहले कुरुक्षेत्र के मैदान में उसके अंग जिस तरह शिथिल हो गए थे, गला सूख गया था : कुछ वैसा ही आज भी उसे लीलता जा रहा था।...कृष्ण विहीन द्वारका में कैसा प्रवेश ?...ब्रह्मलोक से किसी संगीत की लय मानों हवा में घुलती उतर रही हो। यह संगीत...?...कैसा अभागा हूँ मैं। दारुक! कृष्ण विहीन द्वारका में मैं भी पग कैसे धरूँ ? मैं उस भवन की ओर देखूँ कैसे, जहाँ कृष्ण रहते थे। दारुक. ........ दारुक तुम रथ लौटा ले चलो भाई।''[48]

दूसरी तरफ आजीवन संतति वेदना के महासागर में डूबी रहने वाली देवकी की अपनी अलग पीड़ा है :

"...एक बार मैंने कृष्ण को अपने हाथों माखन-मिश्री खिलाने की जिद कर ली। हस्तिनापुर, इंद्रप्रस्थ, मथुरा, प्राग्ज्योतिषपुर और समस्त आर्यावर्त में हर कहीं परिभ्रमण करने वाले मेरे इस पुत्र को द्वारका में शांति से बैठने का समय बहुत कम मिलता था। कभी स्थिरता में उसे पाया तो मैंने आग्रह करके उसे अपने इसी आवास पर अपने हाथों बनाई रसोई खाने के लिए बुलाया था। उसके माखन-मिश्री प्रेम के बारे में बहुत कुछ सुना था रे, इसलिए मैंने उसकी वह खास चीज परोसी...यहीं इसी खंड में, उस तरफ देख पुत्र...यहीं उसे बिठाकर मैंने उसके सामने भोजन का थाल धरा।...'' देवकी को अपनी हिचकी रोकने में थोड़ा वक्त लगा, ''थाल की ओर देखता रहा वह और फिर, फिर उसकी आँखों में मैंने आँसू देखे। माखन-मिश्री को उसने छुआ भी नहीं और अपना माथा झुका लिया।"

"यह आप क्या कह रही है कृष्ण की आँख में आँसू ?" अर्जुन स्तब्ध रह गया।

"हाँ!" देवकी बोली, "मैंने उसका माथा सहलाते हुए पूछा—तुम! तेरी इस अभागी माँ के हाथों ऐसा क्या अपराध हुआ है कि उसके परोसे अपने प्रिय मिष्टान्न को खाने के बदले तू रो रहा है?

...और जानते हो, कौंतेय कृष्ण ने क्या कहा? बोला—'माँ! गोकुल छोड़कर जब मैं मथुरा के लिए चला था तब माता यशोदा का मैंने वचन दिया था कि माँ, मैं फिर लौटकर तुम्हारे पास आऊँगा...और जब तक तेरे पास नहीं पहुँच जाऊँगा, अपना प्रिय माखन-मिश्री नहीं खाऊँगा। माँ एक तरफ माता यशोदा को दिया वह वचन है और दूसरी तरफ तुम्हारे हाथों परोसा यह प्रेम...माँ तुम ही कहो, दो-दो माताओं का पुत्र मैं—यह कैसे धर्म संकट में फँस गया हूँ..."

कृष्ण ने वही किया जो उसे करना चाहिए था। मेरा प्रेम तो मेरे स्वार्थ में से उभरा था। यशोदा को दिया वचन स्वार्थ में से नहीं, त्याग में से प्रकट हुआ था।

त्याग का प्रेम हमेशा ऊँचा होता है।'' इतना कहते-कहते देवकी मानो एकदम निचुड़ गईं। तकिए पर निढाल-सी हो गईं।...[49]

प्रभास क्षेत्र में मचे यादवी कलह की बात स्वयं कृष्ण ने वृद्धावस्था के जर्जर पिंजड़े में सँजोयी हुई श्वास वाले अपने पिता वसुदेव को बताई थी। "तात! दाऊ बलराम समुद्रतट पर समाधिस्थ अवस्था में प्रयाण की पूर्व तैयारी कर चुके हैं। माता गांधारी का शाप यथार्थ हुआ है। अंधक, वृष्णि, भोजक—तमाम यादवकुल कर्माधीन हो गए हैं। यह द्वारका अब मेरा निवास स्थान नहीं रहा, तात!...मुझे विदा दीजिए, द्वारका में अब मुझसे नहीं रहा जाएगा।''

वसुदेव ने अंतिम बार पुत्र का मस्तक सूँघा, काँपते हाथों से उसका चेहरा सहलाया। देवकी ने चरणों पर झुके पुत्र की पीठ सहलाई। वे सब कर्म के अधीन थे—महाकाल द्वारा निर्धारित कर्म।

"तू तो धर्मज्ञ है, पुत्र! पिता ने एक ही प्रश्न किया था—बता, क्या मैं ही अभागा हूँ, जो वेदकाल के उस ऋषि को भगवान ने जो वरदान दिया था, उससे वंचित रहा? ''

"कौन सा वरदान तात?"

कृष्ण ने पिता की ओर देखा। "मेरे बाद आए हुए मुझसे पहले कभी न जाएँ, यही वरदान तो वेदकालीन ऋषि ने माँगा था। मैं इस वरदान से एकदम प्रारंभ से ही वंचित रहा हूँ। आज इसकी जैसे कचोट उठ रही है। वैसी अनुभूति पहले कभी नहीं हुई थी, कृष्ण।" वसुदेव का कंठ अवरुद्ध हो आया। किंचित स्वस्थ होकर उन्होंने पुत्र के मस्तक को हल्के से चूम लिया, फिर आँखें बंद कर लीं। निमिष भर बाद आँखें खोलीं तो कृष्ण खंड में कहीं थे नहीं।[50]

दिनकर जोशी, देवकी से लेकर सत्यभामा, रुक्मिणी तक के हृदय की मर्म वेदना का अत्यंत सुंदर चित्रण करते हैं। कृष्ण के वियोग में परम ज्ञानी उद्धव की दशा भी दयनीय हो जाती है।...

अर्जुन ने देखा—उद्धव भी कुछ विचलित हो उठे। उद्धव की आँखों के सामने अब भागीरथ का नीर नहीं था। कृष्ण, द्वारका या अर्जुन भी नहीं थे। उनकी आँखों के सामने तो कलकल निनादित कालिंदी थी, कदंब वृक्ष और गोवर्धन पर्वत थे, गोधन और रास रचाती गोप कन्याएँ थीं और वह एक गोप-कन्या?...राधा को कैसे कह सकूँगा मैं कि अब कालिंदी का जल और कदंब का वृक्ष दोनों अचेत हो गए हैं?

...और उद्धव! कृष्ण ने यह भी कहा है कि अर्जुन ने संदेशा पूरा किया,... कृष्ण का देह विलय जिस प्रकार हुआ उसका कोई वर्णन राधा के आगे न करे। मात्र इतना कि कृष्ण की देह विलय हो गई...विलय, बस और कोई बात नहीं।

राधा...ब्रजभूमि की यह गोप कन्या कदाचित् अभी भी कृष्ण की प्रतीक्षा करती होगी। अपने श्याम के स्वागत के लिए कदाचित् अभी भी मथुरा की दिशा में टकटकी

लगाए बैठी होगी।

"अब तुम्हारी टकटकी टँगी ही रहने वाली है, राधा।" उद्धव बुदबुदाए,...तत्क्षण उन्होंने अपने होंठ मजबूती से भींच लिए।[51]

जोशी जी ने द्रौपदी जिसके लिए कृष्ण सर्वस्व थे, उनकी कृष्ण वियोग पीड़ा को पश्चात्ताप के रूप में अभिव्यक्त किया है।

...अभी कृष्ण की बात विराम भी नहीं पा सकी थी कि द्रौपदी बिजली सी कौंधी—कृष्ण...कृष्ण!...अठारह अक्षौहिणी सेना जिस साध्य के लिए कट मरी, उस साध्य के प्राप्त होते ही आप कृष्णा को भूल गए ?...आप उस वीर सेनापति धृष्टद्युम्न को भूल गए, जिसने इस महासंग्राम में पांडव पक्ष को विजय-पथ पर पहुँचाया। वह मेरा सहोदर धृष्टद्युम्न यों पशुवत् मारा गया, उसका कोई काँटा आपको नहीं गड़ता न।

"पांचाली! बहन...!" कृष्ण ने द्रौपदी के कंधे पर अपना सहज स्नेहसिक्त हाथ रखा। "बहन?..."

पांचाली थर-थर काँपने लगी, "हाँ मैं भी यही सोचती थी कि कृष्ण की परम सखी यदि कोई है तो वह मैं ही हूँ। लेकिन वह एक भ्रम था आज मेरी समझ में आ गया कि सुभद्रा और द्रौपदी के बीच कृष्ण की आँखों में भी दाहिनी-बाईं जितना भेद तो है ही...।"[52]

सब के सब स्तब्ध थे किंतु कृष्ण के चेहरे पर कुछ खास प्रतिक्रिया नहीं उभरी। उनके होठों पर चिर-परिचित करुणा फैली हुई थी। युधिष्ठिर ने द्रौपदी को रोकने का विफल प्रयास किया। द्रौपदी के समक्ष तो अपने पाँच पुत्रों और भाई की धूल और खून से लथपथ लाश जमीन पर पड़ी लाश थी। द्रौपदी तिरस्कार पूर्ण स्वर में बोलीं...

...कृष्ण की कुटिल राजनीति का ऐसा कुछ दर्शन मुझसे अब सहा नहीं जाता। हस्तिनापुर का राज्य पांडवों के बाद सुभद्रा के पुत्र को...हाँ, मैं कहूँगी...अपनी सगी बहन के पुत्र को ही मिले, ऐसे किसी प्रयोजन से कदाचित् कृष्ण ने स्वयं इस घोर कृत्य को...द्रौपदी आगे न बोल सकी। उन्माद उसे विवश कर गया। बिलख-बिलख कर रोती हुई वह धरती पर गिर पड़ी।...

कृष्ण के चेहरे पर वही स्वस्थता थी—पुरानी। ओठों पर मीठी, मधुर मुस्कान खेलती थी, छिपती थी। मशाल का काँपता प्रकाश अब तक स्थिर हो चला था—परछाईं सिकुड़ गई थी, छोटी हो गई थी।

'कृष्णा बहन!...सखी' कृष्ण के होठों से ऐसे शब्द फूटे जैसे बच्चे को थपकी दे रहे हों—इधर देखो, मेरे सामने...कृष्ण ने हाथ बढ़ाकर द्रौपदी का माथा सहलाया। जैसे एकदम कुछ घटा ही न हो, इस तरह वे बोले—तुम जो चाहतीं थी न, देखो, वह तो हो गया है।...

कृष्ण यह क्या कह रहे थे?

सबने आँखें चुराईं, पलकें झपकाईं...इधर-उधर झाँके।

भीम यथावत् खड़ा था।

अर्जुन का कहीं पता न था।[53]

इस घटना का स्मरण करके द्रौपदी अत्यंत व्याकुल हो जाती हैं, पश्चात्ताप की अग्नि में उनका हृदय जलने सा लगता है।–

"कहाँ हैं? कहाँ हैं कृष्ण के चरण, अर्जुन?" द्रौपदी हवा में हाथ फैलाकर आर्त स्वर में पुकार उठीं। कहीं कुछ भी तो नहीं था। उसने अपने हाथ खींच लिए और बोलीं, "नहीं...नहीं, अर्जुन, कृष्ण मेरे पास अब कभी नहीं आएँगे। मैंने ही तो उन्हें दुत्कारा था। अश्वत्थामा की नीचता के सम्मुख मैं विवश हो गई थी।..."[54]

द्रौपदी व्याकुल होकर विलाप करते हुए एकालाप करती हैं...

उनके मन में आता है, इहलोक में नहीं तो परलोक में, इस जन्म में न सही, अगले किसी पुनर्जन्म में, कहीं तो किसी संयोग से तो, पुनः कृष्ण मिलेंगे और पूछेंगे–कृष्णा! महाभारत की व्यथा से तूने तो मुक्ति पा ली; किंतु तेरे वैर और धिक्कार का अभिशाप जिसके सिर से अभी तक नहीं उतरा, वह अश्वत्थामा अभी भी अविराम भटक रहा है। तूने उसके लिए, उसकी पीड़ा के समाधान के लिए क्या किया? वैर और प्रतिशोध की आग पीढ़ियों तक जीवित रखने का तेरा यह कार्य....द्रौपदी ने नजरें झुका लीं। तब, तब मैं कृष्ण को क्या उत्तर दूँगी, पार्थ?...अश्वत्थामा की मणि यदि हम उसे पुनः लौटा सकें तो शायद यह कचोट, अपनी दुर्बलता का यह डंक कुछ कम चुभे शायद... । कृष्ण की करुणा के संस्पर्श ने अब द्रौपदी का समस्त अस्तित्व छू लिया था जैसे... ।[55] इस प्रकार व्याकुल द्रौपदी को मानों कोई अदृश्य शक्ति ही शांत कराती है।

कृष्ण की परम सखी, कृष्ण का अभिन्न स्वरूप 'राधा' को कृष्ण-विलय की सूचना देने का दायित्व कृष्ण के द्वारा ही उद्धव को सौंपा गया। उद्धव इस संदेशे को गुरुतर भार अपने हृदय पर लेकर कृष्णाज्ञा पालनार्थ राधा के पास जाते हैं–

"हाँ राधा", उद्धव धीरे से बोले, "इस बार भी कृष्ण का संदेश तुझ तक पहुँचाने का ही काम करना है, मुझे...कृष्ण का संदेश..."

"कहिए उद्धव झट से कहिए।" राधा पहली बार तनिक अस्वस्थ हुई," "कृष्ण का संदेश देने में विलंब न करें।" 'राधा' उद्धव ने अतिशय भावपूर्वक राधा के मस्तक पर हाथ रखा, "कृष्ण ने...कृष्ण ने कहा है..." पर शब्द तो फिर अटक गए।

"क्या कहा है, उद्धव, कृष्ण ने?" राधा अपलक उद्धव को ताकती रही।

"कृष्ण ने कहा है कि...कि...राधा!...कृष्ण...कृष्ण अब नहीं हैं..." हिमालय की चढ़ाई में भी इतना श्रम नहीं पड़ता, जितना कि इस एक वाक्य को पूरा करने में पड़ा; उद्धव एकदम से थक गए।

"कृष्ण नहीं हैं?" राधा खिलखिलाकर हँस पड़ी, "यह आप क्या कह रहे हैं, उद्धव? स्वयं कृष्ण ने कहा कि अब कृष्ण नहीं, और इतनी सी बात कहने के लिए उन्होंने आपको यहाँ भेजा?"

वाह! कैसा कौतुक! कृष्ण अब नहीं। राधा मुक्त हास्य बिखेरती रही।..."राधा ...तू...तू...कुछ समझती नहीं।" उद्धव उलझन में पड़ गए। राधा से जो बात कहनी है, उसे लेकर वह कई दिनों से बेहद परेशान थे। और यहाँ तो उस बात की मानों कोई कीमत ही नहीं। "तू...तू...क्यों हँस रही है इतना?"

"हँसने वाली बाती ही तो आप कह रहे हैं, उद्धव!" राधा मुश्किल से हँसी रोककर बोली, "आपने यह आकाश देखा है, उद्धव?" उसने अचानक आँख उठाकर आकाश दिखाया।

"आकाश!" उद्धव ने आकाश की ओर नजर घुमाई। इक्के-दुक्के तारे निकल आए थे। राधा के मस्तक पर गुँथे हुए पुष्पों जैसे आकाश के ये तारे... "और उधर आपको कालिंदी दिखाई देती है?" राधा ने आगे सवाल पूछा।...उद्धव ने गहराते अँधेरे में चाँदी की चमकती लकीर-सी कालिंदी देखी।

"और यह हवा...और उधर वृक्ष के पास वे मयूर पंख इन सब को आप देख सकते हैं। इनका अनुभव कर सकते हैं न?" राधा ने उद्धव के कान से मुँह सटाकर पूछा।

"राधा यह सब तू क्या कर रही है?"

"यह सब आप नजरों से देख रहे हैं; और फिर भी कहते हैं कि कृष्ण नहीं, यह हँसने वाली बात नहीं है, उद्धव! अवश्य ही जरावस्था ने आपको भ्रमित कर दिया है।" राधा बोली।

"राधा...राधा...अरे तू समझती क्यों नहीं?" उद्धव अकुला गए "कृष्ण की पार्थिव देह अब हमारे बीच नहीं..'' आखिर उन्होंने कह ही डाला जिसे कहते वे हिचक रहे थे।

राधा अचानक गंभीर हो उठी : अपलक उद्धव को ताकने लगी। "कृष्ण की पार्थिव देह...?" राधा ने उद्धव का हाथ पकड़ लिया– "चलिए उद्धव, चलिए, अभी-अभी तो कृष्ण यहीं थे, चलिए मैं आपको उनके पास ले चलूँ," कहते-कहते राधा ने उद्धव को खींचा। उद्धव के पाँव जरा लड़खड़ाए। तेज कदमों से चलती राधा के पीछे वे खिंचते गए।[56]...

उपर्युक्त प्रसंग से स्पष्ट है कि अन्य पात्रों सहित प्रमुख रूप से राधा के माध्यम से श्री जोशी कृष्ण के घट-घट-वासी स्वरूप को स्वीकृति प्रदान करते हैं।

राधा के अनुसरण में कालिंदी तीर पर पहुँचकर सभी ने दिव्य अनुभूतियों के दर्शन किए। तमाल और कदंब के वृक्ष के सारे पर्णों में, मोखों में, हवा की सरसराहट और कालिंदी की कल-कल में वंशी की धुन की अनुभूति ने मानो उद्धव को भी

संज्ञा शून्य बना दिया। वे भी कृष्ण के इस सूक्ष्म स्वरूप में लीन से हो गए।

कृष्ण के इस सूक्ष्म और समग्रता में व्याप्त स्वरूप की अनुभूति राधा के संदर्भ में तो अनूठी ही है। राधा तो इसकी अनुभूति कृष्ण के मथुरा जाने के समय से ही कर रही है। न तब कृष्ण राधा से अलग थे जब वे देहधारी थे और न अब राधा से अलग हैं जब वे विदेहधारी हो गए हैं।

इस प्रकार राधा जो कृष्णमय हो गई थी, जिसने कृष्ण को कभी विदा दी ही नहीं उससे कृष्ण कैसे अलग हो सकते थे, जो स्वयं अशरीरी हो चुकी थी और अशरीरी रूप में ही कृष्ण के साथ प्रति-पल विचरण कर रही थी उस पर कृष्ण की देह-विलय के संदेश का प्रभाव कैसे पड़ सकता था?

जोशी जी ने अपनी इस कृति में सूत्र रूप में यत्र-तत्र कृष्ण की गीता के संदेश को चित्रित किया है साथ ही–

महाकाल के स्वरूप को पुष्टि प्रदान करते हुए जोशी जी कृष्ण के मुख से कहलवाते हैं–"जरा! तुम्हारा नाम सार्थक है, तात! 'जरा' कभी किसी को नहीं छोड़ती! अमरत्व के अभिशाप ने जिसे घेरा हो उसे भी महाकाल 'जरा' समेट ही लेता है न। जरा, तू तो निमित्त मात्र है, वत्स!"[57]

कृष्ण के निर्विकारी सर्वव्यापी घट-घट-वासी स्वरूप का वर्णन किया गया है :

''...मैं अजन्मा हूँ। निर्विकार स्वरूप में, प्राणिमात्र में व्याप्त हूँ, तथापि प्रकृति क्रम से जन्म की माया धारण करता हूँ, अर्जुन।"[58]

कृष्ण ने शासन के द्वारा किए जाते हुए अन्याय पूर्ण शोषण से मुक्ति दिलाने हेतु इस गोरस समृद्धि को बचाने के कार्य में स्त्रियों का सहयोग आवश्यक मान तेजस्वी गोप कन्या राधा सहित अन्य गोप बालाओं को भी अपने मत में लेकर सहयोग प्राप्त किया और प्रजातांत्रिक व्यवस्था की स्थापना कर शोषण का निरोध किया।

इस कृति के माध्यम से नारी शक्ति और नारियों के प्रति सम्मान और श्रद्धा की भावना की पुनर्स्थापना करने का सफल प्रयास किया गया है।

साथ ही जहाँ समाज द्वारा अभिशापित रूप से जन्मे शिशुओं के मनोभावों को भी मनोवैज्ञानिक रूप से प्रस्तुत करने का प्रयास किया गया है, वहीं भाट और चारणों से घिरे आधुनिक नेताओं पर भी कठोर व्यंग्य हैं।

इस प्रकार दिनकर जी ने अपनी इस कृति 'श्याम, फिर एक बार तुम मिल जाते' में एक तरफ जहाँ पौराणिक कथा के अनुसार ईश्वरवादी 'मिथक' को स्वीकार किया है, वहीं उस कथा को वर्तमान परिप्रेक्ष्य में मनोवैज्ञानिक और समाजोपयोगी ढंग से भी प्रस्तुत किया है।

### *(ख) 'पुरुषोत्तम' : भगवतीशरण मिश्र*

श्रीकृष्ण परक सभी उपन्यासों का वर्णन अथवा उल्लेख यहाँ करना तो संभव नहीं है;

किंतु अति संक्षेप में हम डॉ. भगवतीशरण मिश्र द्वारा रचित 'पुरुषोत्तम' नामक उपन्यास में श्रीकृष्ण चरित के सर्वाधिक उल्लेखनीय 'विराट-रूप दर्शन' प्रसंग को देखते हैं।

इस उपन्यास में कृष्ण अर्जुन को गीता-ज्ञान पर आधारित संदेश देते हुए कहते हैं कि तुम सब चिंता छोड़ दो, अपने आपको कर्त्ता मत मानो। कर्त्ता अकर्त्ता का भान छोड़कर मेरी ही शरण में आ जाओ—

"मेरे ही भक्त बनो, मेरी ही पूजा-अर्चना करो, मुझे ही नमन करो...इस तरह मुझसे युक्त होकर तुम मुझे ही प्राप्त हो जाओगे।"[59]

इस प्रकार समझाते हुए श्रीकृष्ण ने अर्जुन को पहले दिव्य-दृष्टि प्रदान की, तदनंतर अपने विराट स्वरूप में विश्वरूप दर्शन कराया।

श्रीकृष्ण ने संकल्प-बल को साधा और जिस स्वरूप की इच्छा; वही अर्जुन के समक्ष उपस्थित—उन्होंने अपनी इच्छाशक्ति से अर्जुन के साधारण नेत्रों में असाधारण शक्ति भर ही दी थी। साथ ही अन्य लोगों के लिए इस अद्भुत रूप को अदृश्य कर दिया।

सब कुछ प्रकाशमय था—अद्भुत-अलौकिक-अतुलनीय प्रकाश, विशाल वपु और अस्त्र-शस्त्र, आभूषण और आयुध से फूटते प्रकाश से अर्जुन की आँखें चौंधिआयी रहतीं—अर्जुन के मुख से अभ्यर्थना-शब्द, धारा से फूट रहे थे :

*"हे देव! तुम्हारे इस शरीर में ही*
*मैं सभी देवताओं और प्राणियों के विशेष समूह को देख रहा हूँ।*
*ब्रह्मा को भी देख रहा हूँ, शंकर को भी।*
*और कमल पर आसीन विष्णु को भी।*
*सभी ऋषियों और सभी दिव्य सर्पों*
*को भी तुम्हीं में अवलोकित कर रहा हूँ मैं।*

× × ×

*आदि मध्य और अंत से रहित*
*आप अनंत शक्तिशाली के*
*अनंत बाहु और सूर्यचंद्र के रूप में*
*अनंत नेत्र हैं।*
*प्रज्वलित अग्नि के सदृश मुख वाले आपको*
*मैं अपने तेज से संपूर्ण विश्व को तपाते हुए देख रहा हूँ।*
*हे महात्मन्। आकाश और पृथ्वी*
*के मध्य का यह अंतराल तथा*
*सभी दिशाएँ एक आप ही के द्वारा*
*व्याप्त हैं।*

× × ×

*इस महान रूप को देखकर*
*मैं तथा सभी लोक व्यथित हुए जा रहे हैं।*
*हे विष्णो! व्योमस्पर्शी आपके अनेक वर्ण वाले*
*खुले मुख वाले और प्रज्वलित नेत्रों वाले*
*इस रूप को देखकर*
*व्यथित अंतरात्मा वाला मैं*
*न तो धैर्य धारण कर पाता हूँ*
*न शांति ही प्राप्त कर पाता।*

× × ×

*हे विष्णो! आप अपने धधकते मुखों से*
*सभी लोकों को निगलते हुए*
*जीभ चटकार रहे हैं।*
*और आपका यह प्रचंड प्रकाश*
*संपूर्ण जगत को आपके तेज से आपूर्त्त कर*
*उसे तपाए जा रहा है।*
*हे देववर! आप प्रसन्न होइए*
*और बताइए कि उग्ररूप वाले*
*आप हैं कौन?*
*आप आदि पुरुष को मैं जानने की इच्छा रखता हूँ*
*और यह भी कि आपकी इस प्रवृत्ति का*
*लक्ष्य क्या है?*
*कहाँ ले जायगा यह रूप*
*इस जगत को ?"*[60]

स्पष्ट है कि इस उपन्यास में डॉ. भगवतीशरण मिश्र ने श्रीकृष्ण के विराट स्वरूप का वर्णन श्रीमद्‌भगवद्‌गीता के अनुसार ही किया है। अर्जुन को दिव्य-दृष्टि किसी अलौकिक चमत्कार के रूप में नहीं वरन्, योग-बल-संकल्प द्वारा प्रदान की गई, जो आज भी अनुभवों एवं वैज्ञानिक दृष्टिकोण के आधार पर प्रासंगिक और विश्वसनीय है। डॉ. मिश्र ने समूची कथा को अत्यंत आकर्षक, मनोरंजक, जिज्ञासात्मक एवं मनोवैज्ञानिक ढंग से प्रस्तुत किया। भाषा सहज सुंदर और प्रवाहमयी है। डॉ. मिश्र का कला-सौष्ठव और कल्पनाशीलता प्रशंसनीय है।

### *(ग) प्रतिभा राय : द्रौपदी*

डॉ. प्रतिभा राय के डेढ़ दर्जन उड़िया उपन्यासों में अत्यंत लोकप्रिय है, 'याज्ञसेनी'

जिस पर उन्हें भारतीय ज्ञानपीठ का इक्यावन हजार रुपयों का मूर्त्तिदेवी पुरस्कार एवं सम्मान प्राप्त हो चुका है।

'द्रौपदी' इसी उड़िया 'याज्ञसेनी' उपन्यास का हिंदी रूपांतरण है। याज्ञसेनी का हिंदी रूपांतरण शंकरलाल पुरोहित द्वारा किया गया है।

प्रतिभा राय उड़िया की अग्रणी लेखिका हैं, जिनके डेढ़ दर्जन उपन्यास प्रकाशित होकर लोकप्रिय हो चुके हैं। उन पर अनेक पुरस्कार मिले हैं, फिल्में बनी हैं तथा कई कृतियाँ हिंदी में भी सामने आ चुकी हैं। यज्ञ से उत्पन्न याज्ञसेनी द्रौपदी के जीवन लो उन्होंने उसकी समग्रता में इस प्रकार चित्रित किया है मानों आधुनिक युग में यह उसका पुनर्जन्म है। कृष्ण समर्पित तथा पाँच पांडवों को ब्याही द्रौपदी का जीवन अनेक दिशाओं में विभक्त है, फिर भी उसका व्यक्तित्व बैठता नहीं, टूटता नहीं, वह एक ऐसी इकाई के रूप में निरंतर जीती है जो तत्कालीन घटनाचक्र को अनेक विशिष्ट आयाम देने में समर्थ है।

द्रौपदी भारत का कालातीत, स्थानातीत और युगातीत चरित्र है जो प्रतिभाशाली लेखिका की कलम से अंकित होकर सामयिक और समीचीन हो उठा है। नारी मन की वास्तविक पीड़ा : सुख-दुःख और व्यक्तिगत अंतःसंबंधों की जटिलता को गहराई से पकड़ पाना, इस आदि से अंत तक पाठक को बाँधने वाले उपन्यास की सफलता है।

प्रतिभा जी की इस कृति 'द्रौपदी' का मुख्य आधार व्यासदेव रचित महाभारत ही है। इसके साथ ही उड़िया में सरलादास की महाभारत का भी कुछ प्रभाव है। कुछ काल्पनिक घटनाओं और पात्रों का समावेश भी मूल कथानक में किया गया है। जगह-जगह मूल महाभारत के घटना प्रवाह का क्रम भी व्यतिक्रमित हुआ है। यह व्यतिक्रम भी मानों द्रौपदी के व्यतिक्रमित जीवन का ही सजीव रूप है। लेखिका ने कृष्णा के किसी मरणशील देहधारी नारी की तरह विडम्बित, वैचित्र्यपूर्ण जीवन के मनोवैज्ञानिक चित्र को उकेरने का सफल एवं प्रभावपूर्ण प्रयास किया है।

माँ के आशीर्वाद से पाँच पतियों में बँटी हुई द्रौपदी की मनःस्थिति वास्तव में किसी नारी की सहनशीलता की पराकाष्ठा ही तो है :

"मेरी महनीयता, ज्ञान, विचार बुद्धि और सतीत्व—सबकी पराकाष्ठा परखने के लिए मेरे सामने एक आह्वान उपस्थित था। कैसी विषम परिस्थिति है। मैं आनंद में भरी थी कि अर्जुन को पति रूप में प्राप्त कर लिया है। परंतु विचलित भी थी कि अर्जुन के साथ पंचपति का वरण करना होगा।"[61]

"...और मैं हूँ साधारणमर्त्य की मानवी। तभी तो मेरी यह परीक्षा है—मेरा यह विडम्बित पति-निर्वाचन।"[62]

...मुझे लगा, मैं टूट रही हूँ। दुःख-लज्जा दुश्चिंता से अगले ही क्षण नववधू कृष्णा के अंदर यज्ञानल में संभूत याज्ञसेनी विद्रोह कर उठी।[63]

लेखिका डॉ. प्रतिभा राय ने सूत्र वाक्यों का भी स्थान-स्थान पर सुंदर प्रयोग किया है।

"पोथी का पन्ना पलटना पड़ता है, पर भाग्य का पन्ना तो स्वतः ही उलट जाता है।"[64]

द्रौपदी के जीवन का सबसे दारुण दृश्य दुःशासन द्वारा वस्त्र खींचा जाना, एक तरफ जहाँ अत्यंत मर्मांतक है वहीं दूसरी तरफ परंपरागत कथा का अनुकरण भी। द्रौपदी कहती है :

"मैंने दसों दिशाओं को साक्षी रखकर कहा—अनादि काल से आज तक और इसके बाद महाकाल स्रोत्र में आगामी सारे युगों में ऐसा नारकीय लोमहर्षक और बर्बर कांड भी नहीं हुआ, कभी होगा भी नहीं।...मगर आज गुरुजनों की उपस्थिति में सभा के बीच सबके सामने द्रौपदी का अश्राव्य बीभत्स अपमान और लांछना की नारकीय लीला चलती रही, मगर सब चुप रहे...जड़।...मगर यहाँ दुरात्मा कुत्सित वासना के वश होकर भरतवंश की कुलवधू को अनादृत कर उसकी देह को सभा के बीच नंगी कर रहे हैं। नारी धर्म पर ऐसा बीभत्स अत्याचार कभी इतिहास से मिटेगा नहीं। इस देश के उत्तर दायाद्य इसीलिए कुरु पति को निंदित करेंगे। कुरुवंश का यह स्वेच्छाचार, अन्याय, अत्याचार सारी पुरुष जाति को अनंत काल तक हीन बना देगा। भरत वंश की सती स्त्री तथा सारी पृथ्वी की नारी जाति को अपमानित कर देगा। इस अपमान की कोई क्षमा नहीं, इस पाप का कोई प्रायश्चित्त नहीं।"[65]

अंततः द्रौपदी थक-हार कर कृष्ण को पुकारती है...

"हे कृष्ण वासुदेव! आप मेरे अंतर्यामी हैं। पृथ्वी के जिस प्रांतर में हों, दुरात्मा कौरवों से आपकी सखी कैसे निपीड़ित हो रही है, क्या आप नहीं समझते? पृथ्वी के इतने लंबे इतिहास में सर्वाधिक कलंकित और नारकीय अध्याय लिखा जा रहा है,...यह असह्य लज्जा और विपद् इससे तुम्हीं उद्धार कर सकते हो। गोविंद। त्राहिमाम्।...प्रभु मैं अपनी नहीं हूँ यह श रि मेरा नहीं अतः यह शरीर और इसका सारा दायित्व, तुम जानो। सब तुम्हारा है मानापमान, लज्जा, संकोच, सब तुम जानो। सब तुम्हारा है। तुम्हीं सारे कारणों के कारण हो। मुझे कुछ नहीं मालूम।"[66]

द्रौपदी कातर होकर कृष्ण को पुकारती है, उनकी शरणागत होती है और—

"मेरे चारों ओर क्या कुछ हो रहा था, मैं कुछ नहीं जान पाई। बस सुदर्शन चक्र घूमता दिखा और उसमें से पसर आता है कृष्ण का करुणामय हाथ—और उसमें से पर्त के पर्त परिधान मुझे ढकते जा रहे हैं—मंत्रजल की तरह करुणा झर रही है मुझ पर। उससे मेरे अंदर की लज्जा और अपमान पता नहीं कहाँ दुबक गए।... दुःशासन खींचता जा रहा था मेरा परिधान। क्लांत और अवसन्न होने तक खींचता रहा दोनों हाथों से। जितना ही खींच लेता, मेरी देह उतने ही मूल्यवान वस्त्रों से फिर आवृत्त होती जाती। यह अद्भुत दृश्य देखकर सारी सभा स्तब्ध रह गई। 'सती'.

..सती' की जय ध्वनि से सारी सभा मुखरित हो उठी।"[67]

प्राचीन परंपरागत कथा में अक्षय पात्र का प्रसंग भी मिथकीय रूप में ही इस उपन्यास में अनुसृत है :

"मेरे हाथ में था अक्षय पात्र पर मुझे दिन भर भूखे रहना पड़ता; क्योंकि मेरे भोजन कर चुकने के बाद पात्र में उस दिन के लिए भोजन समाप्त हो जाता। अतः सबके प्रातः भोजन, मध्याह्न भोजन, रात्रि भोजन के बाद अनागत अतिथि अभ्यागतों की प्रतीक्षा में आधी रात गए तक मुझे उपवास व्रत पालन करना होता।...एक आदमी के भूखे रहने पर यदि करोड़ों को भोजन मिलता हो, तो उस एक का भूखा रहना श्रेयस्कर है।...काम्यक वन में कीट पंतगे तक भूखे नहीं रहते।...

अमृतमयी जननी होती है नारी।...पर उसके भूखे मुँह में अमृत का झरना झरा देती है नारी।...अतः नारी मात्र अमृतमयी, अन्नपूर्णा होती है। औरों के भूखे पेट को भरने की स्पृहा और आनंद नारी की सहजात प्रवृत्ति होती है। मैं जब नारी हूँ, फिर अन्नपूर्णा के अंश से मेरा जन्म है, औरों की भूख-प्यास मिटाना मेरे लिए आनंद की बात है। अतः धर्म-देव ने मेरे हाथ में अक्षय पात्र दिया था। मैं उनके प्रति चिर-कृतज्ञ हूँ।"[68]

इस प्रकार मूल कथा का अनुसरण करती हुई और पौराणिक मिथकीय कथा को स्वीकार करती हुई यह औपन्यासिक कथा द्रौपदी की व्यथा को और कृष्ण की कथा को स्पष्ट करती हुई आगे बढ़ती है।

अभिमन्यु की मृत्यु पर कृष्ण द्रौपदी को समझाते हुए कहते हैं : "सखी यही युद्ध की दारुण परिणति है। पृथ्वी के मंगल के लिए दुष्टनाशन के मार्ग में साधु सन्तों को भी त्याग करना पड़ता है। विश्वकल्याण के लिए व्यक्ति-स्वार्थ को जलांजलि देनी पड़ती है।...पृथ्वी के इतिहास में अभिमन्यु का नाम चमकता रहेगा।"[69].

इस प्रकार उपन्यास विश्व कल्याण की भावना में सीझ कर समापन की ओर बढ़ता है। अंत में 'अंत में' शीर्षक से ही लेखिका कहती हैं :

"द्रौपदी नारीत्व का एक आह्वान है। कर्म, ज्ञान, भक्ति और शक्ति का मूर्त्त रूप है। विश्व में अब तक ऐसी नारी कोई नहीं हुई, जो याज्ञसेनी द्रौपदी की तरह यातना लांछन, मानसिक संकट एवं संघर्ष के सामने हुई हो।

कामांध पुरुषों द्वारा सुंदर नारी युग-युग से यातना पाती और अपमानित होती आई है। परंतु भ्रातृविवाद, ईर्ष्या और असूया के अधीन हो अपने ही वंश की कुलवधू अनेक ज्ञानी, गुणी, मानी पुरुषों के सामने विवसना हो और सब चुपचाप निर्वसना की अंगशोभा देखते बैठे रहें इससे बढ़कर कलंक भरा अध्याय विश्व के लिखित-अलिखित इतिहास में कहीं नहीं मिलेगा।"[70]

इस प्रकार कृतिकार द्वारा कृष्णकथा में द्रौपदी के चरित्र को आधुनिक परिप्रेक्ष्य में समग्र रूप से उपस्थित किया गया है।

### *(घ) 'कृष्ण की आत्मकथा' : मनु शर्मा*

मनु शर्मा जिनका सामाजिक नाम हनुमान प्रसाद शर्मा है, जन्म 1928, शरदपूर्णिमा-अम्बेडकर नगर फैजाबाद, ने कथा-साहित्य को उल्लेखनीय योगदान दिया है। आपने लगभग डेढ़ दर्जन उपन्यास लिखे हैं, जिसमें कृष्णकथा धारा से संबंधित उपन्यास–'द्रौपदी की आत्मकथा', 'द्रोण की आत्मकथा', 'कर्ण की आत्मकथा', तथा 'कृष्ण की आत्मकथा', आत्मकथात्मक शैली में लिखे गए उपन्यास हैं।

'कृष्ण की आत्मकथा' तो आठ भागों में सृजित महागाथात्मक और महाकाव्यात्मक उपन्यास है। कृष्ण का चरित्र ही ऐसा है कि उसके लिए तो महागाथा और महाकाव्य में भी व्याख्यायित करना एक बाल-प्रयास सा ही है; क्योंकि "कृष्ण का चरित्र विसंगतियों से भरा पड़ा है। वे रागी भी हैं; विरागी भी; योगी भी हैं; भोगी भी; नारायण भी, रण-दुर्मद भी हैं और रणछोड़ भी; चक्रधर भी हैं और मुरलीधर भी। इतनी विसंगतियों को संगति देना साधारण कार्य नहीं है।"[71] और इस असाधारण कार्य को करने का सामर्थ्य किसी मनुष्य में कहाँ...

"...तुम केवल लेखक हो, लिखो; लेखकीय कर्म का निर्वाह करो-गणेश की तरह। व्यास तो मैं हूँ।"[72] इस प्रकार निमित्त बने मनु शर्मा के द्वारा कर्त्ता रूप कृष्ण ने आठ खंड वाले 'कृष्ण की आत्मकथा' का सृजन कराया। इसमें प्रथम खंड-'नारद की भविष्यवाणी'; द्वितीय खंड 'दुरभिसंधि'; तृतीय खंड 'द्वारका की स्थापना'; चतुर्थ खंड 'लाक्षागृह', पंचम खंड 'खांडव दाह', षष्ठ खंड 'राजसूय यज्ञ', सप्तम खंड 'संघर्ष' एवं अष्टम खंड 'प्रलय' नामक उपशीर्षकों से अभिधानित हैं। इस उपन्यास में एक ऐसे कृष्ण अपनी आत्मकथा कह रहे हैं; जो आधुनिक युग की माँग के लिए अत्यन्त प्रासंगिक हैं; वे ईश्वर नहीं वरन् सामान्य मानव ही हैं। सत्य-पथ के पदचर, न्याय और धर्म के पक्षधर, सदाचारियों और सद्धर्मियों के संरक्षक एकदम सामान्य मानव, किंतु उनकी सत्वगुणीर प्रवृत्तियों ने, उनकी साधना ने और परिस्थितियों ने उन्हें ईश्वरत्व प्रदान कर दिया।

"न हन्यते हन्यमाने शरीरे"–यह तो मैंने अर्जुन से कहा था और उस समय कहा था जब वह मोह से ग्रसित था, युद्ध आसन्न था और वह अस्त्र उठा नहीं रहा था। उसका ममत्व चारों ओर स्वयं को ही देखने लगा था।...

...मेरे मन ने कहा–सँभालो, अन्यथा सब कुछ नष्ट हो जाएगा। मैंने उसे सँभाला। मैंने जो कुछ कहा वह जगद्विदित है। मेरे उस कथन में तर्क और ज्ञान तो था ही; पर अर्जुन पर इसका उतना असर नहीं हुआ जितना मेरे ईश्वरत्व का हुआ। लोग मुझे ईश्वर मान बैठे थे। परिस्थितियों ने मुझे ईश्वरत्व के सिंहासन पर बैठाने में अपनी गंभीर भूमिका बड़ी योग्यता से निबाही थी। शायद नियति की भी यही मंशा थी। ईश्वर ने मनुष्य को बनाया है या नहीं; यह विवाद का विषय हो सकता है; पर मनुष्य ने ईश्वर को अवश्व बनाया है, यह निर्विवाद है।

अद्‌भुत है यह मनुष्य भी! पत्थर को भी देवता बना देता है। और आश्चर्य है कि उससे आशीर्वाद भी लेता है। फिर मैं...मैं तो मनुष्य ही था। बस एक सोपान ऊपर उठना था। परिस्थितियों ने ऊपर उठा दिया और नियति 'साधु-साधु' कहते हुए नाचने लगी।[73]

इस प्रकार प्रारंभ हुए उपन्यास के इस खंड में नारद की उस भविष्यवाणी की चर्चा और चरितार्थता है जो नारद ने कंस की राजसभा में उसकी बहन (देवकी) के आठवें पुत्र द्वारा उसकी मृत्यु के लिए की थी।..."मैं देख रहा हूँ कि तेरी अकीर्ति का घट इतना भर गया है कि उसे फोड़ने के लिए मात्र एक बालक काफी है।. ...वही तेरा अंत कर रहा है। लोग उसे साधुवाद दे रहे हैं।...वह लोगों को तारणहार दिखाई दे रहा है।...कैसी विडंबना है कि हर निरंकुश शासक के अत्याचार की पराकाष्ठा एक ईश्वर को जन्म देती है। कहाँ है वह ईश्वर? कहाँ है वह ईश्वर? कंस जैसे पागल हो गया था। तुम्हारी बगल में खड़ी देवकी के गर्भ में।

...मैं ठीक कहता हूँ, कंस! देवकी के आठवें बेटे द्वारा तेरा विनाश होगा।"[74]

दूसरा खंड 'दुरभिसंधि' के प्रारंभ से पूर्व ही कृष्ण कहते हैं—"मेरी अस्मिता दौड़ती रही, दौड़ती रही! नियति की अंगुली पकड़कर आगे बढ़ती गई—उस क्षितिज की ओर, जहाँ धरती और आकाश मिलते हैं। नियति भी मुझे संकेत करती रही पर मुझे आज तक वह स्थान नहीं मिला और शायद नहीं मिलेगा। फिर भी मैं दौड़ता रहूँगा; क्योंकि यही मेरा कर्म है, मैंने युद्ध में मोहग्रस्त अर्जुन से ही यह नहीं कहा था, अपितु जीवन में बारंबार स्वयं से भी कहता रहा हूँ—'कर्मण्येवाधिकारस्ते...'।

वस्तुतः क्षितिज मेरा गंतव्य नहीं, मेरे गंतव्य का आदर्श है। आदर्श कभी पाया नहीं जाता। यदि पा लिया गया तो वह आदर्श नहीं। इसलिए न पाने की निश्चिंतता के साथ भी कर्म में अटल आस्था ही मुझे दौड़ाए लिए जा रही है। यही मेरे जीवन की कला है। इसे लोग लीला भी कह सकते हैं; क्योंकि वे मुझे भगवान मानते हैं। ...और भगवान का कर्म ही तो लीला है।"[75]

और इस प्रकार लीला करते हुए कर्मयोगी कृष्ण, 'कृष्ण की आत्मकथा' के दूसरे खंड दुरभिसंधि में कंस का और जरासंध का वध करते हैं तथा शिशुपाल वध के संकेत सामने आने लगते हैं।

मनु शर्मा इस खंड में एक तरफ जहाँ वर्तमान राजनीतिक अनाचार की ओर संकेत करते हैं वहीं दूसरी तरफ वे शासक की प्रजा के प्रति मानवीय संवेदना की ओर भी इशारा करते हैं।

तीसरे खंड में कालयवन का वध, कृष्ण-रुक्मिणी विवाह, द्वारका की स्थापना एवं द्वारकाधीश के रूप में कृष्ण का अभिषेक होता है, और इसके साथ ही उपन्यास का समापन। कृष्ण के अंतर में चलने वाले संघर्ष की झलक इस खंड में भी देखने को मिलती है, ठीक उसी तरह जिस प्रकार आधुनिक युग में प्रत्येक मानव

अंतःसंघर्षरत है।

"जीवन की यह निर्णायक घड़ी थी, जैसे मैं बँट रहा हूँ, मेरा एक अंश मथुरा जाने की तैयारी कर रहा है और दूसरा कुशस्थली की ओर। इस बटँवारे का निमित्त भी मैं था और कर्त्ता भी मैं। फिर भी मन उद्विग्न था।..."[76]

मृत्यु शय्या पर पड़े मालिनी के पिता कर्मा के लिएं बिलखती हुई मालिनी को समझाते हुए कृष्ण कहते हैं—"यह शरीर तो प्रकृति का है, नियति का है। नियति ने ही इसे हमारी आत्मा को सौंपा है। उसकी चेतना अभिव्यक्ति के लिए। जब तक प्रकृति बनाए रखेगी शरीर रहेगा।"[77]

"पर प्रकृति का मूल धर्म है—परिवर्तन, या उसे प्रलय ग्रस्तता भी कह सकते हैं। जो प्रकृति आज है वह कल नहीं रहेगी, जो कल होगी, वह अगले दिन नहीं होगी। नित्य प्रलय प्रकृति का स्वभाव है।"[78]

कृष्ण और रुक्मिणी विवाह के दूसरे दिन कृष्ण का द्वारकाधीश के रूप में अभिषेक हुआ। "अब मैं सपत्नीक मंडप से राज्य सिंहासन की ओर ले जाया जाने लगा।...मंत्रोच्चार के साथ मुझे और रुक्मिणी को राज्य-सिहांसन पर आसीन किया गया। इसके बाद ही ककूद्रिमन तथा नाना जी ने मेरे सिर पर मुकुट रखा। और मैं द्वारकाधीश हो गया।

'द्वारकाधीश महाराज श्रीकृष्णचंद्र की जयऽऽ...जयऽ... ।' की ध्वनि उस प्रासाद के विशाल कक्ष में अपनी प्रतिध्वनियों से कई बार टकराई और अंत में जब चूर-चूर होकर बिखर गई तब मैं परंपरानुसार आभार व्यक्त करने खड़ा हुआ...

पूज्य आचार्यगण, आदरणीय नानाजी, पितृकल्प कुशस्थली नरेश, पिताजी, माताजी, बंधु-बांधव एवं प्रजाजनो।

आपके आशीर्वाद से आज मैं द्वारकाधीश के पद पर आसीन हुआ हूँ।...कभी मैंने प्रत्याशित जीवन नहीं जिया। एक प्रकार की अप्रत्याशितता और अनिश्चितता में जीवन का हर पल आगे बढ़ता रहा।...नियति का अदृश्य हाथ सदा अपने करतब दिखाता रहा।...अनिश्चितता जीवन की ऐसी अनिर्वायता है, जो उसे सरस बनाती है। उस अनिश्चितता को जब हम भोगने लगते हैं, तब सपने गढ़ते हैं और तब हम वर्तमान को ही नहीं, भविष्य को भी बड़ी योजनाओं के साथ जीते हैं। यही जीवन का रस है। अनिश्चितता का आनंद है।...हमें आशा है कि आपका आशीर्वाद ही मुझे इस योग्य बनाएगा कि मैं संसार का सर्वश्रेष्ठ शासक सिद्ध होऊँ।

राजा कोई और नहीं, आपके बीच का ही एक ऐसा शक्तिशाली व्यक्ति होता है, जिसे आप अपनी शक्ति का एक-एक अंश देकर उसे महाशक्तिशाली बना देते हैं। उस महाशक्तिशाली को भी हमेशा यह सोचते रहना चाहिए कि प्रजा की जिस शक्ति से मैं बना हूँ, प्रजा वह शक्ति हमसे वापस भी ले सकती है। इस महान सत्य को मैं कभी नहीं भूलूँगा और संकल्प करता हूँ कि आपका रहा हूँ, आपका हूँ और

आपका ही रहूँगा।"[79]

कृष्ण के इस राज्याभिषेक प्रसंग द्वारा मनु शर्मा ने देश की वर्तमान चिंताजनक प्रजातांत्रिक शासन प्रणाली के प्रति भी अपना उत्तरदायित्व निभाया है और 'राजा की वास्तविक शक्ति उसकी प्रजा ही है' इस तथ्य की ओर संकेत किया है।

मनु शर्मा ने 'कृष्ण की आत्मकथा' के पाँचवें खंड में कृष्ण की सर्व व्यापकता की ओर संकेत किया है।

"जीवन को मैंने उसकी समग्रता में जीया है। न मैंने लोभ को छोड़ा, न मोह को, न क्रोध को, न मद को न मत्सर को। शास्त्रों में जिनके लिए वर्जना थी वे भी मेरे लिए वर्जित नहीं रहे। सब वंशी की तरह मेरे साथ लगे रहे। यदि इन्हें मैं छोड़ देता तो जीवन एकांगी हो जाता तब मैं यह नहीं कह पाता कि करील के कुंजों में रास रचाने वाला मैं ही हूँ और ब्रज में जंगलों में गाएँ चराने वाला भी मैं ही हूँ। चाणूर आदि का वधक भी मैं ही हूँ और कालिय का नाथक भी मैं ही हूँ। मेरी एक मुट्ठी में योग है और दूसरी में भोग। मैं रथी भी हूँ और सारथि भी। अर्जुन के मोह में मैं ही था और उसकी मोह-मुक्ति में भी मैं ही था। यह सब इसलिए हो सका कि मैंने अपनी उस अस्मिता को पहचाना था, जो जन्म के साथ महांधकार कारा में मुझे ज्योति-किरण की तरह दिखाई दी थी। जब मेघ दहाड़ते रहे, यमुना हाहाकार करती रही और तांडव करती प्रकृति की विभीषिका किसी को कँपा देने के लिए काफी थी, तब भी मैं अपने पूज्य पिता की गोद में किलकारी भरता रहा। तब से नियति न मुझ पर पूरी तरह सदय रही न पूरी तरह निर्दय। मेरे निकट आया हर हर्ष एक संघर्ष के साथ था।...मैंने वृक्षों में स्वयं को अश्वत्थ माना...निश्चित ही उसकी जिजीविषा मुझे अद्‌भुत लगी।...मैंने अश्वत्थ में अपनी वह जिजविषा देखी, जिसको नियति ने मथुरा से उखाड़कर जब समुद्र में फेंक दिया तब वहाँ भी द्वारका के रूप में दृढ़ता से जम गई।"[80]

काल की बलवत्ता सिद्ध करते हुए कृष्ण कहते हैं :

"काल पर यदि हमारा नियंत्रण होता तो वह अभी न आता।...पर वह आ गया। जिस वृक्ष को हरा भरा और लहराता हुआ हम छोड़कर आए थे। (मेरा संकेत द्वारका से था), अब झुलसती आँधियों की चपेट में है।"[81]

मनु शर्मा ने 'कृष्ण की आत्मकथा' के छठे खंड राजसूय यज्ञ में कृष्ण के ईश्वरत्व को मानवीय धरातल पर लाकर वैज्ञानिक रूप में प्रस्तुत किया है तथा 'कर्म प्रधान विश्व करि राखा' की महत्ता का प्रतिपादन किया है। कृष्ण कहते हैं...

"मेरी मनुजात की वास्तविकता पर जब चमत्कारों का कुहासा छा जाता है तब लोग मुझमें ईश्वरत्व का अनुमान करने लगते हैं मैं भी अपने में ईश्वरत्व की तलाश में लग जाता हूँ। शिशुपाल वध के समय भी मेरी मानसिकता कुछ ऐसे ही भ्रम में पड़ गई थी—पर जब उसके रक्त प्रवाह में मुझे अपना ही रक्त दिखाई पड़ा

तब मेरी यह मानसिकता धुल चुकी थी, उसका अहं अदृश्य हो चुका था। मेरा वह साहस छूट चुका था कि मैं यह कहूँ कि मैंने इसे मारा है। अब मैं कहता हूँ कि वह मेरे द्वारा मारा गया है। मारने वाला तो कोई और था वस्तुतः उसके कर्मों ने ही उसे मारा वह अपने शापों से मारा गया।

संसार में सारे शापों से मुक्त होने का कोई न कोई प्रायश्चित्त है। पर जब वह अपने कर्म ही शापित करते हैं, तब उसका कोई प्रायश्चित्त नहीं।

आखिर वह मेरा भाई था। मैं उसे शापमुक्त भी नहीं कर पाया। मेरा ईश्वरत्व उस समय कितना सारहीन, अस्तित्वविहीन, निरुपाय और असमर्थ लगा।"[82]

राजा और प्रजा के पवित्रतम संबंधों का प्राकट्य कृष्ण के मुख से कराते हुए मनु शर्मा कहते हैं :

"वह राजतिलक तो तात्कालिक था।.....अभी उस घोषणा पर जनता की मुहर लगनी शेष है।.....क्योंकि वास्तविक शक्ति तो जनता में है। राजा तो उस शक्ति का केवल संरक्षक होता है।"[83]

प्रजा को संबोधित करते हुए कृष्ण कहते हैं :

"काली रात का अँधेरा समाप्त हुआ। नया सूर्योदय हो रहा है। इस सूर्योदय को क्षितिज पर आप ही स्थापित कर रहे हैं। आपको जानकर आश्चर्य होगा कि राजकुमार भगदत्त का राजतिलक राजपरिवार के किसी सदस्य के हाथों नहीं एक पर्वत-पुत्र वयोवृद्ध के हाथों हो रहा है, इसका तात्पर्य है कि यह राजा आपका है और आपके लिए है। इसकी रक्षा करना आपका कर्त्तव्य नहीं आपका धर्म है। जहाँ राजा प्रजा की रक्षा करता है और प्रजा राजा की रक्षा करना अपना धर्म समझती है, वहीं स्वर्ग का राज्य स्थापित होता है। अब तक यहाँ नरक का राज्य था, जहाँ प्रजा क्रीत दासी थी और राजा ईश्वर का अवतार। अब स्वर्ग का राज्य है जिसकी प्रजा अनुशासित राजधर्म के अधीन होगी और राजा प्रजा की निर्मित।...भयानक राक्षसी सपनों के बाद एक खुले आकाश का सुनहरा संसार आपको मिल रहा है। आप सब उसका स्वागत कीजिए।"[84]

सांसारिक माया, स्वार्थपरकता और तेरे-मेरे की भावना की निस्सारता इस खंड में शिशुपाल वध के पश्चात् उसके अग्नि संस्कार के समय कृष्ण के मुख से स्पष्ट होती है।

"चंदन की चिता पर राजकीय सम्मान के साथ शव रखा गया। जब धृष्टकेतु ने मुखाग्नि दी तब प्ररोधा ने अथर्ववेद (18/2/56) का यह मंत्र पढ़ा :

*इमौयुनज्मि ते वध्नि असुनीताय वोढवे।*
*ताभ्यां यमस्य सदनं समितीश्चाव गच्छतात्।।*

(अर्थात—आपकी प्राणविहीन मृत देह को वहन करने के लिए इस वंशानुगत चली

आई और आह्वान की गई दोनों प्रकार की अग्नि को आपकी देह में लगा रहा हूँ, जिससे आप इन अग्नियों के द्वारा सर्वनियता परमात्मा के समीप जा सद्‌गति प्राप्त कर सकें।)

यह ऋचा मेरे मन में ऐसे चुभ गई कि क्या बताऊँ। धीरे-धीरे चिता की ज्वाला भी शांत होने लगी। केवल धधकते अंगारे रह गए—और फिर वे स्वयं भी राख होने लगे। मैं ध्यानावस्थित उन्हें देखता रहा। जो अग्नि दूसरों को जलाने की क्षमता रखती है, उसका भी अंतिम परिणाम राख होना ही है। अंत में शिशुपाल भी राख हो गया। सारा तू-तू मैं-मैं यहीं छोड़ गया।"[85]

मनु शर्मा अपनी कृति के सातवें खंड 'संघर्ष' में मानव जीवन तथा मानव सभ्यता में शांति और संघर्ष की स्थिति को कृष्ण के द्वारा स्पष्ट कराते हैं।

"नियति ने हमेशा मुझ पर युद्ध थोपा—जन्म से लेकर अंत तक यद्यपि मेरी मानसिकता सदा युद्ध विरोधी रही : फिर भी मैंने उन युद्धों का स्वागत किया। उनसे घृणा करते हुए भी मैंने गले लगाया। मूलतः मैं युद्धवादी नहीं था।

जबसे मनुष्य पैदा हुआ तबसे युद्ध पैदा हुआ और शांति की ललक भी। यह ललक ही उसके जीवन का सहारा बनी। इस शांति की ललक को हरियाली के गर्भ में सोए हुए ज्वालामुखी की तरह युद्ध सुलगता रहा और बीच-बीच में भड़कता रहा। यही मानव सभ्यता के विकास की नियति बन गया।

लोगों ने मेरे युद्धवादी होने का प्रचार भी किया; पर मैंने कोई परवाह नहीं की; क्योंकि मेरी धारणा थी—और है कि मानव का एक वर्ग वह जो वैमनस्य एवं ईर्ष्या-द्वेष के वशीभूत होकर घृणा और हिंसा का जाल बुनता रहा—युद्धक है वह, युद्धवादी है वह। पर जो उस जाल को छिन्न-भिन्न करने के लिए तलवार उठाता रहा, वह कदापि युद्धवादी नहीं है, युद्धक नहीं है।...और यह जीवन भर मैं करता रहा। मैं युद्ध के फन पर भी शांति की वंशी बजाता रहा।"[86]

समाज में नारी के महत्त्व को भी समानता के भाव को प्रदर्शित करते हुए इस सातवें खंड में कृष्ण कहते हैं—"...पुरुष पक्ष का मत तो प्रकाश में आ गया, पर इस संदर्भ में नारी पक्ष की अवधारणा मैं जान नहीं पाया था जबकि उनके कष्ट भी पुरुष की तुलना में कम नहीं रहे।"[87]

कृष्ण की आत्मकथा के आठवें खंड 'प्रलय' आत्मकथ्य में कृष्ण कहते हैं :

"मुझे देखना हो तो तूफानी सिंधु की उत्ताल तरंगों में देखो। हिमालय के उत्तुंग शिखर पर मेरी शीतलता का अनुभव करो। सहस्रों सूर्यों का समवेत ताप मेरा ही ताप है। एक साथ सहस्रों ज्वालामुखियों का विस्फोट मेरा ही विस्फोट है। शंकर के तृतीय नेत्र की प्रलयकारी ज्वाला मेरी ही ज्वाला है। शिव का तांडव मैं हूँ, प्रलय में मैं हूँ, लय में मैं हूँ, प्रलय के वात्याचक्र का नर्तन मेरा ही नर्तन है। जीवन और मृत्यु मेरा ही विवर्तन है। ब्रह्मांड में मैं हूँ, ब्रह्मांड मुझमें है। संसार की सारी क्रियमाण शक्ति मेरी भुजाओं में है। मेरे पगों की गति धरती की गति है। आप किसे शापित करेंगे, मेरे

शरीर को? यह तो शापित है ही—बहुतों द्वारा शापित है; और जिस दिन मैंने यह शरीर धारण किया था उसी दिन यह मृत्यु से शापित हो गया था।"[88]

इस अभिव्यक्ति के माध्यम से मनु शर्मा एक तरफ आत्मा की सर्वव्यापकता को उसकी तेजस्विता को और परम शक्ति को प्रतीक रूप में स्पष्ट करते हैं, वहीं शरीर की क्षणभंगुरता एवं उसकी निस्सारता को भी अभिव्यक्त करते हैं।

अंत में वे अपना मत, अपनी धारणा 'अंतिका' के रूप में स्पष्ट करते हुए कहते हैं कि—"आखिरकार इस आत्मकथा का अंत हो ही गया। जिसका आदि होता है उसका अंत भी होता ही है; पर जो अनंत है उसका आदि अंत क्या। उस अनंत को इस आदि अंत की कथा में बाँधने का प्रयास वैसा ही है जैसा सिंधु को एक बड़े पात्र में समेटने का या हिमगिरि को पगों से नापने का अथवा समय को भूत और भविष्य से केवल वर्तमान में ही रखने का।

फिर क्या मेरी यह चेष्टा व्यर्थ है? शायद नहीं! सागर भले ही पात्र में न समाए; पर पात्र में जो कुछ होगा, वह सागर का जल ही होगा। हिमगिरि भले ही पगों से न नापा जा सके। पर जो यात्रा होगी, वह हिमगिरि की ही होगी। समय भले ही भूत-भविष्य से अलग न हो सके; पर वर्तमान तो रहेगा ही और वर्तमान को जीने का आनंद भी।

इस आत्मकथा के पहले भी कथा थी और बाद में भी कथा चलती रहेगी—'हरि अनंत हरि कथा अनंता।'

...कथा की बनावट, बुनावट तथा रूपांकन मेरा है; पर सही तो यह है कि मेरे द्वारा किया गया है, कर्ता तो कोई और है।"[89]

मनु शर्मा ने अपने उपन्यास में महाभारत तथा कृष्णकथा के अन्य आकार ग्रंथों में प्राप्त चरित्रों का परिष्कार करते हुए विशेषकर द्रौपदी के चरित्र को मनोविज्ञान की पीठिका पर स्थापित कर महाभारत की पृष्ठभूमि का परिमार्जन किया है।

स्पष्ट है कि कृष्ण को मानवीय धरातल पर उतारकर वैज्ञानिक दृष्टिकोण के साथ प्रस्तुत करने के सफल प्रयास के बाद भी केंद्र में हरि की अनंतता पूर्णतया अभिव्याप्त है।

### *(च) 'महाभारती' : डॉ. चित्रा चतुर्वेदी 'कार्तिका'*

डॉ. चित्रा चतुर्वेदी 'कार्तिका' जिनका जन्म 20 सितंबर 1939 को ग्राम होलीपुरा, जिला आगरा, उत्तर प्रदेश में हुआ था। आप मध्य प्रदेश हाईकोर्ट के उद्‌भट विधि शास्त्री एवं निर्भीक न्यायाधीश, न्यायमूर्ति श्री ब्रजकिशोर चतुर्वेदी, जो एक श्रेष्ठ साहित्य समीक्षक, लेखक तथा व्यंग्यकार थे, की सुपुत्री हैं, अतः साहित्य आपको पैतृक देन के रूप में तो प्राप्त हुआ ही, साहित्यिक परिवेश भी आपको बचपन से ही मिला।

आपने महाभारती, तनया, वैजयन्ती एवं प्रथापर्व इत्यादि उपन्यासों की रचना की

है जिसमें 'महाभारती' उपन्यास मध्य प्रदेश साहित्य परिषद द्वारा पुरस्कृत है। इस उपन्यास में द्रौपदी की मनोव्यथा के मनोवैज्ञानिक चित्रण के माध्यम से आधुनिक नारियों की व्यथा का दिग्दर्शन कराया गया है। यह उपन्यास दो खंडों में सृजित है :

1. पार्थ प्रिया
2. कृष्णक्रिया ; जिसमें महाभारत के सभी प्रमुख पात्रों के दर्शन होते हैं।

प्रथम खंड में अल्पवयस् कोमलमना बालवधू के अंतर्मन का उद्वेलन स्पष्ट रूप से चित्रांकित है तथा द्वितीय खंड में द्रौपदी एक वीर-गंभीर महिला तथा कृष्ण की सखि के रूप में उभरी है। अध्यायों का समायोजन महाभारत के आधार पर पर्वों में किया गया है। ये पर्व—यथा महाराज्ञी पर्व, करुणा पर्व, क्षमा पर्व, ज्वाला पर्व आदि पांचाली के विभिन्न पक्षों को अभिभाषित करते हैं। भारतीय इतिहास में अनेक तेजस्विनी नारियाँ हुई हैं, जिनमें द्रौपदी तो जगमगाता हुआ तेजपुंज है, जो घने तम में भी स्वप्रकाश से प्रकाशित है। विभिन्न संकटों, न्यायों, अन्यायों के मध्य द्रुपद सुता की एक और त्रासदी है, अनोखी त्रासदी—पाँच पतियों की पत्नी। पाँच पतियों की पत्नी जिसने हृदय से एक मात्र अर्जुन का ही वरण किया, जिसका मन जीवन अर्जुन में ही रत रहा; किंतु पाँच पतियों का पंचग्रास कंठ में ऐसा अटका कि द्रौपदी उसे न उगल सकी न निगल सकी। यही उसकी मूल व्यथा थी, जिससे जुड़े थे अपशब्द, लांछन, और विचित्र मर्यादाओं का पालन। मानों अर्जुन वरण को राहु ने ग्रस लिया हो, मानों द्रौपदी दो नारियों में विभाजित हो गई हो, जिसके एक स्वरूप में पति रूप में अर्जुन और दूसरे रूप में शेष चार पति। मन-हृदय से एक अर्जुन में अनुरक्त होते हुए भी अन्य चार पतियों की सेवा-अनुपालन। इस त्रासदी से उसे माधव भी नहीं बचा पाए। बचाते भी कैसे, उन्हीं की तो रचना सब थी। अर्जुन के प्रति द्रौपदी के अनन्य प्रेम के कारण ही युधिष्ठिर ने जीवन के अंतिम क्षणों में उस पर धनंजय के प्रति विशेष पक्षपात करने का आक्षेप सार्वजनिक रूप से लगाते हुए ताड़ना भी दे डाली।

"धन्य हो देवि! विधिवश पाँच पतियों की पत्नी होते हुए भी तुम एक को ही समर्पित रहीं अंत तक! नश्वर शरीर पर अधिकार हो पाया अन्य पांडवों का, किंतु मन पर नहीं। मन एकाग्रचित्त रहा...अपने आराध्य के श्रीचरणों में ही...यहीं तुम महा सती हो देवी..."[90]

डॉ. चित्रा चतुर्वेदी के इस उपन्यास में द्रौपदी—महाभारती-भारती, विद्या-बुद्धि की धनी, पण्डिता, कुशाग्र-बुद्धि तो थी ही, इसके अतिरिक्त वह भरतवंशीय पाँच भारतों की भार्या भी थी, अतः भारती है; किंतु पांचाली मात्र भारती ही नहीं रह गई, वह अद्‌भुत चरित्र की स्वामिनी थी, जिसमें ज्वाला भी है और आर्द्र अश्रुमाला भी। प्रतिशोध की कठोरता भी है और करुणा की अज निर्झरिणी भी। एक तरफ सांसारिक सुखों को पाने का प्रबल प्रयास है तो दूसरी तरफ भगवत्-चरणों में सर्वस्व

समर्पण की भावना भी है। द्रौपदी अर्जुन रूपी संसार की प्रेमिका है तो कृष्ण रूपी वैराग्य की भक्त भी है। भक्ति एवं योग की संधि में खड़ी द्रौपदी एक तरफ महासमर में अपने नन्हे पुत्रों की बलि चढ़ा देने वाली वीर क्षत्राणी माता है तो दूसरी तरफ परम महारथी पाँच पतियों की पत्नी, किंतु पंचकन्याओं में अग्रणी महासती द्रौपदी—देवी, पत्नी, प्रेमिका, सखी, रानी, दासी आराधिका, और भक्त सभी कुछ होते हुए भी इन सबसे अलग किसी विलक्षण व्यक्तित्व की धारिका है, जिसकी अभिव्यक्ति असंभव है। षड्यंत्रों, कुचक्रों के महाझंझावाती घातों-प्रतिघातों में भी अडिग, अटल, झुकाने पर भी झुकी नहीं। अन्याय के विरुद्ध अंत तक उसकी गुहार रही। अतः भारती महाभारती है। आजीवन अन्याय, अपमान तथा पीड़ा का हलाहल पीकर द्रुपद-नंदिनी का वर्ण जैसे कृष्ण वर्ण हो गया था। कृष्णा हो चली थी द्रौपदी पर हारी नहीं। सच भारती महाभारती ही थी।

### (छ) 'महासमर' (आठ खंडों में) : डॉ. नरेन्द्र कोहली

कृष्णकथा को आधुनिक संदर्भों में मनोवैज्ञानिक ढंग से समग्रता प्रस्तुत करने के अर्थ में डॉ. नरेन्द्र कोहली का नाम अग्रगण्य है एवं इस संदर्भ में उनका अपना विशिष्ट स्थान है। कृष्णकथा पर आधारित उनकी कृति 'महासमर' आठ खंडों में वर्णित है, प्रत्येक खंड एक दूसरे से संबद्ध होते हुए भी पूर्णतया स्वतंत्र है। बंधन, अधिकार, कर्म, धर्म, अंतराल, प्रच्छन्न, प्रत्यक्ष और निर्बंध नामक उपनामों से अभिधानित 'महासमर' में सत्यवती के हस्तिनापुर आगमन से लेकर भीष्म के निर्वाण तक की कथा है। भीष्म पितामह का हस्तिनापुर के सिंहासन से जो बंधन—'बंधन' नामक खंड से प्रारंभ होता है। वह उनके शरीर त्याग के साथ 'निर्बंध' नामक खंड पर समाप्त होता है। 'महासमर' में कृष्ण का प्रवेश 'अधिकार' नामक द्वितीय खंड में होता है और द्वितीय खंड से लेकर अंतिम खंड निर्बंध तक कृष्ण का प्रभाव बना रहता है।

धर्म-अधर्म, सत्य-असत्य, नैतिकता-अनैतिकता, सदाचार-भ्रष्टाचार, सुराजकता-अराजकता, सज्जनता-दुर्जनता इत्यादि सभी युग्म जुड़वाँ भाई माने जाते हैं। दोनों की उत्पत्ति एक ही समय में एक साथ होती है; किंतु धर्म के समर्थन में अधर्म के विरोध या विनाश हेतु सज्जनों की रक्षा और दुष्टों के विनाश हेतु क्रांति का अभ्युदय उस समय होता है, जब अधर्म और दुष्टता अपनी पराकाष्ठा का स्पर्श करने लगती है। इसी सनातनी सिद्धांत के कोहली जी के 'महासमर' में कृष्ण का प्रत्यक्ष प्राकट्य 'अधिकार' नामक दूसरे खंड में राजनीतिक दाँव-पेंच के मध्य युधिष्ठिर के राज्याभिषेक के अवसर पर होता है; किंतु इस खंड में कृष्ण के व्यक्तित्व की कोई विशेष झाँकी दिखलाई नहीं पड़ती और शीघ्र ही कथा अगले खंड 'कर्म' में प्रविष्ट हो जाती है-। 'कर्म' और उसके अगले खंडों में कृष्ण-चरित्र की विशिष्टताओं को कोहली जी ने अत्यधिक आकर्षक, कलात्मक और मनोवैज्ञानिक ढंग से प्रस्तुत

किया है। यथा :

कृष्ण की दृष्टि समतापूरक है। उनकी दृष्टि में न्याय और नीति सबके लिए समान होनी चाहिए, चाहे वह राज्य का छोटे से छोटा अथवा बड़े से बड़ा व्यक्ति ही क्यों न हो।[91]

कोहली जी के कृष्ण लीलामय हैं :

"कृष्ण रिश्ते-नाते, संबंधों अथवा अन्य भौतिक वस्तुओं के नहीं वरन् धर्म के पक्षधर हैं। वे अर्जुन से कहते हैं :

"मैं न तुम्हारे पक्ष में हूँ , न दुर्योधन के पक्ष में। मैं, तो धर्म के पक्ष में हूँ।"[92]

कोहली जी कृष्ण-अर्जुन संवाद के माध्यम से एक तरफ जहाँ सहजगामी मध्यम मार्ग की प्रतिस्थापना करते हैं, वहीं दूसरी तरफ दृष्टि की व्यापकता का संदेश देते हुए 'वसुधैव कुटुंबकम्' की सर्व हितकारी भावना को दृढ़ता प्रदान करते हैं। कृष्ण अर्जुन से कहते हैं :

"व्यक्ति को सहज होकर जीना चाहिए...स्वयं को तपाना और व्यर्थ कष्ट देना निरर्थक होता है।...तुम्हें न विषयों को जीतना है, न इंद्रियों का दमन करना है,.. .जीतना है तो अपनी आसक्ति को। अनासक्त होकर विषयों के मध्य रहो...वे तनिक भी बाँध नहीं पाएँगे।" [93]

... ..... ............... .................. ..................

कृष्ण अर्जुन को शिक्षा देते हुए कहते हैं—"दृष्टि को सीमित या संकुचित नहीं रखना चाहिए, उसे असीम बनाना चाहिए।"[94] कृष्ण सत्य और धर्म को दो रूपों में व्याख्यायित करते हैं :

सत्य—एकांगी सत्य और समग्र सत्य ।

धर्म—एकांगी धर्म और समग्र धर्म।[95]

कृष्ण के अनुसार—विवेकी पुरुष अपने बंधनों को काटता है। धर्म अनासक्त विवेक का ही दूसरा नाम है।[96]

कर्मयोगी कृष्ण 'कर्म' की विवेचना करते हुए कहते हैं—"हमारे कर्म से ही उसकी दया प्रेरित होती है।...भक्ति, ज्ञान, कर्म सबमें योग है, सबमें आसक्ति रहित उद्यम है। अकर्म से ईश्वर कभी प्रसन्न नहीं होता।"[97]

महासमर के छठवें खंड 'प्रच्छन्न' में कृष्ण के चरित्र को अप्रत्यक्ष रूप से विभिन्न पात्रों के संवादों के मध्य अभिव्यक्त किया गया है। यथा :

नकुल के अनुसार कृष्ण हर परिस्थिति में मुदितमना हैं—मैंने कृष्ण को कभी दुखी अथवा हताश नहीं देखा।[98]

भीम के विचारों में—"मेरा विचार है कि कृष्ण ने अपने जीवन में इतने कष्ट देखे हैं कि अब वे किसी कष्ट से विचलित नहीं होते।"[99]

द्रौपदी कहती हैं—"गोविंद का जन्म मृत्यु की छाया में कारागार के भीतर हुआ।

सारा शैशव हत्या करने आए राक्षसों से लड़ते हुए व्यतीत हुआ। किशोरावस्था में ही मृत्यु का सामना करने के लिए मथुरा जाना पड़ा। कंस का वध कर देने पर भी मथुरा में रहना संभव नहीं हुआ। द्वारका में भी एक से बढ़कर एक शक्तिशाली शत्रुओं से लड़ना पड़ा। कौन-सा संकट है जो उन्होंने नहीं झेला। जिन यादवों की रक्षा की, उन्होंने भी लांछन लगाए और शत्रुतापूर्ण व्यवहार किया फिर भी केशव ने किसी से शत्रुता नहीं पाली। किसी को अपना विरोधी नहीं माना।"[100]

युधिष्ठिर के अनुसार—"कृष्ण के मन में कोई कामना नहीं है, फिर भी वे सदा क्रियाशील हैं।"[101]

अर्जुन के अनुसार—"कृष्ण स्थिर मति हैं, वे आसक्ति रहित और मोह रहित हैं। कृष्ण न्याय के पक्षपाती हैं, संबंधों के नहीं। कृष्ण प्रेम का सागर हैं, वे सारी सृष्टि से एकसाथ प्रेम कर सकते हैं।"[102]

विदुर कृष्ण के स्वरूप वैशिष्ट्य का वर्णन करते हुए कहते हैं—"कृष्ण चमत्कारी पुरुष हैं।...कुछ लोग उन्हें योगीराज और योगेश्वर भी मानते हैं।"[103]

विदुर की व्याख्या के अनुसार योगशास्त्र कहता है कि "योग की सिद्धि से मनुष्य, मानव-शरीर की सीमाओं का अतिक्रमण कर अपने मूल-स्वरूप अर्थात ईश्वर के निकट पहुँच जाता है। कार्यकारण संबंध और प्रकृति के सामान्य नियम उस पर लागू नहीं होते...उससे व्यक्ति की क्षमताएँ असीम हो जाती हैं। वह ईश्वर के समान ही सर्वव्यापक हो जाता है। वह सहस्रों योजन दूर का शब्द सुन सकता है। एक ही समय में एक से अधिक स्थानों पर प्रकट हो सकता है।...संभव है कृष्ण ने यह सब अपने योगबल से किया हो।"[104]

विदुर आगे कहते हैं—"सारी प्रकृति ईश्वर का ही रूप है।...फिर भी ईश्वर को पृथ्वी पर प्रकट होना होता है तो वह कोई न कोई रूप तो धारण करता ही होगा। वह अपने लिए पृथ्वी पर तो आता नहीं है आता तो वह हम जैसे मनुष्यों के लिए ही है...तो उसे उसी रूप में आना होगा जिसे हम जैसे मनुष्य समझ सकें, पहचान सकें।...कृष्ण ईश्वर के अवतार हैं अथवा नहीं, वे स्वयं ईश्वर हैं अथवा नहीं, यह तो मैं नहीं जानता; किंतु इतना तो मैं पूरी निष्ठा से मानता हूँ कि संसार में यदि धर्म कहीं है, तो वह कृष्ण के रूप में ही है।..."[105]

पारंसवी के अनुसार—"योगीराज ही क्यों, हमारे हस्तिनापुर में तो कुछ लोग श्रीकृष्ण को ईश्वर का अवतार ही नहीं स्वयं साक्षात् नारायण का रूप भी मानते हैं।"[106]

इस प्रकार कोहली जी 'महासमर' में कृष्ण के स्वरूप को उनके वक्तव्यों के साथ-साथ अन्य पात्रों के संवादों तथा पटाक्षेपिक कथाओं के माध्यम से भी अभिव्यक्त करते हैं। इस अभिव्यक्ति में कोहली जी कृष्ण के कर्मयोगी, स्थिरमति, निष्काम कर्मशील, मुदितमना और योगीश्वरीय स्वरूप की प्रतिस्थापना तो करते ही हैं, अप्रत्यक्ष

रूप में उनके अवतारत्व और नारायणत्व को भी स्वीकृति प्रदान करते हैं। यद्यपि प्रमाण के अभाव में और युगानुकूलता के प्रभाव में यह स्वीकृति वे अन्य पात्रों के मुख से कराते हैं, अथवा योगबल की महत्ता और उसके माध्यम से संभाव्य चमत्कारों की चर्चा करते हैं किंतु उनका अपना अंतर कहीं न कहीं कृष्ण की दिव्य शक्ति की अनुभूति करता सा प्रतीत होता है। भले ही वह दिव्य शक्ति कृष्ण को योग से प्राप्त हुई हो अथवा समग्र धर्म के अनुपालन से या फिर निष्काम कर्म-योग से। 'महासमर' कृति के नायक युधिष्ठिर हैं अतः कृष्ण के चरित्र को वक्तव्यों, संवादों और पटाक्षेपिक कथाओं के माध्यम से स्पष्ट कराना, कोहली जी की अद्‌भुत सूक्ष्म एवं उनकी औपन्यासिक कला-सौष्ठव की विशिष्टता ही कही जा सकती है।

कृष्ण के द्वारा अर्जुन को दिए गए गीता के संदेश को भी कोहली जी ने यत्र-तत्र-सर्वत्र अवसरानुसार अर्जुन तथा अन्य पात्रों के साथ हुए संवादों के मध्य विकीर्ण कर दिया है।

धर्म संस्थापक श्रीकृष्ण अपने पुत्र सांब से, धर्म-संकट की निवृति हेतु कहते हैं—"दस्यु का धन अपना नहीं होता अतः उसकी रक्षा के लिए किया गया रक्तपात क्षात्र-धर्म नहीं होता।"[107]

"हम युद्धप्रिय रक्त-पिपासु हैं—जीव नहीं हैं इसलिए हमने सदा ही युद्ध को रोकने का प्रयत्न किया है; किंतु; किंतु शांति के नाम पर अधर्म-स्थापना के पक्षधर नहीं हैं, हम।"[108]...

''अपनी पत्नी हो, अथवा भाई हो, अथवा अपना पिता; किसी के लिए भी धर्म के मार्ग को अवरुद्ध करना पाप है।...अपने संबंधियों का समर्थन करने और धर्म का विरोध करने के स्थान पर अपने संबंधियों को धर्म के मार्ग पर चलाने का प्रयत्न अधिक श्रेयस्कर है...।"[109] इसी प्रकार युद्ध से विरत अर्जुन को समझाते हुए कृष्ण कहते हैं :

"आततायी अपने पाप से मारा जाता है अर्जुन! किसी और के नहीं। देहधारी की मृत्यु उसके अपने शरीर में ही निवास करती है।"[110]...

"जो मरता है वह शरीर है। हम शरीर नहीं हैं आत्मा हैं। आत्मा का न संघटन होता है न विघटन। वह अविकारी है। यह पंचभूतों से संघटित नहीं हुई, इसलिए उसका विघटन भी संभव नहीं है। हममें से ऐसा कोई नहीं है, जिसका अस्तित्व आत्मा के रूप में किसी काल में नहीं था अथवा भविष्य में किसी काल में नहीं होगा और शरीर का क्या है वह तो ऋतु में आए पुष्प के समान खिलता और मुरझा जाता है। कोई नहीं भी तोड़ता तो भी मुरझाकर टहनी से गिर जाता है। जिन राजाओं ने युद्ध नहीं किया, क्या उनका देहांत नहीं हुआ? जिसने जन्म लिया है, उसकी मृत्यु अवश्यंभावी है और जो मरता है उसका पुनर्जन्म निश्चित है। आत्मा पुराना शरीर त्यागकर उसी प्रकार नया शरीर धारण करती है जैसे शरीर पुराना वस्त्र त्याग कर

नया वस्त्र धारण करता है। असत् की सत्ता नहीं हो सकती और सत् का अभाव नहीं हो सकता।"[111]

यहाँ कृष्ण के द्वारा दिए गए इन उपदेशों से यह स्पष्ट होता है कि 'महासमर' के कृष्ण उपन्यास के कोई परिकल्पित नायक नहीं वरन् गीता के कृष्ण हैं, किंतु वही गीता के कृष्ण युगानुरूप प्रासंगिक होकर कोहलीजी की कल्पना में नवीन स्वरूप धारण करते हैं और अपने 'योगीराज' स्वरूप को सार्थकता तथा विश्वसनीयता प्रदान करते हैं। यथा :

"सहसा कृष्ण को लगा कि उन्हें पता ही नहीं चला कि वे कब इतने अकेले हो गए हैं। यादवों में परिवर्तन तो आ ही रहा था, किंतु...उनकी छत्र-छाया में पलने वाले उनके अपने पुत्र उन सिद्धांतों और संस्कारों को ग्रहण नहीं कर सके, जिन्हें कृष्ण सारी सृष्टि के लिए उपयोगी मानते हैं।...संस्कार क्या देने से ही जाता है...कृष्ण तो संस्कार दे ही सकते हैं, मार्ग दिखा सकते हैं; किंतु किसी में उसे ग्रहण करने की क्षमता न हो तो वे क्या कर सकते हैं।...उस गुरु और पिता की पीड़ा को कौन जान सकता है, जिसे अपनी परंपरा के निर्वहन के लिए कोई योग्य पुत्र अथवा शिष्य न मिला हो।...इसी मानसिक उथल-पुथल में कृष्ण बैठे थे तभी मानों विस्फोट हुआ और उन्हें अपने आत्मबल का स्मरण आया जिसके बल पर उन्होंने पूर्व में जरासंध इत्यादि की लड़ाइयाँ लड़ी थीं। वे दैहिक संबंधों की सीमा से बाहर निकले, बुद्धि की माया के घेरे को काटकर अनंत में प्रवेश करने लगे।...कृष्ण अपने भीतर डूबते चले गए। वे जैसे क्रमशः निर्बंध होते जा रहे थे। शरीर का बंधन बहुत पीछे छूट गया था। वे तो महासागरों पर तैर रहे थे। महाकाशों पर उड़ रहे थे। वहाँ सूर्य नहीं था पर अंधकार भी नहीं था। सब कुछ जैसे स्वप्रकाशित था। मार्ग में कोई भौतिक बंधन नहीं था, कोई उनकी गति अवरुद्ध नहीं कर रहा था। वे जैसे कोई अनिवार्य वेग थे, जो सृष्टि के केंद्र में स्थित थे और सारी सृष्टि को गति प्रदान कर रहे थे...।"[112]

सुभद्रा की जिज्ञासा—'आत्मा के पूर्ण होने पर भी उसे अपनी अपूर्णता का भ्रम क्यों हो जाता है,' के शमन हेतु कृष्ण श्वेताश्वतर उपनिषद् का उदाहरण देते हुए कहते हैं :

*'वेदाहमेतं पुरुषं महान्तं आदित्यवरणं तमसः परस्तात्।*
*तमेव विदित्वाति मृत्युमेति नान्यः पन्था विद्यते अयनाय।'*

कृष्ण बोले—"ऋषि का कहना है कि मैंने उस अनादि पुरातन पुरुष को प्राप्त कर लिया है। सूर्य के समान कांतिमान, अंधकार और अज्ञान से परे उस पुरुष को मैं जानता हूँ, केवल उस पुरुष को जानकर ही मनुष्य मृत्यु को लाँघ जाता है, मृत्यु से परे जा सकता है, मृत्यु के चक्र से छूट सकता है।"[113]

अतः स्पष्ट है कि कोहली जी के कृष्ण-चरित्र में अमरत्व और ईश्वरत्व के साथ

आधुनिक, समसामयिक, प्रासंगिक, मनोवैज्ञानिक और संवेदनशील मानव का सुंदर समन्वय है। कोहली जी के कृष्ण गीता के संदेष्टा भी हैं और आधुनिक युग के सांसारिक मायावी-प्रपंचों के संद्रष्टा भी। अस्तु कोहली जी की परिकल्पना स्तुत्य है।

## 3. निष्कर्ष

स्वातंत्र्योत्तर कथा-साहित्य में राम और कृष्णकथा पर आधारित उपन्यासों की सृष्टि अधिक नहीं हो पाई। उसका मूल कारण है स्वतंत्रता और स्वतंत्रता के बाद तीव्र गति से परिवर्तित होते हुए जीवन-मूल्य। 1936 में मुंशी प्रेमचंद्र की अध्यक्षता में प्रगतिशील लेखक संघ की स्थापना, साहित्य पर साम्यवाद का बढ़ता हुआ प्रभाव, औद्योगिक क्रांति, 1943 के आसपास प्रयोगशील आंदोलन की शुरुआत तथा अस्तित्ववादी विचार दर्शन, पौराणिक कथा संदर्भों के प्रति प्रश्न-चिन्ह उपस्थित कर रहे थे। ऐसी स्थिति में राम और कृष्ण केवल चरित्र बन कर रह गए थे। स्वतंत्रता के पश्चात कई वर्षों तक हमारी सांस्कृतिक चिंतन परंपरा इन्हीं आधुनिकतावादी साहित्य-मानवों का चक्कर लगाती रही। परिणामतः राम और कृष्ण का स्थान सर्वहारा और पूँजीपति ने ले लिया।

दो महायुद्धों की त्रासदी ने अंतर्राष्ट्रीय मानवता की जड़ें खोखली कर दीं तथा औद्योगिक क्रांति ने महाजनी सभ्यता के स्थान पर महानगरीय सभ्यता का उन्नयन किया, जिसके परिणामस्वरूप आधुनिकता बोध के चलते मनुष्य अजनबीपन का शिकार हो गया। इसीलिए आजादी के बाद एक बार पुनः पौराणिक मिथकों की ओर लेखकों का ध्यान आकृष्ट हुआ। मार्क्सवादी का अर्थ राम और कृष्ण का विरोध नहीं है अपितु राम और कृष्ण का चरित्र गढ़ने में जो कमियाँ हुई हैं उसकी ओर संकेत करना है ताकि इतिहास फिर से प्रश्न बन कर उपस्थित न हो सके। इसीलिए आज का कथा लेखक जो राम और कृष्ण का चरित्र सँवारने के प्रयत्न में है उसके साथ दो चुनौतियाँ हैं—इतिहास की तथा दूसरी अपने युग की, इसलिए भी इधर पौराणिक मिथकों पर लेखन कार्य कम हो पाया।

राम और कृष्ण को आधार बना कर जिन कथाकारों ने अपनी लेखनी सरसित की है उनमें हैं डॉ. रामप्रसाद मिश्र तथा उनकी रचना है 'राम—ऐतिहासिक जीवन चरित'। इस कृति में राम के समग्र जीवन चरित को आधार बनाकर आधुनिक संदर्भों में राम को देखने का प्रयास किया गया है। इसी क्रम में रमानाथ त्रिपाठी की 'रामगाथा' तथा प्रो. जी. बी. कानूनगो की 'सत्य रामायण' भी उल्लेखनीय है; क्योंकि मैंने अपने शोध-प्रबन्ध में रामकथा के केंद्र-बिंदु में इन तीनों को उपस्थित किया है।

कृष्णकथा धारा में दिनकर जोशी की कृति—'श्याम, फिर एक बार तुम मिल जाते'; भगवतीशरण मिश्र की 'पुरुषोत्तम'; प्रतिभा राय की 'द्रौपदी'; मनु शर्मा की 'कृष्ण की आत्मकथा' तथा डॉ. चित्रा चतुर्वेदी का 'महाभारती' उपन्यास लिया जा

सकता है। इन सभी कृष्णकथा लेखकों ने अपने-अपने ढंग से कृष्णकथा और उसके विविध आयामों को उपस्थित किया है; किंतु राम और कृष्ण के चरित्र को समग्र रूप में डॉ. नरेन्द्र कोहली ने अपनी विशिष्ट शैली में उपस्थित किया है।

## संदर्भ

1. रामचरितमानस, बालकांड, दोहा 119-120
2. वही, सुंदरकांड, दोहा 43-44
3. वही, बालकांड, दोहा 184-185
4. राम, ऐतिहासिक जीवन चरित, डॉ. रामप्रसाद मिश्र, पृ. 36
5. वही।
6. वही।
7. वही, पृ. 38
8. वही, पृ. 68
9. वही, पृ. 82
10. वही, पृ. 91
11. वही, पृ. 114
12. वही, पृ. 118
13. वही, पृ. 131
14. वही, पृ. 192-194
15. वही, पृ. 196-198
16. वही, पृ. 200
17. पांचजन्य, कार्तिक शुक्ल-12, 2055 वि.-। नवम्बर 98 (डॉ. रुक्मिणी)
18. सहकार संचय, दिसंबर 98, पृ. 23
19. वही, पृ. 24
20. रामगाथा, मानस चंदन, डॉ. रमानाथ त्रिपाठी, पृ. 32-33
21. वही, प्राक्कथन, पृ. 6 (राजपाल एण्ड सन्स, कश्मीरी गेट, दिल्ली)
22. सत्य रामायण, प्रो. जी. बी. कानूनगो, नम्र निवेदन से गोविंद की लीला।
23. वही, राज्याभिषेक अथवा अभिशाप, पृ. 203 हिंदी बुक सेण्टर, 4/5 आसफ अली रोड, नई दिल्ली।
24. वही, पृ. 186-87
25. वही, पृ. 187
26. वही, पृ. 264
27. वही, सीता की शूरवीरता, पृ. 186-87
28. वही।
29. वही, पृ. 301-302
30. वही, महासमर, पृ. 452
31. वही (पदलेख), पृ. 453
32. वही।
33. वही, सत्यम्-शिवम्-सुंदरम्, पृ. 543
34. वही, (पदलेख-टिप्पणी)

35. अभ्युदय : अवसर, नरेन्द्र कोहली, पृ. 211
36. वही, पृ. 223
37. वही, पृ. 343
38. वही, पृ. 349
39. वही।
40. वही, संघर्ष की ओर पृ. 442
41. वही, युद्ध-1, पृ. 213
42. वही, युद्ध- 2, पृ. 444
43. वही, पृ. 627
44. वही, पृ. 628
45. वही, पृ. 628-629
46. महाभारत, सभापर्व-40/19-20
47. श्याम, फिर एक बार तुम मिल जाते, दिनकर जोशी, पृ. 37
48. वही, पृ. 6-7
49. वही, पृ. 6-7, 13-14
50. वही, पृ. 11-12
51. वही, पृ. 50
52. वही, पृ. 65
53. वही, पृ. 66
54. वही, पृ. 68
55. वही, पृ. 71-72
56. वही, पृ. 147-150
57. वही, पृ. 37
58. वही, पृ. 40
59. पुरुषोतम, डॉ. भगवतीशरण मिश्र, पृ. 371
60. वही, पृ. 380-383
61. वही, पृ. 44
62. वही, पृ. 48
63. वही, पृ. 61
64. वही, पृ. 113
65. वही, पृ. 151
66. वही।
67. वही, पृ. 151-152
68. वही, पृ. 168
69. वही, पृ. 229
70. वही, पृ. 243
71. कृष्ण की आत्मकथा, मनु शर्मा, प्रथम संस्करण, 1999, भूमिका (प्रथम खंड : नारद की भविष्यवाणी), पृ. 5, राजपाल एण्ड सन्स, कश्मीरी गेट, दिल्ली।
72. वही, व्यासस्य वचनम्, पृ. 7
73. वही, पृ. 9-10

74. वही, पृ. 13
75. वही, (द्वितीय खंड) दुरभिसंधि, कृष्णोवचन, पृ. 5
76. वही, पृ. 152
77. वही, पृ. 250
78. वही।
79. वही, पृ. 422
80. वही, (पंचम खंड) खांडवदाह, आत्मकथ्य, पृ. 5-6
81. वही, पृ. 308
82. वही, (षष्ठ खंड) राजसूय यज्ञ, आत्मकथ्य, पृ. 5
83. वही, पृ. 195
84. वही, पृ. 200
85. वही, पृ. 308
86. वही, (सप्तम् खंड) संघर्ष, आत्मकथ्य, पृ. 5
87. वही, पृ. 315
88. वही, (अष्टम् खंड) प्रलय, आत्मकथ्य, पृ. 5
89. वही, पृ. 290
90. महाभारती, डॉ. चित्रा चतुर्वेदी, पृ. 302, भारतीय ज्ञानपीठ प्रकाशन, नई दिल्ली, प्रथम संस्करण,1986
91. महासमर, नरेन्द्र कोहली (तृतीय खंड–कर्म), पृ. 130
92. वही, पृ. 363
93. वही, (चतुर्थ खंड–धर्म) पृ. 167-168
94. वही, पृ. 205
95. वही, (पंचम खंड–अंतराल) पृ. 96
96. वही, पृ. 101-102
97. वही, पृ. 368
98. वही, (षष्ठ खंड–प्रच्छन्न) पृ. 181
99. वही।
100. वही।
101. वही।
102. वही, पृ. 182
103. वही, पृ. 253
104. वही, पृ. 253-254
105. वही, पृ. 254
106. वही।
107. वही, (सप्तम् खंड–प्रत्यक्ष) पृ. 13
108. वही, पृ. 14
109. वही।
110. वही, पृ. 348
111. वही।
112. वही, पृ. 39-40
113. वही, (अष्टम् खंड–निर्बंध) पृ. 102

*पंचम अध्याय*

# राम और कृष्णकथा पर आधारित नरेन्द्र कोहली के कथा-साहित्य का वैशिष्ट्य

## रामकथा पर आधारित कथा-साहित्य का वैशिष्ट्य

**रामकथा : वस्तुपक्ष : 1. अभ्युदय : खंड-1, दीक्षा–1975 :** घटनाओं की दृष्टि से नरेन्द्र कोहली के उपन्यास में, विश्वामित्र के सिद्धाश्रम में राक्षसों के उत्पात से लेकर राम के विवाह और परशुराम की पराजय तक की कथा है। समूचे विशाल जंबूद्वीप में हो रहे राक्षसी उत्पात और उसके परिणामस्वरूप सद्मूल्यों के हनन और राक्षसी मूल्यों के भयावने आतंक के विस्तार को देखने और उसका प्रतिरोध करने की दीक्षा ऋषि विश्वामित्र ने राम को दी थी। इस कथा के विभिन्न प्रसंगों में से गुजरते हुए लेखक विभिन्न राजनीतिक व्यवस्थाओं, जन-सामान्य के शोषण, बुद्धिजीवियों के कर्त्तव्य, समाज में नारी का स्थान, स्त्री-पुरुषों के संबंध, जाति, वर्ण की विभीषिकाओं, लोलुप और स्वार्थी बुद्धिजीवियों, शासनाधिकारियों की मानसिकता आदि विषयों का मनोवैज्ञानिक आख्यान प्रस्तुत करते हैं। इस प्रकार अपनी मान्यताओं में प्रख्यात कथा को मौलिक तथा आधुनिक संदर्भों में उपस्थित किया गया है। आधारिक कथावस्तु राम-विश्वामित्र की जनकपुर यात्रा तथा राम-सीता का विवाह है जो पूर्णतः इतिहास प्रसिद्ध कहानी है। मुख्य कथा के विकास के लिए लेखक ने प्रासंगिक कथावस्तु की उद्भावना कल्पना द्वारा की है; किंतु इसका उद्देश्य मुख्य कथा का विकास करना ही है।

**2. अवसर–1976 :** रामकथा के अयोध्याकांड की कथा पर आधारित उपन्यास है; जिसमें आधुनिक परिप्रेक्ष्य और मूल्य मानकों के आधार पर पौराणिक रामकथा के राजनीतिक, सामाजिक एवं आर्थिक परिदृश्य को उपस्थित कर लेखक ने मानव मूल्यों की स्थापना के प्रयास किए हैं।

**3. संघर्ष की ओर–1978 :** नरेन्द्र कोहली ने रामकथा के तीसरे खंड के रूप

में इस उपन्यास की रचना अरण्यकांड को आधार बनाकर की है। इस उपन्यास में आदिवासी जातियों के उत्थान एवं उनके शोषण के विभिन्न आयामों और उस शोषण के विरुद्ध जन-संगठन की समस्याओं का कलात्मक चित्रण उपस्थित किया है।

**4. (अभ्युदय : खंड-2) युद्ध-1 :** रामकथा के किष्किंधा कांड, सुंदरकांड और लंकाकांड पर आधृत दो भागों में लिखा गया 'युद्ध' नामक उपन्यास वृहत् उपन्यास है, जिसमें राम-रावण युद्ध की पृष्ठभूमि, युद्ध और उसकी विभीषिका को वैज्ञानिक आधार पर नरेन्द्र कोहली ने प्रस्तुत किया है।

**कृष्णकथा : वस्तुपक्ष :** कृष्णकथा पर आधारित नरेन्द्र कोहली का वृहदाकार उपन्यास–'महासमर' आठ खंडों में लिखा गया है। यह उपन्यास विकसनशील महाकाव्यों की परंपरा का महाकाव्यात्मक उपन्यास है। जैसे महाकाव्य के मूल कवि के मृत्योपरांत उसके अनुयायी उन्हीं के नाम पर उस काव्यग्रंथ को अग्रसर करते थे। इस प्रकार कवि-परंपरा बहुत दिनों तक चलती थी और एक विशाल महाकाव्य को आकार देती थी। इसमें विशेष हर्ष की बात यह है कि 'महासमर' के आठों खंड मूल कृतिकार की लेखनी से ही निःसृत हैं।

इसके अतिरिक्त कृष्ण जीवन के एक अंश कृष्ण-सुदामा मैत्री पर आधृत एक उपन्यास 'अभिज्ञान' है जो बड़े ही मार्मिक ढंग से रचित है उसमें कृष्ण के विराट व्यक्तित्व के दर्शन होते हैं।

## 1. रामकथा पर आधारित उपन्यास 'अभ्युदय' (दो खंड), दीक्षा, अवसर, संघर्ष की ओर तथा युद्ध–भाग एक एवं दो उपन्यासों का वैशिष्ट्य

नरेन्द्र कोहली ने वाल्मीकि रामायण के आधार पर दीक्षा, अवसर, संघर्ष की ओर तथा युद्ध-1 एवं युद्ध-2 की रचना की थी। बाद में इन्हीं को समग्र रूप में अभ्युदय भाग एक एवं अभ्युदय भाग दो में उन चारों भागों को उपस्थित किया। अभ्युदय भाग-1 में दीक्षा, अवसर तथा संघर्ष की ओर, इन तीनों खंडों का संकलन है तथा अभ्युदय भाग-2 में युद्ध-1 एवं युद्ध-2 का संकलन है। अतः हम अभ्युदय के ही आधार पर दीक्षा, अवसर, संघर्ष की ओर तथा युद्ध-1 एवं युद्ध-2 का अवलोकन कर उसके वैशिष्ट्य का निरूपण करेंगे।

### *अभ्युदय, खंड-एक : दीक्षा, अवसर, संघर्ष की ओर*
### *अभ्युदय : 'दीक्षा'*

अभ्युदय के पहले भाग 'दीक्षा' में अप्रत्यक्ष रूप से राम का प्रवेश विश्वामित्र द्वारा यज्ञ-रक्षा हेतु वन-यात्रा के चिंतन में एवं उसके बाद कोसल्या के चिंतन में होता है। कैकेयी के सौतिया डाह को लेखक ने मनोविज्ञान की भादभूमि पर रेखांकित

किया है, कालांतर में समय के साथ कैकेयी के चरित्र में परिवर्तन आता है तथा राम उसे अत्यंत प्रिय हो जाते हैं। संभवतः राम ने अपनी शालीनता और उदात्त गुणों से दूसरों का मन जी.त लेने की कला के कारण ही कैकेयी के मन को जीत लिया था।[1] भ्रातृ-प्रेम की उत्कृष्टता के कारण राम अपने भाइयों को पितृतुल्य लगते हैं। इसके पश्चात राम का प्रत्यक्ष प्रवेश होता है; जब वे विश्वामित्र के साथ उनके यज्ञ की रक्षा हेतु प्रस्थान की तैयारी करते हैं। भावविह्वल पिता और माताओं से विदा लेकर राम अपने भाई लक्ष्मण और गुरु विश्वामित्र के साथ राज-पथ से नगर द्वार तक रथ से, और उसके बाद पैदल ही प्रस्थान करते हैं। रास्ते में विश्वामित्र राम को आगे आने वाले संकटों के विषय में बताकर एक तरफ उनकी परीक्षा लेते हैं तो दूसरी तरफ उन्हें उन खतरों के प्रति सावधान कर सफलता प्राप्ति हेतु दीक्षित भी करते हैं। राम अपने सद्गुणों के कारण प्रजा को अत्यंत प्रिय हैं। लक्ष्मण विश्वामित्र को बताते हैं–"मैं बता नहीं सकता कि हमारे भैया से प्रजा को कितना प्रेम है। प्रजागण जानते हैं कि उनके दुःख-सुख में, संघर्ष तथा आपत्तियों में केवल राम ही उनके साथ हैं...।"[2]

"भैया कहते हैं, दूसरों के अधिकारों की रक्षा करना न्याय है, और अपने अधिकारों के लिए लड़ना स्वार्थ है...।"[3]

वार्तालाप के दौरान गुरु विश्वामित्र राम से कहते हैं–"... वरन् यह भी याद रखना होगा कि तुम स्वतंत्र चिंतन करने वाले निर्भीक तेजस्वी वीर भी हो।"[4]

मुझे तुम्हारे व्यक्तित्व में तेज का आभास मिला है, जो मेरी अपेक्षाओं के अनुकूल है।[5]

गुरु विश्वामित्र से वार्तालाप करते हुए राम सामाजिक व्यवस्था के प्रति उत्तेजित हो उठते हैं, जिसमें उनके अतुलित शौर्य के दर्शन होते हैं–"आर्य लोग मृत्यु के अपने घर में घुसने की प्रतीक्षा कर रहे हैं, गुरुदेव! क्या वे यह नहीं जानते–इससे पहले कि शत्रु हमारे घर में घुसने का साहस करे, हमें उसके घर में घुसकर उसका नाश कर देना चाहिए।"[6]

गुरु विश्वामित्र के जिज्ञासात्मक प्रश्न पर राम उन्हें वचन देते हुए कहते हैं–"ऋषिवर मैं आपको यह वचन देता हूँ कि मेरे जीवन का लक्ष्य राज भोग नहीं, न्याय का पक्ष लेकर लड़ना, अन्याय का विरोध करना, वैयक्तिक स्वार्थों का त्याग, जन कल्याण के मार्ग में आने वाली बाधाओं का नाश तथा सबके हित और सुख के लिए अपने जीवन को अर्पित करना होगा। मैं आपको वचन देता हूँ कि मैं स्वयं तपस्वियों, ऋषियों, बुद्धिवादियों के पास आऊँगा। जिन्होंने अपने जीवन को सत्य और न्याय के चिंतन में, साधना में, ज्ञान और विज्ञान की वृद्धि में खपा दिया है। जो अपनी रक्षा का वचन लेने के लिए मुझ तक नहीं आ सकते मैं उन तक पहुँचूँगा और अन्याय का उसकी शाखाओं-प्रशाखाओं के साथ-साथ समूल नाश करूँगा। आपने

मुझे जीवन में एक लक्ष्य दिया है। अब मेरी ऊर्जा व्यर्थ आखेट, खेल-खेलकर पशुओं के वध में व्यय न होकर किसी सार्थक कार्य में लगेगी। इस कार्य से मुझे कोई नहीं रोक सकता, चाहे वे स्वयं मेरे पिता-माताएँ अथवा बंधु-बांधव हों...।"[7]

इस प्रकार नरेन्द्र कोहली की रामकथा में राम, तत्कालीन समाज में फैले हुए दुराचार को समूल नाश करने हेतु कृत संकल्पित दिखाई देते हैं। यह उनकी कर्मशीलता का प्रमाण है। राम की कर्मशीलता के इस प्रमाण को पाकर ऋषि विश्वामित्र उन्हें आशीष तो देते ही हैं; अनेक दिव्यास्त्र भी प्रदान करते हैं। साथ ही उनकी प्रयोग विधि से उन्हें दीक्षित भी करते हैं। इसलिए इस खंड का नाम दीक्षा सार्थक प्रतीत होता है।

श्रीराम अद्‌भुत आत्मविश्वासी हैं। विश्वामित्र के आश्रम में पहुँचकर वे गुरु को आश्वस्त करते हुए कहते हैं :

"ऋषि श्रेष्ठ! आप निश्चित रहें। राक्षसों का आक्रमण चाहे रात्रि में हो अथवा प्रातः आपकी कृपा से राम उनसे युद्ध करने में पूर्णतः समर्थ है। प्रश्न यह नहीं है कि राक्षस कब आक्रमण करेंगे, प्रश्न यह है; कि वे किस घड़ी में मरना चाहते हैं।"[8]

अपने ही पिता के आर्य सेनापति दुराचारी बहुलाश्व का वध करने के पश्चात श्री राम विश्वबंधु से कहते हैं–"नहीं आचार्य विश्वबंधु! मैं इस बात को स्वीकार करता हूँ कि मैंने आत्मरक्षा के लिए बहुलाश्व की हत्या की है। आत्मरक्षा युद्ध में होती है। मैंने बहुलाश्व के साथ युद्ध नहीं किया, मैंने उसे अपराधी दुष्ट और पापी मानकर उसको मृत्युदंड दिया है।... किसी वर्ग जाति राष्ट्र वय अथवा स्थिति विशेष के कारण किसी अपराधी को क्षमा कर देना न्याय की हत्या कर अपराध को प्रोत्साहित करना है।"[9] राम आगे कहते हैं–"आचार्य! यदि देवप्रिय को दंड देकर बहुलाश्व को छोड़ दिया जाता है तो पुनः देवप्रिय जैसे किसी अपराधी के उत्पन्न होने पर, उसे दंडित करने फिर किसी राम को आना पड़ता। बहुलाश्व के दंडित होने का परिणाम यह होगा कि भविष्य में जन्म लेने वाले देवप्रिय को दंडित करने का कार्य तत्कालीन बहुलाश्व करेगा।..."[10] इस प्रकार इस रामकथा में राम न्याय और उसकी स्थापना के प्रबल समर्थक तो हैं ही, स्वयं उसकी स्थापना में समर्थ भी हैं।

नरेन्द्र कोहली जी इस रामकथा में नारियों के सम्मान एवं उनके प्रति समाज की श्रद्धाभावना की रक्षा अपनी कथा के आदर्श नायक एवं समाज के आस्था पुरुष राम के माध्यम से कराते हैं। राम नारियों की पीड़ा से अत्यंत व्यथित और द्रवित हो जाते हैं, इसका उदाहरण विश्वामित्र के आश्रम के पास नारियों के साथ घटी बीभत्स घटना से प्रभावित नारियों से हुए वार्तालाप में मिलता है :

"शांत होओ देवि!.. तुम्हारी पीड़ा की कोई सीमा रही होगी–मैं समझ सकता हूँ। आज मेरा मन मुझे कितना धिक्कार रहा है। यहाँ ऐसे-ऐसे अत्याचार हो रहे थे और राम इन सबसे अपरिचित अयोध्या में सुख से जी रहा था और स्वयं को

एक प्रकार से पीड़ित भी मान रहा था।"[11]

राम भाव विह्वलता के वशीभूत हो आगे कहते हैं—"देवियों! सांत्वना देने योग्य शब्द भी मेरे पास नहीं हैं। तुम लोगों ने मेरे जीवन को एक दिशा दी है, एक संकल्प दिया है...।"[12]

गुरु विश्वामित्र राम के विचारों को सुनकर अवाक् रह जाते हैं—वे सोचते हैं कि—"राम चिंतन की एक मौलिक कसौटी हैं। वह आप्त वचनों को, आप्त चरित्रों को, आप्त प्रथाओं को सिर झुकाकर चुपचाप स्वीकार नहीं करेगा।"[13]

अहल्या के दुःख से कातर हुए राम के वचनों को सुनकर विश्वामित्र कहते हैं—"पुत्र तुम मेरी अपेक्षाओं से भी उच्च हो, परे हो।"[14]

इन उद्धरणों से स्पष्ट होता है कि 'अभ्युदय : दीक्षा' राम के आदर्श नायकत्व को स्थापित करते हुए कथा प्रसंग को वर्तमान संदर्भों में अनेक राष्ट्रीय, अंतर्राष्ट्रीय और मानवीय प्रश्नों से संबद्ध करता है।

### अभ्युदय : 'अवसर'

गुरु विश्वामित्र के आश्रम के यज्ञ-कार्य और राक्षस-संहार कार्य को पूर्ण कर राम की जनकपुर यात्रा होती है और सीता से विवाह पश्चात राम अयोध्या आते हैं और राज-काज में इतने व्यस्त हो जाते हैं कि उन्हें अपनी तरफ, अपनी दिनचर्या तथा नवविवाहिता सीता की ओर भी ध्यान देने का अवसर नहीं मिलता है, "कर्म के तेज बहाव वाले इस जीवन में पुलक प्रसंगों वाला समय कदाचित् व्यतीत हो गया है। अपवाद स्वरूप कभी कोई क्षण प्रेम-पुलक से भर जाए तो भर जाए; नहीं तो काम-काजी-व्यावहारिक जीवन में प्रेम की ऊहात्मक उक्तियाँ परिहास बन कर रह जाती हैं। अब जीवन मात्र कर्म हो गया है। करने को इतना कुछ हो तो सामाजिक दायित्व के प्रति सजग पति-पत्नी अपने जीवन को पुलकित प्रेम की कहानी नहीं बना सकते।"[15]

राज्याभिषेक के हर्षोल्लासमय अवसर पर भी राम के हृदय में प्रसन्नता के स्थान पर मानसिक संघर्ष उत्पन्न हो जाता है—विश्वामित्र को दिए हुए अपने वचन का स्मरण कर वे सोचते हैं—"सिंहासन स्वीकार कर लिया, एक बार सम्राट बन कर बैठ गया तो मेरी मानवीय दुर्बलताएँ नहीं जाग उठेंगी क्या? सुविधापूर्ण विलासी जीवन में लिप्त हो, बहानों की आड़ में स्वयं को प्रवंचित नहीं करूँगा? मोह-त्याग बड़ा कठिन होता है। जब तक मोह का रोग न लगे तभी तक ठीक...यदि मोह-त्याग में मैं सफल हो भी गया तो राज्य के विभिन्न उत्तरदायित्वों से मुक्त कर कौन मुझे उन गहन वनों में जाने देगा।... न्याय और समता को, मानवता और उच्च-चिंतन को, ज्ञान और विद्या को एक रक्षक की प्रतीक्षा है, और उस रक्षक का दायित्व सम्हालने का वचन राम ने विश्वामित्र को दिया था। सम्राट बन अयोध्या में बैठकर सेना की सहायता

से यह कार्य नहीं हो सकता। वेतनभोगी सेनाओं की सहायता से मानव-जाति का भाग्य नहीं बदला जा सकता। वह तो जन-उद्बोधन से ही संभव होगा।...अभिषेक हो जाने से वन जाने का अवसर कभी नहीं आएगा।"[16]

अंततः मानो राम की मनोकामना पूर्ण होती है और वे अपनी इच्छानुरूप वनवास प्राप्त करते हैं। राम के वनवास के समय ऋषि भरद्वाज उनसे कहते हैं कि तुम लोग यहीं मेरे आश्रम में या आश्रम के निकट अपनी वनवास की अवधि व्यतीत कर लो। इस पर राम बड़ी सहजता और माधुर्य पूर्ण वचनों में कहते हैं—"यदि ऐसा होता तो उसे हम अपना सौभाग्य समझते ऋषिवर! किंतु यह स्थान संगम के तट पर होने के कारण अयोध्या के इतना निकट है कि यहाँ से वहाँ और वहाँ से यहाँ व्यक्ति तथा समाचार इतनी शीघ्रता और सुविधा से पहुँच सकते हैं कि यह वनवास न होकर वनवास का नाटक मात्र रह जाएगा। अयोध्या से निरंतर संपर्क बनाए रखना न हमारे लिए श्रेयस्कर है और न अयोध्या के लिए। "[17]

"माता कैकेयी की आज्ञा दंडकारण्य में जाने की है, अंततः हमें वहीं जाना है।...वैसे मैं चाहता हूँ कि ऋषि वाल्मीकि के दर्शन कर हम चित्रकूट के आस-पास मंदाकिनी तट पर तपस्वियों के साथ कुछ समय बिताएँ।"[18] राम के इस कथन से उनकी कर्त्तव्य निष्ठा, सत्य के प्रति आस्था और सच्चरित्रता के दर्शन होते हैं। साथ ही यह भी प्रकट होता है कि उन्हें ऋषि-मुनियों के दर्शन, उनकी सेवा और उनके कष्टों को दूर करने का विशेष ध्यान है। वाल्मीकि के आश्रम में पहुँचकर राम-सीता और लक्ष्मण स्वयं अपनी कुटिया का निर्माण और अन्य व्यवस्थाएँ करते हैं। इससे राम की कर्मभक्ति को और अधिक बल मिलता है। राम-सीता को शस्त्र-विद्या का प्रशिक्षण देते हैं, जिसमें विदित होता है कि वे स्त्रियों की आत्मनिर्भरता के पक्षपाती हैं। श्रीराम संगठन शक्ति के प्रबल समर्थक हैं। खर-दूषण के अत्याचारों के दमन हेतु वे मुखर से कहते हैं—"तो मित्र! अपने आपको तैयार करो। सारे पीड़ितों को तैयार करो।... अकेला बलिदान कुछ नहीं करेगा। शुभ कर्मों के लिए जागरण, संगठन और बलिदान तीनों की आवश्यकता होती है। नहीं तो मैं कब से जा रावण से टकराया होता और छोटे-छोटे तुंभरणों की स्वतः समाप्ति हो जाती; किंतु अभी संगठन नहीं हैं, अतः रावण से टकराना मूर्खता होगी।"[19]

राम श्रेष्ठतम आदर्शवादी हैं, मर्यादा पुरुषोत्तम हैं फिर भी वे षड्यंत्रकारियों से पूर्णतया सतर्क हैं। इंद्रपुत्र जयंत राम-लक्ष्मण की अनुपस्थिति में कुटिया में आ जाता है। उसके अभद्र व्यवहार पर सीता खड्ग से उसका सामना करती है तभी राम आ जाते हैं; पहले जयंत ब्रह्मा और इंद्र का नाम लेकर उन्हें धमकाता है। राम कहते हैं—"मैं किसी दुष्ट या दुष्टता के संरक्षक से नहीं डरता...मैं ऐसे लोगों से घृणा करता हूँ। बड़े-बड़े नाम लेकर मुझे मत डराओ। सत्ताधारियों और उनके पुत्रों के अत्याचारों की कथा सुनकर मेरे मन में आग धधकने लगती है। मैं दुष्टता का समूल

नाश करने को वचन-बद्ध हूँ, चाहे वे दुष्ट कितने ही सबल, सत्ता संपन्न अथवा धनवान हों।"[20]

जयंत शरणागत होने का नाटक करता है और प्राण-भिक्षा के साथ अभयदान माँगता है तब श्रीराम कहते हैं—"मुझे मेरे आदर्शों में बाँधने की कुटिलता मत करो। पापी पिता के पापी पुत्र! क्षत्रिय, शरण में आए व्यक्ति की रक्षा अवश्य करता है; किंतु मैं तुम जैसे नीच की शरण याचना को एक षड्यंत्र मानता हूँ।..."[21]

इस प्रकार कोहली जी की रामकथा के इस 'अवसर' खंड में श्रीराम के वन प्रस्थान तथा वन निवास के समय में उनके साहस, धैर्य, नेतृत्व, जन सामान्य के प्रति सहिष्णुता, दीन-रक्षण एवं जन कल्याणकारी स्वरूप का उद्घाटन होता है जो उपन्यास के आदर्श-नायक की प्रतिस्थापना का आधार बनता है।

### *अभ्युदय : 'संघर्ष की ओर'*

इस खंड में श्रीराम के वनवासकाल में घटने वाली कुछ घटनाएँ श्रीराम के जीवन के प्रमुख संघर्ष 'राम-रावण युद्ध' की ओर कथानक को अग्रसर करती हैं। गुरु अगस्त्य के आश्रम के आस-पास और उस क्षेत्र में दूर-दूर तक फैले हुए अत्याचार तथा उसके प्रति वहाँ के निवासियों की अचेतनता के प्रति चिंतन करते हुए राम सीता से कहते हैं—"...इस सारे क्षेत्र में मुझे किसी भी आश्रम में शस्त्र-शिक्षा का आभास तक नहीं मिला है; किंतु धर्म-भृत्य ने उनके आश्रम में शस्त्र-प्रशिक्षण की बात कही है। मुझे उनकी योजना अच्छी लगी—चेतना, आर्थिक उन्नति तथा आत्मरक्षा, यदि ये तीन जन सामान्य तक पहुँच जाएँ तो फिर उनका शोषण असंभव हो जाएगा।"[22] इस प्रकार जन जागृति में राम का अखंड विश्वास है। राम मुखर से कहते हैं—"योजना बुरी नहीं है।.....किंतु दो बातों की ओर तुम्हारा ध्यान दिलाऊँगा। पहली तो यह कि शत्रु को कभी दुर्बल नहीं समझना चाहिए। दूसरे योजना तुम बना रहे हो इसलिए अधिकतम जोखिम तुम ही उठाओ—यह कर्त्तव्यनिष्ठा तो हो सकती है, अच्छी युद्ध-नीति नहीं।"[23] श्रीराम भूलर से कहते हैं—"मुक्त केवल वही है जो संघर्ष के लिए प्रस्तुत है। ...यह प्रकृति का नियम है। यदि आप संघर्ष से पीछे हटेंगे तो मुक्ति आप के हाथ से निकल जाएगी।... मुक्ति को बनाए रखने के लिए सतत जागरूक चेतना की आवश्यकता होती है।..."[24]

जागृति चेतना लाने के प्रयास में राम और सीता उस क्षेत्र में रहने वाले भील-आदिवासी और वनवासी लोगों को साक्षर करने का प्रयास करते हैं। शस्त्र प्रशिक्षण देकर उनमें आत्मरक्षा तथा संगठन शक्ति विकसित करते हैं ताकि वे सबल होकर अपने शोषण का विरोध कर सकें। इसी तारतम्य में राम की मुलाकात जटायु से होती है। जटायु राम से प्रश्न करते हैं—"एक युवक है जो योद्धा नहीं है; शस्त्रों का ज्ञान भी उसे नहीं है; किंतु शरीर से हृदय-पुष्ट है। वह शूर्पणखा की यातना

से त्रस्त होकर वन में इधर-उधर छिपता फिरता है। वह सुरक्षा, ईमानदारी की आजीविका और सम्मानपूर्वक जीवन जीना चाहता है।" राम उनके प्रश्न को समझकर उन्हें निश्चिंत करते हुए कहते हैं–"उससे कहिए कि हमारे पास आ जाए ...राक्षसों से बहुत भयभीत हो तो हमारे आश्रम में कुटीर बना ले, अन्यथा किसी भी ढूह पर कुटिया बना ले। यह सारा क्षेत्र अब सुरक्षित है।"[25]

राम के प्रताप से सुरक्षित समूचे वन में राम का यशगान फैलने लगा। होते-होते सुकीर्ति की यह सुगंध शूर्पणखा तक भी पहुँची और राम के नाम का यशगान सुनकर शूर्पणखा अपनी तामसिक वृत्तियों के वशीभूत होकर राम की ओर आकर्षित होती है। उनको प्राप्त करने के लिए दीर्घकाल तक योजनाबद्ध तरीके से पीछा करते हुए एक दिन उसका राम से सामना हो पाता है। अपना नाम 'कामवल्ली' बताकर शूर्पणखा राम के समक्ष काम-आह्वान प्रस्ताव करती है। श्रीराम उसके प्रस्ताव को पूर्णतया अस्वीकार कर देते हैं, और उससे कहते हैं–"मैं तुम्हें अंगीकार नहीं कर सकता। मैं विवाहित हूँ।"[26]

"काम-आह्वानों को स्वीकार करना मेरी नैतिकता नहीं है। राम तटस्थ भाव से बोले, तुम्हारी आवश्यकता ने सही व्यक्ति का चुनाव नहीं किया।"[27]

"किसी का अकारण अपमान करना मेरी प्रकृति नहीं है। स्त्रियों का तो एकदम ही नहीं। कुछ अनुचित कह दिया हो तो क्षमा चाहूँगा।"[28]

"जो भी उपलब्ध हो जाए वही ग्रहण कर लेना मेरे जीवन का लक्ष्य नहीं है। एक व्यक्ति के लिए जो संसार का श्रेष्ठतम भोग है, किसी अन्य के लिए वह जीवन का बोझ हो सकता है।"[29]

"कामवल्ली। अथवा जो भी तुम्हारा नाम हो, तुमने राम को बहुत गलत समझा है। लगता है तुमने अब तक केवल पशु देखे हैं, मनुष्य नहीं...लौट जाओ। आश्रम के भीतर प्रवेश कदाचित् तुम्हारे लिए ठीक नहीं होगा।"[30]

यह प्रसंग राम की चारित्रिक उत्कृष्टता का द्योतक है। कोहली जी ने इस प्रसंग के माध्यम से जहाँ रघुवंश के सुयश में पारंपरिकता से अलग हटकर एक पत्नी व्रत का कीर्तिमान स्थापित किया है, वहीं अपने उपन्यास के आदर्श नायक को उसकी उदात्तता का चरम भी प्रदान किया है। इस प्रकार शूर्पणखा प्रसंग का अंत लक्ष्मण द्वारा नाक-कान के काटे जाने से होता है। शूर्पणखा लंका में अपने भाई रावण के यहाँ जाकर उपचाराधीन होती है और कथानक 'संघर्ष की ओर' से बढ़ते हुए युद्ध खंड में प्रविष्ट होता है।

### अभ्युदय : युद्ध (1 एवं 2)

अभ्युदय : युद्ध 1 एवं 2 एक तरफ जहाँ अभ्युदय-रामकथा का दूसरा खंड है तो वहीं दूसरी तरफ अपने आप में पूर्ण स्वतंत्र उपन्यास भी है। प्रथम खंड में पौराणिक

रामकथा राम-रावण युद्ध की ओर उन्मुख होती है और इस दूसरे खंड में वह महायुद्ध में प्रवेश करती है। अंत में 'सत्यमेव जयते' का उद्घोष करते हुए उपन्यास असत् पर सत् की, दुराचार पर सदाचार की, अधर्म पर धर्म की विजय कराता हुआ समापन बिंदु का स्पर्श करता है। प्रथम खंड के अंत में राम शूर्पणखा के प्रस्ताव को अस्वीकार कर देते हैं। पराजित वृत्ति दोहरी शक्ति के साथ लक्ष्मण पर मायाजाल बिछाने का प्रयत्न करती है और निराशा प्राप्त होते ही विध्वंसकारी भयंकर रूप प्रकट करती है, फलतः लक्ष्मण का विकलांगकारी प्रहार और तदुपरांत अपमान की ज्वाला योजनाबद्ध तरीके से रावण द्वारा सीताहरण के कुकृत्य का अपघटन कराती है।

अभ्युदय के 'युद्ध' खंड में राम का प्रवेश तीसरे अंक में होता है। राम लक्ष्मण को आश्रम छोड़कर अपने आप आया देखकर चौंकते हैं और आश्रम के लिए चिंतित हो जाते हैं। शीघ्रता से आश्रम की ओर आते हैं। कुटिया में पहुँचने से पूर्व ही उन्हें आदित्य द्वारा मुखर की हत्या और सीता के कुटिया में न होने की खबर मिल जाती है। अनेक आशंकाओं के साथ वे शिथिल कदमों से, संवेदनशून्य और प्रतिक्रियाहीन यंत्रवत् कुटिया में प्रवेश करते हैं। कुटिया में पहुँचने के बाद मानो उनका मन और शरीर दोनों ही अवश हो जाते हैं। अश्रुप्रवाह की सघन धाराएँ अंतर की अति उष्णता को प्रकट करने लगीं। कल्पना में सीता हरण का क्रूरतम दृश्य सामने आने लगा। अंतर्द्वंद्व के चरम में कैकेयी भी आ गईं; जिनके कारण राम वन को आए। राम सोचते हैं–"आज कैकेयी की इच्छा पूरी हो गई यही चाहा होगा उसने। नोच-नोच कर राम का शरीर राक्षस खा जाएँ, राम की आत्मा घायल पक्षी के समान विवशता में अपने पंख फड़ फड़ाती रहे, किंतु राम अपना धनुष न उठा सके।...सीता का अपहरण हो गया था और राम अपने कुटीर में बैठे अश्रु बहा रहे हैं...लक्ष्मण अपने हाथ बाँधे आश्रम में इधर-उधर मँडरा रहे हैं...इसीलिए तो कैकेयी ने वन में भेजा था उनको? ...इतनी चतुर है कैकेयी...इतनी दूर तक देखती है वह? अपने ऊपर कोई दोष नहीं आने देती और हत्याएँ तथा अपहरण भी करा देती है।...साम्राज्य के राजकुमारों को निरीह वनवासी बना देती है, न सेनाएँ साथ दे पाती हैं न भाई ही भाई के काम आ सकता है।...कैकेयी के मंत्र से मनुष्य कबंध में बदल जाता है..."[31]

राम की स्मृति में कभी लक्ष्मण और सीता का देवर-भाभी संबंध के कारण सीता की जिह्वा का कशा और लक्ष्मण का आवेश याद आता जो लक्ष्मण की चेतना के लिए आज भारी पड़ गया था तो कभी वाल्मीकि का आश्रम जीवंत हो उठता–ऋषि ने कहा था–पुत्र! अत्याचार से पीड़ित व्यक्ति सबसे अधिक दुःखी होता है पर वही दुःख उसे अत्याचार के विरुद्ध लड़ने की शक्ति भी देता है। अतः अत्याचार का नाश करने के लिए उसका ग्रास बनना भी आवश्यक है–मुखर के संबंध में हुई ये बातें आज राम पर शत-प्रतिशत लागू होती हैं–"राम के मन में राक्षसों के विरुद्ध आज तक जो आक्रोश था–वह मात्र परदुःखकातरता के कारण था। उसमें द्रवणशीलता

तो थी; किंतु दाहकता नहीं थी। मरने-मारने की ऐसी आग नहीं थी; जो व्यक्ति को भस्मीभूत कर दे...किंतु आज सीता के अपहरण से राम व्यक्तिगत रूप से पीड़ित, आहत तथा अपमानित हुए थे। लगता था मन का समस्त भाव रूपी विरोध घनीभूत होकर कर्म में परिणित होने को अकुला उठा था।"[32] हृदय में धधकती हुई अंतर-ज्वाला लेकर भी राम लक्ष्मण को समझाते हुए कहते हैं–"धैर्य धारण करो सौमित्र!...आज से हमारा युद्ध प्रतिरक्षात्मक न होकर प्रहारक होगा। सौमित्र! अब राक्षसों द्वारा खेला जाने वाला अपहरण और हत्याओं का खेल और नहीं चल सकेगा।"[33]

सीताहरण के पश्चात् प्रथम रात्रि में राम लक्ष्मण को अपने ही कुटीर में शयन करने के लिए कहते हैं; किंतु शस्त्रागार की रक्षा करने हेतु लक्ष्मण अपनी ही कुटिया में सोने के लिए प्रस्तुत होते हैं–एकाकी राम स्तब्ध खड़े रह जाते हैं–भावनाओं का ज्वार पुनः आंदोलित हो उठता है, वे सोचते हैं–कैसा है उनका विवेक, जो भावना से मुक्त होकर कुछ सोच लेता है, उसे शब्दों में व्यक्त भी कर देता है, दूसरों को सहमत भी कर लेता है; किंतु स्वयं राम का अपना मन उस विवेक से सर्वथा अप्रभावित अपना शोक मना रहा है। उनके शब्दों से सौमित्र का ओज और राम का मन किसी आहत पक्षी के समान फड़फड़ा रहा है। इच्छा होती है कि पछाड़ खाकर भूमि पर गिर पड़े, या कुटीर की दीवारों से सिर मारे... हा सीते। कहाँ हो तुम। मुखर ने तुम्हारी रक्षा करते हुए अपने प्राण दे दिए। राम का वह भाग्य भी न हुआ।...राम ! यह अभागा निर्वासित अपनी कांता का, अपनी प्राण-सखि का वियोग सहने को जीवित रह गया। प्रिया वैदेही का वियोग एक ओर, और अपमान तथा प्रतिशोध की ज्वाला दूसरी ओर... सौमित्र को तो राम समझा लेंगे; किंतु राम के मन को कौन समझाएगा ...अपनी प्राण-सखि के कष्टों का निवारण कैसे करें राम...इस अत्याचार का प्रतिकार कैसे करें...अपने अपमान का प्रतिशोध कैसे लें; मुखर के उपकार से उऋण कैसे हों... ।[34]

अचानक राम के मन में आशंका का कलुषित बिंदु आया और राम का मन हताशा में डूबने लगा–"... नहीं राम ऐसा युद्ध नहीं लड़ सकते है। उन्होंने सीता खोई है, अब वे सौमित्र को नहीं गँवा सकते..."[35]

दुर्घटना की भयंकरता और आशंका की गंभीरता ने उनके हृदय की व्याकुलता को असत्य बना दिया। राम कुटिया से बाहर निकलकर यहाँ-वहाँ टहलने लगे। सहसा उनकी कल्पना में विश्वामित्र जाग उठे...ऋषि मुस्कुरा रहे थे..."घबरा गया राम! अपने सपनों को साकार करना चाहता है और उसका मूल्य नहीं चुकाना चाहता। प्रतिबद्धता सुखी मनुष्यों का मनोरंजन है क्या? क्या समझकर तू वन में चला आया था? तू क्या अपनी पत्नी और भाई के साथ वन विहार करने आया था? तू युद्ध करने आया था और आघात नहीं सह सकता। रक्त बहाए बिना भी कभी युद्ध हुआ है, पुत्र! चोट खाकर घबरा जाने वाले लोग संघर्षों में विजयी नहीं होते हैं..."[36]

राम जैसे पुनः सजग हो उठे—एक ही चोट में वे घबरा गए थे। वे सोचते हैं—"ऐसे ही हताश होता रहा तो सचमुच किसी दिन राक्षसों से समझौता कर लेगा ...दलित मानवता का त्राण तो दूर वह तो सीता और मुखर का प्रतिशोध भी नहीं लेगा।..."[37] आदित्य आकर राम को जटायु के घायल और मरणासन्न होने की सूचना देते हैं। जटायु के पास जाने पर उनसे रावण द्वारा सीता हरण की खबर मिलती है, राम पुनः अन्तर्व्यग्र हो उठते हैं—"...रावण! रावण का साम्राज्य! कितना विस्तार है उसके साम्राज्य का। कहाँ ले गया होगा रावण वैदेही को? कहाँ छिपा रखा होगा? राम को लगा, उनके सम्मुख अनंत आकाश फैला है—सीताहीन, मर्यादाहीन...उसमें करोड़ों ब्रह्मांड फैले हैं, असंख्य नक्षत्र-मालाएँ फैली हुई हैं...उनमें से ढूँढ़ना है सीता को, जाने किस ग्रह में जा छिपाई है सीता... रावण ने...।"[38]

लंका की विजय और सीता की खोज के संदर्भ में आयोजित एक सभा में बैठे राम विचार-विमर्श कर रहे थे। उसी के मध्य वे अंतर्मुखी होते हुए से बोले—"जन सेना को साथ ले एक अंतहीन खोज के लिए चल पड़ना व्यावहारिक नहीं है। खोज ही नहीं एक निश्चित अभियान के लिए यहाँ से जन सेना लेकर जाना मुझे तर्क संगत नहीं लगता है। यदि रावण की यह इच्छा हो कि मैं जन सेना लेकर एक अंधी खोज में भटकता फिरूँ तो मैं उसकी इच्छा पूरी नहीं होने दूँगा। जन सेना मेरे साथ चली तो यह संपूर्ण क्षेत्र पूर्णतः रक्षा-विहीन हो जाएगा।... एक अविकसित तथा निर्धन प्रदेश अनुत्पादन की स्थिति में अपनी निर्धनता से पराजित होकर किसी धनाढ्य जाति के हाथ बिक जाएगा।"[39]

राम सीता की खोज में हैं—वैदेही से संबंधित प्रमाण मिलने पर भी और कुछ देर तक न मिलने पर भी वे व्याकुल हो उठते हैं—"भूमि पर गिरा कोई भी पुष्प दिख जाता तो उन्हें लगता कि वह सीता की वेणी से ही गिरा होगा....रावण ने सीता को उनके केशों से पकड़कर खींचा होगा...तभी यह फूल इस प्रकार गिरा होगा... कितना कष्ट हुआ होगा सीता को...स्वयं को इस प्रकार असुरक्षित छोड़ जाने के लिए उन्होंने राम को कितना कोसा होगा...राम के विरुद्ध क्या कुछ नहीं आया होगा उनके मन में। क्षण-क्षण में सहस्रों शाप उनके मन में जन्मे होंगे।"[40]

प्रकृति के विभिन्न उपादान राम को सीता का स्मरण कराते हैं। खोज की प्रक्रिया में ही कबंध के दास राम और लक्ष्मण को कबंध के पास ले जाते हैं। पूछ-ताछ, वार्ता होती है, वार्ता तूल पकड़ती है, दोनों में भिड़ंत होती है, किंतु कबंध सीता का पता नहीं बताता। राम क्रोधित हो उससे कहते हैं—"इच्छा तो होती है राक्षस, इस खड्ग से तेरे शरीर का खंड-खंड कर दूँ, किंतु अपने क्षात्र-धर्म से बँधा हूँ। तू युद्ध कर नहीं सकता अतः मैं तुझ पर शस्त्र प्रहार नहीं कर सकता; किंतु मैं तुझे शांति से नहीं मरने दूँगा।" वे लक्ष्मण की ओर मुड़े—"सौमित्र! इसके लिए चिता बनाओ। मैं इसे जीवित ही अग्नि-समाधि दूँगा।"[41] इस प्रकार अभ्युदय की रामकथा के राम

न्याय और क्षात्र-धर्म के पौराणिक परंपरानुसार ही समर्थक हैं।

सुग्रीव मैत्री के समय राम सुग्रीव को वाली के भय से मुक्त कराने के उद्देश्य से कहते हैं–"मैं आत्मश्लाघा का समर्थक नहीं हूँ। न ही दर्पोक्तियाँ मेरी प्रकृति के अनुकूल पड़ती हैं किंतु मित्र तुम्हारा आत्मबल जगाने के लिए कुछ करना ही होगा"[42] और राम सुग्रीव की आश्वस्तता तथा उसकी आत्मतुष्टि के लिए आगे बढ़ते हैं और "राम का बाण एक-एक कर सातों साल वृक्षों को छेद गया था। अद्भुत था राम का लक्ष्य भेद, बल तथा कोसल।"[43] राम की शक्ति का प्रमाण पाकर सुग्रीव अभिभूत होकर कहते हैं–"तुम समर्थ हो मित्र! और तुम्हारे कारण आज मैं भी वाली से अधिक समर्थ हूँ।"[44]

वाली के प्रति अपनी प्रतिक्रिया व्यक्त करते हुए राम सुग्रीव से कहते हैं–"मेरे लिए वाली एक अपराधी मात्र है। शेष अपराध इस समय छोड़ भी दिए जाएँ, तो रूमा के अपहरण के लिए वाली को वही दंड मिलना चाहिए, जो सीता के अपहरण के लिए रावण को मिलेगा।"[45] इस प्रकार इस प्रसंग में कोहली जी ने अपनी रामकथा में मानो वाली के उस प्रश्न का उत्तर राम के मुख से दिलवाया जो वाली मृत्यु के समय राम से करता है :

*"मैं वैरी सुग्रीव पियारा, कारन कवन नाथ मोहि मारा।"*

और ऐसे पटाक्षेपित उत्तरों को स्पष्ट करते हुए नरेन्द्र कोहली जी राम-सुग्रीव मैत्री और राम के वचनों की दृढ़ता को स्पष्ट करते हैं। सुग्रीव के विह्वल होने पर राम उससे कहते हैं–"कातर मत हो सुग्रीव! राम का वचन स्वयं अपने आप में प्रमाण होता है। मैंने रूमा और वानरों की मुक्ति का वचन दिया है; मैंने वाली को मृत्युदंड और तुम्हें किष्किंधा का राज्य दिया है।"[46]

राम का धैर्य और गांभीर्य अतुलनीय है। उनकी मित्रता मित्र पर अडिग विश्वास करती है। समय परिस्थिति अथवा क्रोध के वशीभूत संबंध के मध्य में आने वाली खरोंचें संबंधों की दृढ़ता, पावनता और विश्वास को खंडित करने में पूर्णतया असमर्थ हैं। वाली-प्रसंग के संदर्भ को ही लेकर सुग्रीव को आक्रोश आता है, जिससे लक्ष्मण आवेशित होते हैं तो राम उन्हें समझाते हुए कहते हैं–"शांत हो जाओ, सौमित्र! ...क्रोध में कही गई मित्र की बात का क्या बुरा मानना।"[47]

सुग्रीव प्रकरण को स्पष्ट करते हुए कहते हैं–युद्ध के संदर्भ में शक्ति का अर्थ है, प्रहारक शक्ति। प्रहारक शक्ति कई प्रकार से बढ़ाई जा सकती है–शारीरिक बल बढ़ाकर, युद्ध कोसल की वृद्धि कर, शस्त्र-शक्ति प्राप्त कर अथवा संगठन से।..."[48]

राम की प्रेरणा से सुग्रीव का साहस बढ़ता है वे अपने आप में मानों अकल्पनीय चेतना संचारित होते हुए अनुभव करते हैं। जिसके बल पर वे वाली से युद्ध करने के लिए तैयार होते हैं–"...सुग्रीव ने अनुभव किया कि राम किस प्रकार निर्जीव मन और शरीर में प्राण फूँकते हैं।...जब अपने नवार्जित कोसल के प्रभाव का प्रत्यक्ष प्रमाण

उन्हें कई लोगों के माध्यम से मिल चुका तो उन्होंने कहा मैं वाली से लड़ने को प्रस्तुत हूँ, मित्र राम!"[49]

वाली-सुग्रीव युद्ध के अंत में मरणासन्न वाली राम से न्याय का प्रश्न करते हैं तो राम वाली को डाँटते हुए कहते हैं–"न्याय की बात करने का अधिकार तुमको नहीं हैं, पापी!...असहाय, निरीह रूमा का अपहरण तुमने किस न्याय और वीरता से किया था?...अत्याचारियों द्वारा अपनी सुविधा के लिए किए गए उद्घोषों के समूह का नाम न्याय नहीं है। तुमने अपनी निरीह प्रजा पर जो अत्याचार किए हैं, उनके पीछे कौन-सा न्याय था?...तुम जैसे पापियों को तो न्याय माँगने का अधिकार ही नहीं है। न्याय तुम्हारी मृत्यु ही है।"[50]

वाली सीता की खोज में राम के सहयोग की बात करता है, उसका निषेध करते हुए राम कहते हैं–"तुम्हारी सहायता मेरे लिए वांछनीय नहीं थी।"[51] अंत में वाली अपनी असहाय पीड़ा की बात करता है, मानो शरणागत होता है और शरणागत की रक्षा राम का परम धर्म है। अतः उसे पीड़ा-मुक्ति के लिए आश्वस्त करते हुए राम कहते हैं–"पीड़ा से मुक्त करना ही राम का लक्ष्य है।"[52] कोहली जी की रामकथा राम को अवतारत्व से, ईश्वरत्व से उतारकर मानव बनाती है, किंतु सद्गुणों के विकास-क्रम में चरमोत्कर्ष पर पहुँचाकर मानव से महामानव की ओर ले जाती है। महामानवत्व ही कठिनतम परिस्थितियों में, विसंगतियों के जंजाल में उलझे हुए समाज में तथा अत्याचार के अतिरेक से त्रस्त सभ्यता के पतनोन्मुखकाल में आदर्श बन कर नई चेतना नवीन जागृति और आशा की नई किरण का संचार करता है। ऐसे आदर्शमय राम प्रतिपल मर्यादित हैं, मर्यादा पुरुषोत्तम हैं वे दुःख, आक्रोश या उल्लास के क्षणों में भी उन्मादित अथवा अमर्यादित होने के पक्षधर कदापि नहीं हैं। सीता खोज के पश्चात हनुमान के वापस आने पर कई दिनों के भूखे वानरों द्वारा सुग्रीव का मधुवन उजाड़ने के संदर्भ में वे सोचते हैं–

"भूख मिटाने के लिए मधुवन को उजाड़ना आवश्यक नहीं था, यदि यह उत्पात उन्होंने सफलता के उन्माद में मचाया है तो यह उचित नहीं है। सीता का संधान तो छोटी सफलता है। यदि ये लोग रावण का वध कर लंका विजय में सफल हो गए तो कितना उत्पात मचाएँगे? सफलता के पश्चात व्यक्ति को और भी विनम्र होना चाहिए, सफलता का उन्माद तो व्यक्ति की दुर्बलता है। अंगद और हनुमान जैसे लोगों में यह दुर्बलता नहीं होनी चाहिए।"[53]

राम अपने प्रभुत्व को प्रकट किए बिना ही अपने सहयोगियों, संगियों और सेनाओं में अनुशासन की पकड़ बनाए रखते हैं। इस प्रकार सुव्यवस्थित सैन्य संगठन और शक्ति-अर्जन कर राम रावण पर विजय हेतु लंका प्रस्थान करते हैं–युद्ध का प्रारंभ होता है और अपनी विभिन्न विभीषिकाओं से होते हुए वह अंतिम चरण की ओर बढ़ता है। लंका निवासी एक व्यक्ति राम के पास आकर निवेदन करता है कि

"लंका की प्रजा यह जान चुकी है, कि एक दो दिन में रावण का वध हो जाएगा। अतः लंका में आपका विरोध नहीं होगा; किंतु आप लंका पर आधिपत्य करते समय जन-धन की रक्षा करें, ताकि व्यर्थ रक्तपात न हो अथवा युद्ध से पूर्व ही हमें लंका से निकल जाने की अनुमति दी जाए"—इस पर राम उस व्यक्ति से कठोर शब्दों में कहते हैं—"हम आपको लंका त्यागने की सुविधा नहीं देंगे। जनता का धन लेकर भागना हमारी नीति नहीं है।...अभी युद्ध चल रहा है। अतः अनिर्णीत है। रावण के वध के प्रति जितने आश्वस्त आप हैं उतना मैं नहीं हूँ। फिर भी मैं इतना कह सकता हूँ कि विजय की स्थिति में भी यह सेना अनुशासित रहेगी। अनावश्यक रक्तपात इसकी प्रवृत्ति नहीं है।... आप यदि राम और रावण में अंतर नहीं करते तो यह आपकी शांतिप्रियता नहीं आपका स्वार्थ और आपकी कायरता है।..."[54]

प्राणी मात्र का सम्मान करने वाले राम युद्ध में मारे गए सैनिकों की विशाल चिता के समक्ष जाकर, उन वीरगति पाए हुए सैनिकों को प्रणाम करते हैं और भर्राए हुए कंठ से कहते हैं—"तुम्हारे ऋण से उऋण होना हमारे लिए संभव नहीं है, वीरो! इसलिए हमारा कृतज्ञता भरा प्रणाम लो।"[55]

श्रीराम रावण का वध करके विजयश्री का वरण करते हैं। हनुमान और विभीषण सीता को उनके पास लाते हैं। सीता देखती हैं—उनके राम वैसे ही थे, सीधे और सरल वनवासी। किंतु इस अपार जन समूह तथा उनके नेताओं की आँखों में जो भाव था वह राम को कहीं विचलित न कर दे। राम चाहे मन में न लाएँ, किंतु इन लोगों की दृष्टियाँ उन्हें बार-बार कहेंगी, बार-बार जताएँगी कि वे असाधारण हैं, वे उच्च हैं, वे विशिष्ट हैं। जन सामान्य अपनी सरलता में जो श्रद्धा और प्यार देता है वह किसी भी व्यक्ति को उन्मादी बना सकता है... पर राम में महानता का जितना तत्त्व होगा, वह इस उन्माद का प्रतिरोध करेगा।"[56] सीता श्रीराम के शरीर पर लगे हुए घावों की ओर अभिमुख होती हैं तो राम कहते हैं—"ये तो मेरी निष्ठा के प्रमाण हैं।...तुम्हारे प्रति, तुम्हारे प्रेम के प्रति ...सत्य और न्याय के प्रति, अंधकार के विरुद्ध होने वाले अनवरत शाश्वत संघर्ष के प्रति।...घाव खाए बिना कोई अंधकार के विरुद्ध लड़ कैसे सकेगा।..."[57]

वार्तालाप के मध्य राम और सीता युद्ध की भयंकरतम विभीषिका की चर्चा भी सहज ढंग से करते हैं। उसी समय सीता सतीत्व परीक्षा की बात उठाती हैं, उसके उत्तर में राम कहते हैं—"सतीत्व मन से होता है, मेरी प्रियतमा! शरीर से नहीं। किसी व्यक्ति को घाव लग जाए उसकी भुजा या टाँग कट जाए तो वह पतित या चरित्रहीन नहीं हो जाता। राम किंचित् आवेश में थे, मैं रूमा के विषय में सुनता था और तुम्हारी कल्पना करता था। रूमा के अपने जेठ ने उसके साथ बार-बार बलात्कार किया। किष्किंधा का सारा राजवंश इस तथ्य से दुःखी था। इस पर भी जब मैंने सुना कि उसे सुग्रीव के पैरों पर गिरकर अपनी निर्दोषता

की दुहाई देनी पड़ी है तो मेरा मन उसके लिए बहुत रोया। राम का स्वर अत्यंत भावुक हो उठा—वह रुदन तुम्हारे लिए भी था। कहीं तुम्हें वैसी दुहाई न देनी पड़े।"[58] राम की इस उदारवादी विचारधारा को सुनकर सीता प्रश्न करती हैं कि इस समाज में रहकर भी तुम इतने उदार कैसे हो प्रिय? इस पर राम उत्तर देते हैं—"तुम गुरु विश्वामित्र की दीक्षा को भूल गईं, प्रिये! तुमसे विवाह के पूर्व उन्होंने मेरे हाथों अहल्या को सामाजिक मर्यादा दिलवाई थी। गुरु दूरदर्शी थे। उन्होंने कदाचित् उसी समय तुम्हारे जीवन में इस दुर्घटना की संभावना देखी होगी।"[59] इस प्रकार राम एक तरफ जहाँ नारी-सम्मान के प्रबल समर्थक हैं वहीं दूसरी तरफ वे मिथ्या कट्टरपंथ के घोर विरोधी और उदारवादी दृष्टिकोण के स्वामी हैं। उपन्यास के अंतिम चरण में राम विभीषण को समझाते हुए कहते हैं कि—"ऐसा न हो कि नया समाज बनाने की आड़ में एक नई शोषण व्यवस्था प्रारंभ हो जाए। अपने सगे-संबंधियों, मित्रों तथा अपने पक्षधरों द्वारा होने वाले अन्यायों का विरोध तथा प्रतिकार न्याय की पहली माँग है। रावण के समान संसार भर के आततायी गुंडों को एकत्रित कर हिंसा, शोषण तथा अन्याय के आधार पर साम्राज्य स्थापित करना तथा विलास में लिप्त हो जाना राजनीतिक आदर्श नहीं है।... प्रकृति के नियम बड़े कठोर हैं और जटिल भी। सुख अर्जित करना चाहिए, एकत्रित नहीं।"[60] राम विभीषण को निर्दिष्ट करते हुए कहते हैं कि—"अपने साथियों को तुम्हें समझाना होगा कि वस्तुतः हित क्या है? सुख क्या है। इंद्रियों का सुख भौतिक सुख है, वह उपयोगिता की दृष्टि से अनिवार्य है; किंतु स्वाद की सीमा में प्रवेश करते ही वह रोग को जन्म देता है, निद्रा विश्राम की सीमा तक अनिवार्य है; किंतु अकर्मण्यता तक पहुँचकर वह विष में बदल जाती है। यौन-सुख, जाति-सुरक्षा की वृत्ति शरीर की आवश्यकता तक निर्माण है, विलास के क्षेत्र में पहुँचकर वह क्षय है।"[61] राम आगे कहते हैं—"प्रकृति द्वंद्वात्मक है...इसलिए मनुष्य को अपनी सीमा पहचाननी होगी। राम बौद्धिक सुखों के विषय में कहते हैं—शरीर सुख की तो फिर भी एक सीमा है; क्योंकि शरीर की क्षमताएँ सीमित हैं। बुद्धि सूक्ष्म है, उसकी सीमा नहीं, इसलिए उसका विष और भी भयंकर है।...पदार्थों के भोग की सीमा हो सकती है; किंतु उनके संचय की कोई सीमा नहीं होती। बौद्धिक सुख स्वाभिमान की सीमा तक रहे तो ठीक है; अहंकार के क्षेत्र में पहुँचकर व्यक्ति सर्वश्रेष्ठता का भाव पाल लेता है। वह अन्य मनुष्यों को स्वयं से हीन मानकर उनके सुख और कल्याण की कामना न कर उनका भावात्मक और शारीरिक उत्पीड़न करता है।"[62] संसार की दुःखमयता के प्रश्न पर राम कहते हैं—"समस्त अभौतिक सुख दोषहीन है। विवेक का सुख ऐसा ही सुख है। यह निर्माण का सुख है। स्वार्थ का त्याग कर अपनी शक्तियों को जनकल्याण में लगाओ, यह संसार तुम्हारे लिए सुखमय हो जाएगा।"[63]

इस प्रकार राम नवराज्याभिषिक्त विभीषण को कुछ निर्देश देते हैं और इसके

साथ ही उपन्यास का समापन होता है। उपन्यास पर समग्र दृष्टि डालने पर यह सार-सूत्र प्राप्त होता है कि कोहली जी की यह रामकथा वाल्मीकि रामायण पर आधारित मूलकथा को आधार बनाकर चलती है। कुछ प्रसंग जो पौराणिक कथा में अविश्वसनीय लगते हैं, उन्हें कोहली जी नवीन संदर्भों में प्रस्तुत कर उसे प्रासंगिक और विश्वसनीय बनाते हैं।

## 2. कृष्णकथा पर आधारित कथा-साहित्य का वैशिष्ट्य

## कृष्णकथा : वस्तुपक्ष

### *1. महासमर खंड-1 : 'बंधन'–1988*

'बंधन' पौराणिक कथा महाभारत पर लिखे गए वृहदाकार उपन्यास 'महासमर' का प्रथम खंड है। इसके मुख्य पात्र भीष्म तथा सत्यवती हैं। पूर्वकथा होने के कारण इसमें कृष्ण का आगमन नहीं हुआ है। अतः यह खंड हमारे शोध की विषयवस्तु के अंतर्गत नहीं है। महाभारत की घटना के प्रस्तावना के रूप में यह खंड लिखा गया है, अतः यह हमारे आलोच्य विषय से प्रत्यक्ष रूप से संबद्ध नहीं है। फिर भी वर्ण्य विषय की जानकारी हेतु इतना कहा जा सकता है कि 'बंधन' नाम के इस खंड का बंधन शांतनु, सत्यवती तथा भीष्म के मनोविज्ञान तथा जीवन-मूल्यों की कथा है। घटनाओं की दृष्टि से यह सत्यवती के हस्तिनापुर में आने तथा हस्तिनापुर से चले जाने के मध्य की अवधि की कथा है। जिसमें जीवन के उच्च आध्यात्मिक मूल्य, जीवन की निम्नता और भौतिकता के सम्मुख असमर्थ होते प्रतीत होते हैं और हस्तिनापुर का जीवन महाभारत युद्ध की दिशा ग्रहण करने लगता है। उस भावी विनाश से मानवता को बचाने के लिए कृष्ण द्वैपायन व्यास अपनी माता सत्यवती को हस्तिनापुर से निकालकर अपने साथ ले जाते हैं, किंतु जब तक हस्तिनापुर शांतनु, सत्यवती तथा भीष्म के कर्म बंधनों में बँध चुका है और भीष्म भी उससे मुक्त होने की स्थिति में नहीं रहते। फलतः हस्तिनापुर की तमाम नैतिक-अनैतिक परिस्थितियों के मूल साक्षी बनते हैं। असह्य पीड़ा को झेलते हुए भी वे दुराचारी प्रवृत्तियों को रोक नहीं पाते हैं। स्वतः को इस विवशता से मुक्त करने के लिए उन्हें महाभारत युद्ध के अंत तक महासमर के आठवें खंड—निर्बंध के समापन की प्रतीक्षा करनी पड़ती है।

### *2. महासमर खंड-2 : 'अधिकार'–1990*

'अधिकार' महासमर का दूसरा खंड है जिसकी कथा हस्तिनापुर में पांडवों के शैशव से आरंभ होकर, युधिष्ठिर के युवराज्याभिषेक तक चलती है। इसके मुख्य पात्र युधिष्ठिर

हैं। इस खंड में वस्तुतः अधिकारों की व्याख्या, अधिकारों के लिए हस्तिनापुर में निरंतर होने वाले षड्यंत्र, अधिकार को प्राप्त करने की तैयारी तथा संघर्ष की कथा वर्णित है।

### *3. महासमर खंड-3 : कर्म–1991*

महासमर की तीसरी कड़ी है 'कर्म'। इस खंड में युधिष्ठिर के युवराज्याभिषेक के पश्चात् से पांडवों के विरुद्ध रचे गए कुचक्रों में वारणावत के अग्निकांड और द्रौपदी स्वयंवर के बाद पांडवों के पुनः हस्तिनापुर आने और राज्य के विभाजन की कथा है। इस खंड में घटनाओं का अपना आकर्षण तो है ही, साथ ही युधिष्ठिर सहित भीम और अर्जुन के असाधारण कृत्यों के माध्यम से उनका महत्त्व भी स्थापित होता है। इस कड़ी में पांडवों को वारणावत में मृत्यु के मुख से बचाने तथा समस्त जंबूद्वीप के राजाओं एवं महत्त्वपूर्ण लोगों के सम्मुख पुनर्जीवित करने के लिए उत्तरदायी लोगों तथा घटनाओं का विस्तृत विश्लेषण एवं चित्रण है। प्रेम विवाह तथा धर्म संबंधी मान्यताओं के बीच द्रौपदी के पंच पतित्व की व्याख्या भी उपन्यास की ही घटनाओं के समान रोचक है। अंततः पांडवों को राज्याधिकार देने का सत्य भी खुल कर सामने आता है। खांडवप्रस्थ का राज्य, युधिष्ठिर का राज्याभिषेक था अथवा पांडवों को पुनः एक बार हस्तिनापुर से निष्कासित कर मृत्यु के मुख में झोंक देने का एक अत्यंत जटिल षड्यंत्र? इस गुत्थी को भी स्पष्ट करने का कार्य यह उपन्यास करता है।

### *4. महासमर खंड-4 : धर्म–1993*

'धर्म' महाभारत की कथा पर आधारित महासमर उपन्यास का चौथा खंड है। जिसमें पांडवों को राज्य के रूप में खांडवप्रस्थ मिलने से लेकर पांडवों की द्यूत में हार तथा द्रौपदी के चीर हरण तक की कथा का वर्णन है। इंद्र रक्षित खांडव वन को नष्ट कर उसमें छिपे अपराधियों को दंडित करना, वह भी साधन-हीनता की स्थिति में तथा अपराधियों और महाशक्तियों के षड्यंत्रों के मध्य, यह युधिष्ठिर का धर्मसंकट है। राजधर्म का पालन और प्रतिज्ञा भंग कर बारह वर्षों का ब्रह्मचर्य पूर्ण वनवास अर्जुन का धर्मसंकट है। इन प्रमुख धर्मसंकटों के अतिरिक्त भी धर्म संकटों से युक्त अनेक घटनाओं को लेकर चलने वाला यह उपन्यास अपने आप में मौलिकता और समसामयिकता को समेटे हुए है।

### *5. महासमर खंड-5 : अंतराल–1995*

'अंतराल' महासमर की पाँचवीं कड़ी है। इस खंड में द्यूत हारने के पश्चात पांडवों के वनवास की कथा है। यादवों की राजनीति, पांडवों का धर्म के प्रति आग्रह तथा दुर्योधन की मदांधता को प्रतिबिंबित करने वाला यह उपन्यास प्रख्यात पौराणिक कथा

के अनेक नवीन आयामों को उद्घाटित करता है।

### *6. महासमर खंड-6 : प्रच्छन्न–1997*

महासमर के 'प्रच्छन्न' नामक छठवें खंड में भारतीय संस्कृति के एक गौरवशाली पृष्ठ को अनावृत किया गया है। इसमें महाभारत की कथा का वह अंश वर्णित है, जिसमें दुर्योधन पांडवों से वैर स्वरूप शीत युद्ध छेड़े हुए हैं। आगामी महायुद्ध के लक्षण भी इस उपन्यास में स्पष्ट होने लगे हैं। लोभ, त्रास और स्वार्थ के विरुद्ध धर्म के सात्विक महायुद्ध को वर्णित करने वाले तथा पौराणिक कथा महाभारत : 'महासमर' की सार्थकता को समसामयिकता और आधुनिकता के साथ सिद्ध करने वाला यह उपन्यास अपनी मौलिकता की परिपाटी को पूर्ण करता है।

### *7. महासमर खंड-7 : प्रत्यक्ष–1998*

'प्रत्यक्ष' का प्रत्यक्षीकरण महासमर की सातवीं कड़ी के रूप में होता है। इस उपन्यास में अर्जुन शिखंडी को सामने रख भीष्म पितामह को आहत करते हैं, अथवा यह भी प्रतीत होता है कि प्रथम चरण में वे भीष्म को शिखंडी के द्वारा बचाते हैं और अंत में जीवन, परिस्थितियों और घटनाओं सहित युग से हताश भीष्म को एक क्षत्रिय की गौरवपूर्ण मृत्यु देने के लिए सहयोग करते हैं। इसके साथ ही कर्ण के रोष, कर्ण के धर्म और उसके चरित्र का प्रत्यक्षीकरण कराता हुआ यह 'प्रत्यक्ष' नामक उपन्यास अपने अंतिम चरण में कर्ण और कुंती का भी प्रत्यक्ष साक्षात्कार कराता है।

### *8. महासमर खंड-8: निर्बंध–2000*

'निर्बंध' नामक उपन्यास महासमर का आठवाँ और अंतिम खंड है। महाभारत की कथा भारतीय संस्कृति और भारतीय चिंतन की अमूल्य धरोहर है। जिस पर आधारित महासमर की कथा आधुनिक संदर्भों में भी मानव के जीवन में अनवरत चलने वाले उस युद्ध की कथा है जो उसे अपने बाहरी और भीतरी अनेक शत्रुओं के साथ निरंतर लड़ना पड़ता है। मानव जिस संसार में रहता है उसमें चारों तरफ लोभ, मोह, सत्ता और स्वार्थ की शक्तियाँ संघर्षरत हैं। सच कहा जाए तो बाहर से अधिक उसे अपने भीतर से लड़ना पड़ता है। यदि मनुष्य अपने धर्म पर अडिग रहकर इस भीतरी महायुद्ध में सफल हो जाता है तो वह सच्चे अर्थों में निर्बन्धित हो जाता है, मुक्त हो जाता है और सशरीर स्वर्ग की प्राप्ति कर सकता है।

### *9. 'अभिज्ञान'–1981*

'अभिज्ञान' नामक उपन्यास श्रीकृष्ण और उनके मित्र सुदामा की प्रख्यात मैत्री कथा पर आधारित पौराणिक-दार्शनिक उपन्यास है जिसमें श्रीमद्भगवद्गीता के कर्म-सिद्धांत

की नवीन रोचक और औपन्यासिक व्याख्या की गई है। यह उपन्यास एक तरफ श्रीकृष्ण के अहंकार रहित तटस्थ जीवन को प्रदर्शित करता है तो दूसरी तरफ कर्म-सिद्धांत की सार्थकता को स्पष्ट करते हुए वर्तमान निष्क्रिय और शिथिल होते समाज को कर्म एवं संघर्ष के लिए अभिप्रेरित करता है। 'अभिज्ञान' कर्म की वैज्ञानिकता को सिद्ध करते हुए मौलिक रूप में उपन्यास के स्वरूप को पूर्ण करता है।

## कोहली जी की कृष्ण कथा का वैशिष्ट्य

**अधिकार** : 'अधिकार' महासमर की दूसरी कड़ी है। जिसमें पांडवों के बाल्यकाल से लेकर युधिष्ठिर के राज्याभिषेक तक की कथा है। वस्तुतः यह खंड अधिकारों की व्याख्या, अधिकारों के लिए हस्तिनापुर में निरंतर होने वाले षड्यंत्र, अधिकारों को प्राप्त करने की तैयारी तथा अधिकार प्राप्ति के लिए किए जाने वाले संघर्ष की कथा है। राजनीति में अधिकार प्राप्ति हेतु होने वाली हिंसा तथा राजनीतिक-त्रास के बोझ से दबे हुए असहाय लोगों की पीड़ा की कथा समानान्तर चलती है। सतोगुणी राजनीति तथा तमोन्मुखी रजोगुणी राजनीति का अंतर इस उपन्यास में स्पष्ट होता है। एक तरफ निर्लज्ज स्वार्थ और भोग है तो दूसरी तरफ अनासक्त धर्म-संस्थापना का प्रयत्न। दोनों पक्ष आमने-सामने हैं; फलतः महासमर का बीजारोपण एवं उसके अंकुरण की तैयारी प्रारंभ है।

धर्म और अधर्म, सत्य और असत्य, नैतिकता-अनैतिकता, सदाचार-भ्रष्टाचार, सुराजकता-अराजकता, सज्जनता-दुर्जनता इत्यादि सभी युग्म—जुड़वाँ भाई हैं। दोनों की उत्पत्ति एक साथ एक ही समय में होती है; किंतु धर्म के समर्थन में अधर्म के विरोध या विनाश हेतु सज्जनों की रक्षा और दुष्टों के विनाश हेतु क्रांति का अभ्युदय उस समय होता है जब अधर्म और दुर्जनता अपने चरम बिंदु की ओर उन्मुख होने लगती है।

*"यदा-यदा हि धर्मस्य ग्लानिर्भवति भारत।*
*अभ्युत्थानमधर्मस्य तदात्मानं सृजाम्यहम्।।*
*परित्राणाय साधूनां विनाशाय च दुष्कृताम।*
*धर्म-संस्थापनार्थाय संभवामि युगे-युगे।।"*

इस सनातनी सिद्धांत के अनुसार ही नरेन्द्र कोहली के उपन्यास 'महासमर-खंड-2, में हमारे वर्ण्य विषय के नायक कृष्ण का प्राकट्य दो रूपों में होता है—'पटाक्षेपिक या सांकेतिक'[64] और 'प्रत्यक्ष'।[65] श्रीकृष्ण का पटाक्षेपिक या सांकेतिक प्राकट्य उस समय होता है जब कुंती हस्तिनापुर की कपट-नीति के कारण आत्मिक वेदना से व्यथित होकर दीनतापूर्वक विदुर से कहती हैं—"विदुर मैं आज तक मानती थी कि हस्तिनापुर में मेरा और मेरे पुत्रों का कोई नहीं है, तो पितृव्य तो हैं, तुम तो हो; किंतु आज तुम्हारी बातों से लगता है कि पितृव्य भी हमारे नहीं हैं। मैं तो

अपने पुत्रों को अपने आँचल में छिपाए, सिर झुकाए इसलिए चुपचाप बैठी थी कि दुर्दिन की यह लहर हमारे सिर के ऊपर से निकल जाएगी, तो हम समर्थ होकर अपना सिर उठा सकेंगे और अपना अधिकार माँग सकेंगे, किंतु मैं देख रही हूँ कि समय के इस अंतराल के पश्चात् हम समर्थ और शक्तिशाली होने के स्थान पर और भी असमर्थ और असहाय हो गए हैं।..."[66]

विदुर कहते हैं—"मैं तो मात्र यह कह रहा था कि यदि अधर्म संगठित हो रहा है, तो धर्म को भी संगठित होना चाहिए। ...मुझे लगता है कि हम यह भूल जाते हैं कि जरासंध एक शक्ति है तो कृष्ण भी तो एक शक्ति हैं। ..."[67]

विदुर आगे कहते हैं—"किंतु यह अवश्य चाहता हूँ कि यदि कृष्ण ने कंस का वध कर अन्याय का विध्वंस आरंभ किया है तो यह प्रक्रिया यहीं न रुके, आगे भी चले।"[68]

इन प्रसंगों से कृष्ण के चरित्र के संबंध में अन्य पात्रों के विचारों को देखा और समझा जा सकता है। विदुर की दृष्टि में श्रीकृष्ण अन्याय के विध्वंसक और न्याय के संस्थापक हैं तो अक्रूर के विचारों में—श्रीकृष्ण में यह क्षमता है कि वे किसी भी आवश्यकता की पूर्ति में तत्पर होने और उसकी पूर्ति करने में समर्थ हैं। वे अपनी परिस्थितियों को विस्मृत कर दूसरे की आवश्यकता पूर्ति के लिए तत्काल प्रस्तुत हो जाते हैं—"मैं भी उसी अर्थ में कह रहा हूँ पुत्र! कि कृष्ण अक्षय हैं। उसके पास उन सबके लिए समय है, जिनको उसके समय की आवश्यकता है और जहाँ तक साधनों की बात है उन्हें एकत्रित संचित अथवा उत्पन्न कर लेने में कृष्ण को कभी कोई कठिनाई नहीं होती।"[69] कृष्ण की दृष्टि में संसार में कोई कार्य असंभव नहीं है। कृष्ण कर्म योगी हैं। वे अकर्म को स्वीकार नहीं करते। इसी प्रकार सत्यनिष्ठ युधिष्ठिर श्रीकृष्ण को अपना परिजन और सुहृद मानते हैं। उनके नेतृत्व को स्वीकार करते हैं।

अक्रूर जी कहते हैं—"कृष्ण यह मानते हैं कि कर्म स्वार्थ से नहीं, धर्म से प्रेरित होना चाहिए; और जब कर्म—धर्म से प्रेरित होगा तो हमें उसके फल की चिंता नहीं करनी चाहिए। कर्म निष्काम होना चाहिए, सकाम नहीं।"[70] कृष्ण आत्मबली हैं, उनमें नेतृत्व क्षमता है, संकट काल में वे आगे बढ़ कर संकटों का सामना करते हैं, कृष्ण के संबंध, मैत्री तथा प्रेम रक्त संबंध से निश्चित नहीं होते हैं, उनके संबंध तो धर्म और न्याय पर आधारित होते हैं, बहुजन हिताय होते हैं। वे प्रजा तथा मानव-मात्र से प्रेम करते हैं। उन्हें सदाचारी अतिप्रिय हैं। कृष्ण के सामीप्य को प्राप्त करने के लिए भौतिक दूरी अथवा सामीप्य का तो कुछ भी महत्त्व नहीं है। आपका मन यदि कृष्ण के निकट हो तो कृष्ण स्वयं आपके निकट आ जाते हैं। कृष्ण के लक्ष्य में विराटत्व है, धर्म संस्थापना है जो राज्य से बहुत ऊँची है। वे राज्यों को भी धर्म, न्याय तथा अनासक्ति के मार्ग पर चलना सिखाते हैं। कृष्ण कहते हैं—"एक से प्रेम करने के लिए दूसरे से प्रेम किया जाए यह आवश्यक नहीं है।"[71] कृष्ण बहुत विनीत

हैं। कृष्ण तो प्रत्येक व्यक्ति के अपने ही भावों की प्रतिध्वनि हैं।

द्रौपदी की भावना के अनुसार—"एक असंभव का नाम ही गोविंद है।" कृष्ण, मृत्यु के भय या छाया में जीना मृत्यु जैसा ही कष्टप्रद मानते हैं। कृष्ण चमत्कारी हैं। कृष्ण स्वशासन के औचित्य को स्वीकार करते हैं। इस प्रकार कृष्ण के अप्रत्यक्ष प्राकट्य को हम विभिन्न पात्रों के विचारों के माध्यम से देखते हैं और पाते हैं कि कोहली जी के कृष्ण अवतारी न होते हुए भी रहस्यमय एवं चमत्कारी हैं तथा मानवीय सीमाओं में रहते हुए भी विराट हैं।

कृष्ण का प्रत्यक्ष प्रकटीकरण महासमर के अधिकार खंड में उस समय होता है, जब कृष्ण युधिष्ठिर के राज्याभिषेक के संदर्भ में निमंत्रित होकर हस्तिनापुर आते हैं। उनके आगमन की व्यग्र प्रतीक्षा थी। उनकी चारित्रिक विशिष्टताओं पर अक्रूर विदुर चर्चा कर रहे थे कि प्रतीक्षा समाप्त हुई, श्रीकृष्ण आ पहुँचे। उनका स्वागत सत्कार किया गया। यहाँ कृष्ण के व्यक्तित्व और चरित्र की कोई विशिष्ट झाँकी प्रस्तुत नहीं की गई। अतः अपने विषयानुसार हम महासमर के तृतीय खंड 'कर्म' में प्रवेश करते हैं।

**कर्म—तृतीय खंड :** 'कर्म' में कृष्ण का सांकेतिक आगमन युधिष्ठिर और विदुर के वार्तालाप के मध्य युधिष्ठिर चिंतन में होता है।[72] जहाँ मथुरा में युधिष्ठिर कालयवन और जरासंध से घिरे कृष्ण और यादवों की चर्चा है। आगे चल कर भीष्म के चिंतन में भी कृष्ण का ध्यान आता है। उनके अनुसार कृष्ण धर्मज्ञ हैं, अद्‌भुत हैं।

अर्जुन के अनुसार—कृष्ण और सृष्टि एक-दूसरे के पूरक हैं। कृष्ण की प्रकृति, प्रकृति की प्रकृति के अनुरूप है। प्रत्यक्ष रूप से कृष्ण का आगमन लाक्षागृह की घटना के पश्चात होता है—यह कृष्ण की हस्तिनापुर की दूसरी यात्रा थी; किंतु हताशा और उदासी से भरी हुई।[73] विदुर के घर पहुँचने पर उनसे वार्तालाप के मध्य कृष्ण के समत्व-योग के दर्शन होते हैं। वे विदुर से कहते हैं—"मैं यदि पहले आ जाता तो लोगों को यह शंका नहीं होती कि कृष्ण के लिए महामंत्री विदुर अन्य लोगों की तुलना में अधिक आत्मीय हैं।"[74]

कृष्ण में उत्कृष्ट मैत्री का चरमोत्कर्ष है। उनमें अटूट दृढ़ संकल्प है। वारणावत में लाक्षागृह की घटना के पश्चात वे पांडवों को खोजने के लिए अपनी जागृति और चेतना को स्पष्ट करते हुए कहते हैं कि "...मैं वारणावत जाऊँगा। मैं शिव-भवन की भस्म में भी पांडवों को ढूँढ़े बिना नहीं रहूँगा।"[75]

विदुर के द्वारा घटना की जानकारी प्राप्त कर कृष्ण पांडवों के प्रति अपनी शुभेच्छा प्रकट करते हैं साथ ही वे उनकी रक्षा, वर्चस्वता और उनके अधिकारों के प्रति भी चिंतित हैं। वे चिंतित स्वर में विदुर से कहते हैं—"...उनके प्रकट होने का क्षण ही उनकी शक्ति का ऐसा प्रबल उद्‌घोष करे कि उनके समस्त शत्रुओं के कलेजे दहल जाएँ। वे नतमस्तक हो जाएँ। पांडवों का वर्चस्व स्थापित हो जाए और उन्हें

किसी शत्रु से कोई भय न रहे। पांडवों के प्रकट होने का क्षण ही उनके जयघोष का क्षण हो।"[76]

कृष्ण समत्व योगी हैं। वे चाहते हैं कि न्याय की नीति सबके लिए समान हो, चाहे वह प्रजा का छोटे से छोटा व्यक्ति क्यों न हो। अपने श्वसुर की खोज करने के संदर्भ में कृष्ण कहते हैं–"सत्राजित मेरे श्वसुर थे, इसलिए मैं तो उसके हत्यारे को ढूँढ़ ही निकालूँगा और उसे दंडित भी करूँगा, किंतु यदि किसी साधारण जन के विरुद्ध अत्याचार हो तो उसका प्रतिकार कौन करेगा? शासन का विधान किसलिए है? प्रजा अपनी आय में से राज्य-कर किसलिए देती है, इसलिए कि शक्तिशाली लोग सुख-सुविधा से रहें और स्वेच्छाचारी जीवन व्यतीत करें? समाज और राज्य का विधान उनके लिए नहीं है क्या?"[77]

कोहली जी कृष्ण को मानव-स्वरूप देकर भी उन्हें लीलाधारी मानते हैं। द्रुपद से वार्तालाप के मध्य श्रीकृष्ण की भाव-भंगिमाओं को लक्ष्य करते हुए वे कहते हैं– "कृष्ण के नयनों में न आश्चर्य था न संकोच, न भय और न ही असमंजस। उसके नयनों में लीला भरी थी...।"[78]

महाराज द्रुपद के शब्दों में भी कृष्ण का व्यक्तित्व श्रेष्ठ है। वे कृष्ण से कहते हैं– "तुम बहुत चतुर हो कृष्ण। ...मेरी कृष्णा सौभाग्यशालिनी है कि उसे तुम जैसा सखा प्राप्त है।"[79]

कृष्ण धर्म के संस्थापक हैं। वे किसी सगे-संबंधी अथवा आत्मीय जन के नहीं वरन् धर्म के पक्षधर हैं। वे अर्जुन से कहते हैं–"मैं न तुम्हारे पक्ष में हूँ न दुर्योधन के पक्ष में।...मैं तो धर्म के पक्ष में हूँ।"[80]

कृष्ण निष्पक्ष और तटस्थ तो हैं ही वे अनासक्त भी हैं। वे अर्जुन से कहते हैं–"हाँ अर्जुन! धर्म के मार्ग में आसक्ति के लिए कोई स्थान नहीं है। अनासक्त विवेक ही हमें धर्म के मार्ग पर चला सकता है।"[81] इस अंश में कृष्ण के कर्मयोगी स्वरूप को विशेष रूप से चित्रित किया गया है। कृष्ण लीलाबिहारी हैं; लीला द्रष्टा हैं, इसलिए लीला से अप्रभावित हैं। अपनी सुरक्षा के लिए मनुष्य को सुरक्षा के सभी साधनों से संपन्न होना चाहिए, ऐसा उनका विचार है। वे न पांडवों के हैं न कौरवों के, वे धर्म के पक्ष में हैं अर्थात निष्पक्ष हैं। धर्म-स्थापना ही उनका लक्ष्य है। अतः वे पक्षधर नहीं वरन् लक्ष्यधर हैं। वे समत्व योगी हैं।

**धर्म :** महासमर के चौथे खंड धर्म में पांडवों को राज्य के रूप में खांडव प्रस्थ मिला। जहाँ न कृषि है न व्यापार। संपूर्ण क्षेत्र में अराजकता फैली हुई है। अपराधियों और महाशक्तियों की वाहनियाँ अपने षड्यंत्रों में लगी हुई हैं, और उनका कवच है खांडव वन, जिसकी रक्षा स्वयं इंद्र कर रहे हैं। युधिष्ठिर के सम्मुख धर्म-संकट है। वह नृशंस नहीं होना चाहता, किंतु अनृशंसता से प्रजा की रक्षा नहीं हो सकती। पांडवों के पास इतने साधन भी नहीं हैं कि वे इंद्र रक्षित खांडव वन को नष्ट कर

उसमें छिपे अपराधियों को नष्ट कर सकें। दूसरी तरफ अर्जुन के समक्ष अपना अलग धर्म-संकट है। उसे राजधर्म का पालन करने के लिए अपनी प्रतिज्ञा भंग करनी पड़ती है और दंड-स्वरूप बारह वर्षों का ब्रह्मचर्यपूर्ण वनवास स्वीकार करना पड़ता है; किंतु इन्हीं बारह वर्षों में अर्जुन ने उलूपी, चित्रांगदा और सुभद्रा से विवाह किए। न उसने ब्रह्मचर्य का पालन किया न पूर्णतः वनवासी ही रहा। उसने अपने धर्म का पालन किस तरह किया? किया भी या नहीं? फिर धर्म के सर्वांग ज्ञाता तो श्रीकृष्ण ही हैं, उनसे अधिक धर्म को और कौन जान सकता है?

अर्जुन और कृष्ण ने अग्नि के साथ मिलकर खांडव वन को नष्ट कर डाला। यह विनष्टीकरण धर्म की श्रेणी में कैसे आया। फिर इस हिंसा की अनुमति युधिष्ठिर ने कैसे दे दी? और फिर इसके बाद राजसूय यज्ञ, क्या आवश्यकता थी उस राजसूय यज्ञ की? जरासंध जैसा प्रतापी राजा भीम के हाथों मारा गया, कैसे? फिर उसका पुत्र वहीं खड़ा अपने पिता का वध देखता क्यों रहा? और अंत में हस्तिनापुर में संपन्न होने वाली द्यूतसभा में युधिष्ठिर ने धर्मराज होकर भी द्यूत क्यों खेला? अपनी पत्नी और भाइयों को द्यूत में हारकर किस धर्म का निर्वहन कर रहे थे धर्मराज? द्रौपदी की रक्षा किसने की? कृष्ण उस सभा में किस रूप में उपस्थित थे? इन सब प्रश्नों पर विचार करना और उत्तर पाने का प्रयास ही इस खंड का मूल लक्ष्य है। उपन्यासकार महाभारत की तमाम चेष्टाओं, कर्मों और भावों के प्रति आश्वस्त नहीं है; क्योंकि वह इन्हें धर्म-विरुद्ध मानता है। धर्मराज के साथ अन्य सभी जो धर्म की ध्वजा लेकर चलते हैं–अनैतिक और अधार्मिक कृत्य करते हैं फिर भी लोग उन्हें धर्म का पक्षधर मानते हैं, ऐसा क्यों? कोहली जी तर्कसंगत कारण उपस्थित करते हुए इन सभी अधार्मिक कार्यों की धार्मिकता सिद्ध करते हैं। इन धार्मिकता-सिद्धि में वे कृष्ण को माध्यम बनाते हैं। कृष्ण धर्म की जो भी परिभाषा देते हैं, कोहली जी उसे अपने तर्कपूर्ण विचारों और युक्तियों से उचित सिद्ध करते हैं।

इस खंड में कृष्ण का चरित्र विस्तृत रूप में चित्रित हुआ है। उपन्यास का प्रारंभ खांडव प्रस्थ में प्रवेश करने के दृश्य से होता है। पाँचों पांडव तथा कृष्ण परस्पर वार्तालाप कर रहे हैं। कृष्ण की धर्मभावना की प्रशस्ति वार्तालाप का केंद्र-बिंदु है। भीम के अनुसार–कृष्ण वाक्‌चातुर्य की कला में प्रवीण हैं। कृष्ण सदैव सजग हैं। वे अपने प्रभास क्षेत्र के आस-पास की और हर आने-जाने वालों की खोज खबर रखते हैं। वे अपने सुहृदमय मित्रों के साथ प्रतिपल भावनात्मक रूप से विचरण करते हैं जैसे अर्जुन अपने अंतर का अंतर्द्वंद्व जब कृष्ण के सम्मुख कहते हैं तो कृष्ण निर्विकार रूप में सर्वज्ञता प्रकट करते हैं।

अर्जुन कहते हैं–..."दंड के अनुसार मुझे बारह वर्ष इंद्रप्रस्थ तथा अपने भाइयों से दूर रहना था।...किंतु नीति यह थी कि जो इस दंड के अधीन इंद्रप्रस्थ तथा अपने परिवार से दूर रहे, वह अपना समय व्यर्थ इधर-उधर नष्ट न करे। अतः वह वनवास

करे तथा ब्रह्मचर्य का पालन करे ताकि बाध्य होकर किए गए इस वनवास में वह कुछ साधना तथा तपस्या कर अपना विकास कर सके।...किंतु परिस्थितियों ने मुझे न तो पूर्णरूपेण वनवास करने दिया और न ब्रह्मचर्य का पालन ही।" इसके उत्तर में कृष्ण कहते हैं–"वह सब मुझे ज्ञात हैं।"[82]

कोहली जी कृष्ण को माध्यम बनाकर कुशासन के दुष्प्रभाव के परिणाम को अंकित कर रहे हैं। कृष्ण एक वृद्ध को समझाते हुए कहते हैं–"आप ठीक कहते हैं आर्य।... सुशासन न हो तो वर्षा जलप्लावन बन जाती है, गोरस बच्चों के उदर में जाने के स्थान पर रानियों के स्नान-सरोवरों में पहुँच जाता है और अन्न पककर प्रजा का खाद्य बनने के स्थान पर पकने से पहले ही पशुओं का चारा बन जाता है।"[83] अर्थात कुशासन भोगवादी प्रवृत्तियों को बढ़ावा देता है और जनवादी आकांक्षा को ध्वस्त करता है। तुलसी का भी यही विचार है–"जासु राज प्रिय प्रजा दुखारी, सो नृप अवसि नरक अधिकारी।" तात्पर्य यह है कि कुशासन प्रजा के लिए तो दुःखदायी है ही, दूरगामी परिणाम में राजा के लिए भी अहितकर है। कुशासन से प्राकृतिक सम्पदाओं का भी दुरुपयोग होता है फलतः लाभ के स्थान पर राजा और प्रजा दोनों के वे नरक तुल्य कष्टकर हो जाती हैं। श्रीकृष्ण सुखमय जीवन के लिए संतुलन अर्थात मध्य में रहने की सलाह अर्जुन को देते हैं। मन अतियों में डोलता है। एक अति से ऊबा तो दूसरे पर चला जाता है। यही मन की चंचलता है। चंचल मन मात्र दुःख का ही अर्जन करेगा। दुःख से बचने के लिए मन को दोनों अतियों से हटाकर मध्य में ले आना चाहिए। इसी संतुलित मध्य को बुद्ध ने 'स्वर्णिम मध्य बिंदु' कहा है। कृष्ण ने इसे 'अनासक्ति' बतलाया तो महावीर ने इसी को 'वीतराग' से अभिहित किया। यही समत्व योग भी है, अर्थात न राग न द्वेष। आवश्यकतानुसार यदि अतियों का स्पर्श भी करना पड़े तो भी केंद्र-बिंदु 'मध्य' ही होना चाहिए। 'मध्य-बिंदु' से ही सुखी जीवन की सारी आनंदमय विभूतियाँ प्रकट होती हैं। कृष्ण भी इसी बात को अर्जुन को समझाते हुए कहते हैं–"जानता हूँ ...तुम्हारी समस्या भोग और त्याग की है। मैं भोग को ही बहुत अधिक खाना और त्याग को बहुत कम खाना कह रहा हूँ।... व्यक्ति को सहज होकर जीना चाहिए। ...स्वयं को तपाना और व्यर्थ कष्ट देना निरर्थक होता है।...तुम्हें न विषयों को जीतना है, न इंद्रियों का दमन करना है।...जीतना है तो अपनी आसक्ति को। अनासक्त होकर विषयों के मध्य रहो।...वे तुम्हें तनिक भी बाँध नहीं पाएँगे।"[84] कृष्ण अर्जुन को शिक्षा देते हुए आगे कहते हैं–दृष्टि को सीमित या संकुचित नहीं रखना चाहिए, उसे असीम बनाना चाहिए। यही दृष्टि की विभुता और व्यापकता 'वसुधैव कुटुंबकम्' की भावना को दृढ़ करती है तथा सर्व हितकारी भावना को जाग्रत करती है। सीमित भावना आदमी को मोहग्रस्त करती है। किसी को प्रेम न करो सबको प्रेम करो, इससे अहं विसर्जित हो जाता है। स्वामी शरणानंद का कथन द्रष्टव्य है–किसी को भी प्यार न करो या

सबको प्यार करो। इन दोनों से चित्त स्वतंत्र हो जाता है। 'स्वतंत्रता परमं सुखम्' है।

युधिष्ठिर से वार्तालाप के मध्य कृष्ण कहते हैं—"राजसत्ता में आपकी आसक्ति नहीं है, इसीलिए तो आप कर्म के उपयुक्त पात्र हैं।...आप यह कह सकते हैं कि जिसकी यह सृष्टि है, जिसने इसके पालन का दायित्व उठाया है, वह ईश्वर स्वयं ही इसकी रक्षा करेगा। वह तो करेगा ही। किसी को कष्ट में देखकर आप इसलिए उसकी उपेक्षा नहीं कर सकते, कि यह दंड उसे ईश्वर ने दिया है, इसलिए उसकी सहायता भी वही करेगा।...ईश्वर ने मनुष्य को कर्म का अधिकार दिया है। फल ईश्वर के नियमों के अधीन है। फल तो वही देगा; किंतु कर्म तो मनुष्य को ही करना होगा। कर्म न कर मनुष्य अकर्म का दोषी होगा, और तब वह ईश्वर द्वारा भी दंडित होगा।"[85] इस प्रकार कृष्ण कर्मयोग के प्रबल समर्थक तो हैं ही, कर्मयोगी के परम आदर्श भी हैं। भीष्म पितामह अपनी दृष्टि मन-मस्तिष्क-हृदय और विचारों की शृंखला में कृष्ण को जिस रूप में पाते हैं उसे उन्हीं की भावनाओं में देखा जा सकता है—"ऋषि नहीं है कृष्ण, संन्यासी नहीं है, न समाज से पलायन किया है उसने, न समस्याओं से और न कर्म से। इस देश की राजनीति में यादवों, यादवों के प्रशासन में, अपनी पारिवारिक समस्याओं में आकंठ धँसा है कृष्ण, पर कैसा अनासक्त है। जिनके लिए अपने प्राणों का पण लगाकर काम करता है, उनसे कुछ भी पाने की अपेक्षा नहीं करता। सृष्टि को देने ही देने के लिए जन्म हुआ है उसका, उससे कुछ प्राप्त करने के लिए नहीं।...किस ऋषि ने साधा है ऐसा योग?..."[86] सभा में बैठे हुए कृष्ण को देखकर भीष्म पितामह सोचते हैं—"कैसे बैठा है कृष्ण, जैसे सभा में उपस्थित ही न हो। कैसा व्यक्ति है वह? भीष्म का मन जैसे फिर से अभिभूत हो उठा...यह व्यक्ति सशरीर कहीं विद्यमान होते हुए भी जैसे वर्तमान नहीं होता, और कहीं अनुपस्थित होते हुए भी साक्षात् वर्तमान होता है।...वह तो जैसे समाधिस्थ होकर योग साध रहा था।"[87]

इस प्रकार यह खंड कृष्ण के महायोगीत्व को सिद्ध करते हुए अपने अंतिम चरण की ओर बढ़ता है, जहाँ द्रौपदी के चीर हरण की घटना में द्रौपदी व्याकुल होकर आर्त्त स्वरों में मधुसूदन, शत्रुघाती कृष्ण को पुकारती हैं। द्रौपदी के मुख से मधुसूदन और शत्रुघाती कृष्ण का नाम सुनते ही दुःशासन की आँखों के सम्मुख इंद्रप्रस्थ की सभा में सुदर्शन चक्र से शिशुपाल का वध करने वाले कृष्ण का स्वरूप आ गया। भय का संचार हुआ और दुःशासन को स्वयं काल अपने विकराल रूप में दिखाई देने लगा। अचानक उसे ऐसा लगने लगा मानो वही सुदर्शन चक्र उसके कंठ के भी बहुत निकट है। अभी उसका मुंड कट कर धरती पर लुढ़कने लगेगा।...स्मृति में उस दृश्य के आते ही दुःशासन की भुजा शिथिल सी होकर लटक गई।[88] मानो कृष्ण वहाँ वर्तमान न होते हुए भी साक्षात् उपस्थित हुए और उन्होंने दुःशासन को

मनोवैज्ञानिक ढंग से पराजित करके द्रौपदी की लज्जा की रक्षा की।

इस प्रकार महासमर के 'धर्म' नामक चौथे खंड का अवलोकन करने के पश्चात् हम 'अंतराल' नामक पाँचवें खंड में प्रवेश करते हैं।

**अंतराल** : 'अंतराल' महासमर का पाँचवाँ खंड है। इस खंड में द्यूत में हारने के पश्चात पांडवों के वनवास की कथा है। कुंती पाण्डु के साथ शत-शृंग पर वनवास करने गई थी। लाक्षागृह के जलने पर वह अपने पुत्रों के साथ हिडिम्ब वन में भी रही थी। महाभारत की कथा के अंतिम चरण में उसने धृतराष्ट्र, गांधारी तथा विदुर के साथ भी वनवास किया था।...किंतु अपने पुत्रों के विकट कष्ट के इन दिनों में वह उनके साथ वन में नहीं गई। वह न द्वारका गई, न भोजपुर। वह हस्तिनापुर में विदुर के घर रही। आखिर क्यों? पांडवों की पत्नियों–देविका, बलधरा, सुभद्रा, करेणमती और विजया अपने-अपने बच्चों सहित अपने-अपने मायके चली गईं; किंतु द्रौपदी कांपिल्य नहीं गई। वह पांडवों के साथ वन में ही रही। आखिर क्यों? कृष्ण चाहते थे कि वे पांडवों के बाहुबल से दुर्योधन से पांडवों का राज्य छीनकर पांडवों को लौटा दें; किंतु वे ऐसा नहीं कर सके। क्यों? अचानक ऐसा क्या हो गया कि बलराम के लिए धार्त्तराष्ट्र और पांडव एक समान प्रिय हो गए और दुर्योधन को यह अधिकार मिल गया कि वह कृष्ण से सैनिक सहायता माँग सके और कृष्ण उससे यह भी नहीं कह सके कि वे उसकी सहायता नहीं करेंगे। युधिष्ठिर इतने शक्तिशाली होते हुए भी इतने भयभीत क्यों थे? उन्होंने अर्जुन को किन अपेक्षाओं के साथ दिव्यास्त्र प्राप्त करने भेजा था? अर्जुन क्या सचमुच स्वर्ग गए थे, जहाँ इस देह के साथ कोई नहीं जा सकता। क्या उन्हें साक्षात् महादेव के दर्शन हुए थे? अपनी पूर्व यात्रा में तीन-तीन विवाह करने वाले अर्जुन के साथ ऐसा क्या घटित हो गया कि उसने उर्वशी के काम निवेदन का तिरस्कार कर दिया? इसी प्रकार के अनेक प्रश्नों का समाधान इस खंड में नरेन्द्र कोहली ने तर्क-पूर्ण ढंग से प्रस्तुत किया है। हम अपने विवेच्य विषय कृष्ण के स्वरूप का विशेष अवलोकन और विवेचन इस पाँचवें खंड में करेंगे।

इस खंड में जब द्रौपदी कृष्ण को हस्तिनापुर की राज्य सभा में हुए अपने अपमान का वर्णन करते हुए कृष्ण से पूछती है कि–"अब तुम ही कहो मैं यह सारा अत्याचार कैसे भूल जाऊँ"[89] इसके उत्तर में कृष्ण कहते हैं–"तुम भूल भी जाओ तो मैं नहीं भूलूँगा। धर्म इसे नहीं भूलेगा, प्रकृति इसे नहीं भूलेगी। प्रकृति कुछ नहीं भूलती। धार्त्तराष्ट्रों को उनके कृत्य का फल अवश्य मिलेगा। कौरव दंडित होंगे। ...हाँ धर्मराज उन्हें दंडित करेंगे।... वे नहीं करेंगे तो मैं उन्हें दंडित करूँगा...! उन सारे पापियों का संहार मैं स्वयं अपने हाथों से वैसे ही कर दूँगा जैसे शिशुपाल का वध किया था।"[90] इन वाक्यों को श्रीकृष्ण आँखों में एक असाधारण ज्योति लिए कहते हैं। उनकी वाणी में विशेष तेजस्विता थी। इस प्रकार केशव एक ओर जहाँ प्रकृति के दंड-विधान और उसके नैसर्गिक नियम का वर्णन करते हैं, वही कर्म के

फल, सत्य और धर्म के प्रति अपनी निष्ठा तथा दुष्टों के विनाश हेतु अपने संकल्प को भी प्रदर्शित करते हैं। धर्म की विवेचना करते हुए वे युधिष्ठिर से कहते हैं–"आपने धर्म के स्थूल रूप को ही स्वीकार किया है सम्राट! धर्म का मर्म अत्यंत सूक्ष्म है।...आप घट को पकड़े हुए हैं; किंतु उसके भीतर के जल को झाँककर भी नहीं देखते कि वह जल स्वच्छ है या नहीं।... धर्म का मर्म अत्यंत सूक्ष्म है। किसी विशेष संदर्भ में मानवों के किसी समाज विशेष के द्वारा, अपनी रक्षा और कल्याण के लिए बनाए गए नियम प्रकृति का धर्म नहीं है। मानव निर्मित यह जड़ नियम सृष्टि का सत्य नहीं है; धर्म की गति अत्यंत सूक्ष्म है।...........धर्म का एक मार्ग तपस्या और त्याग भी है; किंतु तपस्या का परिणाम भी सामाजिक हित ही होना चाहिए। आप अपने धर्म पर टिके रहें और आपके सम्मुख एक स्त्री का अपमान होता रहे, यह समाज-धर्म नहीं हो सकता है। आपको अपने धर्म में से व्यक्ति-तत्त्व निकाल कर समष्टि-तत्त्व डालना होगा; अन्यथा वह धर्म न होकर आत्मदाह हो जाएगा।"[91] इसके पश्चात् कृष्ण सत्य और धर्म के दो रूपों को व्याख्यायित करते हैं। उनके अनुसार सत्य के दो रूप हैं–एकांगी सत्य और समग्र सत्य। इसी प्रकार धर्म के भी दो स्वरूप हैं–एकांगी धर्म और समग्र धर्म। कृष्ण पूर्व मान्यताओं और आस्थाओं के विरोधी नहीं हैं; किंतु उन मान्यताओं और आस्थाओं को विवेकपूर्ण दृष्टि से अवलोकित करने के पक्षधर अवश्य हैं।

कृष्ण का मत है कि विवेकवान पुरुष अपने समस्त बंधनों को काटता है। विवेक की विकासशीलता व्यक्ति में अपने बंधनों को तोड़ने अथवा काटने की इच्छा भी जाग्रत करती है और उसकी क्षमता या सामर्थ्य भी! कृष्ण कहते हैं कि धर्म अनासक्त विवेक का ही दूसरा नाम है।"[92]

नरेन्द्र कोहली ने जीवन के अनुभव से सत्य को पहचाना है। उनके अनुभव, उनका जीवन दर्शन उनकी कथा में स्पष्ट परिलक्षित होता है। वे अपने कथा नायक श्रीकृष्ण के मुख से कहते हैं–"पहले हमें अपने मोह से लड़ना पड़ता है तभी तो हम अधर्म से लड़ सकते हैं।...तपस्या व्यक्तिगत सत्य है; किंतु धर्म तो सामूहिक सत्य ही होगा।"[93]

वन भ्रमण के समय में कृष्ण अर्जुन से कहते हैं–"यदि मनुष्य की प्रज्ञा, अपने पूर्व प्राप्त अनुभवों की पूँजी है, तो हमें समझना चाहिए कि उसका अतीत ही उसकी प्रज्ञा का आधार है।...अपने अतीत की ओर से आँखें बंद कर अज्ञात भविष्य में पाथेय शून्य यात्रा तो लाभकारी नहीं हो सकती है।"[94]

कोहली जी कृष्ण के ईश्वरत्व की सत्ता स्वीकार करते हुए कृष्ण के ही मुख से कहलाते हैं–"किसी का दुःख मुझसे बाहर कहाँ है, और ईश्वर हमसे भिन्न अथवा दूर होता है क्या?"[95] कृष्ण सृष्टि की समस्त घटनाओं को नियमबद्ध कार्यकारण संबंध से संचालित मानते हैं, जैसा कि वेदों में भी वर्णित है। कृष्ण को माध्यम बनाकर

कोहली जी कहते हैं–"मनुष्य जब पीड़ित होता है, दुःखी होता है, प्रवंचित और प्रताड़ित होता है, तो उसमें न्याय, धर्म, समता, त्याग, बलिदान इत्यादि की आकांक्षा प्रबल रूप से जाग्रत होती है। यह आकांक्षा उसके मन से अन्याय, अत्याचार, भोग इत्यादि के भावों को निष्कासित कर देती है। उसके रजोगुण और तमोगुण तिरोहित हो जाते हैं। शेष रहता है केवल सतोगुण। उसका सत्व उसे पवित्र बनाता है। उसके भीतर का सत्व बाहर के सत्व की ओर आकृष्ट होता है। देवत्व उसे आकर्षित करता है। वह ईश्वर के निकट हो जाता है;...किंतु जब वह स्वतंत्र और समर्थ हो जाता है, संसार का भोग उसके पास संचित होता है, धन-सम्पत्ति आ जाती है तो उनके साथ-साथ रजोगुणी और तमोन्मुखी रजोगुण संचित होने लगते है। सत्व बहिष्कृत और निष्कासित होने लगता है। अपने अंतर में सत्व न हो तो मनुष्य सत्य की ओर आकर्षित भी नहीं होता। ऐसे में त्याग, समता और न्याय के प्रति आकर्षण समाप्त हो जाता है। देवत्व से मनुष्य को भय लगने लगता है; क्योंकि देवत्व भोग संचय और आधिपत्य का समर्थन नहीं करता।"[96]

इस प्रकार त्रिगुणात्मक प्रकृति और समाज की व्याख्या कृष्ण द्वारा करवाकर कोहली जी कथा को विकास की ओर उन्मुख करते हैं। अंतराल खंड में अधिकांश वर्णन पांडवों की वनवास यात्रा के हैं। इस खंड के अंतिम चरण में कृष्ण की मातृभक्ति परिलक्षित होती है। वे द्रौपद्री से कहते हैं–"पुत्र इतना बड़ा तो कभी नहीं होता सखि, कि माँ उपस्थित हो और उसे उसकी आवश्यकता न हो।"[97]

कृष्ण अत्यंत विनीत हैं। उनके मन में बुद्धिसेवी ब्राह्मणों और ऋषियों के लिए विशेष सम्मान है। मार्कण्डेय ऋषि से वार्ता करते हुए कृष्ण कहते हैं–"आपकी उपस्थिति में आध्यात्मिक प्रश्नों के समाधान का उपयुक्त अधिकारी मैं कैसे हो सकता हूँ।"[98] फिर भी ऋषिवर की भावनाओं का सम्मान करते हुए कृष्ण कहते हैं–"उसी स्वचालित शाश्वत व्यवस्था को ही भक्तजन ईश्वर कहते हैं।...प्रकृति ही ईश्वर का प्रकट रूप है।...अप्रकट के भी कुछ प्रकट लक्षण होते हैं। जैसे वायु में वेग है। ईश्वर को जानना, उसका साक्षात्कार करना, उसके निकट जाना, उसके अनुरूप बनना और अंततः वही हो जाना यह सब कुछ संभव है।...ईश्वर तो दया का पुंज है, महर्षि! वह करुणा का सागर है।...मनुष्य उससे जो भी माँगता है, ईश्वर उसे वही देता है। उससे संसार माँगा जाएगा तो वह संसार देगा, उससे स्वर्ग माँगा जाएगा तो वह स्वर्ग देगा, उससे मोक्ष माँगा जाएगा तो वह मोक्ष देगा।...हमारे कर्म से ही उसकी दया प्रेरित होती है।...भक्ति, ज्ञान, कर्म सबमें योग है, सबमें आसक्ति रहित उद्यम है। अकर्म से ईश्वर कभी प्रसन्न नहीं होता।"[99]

कोहली जी के कृष्ण का मत है कि मानवत्व देवत्व की ओर अग्रसर होता है सतोगुणी प्रवृत्तियों का संबल पाकर। सतोगुणी प्रवृत्तियाँ सत्कर्मों द्वारा ही विकसित होती हैं। और सत्कर्मों द्वारा ही ईश्वर की दया प्रेरित होकर हमें प्राप्त होती है। इस

अंतराल खंड में अन्य पात्रों के माध्यम से कृष्ण के चरित्र को अधिक उद्घाटित किया गया है, इसके साथ ही कई स्थलों पर कृष्ण ने स्वयं अपने आदर्शों और नीतियों के द्वारा अपने चरित्र का संकेत दिया है। समग्र रूप में वे गीता कर्मयोग को प्रस्थापित करते हुए उपस्थित हुए हैं।

**प्रच्छन्न :** 'प्रच्छन्न' महासमर का छठवाँ खंड है। महाभारत की कथा पर आधारित महासमर मनुष्य, समाज और प्रकृति के विभिन्न रूपों को उद्घाटित करते हुए उस महायुद्ध की ओर बढ़ रहा है, जिसका इतिहास साक्षी है और जो देश काल परिस्थिति से अप्रभावित 'महाकाल' असंख्य वर्षों की यात्रा कर चुका; किंतु न मानव की प्रकृति परिवर्तित हुई, न प्रकृति के नियम। उसका ऊपरी आवरण कितना भी भिन्न क्यों न दिखाई देता हो, मनुष्य का मनोविज्ञान आज भी वहीं है, जो सहस्रों वर्ष पूर्व था।

बाह्य संसार के सारे घटनात्मक संघर्ष वस्तुतः मन के सूक्ष्म विकारों के स्थूल रूपांतरण मात्र हैं। अपनी मर्यादा का अतिक्रमण कर जाएँ तो ये मनोविकार मानसिक विकृतियों में परिणित हो जाते हैं। दुर्योधन इसी प्रक्रिया का शिकार हुआ है। अपनी आवश्यकता भर की प्राप्ति कर वह संतुष्ट नहीं हुआ। दूसरों का सर्वस्व छीनकर भी वह शांत नहीं हुआ। पांडवों की पीड़ा ही उसके सुख की अनिवार्य शर्त थी। इसलिए वंचित पांडवों को पीड़ित और अपमानित कर सुख प्राप्त करने की योजना बनाई गई। घायल पक्षी को तड़पाकर बच्चों को क्रीड़ा का सा आनंद आता है। मिहिर कुल को अपने युद्धक गजों को पर्वत से खाई में गिराकर उनकी पीड़ित चीत्कारों को सुन कर असाधारण सुख मिला था। अरब शेखों को ऊँटों की पीठ पर बैठे बच्चों की अस्थियाँ टूटने और पीड़ा से चिल्लाने को देख सुनकर सुख मिलता है। 'महासमर' का छठवाँ भाग 'प्रच्छन्न' मानव मन की इसी भाव-विकृति को उद्घाटित करता है।

दुर्वासा ने बहुत तपस्या की; किंतु न अपना अहंकार जीता न क्रोध। एक अहंकारी और परपीड़क व्यक्तित्व प्रच्छन्न रूप से उस तापस के भीतर विद्यमान है। वह किसी के द्वार पर आता है तो धर्म देने के लिए नहीं। वह तमोगुणी तथा रजोगुणी लोगों को वरदान देने के लिए और सतोगुणी लोगों को वंचित करने के लिए आता है। पांडवों के साथ भी इसी भाव से उसका आगमन होता है; किंतु पांडव अपनी विवेकमय सूक्ष्म दृष्टि से पहचान जाते हैं कि तपस्वियों का यह समूह जो उनके द्वार पर आया है, सात्विक संन्यासियों का समूह नहीं है, बल्कि यह एक प्रच्छन्न टिड्डी दल है, जो उनके अन्न भंडार को समाप्त करने आया है ताकि जो पांडव दुर्योधन के शस्त्रों से नहीं मारे जा सके, वे अपनी भूख से तड़प-तड़प कर मर जाएँ।

इस खंड के सूक्ष्म अध्ययन से यह स्पष्ट परिलक्षित होता है कि दुर्योधन के सुख में प्रच्छन्न रूप से बैठा है 'दुःख' और युधिष्ठिर की अव्यावहारिकता में प्रच्छन्न रूप से बैठा है 'धर्म'। यह माया की सृष्टि है। इस सृष्टि में जो प्रकट रूप में दिखाई देता है, वस्तुतः वह होता नहीं, और जो वर्तमान रहता है वह कहीं दिखाई नहीं देता। पांडवों

का अज्ञातवास महाभारत कथा का एक बहुत आकर्षक स्थल है। दुर्योधन की गृध्र-दृष्टि से पांडव कैसे छिपे रह सके? अपने अज्ञातवास के लिए पांडवों ने विराटनगर को ही क्यों चुना? पाडंवों के शत्रुओं में प्रच्छन्न मित्र कहाँ थे और मित्रों में प्रच्छन्न शत्रु कहाँ पनप रहे थे? इसी प्रकार के अनेक प्रश्नोत्तरों को अपने कलेवर में समेटे 'महासमर' की यह कथा प्रच्छन्न नामक छठवें खंड में प्रविष्ट हो रही है।

इस खंड में कृष्ण का प्रवेश अप्रत्यक्ष रूप में पांडव द्रौपदी संवाद में होता है। इस वार्तालाप के मध्य नकुल के विचारों में कृष्ण का स्वरूप आकार लेता है–"कृष्ण हर परिस्थिति में मुदितमना हैं। नकुल ने कृष्ण को कभी दुःखी अथवा हताश नहीं देखा।"[100] भीम कहते हैं–"मेरा विचार है कि कृष्ण ने अपने जीवन में इतने कष्ट देखे हैं कि अब वे किसी कष्ट से विचलित नहीं होते हैं।"[101] द्रौपदी के अनुसार–"गोविंद का जन्म मृत्यु की छाया में कारागार के भीतर हुआ। सारा शैशव हत्या करने आए राक्षसों से लड़ते हुए व्यतीत हुआ। किशोरावस्था में ही मृत्यु का सामना करने के लिए मथुरा जाना पड़ा। कंस का वध कर देने पर भी मथुरा में रहना संभव नहीं हुआ। द्वारका में भी निरंतर एक से बढ़कर एक शक्तिशाली शत्रुओं से लड़ना पड़ा। कौन-सा संकट है जो उन्होंने नहीं झेला। जिन यादवों की रक्षा की उन्होंने भी लांछन लगाए और शत्रुतापूर्ण व्यवहार किया। फिर भी केशव ने किसी से शत्रुता नहीं पाली। किसी को अपना विरोधी नहीं माना।"[102] वार्तालाप के मध्य युधिष्ठिर भी कृष्ण के व्यक्तित्व के संदर्भ में अपने विचार व्यक्त करते हैं। वे कहते हैं–"कृष्ण के मन में कोई कामना नहीं है, फिर भी वे सदा क्रियाशील हैं। अर्जुन भी अपना मत प्रकट करते हुए कहते हैं कि कृष्ण स्थिर मति हैं। वे आसक्ति रहित और मोह रहित हैं। कृष्ण न्याय के पक्षपाती हैं, संबंधों के नहीं। कृष्ण प्रेम का सागर हैं, वे सारी सृष्टि से एक साथ प्रेम कर सकते हैं।"[103]

इसी खंड में आगे जाकर विदुर कृष्ण के स्वरूप और वैशिष्ट्य का वर्णन करते हुए कहते हैं–"कृष्ण चमत्कारी पुरुष हैं"[104] ... कुछ लोग उन्हें योगीराज और योगेश्वर भी मानते हैं।[105] विदुर की व्याख्या के अनुसार योग शास्त्र कहता है कि–"योग की सिद्धि से मनुष्य मानव शरीर की सीमाओं का अतिक्रमण कर उनके मूल स्वरूप अर्थात ईश्वर के निकट पहुँच जाता है। कार्यकारण संबंध और प्रकृति के सामान्य नियम उस पर लागू नहीं होते। ...उससे व्यक्ति की क्षमताएँ असीम हो जाती हैं। वह ईश्वर के समान ही सर्वव्यापक हो जाता है। वह सहस्रों योजन दूर का शब्द सुन सकता है। एक ही समय में एक से अधिक स्थानों पर प्रकट हो सकता है। संभव है, कृष्ण ने यह सब अपने योगबल से किया हो।... सारी पृथ्वी पर प्रकट होना होता है तो वह कोई न कोई रूप तो धारण करता ही होगा। वह अपने लिए तो पृथ्वी पर आता नहीं, आता तो वह हम जैसे मनुष्यों के लिए ही है, तो उसे उसी रूप में आना होगा जिसे हम जैसे मनुष्य पहचान सकें। कृष्ण ईश्वर के अवतार

हैं अथवा नहीं, वे स्वयं ईश्वर हैं अथवा नहीं, यह तो मैं नहीं जानता, किंतु इतना तो मैं पूरी निष्ठा से मानता हूँ कि संसार में यदि धर्म कहीं है तो वह कृष्ण के रूप में ही है।..."[106]

कोहली जी कृष्ण के अवतारत्व को और उनके साक्षात् ईश्वरीय स्वरूप को अपने उपन्यास के पात्रों के माध्यम से स्वीकृति दिलवाते हैं। उपर्युक्त वार्तालाप में ही पारंसवी कृष्ण के संदर्भ में अपनी भावना व्यक्त करते हुए कहती हैं—"योगीराज ही क्यों, हमारे हस्तिनापुर में तो कुछ लोग श्रीकृष्ण को ईश्वर का अवतार ही नहीं, स्वयं साक्षात् नारायण का रूप भी मानते हैं।"[107]

कोहली जी वैज्ञानिक और मनोवैज्ञानिक आधार लेकर इस कथा-यात्रा पर अग्रसर हैं; किंतु उपर्युक्त प्रसंगों के सदृश कहीं न कहीं कुछ प्रसंग ऐसे भी हैं, जहाँ उनकी वैज्ञानिकता घुटने टेक देती है और कृष्ण के स्वरूप में किसी अदृश्य सर्वशक्तिमान सत्ता को स्वीकृति देती है। अथवा इसे यह भी कहा जा सकता है कि वैज्ञानिकता का आधार लेकर कथा को प्रासंगिकता देने के भरपूर प्रयास के बाद भी कोहली जी के भीतर की आध्यात्मिकता और कृष्ण भक्ति कहीं न कहीं, किसी न किसी रूप में निःसरित हो रही है। इस तथ्य को हम दुर्वासा प्रसंग में भी देख सकते हैं जब दस सहस्र शिष्यों सहित दुर्वासा ऋषि के आगमन से उनकी भोजन-व्यवस्था तथा कोप-भाजनता के लिए चिंतित द्रौपदी अत्यंत विह्वल होकर कृष्ण को पुकारती हैं और कृष्ण उनकी आर्त्तपुकार सुनकर प्रत्यक्ष प्रकट हो जाते हैं तथा भाँड में लगे शाक के छोटे से पत्ते को खाकर दस सहस्र शिष्यों सहित दुर्वासा के पेट की हालत गड़बड़ कर देते हैं। अतः यहाँ कृष्ण के देव-सुलभ चमत्कारी स्वरूप के दर्शन होते हैं। स्पष्ट है कि 'महासमर' उपन्यास के इस छठवें खंड में कृष्ण को अवतारी एवं साक्षात् नारायण के स्वरूप में माना गया है। विदुर, पारंसवी इत्यादि के कथनों में कृष्ण के ईश्वरत्व निर्धारण के पश्चात कथा 'महासमर' के सातवें खंड 'प्रत्यक्ष' में प्रवेश करती है।

**महासमर—खंड-7 : 'प्रत्यक्ष' :** महासमर के सातवें खंड प्रत्यक्ष में युद्ध के उद्योग और फिर युद्ध के प्रथम चरण अर्थात भीष्म पर्व की कथा है। कथा तो यही है कि पांडवों ने अपने सारे मित्रों से सहायता की याचना की। सहयोग याचना के क्रम में कृष्ण भी आए, किंतु जो कृष्ण अभी तक युधिष्ठिर से कहते आए कि वे कुछ न करें, बस अनुमति दे दें तो यादव ही दुर्योधन का वध करके पाडंवों का राज्य उन्हें प्राप्त करवा देंगे, वे कृष्ण उद्योग भूमि से उठकर द्वारका क्यों चले गए? पांडवों को उनसे सहायता की याचना करने द्वारका क्यों जाना पड़ा? कृष्ण ने पापी दुर्योधन को अपने परम मित्र अर्जुन के समकक्ष कैसे मान लिया? प्रश्न यह भी उठता है जो कृतवर्मा कृष्ण के समधी थे, जिसने कौरवों की राज्यसभा से कृष्ण को सुरक्षित बाहर निकाल लाने के लिए अपनी जान लड़ा दी, वही कृतवर्मा दुर्योधन के पक्ष में युद्ध करने क्यों चले गए? ऐसा क्या हो गया कि यादवों के सर्वप्रिय नेता 'कृष्ण'

जब पांडवपक्ष से युद्ध में सम्मिलित होने आए तो उनके साथ न उनके भाई थे न उनके पुत्र। कोई नहीं था कृष्ण के साथ। इतने बड़े यादव समुदाय में अकेले कैसे हो गए कृष्ण? दूसरी विडंबना यह थी कि जिस युधिष्ठिर के राज्य के लिए यह युद्ध लड़ा जाना था, वे युधिष्ठिर ही युद्ध के पक्ष में नहीं थे। जिस अर्जुन के पराक्रम के बल पर पांडवों को यह युद्ध लड़ना था, उस अर्जुन ने अपना गांडीव त्याग दिया था और हताश तथा शिथिल होकर बैठ गया था। उसने यह निर्णय ले लिया था कि उसे युद्ध नहीं करना है। जिन यादवों का पांडवों को सबसे बड़ा सहारा था, उन यादवों में से एक भी यादव इस युद्ध में उनका साथ देने नहीं आया, तो फिर महाभारत का युद्ध कौन लड़ रहा था? कौन लड़ रहा था यह महासमर? कृष्ण? अकेले कृष्ण? वह कृष्ण जिसके हाथ में अपना कोई शस्त्र भी नहीं था? अर्जुन शिखंडी को सामने रख उनकी आड़ से भीष्म पितामह का वध करते हैं। अथवा प्रथम चरण में वे शिखंडी के माध्यम से भीष्म को बचाते हैं और बाद में युग, परिस्थितियों तथा अपने जीवन से हताश भीष्म को क्षत्रिय की गौरव पूर्ण मृत्यु प्रदान करने का माध्यम बनते हैं। कर्ण के अंतर में कौन-सा रोष था और क्या था कर्ण का धर्म? कर्ण का चरित्र? महासमर के इस खंड में कुंती और कर्ण का प्रत्यक्ष साक्षात्कार हुआ है। और कुंती ने प्रत्यक्ष किया है कर्ण की महानता को। इसमें स्पष्ट किया गया है कि कर्ण क्या कर रहा है क्या करता रहा है। इस प्रकार बहुत कुछ प्रत्यक्ष हुआ है महासमर के इस सातवें खंड 'प्रत्यक्ष' में...किंतु सबसे अधिक प्रत्यक्ष हुए हैं नायकों के महानायक श्रीकृष्ण। अथवा वास्तविकता यह भी है कि एक बार कृष्ण प्रकट हो जाते हैं तो अन्य सभी पात्र उनके सम्मुख वामन रूप हो जाते हैं। कृष्ण के स्वरूप की विराटता के साथ-साथ इस खंड में कृष्ण की वह शाश्वत-सनातनी गीता भी है, जो अपने मूल रूप में तो गीता ही है और प्रासंगिक संदर्भ में उपन्यास भी। अतः ब्रह्म की उस विराटता के और ब्रह्म वचनामृत रूपी गीता के दर्शन करने हम प्रवेश करते हैं महासमर के सातवें खंड 'प्रत्यक्ष' में जहाँ कोहली जी महासमर के विराट स्वरूप धारी महानायक को उपन्यास-नायक के रूप में प्रस्तुत करते हैं और उस महासमर को आधुनिक महासामरिक संदर्भों में।

कोहली के कृष्ण मानव, समाज और प्रकृति धर्म को कुशलतापूर्वक परिभाषित करते हैं। नई और पुरानी पीढ़ी के विचारों में विपरीतता की समस्या इस उपन्यास के अनुसार कृष्ण के समय में भी थी इसकी झलक विचारों के द्वंद्व में उलझे कृष्ण की भावदशा से मिलती है—"सहसा कृष्ण को लगा कि उन्हें पता ही नहीं चला कि वे कब इतने अकेले हो गए हैं। यादवों में परिवर्तन तो आ ही रहा था; किंतु उनकी छत्र-छाया में पलने वाले उनके अपने पुत्र उन सिद्धांतों और संस्कारों को ग्रहण नहीं कर सके, जिन्हें कृष्ण सारी सृष्टि के लिए उपयोगी मानते हैं।...संस्कार क्या देने से ही हो जाता है?...कृष्ण तो संस्कार ही दे सकते हैं, मार्ग दिखा सकते हैं; किंतु किसी में उसे ग्रहण

करने की क्षमता न हो तो क्या कर सकते हैं? पिता और गुरु का अहंकार व्यर्थ है। उसे तो अपने पुत्र और शिष्य के प्रति कृतज्ञता का भाव रखना चाहिए, जो उसकी परंपरा को आगे चलाता है। उस गुरु और पिता की पीड़ा को कौन जान सकता है, जिसे अपनी परंपरा के निर्वहन के लिए कोई योग्य पुत्र अथवा शिष्य न मिला हो।"[108] इस प्रकार के भाव-विचार कृष्ण के मन में आ रहे थे। वे इसी मानसिक उथल-पुथल में बैठे थे, तभी मानों उनके अंतर में विस्फोट सा हुआ और उन्हें अपने आत्मबल का स्मरण हो आया। जिसके बल पर उन्होंने पूर्व में जरासंध इत्यादि की लड़ाइयाँ लड़ी थीं। वे सांसारिक संबंधों की सीमा से बाहर निकलने लगे, बुद्धि की माया के घेरे को काटकर सृष्टि की व्यापकता और अपने अनंत में प्रवेश करने लगे। और पल भर में ही वे द्वंद्व के नैराश्य से बाहर निकलकर मानों मुदितमना हो गए। वे सोचने लगे–"सत्य तो न कभी अकेला होता है न दुर्बल। प्रकृति सत्य की रक्षा करती है। धर्म इस प्रकार पराजित और हताश नहीं होता।"[109]

महाभारत काल के एक और महानायक भीष्म पितामह के साथ यदि तुलनात्मक संक्षिप्त विवेचन किया जाए तो हम यह पाते हैं कि भीष्म हस्तिनापुर से बँधे बैठे थे; किंतु कृष्ण ने मथुरा का त्याग करने में तनिक भी मोह नहीं दिखलाया। भीष्म ने तो धर्म को सदा बंधन के रूप में ही देखा जबकि कृष्ण के लिए धर्म उनका बंधन नहीं है। अतः कृष्ण परम स्वतंत्र और त्यागी हैं। वे पूर्णतया निर्लिप्त हैं।

धृतराष्ट्र की राज्यसभा में कृष्ण शांतिदूत बन कर जाते हैं और वहाँ वे दुर्योधन को समझाते हुए कहते हैं–"... जो अपने सर्वगुण संपन्न आत्मीय जनों से द्वेष और पराये लोगों से अपनी रक्षा की आशा रखता है, उसका भार यह पृथ्वी सहन नहीं करती।"[110] दुर्योधन जब कृष्ण की शांतिपूर्ण बात को समझने की कोशिश नहीं करता है और बातचीत के मध्य उसे आक्रोश आने लगता है तो कृष्ण उसकी ओर उन्मुख होकर कहते हैं–"दुर्योधन तुम यह मान बैठे हो कि तुम पांडवों को युद्ध में पराजित कर दोगे; किंतु दृष्टि उठाकर अपनी सेना में एक व्यक्ति ढूँढ़कर दिखाओ जो अर्जुन को युद्ध में पराजित कर सकता हो और फिर युद्ध में जिसका सारथी मैं होऊँगा उसे युद्ध में पराजित करने वाला व्यक्ति अपने दोनों हाथों से पृथ्वी उठा सकता है। मैं अब भी तुमसे कहता हूँ, तुम आधा राज्य पांडवों को दे दो वे तुम्हारे पिता को सम्राट और तुम्हें युवराज बनाए रखेंगे।"[111] इन पंक्तियों से कृष्ण की दृढ़ संकल्प शक्ति का परिचय प्राप्त होता है। कृष्ण को पूर्ण आत्म विश्वास है कि अर्जुन जैसा धनुर्धर और मुझ जैसा उसका सनातन सारथी अजेय है। उसमें इतनी शक्ति है कि पृथ्वी की सारी समस्याओं के निदान की कुंजी उसके पास है; किंतु दुर्योधन पर कृष्ण के समझाने और कहने-सुनने का कोई असर नहीं होता है। उल्टे वह अपनी अस्थिरता और आवेश के वशीभूत होकर कृष्ण को बंदी बनाने की बात करता है तब कृष्ण बड़े स्पष्ट शब्दों में वीरता, दृढ़ता और आत्मविश्वास के साथ कहते हैं–"कुरुराज!

आप अपने पुत्रों को आदेश दें कि यदि वे मुझे बंदी कर सकते हैं तो कर लें। मैं भी देखता हूँ कि कौन किसको बंदी करता है। जिन नीच कृत्यों पर आपके पुत्र उतर आए हैं, उसका दंड तो यही है कि मैं इन सबको बंदी कर पांडवों को सौंप दूँ ताकि भीम, दुर्योधन और दुःशासन के संबंध में की गई अपनी प्रतिज्ञाएँ पूरी कर सकें... ।"[112]

कृष्ण की इस उद्घोषणा को सुनकर धृतराष्ट्र की चीत्कार निकल जाती है, साथ ही वे निषेधात्मक याचना करते हैं कि नहीं कृष्ण नहीं, ऐसा मत करना। तब कृष्ण पुनः धृतराष्ट्र से कहते हैं..."नहीं महाराज मेरी ऐसे नीच कर्मों में कोई रुचि नहीं है।... ऐसा कोई समय नहीं था जब मैं चाहता और आपके पुत्रों को दंडित न कर पाता। मैंने आज तक नहीं किया तो केवल इस कारण; क्योंकि न धर्मराज युधिष्ठिर अधर्म के मार्ग से सिंहासन तक पहुँचने की यात्रा करना चाहते थे, न मैं अधर्म को प्रश्रय देना चाहता था; किंतु आपके पुत्रों को अपनी शक्ति का जो भ्रम हो गया है, वे उसका निवारण कर लें। मैंने जिस प्रकार धर्मराज की सभा में शिशुपाल का मस्तक काट लिया था वैसे ही किसी भी क्षण मैं आपके पुत्रों के साथ भी करने की क्षमता रखता हूँ।"[113]

कृष्ण के इन शब्दों से उनकी वीरता, दृढ़ता, साहस और अपराजेय पौरुष का परिचय मिलता है। प्रकारांतर से इन शब्दों का सार निकाला जाए तो कहा जा सकता है कि कृष्ण ताल ठोंककर, ललकारकर, धृतराष्ट्र को स्पष्ट शब्दों में बता देते हैं कि अपने पुत्रों को समझाओ नहीं तो मैं इन्हें बंदी भी बना सकता हूँ। शिशुपाल की तरह ही इनके सिर भी काट सकता हूँ, पर मैं अधर्म का पथ नहीं अपना सकता।

कृष्ण पुनः दुर्योधन को ओजपूर्ण शब्दों से सम्बोधित करते हुए कहते हैं—"तुमने समझा था कि मैं अकेला हूँ और तुम्हारे योद्धाओं में घिरा हुआ हूँ, इसलिए तुम मुझे बंदी कर लोगे। तुमने यह नहीं सोचा कि यदि मैं इस प्रकार अकेला हो सकता था तो तुम्हें अपनी नारायणी सेना क्यों देता। मैं ऐसा ही अकेला होता तो मैं अपनी इच्छा से कौरवों की राज्यसभा में क्यों आता। तुम समझते हो मैं अपनी मूर्खता में तुम पर विश्वास कर यहाँ चला आया, पर आज तुम देखो कि मैं अपने विश्वास पर यहाँ आया हूँ। अकेला तो वह है जो विश्व मानवता से स्वयं को काटकर तुम्हारे समान अहंकारी हो गया है। मैं अकेला नहीं हूँ ; क्योंकि मैं पृथक नहीं हूँ। मैं ब्रह्मांड में और ब्रह्मांड मुझमें है। तुम हँसोगे दुर्योधन कि यदि ऐसा है तो तुम्हें दिखाई क्यों नहीं देता? तुम्हें दिखाई इसलिए नहीं देता; क्योंकि तुम्हारे पास नेत्र हैं, दृष्टि नहीं है। देखने के लिए दृष्टि की आवश्यकता होती है और दृष्टि न नेत्रों में होती है, न सूर्य की किरणों में। दृष्टि तो सृष्टि के स्रष्टा की वह शक्ति है, जिसके माध्यम से ये आँखें देखती हैं। देखो पांडव भी यहीं हैं, यादव भी यहीं हैं, देव भी यहीं हैं, असुर भी यहीं हैं, देखो... ।"[114]

इन पंक्तियों में कृष्ण दुर्योधन को अपनी अजेय शक्ति से परिचय कराते हुए कहते हैं कि तुम मुझे अपने किसी भी कुचक्र, कपट-आयोजन से पराजित नहीं कर सकते। मैं तुम्हारे इन आयोजनों से, नीतियों से पार खड़ा हूँ। मैं तुम्हारे जाल में नहीं हूँ जाल के पार खड़ा हूँ। इसके साथ ही कृष्ण सभा भवन से बाहर चले जाते हैं; किंतु दुर्योधन को ऐसी प्रतीति होती है मानों कृष्ण स्वयं साक्षात् अग्नि का स्वरूप हैं।

कथा के अगले पड़ाव पर कृष्ण कर्ण को कुंती-पुत्र और पांडवों का ज्येष्ठ भ्राता होने की सूचना देते हैं। कर्ण के मन में कृष्ण के प्रति श्रद्धा होते हुए भी सूचना प्राप्ति के पश्चात सन्देह उत्पन्न हो जाता है। कृष्ण उसे विश्वास दिलाने का प्रयत्न करते हैं और अपने व्यक्तित्व को जिन शब्दों में व्यक्त करते हैं वह अत्यंत गरिमामय है—'मेरे वचनों को साक्षी की आवश्यकता नहीं होती, अर्थात कृष्ण के वचन स्वयं ही साक्ष्य हैं, वे स्वयं सिद्ध हैं।' प्रकारांतर से यह भी कहा जा सकता है कि सूर्य को दीपक दिखाने की आवश्यकता नहीं होती। फिर भी कर्ण के हृदय की शंका निर्मूल नहीं होती, कृष्ण उसे विश्वास दिलाते हैं और कथा आगे बढ़ती है।

महायुद्ध का समय आ गया है। कौरव-पांडव की सेनाएँ कुरुक्षेत्र में आमने-सामने हैं। युद्ध के प्रारंभ होने की उद्घोषणा दोनों पक्षों द्वारा शंखों के उद्घोष के साथ की जा चुकी है। अर्जुन ने भी शंखनाद किया; किंतु कृष्ण की अभिप्रेरणा पर। कौरवपक्ष से हुए भयंकर गर्जनायुक्त शंखनाद के प्रति अर्जुन अनाश्वस्त थे कि वह शंखनाद किसका है, दुर्योधन का अथवा उसके सेनापति कर्ण का? कृष्ण सर्वप्रथम स्वयं शंखनाद करते हैं। उनके शंखनाद की ध्वनि समूचे वायुमंडल को प्रकंपित करते हुए वायुमंडल में फैल जाती है इस शंखनाद से एक तरफ वे शत्रुपक्ष को युद्ध प्रारंभ की सूचना देते हैं तो दूसरी तरफ अर्जुन को सावधान भी करते हैं।

अर्जुन ने यंत्रवत् अपने देवदत्त नामक शंख का उद्घोष किया; उद्घोष के साथ ही विरोधी दल की अग्रपंक्ति में शामिल भीष्म, द्रोण इत्यादि गुरुजनों को देखा जिनसे उसे युद्ध करना था। गुरुजनों को देखते ही अर्जुन का शरीर शिथिल-सा होने लगता है। युद्ध की इच्छा समाप्त-सी होने लगती है और अंततः वह कृष्ण से कह देता है—"मैं युद्ध नहीं करूँगा केशव!...अपने गुरुजनों को मारकर कृतघ्नता जैसा पाप नहीं कर सकता मैं। उसकी कल्पना से ही मेरे शरीर का सारा रक्त सूख गया है। कृतघ्नता अधर्म है।" कृष्ण अर्जुन की शारीरिक, मानसिक एवं आंतरिक स्थितियों को देखते हैं, समझते हैं और सोचते हैं कि मोह के एक ही आघात से अर्जुन अपने साहस और धैर्य को, वीरता और ज्ञान को भुला बैठा। इसे स्मरण ही नहीं है कि जो पंचभूत संघटित होकर शरीर को आकार देते हैं, वे ही विघटित होकर उस आकार का रूपांतरण कर देते हैं। अर्जुन उस संघटन और विघटन के संबंध को न जानकर

उसे नाश मान रहा है। संघटन को सत्य मान रहा है, विघटन को नहीं। अतः कृष्ण भटकते हुए अर्जुन को वापस लाने के दृष्टिकोण से अर्जुन को समझाते हैं–"आततायी अपने पाप से मारा जाता है अर्जुन! किसी और के मारे नहीं। देहधारी की मृत्यु उसके अपने शरीर में ही निवास करती है।... जो मरता है वह शरीर है। हम शरीर नहीं हैं, आत्मा हैं। आत्मा का न संघटन होता है न विघटन। वह अविकारी है। वह पंचभूतों से संघटित नहीं हुई इसलिए उसका विघटन भी संभव नहीं है। हममें से ऐसा कोई नहीं है, जिसका अस्तित्व आत्मा के रूप में किसी काल में नहीं था, अथवा भविष्य में किसी काल में नहीं होगा। शरीर का क्या है, वह तो ऋतु में आए पुष्प के समान खिलता और मुरझा जाता है। कोई नहीं भी तोड़ता तो भी मुरझाकर टहनी से गिर जाता है। जिन राजाओं ने युद्ध नहीं किए, क्या उनका देहान्त नहीं हुआ? जिसने जन्म लिया है उसकी मृत्यु अश्वयंभावी है; और जो मरता है उसका पुनर्जन्म निश्चित है। आत्मा पुराना शरीर त्याग उसी प्रकार नया शरीर धारण करती है जैसे मनुष्य पुराना वस्त्र त्याग नया वस्त्र धारण करता है। असत् की सत्ता नहीं हो सकती और सत् का अभाव नहीं हो सकता।"[115] इस अंश में कोहली जी ने गीता के संदेश–

*"वासांसि जीर्णानि यथा विहाय, नवानि गृह्णाति नरोपराणि।*
*तथा शरीराणि विहाय जीर्णानि, अन्यानि संयाति नवानि देही।"*[116]

को बड़े ही अच्छे ढंग से पुष्प की परिकल्पना में नवीन और मौलिकता के साथ प्रस्तुत किया है। यहाँ कृष्ण के स्वरूप को देखकर यह स्पष्ट हो जाता है कि कोहली जी के कृष्ण उपन्यास के कोई परिकल्पित नायक नहीं वरन् श्रीमद्भगवद्गीता के महानायक ही हैं। कृष्ण अर्जुन को आगे समझाते हुए कहते हैं कि तुम्हारी अनिच्छा होते हुए भी युद्ध आवश्यक होकर सम्मुख प्रस्तुत है। "जब विनाश तुम्हारी इच्छा से रुकता नहीं तो तुमने यह कैसे मान लिया कि यह तुम्हारे कर्मों का फल है? तुम कर्म नहीं करोगे तो भावी यह नहीं होगी कुछ और होगी?"[117] अर्जुन कृष्ण द्वारा निर्दिष्ट कर्म और कर्मफल के विषय में पूछते हैं तो कृष्ण कहते हैं–"मैं कहता हूँ कर्म का फल मिलता है....किंतु क्या मैंने कभी कहा कि तुम्हारे कर्म का फल तुम्हारी इच्छानुसार मिलेगा। क्या मैंने कहा कि कर्म न करो, इच्छा करो और अपना मनोवांछित फल पा लो।...कर्मों का फल जो प्रकृति के नियमों के अधीन मिलता है, वे नियम हमारे किसी एक मनुष्य अथवा मनुष्यों की इच्छा से नहीं बने हैं। अतः मनुष्य को 'स्वधर्म' का पालन करना ही एकमात्र मार्ग है।"[118] उपदेश के क्रम में कृष्ण अर्जुन को क्षत्रिय धर्म की प्रकृति के विषय में समझाते हुए कहते हैं–"तुम भिक्षा माँग कर नहीं रह सकते, तुम्हें शासन करना होगा, समाज का अनुशासन करना होगा। तुम राजनीति से नहीं बच सकते और राजनीति में रह कर न युद्ध से बच सकते हो न वध से।...... क्षत्रिय का तेज अन्याय सहन नहीं कर सकता। तुम राज्य के लिए नहीं न्याय के लिए लड़ोगे। तुम्हारा स्वधर्म लड़वाएगा।

तुम्हारी प्रकृति लड़वाएगी।...अतः मोह-ग्रस्त होकर तुम अपनी प्रकृति के विरुद्ध जा रहे हो, जो अधर्म है धनंजय!...कर्म तो प्रकृति ही करती है।...मधुमक्खी यदि पुष्पों के रस से मधु बनाती है तो तुम समझते हो कि वह उसके वश का काम है, वह अपनी इच्छा से कर रही है मधुसंचय? गाय अपनी इच्छा से अपने सामर्थ्य से घास को दूध में परिणित कर लेती है? तुम अपने भोजन पर नियंत्रण कर अपनी इच्छानुसार उसका रक्त, मल, अथवा मांस बना सकते हो?...यह सब प्रकृति ही करती है। प्रकृति का यंत्र करता है। अतः अपनी वीरता का अहंकार, अपनी क्षमता का गर्व तर्कहीन है, व्यर्थ है, भ्रम है, अज्ञान है। अतः जब तक ज्ञान नहीं है 'स्वधर्म' पर टिक कर निष्काम कर्म करो... ज्ञान होने पर अपने स्वरूप को पहचानो। आत्मस्थ होने का प्रयत्न करो। आत्मस्थ हो जाओगे तो अपनी आत्मा और परमात्मा की समानता पहचानोगे। उससे तादात्म्य करना चाहोगे।"[119] इस प्रकार उपदेश देते हुए कृष्ण के स्वरूप में अर्जुन को दिव्यता, नवीनता और विराटता दिखाई देने लगी। फिर भी उनका मन भीष्म पितामह और गुरु द्रोण के विरुद्ध युद्ध करने को तैयार नहीं हो रहा था। कृष्ण अर्जुन के मोह को भंग करते हैं। और अन्याय तथा अधर्म के विरुद्ध होने वाले उस महायुद्ध को उचित ठहराते हैं। साथ ही विभिन्न प्रकार के तर्क और उपदेशों के साथ-साथ मानों उन्होंने अपने नाम की सार्थकता का भी प्रयोग किया—"कृष्ण ने अर्जुन की आँखों में देखा। अर्जुन को लगा कि, उसकी दृष्टि ही जैसे कुछ ओर हो गई है। उसका रोम-रोम जैसे संवेदनशील हो गया है चारों ओर दिव्यता का सा भाव आ गया था।"[120]

कृष्ण बोले तो उनका स्वर नंदन कानन के किसी अलौकिक निर्झर का कल-कल निनाद लिए हुए था—"तू सब धर्मों का त्याग कर मेरी शरण में आ जा अर्जुन! मैं तुझे सारे संशयों और पापों से मुक्त कर दूँगा।"[121]

"अर्जुन को लगा यह किसी मनुष्य का साधारण स्वर नहीं था। यह तो जैसे ब्राह्मी आदेश हुआ था उसे। इस आदेश का उल्लंघन नहीं किया जा सकता था।. ... वह जैसे चेतना के किसी दिव्य सागर में तैर रहा था। जो कुछ घटित हो रहा था वह तो उसका द्रष्टा था। कर्ता कोई और था, या तो कर्ता कोई भी नहीं था यह सब कुछ स्वतः घटित हो रहा था। उसके सामने खड़े कृष्ण का स्वरूप कुछ वायवीय हो गया था, और क्रमशः आलोकमय होता जा रहा था। ये वही कृष्ण हैं जिन्हें सबसे पहले यादवों ने त्याग दिया। फिर जैसे उनके परिवार ने उन्हें विलग कर दिया...भाइयों ने...पुत्रों ने...संबंधियों ने...कृष्ण ने स्वेच्छा से अपनी सेना का परित्याग कर दिया और संकल्पपूर्वक निःशस्त्र हो गए।...दूसरी ओर पाँच पांडव एक साथ हैं। उनके पुत्र तथा संबंधी एक साथ हैं। उनके पास सात अक्षौहिणी सेना है। ...उनके पास शस्त्रास्त्र, दिव्यास्त्र और देवास्त्र हैं...किंतु युद्ध कौन कर रहा है? युधिष्ठिर लड़ना नहीं चाहते, अर्जुन ने शस्त्र त्याग दिया, उनकी ओर देखकर भीम का उत्साह भी भंग हो जाता है। पांडव शस्त्र ग्रहण न करें तो कौरव भी क्यों लड़ेंगे? तो लड़

कौन रहा है?...अकेले नितान्त एकाकी निःशस्त्र कृष्ण का उत्साह ही तो।... अर्जुन को लगा कि सारे युद्ध क्षेत्र में एक कृष्ण ही हैं जो लड़ रहे हैं।...कृष्ण... केवल कृष्ण...।"[122]

अर्जुन के इस प्रश्न पर कि—तुम कौन हो कृष्ण? कृष्ण हँस पड़े। उनके हास में ऐसा लगा मानों इंद्रधनुष पर चपला चमकी हो। कहते हैं—"इस भेद दृष्टि को त्याग कर देखो अर्जुन! मैं ही हूँ, और है ही क्या? यहाँ और कोई नहीं है, बस मैं ही मैं हूँ।"[123]

अर्जुन का चारों ओर का समूचा संसार कृष्णमय हो गया। उसे कृष्ण में, वृक्षों में, रथ के अश्वों में, सबमें एक ही पदार्थ (कृष्ण) दिखाई दे रहा था। कृष्ण बोले—"इस समय मैं महाकाल के रूप में उपस्थित हुआ हूँ अर्जुन! जो कुछ दिखाई देता है, वह सब मुझसे ही हुआ है और इसको लौटकर मुझमें ही विलीन हो जाना है।"[124]

अंत में अर्जुन ने कृष्ण की ओर देखा—"कृष्ण मुस्करा रहे थे। वे उसकी आँखों में देख रहे थे। अर्जुन को लगा जैसे कृष्ण की आँखें उसे अपनी ओर खींच रही हैं। उसका सारा अस्तित्व उन आँखों में ही समाता जा रहा था।"[125] इस प्रकार अर्जुन की अनुभूतियों में प्रकाशपुंज के रूप में परिवर्तित होते कृष्ण ने अर्जुन का मोहभंग कर उन्हें सत्य का साक्षात्कार कराया, सृष्टि का सत्य दिखलाया और माया का आवरण हटाकर पूर्ण-सत्य को प्रकट कर दिया। उस दिव्य अनुभूति के परिणामस्वरूप अर्जुन गांडीव उठाकर उस धर्म युद्ध के लिए, 'स्वधर्म' के परिपालन के लिए प्रस्तुत हो गए।

इस अंश का सारभूत तत्त्व है अर्जुन को निर्भ्रान्त, निःशंक कर 'स्वधर्म' का ज्ञान कराकर, गांडीव उठवाकर उसे युद्ध के लिए प्रेरित व तत्पर करना। कृष्ण ने अपने विराट स्वरूप को दिखाकर उसके समक्ष यह स्पष्ट कर दिया कि केवल अस्तित्व दो खंडों में विभक्त होकर लीला कर रहा है। मनुष्य कर्त्ता नहीं है। अतः लीलाकार की लीला को स्वीकारो। उस लीला बिहारी के समक्ष नतमस्तक हो जाओ। सारा बोझ उसको सौंप दो। निर्भार होकर जो स्वधर्म, जो अभिनय तुम्हें सौंपा गया है, उसका पालन मृत्यु के भय से निर्भय होकर करो। तुम शरीर नहीं हो, आत्मा हो और आत्मा अमर है। जैसा कि गीता में कहा गया है—

*"नैनं छिन्दन्ति शस्त्राणि, नैनं दहति पावकः।*
*न चैनं क्लेदयन्यापो, न शोषयति मारुतः।।*
*अच्छेद्योऽयमदाह्योऽयम क्लेद्योऽशोष्य एव च।*
*नित्यः सर्वगतः स्थाणुरचलोऽयं सनातनः।।"* [126]

इस सार-गर्भित प्रसंग में आत्मा के गूढ़-रहस्य-ज्ञान प्रदत्तीकरण के साथ ही सातवें खंड की कथा अपने अंतिम चरण की ओर बढ़ती है और भीष्म पितामह की इच्छानुसार अर्जुन के बाणों से भीष्म पितामह अपनी मृत्यु का प्रत्यक्षीकरण करना

चाहते हैं; किंतु अर्जुन पितामह वध में अपने आपको असमर्थ पाते हैं और फिर भीष्म की इच्छानुसार ही कृष्ण के आदेश पर अर्जुन उन्हें युद्ध भूमि से हटा देते हैं। इसके साथ ही 'प्रत्यक्ष' नामक इस सातवें खंड का समापन होता है।

**निर्बंध :** 'निर्बंध' महासमर का आठवाँ खंड है। इसकी कथा द्रोणपर्व से आरंभ होकर शांति पर्व तक चलती है। कथा का अधिकांश भाग तो युद्ध क्षेत्र में से होकर ही अपनी यात्रा करता है; किंतु यह युद्ध केवल शस्त्रों का ही युद्ध नहीं है। यह टकराहट मूल्यों और सिद्धांतों की भी है और प्रकृति तथा प्रवृत्तियों की भी। घटनाएँ और परिस्थितियाँ अपना महत्त्व रखती हैं। वे व्यक्ति के जीवन की दिशा और दशा निर्धारित अवश्य करती हैं; किंतु यदि घटनाओं का रूप कुछ और होता तो क्या मनुष्यों के संबंध कुछ और हो जाते? उनकी प्रवृत्ति बदल जाती? कर्ण को यदि पहले ही इस बात का ज्ञान हो जाता कि वह कुंती का पुत्र है, तो क्या वह पांडवों का मित्र हो जाता? कृतवर्मा और दुर्योधन तो कृष्ण के समधी थे, वे उनके मित्र क्यों नहीं हो पाए? बलराम श्रीकृष्ण के भाई होकर भी उनके पक्ष से क्यों नहीं लड़ पाए? अंतिम समय तक वे दुर्योधन की रक्षा का प्रबन्ध ही नहीं बल्कि पांडवों की पराजय का प्रयत्न भी करते रहे, ऐसा क्यों? इन सब प्रश्नों से जूझते हुए इस उपन्यास में भीष्म पितामह हस्तिनापुर के अनेकानेक बंधनों से बँधे थे, निर्बंध होकर इच्छा मृत्यु वरण करते हैं। हमारे शोध के वर्ण्य विषय बिंदु श्रीकृष्ण हैं अतः हम अपने लक्ष्य के अनुसार इस खंड में भी उनके स्वरूप का ही अवलोकन करेंगे।

'निर्बंध' खंड में कृष्ण का अप्रत्यक्ष प्रवेश शकुनि और दुर्योधन की वार्ता में होता है। जहाँ दुर्योधन और शकुनि पांडवों के परम मित्रों के परम शत्रुओं के विषय में विचार-विमर्श और खोज-बीन कर रहे हैं।[127]

प्रत्यक्ष रूप में कृष्ण का प्रवेश संशप्तक-युद्ध के विषय में चर्चा के समय होता है। अर्जुन के साथ चर्चा करते हुए कृष्ण भी इस युद्ध के विषय में कुछ चिंतित से हो जाते हैं। कृष्ण की नारायणी सेना जिसको कृष्ण और बलराम ने प्रशिक्षित किया था, कौरवों के पक्ष से लड़ती हुई मानो अपने प्रशिक्षण को परीक्षा की कसौटी पर खरा साबित करती हुई त्रिगर्त और संशप्तक युद्ध में अत्यंत भयानक प्रहार कर रही थी। उसके प्रहार से अर्जुन को यह आभास हो गया था कि इसके समक्ष देवास्त्रों के सहारे ही टिका जा सकता है; किंतु अचूक, अमोघ देवास्त्रों से कृष्ण की नारायणी सेना का संहार होगा। अतः निमिष भर के लिए यहाँ भी अर्जुन के मन में मोह उत्पन्न होता है। उस मोह का आभास करते ही कृष्ण अपने विश्वस्वरूप को अर्जुन के सम्मुख प्रकट करते हैं। अर्जुन ने देखा–"कृष्ण महाकाल का भयंकर रूप धारण किए उसके सामने खड़े थे और सेनाएँ की सेनाएँ उनकी दाढ़ों तले कुचली जा रही थीं।... उन्होंने कहा था–अर्जुन! ये सब लोग पहले ही मेरे द्वारा मारे जा चुके हैं, तू तो निमित्त मात्र है।..."[128]

एक तरफ अर्जुन संशप्तक युद्ध में शत्रुओं से लोहा लेने में व्यस्त रहे और दूसरी तरफ सुभद्रापुत्र अभिमन्यु चक्रव्यूह में कौरवों के द्वारा घिरकर अकेला ही युद्ध करता हुआ छल से मारा गया। इस घटना से व्याकुल हुई सुभद्रा को कृष्ण सांत्वना देते हैं तथा उसी तारतम्य में सृष्टि के इस गूढ़ रहस्य को उद्घाटित करते हैं–"ब्रह्म अपनी त्रिगुणात्मक प्रकृति के माध्यम से यह सृष्टि रचता है और आगे का सारा प्रपंच उस त्रिगुणात्मक प्रकृति के तीनों गुणों का ही है। इस दृष्टि से कर्त्ता या तो ब्रह्म है अथवा उसकी प्रकृति। विद्या-माया भी उसी की है और अविद्या माया भी। पराशक्ति भी उसकी है और अपरा शक्ति भी। वस्तुतः प्रकृति के गुण ही सारे जीवों से सब कुछ करवा रहे हैं; किंतु इस अविद्या माया के वशीभूत होकर आत्मा देह के साथ अपनः तादात्म्य कर लेती है अपने अहंकार वश स्वयं को कर्त्ता मान लेती है। जो मनुष्य स्वयं को कर्मों का कर्त्ता मान लेता है, वह कर्मबंधनों में बँधता है। जो इसे निष्काम रूप से करता है और यही जानता है कि कर्त्ता वह नहीं कर्त्तार है, वह उन कर्म बंधनों से नहीं बँधता।..."[129] कृष्ण सुभद्रा को यह समझाते हैं; कि अज्ञान और आसक्ति के कारण स्वयं को कर्ता मानने वाले को ही कर्म-फल मिलता है। जो जीव अपना समूचा कर्तृत्व ईश्वर को समर्पित कर देता है और स्वयं को कर्ता नहीं मानता, उस पर कर्म का नियम-संसार का कार्यकारण नियम लागू नहीं होता। कर्म का फल तो क्रिया की प्रतिक्रिया है। उसका स्वरूप कुछ भी हो सकता है उसे सुख या दुःख अथवा दंड या पुरस्कार के रूप में मत मानो। कृष्ण कहते हैं–"यह माया की सृष्टि है। यहाँ जो सत्य है, वह दिखाई नहीं पड़ता है।...उपनिषद् की उक्ति स्मरण रखो–'इदं न मम' जब वह मेरा है ही नहीं तो मुझसे छिना क्या?" सुभद्रा प्रश्न करती हैं कि जब वह मेरा था ही नहीं तो उसके चले जाने पर मेरा मन दुःखी क्यों है? इस पर कृष्ण समझाते हैं–"पर वह दोष तुम्हारे पूर्व जन्मों के पाप नहीं हैं, अपने पुत्र में तुम्हारी आसक्ति है। यह आसक्ति ही कष्ट देती है। यही दुःख का कारण है। ...मोह और आसक्ति के कारण दुःख होता है प्रेम के कारण नहीं। प्रेम सबको मुक्त करता है। वह न स्वयं बधँता है और न दूसरों को बाँधता है।"[130]...सुभद्रा ईश्वर की न्याय प्रकिया को प्रश्नांकित करती है तो कृष्ण कहते हैं– "कहा न कि यह माया की सृष्टि है। ईश्वर जिनसे रुष्ट होता है उन्हें इतना सुख देता है कि वे उसे (ब्रह्म को) भूल जाएँ और भूले ही रहें, और जिनसे प्यार करता है, उन्हें तिल-तिल जलाकर उनका मल निकाल देता है।... जिसे हम सुख मानते हैं वह सुख नहीं है; जिसे हम दुःख मानते हैं वह दुःख नहीं है। यह तो बुद्धि का फेर है। पलंग पर बैठे गरिष्ठ भोजन करता हुआ व्यक्ति स्वयं को परम सुखी मान रहा है; जबकि वह सीधे-सीधे रोग के राज्य में प्रवेश कर रहा है।... पुरस्कार परीक्षा के बाद ही मिलता है, बहना! और परीक्षा उसी की होती है जो परीक्षा देने को प्रस्तुत हो।...जो परीक्षा देना नहीं चाहता, वह न तो स्वयं को तपस्या की भट्ठी में तपाता

है और न ही पुरस्कार पाता है। किसी भी बड़ी उपलब्धि के लिए परीक्षा तो देनी ही होगी। ईश्वर को पाने के लिए सात्विकता तो अर्जित करनी ही होगी; और स्वयं को तपाए बिना कोई निर्मल कैसे हो सकता है।... आत्मा एक ऐसा वृत्त है, जिसका केंद्र इस शरीर में उपस्थित है; किन्तु उसकी परिधि कहीं नहीं है। जब वह केंद्र एक शरीर से दूसरे शरीर में स्थानांतरित हो जाता है, तो पहले शरीर की तथाकथित मृत्यु हो जाती है। मृत्यु का अर्थ है उस केंद्र का एक शरीर से दूसरे शरीर में स्थानांतरित भर हो जाना। आत्मा जड़ की उपाधियों से बद्ध नहीं है। वह स्वरूपतः नित्य, शुद्ध, बुद्ध, तथा मुक्त स्वभाव है।''[131] कृष्ण के उपदेशों से सुभद्रा के हदय में थोड़ा धैर्य बधँता है। वे अपनी जिज्ञासा के निवारण हेतु प्रश्न करती हैं–"...स्वतः पूर्ण होते हुए भी आत्मा को अपूर्णता का भ्रम क्यों हो जाता है?" इसके उत्तर में कृष्ण श्वेताम्बर उपनिषद् का उदाहरण देते हुए कहते हैं :

*"वेदाहमेतं पुरुषं महान्तं आदित्यवरणं तमसः परस्तात्।*
*तमेव विदित्वाति मृत्युमेति नान्यः पन्था विद्यते अयनाय।।"*

...ऋषि का कहना है कि मैंने उस अनादि पुरातन पुरुष को प्राप्त कर लिया है। सूर्य के समान कांतिवान, अंधकार और अज्ञान से परे उस पुरुष को मैं जानता हूँ। केवल उस पुरुष को जानकर ही मनुष्य मृत्यु को लाँघ जाता है, मृत्यु से परे जा सकता है, मृत्यु के चक्र से छूट सकता है।[132]

कृष्ण ने शस्त्र न उठाने की प्रतिज्ञा की थी; किंतु बाद में उन्हें रथ का चक्र उठाना पड़ा। इस घटना को लेकर कृष्ण पर सदैव प्रश्न उठते रहते हैं। इस प्रतिज्ञा भंग के कारण को अभिमन्यु की मृत्यु के पश्चात अर्जुन की शपथ का संकेत करते हुए कृष्ण दारुक से स्पष्ट करते हुए कहते हैं–"जयद्रथ का वध तो अर्जुन ही करेगा। ...पर तुमने ठीक ही पूछा मैं संध्या समय से ही सोच रहा हूँ कि मेरी प्रतिज्ञा महत्तर है अथवा धर्म? मेरी आँखों के सम्मुख धर्म की हत्या होती रहे तो क्या मैं इसलिए शस्त्र नहीं ग्रहण करूँगा क्योंकि उससे मेरी प्रतिज्ञा भंग होती है? मैं अपनी प्रतिज्ञा की रक्षा करता रहूँ और धर्म की हत्या होते देखता रहूँ ? क्यों की थी मैंने प्रतिज्ञा? इसलिए तो कि उससे धर्म की रक्षा होती थी। अब मेरी प्रतिज्ञा से धर्म की रक्षा नहीं होगी। कल संध्या तक अर्जुन, जयद्रथ का वध न कर पाया तो वह चितारोहण कर अपने प्राण दे देगा। अर्जुन जीवित न रहा तो धर्म कैसे जीवित रहेगा। मुझे अर्जुन से अधिक प्रिय और कोई नहीं है। वह धर्म का रक्षक है। जो अर्जुन से द्वेष करता है वह मुझसे द्वेष करता है जो अर्जुन का अनुगामी है वह मेरा अनुगामी है। अर्जुन तो मेरा आधा शरीर है।...धर्म को समझना बड़ा कठिन है, दारुक!...हमारा स्वधर्म पृथक है, हमारी प्रकृति पृथक है। मेरे रक्षणीय का युद्ध में शत्रु के हाथों अधर्मपूर्वक वध होता रहे और मैं शत्रु के बताए हुए युद्ध के नियमों की व्याख्या

समझता रहूँ, यह मेरा धर्म नहीं है।"[133]

अश्वत्थामा के साथ जब युद्ध होने लगता है तो अश्वत्थामा कृष्ण को ही पांडवों की शक्ति का केंद्र मान कर उनका वध करने को उद्यत है।... उस समय भी अर्जुन के मन में गुरु-पुत्र के प्रति मोह पल रहा था। तत्क्षण कृष्ण अर्जुन को उलाहना देते हुए कहते हैं—"अर्जुन! विचित्र व्यवहार है तुम्हारा। मैंने तुम्हारा विश्वास कर अपने शस्त्र त्यागे और तुम मेरी रक्षा न कर अपने गुरु-पुत्र के प्रति स्नेह प्रदर्शित कर रहे हो। तुम चाहोगे कि मैं मारा जाऊँ और यह अश्वत्थामा जीवित ही नहीं रहे, युद्ध विजेता भी कहलाए। गुरुदक्षिणा देने का कोई और मार्ग नहीं है तुम्हारे पास। तुम्हारे इस गुरुदक्षिणा के यज्ञ में बलि अनिवार्य है क्या?"[134]

कृष्ण की इन बातों को सुनने के बाद मानों अर्जुन मूर्च्छा से जागे और उन्होंने वत्सदंत नामक बाण से अश्वत्थामा पर प्रहार किया। फलतः अश्वत्थामा मूर्च्छित होकर गिर पड़ा उसे गहरी चोट आई बाद में भीम की खड्ग द्वारा अश्वत्थामा के मस्तक से मणि काट ली गई और उसे प्राण-दान दिया गया।

युद्ध के समापन पर कृष्ण का सामना गांधारी से होता है, गांधारी अपना आक्रोश व्यक्त करती है और कृष्ण उनकी क्रोधाग्नि में घृताहुति देते हैं, जिससे वे क्रोधांधता की सीमा तक उत्तेजित होकर कृष्ण को अभिशापित करती हैं। जिसे सुनकर कृष्ण गांधारी से कहते हैं—"क्षत्राणी! आप अपना अपराध स्वीकार करके भी, अपने पुत्रों के पापों को जानते हुए भी, मुझे ही दोषी बताकर शाप दे रही हैं। इतना बड़ा दंड पाकर भी क्षमा नहीं सीखी आपने?... तो ठीक है, आपका शाप स्वीकार करता हूँ मैं। मैं जानता हूँ कि ऐसा होने वाला है। आपके तपोबल से नहीं होगा तो यादवों के अपने पापों से होगा। आप तो वही शाप दे रही हैं जो नियति ने पहले से ही निश्चित कर रखा है। जो दूसरों से अवध्य हो जाता है वह अपनों से लड़कर ही मरता है।... अब उठो महारानी! कौरवों का नाश तुम्हारे ही अपराधों से हुआ है। तुमने और तुम्हारे भाई ने कौरवों से प्रतिशोध चाहा था। तुमने यह नहीं सोचा था कि इस जीवन रूपी संघर्ष में दृश्य अथवा अदृश्य एक दूसरा पक्ष भी होता है। दूसरे को नष्ट करने गया मनुष्य स्वयं भी नष्ट हो सकता है। तुम भी समय-समय पर कभी क्रोध में, कभी मोह में और कभी लोभ में डूबी थीं। अपना दोष मुझ पर मत मढ़ो। अब भी समय है, अपने दोषों को पहचानो, उन्हें स्वीकार करो और उनसे मुक्त होने का प्रयत्न करो। किसी से मुँह मोड़ लेना अथवा किसी को शाप दे देना किसी समस्या का समाधान नहीं है। समाधान तो एक ही है, अपने मन को निर्मल करो, देवत्व को पहचानो। तुम भी यह अंभोधि हो, जिसमें कामना का ज्वार उठता है और सहस्रों विश्व जन्म लेते हैं। कामना को जीत लो तो कहीं कोई संसार नहीं है, इसलिए कहीं कोई विनाश भी नहीं है। अपने मन के अधीन मत रहो; क्योंकि मन तुम्हारा नहीं है। यादव अपने पाप से नष्ट होंगे; क्योंकि उनके विनाश से न

तो कौरव जी उठेंगे, न तुम्हारे पापों का विगलन होगा। तुम केवल अपने लिए उत्तरदायी हो, यादव अपना किया स्वयं भोगेंगे।"[135] अंततः गांधारी कृष्ण के कथन को स्वीकृति देती है। तथा बाहरी युद्ध के समाप्त होने और भीतरी महासमर के जारी रहने की बात करती है। उस पर कृष्ण कहते हैं—"भीतर का महासमर पहले लड़ लिया होता तो यह बाहर का महासमर होता ही क्यों?"[136]

भीष्म पितामह शरशय्या पर मृत्यु की प्रतीक्षा में हैं। युद्ध की समाप्ति के पश्चात आए हुए युधिष्ठिर को समझाते हुए भीष्म कृष्ण के द्वंद्वात्मक जीवन का उल्लेख करते हैं। उस चर्चा को सुनकर कृष्ण मुस्कुरा देते हैं और कहते हैं—"यह (द्वंद्व) आज से ही नहीं है, उसी दिन से है, जिस दिन मैं मथुरा आया था। मैं अपनी प्रभुता प्रकाशित करके अपने सजातियों और कुटुंबियों को अपना दास बनाना नहीं चाहता। मुझे जो भोग प्राप्त होते हैं, उनका आधा ही भाग मैं अपने उपयोग में लाता हूँ। शेष कुटुंब के लिए छोड़ देता हूँ, और उनकी कड़वी बातें सुनकर भी उनको क्षमा कर देता हूँ। इन कुटुंबी जनों के कटु वचन मेरे हृदय को सदा मथते और जलाते रहते हैं।... मेरी स्थिति तो दो जुआरियों की एक माता के समान है, जो एक की विजय चाहती है; किंतु दूसरे की पराजय नहीं चाहती। मैं दोनों सुहृदों में से एक की विजय चाहता हूँ तो दूसरे की पराजय नहीं चाहता।..."[137] इस प्रकार इन प्रसंगों से कृष्ण के द्वंद्वात्मक और कठिनतम संघर्षमय जीवन का आभास होता है। कोहली जी के महासमर के नायक श्रीकृष्ण के मन में वही मानवीय संवेदनाएँ हैं जो एक जन सामान्य के हृदय में रहती हैं। सांसारिक उक्तियाँ एवं कष्ट उनके हृदय को भी उद्वेलित करते रहते हैं; किंतु उनका धैर्य अंतर के बड़वानल को अंतर में ही पचा लेने की सामर्थ्य रखता है।

उपन्यास के अंतिम चरण में मृत्यु शय्या पर पड़े हुए भीष्म से विदा लेते हुए श्रीकृष्ण युधिष्ठिर से कहते हैं—"पितामह की बात पर विचार करें, धर्मराज! अग्नि यज्ञ की प्रतीक है और यज्ञ कर्म का। पितामह अंत समय तक कर्म करते हुए जाना चाहते हैं। सूर्य बुद्धि का प्रतिनिधि है। जीवन के अंतिम क्षण तक कर्म-यज्ञ की ज्वाला जलती रहनी चाहिए। सतत कर्त्तव्य करते हुए मृत्यु आ जावे तो मनुष्य धन्य हो जाता है। मन में ग्लानि रखने का कोई अर्थ नहीं है।"[138]

श्रीकृष्ण के उपदेश का सार संक्षेप यह है कि मृत्यु के समय मनुष्य को प्रसन्नचित्त रहना चाहिए, अन्यथा वह फिर जन्म लेगा और उसे पुनः भवचक्र में पड़ना पड़ेगा। कृष्ण चाहते हैं कि हर व्यक्ति हँसते-हँसते प्राण का त्याग कर दे तो उसे मुक्ति प्राप्त हो जाएगी। तभी तो वे युधिष्ठिर से हताशा से मन को हटाकर मुदितमना होने की बात करते हैं; क्योंकि युधिष्ठिर को विध्वंस की क्षति-पूर्ति करके विकास की प्रक्रिया को अग्रसर करना था। कृष्ण का कहना है—धर्म किसी को बाँधता नहीं है मुक्त करता है, निर्बंध करता है। कर्त्तव्य को करते हुए मनुष्य सच्ची मुक्ति पाता है। सच्चे

अर्थों में निर्बंध होता है और इसके साथ ही 'निर्बंध' नामक इस खंड का तथा 'महासमर' नामक वृहदाकार महाउपन्यास का समग्र रूप से समापन होता है और हम देखते हैं कि कोहली जी ने भारतीय संस्कृति के आदर्श नायक 'कृष्ण' जो कर्मयोगी हैं उन्हें उपन्यास का नायकत्व प्रदान किया; किंतु उनकी दिव्यता और महनीयता के कारण उन्हें पूर्णतया मानवीय धरातल पर नहीं ला सके और लाया भी नहीं जा सकता है। अन्यथा *यदा-यदा हि धर्मस्य...* का शाश्वत सनातन सूत्र मिथ्या हो जाएगा और जो सत्य है, मिथ्या है ही नहीं, वह मिथ्या हो कैसे जाएगा? हाँ, एक बात अवश्य समझ में आती है, कि कोहली जी ने अवतारत्व को मनुजत्व प्रदान कर समाज के उन कायर, भीरु और कामचोरों के मुख अवश्य बंद किए हैं जो यह कह कर अपनी कायरता व दुष्कर्मता को बढ़ावा देते हैं "कि वे तो भगवान थे हम उनके जैसे नहीं बन सकते।" साथ ही सतोगुणी प्रवृत्ति के लोगों को भी यह सोचने को मजबूर हो जाना पड़ता है कि विकास सदा ऊर्ध्वमुखी होता है। अतः जितना ही हम अपने सतोगुण को विकसित करेंगे हममें मानवीय महानता उतनी ही बढ़ती जाएगी। दूसरी तरफ भटकने वाली वृत्ति भी ऊर्ध्वमुखी होगी। इस प्रकार नवीन संदर्भों में समाज का एक अंग दुष्प्रवृत्ति की दुर्दशा से भयभीत और सतर्क होगा तो दूसरा वर्ग कठिनतम परिस्थितियों में भी साहस और आशा का संबल प्राप्त करता रहेगा।

## अभिज्ञान–कृष्ण-सुदामा मैत्री कथावस्तु पक्ष

नरेन्द्र कोहली का उपन्यास 'अभिज्ञान' कृष्ण और सुदामा की प्रख्यात मैत्री पर आधारित है। इस अभिज्ञान की कथा के समग्र स्वरूप को तीन भागों में विभाजित किया जा सकता है। प्रथम भाग में सुदामा और उनका जीवन-चरित्र, उनका परिवार तथा उनके माध्यम से समाज को केंद्र में रखकर टिप्पणी की गई है। द्वितीय भाग में निर्धन व दरिद्र सुदामा का पत्नी की प्रेरणा से प्रेरित होकर श्रीकृष्ण के यहाँ द्वारका जाना, उनके साथ किया गया व्यवहार, आदर सम्मान और उसकी प्रतिक्रिया है तो तृतीय और अंतिम चरण में श्रीकृष्ण का 'कर्म-सिद्धांत' है। इस कर्म-सिद्धांत को कोहली जी ने बड़े ही आकर्षक और प्रभावपूर्ण ढंग से जन-सामान्य के अनुभवपरकता तक पहुँचाने का प्रयास किया है।

'अभिज्ञान' के सूक्ष्म विवेचन से यह ज्ञात होता है कि अभिज्ञान एक चिंतन प्रधान उपन्यास है। समूचे उपन्यास में भक्ति, ज्ञान तथा कर्म के संदर्भ रूपी मुक्ताकण जहाँ-तहाँ यथा-स्थान विकीर्ण से हैं। सुदामा और श्रीकृष्ण की मैत्री-कथा पौराणिक होते हुए भी मौलिकता के दर्शन कराती है। पौराणिक कथा की पुनरावृत्ति कोहली जी का मुख्य लक्ष्य नहीं वरन् उपलक्ष्य मात्र है। श्रीकृष्ण और सुदामा का मैत्री की अनन्यता तथा अन्य पौराणिक प्रसंगों का वर्णन इस उपन्यास के स्थूल एवं बाह्य उपादान हैं। वास्तविक रूप में आंतरिक और सूक्ष्म उपकरण तो वे हैं जिनके मिथकीय

यथार्थ के अंतस् से आधुनिक भारत की कथा और स्वरूप चित्रांकित होता है। अतः यह उपन्यास पौराणिक आख्यान पर आधारित होते हुए भी अपनी संवेदना, भावना, दृष्टि, विचार चिंतन और विश्लेषण में पूर्णतया नवीन और आधुनिक है। इन्हीं अर्थों में 'अभिज्ञान' एक विशिष्ट उपन्यास है, जिसकी पुनर्रचित कथावस्तु में भारतीय समाज और संस्कृति पूरी तरह प्रतिबिंबित हो उठे हैं। अभिज्ञान की कथावस्तु के विषय में उक्ति है—"कृष्ण-सुदामा मैत्री के प्रख्यात कथानक के माध्यम से उपन्यासकार ने 'गीता' में वर्णित 'कर्म-सिद्धांत' को आधुनिक परिप्रेक्ष्य में समझाने का प्रयास किया है। असीम संभावनाओं का उत्स होने पर भी मनुष्य जब तक 'कर्म' में प्रवृत्त नहीं होता उसे कोई उपलब्धि नहीं मिल सकती। उपन्यास के सभी पात्र मानवीय शक्ति से परिपूर्ण भौतिक धरातल पर रहने वाले हैं उन्हें कर्मानुसार सफलताएँ प्राप्त हुई हैं। कृष्ण अपने कर्मों के ही बल पर अलौलिक शक्ति संपन्न युग पुरुष हो गए हैं।"[139]

अभिज्ञान की कथा एक ठोस धरातल पर आधृत हो कर्म-सिद्धांत की व्याख्या करती है। "सकाम कर्म, निष्काम कर्म, कर्म का फल, कर्म की मात्रा, भक्ति की समीक्षा, इत्यादि कोई भी विषय सुदामा और कृष्ण के संवाद से अछूता नहीं रह पाया है। सुदामा के मन में ऊहापोह है कि अच्छे कर्म करने वाला सुदामा दरिद्र क्यों है? और वाक्पटु आचार्य लोग चाटुकारिता के बल पर सुख-सुविधाएँ कैसे जुटाए हुए हैं?"[140] सुदामा के इस मानसिक उद्वेलन का समाधान कृष्ण बहुत अच्छे ढंग से करते हैं—जिसे सारांश में यह माना जा सकता है कि कृष्ण के लिए कर्म एक क्रिया है और कर्म का फल उस क्रिया की प्रतिक्रिया मात्र। यह प्रतिक्रिया प्रकृति के सत्यों के अनुसार होती है। प्रकृति की दृष्टि में कर्म अच्छे या बुरे की सूचियों में बँटे हुए नहीं हैं। इसलिए प्रत्येक क्रिया का परिणाम पुरस्कार या दंड के रूप में प्रकट नहीं होता।

उपन्यास में सुदामा के चिंतन के माध्यम से लेखक ने कृष्ण के व्यक्तित्व के संबंध में प्रचलित अनेक धारणाओं का नवीनतम विवेचन और विश्लेषण करने का प्रयास किया है—"कृष्ण बहुत ही मिलनसार प्रकृति के थे। यदि गोपियों के अनुरोध पर वह बाँसुरी बजाते और रासक्रीड़ा करते थे तो ग्वालों के अनुरोध पर वे मल्लयुद्धों, साहसिक कार्यों तथा संगठन-शक्ति के विकास में भी निपुणता का परिचय देते थे।"[141] कृष्ण और राधा के भावनात्मक संबंधों, गोपिकाओं के साथ कही गई रासलीलाओं तथा मक्खन से भरी हुई मटकियों को फोड़ने जैसे श्रीकृष्ण के क्रियाकलापों को बहुत सुंदर ढंग से मानवीय स्तर पर चित्रित किया गया है। कृष्ण, राधा के प्रति आकृष्ट अवश्य थे; परंतु उन्हें जब इस बात का पता चलता है कि वह एक गोप की वाग्दत्ता हैं, तो उन्होंने अपनी भावनाओं को वहीं रोक दिया था। कृष्ण कोरी नैतिकता के उपदेशक मात्र नहीं हैं, अपितु उन्होंने सामाजिक नैतिकता के संरक्षण के लिए भौमासुर के कारागृह की बंदिनी लगभग सोलह हजार से अधिक स्त्रियों को बिना किसी की

चिंता किए अपने राजप्रासाद में स्थान दिया। मानों शिव की भाँति गरल पान का यह दुर्लभ उदाहरण उन्होंने प्रस्तुत किया। कृष्ण के मित्र-प्रेम का उदाहरण तो अन्यत्र शायद ही कहीं मिले। सुदामा जैसे अकिंचन को जिस निश्छल भाव से गले लगाते हैं, स्वयं अपने हाथों से उनके चरण धोते हैं, ये सारी क्रियाएँ अतुलनीय हैं। विषम परिस्थितियों में मैत्री का इतना उत्कृष्ट उदाहरण संभवतः भारतीय संस्कृति में अन्यत्र दुर्लभ है।

'अभिज्ञान' यद्यपि कृष्ण-सुदामा की मैत्री-कथा की पृष्ठभूमि पर लिखा गया उपन्यास है; फिर भी यह एक-तत्त्व दर्शन की मीमांसा पर प्रकाश डालता है। मैत्री-कथा का संदर्भ आनुषंगिक है, लेखक का मन उस प्रसंग में उतना नहीं रमा है, जितना कृष्ण के कर्म-सिद्धांत में रमा है। उपन्यास में कथारस को क्षति पहुँचाए बिना 'गीता' में प्रतिपादित श्रीकृष्ण के 'कर्म-सिद्धांत' को जीवन और जगत में व्यावहारिक धरातल पर समझने का प्रयास किया गया है। कृष्ण का 'कर्म-सिद्धांत' उस समय तक सुदामा को ग्राह्य नहीं हुआ था। कृष्ण के निकट संपर्क में आकर सुदामा ने 'कर्म-सिद्धांत' की सार्थकता का अनुभव किया। 'अभिज्ञान' शीर्षक इसी रहस्य को खोलता है। ज्ञान और विवेक सुदामा के साथ हैं। कर्म को साथ लाना है, जो 'कर्म-सिद्धांत' के अभिज्ञान के साथ होता है।[142]

"कर्म का फल मिलता है। कृष्ण जीवन-पर्यन्त संघर्ष करते रहे। उनका जीवन कर्ममय रहा। जिस कर्म में प्रयत्न की न्यूनता रहेगी वही फलप्रद न हो; किंतु जो कर्म अपनी पूर्णता पर टिकता है, अवश्य फल देता है। यदि कृष्ण के लिए कर्म का फल होता है तो सुदामा के कर्म का फल भी होगा। चिंतन के साथ कर्म को जोड़ना होगा, सिद्धांत और व्यवहार को निकट लाना होगा। थके-हारे हताश मनुष्य को यह विश्वास दिलाना होगा कि उसके कर्म से, प्रयत्न से संसार बदलेगा, संघर्ष से लक्ष्य पास आएगा। यही कर्म-सिद्धांत की मूल प्रेरणा है।"[143]

मूल पौराणिक कथा के अनुसार पहले सुदामा कृष्ण के पास मिलने जाने में संकोचवश अनिच्छा प्रकट करते हैं, किंतु पत्नी सुशीला के द्वारा बार-बार आग्रह किए जाने पर वे कृष्ण से मिलने द्वारका जाते हैं। कृष्ण और सुदामा—दो बाल जीवन के मित्र जैसे ही आमने-सामने होते हैं वैसे ही कृष्ण का कर्म-सिद्धांत अपनी व्यापकता को प्रकट करता है। अतः कृष्ण और कृष्ण के व्यापक स्वरूप के दर्शन इस कथा के माध्यम से भी आसानी से हो जाते हैं।

नरेन्द्र कोहली कहते हैं—"मैंने अध्यात्म को सदा आधुनिक मनोविज्ञान के पर्याय के रूप में ही देखा है। मेरे लिए आध्यात्मिक समस्याएँ मनोवैज्ञानिक समस्याएँ ही हैं।"[144]

"आज साधारण जन मानता है कि कर्म का फल नहीं मिलता। न अच्छे कर्म का पुरस्कार मिलता है, न बुरे कर्म का दंड। ऐसे में समाज की कर्मण्यता शिथिल

होने लगती है। अतः आवश्यक हो जाता है कि यह खोजा जाए कि फल कब, क्यों और कैसे मिलता है।... मैंने यह पाया कि कर्म और फल दोनों शब्दों के साथ बहुत-सी भ्रांत अवधारणाएँ जोड़ दी गई हैं। सामान्य जन का चिंतन तनिक भी वैज्ञानिक नहीं है। वह मनमाने ढंग से अपने किसी भी कार्य के लिए कोई भी फल चाहने लगता है। वह अपने कर्म और उस फल में वैज्ञानिक कार्यकारण संबंध ढूँढ़ने का प्रयत्न नहीं करता, जबकि सृष्टि पूर्णतः वैज्ञानिक नियमों पर चल रही है। प्रयत्न यह होना चाहिए कि प्रयोगशालाओं और सिद्धांत ग्रंथों में ही नहीं अपने व्यावहारिक जीवन में भी हम यह खोजें कि किस कर्म का कौन-सा परिणाम होगा। जो कर्म हमने किया था, उसका परिणाम उस दिशा में क्यों नहीं निकला जिस दिशा में हम चाहते हैं। यदि सचमुच हम यह विश्लेषण करना सीख जाएँगे तो हम पाएँगे कि प्रकृति ने कर्म का विभाजन 'अच्छे' और 'बुरे' वर्गों में नहीं किया है। न ही परिणाम का विभाजन 'पुण्य' और 'पाप' अथवा 'पुरस्कार' और 'दंड' के रूप में हुआ है। वहाँ तो क्रिया बन, अगली प्रतिक्रिया को जन्म देती है। अर्थात प्रत्येक कर्म का फल होता है। कोई कर्म निष्फल नहीं है। मुझे लगता है कि हमारा जन सामान्य जब इस तथ्य को समझेगा तो वह अधिक सार्थक रूप से कर्म कर पाएगा। कर्म का संदेश पारलौकिक सिद्धांत नहीं—इस भौतिक जगत का वैज्ञानिक नियम है, जो मनुष्य को उसके सामर्थ्य से परिचित कराता है।"[145]

नरेन्द्र कोहली ने अपने उपन्यास 'अभिज्ञान' में सुदामा के माध्यम से आज के साहित्यकारों, अध्यापकों, शिक्षा संस्थाओं, शिक्षाविदों के साथ ही समाज के नेताओं और सत्ता के मद पर भी चोट की है। "हमारे इतिहास की कोई घटना यदि हमारे वर्तमान को समझने में सहायक होती है अथवा हमारा वर्तमान भूतकाल की एक कड़ी बन जाता है, तो यह एक उच्च-स्तरीय साहित्य को जन्म देता है।..."[146]

सभ्यता किसी भी काल-युग अथवा स्थान की हो, प्रत्येक सभ्यता में भूतकाल या ऐतिहासिक गौरव के यशगान तथा वर्तमान के छिद्रान्वेषण की प्रवृत्ति होती ही है। नरेन्द्र कोहली ने इसके विपरीत कृष्ण-सुदामा युग में भी ज्ञान तथा साहित्य के क्षेत्र में व्याप्त इस सड़ाँध को निरावृत्त किया है। वे अपने उपन्यास के माध्यम से यह सिद्ध करने का सफल प्रयास करते हैं कि छिद्र आर्थिक हो अथवा अन्य कोई प्रत्येक युग में प्रत्येक स्थान पर सदैव विद्यमान रहे हैं—"सुदामा का जीवन यह सोचने को विवश करता है कि आधुनिक भारत में आर्थिक विषमताएँ कोई नई चीजें नहीं हैं। इसकी जड़ें इतिहास के सभी कालों में कहीं बहुत गहरी रही हैं। इसके लिए उत्तरदायी मात्र शोषक-सामंतवादी व्यवस्था ही नहीं प्रत्युत जन सामान्य की उदासीनता, उसकी संतोष-वृत्ति, भाग्यवादिता और कर्त्तव्यहीनता आदि भी हैं। सुशीला का चरित्र और सोच न केवल सुदामा एवं तत्कालीन समाज के लिए बल्कि अत्याधुनिक समाज के लिए चुनौतीपूर्ण और वरेण्य बना है।"[147] अभिज्ञान उपन्यास में सुदामा का चिंतन

एक सचेत और जागरूक बुद्धिजीवी का चिंतन है जिससे तत्कालीन और आधुनिक कालीन सामाजिक-आर्थिक-राजनीतिक दशा और देश की दुर्दशा दोनों का समग्र रूप से वस्तुगत आकलन और विश्लेषण है।

श्रीकृष्ण के चरित्र को नया आयाम देते हुए, उपन्यासकार ने रसिक-बिहारी, लीलाप्रिय, सह रमणीरमण रूप का प्रत्याख्यान किया है तथा राम की तरह उन्हें भी मर्यादा पुरुषोत्तम तथा एक नवीन नैतिकता को स्थापित करने वाले महान व्यक्तित्व के रूप में प्रस्थापित किया है। भौमासुर के विनाश के पश्चात् उसके द्वारा बंदिनी बनाई गईं सोलह सहस्र रमणियों की मुक्ति और भविष्य के संदर्भ में कृष्ण द्वारा उन सबको स्वीकारना, उन्हें एक नवीन मर्यादा के निर्माता और उसके संस्थापक के रूप में प्रतिष्ठित करता है। "गोपियों की मटकियों के फोड़ने के प्रंसग को भी उन्होंने तत्कालीन समाज की एक गहरी आर्थिक और राजनीतिक आवश्यकता बतलाया है।"[148]

इस प्रकार श्रीकृष्ण प्रथम आधुनिक समाजवादी, राजनीतिज्ञ, दार्शनिक, विचारक, लौकिक और अत्यधिक मानवीय दृष्टिकोण के धारक तथा निष्काम कर्मयोगी के रूप में चित्रित हुए हैं। यद्यपि भारतीय संस्कृति के इतिहास में अनेक ऋषियों-मनीषियों का उल्लेख है; किंतु कृष्ण के ज्ञान और सिद्धांतों के समक्ष अन्य सभी मनस्वी कांतिहीन से दृष्टिगोचर होते हैं। कृष्ण ने जिन सिद्धांतों का प्रतिपादन किया, वे इतने नवीन और मौलिक हैं कि किसी भी युग की परिस्थितियों को उनसे परे नहीं किया जा सकता है प्रत्येक युग में वे सत्य ही परिलक्षित होते हैं। कृष्ण का यह क्लिष्टतम रूप जनमानस की समझ से परे है; किंतु 'अभिज्ञान' में लेखक ने अपनी चिंतन-शक्ति को कृष्ण के सिद्धांतों के साथ जोड़कर, कृष्ण के मुख से दैनिक जीवन के लिए उपयोगी वैज्ञानिक उदाहरण दिलवाए हैं, जो कि कृष्ण के विराटतम 'कर्मयोगी' सिद्धांत-'कर्म सिद्धांत' का प्रबल समर्थन करते हैं। 'अभिज्ञान' उपन्यास श्रीकृष्ण के अहंकार रहित तटस्थ व्यक्तित्व को उद्घाटित करता है। श्रीकृष्ण में अपने-पराये का कोई भेद नहीं है। वे यदि भेद करते हैं तो उसका मापदंड वे न्याय-अन्याय और सत्य-असत्य को बनाते हैं। उनकी दृष्टि में व्यक्ति न ज्ञान से बड़ा होता है और न धन से बड़ा होता है। इसलिए कृष्ण अपने अनेक राज्याधिकारियों के समक्ष ही धूल-धूसरित, मलिन, दुर्बल और दीन सुदामा को दौड़कर अपने हृदय से लगा लेते हैं। उस स्थिति में यह स्पष्ट हो रहा है कि कृष्ण को अपने पद का रंचमात्र भी अहंकार नहीं है। सम्राट पद पर आसीन होकर भी उस दीन-दुर्बल-दरिद्र ब्राह्मण का बालसखा होने में किसी भी प्रकार की लज्जा अथवा संकोच नहीं है। दीन हीन सुदामा के द्वारा मैले-कुचैले कपड़े में बाँधकर लाए हुए चिउड़े को वे लीला करते हुए अमृतमय स्वाद ले-ले कर खा जाते हैं। एक तरफ तो वे सहज-सरल और शरणागत हुए न्याय के समर्थक हैं तो दूसरी तरफ वे अन्याय के विरोध में न्याय का पक्ष लेकर पूर्ण तटस्थ हैं। उनकी तटस्थता इस सीमा तक है कि यादवों के द्वारा किए जाने वाले

अन्याय के समर्थन की वृद्धि को देखकर वे उसके निवारण का समाधान खोजने पर विवश हो जाते हैं। कृष्ण सुदामा से कहते हैं—"बात सारी यादव जाति की है।... धर्म, सत्ता और शक्ति से प्रमाद हो जाता है। व्यक्ति हो अथवा समाज, प्रकृति के संतुलन को बिगाड़ने पर तत्पर हो जाता है।... यदि यादवगण शीघ्र ही न सँभले तो इनका नाश हो जाएगा। प्रकृति का चक्र जिसे नीचे से ऊपर ले जाता है, उसे ऊपर से नीचे भी ले आता है।...और यदि ऐसी स्थिति आ ही गई तो मैं स्वयं ही यादवों की अपनी इस नारायणी सेना का नाश कर दूँगा।"[149] अर्थात कृष्ण ने जिस नारायणी सेना को प्रशिक्षित किया था, जिसके बल पर यादवों के अन्याय और अन्याय का समर्थन बढ़ता जा रहा था, उसके नष्ट करने की शक्ति और सामर्थ्य भी कृष्ण के पास है और वे उसको नष्ट कर सकते हैं।

नारायणी सेना एवं अत्याचारियों के समूह को नष्ट करने की शक्ति रखने वाले कृष्ण की सामर्थ्य की कठोरता का दूसरा पक्ष अति कोमल है। 'अभिज्ञान' में कृष्ण उस कोमल हृदय वाले व्यक्ति के रूप में उभर कर सामने आते हैं, जो यह जानते हैं कि द्वारका में सुदामा का उनके अतिरिक्त अन्य कोई भी परिचित नहीं है। कृष्ण सुदामा की इस अंतर्भावना का पूरा-पूरा सम्मान करते हुए उनका सत्कार पारिवारिक सदस्य के रूप में करते हैं। सुदामा की सेवा-सत्कार वे अपने सेवकों से नहीं, वरन् अपनी पत्नियों से करवाते हैं। वे सुदामा को अपने अतिथि विश्रामगृह में नहीं वरन् अपने स्वतः के कक्ष में ठहराते और सुलाते हैं। उनकी प्रत्येक सुविधा का पूरा ध्यान रखते हैं।

कृष्ण एक सच्चे 'कर्मयोगी' हैं। जिन उच्च आदर्शों और सिद्धांतों की व्याख्या गीता के 'कर्म-सिद्धांत' में की गई है, 'अभिज्ञान' के कृष्ण उसकी सत्यता को स्वतः के व्यावहारिक जीवन में सिद्ध करने में पूर्ण समर्थ हैं। कृष्ण और सुदामा के परस्पर वार्तालाप के माध्यम से कृष्ण का अहंकार रहित तटस्थ व्यक्तित्व, परंपराओं को तोड़ता विराट दार्शनिक, एक सच्चा कर्मयोगी, नारियों के प्रति अटूट सम्मान भावना रखने वाले, दीन-दुखियों और समस्त मानव जाति के मित्र-हितैषी और कृष्ण का प्रकृति-स्वरूप अर्थात ईश्वरीय रूप को विभिन्न प्रसंगों और वैज्ञानिक उदाहरणों के माध्यम से समझाया गया है, और कृष्ण के आदर्श नायकत्व को उभारा गया है।

## निष्कर्ष

नरेन्द्र कोहली ने राम और कृष्ण की परंपरागत कथा को आधार बनाकर दोनों चरित्रों एवं चरितनायकों से संबद्ध कथा को नवीन धरातल पर नवीन पृष्ठभूमि के साथ युगधर्म को रूपायित करते हुए उपस्थित किया है। रामकथा लिखना तो जोखिम भरा काम है ही...और शायद इसीलिए तुलसी के बाद रामकथा का उतना विकास नहीं हुआ जितना कृष्णकथा का। रामचंद्रिका और साकेत को छोड़कर दूसरा महाकाव्य

नहीं लिखा गया। दूसरा मूल कारण, जैसा स्वयं कोहली जी स्वीकार करते हैं कि–यह चुनौती रामकथा के भीतर तो थी ही, बाहर भी थी। बाहर की सबसे बड़ी चुनौती यह थी कि रामकथा को देश के बुद्धिजीवियों ने माना कि यह कथा पुरानी, पिछड़ी हुई, सामंती मूल्यों की पोषक तथा निकृष्ट मूल्यों की प्रतिष्ठापक है। इसलिए रामकथा पर लिखना न तो आधुनिकता का तकाजा है और न ही समय के साथ पक्षधरता। परंतु रामकथा लिखते समय लेखक के मन में बाहर के खतरे कम, दृष्टि की सत्यता अधिक थी...और इसीलिए दीक्षा लिखते समय लेखक के समक्ष तीन बातें थीं– 1. अपना वर्तमान 2. अपना परिवेश 3. अपनी मान्यताएँ और इसके लिए लेखक को तीन चीजें मिलीं–(1) प्रख्यात कथा का ढाँचा (2) उस कथा का सौन्दर्य विधान (3) कथानक की असंगतियाँ एवं चमत्कार तथा अलौकिकता।

कोहली जी ने बाहर और भीतर के तमाम अंतर्विरोधों और चुनौतियों को स्वीकार करते हुए अपने युग की समस्याओं को, अपने युग की कथा को रामकथा के माध्यम से अपने युग के लोगों तक पहुँचाने का सार्थक प्रयास किया है। उन्होंने पुरातन कथा को नवीन रंगों से उकेर कर कथा की घटनाओं तथा चरित्रों को समकालीन मनोविज्ञान, चिंतन तथा संस्कृति के मनकों में पिरोया है। दशरथ का बहुविवाह, पुत्रेष्टियज्ञ, यज्ञ से चार संतानों की प्राप्ति, राम-लक्ष्मण का बिना किसी योजना के जनकपुर पहुँचना तथा चारों भाइयों का विवाह, अहल्या का पाषाण हो जाना तथा राम की चरण-धूलि से पुनः नारी रूप को प्राप्त होना : ये ऐसे बिंदु हैं ; जिन्हें कोहली जी परंपरा से प्राप्त संदर्भों के रूप में स्वीकृति नहीं दे पाते। उनका मानना है कि इसकी सत्यता खोजने से भी नहीं मिलती इसलिए इस पर पुनर्चिन्तन की आवश्यकता है ; और उनका यही प्रयास है। राक्षस अपना साम्राज्य तथा शोषण चक्र योजनाबद्ध तरीके से चला रहे थे, उनके दाँत सिद्धाश्रम में भी लगे थे, विश्वामित्र उस आतंक के प्रति सजग थे इसीलिए शोषण-चक्र के प्रतिकार हेतु उन्होंने राम का चुनाव किया। साथ ही वे मिथिला और अयोध्या की मैत्री-संधि भी कराना चाहते थे, विवाह के पीछे उनका यही दृष्टिकोण था, यह दृष्टि हमें नरेन्द्र कोहली द्वारा लिखे गए रामकथा पर आधारित उपन्यास 'अभ्युदय' में मिलती है।

राम वनगमन और राम-राज्याभिषेक की परंपरागत मान्यता में भी कोहली जी ने संशोधन किया है। उनकी मान्यता है कि दशरथ इसलिए राम को युवराज बनाना चाहते हैं, क्योंकि उनके हाथ से अयोध्या का राज्य फिसल रहा था। वे सुरक्षा के लिए आशंकित तथा भयभीत थे और जब यह नहीं कर सके तो उन्होंने प्राण त्याग दिए। राम घरेलू कलह एवं विश्यामित्र की दीक्षा के प्रभाववश आतंक-उन्मूलन तथा संत-संरक्षण हेतु वन के लिए तैयार थे, किंतु चित्रकूट में वे नौ-दस माह इसलिए रुकते हैं कि यह पता चल जाय कि भरत का कैकेयी के प्रति कैसा भाव है।

'संघर्ष की ओर' में अपने युग की परिस्थितियों के चित्रण का कोहली जी

को पर्याप्त अवसर मिला है। इस अवसर पर पिछड़ी हुई अविकसित मानवता के विरुद्ध महाशक्तियों के षड्यंत्र की यथार्थता का रेखांकन भी लेखक ने बड़ी सहजता से किया है। इसके लिए लेखक ने शरभंग तथा अगस्त्य को केंद्र बनाया है। इस प्रकार राम निरंतर दस वर्षों तक मानवता के शत्रुओं का संहार करते हैं तथा संपूर्ण वन-क्षेत्र को भय-मुक्त बनाते हैं।

'युद्ध' (भाग दो) में किष्किंधाकांड, सुंदरकांड तथा लंकाकांड से संबंधित कथाएँ हैं। इसी प्रसंग में लेखक ने सुग्रीव और राम के मैत्री के कारणों की पड़ताल भी की है। वाली से मित्रता क्यों नहीं की, विभीषण ने भाई का साथ क्यों नहीं दिया इत्यादि अनेकशः अनुत्तरित प्रसंगों को उद्घाटित करने का भी प्रयास किया गया है।

रामकथा की सबसे बड़ी उपलब्धि है, राम की वानरी-सेना की विजय की। ब्रह्मा के प्रपौत्र, शिव और दुर्गा के उपासक, इंद्र और कुबेर के विजेता रावण; जिसकी सेना अपने समय की सबसे अधिक सुदृढ़ और सुसंगठित थी, उसे राम वानर-भालुओं की सहायता से जीत लेते हैं, इसका भी मनोवैज्ञानिक कारण उपस्थित किया गया है।

कोहली जी के कृष्णकथा पर आधारित उपन्यासों की एक लंबी शृंखला है। जिसे लेखक ने महाभारत को आधार बनाकर उपस्थित किया है। लेखक ने अपनी कल्पनाशीलता में उस समाज को उपस्थित किया है जो इस सारी व्यवस्था का विरोध करता है, जो मानवता का शत्रु है। कृष्णकथा के माध्यम से लेखक न केवल मानवता के शाश्वत प्रश्नों का साक्षात्कार करता है, वरन् अपने गली, मुहल्ले, नगर, देश, समाचार-पत्रों तथा समकालीन इतिहास की असंगतियों से पाठकों को परिचित भी कराता है। पौराणिक उपन्यास की प्राचीनता में घिरकर प्रगति के प्रति अंधे हो जाने की संभावना उतनी ही घातक है, जितनी कि समकालीन लेखक की समसामयिक पत्रकारिता में बंदी हो, एक खंड-सत्य को पूर्ण सत्य मानने की मूढ़ता।

बाह्य संसार के घटनाक्रम वस्तुतः मन के सूक्ष्म विकारों का स्थूल रूपांतरण मात्र है। उसका ऊपरी आवरण कितना भी भिन्न क्यों न दिखाई देता हो, मानव-मनोविज्ञान आज भी वही है जो सहस्रों वर्ष पूर्व था। अपनी मर्यादा का अतिक्रम कर जाएँ तो ये मनोविकार मानसिक विकृतियों में परिणित हो जाते हैं। दुर्योधन इसी प्रक्रिया का शिकार हुआ है। अपनी आवश्यकता भर पा कर वह संतुष्ट नहीं हुआ, दूसरों का सर्वस्व छीनकर भी वह शांत नहीं हुआ। पांडवों की पीड़ा उसके सुख की अनिवार्य शर्त थी। इसीलिए वंचित पांडवों को पीड़ित और अपमानित करके सुख प्राप्त करने की योजना बनाई गई। घायल पक्षी को तड़पाकर बालकों को क्रीड़ा का सा आनंद आता है। मिहिरकुल को अपने युद्धक गजों को पर्वत से खाई में गिराकर, उनके पीड़ित हृदय की चीत्कारों को सुनकर असाधारण सुख मिला था। अरब-शेखों को ऊँटों की दौड़ में उनकी पीठ पर बच्चों की अस्थियाँ टूटने और पीड़ा भरी चीखों

को देख-सुनकर सुख मिलता है। कृष्णकथा में लेखक ने मानव मन के इन्हीं विकारों को वाणी प्रदान की है।

ऋषि दुर्वासा ने परम तपस्या की; किंतु न तो अपना अहंकार जीता न क्रोध। एक अहंकारी व्यक्तित्व प्रच्छन्न रूप से तापस के भीतर विद्यमान रहता है। वह किसी के द्वार पर आता है तो धर्म देने के लिए नहीं; तमोगुणी तथा रजोगुणी प्रवृत्ति के लोगों को वरदान देने के लिए और सतोगुणी प्रवृत्ति के लोगों को वंचित करने के लिए।..... पर पांडव पहचान जाते हैं कि तपस्वियों का यह समूह जो उनके द्वार पर आया है, सात्विक संन्यासियों का समूह नहीं है यह एक प्रच्छन्न टिड्डीदल है जो उनके अन्न-भंडार को समाप्त करने आया है ताकि जो पांडव दुर्योधन के शस्त्रों से न मारे जा सकें, वे अपनी भूख से मर जाएँ। दुर्योधन के सुख में प्रच्छन्न रूप से बैठा है दुःख और युधिष्ठिर की अव्यावहारिकता में प्रच्छन्न रूप से बैठा है धर्म। यह माया की सृष्टि है। जो प्रकट रूप में दिखाई देता है, वह वस्तुतः होता नहीं और जो वर्तमान है, वह कहीं दिखाई नहीं देता। इस सत्यता को कोहली जी ने अपनी पैनी धार लेखनी से रेखांकित किया है।

पांडवों का एकांतवास कृष्णकथा से संबंधित महाभारत कथा का एक आकर्षक स्थल है। दुर्योधन की गृद्ध-दृष्टि से पांडव किस प्रकार बच पाते हैं। विराट नगर का ही चुनाव छिपने के लिए वे क्यों करते हैं? उनके मित्र कौन थे और शत्रु कौन थे; इसकी ऐतिहासिक पड़ताल कोहली जी ने मनोविज्ञान की पीठिका पर की है।

महाभारत काव्य भी है, इतिहास भी और अध्यात्म भी। हमारे प्राचीन ग्रंथ शाश्वत सत्य की चर्चा करते हैं। वे किसी काल खंड के सीमित सत्य में आबद्ध नहीं हैं। कोहली जी ने संपूर्ण कथानक को नए संदर्भों में उपस्थित किया है। कोहली जी की मान्यता है कि न तो प्रकृति के नियम बदले हैं न मनुष्य का मनोविज्ञान। मनुष्य की अखंड काल-यात्रा को इतिहास खंडों में बाँटे तो बाँटे, पर साहित्य उन्हें विभाजित नहीं कर सकता। महासमर की गाथा मनुष्य के उस अनवरत युद्ध की गाथा है, जो उसे अपने बाहरी और भीतरी शत्रुओं के साथ निरंतर करना पड़ता है। वह उस संसार में रहता है, जिसमें चारों तरफ लोभ और स्वार्थ की शक्तियाँ संघर्षरत हैं। बाहर से अधिक उसे अपने भीतर से लड़ना पड़ता है।

महाभारत युद्ध कथा मात्र नहीं है, वस्तुतः वह व्यक्ति और समाज के विकास की यात्रा-गाथा है। युद्ध उसके मध्य में है। युद्ध से पूर्व वे कारण और परिस्थितियाँ हैं जो युद्ध तक ले जाती हैं। और युद्ध पश्चात वे परिस्थितियाँ तथा मनोविज्ञान है, जिससे मनुष्य युद्धक मनःस्थिति से ऊपर उठने तथा शाश्वत सुख की यात्रा आरंभ करता है।

महाभारत की कथा के विभिन्न खंडों में विभिन्न चरित्र घटनाओं के अनुसार महत्त्वपूर्ण होकर उस खंड के नायक प्रतीत होने लगते हैं, किंतु संपूर्ण कथा के नायक

धर्मराज युधिष्ठिर हैं। उसके परिवेश का निर्माण उस दिन से आरंभ हो जाता है जिस दिन भीष्म अपने पिता शांतनु के दूसरे विवाह के लिए मार्ग प्रशस्त करने हेतु दो प्रतिज्ञाएँ करते हैं।

'बंधन' शांतनु, सत्यवती तथा भीष्म के मनोविज्ञान तथा जीवन मूल्यों की कथा है। घटनाओं की दृष्टि से यह सत्यवती के हस्तिनापुर में आने तथा हस्तिनापुर से चले जाने के मध्य की अवधि की कथा है, जिसमें जीवन के उच्च आध्यात्मिक मूल्य, जीवन की निम्नता और भौतिकता के सम्मुख असमर्थ होते प्रतीत होते हैं, और हस्तिनापुर का जीवन महाभारत के युद्ध की दिशा ग्रहण करने लगता है। उसे भावी विनाश से बचाने के लिए कृष्ण द्वैपायन व्यास अपनी माता सत्यवती को हस्तिनापुर से निकाल अपने साथ ले जाते हैं, किंतु तब तक हस्तिनापुर शांतनु, सत्यवती तथा भीष्म के कर्म-बंधनों में बँध चुका होता है।

'अधिकार' की कहानी हस्तिनापुर में पांडवों के शैशव से प्रारंभ होकर वारणावत के अग्निकांड में जाकर समाप्त होती है। अधिकार में अधिकारों की व्याख्या, अधिकारों के लिए हस्तिनापुर में निरंतर होने वाले षड्यंत्र, अधिकारों को प्राप्त करने की तैयारी के संघर्ष की कथा है। राजनीति में अधिकार प्राप्त करने के लिए होने वाली हिंसा तथा राजनीतिक-त्रास के बोध में दबे हुए असहाय लोगों की पीड़ा की कथा समानान्तर चलती है। एक तरफ निर्लज्ज स्वार्थ और भोग है और दूसरी तरफ अनासक्त धर्म संस्थापना का प्रयत्न। दोनों पक्ष आमने-सामने हैं।

पांडवों को राज्य के रूप में खांडवप्रस्थ मिलता है, जहाँ न कृषि है न व्यापार। संपूर्ण क्षेत्र में अराजकता फैली हुई है। अपराधियों और महाशक्तियों की वाहनियाँ अपने षड्यंत्रों में लगी हैं, ... और उनका कवच है खांडववन जिसकी रक्षा स्वयं इंद्र कर रहा है। युधिष्ठिर के समक्ष धर्म-संकट है—वे नृशंसता स्वीकार नहीं कर सकते हैं और अनृशंसता से प्रजा की रक्षा असंभव है। साधनों के अभाव के कारण इंद्ररक्षित खांडव वन को नष्ट करने तथा उसमें छिपे अपराधियों को दंडित करने में भी असमर्थता है।

अर्जुन भी अपने धर्म-संकट में फँसे हुए हैं—फलतः उन्हें बारह वर्षों का ब्रह्मचर्य पूर्ण वनवास स्वीकार करना पड़ता है। वनवासी रूप में ही अर्जुन उलूपी, चित्रांगदा तथा सुभद्रा से विवाह भी करता है। क्या यह ब्रह्मचर्य-धर्म का पालन है? धर्म को कृष्ण से अधिक कौन जानता है?

अर्जुन और कृष्ण ने अग्नि के साथ मिल कर, खांडव वन को नष्ट कर डाला। क्या यह धर्म था? जरासंध जैसा पराक्रमी राजा भीम के हाथों कैसे मारा गया? हस्तिनापुर में द्यूतसभा का आयोजन क्यों? युधिष्ठिर अपने भाइयों और पत्नी को दाँव पर लगा कर किस धर्म का निर्वहन कर रहे हैं? ऐसे अनेक प्रश्नों को कोहली जी ने नवीन संदर्भों में स्पष्ट किया है।

अंतराल में द्यूत में हारने के पश्चात पांडवों के वनवास की कथा है। कुंती के द्वारा पूर्व में—लाक्षागृह के जलने पर हिडिम्ब वन तथा पाण्डु के जीवन काल में शतश्रृंग पर वनवास करने तथा महाभारत कथा के अंतिम चरण में गांधारी, धृतराष्ट्र तथा विदुर के साथ वनवासी जीवन बिताने के बावजूद अपने पुत्रों के विकट कष्ट के दिनों में उनके साथ वन न जाना, न ही द्वारका या भोजपुर जाना, बल्कि हस्तिनापुर में ही विदुर के घर पर रहना, अपने आप में किस रहस्य को छिपाए हुए है? संभवतः यही आज की मूल समस्या है, जिसे कोहली जी ने स्पष्ट किया है।

कृष्ण चाहते थे कि वे यादवों के बाहुबल से, दुर्योधन से पांडवों का राज्य छीनकर, पांडवों को वापस दिला दें ; किंतु वे ऐसा नहीं कर सके। शक्तिशाली होते हुए भी युधिष्ठिर भयग्रस्त हैं। क्यों? उन्होंने अर्जुन को किन अपेक्षाओं के साथ दिव्यास्त्र प्राप्त करने के लिए स्वर्ग भेजा था? ऐसे अनेक प्रश्नों को कोहली जी ने उपस्थित कर निर्दोष तर्कों के आधार पर उनका समाधान उपस्थित किया है तथा यादवों की राजनीति, पांडवों का धर्म के प्रति आग्रह, दुर्योधन की मदांधता को वाणी प्रदान की है।

'प्रत्यक्ष' में युद्ध के उद्योग और युद्ध के प्रथम चरण की गाथा है। पांडव अपने समस्त मित्रों सहित कृष्ण से भी सहायता माँगते हैं। पर लेखक ने एक महत्त्वपूर्ण प्रश्न उपस्थित किया है, कि वह कृष्ण जो सदैव युधिष्ठिर से कहते रहे कि यदि आप अनुमति दे दें तो यादव ही दुर्योधन का वध कर पांडवों का राज्य उन्हें प्राप्त करवा देंगे, वही कृष्ण अपनी उद्योग भूमि उपलव्य से उठकर द्वारका क्यों चले गए? प्रश्न यह भी है कि कृतवर्मा, जिसने कौरवों की राज्यसभा में कृष्ण को सुरक्षित बाहर निकाल लाने के लिए अपने प्राणों तक को संकट में डाल दिया था वही दुर्योधन के पक्ष से युद्ध करने को खड़ा हो गया? जिस युधिष्ठिर के राज्य के लिए युद्ध हो रहा था, वह युधिष्ठिर ही युद्ध के पक्ष में नहीं थे। जिस महायोद्धा, वीर अर्जुन के बल पर युद्ध लड़ा था वह अर्जुन अपने शस्त्र गांडीव को त्याग कर हताश और निराश बैठा था। उसे युद्ध नहीं करना था। फिर महाभारत का युद्ध किसके सहारे लड़ा गया? क्या कृष्ण के सहारे, जिनके पास कोई शस्त्र ही नहीं था इत्यादि ऐसे प्रश्न हैं, जिनके उत्तर सचमुच इतिहास के पास भी नहीं थे, उन्हें कोहली जी ने मनोवैज्ञानिक आधार के साथ स्पष्ट किया है।

'निर्बंध' में द्रोण पर्व से लेकर शांति पर्व तक की कथा है। यहाँ युद्ध शस्त्रों का ही नहीं मूल्यों और सिद्धांतों का भी है। समूचे बाह्य शत्रु मारे जाते हैं। भीष्म बंधन मुक्त हो जाते हैं। पांडवों के बंधन भी टूट जाते हैं, माया का बंधन भी टूट गया है। खुली आँखों से जीवन और सृष्टि का वास्तविक स्वरूप देखा जा सकता है। अब वे उस मोड़ पर खड़े हैं जहाँ से स्वर्गारोहण भी हो सकता है और संसारारोहण भी।

इस प्रकार कोहली जी ने राम और कृष्णकथा को आधार बनाकर वर्तमान मूल्यों की टकराहट के कारणों की पड़ताल करते हुए आधुनिक संदर्भों में मानव-मूल्यों के परिप्रेक्ष्य में श्रेष्ठ-मानव की कल्पना की है तथा उन कारणों की खोज कर समाधान करने का प्रयास किया है जिससे मानव-मन संघर्ष की ओर प्रवृत होता है।

## संदर्भ


1. अभ्युदय, दीक्षा, पृ. 27
2. वही, पृ. 33
3. वही, पृ. 34
4. वही।
5. वही, पृ. 35
6. वही, पृ. 39
7. वही, पृ. 47
8. वही, पृ. 55
9. वही, पृ. 75
10. वही।
11. वही, पृ. 79
12. वही।
13. वही, पृ. 91
14. वही, पृ. 150
15. अभ्युदय, अवसर, पृ. 211
16. वही, पृ. 223
17. वही, पृ. 287
18. वही।
19. वही, पृ. 343
20. वही, पृ. 349
21. वही।
22. अभ्युदय, संघर्ष की ओर, पृ. 442
23. वही, पृ. 450
24. वही, पृ. 454
25. वही, पृ. 593
26. वही, पृ. 627
27. वही, पृ. 628
28. वही।
29. वही।
30. वही।
31. अभ्युदय, युद्ध-1, पृ. 63
32. वही, पृ. 65
33. वही, पृ. 66

34. वही, पृ. 70
35. वही।
36. वही, पृ, 71
37. वही, पृ. 72
38. वही, पृ. 74
39. वही, पृ. 77
40. वही, पृ. 80-81
41. वही, पृ. 88
42. वही, पृ. 192
43. वही, पृ. 192-193
44. वही।
45. वही, पृ. 195
46. वही, पृ. 200
47. वही, पृ. 213
48. वही, पृ. 214
49. वही, पृ. 215
50. वही, पृ. 220
51. वही, पृ. 221
52. वही।
53. अभ्युदय, युद्ध-2, पृ. 444
54. वही, पृ. 594
55. वही।
56. वही, पृ. 622
57. वही।
58. वही, पृ. 626
59. वही।
60. वही, पृ. 627
61. वही, पृ. 628
62. वही।
63. वही, पृ. 628-629
64. महासमर-2, अधिकार, पृ. 319
65. वही, पृ. 362
66. वही, पृ. 319
67. वही।
68. वही।
69. वही, पृ. 326
70. वही, पृ. 330
71. वही, पृ. 339
72. महासमर-3 कर्म, पृ. 30
73. वही, पृ. 123

74. वही।
75. वही।
76. वही, पृ. 126
77. वही, पृ. 130
78. वही, पृ. 324
79. वही, पृ. 327
80. वही, पृ. 363
81. वही।
82. महासमर खंड-4, धर्म, पृ. 160
83. वही, पृ. 17
84. वही, पृ. 167-168
85. वही, पृ. 248
86. वही, पृ. 322
87. वही, पृ. 324
88. वही, पृ. 410
89. महासमर खंड-5, अंतराल, पृ. 91
90. वही।
91. वही, पृ. 94-95
92. वही, पृ. 102
93. वही।
94. वही, पृ. 104
95. वही, पृ. 105
96. वही, पृ. 133
97. वही, पृ. 358
98. वही, पृ. 365
99. वही, पृ. 366-368
100. महासमर खंड-6, प्रच्छन्न, पृ. 181
101. वही।
102. वही।
103. वही, पृ. 182
104. वही, पृ. 253
105. वही, पृ. 253-254
106. वही, पृ. 254
107. वही।
108. वही, पृ. 39
109. वही।
110. वही, पृ. 253
111. वही।
112. वही, पृ. 261
113. वही।

114. वही।
115. वही।
116. श्रीमद्भगवद्गीता-2/22
117. महासमर खंड-7, प्रत्यक्ष, पृ. 349
118. वही।
119. वही, पृ. 349-351
120. वही, पृ. 354
121. वही, पृ. 354-355

*षष्ठ अध्याय*

# स्वातंत्र्योत्तर कथा-साहित्य में राम और कृष्ण का स्वरूप वैशिष्ट्य तथा नरेन्द्र कोहली

## 1. स्वातंत्र्योत्तर कथा-साहित्य में संवेदनात्मक वैशिष्ट्य तथा नरेन्द्र कोहली

'संवेदना' का अर्थ है, समान रूप से अनुभव करना। जो भाव किसी व्यक्ति या पात्र में उठ रहे हों, वही अथवा उसी प्रकार के भाव सामने वाले अथवा संपर्क में रहने वाले व्यक्ति के हृदय में उठना 'संवेदना' होगा। 'संवेदना' शारीरिक रूप से दो भिन्न-भिन्न व्यक्तियों को भावनात्मक स्तर पर एक कर देती है। शास्त्रोक्त शब्दावली में यह एक एकीकरण 'साधारणीकरण' कहलाता है। आश्रय में भावानुभूति के फलस्वरूप आलंबन और उसके उद्दीपन से भाव उत्पन्न होता है। उद्दीपन के रूप में प्रकृति का वातावरण भी भावना को उद्दीप्त करता है। आश्रय में जब संचार-युक्त भाव को स्थायित्व प्राप्त होता है, तब रस दशा प्राप्त होती है, जो काव्य का हेतु है। वर्तमान परिस्थितियों में 'संवेदना' अत्यंत क्षीण होती जा रही है। प्रत्येक व्यक्ति 'स्व' में और 'स्व+अर्थ' में केंद्रित होता जा रहा है। दूसरों का हित अथवा दूसरों के सुख से सरोकार रखना अर्थहीन माना जा रहा है। भावनात्मक उन्मेष बिना किसी शर्त स्वयंस्फूर्त होता है। भाव एक झरने की तरह फूट पड़ता है; किंतु आधुनिक भौतिकतावादी तृष्णा से मनुष्य की संवेदना मृतप्राय सी हो गई है। मानवीय चेतना हृदय-केंद्र से हटकर बुद्धि-केंद्र में आ गई है। बौद्धिकता का अतिरेक मानव को हृदयगत भावों को देखने हेतु एक क्षण का भी अवकाश नहीं देता। बौद्धिकता से तर्क, तर्क से वाद-विवाद और संघर्ष से पीड़ा यही आज मानव और मानव-समाज की नियति बन गई है। विद्धानों द्वारा यह माना गया है कि जीवन रूपी वीणा के तार न तो अधिक कसे हुए हों और न ही ढीले हों, तभी सम की स्थिति निर्मित होती है और राग-रागनियाँ विगुंजित होती हैं। अतिशय बौद्धिकता ने संतुलन खो दिया है। मानव मन अतियों

में डोल रहा है। उसको सम अर्थात् मध्य में लाए बिना सुख-शांति की प्राप्ति असंभव है। किंवदंती है कि ज्ञान के फल को खाकर आदम और हौआ ईश्वरीय जीवन से च्युत होकर पृथ्वी पर भेजे गए। उन्हें श्राप दिया गया कि पृथ्वी पर जाओ और कठिन परिश्रम करके अपना भरण-पोषण करो। आज मानव, तृष्णा के शिकंजे में जकड़ गया है, उसे जीवन-यापन हेतु आवश्यक और पर्याप्त धन से संतुष्टि नहीं। गौतम बुद्ध ने कहा था—तृष्णा दुष्पूर है। इस असंभव को संभव करने की लालसा लेकर प्रत्येक व्यक्ति विश्व-विजेता बनना चाहता है। इस विजेता भाव से अहंकार ग्रस्त बौद्धिकता बिना कुछ सोचे-विचारे शक्ति का दुरुपयोग कर रही है। तृष्णा की अग्नि से समूचा विश्व दह्यमान है। इस दाहकता का अनुभव करके ही संत कबीर ने कहा था—'सब जग जलता देखकर भया कबीर उदास।'[1]

वर्तमान समय में मानव का मानव से कोई सरोकार रह ही नहीं गया है। भावना के तल पर जब मनुष्य किसी से जुड़ता है तब प्रेम, करुणा, दया तथा लोकोपकार की सात्विक भावना सच्चे अर्थों में जाग्रत होती है। बुद्धिवादी लोककल्याण की भावना में स्वार्थ का कीट छिपा रहता है। आज मानव का मानव के प्रति अथवा समाज के प्रति निःस्वार्थ सेवा भाव विलुप्त हो गया है। 'जीवन' एक व्यावसायिक वृत्ति हो गया है। लोक-कल्याण की भावना के मूल में भी अदृश्य रूप से स्वार्थभावना पैठी है, जिससे व्यक्ति पाखंडी हो गया है। 'मुँह में राम बगल में छुरी' की कहावत की चरितार्थता आधुनिक संस्कृति की विशिष्टता बन गई है। समाज हो अथवा राजनीति, कला हो अथवा संस्कृति सब में छद्म स्वार्थ निहित है। विकास के नाम पर भ्रष्टाचार पनप और फल-फूल रहा है। ऐसी विडंबनायुक्त परिस्थिति में, दुष्कर्म-बाहुल्य समाज में सदाचार और सत्कर्म की ज्योति जलाने का कार्य वे ही कर सकते हैं, जिनमें त्याग की भावना हो, निःस्वार्थ सेवा का व्रत हो; क्योंकि इसके अभाव में प्राणी मात्र के प्रति संवेदना की जागृति होना असंभव है।

आधुनिक युग में विदेशों में संवेदना की महत्ता और उसकी आवश्यकता अत्यधिक अनुभव की जा रही है। संवेदना जागृति हेतु विश्वविद्यालयों तक की स्थापना की जा रही है। संवेदनशीलता हेतु प्रशिक्षण दिए जा रहे हैं। यह भी एक विडंबना ही है कि मनुष्य के पास निसर्ग की अनुपम भेंट है—'भावना'। मनुष्य एक भावना-धारक है, भावना का स्वामी है फिर भी यांत्रिकता के वशीभूत मानव ने उस अमूल्य भेंट को अस्वीकार कर स्वयं अपने ही साथ विश्वासघात किया है।

नरेन्द्र कोहली एक अतिशय संवेदनशील कथाकार हैं। उनके हृदय में मानवमात्र के प्रति करुणा है। समाज की पीड़ा को उन्होंने अपने परिवार तथा परिवेश से लेकर राष्ट्र की पीड़ा तक में अनुभव किया है। समाज में परिव्याप्त छोटी से छोटी पीड़ा भी उनके हृदय की संवेदना का स्पर्श करती है, उन्हें आहत करती है। उनकी करुणा विश्वव्यापी है। वे मानव मात्र की समस्या को सुलझाने के प्रति सजग और श्रमरत

हैं। जीवन को उन्होंने द्वंद्वात्मक रूप में स्वीकार कर मानव मात्र को कर्म, संघर्ष और युद्धरत होने की प्रेरणा दी है। उनकी संवेदना निर्मम नहीं है। इसीलिए उन्होंने शांति को प्रथम स्थान दिया है। शांति-स्थापना का प्रयास विफल हो जाने पर ही अशांति के विस्थापन हेतु वे विकल्प के रूप में युद्ध की अनिवार्यता स्वीकार करते हैं। वे जहाँ न्याय के प्रबल समर्थक हैं, वहीं अन्याय करने वालों के कट्टर विरोधी भी हैं। न्याय की स्थापना हेतु वे संबंधों और रिश्तों के महत्त्व को भी नगण्य मानते हैं। इसी संवेदन-शील हृदय से उन्होंने लोकरक्षक कृष्ण को नायक बनाकर आठ-खंडों में 'महासमर' की रचना की है। इसी लोकरक्षक भाव की स्थापना हेतु उन्होंने राम को नायक बनाकर दो जिल्दों में पाँच भाग वाले अभ्युदय का प्रणयन किया है। इन दो महा-उपन्यासों के अतिरिक्त भी उनकी अन्य रचनाओं—कहानी, उपन्यास, नाटक, लेख इत्यादि में उनकी संवेदनशीलता उजागर हुई है।

कोहली जी की संवेदना संतुलित है। वे अपनी अनुभूतियों को बौद्धिकता द्वारा नियंत्रित और संयमित रखते हैं। भावना उद्वेलित होती है, बुद्धि उसे नियंत्रित कर जीवनोपयोगी बनाती है। कर्म को भी उन्होंने अनिवार्य माना है। भावना ने उत्तेजना प्राप्त की, बुद्धि ने उसे संयमित किया और कर्म ने उसे साकार स्वरूप दिया। डॉ. नरेन्द्र कोहली के वाङ्मय में इन तीनों के सम्मिलन की त्रिवेणी प्रत्यक्ष दिखलाई पड़ती है। इस संगम में स्नान कर मानव, मानवता से परिपूर्ण होकर धरती पर स्वर्ग उतारने की परिकल्पना साकार कर सकता है। हिंदी उपन्यासों में इस विलक्षण संवेदना के धनी डॉ. नरेन्द्र कोहली अपना एक विशिष्ट स्थान बनाने में सफल हुए हैं। उनका विशाल कृतित्व भगीरथ-प्रयास ही कहा जाएगा। तुलसीदास जी ने लिखा है :

*"जे न मित्र दुःख होहिं दुखारी। तिन्हहिं विलोकत पातक भारी।।"*

*परहित को श्रेष्ठ धर्म निरूपित करते हुए वे आगे कहते हैं :*

*"परहित सरिस धर्म नहिं भाई। पर पीड़ा सम नहीं अधमाई।।"*[2]

जन-मन को आश्वस्त करते हुए और परहित की उपयोगिता का प्रतिष्ठापन करते हुए तुलसीदास जी अभिव्यक्ति देते हैं :

*'परहित बस जिन्हें के मन माहीं। तिन्हँ कहुँ जग दुर्लभ कुछ नाहीं।।'*[3]

रहीमदास जी तो प्रत्यक्ष साक्ष्य प्रस्तुत करते हुए कहते हैं :

*'तरुवर फल नहीं खात है, सरवर पिअहिं न पान।*
*कर रहीम कर काज हित, संपति शुचहिं सुजान।।'*[4]

स्पष्ट है कि दूसरों के दुःख को देखकर द्रवित होना, दुःखी होना तथा दूसरों

की भलाई की कामना और कार्य करना ही इस धरा पर सबसे बड़ा धर्म है। दूसरों को पीड़ा पहुँचाने जैसा पाप इस पृथ्वी पर दूसरा नहीं है। फिर जो लोग सदैव परहित की भावना में ही लीन रहते हैं, उसी के वशीभूत होते हैं, उनकी आत्मशक्ति इतनी विकसित हो जाती है कि वे इस संसार में किसी भी कार्य को, किसी भी लक्ष्य को अथवा किसी भी उपलब्धि को आसानी से प्राप्त कर लेते हैं। उनके लिए संसार में कुछ भी दुर्लभ नहीं रह जाता है। रहीमदास जी के अनुसार तो वृक्ष और सरोवर के उदाहरण को प्रत्यक्षतः उदात्तता और महानता का सर्वोपरि उदाहरण माना जा सकता है। अतः परहित के कार्यों को सिद्ध करने हेतु ही संपत्ति का संचय बुद्धिमत्ता है।

डॉ. नरेन्द्र कोहली की संवेदना परोपकार की भावना से सिक्त है। उनके उपन्यासों में संवेदना की नाना प्रकार की रंग-बिरंगी ऊर्मियाँ अठखेलियाँ करती हुई मानव को करुणा का संदेश दे रही हैं। उनकी लोक हितकारिणी प्रज्ञा जो नव-नव-उन्मेषशालिनी प्रतिभा से संपन्न होकर लोक कल्याण की भावना को संबल प्रदान कर रही है।

कतिपय उद्धरणों द्वारा उनकी संवेदनात्मक गहराई और व्याप्ति के विस्तृत फलक का अवलोकन समीचीन है :

"सामान्यतः मनुष्य लड़ना नहीं चाहता, क्योंकि वह मूलतः मनुष्य है, हिंस्र पशु नहीं।"[5]

"बड़ा आदमी वह होता है, जो अपनी पशु-वृत्तियों को त्याग सके और अपनी साधना त्याग तथा तपस्या से मानव-जाति के कल्याण के लिए कोई मार्ग निकाल सके।"[6]

कोहली जी की संवेदना भाव विह्वल होकर बहुत गहराई में जाने से कंपित होती दिखलाई पड़ती है। संवेदना के विराट और व्यापक स्वरूप से भी वे बचते दिखलाई पड़ते हैं। उनकी संवेदना तुंग शिखर पसंद करती है। अतः वे अपनी संवेदना को शिखर पर प्रतिष्ठित करना चाहते हैं। वह शिखर जो कल्याण के देवता के कपाल के मध्य में स्थित है और जो पतित-पावनी गंगा के रूप में निःसृत होकर मृतकों में भी प्राण फूँकती, सतत गतिशील अपने गंतव्य-अशेष करुणा के अश्रु में आप्लावित सागर में विलीन होकर बूँद से समुद्र बन जाती है। उनकी संवेदना उस ऊँचाई पर पहुँचकर ऋषियों के आप्त-वाक्य बनकर सूत्रवत् हो जाती है। इन सूत्रों में उन्होंने अपने शब्द दिए हैं, उन्हें अनूठी परिभाषाओं में आबद्ध किया है। यथा सूक्ति-स्वरूप कुछ उद्धरण दर्शनीय हैं—

"जिन लोगों में असाधारण प्रेम होता है, वे ही लोग जब कारण-अकारण एक-दूसरे से टूटे हैं, तो विकट शत्रु हो गए हैं।"[7]

"आवश्यकता से अधिक भोग, शारीरिक और मानसिक आलस्य, रोग और अहंकार की ओर ले जाता है।"[8]

"यथार्थ पर आधृत प्रेम अधिक प्रबल और स्थायी होता है।"[9]

"प्रेम के बिना भोग जीवन यातना है।"[10]

"हम अपने धनात्मक कार्य के लिए पुरस्कार की अपेक्षा करते हैं तो ऋणात्मक कार्य के लिए दंड की अवज्ञा नहीं करनी चाहिए।"[11]

"धर्म ही संसार को धारण करता है। अधर्म इसका क्षय करता है। मानव का जन्म सृष्टि के क्षय के लिए नहीं उसे धारण करने के लिए हुआ है।"[12]

"न्याय संगत व्यवहार की माँग में किसी का भी अहित नहीं होता।"[13]

"सृष्टि में इतने जीव हैं, सबको यहीं रहना है। उन सबकी सुविधाओं के बीच सामंजस्य खोजना ही तो धर्म है, न्याय है, नीति है।"[14]

"धर्म का मर्म अत्याचार का विरोध करने में है।"[15]

"ग्रहण में केवल दुःख है, त्याग सात्विक है।"[16]

"तृष्णा किसी भी समस्या का समाधान नहीं है। वह भ्रम है, धोखा है, मनुष्य को नचाते जाने का उपक्रम है।"[17]

"गुरु होने योग्य वही व्यक्ति है, जो आकाश के समान उदार और धरती के समान सहनशील हो, जिसका मन तनिक भी संकुचित न हो।"[18]

"जीवन में प्राप्तव्य केवल एक है मन की शुद्धता आत्मा की निरवरणता और भौतिक बंधनों से मुक्ति।"[19]

"हमने अभी समग्रता में सोचना नहीं सीखा है। इसी से सत्य हमारी पकड़ में नहीं आता और हम अंधकार में हाथ-पैर मारते रहते हैं।"[20]

"गुरु को तो निर्मलोतस्विनी होना होगा—विद्यादान की अज धारा। जो चाहे उसमें पान करे।"[21]

"असाधारण व्यक्ति का अभिशाप यही है कि वह कभी साधारण जीवन नहीं जी सकता।"[22]

"जब सब कुछ त्यागना ही है तो ग्रहण किसलिए?"[23]

"घृणा का विष सरलता और वेग से प्रसारित-प्रचारित होता है, प्रेम का संदेश मंथर गति से चलता है।"[24]

"कैसी है मनुष्य की बुद्धि, दुःख झेलता है, तड़पता है, उससे मुक्ति चाहता है; किंतु उसके कारणों से स्वयं को मुक्त नहीं कर पाता।"[25]

"धर्म के नाम पर चलने वाला क्रमशः असंग हो जाता है और अंततः सर्वथा अकेला हो जाता है।"[26]

इस प्रकार विचारों की ऊँचाई को अभिव्यक्त करने वाले सूत्र-वाक्यों से कोहली जी के उपन्यास भरे पड़े हैं। इसके साथ ही उनमें भावात्मक गहराई भी यत्र-तत्र-सर्वत्र प्राप्त होती है—यथा :

"भक्ति एक भावना है, इसलिए उससे जो उपलब्धि होती है वह भावनात्मक

धरातल पर होती है। व्यावहारिक धरातल पर उपलब्धि के लिए कर्म के धरातल पर उतरना पड़ता है।"[27]

"भावनात्मक भक्ति, व्यक्ति का स्वयं को तपा कर स्वच्छ करने का प्रयत्न है।"[28]

"भावुकता बहुत अच्छा गुण है, किंतु इसमें एक बड़ा दोष यह है कि इसमें मनुष्य की इंद्रियाँ बहुत ही शीघ्र व्याकुल हो जाती है और मन विचलित हो जाता है। इससे हम कुछ करने योग्य नहीं रह जाते, बस कातर होकर रो सकते हैं।"[29]

"संगीत मन को शांति देता है। इसलिए वह एक उत्कृष्ट और उदात्त कला है। जब तक वह एक साधना है, तब तक आत्मा का शुद्धिकारक है, किंतु जैसे ही वह व्यसन बन जाता है, वह पतन की ओर चल निकलता है, इसलिए केवल ईश्वरीय संगीत सीखो।"[30]

"शुभ कर्मों के लिए जागरण, संगठन और बलिदान तीनों की आवश्यकता होती है।"[31]

"विराट प्रकृति के निकट ले जाकर कामना मुक्त कराने के स्थान पर यह अधिक से अधिक मोह में फँसाती है।"[32]

"जब जल की धारा का एक मार्ग अवरुद्ध हो जाता है, तो वह दूसरा मार्ग खोज ही लेती है।"[33]

भावनात्मक गहराई को अभिचित्रित करते हुए नरेन्द्र कोहली कुछ संकेत-सूत्र देते हैं, यथा :

"समग्रता में ब्रह्म के दर्शन होते हैं।"[34]

"साधक अपने सारे बाहरी कर्मों को रोक देता है और मन में गहरे उतरकर कोई महत्त्वपूर्ण कर्म करता रहता है। ऊपर से वह सर्वथा निष्क्रिय दिखाई देता है, किंतु तल के नीचे अथाह गतिविधि चल रही होती है।"[35]

"साधक बाहरी कार्यों को स्थगित कर अपनी ऊर्जा का संचयन करता है, सारे साधनों को एकाग्र कर उन्हें सिद्ध करता है।"[36]

"अपनी भीतर की संजीवनी की धारा को व्यापक प्रकृति की संजीवनी से एकाकार कर दो और स्वयं को कार्य का कर्त्ता मानने का भ्रमित अहंकार मत पालो।"[37]

"सृष्टि का निर्माण ईश्वर ने किया है, तुमने नहीं। सृष्टि उसी के बनाए नियमों पर चलेगी, तुम्हारी कामनाओं पर नहीं।"[38]

"सात्विक भक्ति में व्यक्ति सांसारिक इच्छाओं से मुक्त होता है; क्योंकि वह स्रष्टा को पाने के प्रयत्न में संपूर्ण सृष्टि के साथ तादात्म्य स्थापित करता है।"[39]

"जो पीड़ा समझता है उसके मन में सहानुभूति भी होगी और सहानुभूति में व्यक्ति सक्रिय भी हो सकता है।"[40]

"सच्चे व्यक्ति की हार कहीं नहीं होती। भगवान कहीं भी उसका अपमान नहीं होने देते।"[41]

"स्रष्टा की शक्ति और सामर्थ्य की सीमा क्या है, इसकी कल्पना भी नहीं की जा सकती।"[42]

"चेतना न हो तो मनुष्य सरलता से दमित होता चला जाता है।"[43]

"सूचना जब संवेदना बनती है तो अपने आप अनुभूति हो जाती है।"[44]

निष्कर्ष यह है कि कोहली जी की संवेदना संयमित है। न वे भावना के वशीभूत होकर शिथिल होने में विश्वास करते हैं और न वे बुद्धिवाद के असंभव तर्कों में उलझना पसंद करते हैं। उनकी संवेदना संतुलित गहराई तक जाती है, संतुलित ऊँचाई का स्पर्श करती है और फिर लोक-मंगल की विराटता में प्रसारित हो जाती है। वे चाहते हैं कि बुद्धितत्त्व और हृदयतत्त्व का सामंजस्य हो, जिससे व्यक्ति की कर्मशीलता जाग्रत हो। जाग्रत चेतना से ही सृष्टि में स्वर्गिक कल्पनाएँ साकार होती हैं।

## 2. स्वातंत्र्योत्तर कथा-साहित्य की दिशा और दृष्टि तथा नरेन्द्र कोहली

स्वातंत्र्योत्तर भारत के परिवेश में चतुर्दिक संघर्ष चरम सीमा पर रहा है। इसी कारण इस काल में लिखे गए उपन्यासों में मानविकी मूल्यों का अंकन अपेक्षाकृत कम ही मिलता है। भारत की आम जनता के समान ही उपन्यास का आम पात्र भी सामाजिक, आर्थिक, राजनीतिक परिवेश से आक्रांत और क्षुब्ध दिखलाई पड़ता है। स्वातंत्र्योत्तर कथा-साहित्य की दिशा समाज में फैले हुए भ्रष्टाचार, अनाचार, शोषण-वृत्ति और मूल्य-विघटन को यथार्थ के धरातल पर अभिव्यक्ति देना रही है। साथ ही वह उन्नयनकारी स्वरूप को प्रकट करते हुए स्वातंत्र्योत्तर परिवेश जन्य जटिलताओं में फँसे व्यक्ति को उबारने तथा उसको दिशा-निर्देशित करती हुई भी प्रतीत होती है।

सामाजिक परिवर्तन एक शाश्वत और अति आवश्यक प्रक्रिया है। जब भी कोई समाज विकासक्रमानुसार एक अवस्था से दूसरी अवस्था में संक्रमित होता है, तब जीवन की व्यवस्थाओं से संबद्ध मानवीय संबंधों पर आधारित जीवनमूल्यों के स्वरूप और उसकी दिशा में परिवर्तन की प्रक्रिया प्रारंभ हो जाती है। युगीन आवश्यकतानुसार पूर्व-स्थापित जीवन-मूल्यों का पुनर्मूल्यांकन, अवमूल्यन तथा नव-निर्माण का कार्यक्रम भी क्रियान्वित होता है, जिसका प्रतिबिंब साहित्य में स्पष्ट रूप से प्रतिबिम्बित होता है।

स्वातंत्र्योत्तर भारतीय समाज में विभिन्न ऐतिहासिक मोड़ों पर परिवर्तन की दिशाएँ उजागर होती रही हैं। द्वितीय महायुद्ध के पश्चात् से स्पष्ट होने वाले परिवर्तनों की प्रकृति अत्यंत विद्रोही है। इतनी बड़ी और मौलिक सामाजिक क्रांति की उग्रता का प्रभाव स्वातंत्र्योत्तर हिंदी उपन्यासों में तीव्रगामी रहा है।

भारतीय समाज में भौगोलिक, आर्थिक, सामाजिक एवं सांस्कृतिक दृष्टि से वैभिन्न्य होने के कारण जीवन-मूल्यों की विविधता का प्रभाव भी स्वातंत्र्योत्तर उपन्यासों पर भी पूर्णतया परिलक्षित होता है। यही कारण है कि स्वातंत्र्योत्तर उपन्यासों में एक

तरफ यदि 'कब तक पुकारूँ', 'सागर, लहरें और मनुष्य', 'आठवीं भाँवर', 'आधा गाँव', 'काला जल', 'अपना घर' इत्यादि में जहाँ क्रमशः नट, कोली, गोसाईं आदि के, हिंदू समाज, मुस्लिम समाज तथा यहूदी समाज और उनके जीवन-मूल्यों का चित्रण मिलता है, तो दूसरी तरफ 'नदी का मोड़', 'जल टूटता हुआ', 'अलग-अलग वैतरणी', 'जुलूस', 'परती परिकथा', 'राग दरबारी' में ग्रामीण तथा 'बूँद और समुद्र', 'कंदील और कुहासे', 'पत्थरों का शहर', 'अंतराल' जैसे अनेक उपन्यासों में महानगरीय जीवन-मूल्यों का अंकन हुआ है। यही नहीं 'अजय की डायरी', 'अँधेरे बंद कमरे', 'रुकोगी नहीं राधिका', 'अमृत और विष' आदि उपन्यासों में चित्रित जीवन-मूल्यों की व्यापकता अंतर्राष्ट्रीय सीमा तक फैली हुई है।

स्वातंत्र्योत्तर भारतीय समाज में वर्ग-भेद तथा अर्थ-वैषम्य से उत्पन्न अर्थाभाव के कारण निम्न वर्ग में रोजी-रोटी की चिंता यथावत् विद्यमान है। यही कारण है कि अर्थ-पीड़ितों के लिए देश में समाजवाद है, या साम्यवाद या पूँजीवाद... रोजी-रोटी की चिंता में उन्हें न तो यह सोचने का समय ही है और न सामर्थ्य ही। 'जहाज का पंछी', 'कंदील और कुहासे, 'बदनाम गली', 'एक चादर मैली सी' इत्यादि उपन्यास इन्हीं संकटों और संघर्षों का दिग्दर्शन कराते हैं।

स्वातंत्र्योत्तर हिंदी कथा-साहित्य में काम-तुष्टि-परक मूल्यों का विघटन के रूप में चित्रण हुआ है। समाज के निम्नवर्ग को तो अर्थाभाव इतना अधिक घेरे हुए है कि उसे अपनी रोजी-रोटी प्राप्त करने के लिए काम-तुष्टि-परक मूल्यों को भी दाँव पर लगाना पड़ता है। दूसरी तरफ समाज के उच्चवर्ग पर पश्चिमी भोगवादिता का सीधा प्रभाव परिलक्षित होता है, साथ ही अर्थाधिक्य के कारण भी इस वर्ग में काम-तुष्टि-परक मूल्यों के प्रति उपेक्षा उत्पन्न करवाता है। तीसरी तरफ मध्यम वर्ग में भी एक तरफ तो कामतुष्टि के विरोध में सामाजिक कट्टरताएँ विद्यमान हैं तो दूसरी तरफ पाश्चात्य भोगवादिता के प्रभाववश उसमें उच्च वर्ग की यौन-मुक्तता प्राप्त करने की ललक भी दिखलाई पड़ती है। इसके अतिरिक्त नारी को भोग्या मानने की प्रवृत्ति भी कामतुष्टिपरक मूल्य विघटन का कारण बनी हुई है। इस जैविक मूल्य के ह्रास एवं उसके महत्त्व का प्रतिपादन करने वाले उपन्यासों में 'सागर, लहरें और मनुष्य', 'रेखा', 'मछली मरी हुई', 'एक पति के नोट्स', 'काला जल', 'ओस की बूँद', 'अमृत और विष', आदि का नाम उल्लेखनीय है।

स्वातंत्र्योत्तर कथा-साहित्य में वर्तमान सामाजिक परिवेश के अनुसार ही एक महत्त्वपूर्ण तथ्य सामने यह आया है कि अब परिवार का परंपरागत ढाँचा जर्जर हो चुका है। अर्थकेंद्रित व्यक्तिवादिता के कारण संयुक्त परिवार की सामाजिक अनिवार्यता समाप्त हो चुकी है। छोटे परिवार आज के सामाजिक, आर्थिक और सांस्कृतिक वातावरण के परिवर्तन की देन है। यह समानता की ललक स्वातंत्र्यप्रियता और मुखर व्यक्तिवादिता का ही परिणाम है। "संयुक्त परिवार का शाब्दिक आदर्श चाहे जितना

महान हो, उसका सबसे बड़ा नुकसान यह होता है कि परिवार का कोई भी सदस्य अपने व्यक्तित्व का विकास नहीं कर पाता...कारण आर्थिक ही है... ।"[45] समाज में बढ़ते हुए अर्थ-वैषम्य और बढ़ती हुई भोगवादिता ने ही व्यक्ति को परंपरा के प्रति विद्रोही बना दिया है। इसलिए अब संयुक्त परिवारों का विघटित स्वरूप इकाई परिवारों में दिखलाई पड़ता है। "अब आधुनिक परिवार (पति, पत्नी अथवा पति-संतति-पत्नी) ही ध्यान के लिए हिरण्य ब्रह्म हो गया है; निजी स्वार्थ केंद्र में आ गया है क्योंकि अर्थतंत्र में भी केवल लाभ (स्वार्थ) की नैतिकता ही शिरोधार्य हुई है।"[46]

वास्तविकता तो यह है कि पारिवारिक विघटन छोटे या इकाई परिवार तक ही सीमित नहीं है वरन् अब तो परिवार के अन्य संबंध सूत्रों के साथ पति-पत्नी के संबंधों की नींव भी हिल रही है और संबंध सूत्र टूट-टूट कर व्यक्ति के रूप में बिखर रहे हैं। इस परिवर्तन का भी प्रमुख कारण व्यक्ति स्वातंत्र्य तथा आधुनिक अर्थवादिता ही है। "युद्ध, स्वतंत्रता और उसके बाद के तेजी से बढ़ते औद्योगीकरण, शहरीकरण की परिस्थितियाँ, नारी के आत्मनिर्भर, आत्मनिर्णायक होने की नवीन परिस्थितियों ने उसके स्वरूप और मानसिक गठन को और परिणामतः पुरुषों के साथ उसके संबंधों को भी बदला है।"[47]

अनेक उपन्यासों में एक अन्य उभरती हुई पति-पत्नी संबंधी विडंबनापूर्ण स्थिति का अंकन भी हमें प्राप्त होता है जिसके अनुसार तथाकथित आधुनिक पति सैद्धांतिक रूप से पत्नी की स्वतंत्रता का समर्थक होता है जो उसके परंपरागत अधिनायकत्व का ही रूपांतरण है; क्योंकि जैसे ही पत्नी के मुक्त आचरण से उसका अहं उपेक्षित होने लगता है अथवा पत्नी के व्यक्तित्व-विकास के सम्मुख उसे अपनी हीनता की आशंका होने लगती है, वहीं उसका सामंतीय पतित्व बौखलाने लगता है।[48] इतना ही नहीं आधुनिक पूँजीवादी मुखौटे में "पत्नी पति की सम्पत्ति है की सामंतीय मान्यता की विद्यमानता वह पत्नी को अपनी तरक्की के लिए उत्कोच-साधन रूप में इस्तेमाल करने से भी नहीं हिचकिचाता।"[49] इसी अर्थवादिता एवं भोगवादिता के दुष्परिणामस्वरूप मातृत्व का मूल्य भी संकटग्रस्त प्रतीत होता है। यह संकट उस समय संघर्ष का रूप ग्रहण कर लेता है जब पुरुष की इस प्रकार की मातृत्व विरोधी धारणाओं के प्रतिकूल नारी में मातृत्व के मूल्यनिर्वाह की आस्था पूर्ववत् ही बनी रहती है। ऐसी द्वंद्वात्मक स्थितियों का चित्रण भी 'प्यासा पानी', 'राजुल', 'सूखा सैलाब' और 'टूटती इकाइयाँ' आदि उपन्यासों में देखा जा सकता है।

स्वातंत्र्योत्तर सामाजिक परिवेश में नारी की भूमिका ने कई मोड़ लिए हैं। आत्मनिर्भरता के वातावरण में आज नारी भले ही यह पाती हो कि उसके पंख खुल गए हैं लेकिन सामाजिक नीतियों, मानसिक ग्रंथियों से जूझने के प्रयत्न में उसके डैने टूट भी गए हैं। कभी उसे शरीर की माँग झुका देती है तो कभी अकेलेपन की यातना।[50] कैसी अजीब स्थिति है।

नारी की कुंठा अनेकस्तरीय और अनेकमुखी है। कहने को आज वह स्वतंत्र है, किंतु समाज में कितने लोग ऐसे हैं जो नारों और भाषणों के नीचे स्त्री की स्वतंत्र सत्ता स्वीकारने को तैयार हैं...जो समझते हैं कि वे समाज की व्यवस्था को बदल रहे हैं...कहाँ बदल रहा है रूप विधान सारा...स्त्री नौकरी करने लगे, ऊँचे-ऊँचे ओहदों पर पहुँच जाना, शिक्षा का अनुपात बदल जाना... क्या इसी को बदलना कहते हैं? अगर हाँ तो हम इस परिवर्तन से संतुष्ट क्यों नहीं हैं ...?[51]

स्पष्ट है कि सामाजिक परिवेश के अनुसार स्वातंत्र्योत्तर कथा-साहित्य में स्त्री-पुरुषों के संबंधों में भी खोखलापन आया है, क्योंकि पश्चिम के अंधानुकरण तथा अधकचरी आधुनिकता ने मूल्य निर्वाह की नवीन दिशा ने विशृंखलता उत्पन्न कर दी है।

समाज में व्याप्त अर्थ-वैषम्य और वर्द्धमान भोगवादिता के कारण अर्थप्राप्ति के उन्मादी प्रभाव को भी स्वातंत्र्योत्तर कथा-साहित्य अभिव्यक्ति देता है। आज तो जैसे सभी बड़े लोगों की तरह जीना चाहते हैं, तौर तरीके अपनाना चाहते हैं, उठना-बैठना चाहते हैं, यह महँगी सभ्यता हमसे उचित और अनुचित, यहाँ तक कि पैशाचिक कृत्य कराके, हमारे ठाठ-बाट को कायम रखती है।[52] पश्चिमी भोगवादिता के प्रभाव का परिणाम। उत्तेजनाओं का जीवन, दावतें, शराब, अमीरों की भाँति रहने की अभिलाषा, ये जीवन और व्यक्ति का ह्रास ही कर सकते हैं। नौकरी वाला आदमी कर्ज में डूबकर या रिश्वत लेकर ही अमानवोचित अमीरी जीवन बिता सकता है।[53]

स्वतंत्र भारत की प्रजातांत्रिक प्रणाली पंचवर्षीय योजनाओं को लेकर चलती है, किंतु ये योजनाएँ अपने लक्ष्य को सफलतापूर्वक प्राप्त नहीं कर पाती हैं, जिसके परिणामस्वरूप अनेक आंतरिक समस्याओं से भारतीय सामाजिक परिवेश संकटापन्न होता चला जा रहा है। स्वातंत्र्योत्तर कथा-साहित्य में इनका प्रभाव भी दृष्टिगत होता है।

भारत की छह पंचवर्षीय योजनाओं में लक्ष्यों की अप्राप्ति, उद्योग धंधों की न्यूनतम सफलता, भारत पर बढ़ता विदेशी ऋण, बेरोजगारी, खाद्य समस्या, जनसंख्या में उल्लेखनीय वृद्धि, कीमतों में अनपेक्षित बढ़ोतरी, बढ़ती हुई लाल फीताशाही और अफसरशाही, नेताओं की स्वार्थांधता एवं भ्रष्टाचारिता, राष्ट्रीय चरित्र का पतन, सामाजिक असमानता, पुरानी तथा नई पीढ़ी का संघर्ष आदि वे महत्त्वपूर्ण स्थितियाँ हैं, जिनके सामूहिक प्रभाव ने भारतीय समाज के जीवन-मूल्यों के विघटन, संघर्ष और संक्रमण तथा नव-निर्माण की दिशाओं को उग्रता, उत्तेजना एवं प्रेरणा प्रदान की है। इसीलिए आज चाहे किसी भी विषय पर बात शुरू होती है, समाज की विषमताओं, अन्याय तथा भ्रष्टाचार पर पहुँच जाती है। भूख, गरीबी, बेकारी, राजनीतिक दलबंदियाँ, स्वार्थों की टकराहट, महँगाई और भविष्य की दुश्चिंताएँ घूम फिर कर इन्हीं मसलों पर पहुँच जाती हैं।[54]

स्वातंत्र्योत्तर भारतीय समाज की पतनोन्मुखी दिशा और पश्चिमी सभ्यता के

बढ़ते हुए प्रभाव के कारण हिंदी-कथा-साहित्य में जागृति आई है। कथा-साहित्यकारों ने यह अनुभव किया कि हमारी गौरवमयी प्राचीन भारतीय संस्कृति धूमिल हो रही है। जिस भारत में राम और कृष्ण जैसे महानायक हुए, महाराज हरिश्चंद्र, शिवि और विक्रमादित्य जैसे न्याय और धर्म प्रिय, प्रजापालक-लोकरंजक राजा हुए, वहाँ का परिवेश मैला हो जाय, समाज पतनोन्मुख हो जाय यह निश्चित रूप से अत्यंत कष्टकारक और शर्मनाक स्थिति होगी। अतः उनकी सचेतनता ने पुनः पौराणिक कथाओं को वर्तमान संदर्भों में वैज्ञानिकता और विश्वसनीयता के साथ प्रस्तुत करने का सफल प्रयास किया है। इस धारा के अंतर्गत कृष्णकथा में कन्हैयालाल मुंशीलाल, मनु शर्मा, दिनकर जोशी, गुरुदत्त, नरेन्द्र कोहली और रामकथा में रामप्रसाद मिश्र, रमानाथ मिश्र, गुरुदत्त, प्रो. जी.बी. कानूनगो, नरेन्द्र कोहली इत्यादि के नाम उल्लेखनीय हैं।

स्वातंत्र्योत्तर भारत की मूल दृष्टि मुख्य रूप से अर्थ और राजनीति पर केंद्रित हो गई। लिप्सावृद्धि ने दोनों ही क्षेत्रों में स्वार्थांधता की चरमसीमा का स्पर्श किया। फलतः अनास्था, अनाचार, भ्रष्टाचार और अनैतिकता के साथ अर्थवैषम्य की घोर वृद्धि हुई। समाज में परिव्याप्त अर्थचेतना और वर्गचेतना को कथा-साहित्य में स्पष्ट किया गया।

"जब पूरी व्यवस्था में बेईमानी है तो एक व्यक्ति की ईमानदारी इसी में है कि वह एक व्यवस्था द्वारा लादी गई सारी नैतिक विकृति को अस्वीकार करे और उसके द्वारा आरोपित सारी झूठी मर्यादाओं को भी; क्योंकि दोनों एक ही सिक्के के दो पहलू होते हैं।"[55]

स्वतंत्रता के पश्चात् भारतीय विद्रोह करने में भी अपने आपको पूरी तरह समर्थ नहीं पाता है; क्योंकि एक तरफ तो उसे पुराने संस्कारों, रूढ़ियों, रीतियों, तथा मान्यताओं के प्रति विश्वास नहीं होता, तो दूसरी तरफ नवीन और स्थानापन्न के प्रति भी उसमें शंका उत्पन्न हो गई। इस स्थिति में प्राचीनता के कटाव और नवीनता की अस्पष्टता के कारण वह प्राचीन मूल्यों के त्याग और नवीन मूल्यों के प्राप्त न कर पाने के कारण त्रिशंकुवत् जीवन जीने लगा।

स्वातंत्र्योत्तर भारतीय समाज के पराजैविक मानविकी मूल्यों का क्षेत्र भी व्यापक उथल-पुथल और परिवर्तन से आक्रांत है। इस विषम परिवेश में दर्शन, धर्म, शिक्षा, कला और साहित्य सभी में प्राचीन एवं नवीन धारणाओं के संघर्ष तथा संक्रमण और नयी दिशाओं की स्वीकृति को भी देखा जा सकता है।

धार्मिक क्षेत्र में भारतीय समाज का एक वर्ग परंपरागत धार्मिक कर्मकांडों और अंधविश्वासों को ही समेट रहा है तो दूसरा वर्ग बौद्धिकता एवं आधुनिकता की स्वीकृति प्रदान कर परंपरागत धार्मिक रूढ़ियों का विरोध करते हुए नवीन मानवतावादी धर्म को भी प्रस्थापित कर रहा है। मनुष्य का आराध्य ईश्वर न होकर मनुष्य ही बन गया है। इसीलिए प्राचीन सभी धार्मिक नैतिकताएँ अब मानवीय संबंधों के रूप में

पुनर्मूल्यांकित की जाने लगी हैं। जीवन की विज्ञान एवं बुद्धि-सम्मत दार्शनिक व्याख्याओं के कारण धर्म का परंपरागत स्वरूप पूर्णतः परिवर्तित होता हुआ दिखाई देता है।

स्वातंत्र्योत्तर भारत में एक तरफ जहाँ विदेशी दार्शनिक मूल्यों को स्वीकृति मिली है, वहीं दूसरी तरफ भारतीय दर्शन में भी जीवन-मूल्यों की दृष्टि से नवीन व्याख्याएँ प्रस्तुत हुई हैं। भारत का औपनिषद्, अद्वैतवादी दर्शन वर्तमान समाज के सामाजिक, आर्थिक और राजनीतिक संकट को हल करने में अधिक व्यावहारिक नहीं दिखाई देता। इसलिए अब उन दार्शनिक मूल्यों को अपनाया गया है, जो कि वर्तमान समाज को समझने में अधिक वैज्ञानिक और व्यावहारिक सिद्ध हो सकते हैं।

वर्तमान युग की अर्थचेतना और वर्ग-संघर्ष तथा समाजवादी एवं साम्यवादी विचारधाराओं की व्यापक स्वीकृति के रूप में मार्क्सवादी दार्शनिक मूल्यों की स्वीकृति ही देखी जाती है। 'त्याग का भोग', 'जहाज का पंछी', 'अजय की डायरी', 'मछली मरी हुई', 'अमृत और विष' आदि उपन्यास इसी तथ्य की पुष्टि करते हैं।

इसके अतिरिक्त भोगवादिता एवं क्षणवादिता के प्रसार तथा व्यक्ति स्वातंत्र्य की माँग के रूप में भारतीय समाज में अस्तित्ववादी दर्शन का प्रभाव भी दृष्टिगत होता है। बुद्धिजीवी वर्ग जीवन को समझने के लिए अस्तित्ववादी दृष्टि को भी स्वीकार करता है।

स्वातंत्र्योत्तर भारतीय चिंतन में जो उल्लेखनीय तत्त्व उभरकर सामने आया है, वह है 'मानवचिंतन'। चिंतन के क्षेत्र में अब ईश्वरवादी, अवतारवादी, चमत्कारवादी दृष्टिकोण को उपेक्षित कर दिया गया है और मानव को केंद्र बनाकर दार्शनिक मूल्यों का निर्माण होने लगा हैं। अब मानव ईश्वर के अंश के रूप में नहीं; अपितु समाज की इकाई के रूप में समझा जाता है। मानव का दायित्व अब ईश्वर के प्रति न होकर समाज तथा व्यक्ति के लिए हो गया है। वैज्ञानिकता एवं बौद्धिकता तथा इससे उत्पन्न मार्क्सवादी एवं अस्तित्ववादी दर्शन ने ईश्वर संबंधी विश्वास को असत्य ठहराकर मूल्य-संबंधी धारणाओं को एकमात्र व्यक्ति से ही संबद्ध कर दिया है। अब व्यक्ति की सुख-शांति अथवा दुःख-उत्पीड़न के लिए न ईश्वर जिम्मेदार है, न भाग्य अथवा अन्य कोई नियति ही; बल्कि व्यक्ति स्वयं अथवा समाज ही उसके लिए उत्तरदायी समझे जाते हैं। नैतिकता और अनैतिकता के प्रश्न को भी व्यक्ति और समाज के संबंधों में ही निश्चित किया जाता है।

वर्तमान भारतीय समाज संक्रांति काल से गुजर रहा है। उसमें जीवन के सर्वाधिक संवेदनशील, सूक्ष्म द्रष्टा विश्लेषक और सजग कलाकार का दायित्व अत्यधिक बढ़ जाता है। स्वातंत्र्योत्तर भारत में साहित्यकार ने एक तरफ जहाँ परिवेश की जटिलता और व्याकुलता से भयभीत होकर मानो अपनी दृष्टि बंद कर ली थी, वैयक्तिक स्वार्थ की पूर्ति में रत होकर या तो किसी राजनीतिक विचारधारा और दल विशेष से अपना संबंध जोड़ लिया तथा अपनी लेखकीय सूझबूझ और स्वातंत्र्य

को किसी खास विचारधारा के पास गिरवी रख दिया; इसके अतिरिक्त अभिव्यक्ति वैचित्र्य को प्रदर्शित करने तथा नवीन प्रयोगों के अजीबोगरीब नाटक रचने में भी अपनी प्रतिभा को समार्जित कर दिया ; वहीं दूसरी तरफ युगीन परिवेश को झेलकर उससे आमना-सामना करते हुए उसे अभिव्यक्ति देने को लालायित भी हुआ। सामाजिक संघर्षयुक्त परिवेश और उसका निदान प्रस्तुत करने वाले साहित्यकारों में मुख्यरूप से दो दिशाएँ परिलक्षित होती हैं—प्रथम के अनुसार लेखक का समर्पण (commitment), ऐसे वैज्ञानिक व्यावहारिक और गतिशील सिद्धांतों के साथ होने में है जो सच्चे अर्थों में मानवीय समानता, मानवीय सुविधाओं और हितों को साकार कर सकते हैं। इस प्रकार के समर्पण (commitment) पर मार्क्सवादी दर्शन का प्रभाव दिखलाई पड़ता है। यहाँ लेखक समाज के पीड़ित वर्ग के संघर्ष-यज्ञ में ही अपने लेखन की आहुति देता है; जो मानवीय कल्याण में बाधक होने वाली प्रतिक्रियावादी शक्तियों को दग्धसात करने में समर्थ हों। दूसरी महत्त्वपूर्ण दिशा समाज के सुंदर-असुंदर, शिव-अशिव, नैतिक-अनैतिक सभी पक्षों को बिना किसी कृत्रिमता एवं लाग-लपेट के अभिव्यक्ति देने की ओर रही है। यहाँ लेखक का समर्पण केवल उस वर्तमान यथार्थ के प्रति है, जो उसकी सचेतना का अंग है। अनुभूति की ईमानदारी का निर्वाह करते हुए लेखक अपने परिवेश में व्याप्त घृणा, जुगुप्सा, विरक्ति और अवसाद सभी की यथारूप अभिव्यक्ति देता है। वह न तो किसी भविष्य के स्वप्न में उलझता है और न किसी प्रकार के आदर्श-निर्वाह की मान्यता को ही स्वीकृति देता है। इस प्रकार की साहित्यिक प्रवृत्ति मुख्यरूप से अस्तित्ववादी दर्शन की देन है।

आधुनिक उपन्यास-साहित्य, लेखक की संवेदनशीलता का ही स्पष्ट उद्घोष है। लेखक अपने परिवेश के प्रत्येक परिवर्तन की प्रतिक्रिया के प्रति सजग है। समग्रतः स्वातंत्र्योत्तर हिंदी उपन्यासों के प्रत्येक क्षेत्र में जो दिशा-धाराएँ सरसित हुई हैं, उनमें मुख्य रूप से चार प्रकार की धारणाएँ स्पष्ट रूप से देखी जा सकती हैं। प्रथम धारणा के अनुसार प्राचीन परंपराओं एवं संस्कारगत विचारधाराओं में विश्वास किया जाता है चाहे वह व्यक्ति या समाज के लिए उपादेय हो या नहीं। इस धारणा में केवल परंपरा-निर्वाह पर ही ध्यान दिया जाता है, मूल्य दृष्टि का इसमें कोई स्थान नहीं होता है। द्वितीय धारणा प्राचीन परंपराओं का विरोध करने और उन्हें उखाड़ फेंकने में ही विश्वास रखती है। इस धारा का, इस बात पर ध्यान नहीं रहता है कि प्राचीन भी उपयोगी हो सकता है तथा उसकी समाप्ति अहितकर भी हो सकती है। इसमें वर्तमान की अस्वीकृति तो होती ही है, भविष्य की दिशा भी अस्पष्ट होती है। इस प्रकार हमें नकारात्मक दृष्टिकोण ही पूर्वाग्रही होता है। तीसरी धारा प्राचीन और नवीन सभी की अस्वीकृतिपूर्ण धारणा का आग्रह करती है इसमें मान्यताओं और धारणाओं की अराजकता और धुरीहीनता परिलक्षित होती है। इस धारा में मूल्य-दृष्टि अस्पष्ट और अनिश्चित तो रहती ही है, सामाजिक व्यवस्था की दृष्टि से यह धारा सर्वाधिक

घातक होती है। चौथी धारा के अंतर्गत पुरानी मान्यताओं को तर्क एवं विवेक के आधार पर परखा जाता है और उसके अनुसार ही उनको स्वीकृति अथवा अस्वीकृति प्रदान की जाती है। इस विचारधारा का लक्ष्य 'समाज-हित' होता है। मूल्य-दृष्टि एवं सामाजिक-व्यवस्था की दृष्टि से यह विचारधारा सर्वाधिक महत्त्वपूर्ण है।

डॉ. नरेन्द्र कोहली इस चौथी धारा के साहित्यकार हैं, जो बुद्धिवादिता एवं मनोवैज्ञानिकता की कसौटी पर नवीनता का समर्थन भी करते हैं और प्राचीनता को वैज्ञानिकता के आधार पर अपने विवेक एवं तर्क के साथ आधुनिक संदर्भों में प्रस्तुत भी करते हैं। कोहलीजी का स्पष्ट चिंतन है कि आधुनिक विकासशील वैज्ञानिक युग में न तो कोई यह मानने को तैयार होगा और न ही विश्वास करेगा कि तथाकथित शिला रूपी अहल्या, राम के चरणों के स्पर्श से शिला से नारी के रूप में परिवर्तित हो गई और न ही यह मानने को तैयार होगा कि चमत्कारपूर्ण ढंग से कृष्ण ने द्रौपदी की साड़ी को इतना बढ़ाया, इतना बढ़ाया कि कई हाथियों की शक्ति रखने वाले दुःशासन की भुजाएँ उसे खींचते-खींचते थक गईं। आधुनिक भौतिकतावादी समाज अपने भौतिक चर्मचक्षुओं पर विश्वास करता है और प्रत्येक घटना को, प्रत्येक वस्तु को विज्ञान की प्रायोगिकता पर सिद्ध करके देखना चाहता है। ऐसे में उसे न तो किसी ईश्वर पर विश्वास है और न ही किसी अवतार पर। आज का समाज गाँधी को जानता है, विवेकानंद को जानता है, महर्षि अरविन्द को जानता है, विनोबा भावे तथा ऐसे ही अनेकानेक महापुरुषों को जानता है, जिनके सदाचरण, सद्व्यवहार एवं आदर्शों का प्रभाव समूचे भारतीय समाज को तो क्या समूचे विश्व के लोगों को अचंभित एवं मंत्रमुग्ध कर देता था, जिनके प्रभाव से लाखों करोड़ों लोग एक मत से उनके पीछे चलने को तत्पर हो जाते थे। आधुनिक समाज एक मात्र मानव-शक्ति को जानता है; मानव जिसमें विज्ञान की बड़ी से बड़ी खोज करके चंद्रमा की सैर करने की शक्ति है, प्रकृति के अनुद्घाटित रहस्यों को खोजने की शक्ति है, समाज और सृष्टि को स्वर्ग सा सुंदर बनाने की शक्ति है तथा अणु-परमाणु की निर्मिति कर समूची सृष्टि का संहार करने की भी शक्ति है। अर्थात् आधुनिक मानव में ब्रह्मा-विष्णु और महेश तीनों स्वरूप निवास करते हैं। अपने ब्रह्म स्वरूप में वह सृजन करता है, विष्णु रूप में वह सृष्टि अथवा समाज का पालन-पोषण और विकास करता है तथा शिव रूप में वह विकास के चरम पर पहुँची हुई सृष्टि का जो अहंकार के मद में मदांध हो चुकी होती है तथा उसका अहंकार समाज के लिए असह्य हो जाता है तो वह उसका संहार भी कर देता है।

इस प्रकार आज का समाज एक मात्र मानव-शक्ति को जानता है, समझता है और उसी पर विश्वास करता है। उसी मानव-शक्ति के आदर्शों को तथा मानव द्वारा संभव होने वाले कार्यों को समाज स्वीकृति भी देता है तथा उन आदर्शों और कार्यों का अनुकरण और अनुसरण भी करता है। अतः कोहली जी ने अपने उपन्यासों

में इसी मानवीय-शक्ति से प्रेरित आदर्शों की स्थापना की है, जो वर्तमान समाज के लिए ग्राह्य हो सके और जिससे प्रेरित होकर वर्तमान पतनोन्मुखी समाज उबर सके तथा भारतीय संस्कृति की प्राचीन गरिमा के अनुसार सदाचारी होकर विकास पथ की ओर उन्मुख हो सके।

आधुनिक युग में उपन्यासों की लोकप्रियता सर्वोच्च शिखर का स्पर्श कर रही है। वर्तमान जीवन के भाव-सत्य को, अपनी समग्रता में सभी स्तरों और आयामों को व्यापकता और गहनता के दोनों क्षेत्रों में अभिव्यक्त करने के लिए सर्वाधिक समर्थ माध्यम उपन्यास है। सांस्कृतिक, सामाजिक, ऐतिहासिक, राजनीतिक, अस्तित्ववादी और मनोवैज्ञानिक। चेतना प्रधान उपन्यासों की लंबी परंपरा धारा प्रवाहित है।

स्वातंत्र्योत्तर समाज में यह भी अनुभव किया गया कि भारतीय समाज के नैतिक-जीवन-मूल्य, आदर्श-चरित्र की उदात्तता और 'सर्वे भवन्तु सुखिनः' का आधार मूल पतनोन्मुखी हो रहा है। इसे सही दिशा की ओर मोड़ने हेतु पुनः संस्कृति की धरोहर स्वरूपी पौराणिकता के वातायनों से खुली हवा प्राप्त करने की आवश्यकता हुई। समय और सृष्टि स्वतः ही समयानुकूल सर्जक उत्पन्न करती रहती है—इस प्रक्रिया में समाज की माँग और उसकी आवश्यकताओं का अनुभव अनेकानेक साहित्यकारों की लेखनी ने किया। फलतः भारतीय संस्कृति के पौराणिक युग के प्रमुख दो आदर्श चरित्र नायक, राम और कृष्ण को केंद्रित करके उपन्यास विधा में साहित्य लेखन होने लगा। साहित्यकारों की चेतना ने अपनी कल्पना में जब तुलनात्मक दृष्टिकोण अपनाया तो उन्हें लगा कि रामायण और महाभारत युग में, जो एक रावण और एक कंस थे, आज के परिवेश में वे सहस्र रूप धारी हो कर अनेक प्रकार के अत्याचारों से भारतीय जनमानस को संत्रस्त किए हुए हैं।

राम और कृष्ण को नायक बनाकर जिन साहित्यकारों ने अपनी लेखनी सरसित की उनमें से कुछ प्रमुख हैं :

**राम संदर्भ** : नरेन्द्र कोहली : 'अभ्युदय', रामप्रसाद मिश्र : 'राम', रमानाथ मिश्र : 'रामगाथा', प्रो. जी.बी. कानूनगो : 'सत्य रामायण', 'रामकथा-साहित्य' इत्यादि।

**कृष्ण संदर्भ** : नरेन्द्र कोहली : 'महासमर' (आठ खंड), मनु शर्मा : 'कृष्ण की आत्मकथा' (आठ खंड), दिनकर जोशी : 'श्याम फिर एक बार तुम मिल जाते' तथा के.एम. मुंशी रचित 'कृष्णावतार' कृष्णकथा-साहित्य इत्यादि।

समय के प्रहरी इन सजग साहित्यकारों ने अपने उपन्यासों में पौराणिक युग के अवतारधारी, ईश्वरत्व-संप्रभुता-संपन्न श्रीराम और श्रीकृष्ण को मानव रूप में वैज्ञानिकता के निकष पर रखने योग्य और आधुनिक जन-मानस के हृदय एवं मन-मस्तिष्क के लिए सुग्राह्य बनाया है। ऐसे साहित्यकारों में बहुचर्चित, लब्ध प्रतिष्ठ नरेन्द्र कोहली का नाम अग्रगण्य है; जिन्होंने रामायण और महाभारत दोनों को आधार बनाकर कई खंडों वाले वृहदाकार उपन्यास की रचना की है। नरेन्द्र

कोहली ने ऐसा अनुभव किया कि आज का वैज्ञानिक युग अवतारवाद, ईश्वरत्व और चमत्कारिता को मानने के लिए तैयार नहीं है अतः आधुनिक संदर्भों में यह परम-आवश्यक है कि नायक का नायकत्व आदर्शमय और प्रेरणादायी तो हो; किंतु ऐसा भी हो जो सहज विश्वसनीय और अनुकरणीय हो।

यद्यपि सामान्य तर्कपूर्ण विवेचना के दृष्टिकोण से यदि हम आज से मात्र एक शतक अथवा उसके आसपास के इतिहास का अध्ययन करें तो स्वामी विवेकानंद, रामकृष्ण परमहंस, महात्मा गाँधी, महर्षि अरविंद इत्यादि ऐसे महापुरुष हमारे समक्ष आएँगे जिनको हम अवतार अथवा अवतारी पुरुष की संज्ञा से अभिहित कर सकते हैं। इन महापुरुषों ने अपनी आत्म-तत्त्व की ऊर्जा को ऊर्ध्वगामी बनाया और सामाजिक विकृतियों का निवारण करके सामाजिक व्यवस्था के स्वरूप को सुदृढ़ता प्रदान की। इन महापुरुषों के अनेक ओजस्वी कार्य और विचार आज अत्याधुनिक समाज के लिए अविश्वसनीय हो सकते हैं। इन परिस्थितियों में यदि हम पाँच हजार वर्ष पूर्व के राम और कृष्ण को अवतारी पुरुष कहते हैं तो उसमें कोई अतिशयोक्ति मुझे प्रतीत नहीं होती और न ही कोई असंभाव्यता दिखलाई पड़ती है किन्तु राम और कृष्ण के अवतारत्व में जो बात अस्वीकारणीय है, वह यह कि—श्रद्धापूरित भारतीय जन-मानस ने राम और कृष्ण के आदर्शों और उनके श्रेष्ठतम कार्यों को इतनी अधिक श्रद्धा-भक्ति प्रदान की कि उनके अनुकरणीय स्वरूप को प्रतीक की अतिशयता देकर पूजनीय-पाषाण बना दिया। फलतः राम और कृष्ण का चरित्र अनुकरणीय नहीं रह गया वरन् वह मूर्तियों में मन्दिर की धरोहर मात्र बन गया। उस धरोहर के रक्षक पुजारियों ने धर्मप्राण भारत की भोली-भाली धर्मान्ध जनता की श्रद्धा का अनुचित लाभ उठाकर उसे धर्म-भीरु और गोबर गणेश बना दिया। धर्मान्धता और धर्म-भीरुता भी जब अति की ओर बढ़ने लगी तो अत्याधुनिकता और अपरिपक्व वैज्ञानिकता ने धर्म-ऊर्जा के नायक के अवतारत्व को अस्वीकार कर दिया। निरंकुशता बढ़ने लगी, मर्यादाएँ टूटने लगीं, नैतिकता दमित और पददलित होने लगी। सात्विकता कहीं भीष्म पितामह के समान शरशैया पर मृतप्राय सी पड़ी कराहने लगी; तो कहीं वह राक्षसी वृत्तियों के कुकर्मों का शिकार होकर 'सर्व जन हिताय सुयज्ञ' के लिए अभिशाप होने लगी। फलतः नरेन्द्र कोहली जैसे साहित्यकारों ने '*यदा-यदा ही धर्मस्य ग्लानिर्भवति भारत...*' से प्रेरणा लेकर राम और कृष्ण जैसे भारतीय संस्कृति के आदर्श चरित नायकों के उस स्वरूप की आवश्यकता महसूस की, जो पाषाण मूर्तियों के रूप में सिर्फ मंदिरों की चारदीवारी में ही बंद देवता न हों, वरन् उसके बाहर आकर मानव के अंतर में निहित देवत्व को जाग्रत कर सके। सुषुप्त शक्ति के प्रेरक तत्त्व के रूप में जन-जन के हृदय में निवास कर सके। सृष्टि की अनुपम और अतुलित शक्ति-स्रोत-धारी मानवीय संकल्प ऊर्जा को समाज में परिव्याप्त भ्रष्टाचार, दुराचार, कदाचार जैसी दुष्प्रवृत्तियों के दमन और सामाजिक सुव्यवस्था की संस्थापना हेतु उत्प्रेरित कर सके।

### 3. स्वातंत्र्योत्तर कथा-साहित्य का शिल्पगत वैशिष्ट्य तथा नरेन्द्र कोहली

सृष्टि सृजन काल के आरंभ से ही जब से महाशिल्पकार ने उषा के अरुणिम रेशमी धागों से नील-गगन में अरुणिम आभा का सृजन किया होगा संभवतः तभी से मानव भी शिल्प के सृजन के विभिन्न प्रयोग निरंतर कर रहा है, फलतः सभ्यता, संस्कृति और साहित्य के विकास के साथ-साथ उनके विभिन्न वैशिष्ट्य भी विविध स्वरूपों में दृष्टिगत हो रहे हैं। अन्य विकासशील परंपराओं के समान ही स्वातंत्र्योत्तर कथा-साहित्य का शिल्प भी अपनी कुछ विशिष्टताओं के साथ विकासमान है।

कथा-साहित्य उस विशाल सरिता के सदृश है जिसमें व्यक्ति, समाज का प्रतिबिंब निरंतर पड़ता रहता है और सरिता की गति के साथ-साथ प्रतिबिंब भी गतिशील होता है। यह गतिशीलता ही नवीन स्वरूप-वैशिष्ट्य की उत्पत्ति करती है। वर्तमान युग में साहित्य का उत्कृष्टतम स्वरूप उपन्यास में दृष्टिगत होता है। उपन्यास की बात हो अथवा उसके शिल्प की, हिंदी उपन्यास-साहित्य के इतिहास में कथा-सम्राट प्रेमचंद की चर्चा के बिना वर्ण्य विषय अधूरा ही रह जाएगा। हिन्दी उपन्यास साहित्य में प्रेमचंद के सेवासदन ने जहाँ हिंदी उपन्यास के उज्ज्वल भविष्य का उद्घोष किया वहीं उनके द्वारा सृजित अनेक पारिवारिक, सामाजिक तथा राजनीतिक उपन्यासों–रंगभूमि, कर्मभूमि, गोदान ने शिल्प वैशिष्ट्य की धारा को नवीन दिशा प्रदान की। प्रेमचंद जी के 'गोदान' को तो शिल्प की दृष्टि से उत्कृष्टतम कृति कहा जा सकता है। इन उपन्यासों के आधार पर प्रेमचंद जी जहाँ प्रगतिशील कथाकार सिद्ध होते हैं वहीं उन्हीं के युग में उपन्यासकारों का एक वर्ग यथार्थवाद के नाम पर प्रकृतिवादी उपन्यासों का सृजन कर रहा था–इनमें आचार्य चतुरसेन शास्त्री, बेचनशर्मा उग्र, ऋषभचरण जैन इत्यादि उल्लेखनीय हैं; किंतु शिल्प की दृष्टि से इनकी कृतियों का महत्त्व नगण्य ही है। ऐतिहासिक उपन्यासों की शृंखला में वृंदावनलाल वर्मा कृत 'मृगनयनी'–1950 और सत्यकाम विद्यालंकार कृत 'आचार्य विष्णुगुप्त चाणक्य' शिल्प की दृष्टि से अत्यंत महत्त्वपूर्ण उपन्यास हैं। शिल्प दृष्टि को नवीन दृष्टिकोण प्रदान करने वाले उपन्यासों में मनोवैज्ञानिक उपन्यासों की भूमिका उल्लेखनीय है। मनोवैज्ञानिक उपन्यासों में जैनेन्द्र कृत 'सुखदा'–1952 तथा 'विवर्त'–1953 तथा इलाचंद्र जोशी कृत 'जहाज का पंछी'–1955 महत्त्वपूर्ण हैं। इसी युग में एक धारा प्रगतिवादी उपन्यासकारों की भी चल रही थी। जिनमें यशपाल (दादा कामरेड), अमृतराय (बीज), राजेन्द्र यादव (सारा आकाश) और मन्नू भंडारी (आपका बंटी) इत्यादि प्रमुख हैं। इसके अतिरिक्त व्यंग्य प्रधान उपन्यास–रांगेय राघव कृत 'हुजूर' और हास्य प्रधान उपन्यासों का सृजन भी हुआ है। किंतु हास्य प्रधान उपन्यासों का शिल्प सामाजिक उपन्यासों के शिल्प का ही अनुकरण करता है। इस प्रकार यह स्पष्ट है कि स्वातंत्र्योत्तर कथा-साहित्य में विभिन्न भावों, समस्याओं एवं आदर्शों के साथ-साथ यथार्थपरक चित्रण किए गए। स्वातंत्र्योत्तर सामाजिक उपन्यासकारों के सशक्त हस्ताक्षर अमृतलाल नागर (बूँद और

समुद्र, मानस का हंस) तथा धर्मवीर भारती (गुनाहों का देवता) उल्लेखनीय हैं। उपन्यास शिल्प के प्रमुख तत्त्वों के आधार पर इन उपन्यासों को हम निम्नलिखित रूपों में रख सकते हैं :

1. कथानक प्रधान अथवा कथानक की दृष्टि से।
2. चरित्रप्रधान अथवा चरित्र की दृष्टि से।
3. दृष्टिकोण के आधार पर।
4. परिप्रेक्ष्य की दृष्टि से।
5. प्रस्तुतीकरण शिल्प की दृष्टि से।

उपन्यास-शिल्प का विवेचन करते हुए हम यह देखते हैं कि साहित्य के अन्य रूपों की भाँति ही उपन्यास के लिए भी आकार, रूप तथा रचना की आवश्यकता होती है। किंतु यह भी सत्य है कि मात्र आकार, रूप, रचना ही उपन्यास की श्रेष्ठता सिद्ध नहीं करती, बल्कि उपन्यास में विषयवस्तु तथा शिल्प दोनों का ही समान महत्त्व होता है। उपन्यास एक कला है। प्रत्येक कला के कुछ सिद्धांत, मान्यताएँ तथा आदर्श होते हैं। उपन्यासकार का दर्शन, चिंतन तथा विषयवस्तु शिल्प के माध्यम से ही व्यक्त होते हैं। उपन्यास का शिल्प समग्र उपन्यास में ठीक उसी प्रकार परिव्याप्त होता है जिस प्रकार पवन समग्र सृष्टि में।

हिंदी में शिल्प का अर्थ है—कारीगरी। अतः उपन्यास के शिल्प वैशिष्ट्य का तात्पर्य है—उपन्यास की कारीगरी की विशेषता अथवा उपन्यास को प्रस्तुत करने की प्रणाली की विशेषता। शिल्प अथवा शिल्प वैशिष्ट्य के अंतर्गत वे समस्त तत्त्व आ जाते हैं, जो उपन्यास के स्वरूप का निर्माण करते हैं। वे तत्त्व क्या हैं? लेथरोप ने उपन्यास के विविध उपकरणों पर प्रकाश डालते हुए लिखा है कि प्रत्येक कहानी के तीन अनिवार्य तत्त्व होते हैं : विशेष परिस्थितियों में कुछ लोगों के द्वारा कुछ घटित होता है। कार्यों का होना, कार्यविधान कथा ही है, अथवा जब (वह) निश्चित रूप से सुगठित होता है तो वह कथानक है। कार्य करते हुए व्यक्ति चरित्र है। स्थिति के अंतर्गत कुछ कार्य होते हैं, वे परिप्रेक्ष्य का निर्माण करते हैं।[56] लेथरोप की इस परिभाषा से उपन्यास के प्रमुख तीन तत्त्वों पर प्रकाश पड़ता है—कथानक, चरित्र तथा परिप्रेक्ष्य। इसके अतिरिक्त कुछ अन्य तत्त्व भी हैं—संवाद तथा शैली। संवाद के अभाव में उपन्यास में जहाँ नीरसता आ जाएगी वहीं शैली के अभाव में उपन्यास की कल्पना ही असंभव हो जाएगी। उपन्यास के प्रस्तुतीकरण की योजना ही शैली है तथा भाषा शैली के बिना उपन्यास का अस्तित्व की अस्तित्वहीन हो जाएगा। इस प्रकार उपन्यास-शिल्प के निम्नलिखित तत्त्व हैं :

1. कथानक 2. चरित्र 3. कथोपकथन 4. परिप्रेक्ष्य 5. अ. शैली ब. भाषाशैली। इन सबके अतिरिक्त एक अन्य तत्त्व भी है, जो प्रत्यक्ष न होते हुए भी और शिल्प का अंग न होते हुए भी उपन्यास शिल्प को सर्वाधिक प्रभावित करता है। वह है

लेखक का दर्शन अथवा दृष्टिकोण। मानव जीवन में नियति का स्थान अत्यंत महत्त्वपूर्ण है। नियति दृश्य तथा अदृश्य रूप में मानव से अनेक कृत्य करवाती है, वह अनेक घटनाओं की विधायिका होती है। नियति की भाँति ही उपन्यासों में दृष्टिकोण की स्थिति है। उपन्यास शिल्प के सभी अंग–कथानक, चरित्र, परिप्रेक्ष्य, संवाद तथा शैली, दृष्टिकोण से प्रभावित होते हैं।

उपन्यासकार के व्यक्तित्व, विचार, भावना तथा मनोभावों का प्रभाव उपन्यास के शिल्प पर अनायास ही पड़ता है। लेथरोप कहते हैं कि उपन्यास (उपन्यासकार के) दृष्टिकोण को प्रदर्शित करता है, यह रुचि प्रकट करता है, सुविशिष्ट चयन की प्रवृत्ति तथा (यह) भाव की कम से कम एक विचार दूसरे की अपेक्षा अधिक महत्त्वपूर्ण है– इसे व्यक्त करता है।[57]

उपन्यास के निर्माण में दृष्टिकोण का योगदान उल्लेखनीय होता है। उपन्यासकार अपने दृष्टिकोण के अनुरूप ही कथानक पर चयन करता है, जिस दृश्य, समस्या या प्रश्न पर बल प्रदान करना चाहता है, उस पर बल प्रदान करता है, जिस पात्र के प्रति वह सहानुभूति या संवेदनशील होता है उसका चित्रण वह उसी के अनुरूप करता है। इसी प्रकार पात्र विशेष के प्रति घृणा या तिरस्कार की दृष्टि भी अभिव्यक्त होती है। कथा, चरित्र-चित्रण से भिन्न प्रत्येक उपन्यास में एक विचार, दृष्टिकोण होता है, जो प्रत्येक उपन्यास में स्पष्ट तथा अस्पष्ट रूप से ग्रंथित होता है। उपन्यासकार अर्थशास्त्र, नीतिशास्त्र, राजनीतिशास्त्र से प्रेरित होकर उपन्यास का प्रणयन कर सकता है। उसका विशिष्ट दृष्टिकोण अथवा दर्शन कथानक, पात्र चित्रण तथा संवाद के आश्रय से सहज स्वाभाविक रूप में प्रकट होना चाहिए। अधिकतर उपन्यासों के संवादों में ही उपन्यासकार का व्यक्तित्व, जो उसके दृष्टिकोण का परिचायक है, प्रतिफलित होता है। प्रेमचंद के उपन्यासों में शोषितों के प्रति सहानुभूति, शोषकों के प्रति घृणा, कथानक योजना तथा संवादों के माध्यम से ही अभिव्यक्त हुई है। प्रगतिवादी उपन्यासों में गांधीवादी पात्रों के प्रति लेखक का आक्रोश प्रकट हुआ है; किंतु उपन्यास नीतिशास्त्र का ग्रंथ नहीं है। वह एक कला है, अतः आवश्यक है कि उपन्यासकार का दृष्टिकोण प्रच्छन्न रूप में उपन्यास का अंग बनकर प्रकट हो।

उपन्यास शिल्प के उपर्युक्त इन सभी तत्त्वों के वैशिष्ट्य पर हम दृष्टि-निक्षेपण करते हैं।

## *1. कथानक या कथावस्तु*

कथानक या कथावस्तु उपन्यास का मेरुदंड है; क्योंकि व्यापक अर्थ में उपन्यास के विविध उपकरण कथानक के अंतर्गत आ जाते हैं। उपन्यासकार कथा-संघटन अथवा दृश्य या प्रसंग चित्रण, पात्र-सृष्टि एवं चित्रण, संवाद आदि का चित्रण किसी न किसी योजना के अनुसार ही करता है। वह योजना ही कथानक अथवा कथावस्तु के नाम

से अभिहित की जाती है। दूसरे शब्दों में उपन्यासकार की उपन्यास की प्रस्तुतीकरण संबंधी विशिष्ट योजना ही कथानक है। ई. एम. फॉर्स्टर ने कथावस्तु को घटनाओं की कथा माना है; जिसमें कार्यकारण पर बल प्रदान किया जाता है।[58]

ई. एम. फॉर्स्टर की यह परिभाषा अत्यधिक समीचीन प्रतीत होती है; क्योंकि कार्यकारण की शृंखला में आबद्ध कथा-दृश्य-योजना ही कथानक है। व्यावहारिक दृष्टि से हम कथानक को तीन भागों में विभक्त कर सकते हैं—आदि, मध्य और अंत।

**आदि :** उपन्यास का आदि अत्यंत महत्त्वपूर्ण होता है तथा अंशतः इसी पर उपन्यास का भविष्य निर्भर होता है। यदि उपन्यास का आदि कुतूहलवर्धक, रोचक तथा हृदयग्राही न हो तो उसकी सफलता संदिग्ध हो जाती है। कुछ उपन्यासों का आदि रोचक और कुतूहलवर्धक होते हुए भी उपन्यास से असंबद्ध भूमिका मात्र होता है। कुछ उपन्यासों का प्रारंभ प्रकृति-चित्रण, स्थान, काल अथवा युग-चित्रण से होता है तो कुछ का पात्रों के संवाद से। संवादपरक प्रारंभ श्रेष्ठ प्रतीत होता है क्योंकि यह विवरणहीन और नाटकीय होता है। किंतु यह श्रेष्ठ है, ऐसा निष्कर्षतः नहीं कहा जा सकता। शिल्प की दृष्टि से वही आदि सफल है जो प्रभावशाली हो, यथा कंकाल। होगराथ ने लिखा है कि जिन उपन्यासों का प्रारंभ आगंतुक के नगरप्रवेश, निर्वासन के पश्चात् पुनरागमन, नायक के मस्तिष्क पर मृत्यु का प्रभाव, सगाई अथवा आकस्मिक घटना से होता है। वे आदि की दृष्टि से अच्छे नहीं समझे जाते हैं।[59] किंतु इस प्रकार के आदि भी उस समय अच्छे सिद्ध हो सकते हैं, जबकि उपन्यासकार ने कुतूहल जाग्रत किया हो तथा इसकी मनोवैज्ञानिक प्रक्रिया का सफल चित्र अंकित किया हो।

**मध्य :** उपन्यास का प्रारंभ जिस समस्या को लेकर होता है, मध्य में उसी का विकास होता है। शिल्प की दृष्टि से मध्य की विशेषता है कि इसका विकास सहज-स्वाभाविक रीति से हो। इसमें एक घटना दूसरी घटना की ओर शीघ्रता से अग्रसर हो रही हो तथा इसमें स्वतः सहज स्वभाविक गति और प्रभाव हो। उपन्यास में वर्णित समस्त घटनाएँ स्वतः ही अंत की ओर अग्रसर हो रही हों। घटनाओं के विकास में विश्वसनीयता हो। उनमें उपन्यासकार के आरोपण की प्रतीति न होकर सहज स्वाभाविक परिणति की प्रतीति हो। स्वाभाविकता और मनोवैज्ञानिकता मध्य का प्राण है। कथानक की समस्त विशेषताएँ प्रायः मध्य में ही दृष्टिगत होती हैं।

**अंत :** उपन्यास का अंत सबसे अधिक महत्त्वपूर्ण होता है; क्योंकि यही वह बिंदु तथा लक्ष्य स्थल है, जिसके लिए उपन्यास के रूप-विधान की रचना हुई। यह अंत ही है, जो संपूर्ण उपन्यास में एकता तथा प्रभावान्विति की सृष्टि करता है, क्योंकि प्रत्येक घटना, दृश्य, पात्र के कार्यकाल का लक्ष्य यही है। अंत यदि प्रभावपूर्ण है तो उपन्यास सफल है; क्योंकि इसका प्रभाव स्थायी होता है। शिल्प की दृष्टि से वही अंत सफल और दर्शनीय है जो अपूर्ण प्रतीत नहीं होता। अंत के उपरांत यह

अनुभूति नहीं होनी चाहिए कि कुछ शेष रह गया। विशिष्ट कार्य अथवा भाषण के द्वारा श्रेष्ठ अंत पाठकों की कल्पना को उत्तेजित करता है। होगराथ के अनुसार वास्तविक अंत प्रायः एक दार्शनिक भार (तनाव) होता है। इसके लिए केवल एक वाक्य अपेक्षित है; किंतु प्रायः यह विचार विषयवस्तु अथवा उपन्यास की नैतिकता का सारांश होता है।[60] उपन्यास के अंत की सफलता उपन्यासकार के मस्तिष्क में कथा की परिपक्वता का द्योतक है। श्रेष्ठ उपन्यासों में अंत तथा आदि में संबंध होता है। यह अंत जितना ही व्यंजनात्मक होता है, उतना ही श्रेष्ठ होता है। श्रेष्ठ उपन्यास चरम सीमा पर समाप्त हो जाते हैं।

चरम सीमा वह स्थल है जहाँ उपन्यास अथवा कहानी या नाटक में मुख्य कथा चरमोत्कर्ष को प्राप्त होती है। उपन्यास की समस्त घटनाओं की अवस्थिति इस बिंदु के लिए हुआ करती है। लेथरोप के अनुसार बढ़ती हुई तीव्रता के साथ लक्ष्य का प्रत्यावर्तन (चरमसीमा) कहानी के ढाँचे को एकता तथा निश्चित रूप प्रदान करने का साधन है।[61] चरम सीमा कथा की गति की तीव्रतम स्थिति है। यह बिंदु ही कथा-साहित्य का प्राण है।

कुछ उपन्यास चरम सीमा तक पहुँचकर भी समाप्त नहीं होते। चरम सीमा के अनंतर भी उपन्यासकार को कुछ कहना शेष रह जाता है। कहानी की समाप्ति तथा पात्र-चित्रण की पूर्णता के लिए चरम सीमा के उपरांत भी ये उपन्यास चलते रहते हैं और इनकी समाप्ति उपसंहार के रूप में होती है; किंतु चरम सीमा के अनंतर व्याख्यामूलक उपसंहार शिल्प की दृष्टि से दोषपूर्ण होते हैं। इससे अभीप्सित प्रभाव का ह्रास होती है।

**कथावस्तु का वैशिष्ट्य :** उपन्यासकार अपने शिल्प कौशल से अपने उपन्यास के कथानक को रोचक बनाने का प्रयत्न करता है। इसके लिए वह विविध उपायों का आश्रय ग्रहण करता है। कथानक में कतिपय विशेषताओं के समावेश से उसकी शक्ति और प्रभाव की अभिवृद्धि होती है। वे विशिष्टताएँ निम्नांकित हैं :

**1. कुतूहल :** उपन्यास के कथानक में कुतूहल का महत्त्वपूर्ण स्थान है। आदि से अंत तक कुतूहल की अक्षुण्णता से उपन्यास की रोचकता और प्रवाहमयता में अभिवृद्धि होती है। उपन्यासकार किसी रोचक घटना द्वारा भविष्य संकेत द्वारा अथवा प्रमुख पात्र को विपत्ति में डालकर पाठक के कुतूहल को जाग्रत करता है। फलतः पाठक पात्र की विपत्ति, घात, प्रतिघात तथा समस्याओं के प्रति चिंतित होकर शीघ्रता से अंत की प्रतीक्षा करता है। इस प्रकार उपन्यासकार आदि से अंत तक निरंतर आशंका तथा अनिश्चय की स्थिति बनाए रखता है, जिससे कुतूहल की सृष्टि होती है। प्रेमचंद और वृंदावन लाल वर्मा के उपन्यासों में यह तत्त्व विशेष रूप से पाया जाता है। मनोवैज्ञानिक उपन्यासों में पात्रों के असंगत व्यवहार के प्रति कुतूहल जाग्रत होता है।

**2. स्वाभाविकता तथा मनोवैज्ञानिकता :** शिल्प की दृष्टि से कथानक की मुख्य विशेषताएँ हैं, स्वाभाविकता, सजीवता तथा मनोवैज्ञानिकता। स्वाभाविकता से ही विश्वसनीयता आती है। उपन्यास में कल्पना के आश्रय से जीवन तथा जगत् का सत्य पुष्पित और पल्लवित होता है। कथानक शिल्प की विशेषता इस तथ्य में निहित है कि उपन्यास में व्यक्ति की जीवन कथा इस रूप में प्रस्तुत हो कि वह काल्पनिक होते हुए भी यथार्थ प्रतीत हो। इसके अतिरिक्त कथानक का विकास सहज स्वाभाविक रूप से हो। उसमें आकस्मिक संयोग के लिए अल्प स्थान रहे। उपन्यास में वर्णित प्रत्येक स्थल, परिस्थिति तथा दृश्य का विकास अकृत्रिम रूप में होना चाहिए, जिससे उसमें सजीवता उत्पन्न हो। घटनाएँ एवं कथाएँ मनोवैज्ञानिक हों तथा वे तर्कसम्मत प्रतीत हों। "शिल्प की दृष्टि से वही कथानक दर्शनीय है जिसका स्वतः विकास होता है। कथानक में गति होना आवश्यक है। श्रेष्ठ उपन्यासों में प्रत्येक घटना तीव्रता के साथ चरम सीमा की ओर अग्रसर होती है। एक घटना के क्रोड़ से अन्य घटना उसी प्रकार विकसित होती है, जिस प्रकार कली में अंतर्निहित पुष्प।"[62] उपन्यासकार जब कल्पना के आश्रय से यथार्थ की प्रतीति कराता है तो उपन्यास में स्वतः ही सजीवता और सशक्तता आ जाती है।

**3. सुगठन तथा संबद्धता :** उपन्यास का कथानक सुगठित होता है। उपन्यास में मुख्य कथानक ही नहीं, प्रत्युत उपकथानक तथा प्रासंगिक कथाएँ भी होती हैं। प्रासंगिक उपकथाएँ तो छोटी-छोटी नदियों की भाँति हैं जो कि प्रमुख कथा-सरिता में लय होकर उसे शक्ति-संपन्न बनाती हैं। उपकथानक के द्वारा विविध प्रयोजनों की सिद्धि होती है तथा उपन्यास में रोचकता आती है। उपकथानक के द्वारा जीवन के विविध पक्षों संघर्षों, समस्याओं आदि पर प्रकाश पड़ता है; किंतु उपकथानक का महत्त्व तभी सिद्ध होता है जबकि वह मुख्य कथानक के साथ सुसंबद्ध एवं सुगठित हो। इसके लिए यह आवश्यक है कि कथानक की अपेक्षा उपकथानक को प्रमुखता तथा प्राथमिकता न प्राप्त हो। जब कथानक सुगठित होता है तभी उपन्यास पर उसका अभीप्सित प्रभाव पड़ता है अन्यथा रचना विशृंखल होकर प्रभावहीन हो जाती है। इसके अतिरिक्त कथानक में संबद्धता भी उतनी ही आवश्यक है, जितनी सुगठनता। उपन्यास की प्रत्येक कथा-घटना, दृश्य, प्रसंग आदि परस्पर संबद्ध होने चाहिए। जिस प्रकार सरिता की प्रत्येक लहर स्वतंत्र है; किंतु वह सरिता में तिरोहित होकर विशाल धारा का अंग बन जाती है उसी प्रकार तरंग-सरिता न्याय की भाँति उपकथानक तथा प्रासंगिक-कथाओं रूपी लहरें उपन्यास में प्रस्तुत जीवन-धारा का अंग हैं। सफल उपन्यासकार संबद्धता बनाए रखने के लिए विविध प्रकार के उपायों का अवलंब ग्रहण करते हैं। यथासंभव उपकथानक का चित्रण गौण रूप में करते हैं। कुछ उपन्यासों में कभी-कभी केंद्रीय विचार अथवा मुख्य पात्र के द्वारा कथानक में संबद्धता स्थापित की जाती है। जैसे—'सिंह सेनापति', 'दिव्या', 'बहती गंगा' आदि उपन्यासों में यह

विशेषता दृष्टिगत होती है।

**4. मौलिकता :** मौलिकता कथानक की मुख्य विशेषता है। मौलिकता और नवीनता के प्रति आकर्षण मानव-स्वभाव के प्रमुख गुण हैं। कथानक की विषय-वस्तु भी मौलिक होनी चाहिए; किंतु इसका तात्पर्य यह नहीं है कि केवल मौलिकता के कारण ही कोई उपन्यास श्रेष्ठ समझा जाता है।[63] उपन्यास एक कला है। कला में विषयवस्तु की उपेक्षा शिल्प का भी महत्त्व होता है। यदि उपन्यास का शिल्प समुन्नत नहीं है तो उसमें प्रस्तुत मौलिक समस्याएँ भी अर्थहीन तथा निस्सार हो जाती हैं। ऐसे अनेक उपन्यास दृष्टिगत होते हैं, जिनमें अछूती समस्या को उठाया गया है, परंतु उसके प्रस्तुतीकरण का ढंग इतना निर्जीव-निष्प्राण है कि वे उपन्यास प्रभावहीन और महत्त्वहीन सिद्ध हो जाते हैं। यथा—इंद्र वाचस्पति का 'अपराधी कौन' (1936), अंचल का 'उल्का' (1947), भैरवप्रसाद गुप्त का 'शोले' (1950) आदि इस तरह के उपन्यास हैं। प्रेमचंद तथा फणीश्वरनाथ रेणु आदि के उपन्यासों की महत्ता इसी कारण है कि उनमें मौलिकता है और साथ ही प्रस्तुतीकरण शिल्प भी रोचक एवं आकर्षक है।

**कथानक अथवा कथावस्तु के दोष :** विशिष्टताओं का अभाव ही कथानक या कथावस्तु का दोष होता है। उपन्यासकार की रचना संबंधी असावधानी अथवा उसकी अक्षमता के कारण कथानक में कतिपय दोष उत्पन्न हो जाते हैं, जो उपर्युक्त विशिष्टताओं के ठीक विपरीत होते हैं। यथा : असंबद्धता, अस्वाभाविकता तथा पुनरावृत्ति।

**असंबद्धता :** कथानक शिल्प की दृष्टि से संबद्धता का अभाव उपन्यास कला का बड़ा दोष है। यदि उपकथानक कथानक से प्रमुखतर हो जाए, यदि कथाएँ समानाधिकारी तथा स्वतंत्र कथा प्रतीत होने लगें तो इससे प्रभावान्विता पर आघात होता है। इसके अतिरिक्त उपन्यासकार के दृष्टिकोण के कारण भी कहीं-कहीं अनावश्यक विस्तार दृष्टिगत होता है। नगण्य घटनाएँ तथा महत्त्वहीन या सामान्य घटनाएँ विस्तार प्रवृत्ति के कारण अनावश्यक महत्त्व प्राप्त कर लेती हैं। फलतः कथानक गतिहीन, शिथिल तथा नीरस हो जाता है। इसके अतिरिक्त असंबद्धता के कारण उपन्यास का स्वतः सहज विकास नहीं होता। प्रत्येक घटना स्वतः विकसित नहीं होती। उपन्यासकार को इन विशृंखलित घटनाओं को सायास जोड़ना पड़ता है, जिससे उपन्यास के सौष्ठव पर आघात होता है। यथा--रांगेय राघव का 'मुर्दों का टीला' (1948), बलभद्र प्रसाद ठाकुर का 'भूमिका' (1950), अमृतराय का 'बीज' (1953) आदि उपन्यासों में यह दोष परिलक्षित होता है।

**अस्वाभाविकता :** अस्वाभाविकता दोष उपन्यास शिल्प के लिए घातक होता है। जहाँ पर पाठक को यह प्रतीत होने लगे कि यह चित्रण स्वाभाविक नहीं है, यह संभावित नहीं है, वहीं उपन्यासकार विफल हो जाता है। जिस उपन्यास में अस्वाभाविक चित्रण होता है उस उपन्यास में जीवंतता और सजीवता नहीं आ पाती। अस्वाभाविक

चित्रण का तात्पर्य है कि उपन्यास जीवन का दर्पण नहीं है। फलतः स्वाभाविकता के अभाव में उपन्यास में विश्वसनीयता भी नहीं आ पाती और अविश्वसनीयता न तो हृदयस्पर्शी होती है और न ही प्रभावपूर्ण तथा ग्राह्य ही।

**पुनरावृत्ति :** पुनरावृत्ति भी कथानक का दोष है। पुनरावृत्ति से उपन्यास के कथानक की योजना त्रुटिपूर्ण हो जाती है। जिस घटना से पाठक परिचित हो चुका हो उसकी सूचना पुनः प्राप्त करके उसे रस तथा हर्ष की अनुभूति नहीं होती है। कभी-कभी उपन्यास में पुनरावृत्ति बल प्रदान करने के लिए होती है; किंतु पुनरावृत्ति से रोचकता का ह्रास होता है।

## 2. चरित्र

आधुनिक युग में चरित्र-चित्रण का महत्त्व कथानक की अपेक्षा अधिक हो गया है। बेसिल होगराथ का कथन है कि उपन्यास में व्यक्तियों का महत्त्व होता है, विचार अथवा कथावस्तु का नहीं।[64] राल्फ फाक्स चरित्र के संदर्भ में अपने विचार प्रकट करते हुए कहते हैं कि उपन्यास मनुष्य का संपूर्ण चित्र प्रस्तुत करता है, वह प्रदर्शित करने में समर्थ है कि मनुष्य का मुख्यतः आंतरिक जीवन विशुद्ध अभिनेता के जीवन से सर्वथा भिन्न होता है। यह चलचित्र की क्षमता से परे है।[65]

इससे स्पष्ट हो जाता है कि उपन्यास में व्यक्ति के प्रत्यक्ष तथा सांसारिक जीवन का ही चित्रण नहीं होता प्रत्युत उसके आंतरिक जीवन का भी चित्रण होता है। यदि यह कहा जाए कि उपन्यास और कुछ नहीं, पात्रों के चरित्र की मंजूषा है तो अतिशयोक्ति नहीं होगी। चरित्र योजना से ही उपन्यास के कथ्य का ताना-बाना बुना जाता है। उपन्यासकार छिपे हुए जीवन के उत्सों का उद्घाटन करता है। वह जीवनीकार तथा इतिहासकार से अधिक सजीव तथा व्यक्तित्व संपन्न पात्र प्रस्तुत करता है। उपन्यास के पात्र इतिहास की अपेक्षा अधिक विश्वसनीय, प्रभावोत्पादक, सजीव तथा जीवंत होते हैं। उपन्यास में पात्रों की संख्या अल्प होने से उनका सफलतापूर्वक समग्र चित्रण संभव होता है तथा पाठक पर उनका स्थायी प्रभाव पड़ता है। पात्रों का प्रवेश भी उपन्यासों में विविध प्रकार से होता है। कुछ उपन्यासों में प्रारंभ में एक दो पात्रों से परिचय हो जाता है।

किंतु श्रेष्ठ उपन्यासों में 800 से 1000 शब्दों अर्थात् आरंभ के तीन-चार अध्यायों में प्रमुख पात्रों से परिचय होता है। उपन्यास का प्रत्येक पात्र व्यक्ति होता है। अतः उसका नाम होना भी आवश्यक है। हिंदी के प्रारंभिक उपन्यासों में पात्रों के नाम गुणवाचक होते थे। गुणवाचक नामों की अपेक्षा प्रचलित वैयक्तिक नाम अधिक उपयुक्त होते हैं। पात्रों के नाम दुरूह, कर्णकटु अक्षरों वाले तथा विविध पात्रों के नाम एक समान नहीं होने चाहिए। इससे पाठक को उलझन होती है। पात्र किस प्रकार के हों, यह उपन्यासकार पर अवलंबित है। वह अपनी प्रेरणा तथा इच्छानुसार

ही विविध प्रकार के पात्रों का चित्रण करता है; किंतु पात्रों के चरित्र में कुछ विशिष्टताएँ और मौलिकताएँ होना आवश्यक है अन्यथा जन-सामान्य चरित्र होने पर शिल्प की दृष्टि से महत्त्वहीनता आ जाएगी। चरित्र शिल्प की दृष्टि से यह भी आवश्यक है कि पात्र सरलता से पहचाने जा सकें। इसके लिए आवश्यक है कि उपन्यासकार पात्र की आकृति तथा शारीरिक विशेषताओं पर प्रकाश डालें और साथ ही उनकी आंतरिक विशिष्टताओं का भी चित्रण करें।

**चरित्र-चित्रण के प्रकार :** उपन्यासों में पर्याप्त रूप में पात्र-वैविध्य दृष्टिगत होता है। पात्रों की प्रवृत्ति के अनुसार व्यावहारिक दृष्टि से हम पात्र-चित्रण को दो रूपों में वर्गीकृत कर सकते हैं : 1. आंतरिक तथा 2. बाह्य। बाह्य चित्रण के अंतर्गत पात्र की आकृति, वेशभूषा, रहन-सहन और व्यवहार आदि का चित्रण होता है। आंतरिक चित्रण के अंतर्गत पात्र के विचार, भाव, इच्छा, राग, द्वेष, घृणा, क्रोध इत्यादि अंतःप्रवृत्तियों का चित्रण होता है। अंतःप्रवृत्तियों के आधार पर भी हम पात्रों को चार श्रेणियों में विभक्त कर सकते हैं—वर्गवादी, व्यक्तिवादी, स्थिर और गत्यात्मक। इस वर्गीकरण को हम निम्नांकित रूप में भली प्रकार समझ सकते हैं :

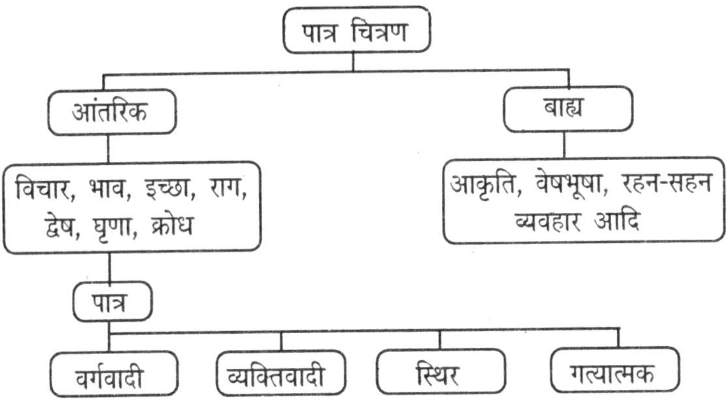


**वर्गवादी तथा व्यक्तिवादी चरित्र :** वर्गवादी चरित्र-चित्रण में व्यक्ति विशेष का चित्रण नहीं होता है। इसमें समाज के एक विशेष समुदाय का चित्रण होता है अर्थात् इसके पात्र विशिष्ट वर्ग के प्रतीक होते हैं। वे समाज के प्रतिनिधि होते हैं। उनके समस्त कार्य-कलाप, सुख-दुःख, भाव अनुभूति व्यक्ति की न होकर उस वर्ग विशेष के अनुकूल होती है। आदर्शोन्मुख यथार्थवादी, प्रगतिवादी तथा ऐतिहासिक उपन्यासों में ऐसे चरित्र ही प्रमुख होते हैं। व्यक्तिवादी पात्र वर्गवादी पात्रों के ठीक विपरीत होते हैं। ये किसी समुदाय या वर्ग के प्रतिनिधि नहीं होते। इनके संस्कार विशिष्ट होते हैं। इनके राग, मनोभाव, संस्कार, मनःस्थिति, सामान्य व्यक्तियों से भिन्न होते हैं। मनोवैज्ञानिक उपन्यासों में व्यक्ति-चरित्र का प्राधान्य होता है।

**स्थिर चरित्र तथा गतिशील चरित्र :** पात्रों के स्वभाव के अनुसार दो प्रकार के पात्र दृष्टिगत होते हैं। स्थिर चरित्र वास्तव में वे होते हैं, जो आदि से अंत तक निरंतर स्थिर अर्थात् एकरस होते हैं। परिस्थितिजन्य तथा बाह्य प्रभाव से ये मुक्त रहते हैं। जो विशेषताएँ प्रारंभ में दृष्टिगत होती हैं वे अंत तक वर्तमान रहती हैं। अतः ये सरलता से पहचान लिए जाते हैं।[66] हिंदी उपन्यासों में अनेक सजीव स्थिर चरित्र के उदाहरण मिलते हैं—यथा फणीश्वरनाथ रेणु के 'मैला आँचल' (1954) का वामनदास, प्रेमचंद के 'गोदान' (1936) का मेहता, होरी तथा भगवती चरण वर्मा की 'चित्रलेखा' (1934) का बीजगुप्त इत्यादि।

गतिशील चरित्र वाले पात्र स्थिर चरित्र के सर्वथा भिन्न होते हैं। ये वातावरण, परिस्थिति तथा बाह्य प्रभावों और प्रेरणाओं से प्रभावित होते हैं। आदि तथा अंत में भिन्न-भिन्न रूप में चित्रित होते हैं। पात्रों के संस्कार बाह्य परिस्थितियों से टकराने लगते हैं। मानसिक संघर्ष के कारण उनका रूपांतर हो जाता है। अतः उनकी व्याख्या एक सूत्र या एक वाक्य में नहीं हो सकती। गतिशील पात्र की परीक्षा इस तथ्य में निहित होती है कि पात्र में विश्वासप्रद रूप में पाठक को चमत्कृत करने की सामर्थ्य है अथवा नहीं। यदि वह कभी भी चमत्कृत नहीं कर सकता तो वह स्थिर चरित्र का होगा जो गतिशील होने का अभिनय मात्र करता है।[67] शिल्प की दृष्टि से गतिशील पात्र वही श्लाघ्य हो सकता है जिसका विकास स्वाभाविक और विश्वसनीय प्रतीत हो। सत्यता यह भी है कि स्थिर अथवा गतिशील चरित्र वाले पात्र की सफलता या विफलता उपन्यासकार के प्रस्तुतीकरण एवं औपन्यासिक शिल्प पर भी निर्भर करती है।

**प्रस्तुतीकरण :** पात्रों का निजी सौंदर्य होता है; किंतु शिल्प का प्रभाव भी अत्यंत महत्त्वपूर्ण होता है, जिससे पात्र प्रभावशील—सरस अथवा प्रभावहीन—नीरस हो जाते हैं । चरित्र शिल्प की दृष्टि से पात्र को सजीव तथा सशक्त रूप में प्रस्तुत करने हेतु विविध विधियों में विविध पात्रों का प्रस्तुतीकरण किया जाता है।

**चरित्र-चित्रण की विधियाँ :** 1. व्याख्यात्मक, 2. वर्णनात्मक 3. विश्लेषणात्मक, 4. अभिनयात्मक।

**1. व्याख्यात्मक विधि :** व्याख्यात्मक विधि में पात्रों की चरित्रगत विशिष्टताओं का उल्लेख अधिकांशतः लेखक द्वारा ही किया जाता है।

**2. वर्णनात्मक विधि :** वर्णनात्मक विधि का प्रचलन अति प्राचीन है। इस शैली में उपन्यासकार पात्र की चरित्रगत विशिष्टताओं, उसकी रुचियों, क्रियाकलापों तथा वेशभूषा इत्यादि का वर्णन स्वयं लेखक के द्वारा, लेखक के अथवा पात्र के चिंतन द्वारा, पत्र या डायरी द्वारा तथा पात्र द्वारा स्वयं के आत्मविश्लेषण से किया जाता है। इस शैली में चित्रात्मकता विशेष रूप से परिलक्षित होती है। चित्रात्मकता के कारण ही पात्र चित्रण जीवंत होता है।

**3. विश्लेषणात्मक विधि :** विश्लेषणात्मक विधि में पात्रों के द्वारा आत्म विश्लेषण एवं लेखक के द्वारा नायकत्व तथा पात्र विश्लेषण के माध्यम से पात्रों के चरित्र को प्रकाशित किया जाता है।

**4. अभिनयात्मक विधि :** शिल्प की दृष्टि से वर्णनात्मक या अभिनयात्मक पद्धति श्रेष्ठतर है।[68] इसका प्रमुख कारण यह है कि वर्णनात्मक पद्धति में चित्रात्मकता का अभाव अथवा अत्यल्पता होने से वह विधि नीरस तथा बोझिल हो जाती है। इसके विपरीत जब पाठक पात्र विशेष के गुणों को लेखक अथवा किसी अन्य द्वारा न सुनकर स्वतः पात्र के कार्यों एवं विचारों से परिचित होता है तो उसे नाटक अथवा चलचित्र जैसा आनंद प्राप्त होता है और उसके समक्ष दृश्य सजीव हो उठता है। वार्तालाप द्वारा पात्र के चरित्र पर सहज-स्वाभाविक प्रकाश पड़ता है। चरित्र-चित्रण के लिए संवाद अनुपम साधन है।[69] पात्रों के परस्पर आलोचनात्मक संवाद के द्वारा तथा वक्ता के आत्मपरक संवादों के द्वारा पात्रों का चरित्र प्रकाशित होता है। पात्रों के कार्य, संवाद तथा चिंतन चरित्र व्यंजक होते हैं। इससे उपन्यासों में नाटकीयता का समावेश हो जाता है, जिससे पात्र सजीव तथा हृदयग्राही हो जाते हैं। आधुनिक युग में इस विधि का अधिकांशतः प्रयोग किया जा रहा है। अभिनयात्मक विधि से वर्णित चरित्र काफी लंबे समय तक पाठकों की स्मृति में रह सकते हैं। पात्रों के चरित्र का स्थायी प्रभाव उनकी अपनी विशिष्टताओं—स्वाभाविकता, सजीवता, वैयक्तिक विभिन्नता एवं वैषम्यता के कारण ही पड़ता है।

### *3. कथोपकथन*

उपन्यास शिल्प में कथोपकथन का विशिष्ट स्थान है। उपन्यास शिल्प में वार्तालाप से सुंदरता, स्वाभाविकता और नाटकीयता का समावेश उसी प्रकार होता है, जिस प्रकार अलंकरण से सौंदर्य वृद्धि का समावेश। भावात्मकता, हास्यपूर्ण दृश्य, प्रेम तथा नाटकीय प्रसंगों के लिए वार्तालाप ही उपयुक्त माध्यम है। इसके साथ ही वार्तालाप के द्वारा नीरस इतिवृत्तात्मक स्थलों का परिहार हो जाता है तथा कथावस्तु की सहज-स्वाभाविक प्रगति होती है। कभी-कभी विगत घटनाओं की सूचना तथा विशृंखलित प्रसंगों का सुग्रंथन भी कथोपकथन के द्वारा ही संभव होता है। कथोपकथन के माध्यम से ही पात्रों द्वारा वर्तमान की प्रगति तथा भविष्य की योजना पर भी प्रकाश पड़ता है। कथोपकथन का एक प्रयोजन है कि वह कथावस्तु की प्रगति में सहायक हो, दूसरा प्रयोजन है कि वह चरित्र-चित्रण में सहायक हो। इसके अतिरिक्त नाटकीय प्रभाव के लिए संवाद सर्वोत्तम साधन है।[70]

शिल्प की दृष्टि से संवाद प्रभावशाली, मार्मिक, सारगर्भित तथा प्रसंगानुकूल होने चाहिए। विस्तृत कथोपकथन से नीरसता का समावेश हो सकता है। अतः उसके परिहार के लिए उपन्यासकार लघु संवादों की योजना भी प्रस्तुत करता है तथा

नाटकीयता वृद्धि एवं पात्रों की मानसिक स्थिति के परिचय हेतु वह पात्रों के कथन के साथ-साथ उसकी आकृति और मुद्रा आदि का चित्रण भी करता है।

आडंबरहीन तथा अकृत्रिम वार्तालाप उपन्यास की श्रीवृद्धि तो करते ही हैं, उसमें स्वाभाविकता तथा सजीवता भी आती है। शिल्प की दृष्टि से व्यावहारिक तथा पात्रानुकूल वार्तालाप महत्त्वपूर्ण होते हैं। संवादों में पात्र के मानसिक स्तर, उसकी शिक्षा-दीक्षा, क्षेत्र एवं वर्ग तथा उसकी बोली का ध्यान रखना भी आवश्यक होता है, अन्यथा शिल्प की स्वाभाविकता विनष्ट हो जाएगी। संवादों में व्यक्तित्व का प्रतिफलन होता है अतः संवाद पात्र के चिंतन मनन और कार्यप्रणाली के अनुरूप होने चाहिए। व्यक्तित्व के अनुरूप विभिन्नता और विषमतापूर्ण संवादों से बिना नाम जाने ही पात्र विशेष के संवाद पहचान लिए जाते हैं तथा इनसे कथोपकथन सजीव, सशक्त तथा प्राणवान हो उठता है।

शिल्प की दृष्टि से संवादों का लघु होना अत्यंत आवश्यक है। इससे वार्तालाप संक्षिप्त, मार्मिक, व्यंजनात्मक तथा प्रभावशाली हो जाता है। लंबे वार्तालापजन्य नीरसता के परिहार हेतु सफल उपन्यासकार कई पंक्तियों के संवाद के अनंतर में समीक्षा करके भी कथोपकथन को सरसता प्रदान करते हैं।

संवादों में नाटकीयता अर्थात् पात्रों की मुद्रा, वेशभूषा तथा शारीरिक क्रियाओं का उल्लेख प्रभावोत्पादकता का समावेश करता है तथा प्रसंगानुकूलता और भावानुकूलता उपन्यास को सफलता, सुंदरता और सार्थकता प्रदान करते हैं।

## *4. परिप्रेक्ष्य : देशकाल या वातावरण*

परिप्रेक्ष्य अथवा देशकाल या वातावरण से ही उपन्यास में यथार्थता की प्रतीति संभव होती है। परिप्रेक्ष्य चित्रण से ही पाठक के समक्ष उन स्थितियों का स्पष्टीकरण एवं वातावरण की अनुभूति संभव हो पाती है, जिनमें औपन्यासिक घटनाएँ घटित हो रही हैं। वस्तुतः परिप्रेक्ष्य उन परिस्थितियों को समाहित करता है जो कार्य का वेष्ठन करता है तथा उन स्थितियों का निर्माण करता है, जिनमें पात्र कार्य करते हैं। जिस प्रकार चित्रकार अभीप्सित चित्र को उभारने के लिए उपयुक्त पृष्ठभूमि प्रस्तुत करता है, उसी प्रकार उपन्यासकार भी वातावरण, देशकाल तथा प्राकृतिक दृश्यों की पृष्ठभूमि में ही अभीप्सित चित्र अंकित करता है, जो सहज स्वाभाविक प्रतीत होता है। परिप्रेक्ष्य वह धरातल है, जिसमें पात्र उत्पन्न होते हैं, वह वातावरण है, जिसमें वे साँस लेते हैं, वह माध्यम है जो उन्हें जीवित रखता है, उन्हें आच्छादित करता है, उनका पालन तथा नियंत्रण करता है तथा उनके रहने के ढंग का नियोजन करता है।[71] वस्तुतः परिप्रेक्ष्य अथवा पृष्ठभूमि उपन्यास की आधारशिला है। शिल्प की दृष्टि से व्यंजनात्मक चित्रात्मक तथा उपयुक्त परिप्रेक्ष्य ही महत्त्वपूर्ण होता है। परिप्रेक्ष्य के माध्यम से ही उपन्यास सजीव तथा सशक्त होते हैं। परिप्रेक्ष्य की अवतारणा देशकाल तथा वातावरण

के चित्रण द्वारा की जाती है।

देशकाल-चित्रण से यथार्थ की प्रतीति होती है। मानव निश्चित काल में कुछ स्थानों में रहता है, इसी प्रकार पात्र भी उपन्यास के निश्चित काल का जीवन व्यतीत करता है। जीवन में स्थान विशेष का महत्त्व होता है, क्योंकि स्थान का प्रभाव वहाँ के निवासियों पर पड़ता ही है। कुछ स्थानों का दर्शन ही जहाँ व्यक्ति के अंतर्मन को उदास कर देता है वहीं कुछ स्थान उसके लिए स्फूर्ति एवं प्रेरणादायी होते हैं। देश चित्रण के अंतर्गत स्थान विशेष नगर, ग्राम, वन-उपवन मेला इत्यादि का चित्रण होता है, साथ ही वहाँ के सांस्कृतिक जीवन : पर्व, उत्सव, धार्मिक विश्वास, त्योहार आदि का भी उल्लेख होता है। देश-काल वर्णन जितना ही अधिक कलात्मक होगा, शिल्प की दृष्टि से उपन्यास में उतनी ही अधिक सशक्तता आएगी।

काल चित्रण के अंतर्गत युग विशेष की सामाजिक, राजनीतिक, धार्मिक, आर्थिक, साहित्यिक परिस्थितियाँ एवं रीति-रिवाज़ तथा आचार-विचार का चित्रण होता है। ऐतिहासिक उपन्यासों में तो काल-चित्रण का तो अत्यधिक महत्त्व होता है; किंतु इसका वर्णन भी प्रसंगानुकूल ही होना आवश्यक है अन्यथा उपन्यास वृहत विवरणों का कोष मात्र होकर रह जाएगा। शिल्प की दृष्टि से देशकाल चित्रण जितना अधिक सजीव और प्रभावान्वितिपूर्ण होगा उपन्यास उतना ही अधिक सशक्त और सौंदर्य तथा आनन्द की अनुभूति कराने वाला होगा।

देशकाल के समान ही प्रत्येक उपन्यास का विशिष्ट वातावरण होता है। यद्यपि यह प्रत्यक्ष रूप में दृष्टिगत नहीं होता। वातावरण के द्वारा ही कथा में रस, चरित्र-चित्रण में रोचकता तथा सौंदर्य का संचार होता है। काव्यक्षेत्र में वातावरण की सृष्टि जहाँ रस के द्वारा होती है, वहीं उपन्यास में कथा-रस पात्रों की चरित्रगत विशेषता तथा स्थानीय रंगों के चित्रण के द्वारा वातावरण की निर्मित होती है। उपन्यास में जिस रस अथवा भाव की प्रधानता होती है, उसी के अनुरूप वातावरण स्वयमेव निर्मित हो जाता है। वातावरण की निर्मित हेतु प्रकृति का आश्रय भी ग्रहण किया जाता है जो कि पृष्ठभूमि के रूप में होता है। प्रकृति अत्यंत संवेदनशील है, वह मानव की सहचरी है अतः वह मानव के दुःख से कहीं व्यथित होती है तो कहीं उसके सुख से हर्षित भी। इसके विपरीत कुछ स्थानों पर प्रकृति मानव के प्रति तटस्थ भी दिखलाई देती है। औपन्यासिक शिल्प की दृष्टि से वातावरण की निर्मित हेतु प्रकृति का यथातथ्य चित्र प्रस्तुत किया जाता है। यथातथ्य रूप सहज-स्वाभाविक चित्रण से पाठक प्रकृति की सुषमा और उसकी विकरालता से प्रभावित हुए बिना नहीं रहता। कहीं-कहीं प्रकृति-चित्रण प्रतीक रूप में भी किया जाता है। सम्यक् रूप से प्रतीक रूप में प्रयुक्त हुआ प्रकृति चित्रण उपन्यास की सौंदर्य वृद्धि करता है अतः वह अधिक महत्त्वपूर्ण और श्लाघ्य होता है।

### 5. शैली

उपन्यासों के प्रस्तुतीकरण की पद्धति होती है, जिसे शैली कहा जाता है। प्रत्येक उपन्यास की अपनी एक शैली होती है जो उपन्यासकार के व्यक्तित्व की परिचायक है। विषयवस्तु और शैली का घनिष्ठ संबंध होता है। विषयवस्तु के अनुरूप ही शैली हुआ करती है। "शैली वस्तुतः वह विधि है जिससे हम वस्तुओं को देखते हैं। वस्तुएँ विविध रूप से हमें प्रभावित कर सकती हैं, तथा इन प्रभावों की प्रतिक्रिया ही शैली रूप में परिणित हो सकती है, इसीलिए वह अलंकृत, व्यंग्यात्मक है।"[72] व्यक्तित्व की भिन्नता के कारण ही शैली में भी भिन्नता पाई जाती है। तथा व्यक्तित्व वैशिष्ट्य से अनुप्राणित होने के कारण ही यह व्यक्तिगत होती है। शैली अहस्तान्तरणीय है। शैली के ही द्वारा चेतन तथा अचेतन की अभिव्यक्ति प्राप्त होती है। "शैली वस्तुतः मानसिक दृष्टिकोण है, उपचेतना, जिस पर हमारे नियंत्रण का प्रत्यक्ष साधन नहीं है, उसकी यह अभिव्यक्ति है।"[73]

विषयवस्तु की समानता होने पर भी शैली की विभिन्नता के कारण रचनाओं में मौलिकता दृष्टिगत होने लगती है। शैली वस्तुतः अभिव्यक्ति है, मौलिकता ही जिसकी आत्मा है, मौलिकता के अभाव में अभिव्यक्ति महत्त्वहीन हो जाती है। शिल्प की दृष्टि से उत्कृष्ट शैली में लेखक के मस्तिष्क का प्रतिबिंब होता है; किंतु चयन अथवा पसंद तथा भाषा का आधिपत्य अभ्यासजन्य होता है। शैली की निरंतरता आदि से अंत तक वर्तमान रहती है। वाक्यों के चयन, पात्रों के कार्यों सहित प्रत्येक घटना या दृश्य के वर्णन में यह दृष्टिगत होती है। शैली एक तरफ जहाँ विषय वस्तु का अंग है, वहीं वह उसकी अभिव्यक्ति भी है। लेखक की कल्पनाएँ, भावनाएँ ही विविध शैलियों में व्यक्त हुआ करती हैं। अतः शैली वैविध्य पर लेखक के व्यक्तित्व का प्रतिबिंब होता है।

उपन्यास सृजन की शैलियों को प्रमुखतः तीन प्रकारों में विभक्त किया गया है–1. जीवन शैली, 2. आत्मकथात्मक शैली, 3. पत्रात्मक शैली।

इसके अतिरिक्त कुछ अन्य शैलियाँ भी हैं–यथा–डायरी शैली, पूर्वदीप्ति, चेतना प्रवाह पद्धति तथा समय विपर्यय आदि। प्रत्येक उपन्यासकार उपन्यास के चित्र को सजीव, सशक्त बनाने के लिए विविध प्रकार की शैलियों का आश्रय ग्रहण करता है; जिनमें मुख्य हैं–वर्णनात्मक शैली, चित्रात्मक शैली, विश्लेषणात्मक शैली, सांकेतिक शैली, अभिनयात्मक शैली। ये शैलियाँ विषयवस्तु के अनुरूप ही कम या अधिक मात्रा में प्रयुक्त होती हैं।

**जीवनी शैली :** जीवनी शैली में उपन्यासकार ही नायक की काल्पनिक जीवनी प्रस्तुत करता है। इस शैली में कथा निर्मिति तथा पात्र चित्रण के क्षेत्र में लेखक पूर्णतया स्वतंत्र होता है। अतः वह नायक की कथा विविध बिंदुओं तथा दृष्टिकोणों से तो प्रस्तुत करता ही है, नायक के चरित्र-उद्घाटन को भी विविध रूपों तथा दृष्टियों

से करने में समर्थ होता है।

**आत्मकथात्मक शैली :** आत्मकथात्मक शैली के उपन्यास उत्तम पुरुष में प्रस्तुत होते हैं अर्थात् मैं के द्वारा कथा विकसित होती है। अतः उपन्यास का केंद्र बिंदु 'मैं' ही होता है। जीवनी शैली के उपन्यासों की अपेक्षा ये अधिक प्रभावशाली होते हैं; क्योंकि उपन्यासों में नायक-नायिका स्वयं अपनी कथा सुनाते हैं। कथानक में कलात्मकता का अभाव होने पर भी वह संबद्ध तथा सुगठित होता है। आत्मकथात्मक शैली के उपन्यासों में वर्णित 'मैं' के चिंतन, मनन, कार्यप्रणाली, आत्मपरीक्षण और आत्मविश्लेषण की समकक्षता अन्य प्रकार के उपन्यास नहीं कर पाते हैं। यद्यपि यह भी सत्य है यह शैली स्वदृष्टि से ही चित्रण करने के कारण इसका क्षेत्र सीमित हो जाता है। सीमित दृष्टिकोण होने के कारण 'मैं' अन्य पात्रों तथा उनके मनोभावों के साथ पूर्णतया न्याय नहीं कर पाता है। आत्मकथात्मक उपन्यासों में कभी-कभी दूसरे की कथा भी 'मैं' द्वारा प्रस्तुत होती है। इसमें लेखक को आत्मकथात्मक एवं विश्लेषणात्मक दोनों प्रकार की शैलियाँ प्रयुक्त करने की सुविधा रहती है। चित्रात्मक वर्णन उपलब्ध होने पर यह शैली अत्यंत उपयुक्त होती है; किंतु नाटकीय शक्ति के समावेश हेतु प्रथम पुरुष का प्रयोग होता है। "जहाँ मैं को स्वयं का विशद् चित्र प्रस्तुत करना है वहाँ कहानी का पात्र स्वतः नाटकीय तत्त्व है। इसलिए यह आवश्यक नहीं कि किसी के द्वारा उसे नाटकीय बनाया जाए।"[74] आत्मकथात्मक शैली के उपन्यासों में देश-काल तथा वातावरण चित्रण भी आत्मपरक होता है। इस शैली में वर्णनात्मक, व्याख्यात्मक, चित्रात्मक तथा अभिनयात्मक शैलियों का भी समावेश होता है।

**पत्रात्मक शैली :** शिल्प की दृष्टि से हिंदी उपन्यासों में पत्रात्मक शैली का भी प्रयोग हुआ; किंतु यह लोकप्रिय और प्रचलित नहीं हुई। इस शैली में कथावस्तु का विकास-चित्रण-चरित्र, निकट तथा आत्मीय जनों के पत्रों के माध्यम से होता है। इस शैली में कथानक के विकास में कृत्रिमता तथा यांत्रिकता की प्रतीति होती है तथा चरित्र-शिल्प की दृष्टि से इनमें सूक्ष्म, मनोवैज्ञानिक, विश्लेषणात्मक, अभिनयात्मक चित्रण की संभावना कम होती है।

**डायरी शैली :** पत्रात्मक शैली की ही भाँति डायरी अथवा दैनंदिनी शैली भी अप्रचलित है। स्वाभाविकता की दृष्टि से यह शैली प्रशस्त प्रयोग नहीं कही जा सकती। यह शैली पत्रात्मक एवं आत्मकथात्मक शैली के अधिक समीप है। इस शैली में गति तथा स्वतः प्रवर्तित प्रवाह का सर्वथा अभाव होता है। पात्र चित्रण में सजीवता और स्वाभाविकता का समावेश भी नहीं हो पाता।

**पूर्व-दीप्ति शैली :** पूर्वदीप्ति शैली में स्मृति के माध्यम से पात्र के जीवन की घटनाओं का चित्रण होता है। मनोवैज्ञानिक उपन्यासों में यह शैली प्रयुक्त होती है; किंतु यह शैली भी प्रचलित नहीं है। इस शैली में अतीत वर्णनात्मक रूप में आकर

स्मृति तरंगों के रूप में प्रतिफलित होता है।[75]

**चेतना प्रवाह शैली :** चेतना प्रवाह शैली में वस्तुनिष्ठ तथा आत्मनिष्ठ का अंतर समाप्त हो जाता है तथा समस्त घटनाएँ बाह्य संसार से हटकर मानसिक संसार में अवतरित हो जाती है। "इसमें मानवीय चेतना की निवृत्ति, आंतरिक भाव प्रवणता के आधार पर होती हैं। जगत् की बाह्य रूप रेखाएँ आंतरिक भावानुभूति में तिरोहित हो जाती हैं। अतः इस पद्धति में कथा वस्तु का बंधन नहीं होता। ...भावों के अनुरूप ही इसकी भाषा की अनुभूतियाँ मार्मिक तथा व्यंजनात्मक होती हैं।"[76]

**समय विपर्यय शैली :** समय विपर्यय शैली में औपन्यासिक कला का चित्रण क्रमोच्छेदक शैली में प्रस्तुत होता है। इसका प्रारंभ आदि से नहीं होता। कभी अंतिम दृश्य या घटना से उपन्यास का श्रीगणेश होता है तो कभी मध्य से। यह शैली भी प्रचलन के प्रवाह से अलग है।

**वर्णनात्मक, चित्रात्मक, व्यंगात्मक, भावात्मक शैली :** जीवनी आत्मकथात्मक, पत्रात्मक, डाय़री, पूर्वदीप्ति, चेतना प्रवाह और समय विपर्यय इत्यादि शैलियों का संबंध उपन्यास के रूप से होता है, जिनमें संपूर्ण उपन्यास प्रस्तुत होता है; किंतु कुछ शैलियाँ ऐसी हैं जिनका संबंध अभिव्यक्ति से है। अभिव्यक्ति की दृष्टि से यह आवश्यक नहीं कि एक उपन्यास में एक ही शैली दृष्टिगत हो, बल्कि प्रसंगानुसार तथा भावानुसार उसमें अनेक प्रकार की शैलियों का समावेश होता है।

उपन्यास के विकास में वर्णनात्मक शैली का योगदान उल्लेखनीय है। इस शैली के द्वारा पात्र-चित्रण तो होता ही है, साथ ही कथानक, पृष्ठभूमि, वातावरण और देश-काल-चित्रण भी होता है। यह विवरण तो प्रस्तुत करती ही है, पाठक के मस्तिष्क में अभीप्सित प्रभाव अंकित कर वस्तु अथवा दृश्य को उसके समक्ष सजीव और अनुप्राणित भी करती है। शिल्प की दृष्टि से यह आवश्यक है कि इस शैली का प्रयोग मात्र विवरण-प्रस्तुतीकरण हेतु नहीं वरन् प्रयोजनानुकूल एवं प्रासंगिक हो। इस शैली की प्रभावोत्पादकता हेतु वर्णन, चित्रण, वैविध्य एवं व्यंजनात्मकता का होना अत्यंत आवश्यक है। इस शैली में उपन्यासकार एक चित्रकार की भाँति ही शब्दों के रंगों से चित्रमय वर्णन प्रस्तुत करता है। चित्रात्मक की सबसे बड़ी विशेषता यह है कि विस्तृत विषय-वस्तु को भी लघु रूप में प्रभावशाली ढंग से प्रस्तुत करती है, और दृश्य-चित्र पाठक के समक्ष उपस्थित हो जाता है। इस शैली में कथानक अथवा चरित्र-चित्रण की अपेक्षा उपन्यास में प्रस्तुत जीवन-चित्र अधिक महत्त्वपूर्ण होता है। इस शैली में एक भय यह होता है कि उपन्यासकार की सर्व-व्यापकता के कारण चित्रों के बार-बार प्रकट होने से उपन्यास-सौंदर्य पर आघात होता है।

"वर्णनात्मक शैली श्वेत वस्त्र की भाँति है, जो भाँति-भाँति के रंगों में रंगा जा सकता है। कहीं यह चित्रात्मक होती है तो कहीं पर व्यंगात्मक, भावात्मक, कवित्वमय या व्यंजनात्मक हो जाती है। उपन्यासकार विशिष्ट शब्दावली के माध्यम

से जब परिस्थिति, वर्ग, भावना, विशिष्ट चरित्र के प्रति व्यंग करता है तो वह व्यंगात्मक शैली का वाक्य ग्रहण करता है।"[77] व्यंगात्मक शैली की शब्दावली न तो वर्णनात्मक होती है और न ही अभिधामूलक। इसमें शब्दों का विशिष्ट व्यंगात्मक अर्थ होता है; किंतु जब वर्णनात्मक शैली कोमल भावनाओं और सुकुमार कल्पनाओं से अनुप्राणित होती है तो वह शैली भावात्मक हो जाती है। ठीक इसी प्रकार जब वर्णनात्मक शैली अभिधामूलक न होकर व्यंजनात्मक प्रधान हो जाती है तो वह शैली व्यंजनात्मक शैली की संज्ञा से अभिहित होती है। जिस प्रकार सुरभि स्थान विशेष से प्रभावित होती है, मरुस्थल की प्रचण्ड धूप में वह उष्ण हो जाती है, तथा नदी, सागर अथवा जलाशय के समीप शीतल, उद्यान में सुवासित हो जाती है, उसी प्रकार वर्णनात्मक शैली भी भावानुसार कहीं चित्रात्मक, कहीं भावात्मक, कहीं व्यंग्यात्मक तो कहीं व्यंजनात्मक हो जाती है। लेखक की वैयक्तिक अभिरुचि के कारण भी इस शैली का स्वरूप वैभिन्न्य दृष्टिगत होता है। यथा—यथार्थवादी, रोमानी, तार्किक तथा हास्य शैली!

**विश्लेषणात्मक तथा मनोवैज्ञानिक शैली :** उपन्यास के सृजन में विश्लेषणात्मक एवं मनोवैज्ञानिक शैली का अत्यधिक महत्त्व है। कुछ उपन्यास तो इसी शैली में लिखे ही गए हैं। "सामान्यतः इस शब्द का अर्थ है कि उपन्यासकार पात्रों के लक्ष्य चेतन या अचेतन विचार की प्रक्रिया का प्रतिनिधित्व करने का प्रयास करता है, जिन्हें वह परीक्षण के उपयुक्त समझता है।"[78] विश्लेष्ण केवल चरित्र-चित्रण के लिए ही उपयुक्त नहीं है, प्रत्युत उपन्यास में प्रस्तुत जीवन चित्र को पूर्णतया हृदयंगम करने के लिए भी यह शैली, अन्य शैलियों की ही भाँति आवश्यक है। कथा, घटना, परिस्थिति, पात्र तथा कार्य के मूल में निहित कारणों पर वैज्ञानिक पद्धति से विश्लेषणात्मक शैली द्वारा प्रकाश पड़ता है, जिससे प्रक्षेप प्रकाशवत् प्रत्येक परिस्थिति, घटना तथा पात्र के कार्य का कारण स्पष्ट हो जाता है। मनोवैज्ञानिक उपन्यासों में दोनों प्रकार की शैलियाँ दृष्टिगत होती है। विश्लेषणाधिक्य से उपन्यास नीरस तथा बोझिल भी हो जाते हैं क्योंकि उनमें चित्रात्मकता तथा नाटकीयता का अभाव हो जाता है, किंतु यह भी सत्य है कि कुछ स्थलों पर विश्लेषण द्वारा जो स्थिति अथवा पात्र-चित्रण स्पष्ट होता है वह संवाद अथवा कथा के द्वारा संभव नहीं हो पाता।

**सांकेतिक शैली :** सांकेतिक शैली व्याख्या समन्वित वर्णनात्मक शैली के प्रतिकूल होती है। उपन्यासकार दृश्य घटना अथवा परिस्थिति का विशद चित्र अंकित न करके कतिपय संकेतों के माध्यम से सुंदर दृश्य तथा चरित्र-चित्रण प्रस्तुत करता है। अन्य शैलियों की अपेक्षा यह शैली कठिन होने के कारण सिद्धहस्त उपन्यासकार ही इस शैली का प्रयोग सांकेतिकता, स्पष्टता तथा पूर्णता-युक्त कर पाते हैं। सांकेतिक शैली में कलात्मक सौंदर्य दृष्टिगत होने से यह शैली वर्णनात्मक शैली की अपेक्षा श्रेष्ठतर है।

**अभिनयात्मक शैली :** अभिनयात्मक शैली वर्णनात्मक शैली की अपेक्षा अधिक

प्रभावशाली होती है, जबकि अभिनयात्मक शैली में पाठक स्वतः तथ्यों, दृश्यों और चित्रों की अनुभूति करता है, वह पात्र के संबंध में निश्चित धारणा स्वयं बना सकता है। इस शैली में विस्तार का समावेश होता है। जिससे उपन्यास अनपेक्षित रूप से वृहदाकार हो जाता है।

गुण-दोष मय सृष्टि में प्रत्येक वस्तु के कुछ गुण तथा कुछ दोष होते हैं। यही बात शैलियों पर भी लागू होती है। उपन्यासकार के व्यक्तित्व और उसकी क्षमता के अनुसार ही शैलियाँ निर्जीव या सजीव हुआ करती हैं।

**भाषा-शैली :** भाषा-शैली का उपन्यास के लिए उतना ही महत्त्व है, जितना आत्मा के लिए शरीर का। सफल भाषा-शैली का व्याकरण सम्मत होना अनिवार्य है। अशुद्ध भाषा उपन्यास को श्रीहीन तो करती है, भावाभिव्यक्ति को भी दुर्बल करती है। भावानुकूल वैविध्य को धारण करके ही भाषा सरस, शक्तिशाली तथा गतिशील होती है। भाषा-शैली के लिए मौलिकता का होना भी परम आवश्यक है। सहज स्वाभाविक अलंकारों के प्रयोग से भाषा की शक्ति अभिवर्धित होती है। उसमें रम्यता का समावेश होता है। सफल अलंकारों के प्रयोग से भावों की अनुभूति अपेक्षाकृत सबलतर रूप में होती है, किंतु यह भी सत्य है कि केवल अलंकारिता तथा शब्द-सौंदर्य से ही भाषा-शैली सौंदर्य ग्रहण नहीं करती। भाषा सौंदर्य हेतु उसमें लेखक की निजता के साथ सरलता, सुबोधमयता, सार्थकता, स्पष्टता, ध्वनि, सौंदर्य, भावानुविविधता के प्रवाह और गति आवश्यक है। भाषा-शैली उपन्यास के लिए महत्त्वपूर्ण साधन है, साध्य नहीं। शिल्प की दृष्टि से वही भाषा शलाघ्य तथा स्मरणीय होती है, जो भाव, विचार तथा अनुभूति का सफल प्रतिनिधित्व करती है।

उपन्यास एक कला है। उसका शिल्प भी निजी है। जीवन और जगत् के सत्य से प्रेरित होकर उपन्यासकार उपन्यास का प्रणयन करता है, किंतु उपन्यास का सत्य और जगत् का सत्य सर्वथा भिन्न हुआ करता है। जीवन में अनेक ऐसी विचित्र घटनाएँ होती हैं जो कल्पनातीत और विचित्र होती हैं। जन्म से मृत्युपर्यन्त चलने वाली मानव की कथा-सरिता का यदि यथातथ्य चित्रण किया जाए तो रचना नीरस, बोझिल तथा कलाहीन हो जाएगी। उपन्यास का एक निश्चित काल क्रम होता है, सीमाएँ होती हैं, जिसमें मानव के शिशु रूप, बाललीला तथा युवकोचित आचरण आदि का विशद चित्रण संभव नहीं होता। उपन्यास शिल्प की सार्थकता इसी तथ्य में निहित है कि वह पात्र के संपूर्ण जीवन चरित्र को क्षण-विशेष में अंतर्निहित कर सजीव, जीवंत तथा हृदयग्राही प्रतीति के रूप में प्रस्तुत करे। मौलिकता के साथ कलात्मकता के स्पर्श से उपन्यास पूर्ण, सफल, सार्थक, स्वाभाविक तथा तर्कसम्मत बन सके। शिल्प उपन्यास का अनिवार्य अंग है जो उपन्यास को रम्य-कल्पना प्रदान करता है। शिल्प से ही उपन्यास जीवन का चित्र होते हुए भी जीवन से विशिष्ट होता है। उसके पात्र शून्य से निःसृत न होकर जीवंत, सजीव तथा यथार्थ प्रतीत

होते हैं। उपन्यास में प्रस्तुत प्रत्येक दृश्य की स्वतंत्र सत्ता होते हुए भी वह उपन्यास-शिल्प का महत्त्वपूर्ण अंग है।

'नरेन्द्र कोहली' जो आज के लब्धप्रतिष्ठ उपन्यासकार हैं, उनके राम और कृष्ण पर आधारित पौराणिक उपन्यास को भी हम औपन्यासिक शिल्प-तत्त्व की कसौटी पर रख कर देखने का प्रयास करेंगे।

स्वातंत्र्योत्तर काल में, जबकि गद्य साहित्य का विकास अत्यंत तीव्र गति से हुआ है, रामकथा और कृष्णकथा भी काव्य से उपन्यास विधा में अवतरित हो गई। इसे एक ऐतिहासिक प्रयोग कहा जा सकता है। आज मानवीय संवेदनाएँ सूखती सी जा रही हैं। बौद्धिकता के विकास से भावनाएँ समाप्त सी होती जा रही हैं, जिससे काव्यात्मकता मृतप्राय सी हो रही है। इसके अतिरिक्त भी अनेक कठिनाइयों और विडंबनाओं के कारण गद्य एवं गद्य में भी उपन्यास विधा का प्रचलन अधिक बढ़ गया है।

आधुनिक यथार्थवादी युग में नवीन सृजनशीलता की संकल्पना के साथ उपन्यास जगत् में कोहली जी का प्रवेश उनके वृहदाकार कलेवर के साथ हुआ है। स्वातंत्र्योत्तर कथा-साहित्य में राम और कृष्ण को केंद्र में रख कर लिखे गए अन्य सभी उपन्यास कोहली जी के उपन्यासों के समक्ष बौने से लगने लगते हैं। इस दृष्टि से कोहली जी को वर्तमान समय का उपन्यास-नायक कहा जा सकता है।

## कोहली जी के उपन्यासों में कथा-शिल्प

### *रामकथा शिल्प : कथानक या कथावस्तु*

कोहली जी के 'रामकथा' पर आधारित उपन्यास अभ्युदय दो खंड का कथानक रामकथा पर आधारित होते हुए भी अपनी एक विशिष्ट योजना और दृष्टिकोण लिए हुए है। कथा संघटन, प्रसंग-चित्रण, संवाद एवं पात्र-चरित्र-चित्रण अपने आप में उत्कृष्टता धारण करते हैं। प्रस्तुतीकरण नवीनता और मौलिकता के साथ किया गया है।

कथानक के आदि, मध्य और अंत इन तीनों भागों में निर्धारित अपेक्षित मापदंड पूर्ण होते हैं। औपन्यासिक शिल्प तत्त्व सुष्ठु एवं प्रशंसनीय हैं।

**आदि :** रामकथा 'अभ्युदय' का आदि कुतूहलवर्द्धक, रोचक तथा हृदयग्राही है। आदि में वर्णित आकस्मिक घटनाएँ अत्यंत मार्मिक और मनोवैज्ञानिक ढंग से प्रस्तुत की गई हैं।

".... विश्वामित्र एकदम क्षुब्ध हो उठे। उनकी आँखें, ललाट, कपोल, क्षोभ से लाल हो गए।.... झटके से उठ कर खड़े हो गए।...उनके उस कठोर शुष्क चेहरे पर भी दया, करुणा, पीड़ा, उद्वेग, क्षोभ, क्रोध, विवशता जैसे अनेक भाव पुंजीभूत हो कुंडली मार कर बैठ गए थे।... पुनर्वसु चिकित्सा-कुटीर के मार्ग पर चल पड़ा था।...क्या अपनी शांति के लिए अपने आश्रमवासियों की रक्षा के लिए राक्षसों से

समझौता कर लूँ? क्या उनकी बात मान लूँ?... विश्वामित्र सुकंठ की शैया से लगकर खड़े हो गए।"[79]

**मध्य :** कोहली जी की रामकथा का प्रारंभ जिस राक्षसी आतंक को लेकर हुआ है मध्य में उसी का विकास सहज स्वाभाविक ढंग से हुआ है। विश्वामित्र राम को दीक्षा देते हुए भविष्य में आसन्न संघर्ष के लिए कुशलतापूर्वक प्रशिक्षित करते हैं। सहज स्वाभाविक ढंग से एक घटना दूसरी घटना की ओर अग्रसर होती हुई कथानक को स्वाभाविक गति और प्रवाह तो देती ही है अंत में घटित होने वाले महासंघर्ष की दिशा को आधार भूमि भी प्रदान करती है :

"सीता ने गाँठ खोल पुनः पट्टी सँवार कर बाँधी। 'मुखर और आर्य जटायु के घावों की क्या स्थिति है? राम ने पूछा।'

"अब ठीक ही है। सीता बोलीं, 'तात जटायु के घाव गंभीर नहीं हैं किंतु उनका वय अधिक होने के कारण वे निढाल हो गए हैं। मुखर को गहरा घाव लगा है भारी शस्त्र का। वह मात्र अपनी संकल्प शक्ति और जिजीविषा के बल पर उसे झेल गया है, नहीं तो बड़ी विकट स्थिति होती।"[80]

"...राम को इतना दीन समझा, और सौमित्र का इतना भीरु?...सौमित्र का राम के प्रति प्रेम ....? फिर भी सीता ने सौमित्र पर आरोप लगाया। सौमित्र ने राम के आदेश का पालन करने के लिए पंचवटी के युद्ध में भाग नहीं लिया था... सौमित्र ने स्वर्णमृग के पीछे जाने का आग्रह भी किया था.... भीरुता और पलायन का आरोप कोई तेजस्वी पुरुष कैसे सहेगा... कैसा मन है सीता का? पति पर आए संकट की आशंका से अपने परम हितैषियों पर ही संदेह करने लगीं... प्रेमी हृदय भीरु भी होता है और शंकालु भी... प्रिय पर संकट की आशंका मात्र से जानकी के विवेक के समस्त सूत्र छिन्न-भिन्न हो गए और वे अविवेकी मनुष्य के समान सौमित्र को वाग्वाणों से आहत कर अपना ही अहित कर बैठीं...प्रेमी मन अविवेकी भी होता है।...राम का मन गिग उठा..."[81]

**अंत :** रामकथा 'अभ्युदय' के कथानक का अंत उपन्यास के रूपविधान की सार्थकता को सिद्ध करते हुए संपूर्ण उपन्य्ग्म में एकता तथा प्रभावान्विति की सृष्टि करता है। अंत में पूर्णता की प्रतीति परिलक्षित होती है। आदि और अंत का संबंध भी स्पष्ट रूप से दृश्यमान होता है, साथ ही कहीं प्रेम के स्वरूप, तो कहीं राम की शक्ति पूजा का प्रभाव और कहीं आधुनिकता बोध जैसे वैविध्य का दिग्दर्शन होता है। यथा—

**प्रेम का रूप एवं कथानक के आदि से संबद्धता :** "ये तो मेरी निष्ठा के प्रमाण हैं।" राम मुस्कुराए।....

"मेरे प्रति?"

"तुम्हारे प्रति। तुम्हारे प्रेम के प्रति।" राम गंभीर हो गए, "सत्य और न्याय के प्रति। अंधकार के विरुद्ध होने वाले अनवरत और शाश्वत संघर्ष के प्रति।... घाव

खाए बिना, कोई अंधकार के बिना लड़ कैसे सकेगा।... यह प्रमाण सौमित्र ने भी दिया है। हमारे एक-एक सैनिक ने दिया है। कइयों ने तो हमसे भी अधिक मूल्य चुकाया है। राम का कंठ भारी हो आया।"[82]

**'राम की शक्ति-पूजा' जैसा प्रभाव :** "युद्ध में जब-जब मूर्च्छित अथवा हताश हुआ....बार-बार मन ही मन, तुम्हारी रक्षा न कर सकने के कारण तुमसे क्षमा चाही। फिर तुमसे ही बल पाया। जीने की प्रबल इच्छा ने असफल मृत्यु को पीछे धकेल दिया। मूर्च्छा की अंतिम घड़ियों में हर बार लगा कि तुमने आकर मेरे माथे पर हाथ फेरा है। मेरे वक्ष को सहलाया है। तुमने मेरे घाव भर दिए हैं। तुमने मेरी पीड़ा हर ली है।

"राम तो ऐसे कल्पनाशील भावुक प्रेम करने वाले व्यक्ति नहीं थे....।
तुम्हारे वियोग ने मुझे भावुक भी बना दिया।"[83]

## *कथानक अथवा कथावस्तु-वैशिष्ट्य*

कोहली जी के उपन्यास अभ्युदय का कथानक अनेक विशिष्टताओं के साथ समसामयिक प्रासंगिकता को धारण किए हुए है। जिससे उपन्यास को मौलिकता, मनोवैज्ञानिकता एवं नवीनता प्राप्त होती है और रामकथा के कालजयी वैशिष्ट्य की सार्थकता सिद्ध होती है।

"लंका के सारे चिकित्सालय इस समय हताहतों से भरे पड़े हैं। प्रत्येक घर में से कोई न कोई पुरुष या तो आहत है या मर गया है। अग्निकांडों से भी कुछ क्षति हुई है। जनसंख्या विचलित भी है और अस्त व्यस्त भी। पिछले शासन के ध्वंसावशेष भी पर्याप्त शक्तिशाली हैं। न तुम उन्हें नष्ट कर सकते हो न अंगीकार। ऐसे में यह न हो कि नए समाज में भी पुराना शोषण और अन्याय चलता रहे और जिन्होंने नए शासन, नयी व्यवस्था और नए शासन के लिए अपने प्राण दिए हैं अथवा अपना रक्त बहाया है, वे तथा उनके परिवार पहले के समान शोषण के पात्र बने रहे। यदि ऐसा होता रहा तो याद रखना, जन सामान्य को शस्त्र ग्रहण करना आ गया है।"[84]

विभीषण मुस्कुराए, ''आप निश्चिन्त रहें, आर्य ऐसा नहीं होगा । विभीषण ने वर्षों से एक नए, न्यायपूर्ण शोषण रहित और समताधृत समाज के स्वप्न देखे हैं। अपने स्वप्नों को न मैं भूल सकता हूँ न नष्ट होने दे सकता हूँ।''

.................................

"अपने साथियों को भी तुम्हें समझाना होगा कि वस्तुतः हित क्या है? सुख क्या है? इंद्रियों का सुख भौतिक सुख है। वह उपयोगिता की दृष्टि से अनिवार्य है, किंतु जब वह अनिवार्यता का अतिक्रमण कर अतिरिक्त सुख खोजता है, तो रोग बन जाता है। भोजन पौष्टिकता तक अनिवार्य है, किंतु स्वाद की सीमा में प्रवेश करते ही वह रोग को जन्म देता है। निद्रा विश्राम की सीमा तक अनिवार्य है, किंतु

अकर्मण्यता तक पहुँचकर वह विष में बदल जाती है। यौन-सुख, जाति सुरक्षा की वृत्ति—शरीर की आवश्यकता तक निर्माण है, विलास के क्षेत्र में पहुँचकर वह क्षय है।

'प्रत्येक अति सुख में दुख छिपा है, राम।'

'प्रकृति द्वंद्वात्मक है।...इसलिए मनुष्य को अपनी सीमा पहचाननी होगी।'

...अब लंका में शूर्पणखाएँ उत्पन्न न होंगी। जो है भी, उन्हें अपना मार्ग बदलना होगा। नया समाज क्रूर नहीं है, किंतु अत्याचार के प्रतीकों को या तो बदल देगा, अन्यथा नष्ट कर देगा।"[85]

कोहली जी ने अपने शिल्प कौशल से उपन्यास के कथानक को रोचक बनाने का सफल प्रयास किया है। वैविध्य-वैशिष्ट्य से कथानक की शक्ति संपन्नता और प्रभावशीलता में अभिवृद्धि हुई है। यथा :

**स्वाभाविकता तथा मनोवैज्ञानिकता :** "अहल्या चीखती रही, चिल्लाती रही, हाथ-पैर पटकती रही, अपने दाँतों तथा नखों से इंद्र के साथ लड़ती गई..."[86]

अहल्या ने हथेलियाँ हटायीं, गौतम की ओर देखा। गौतम के चेहरे पर प्रेम, करुणा और संवेदना थी। वह खड़ी हो गई। उसने क्षण भर गौतम की आँखों में देखा और टूटकर गिरे हुए पेड़ के समान उनकी छाती से जा लगी, मेरा तनिक भी दोष नहीं आर्यपुत्र।[87]

**मौलिकता एवं नवीन दृष्टिकोण :** अभ्युदय में वर्णित रामकथा पौराणिक और वाल्मीकि रामायण पर आधृत होते हुए भी स्थान-स्थान पर अपनी मौलिकता और नवीन दृष्टिकोण धारण करती है।

**नारी के विषय में नया दृष्टिकोण :** "जब दशरथ युद्ध में जाते तो वह कौशल्या के समान घर पर बैठ भगवान विष्णु के सम्मुख अपने पति की रक्षा की प्रार्थना नहीं करती थी वह युद्ध की बात सुनते ही कवच पहन पति के साथ चलने को तैयार हो जाती थी। कैकेयी युद्ध में जा सकती थी, धनुष-बाण का प्रयोग जानती थी, खड्ग चला सकती थी और कौशल के अच्छे से अच्छे सारथी से रथ संचालन की होड़ लगा सकती थी।...."[88]

.......................................

"अहल्या को मर जाना चाहिए...."

तभी गौतम ने कुछ फल लाकर उसके सम्मुख रख दिए, "अहल्या! कुछ खा लो प्रिये!"[89]

परंपरागत कथा से अलग हटकर गौतम की अहल्या के प्रति संवेदना की अभिव्यक्ति कोहली जी की अपनी मौलिकता और उनका नारी के प्रति नवीन दृष्टिकोण है। और भी—"गौतम स्वयं को रोक नहीं पाए उनका मोह छलछला आया। हाथ बढ़ाकर अहल्या को लिपटा लिया।"[90] अगले उद्धरण में अहल्या में भी नया संस्कार

दिखायी पड़ता है।

"जब तक गौतम और शत पगडंडी के मोड़ पर उसकी दृष्टि से ओझल नहीं हो गए, अहल्या खड़ी रही। फिर उसने अत्यंत सहेज गति से लौटते हुए, कुटिया का फाटक बंद किया। कुटिया के भीतर आकर द्वार की शृंखला चढ़ा ली। स्थिर दृष्टि से एक बार कुटिया की छत को देखा और अगले ही क्षण टूटकर गिरे हुए पेड़ के समान शय्या पर औंधी जा गिरी। उसकी आँखों से आँसू मूसलाधार वर्षा की तरह बह रहे थे और कंठ में हिचकियों का मेला लग आया था।"[91]

अहल्या प्रसंग में ऋषि गौतम परंपरागत कथा के ठीक विपरीत अहल्या को नहीं वरन् इंद्र को श्राप देते हैं... "उन्होंने मंत्र-अभिषिक्त जल अंजलि में लिया, सूर्य की ओर मुख किया और स्थिर-गंभीर तथा उच्च स्वर में बोले :

"मैं आश्रम का कुलपति गौतम इस पवित्र जल को हाथ में लेकर, आज देवराज इंद्र को श्राप देता हूँ, अपनी दुश्चरित्रता के कारण इंद्र देवराज होते हुए भी आज से आर्यावर्त में सम्मान्य तथा पूज्य नहीं होगा। उसे किसी यज्ञ, हवन, पूजा, ज्ञान-सम्मेलन अथवा किसी भी शुभ कार्य में आमंत्रित नहीं किया जाएगा। आज से देवोपासना में इंद्र का कोई भाग नहीं होगा, उसकी पूजा नहीं होगी।"[92]

इस प्रसंग को नवीन दृष्टि प्रदान करते हुए कथाक्रम में कोहली जी कहते हैं: "देवी अहल्या आज भी उसी आश्रम में एकाकी तपस्या कर रही हैं, और प्रतीक्षा कर रही हैं कि समाज उन्हें पवित्र मानकर गौतम के पास जाने की अनुमति प्रदान करे। गौतम प्रतीक्षा कर रहे हैं कि सामाजिक अनुमति पाकर देवी अहल्या उनके पास आएँ, और बालक शत सीरध्वज का राजपुरोहित शतानन्द बन कर भी अपनी माँ के लिए सामाजिक स्वीकृति तथा पिता से मिलन की प्रतीक्षा कर रहा है।"[93]

नारी के प्रति नवीन दृष्टिकोण की अभिव्यक्ति देते हुए कोहली जी सीता के भी नवीन स्वरूप की परिकल्पना करते हैं–"अज्ञात कुलशीला सीता... उसके पास अपनी जाति, वर्ग, परिवार, कुल परंपरा–कुछ नहीं है दंभ करने को। एक साधारण कन्या, सीता। वह कोई भी हो सकती है–सामान्य कृषक की संतान, सामान्य श्रमिक की संतान। किसी ऐसे निर्धन व्यक्ति की संतान, जो धनाभाव के कारण अपनी संतान को भूखा मरता नहीं देख सका, और उसे त्यागकर भी उसका जीवन बनाए रखने के लिए राजा के खेत में छोड़ गया...या वह सत्ता को उसका दोष सीधे-सीधे नहीं बता सका, तो इस रूप में अपना विरोध जता गया...भूखे बच्चे की पालना का दायित्व किसका है? शासक का। तो फिर सम्राट सीरध्वज ही पालें इस संतान को।... कौन है, वह पिता? और कैसी होगी उसकी मजबूरी, जिसने उसे उसकी संतान का त्याग करवाया।"[94]

नारी-योग्यता के सदुपयोग की बात भी कोहली जी की दृष्टि से अछूती नहीं रही : "ठीक कहती हो सीते! तुम्हें अपने योग्य कार्य अवश्य मिलना चाहिए, अन्यथा तुम्हारी

समस्त ऊर्जा निष्क्रिय रहकर सड़ जाएगी। पर कठिनाई यह है कि इस समाज ने मान लिया है, कि स्त्री घर से बाहर तभी कोई कार्य करेगी, जब पुरुष मृत, पंगु अथवा अनुपस्थित होगा। प्रयत्न में हूँ कि शीघ्रातिशीघ्र तुम्हें तुम्हारा उचित स्थान दे सकूँ।"[95]

तत्कालीन प्रचलित बहुविवाह परंपरा का प्रसंग भी असफलतापूर्वक राम के जीवन का स्पर्श करता है –"...चार वर्षों के दांपत्य जीवन में ऐसे प्रसंग अनेक बार आए थे। माता कौसल्या की पोते के प्रति उत्सुकता भी वे समझते थे–जिस समाज में मनुष्य पुत्र-पौत्र के जन्म से ही सौभाग्यशाली माना जाता है, जहाँ व्यक्ति कर्मों से अधिक महत्त्व अपनी कुल परंपरा को आगे बढ़ाने को देता है, वहाँ यदि माता कौसल्या पौत्र-मुख देखने को व्याकुल हों, तो आश्चर्य की बात क्या है। आश्चर्य तो यह था कि अभी तक पिता की ओर से उन्हें ऐसा कोई संकेत नहीं मिला था और न ही उनके दूसरे विवाह की बात उठाई गई थी।"[96]

नारी के एक और स्वरूप का चित्रांकन भी कोहली जी ने अत्यधिक कुशलता-पूर्वक किया है।

"कैकेयी का स्वर ऊँचा हो गया और आँखें आक्रोश से जल उठीं– थुड़ी है मेरी सद्भावना पर! मेरे चरित्र के उदात्त स्वरूप पर। यहाँ कोई मुझे देवी के रूप में नहीं देखना चाहता। सब मुझे चुड़ैल समझते हैं... मेरे क्रूर रूप को ही सत्य मानते हैं। तो वही हो राम। वही हो...।

...सम्राट के अविश्वास ने मेरे चरित्र के दुष्ट तत्त्वों को उकसा दिया है मेरी प्रतिहिंसा और घृणा को जगा दिया है। मैं सम्राट को इसका दंड दूँगी–ऐसी आग लगाऊँगी कि आग बुझ भी जाए तो उसकी लहर समाप्त न हो। सम्राट को जलाऊँगी चाहे उस अग्नि में स्वयं जल जाना पड़े। चाहे तुम अपने शरीर और मन पर टीसते हुए फफोले वहन करो पर मेरी प्रतिहिंसा शांत नहीं होगी। मैं उसे शांत नहीं होने दूँगी।"[97]

**औपन्यासिक सुगठन तथा कलात्मकता :** कोहली जी के उपन्यास में सुगठन एवं कलात्मकता भी बड़े ही सुंदर ढंग से अभिव्यंजित है। उदाहरण द्रष्टव्य है :

"...कलाकार विद्रोही होता है, और शासन विद्रोह नहीं चाहता। कलाकार और शासन सहमत हों तो कलाकार को ईमानदार न समझो। शासन द्वारा पूजे जाने वाले कलाकारों में वास्तविक कलाकार विरले ही होते हैं, अधिकांश भाड मात्र होते हैं। इसीलिए मैंने अपने आश्रमवासियों तथा कला को किसी राज्य से जोड़ने, किसी शासन अथवा सत्ता से ग्रंथित करने का प्रयत्न नहीं किया। मैंने सदा चाहा है कि कला अपने बल पर विकसित हो, अपने पैरों पर खड़ी हो, यथासंभव आर्थिक रूप से स्वावलंबी हो। यदि ऐसा न हो सके, तो किसी राज्य से अनुदान लेने के स्थान पर वह जनता में अपनी जड़ें फैलाए। जन-सामान्य से अपने लिए प्राण-शक्ति अर्जित करे।"[98]

"कला को आजीविका का साधन न बनाया जाय तो यह द्वंद्व है ही नहीं, और आजीविका का साधन बनी रही तो कदाचित् यह द्वंद्व कभी समाप्त नहीं होगा। कलाकार वही धन्य है...जो कला से कुछ माँगता नहीं–न धन, न यश, वरन् उसके लिए स्वयं को खपा देता है।"[99]

...स्वातंत्र्योत्तर मार्क्सवादी प्रभाव के कारण कोहली जी पूँजीवादी राक्षस प्रवृत्ति पर भी प्रहार करते हैं :

"... इन्हीं सब के बीच एक नयी जाति पनप रही है–वह जाति रक्त तथा आकार-प्रकार की भिन्नता के अनुसार नहीं है, वह एक चिंतन प्रवृत्ति है। वह प्रवृत्ति जाति राक्षसों की है। प्रत्येक जाति के अनेक लोग, जैसे-जैसे अन्य लोगों की सम्पत्ति हड़पकर धनाढ्य बनते जाते हैं–राक्षस प्रवृत्ति में दीक्षित होते जाते हैं। उन्हें राक्षस सम्राट रावण का अभय प्राप्त है। आवश्यकता होने पर उन्हें उससे धन बल, सेना, सहायक सब कुछ मिल जाता है; किंतु सामान्यतः रावण ने इधर सैनिक उत्पात नहीं किए हैं। इसी धरती में उसकी सहायता के लिए इतने राक्षस उपजते जा रहे हैं कि उसे लंका से राक्षस लाने की आवश्यकता नहीं है।"[100]

"थोड़ी देर पहले तो तुम राक्षस थे।...मार पड़ी तो गंधर्व हो गए। थोड़ी-सी पिटाई और हो गई तो कदाचित् देवता हो जाओगे।"[101]

"रावण से मेरा कोई सीधा संबंध नहीं है। उसके सहायकों ने वैसे ही ऐसा वातावरण बना रखा है कि पग-पग पर राक्षसों और राक्षस नीति का जन्म और पालन-पोषण हो रहा है। न्याय का शासन न हो, तो प्रत्येक समर्थ मनुष्य अपने आप राक्षस बनता चला जाता है, और असमर्थ जनता उसका भक्ष्य पदार्थ... उन्होंने राक्षस बनने में मेरी सहायता की और मैंने राक्षस बन कर उनकी।''[102]

**समाजवादी प्रभाव :** कोहली जी के चिंतन में समाजवादी प्रभाव भी मौलिक रूप से विद्यमान है। यथा :

"...और खरीदने वाले के पास जो संचित धन है वह भी उसका स्वार्जित नहीं है। इसीलिए खान तुम्हारी नहीं है। श्रमिकों को अधिक पारिश्रमिक अथवा कोई भी सुविधा देने वाले तुम कोई भी नहीं हो। इन थोड़े से छोटे-छोटे सुधारों से श्रमिकों की अवस्था में कोई विशेष परिवर्तन नहीं हो सकता। अतः न्यायाधृत मूलभूत परिवर्तन की आवश्यकता है। हम वही करेंगे। खान उन सबकी है जो उसमें अपना पसीना बहा, खनिज पदार्थ उत्पन्न करते हैं..."[103]

**अंधविश्वास पर प्रहार :** कोहली जी की सूक्ष्म दृष्टि अंधविश्वास पर बड़ी सहजतापूर्वक प्रहार करती है :

..."निश्चित रूप से पुरोहित अज्ञानी नहीं, धूर्त है। वह जानता है कि जलपोत चलाने से समुद्र के रुष्ट होने की कोई संभावना नहीं है। किंतु समुद्र में यदि जलपोत चलने लगे अथवा किसी अन्य रूप में समुद्र पर वानरों का अधिकार हो जाए तो

उसके देवता होने का भ्रम टूट जाएगा। समुद्र पूजन की परंपरा समाप्त हो जाएगी और पूजा के माध्यम से होने वाली पुरोहित की आय समाप्त हो जाएगी।..."[104]

**चिकित्सा व्यवस्था :** "जिन ग्रामों में संघर्ष हुए हैं, वहाँ के हताहतों को उठवाकर यहाँ लाने का प्रबंध करवाओ तुरंत।...सीता से कहो, शल्य चिकित्सा की तत्काल व्यवस्था करें। अनेक घायलों की पट्टी करनी होगी।"[105]

**संचार व्यवस्था :** संचार व्यवस्था पर चर्चा करते हुए लेखक कहते हैं :

"संचार व्यवस्था मुखर के पास थी। प्रत्येक दूह के लिए दोहरी संचार व्यवस्था का प्रबंध था—एक ओर अपने आस-पास के दूहों से परस्पर संपर्क तथा दूसरी ओर आश्रम से सीधा संपर्क, ताकि सूचनाओं तथा आदेशों के आने-जाने में कोई विघ्न न पड़े।"[106]

**शिक्षा व्यवस्था :** अभ्युदय के द्वितीय खंड में लेखक ने शिक्षा व्यवस्था पर सूक्ष्म और नवीन दृष्टि डाली है। उनके मौलिक चिंतन ने शिक्षा व्यवस्था को नयी दिशा प्रदान की है, जिससे वर्तमान प्रतिभा पलायन रोका जा सकता है : "...इस संदर्भ में एक आज्ञा प्रचारित कर दी जाए कि भविष्य में विदेशों में शिक्षा प्राप्त करने के लिए जाने की अनुमति देने का अधिकार केवल किष्किंधा के शिक्षा संस्थान को ही होगा—चाहे वह यात्रा कोई निजी धन से ही क्यों न करना चाहे। शिक्षा संस्थान अनुमति केवल उन लोगों को देगा जो किष्किंधा में उपलब्ध शिक्षा पूर्णतः प्राप्त कर चुके होंगे और उसके पश्चात् भी उच्च अध्ययन की योग्यता प्रमाणित कर पाएँगे..."[107]

"....विद्यालयों के नाम पर ये लोग सार्वजनिक स्थानों, भवनों, मंदिरों तथा समाधियों पर अपना आधिपत्य स्थापित कर रहे हैं। यह षड्यंत्र साधारण लोग नहीं कर रहे हैं। इसके पीछे शासन के बड़े-बड़े अधिकारी हैं, जिनमें से कुछ तो आपकी राज परिषद के सदस्य भी हैं।"[108]

शिक्षा के दृष्टिकोण को नए अर्थों में प्रस्तुत करते हुए कोहली जी कहते हैं :

"शिक्षा की स्थिति भी किष्किंधा में काफी सुधर गई थी, किंतु उसमें भी सुग्रीव का कोई योगदान नहीं था। उस विषय में हनुमान बहुत उत्साही था। सारी जन-पाठशालाएँ उसी के उद्यम और उत्साह से चल रही थीं। लोगों में जागृति आ रही थी। हनुमान की विभिन्न व्यायाम शालाओं से वानर-युवक आकर प्रस्रवणगिरि की तलहटी में स्थापित शिविरों में राम, लक्ष्मण तथा जन सैनिकों से सैनिक प्रशिक्षण प्राप्त करते थे। अब तक इन प्रशिक्षण शिविरों ने सैकड़ों युवकों को विभिन्न प्रकार के शस्त्रों के परिचालन का ज्ञान दिया था, किंतु उनके लिए शस्त्रों की व्यवस्था सुग्रीव अभी नहीं कर पाए थे।"[109]

उपर्युक्त दृष्टांतों से स्पष्ट है कि कोहली जी ने परंपरागत रामकथा को भी लीक से हटकर नवीन चिंतन, नवीन दृष्टि और मौलिकता के साथ आकर्षक, मनोरंजक और मनोवैज्ञानिक ढंग से प्रस्तुत किया है।

## 2. चरित्र-चित्रण

पात्रों के चरित्र भी लेखक के कथाशिल्प, कथाकौशल और कल्पनाशीलता के कारण स्पष्ट रूप से उभरकर सामने आए हैं—कथानायक राम का उदात्त चरित्र स्पष्ट परिलक्षित होता है। यह उदात्तता राम-सीता के व्यक्तिगत संबंधों से लेकर बिना राजपद प्राप्त किए ही समूचे आर्यावर्त के जन-जन के कल्याणार्थ अभिव्यक्त होती है। यथा :

"देवी ! यह वंश केवल पत्नी के कहे में चलने वाला ही नहीं, एकाधिक विवाह कर ज्येष्ठ पत्नी का तिरस्कार करने वाला भी है। मैंने उस परंपरा का भी पालन नहीं किया है। ... लक्ष्मण! तुम अपने आवेश में अनेक बातें भूल रहे हो। मैंने ऋषि विश्वामित्र को एक वचन दिया था। तुम चाहते हो कि आज जब मुझे अपना वचन पूरा करने का अवसर मिल रहा है, मैं अन्य सामान्य राजकुमारों के समान सिंहासन के लिए झगड़ा करूँ; अपने बंधु-बांधवों की हत्याएँ करूँ...लक्ष्मण! यह वनवास नहीं मेरे जीवन का अभ्युदय है, संकीर्ण राजनीति से उबर व्यापक मानवीय कर्तव्य निभाने का अद्वितीय अवसर है।..."[110]

"....आखिर राज्य प्राप्ति का प्रयत्न कोई क्यों करता है? शासनाधिकार किसलिए होता है? राजनीतिक शक्ति की आवश्यकता ही क्यों पड़ती है? राम को राज्य का मोह नहीं है। उन्हें धन-धान्य संपत्ति, विलास, ऐश्वर्य—किसी वस्तु का मोह नहीं है। वे तो स्वयं ही अवसर की प्रतीक्षा में थे कि किसी प्रकार इस जंजाल में से निकलकर वनों में जा सकें, जहाँ मानवता का वास्तविक संघर्ष चल रहा है। यदि उन्हें राजसी जीवन के किसी एक पक्ष से भी मोह होता, तो वनों में जाकर वे ऋषियों की रक्षा का संकल्प क्यों करते।"[111]

"सहसा उनकी कल्पना में विश्वामित्र जाग उठे...ऋषि मुस्करा रहे थे... घबरा गया, राम! अपने सपनों को साकार करना चाहता है और उसका मूल्य नहीं चुकाना चाहता। प्रतिबद्धता सुखी मनुष्यों का मनोरंजन है क्या? क्या समझकर तू वन में चला आया था? तू क्या अपनी पत्नी और भाई के साथ वन-विहार करने आया था?... तू युद्ध करना चाहता है, और आघात नहीं सह सकता। रक्त बहाए बिना भी कभी युद्ध हुआ है पुत्र? चोट खाकर घबरा जाने वाले लोग संघर्षों में विजयी नहीं होते। यदि ऐसा ही मन पाया है तो राक्षसों से समझौता कर ले और अपनी तथा लक्ष्मण की सुरक्षा की भीख माँग, वापस अयोध्या लौट जा... दलित मानवता के त्राण का कार्य तू किसी और के लिए छोड़ दे।"[112]

नारी की स्थिति पर चिंतन करते हुए राम विचार करते हैं :

"कैसी विडंबना है...इतने ऋषि, मुनि, तपस्वी, राक्षसों द्वारा भ्रष्ट शरीर हुए... किसी ने उन्हें भ्रष्ट घोषित नहीं किया, किसी ने शाप नहीं दिया... भ्रष्ट केवल स्त्री ही होती है।...अपने पीढ़ियों के संस्कारों के कारण स्त्री अपने सतीत्व को प्राणों का पर्याय मान बैठी है। शीलभंग होते ही वह आत्महत्या की बात सोचती है। उसकी

रक्षा में असमर्थ समाज को दंडित क्यों नहीं किया जाता?...विचित्र न्याय है, जो पीड़ित और अपमानित है उसे ही अपराधी घोषित कर दंडित किया जाता है; और अपराधी पुरुष गर्व से छाती ताने खुले आम घूमता है, इस न्याय पद्धति को राम कभी स्वीकार नहीं करेंगे। वे रावण को गर्व से छाती फुलाए जीने का अधिकार नहीं देंगे।"[113]

### *3. कथोपकथन*

'अभ्युदय' के कथोपकथनों में भी स्वाभाविकता और नाटकीयता का सुंदर समन्वय है। संवाद प्रभावशाली, मार्मिक, सारगर्भित तथा प्रसंगानुकूल हैं। लघु एवं दीर्घ दोनों प्रकार के संवादों की योजना आवश्यकतानुसार प्रस्तुत की गई है तथा संवादों में सरसता एवं प्रवाहमयता का समावेश है। यथा :

"मेरा धैर्य समाप्त हो चला था, हनुमान।...अब अपने प्रिय का समाचार मिला है, तो स्वयं को समझाऊँगी। राम से कहना इस अवधि के भीतर यदि वे यहाँ पहुँच जाएँगे तो सीता उन्हें जीवित मिलेगी।

"वे पहुँच जाएँगे, माता। पूर्णतः आश्वस्त हो? पूर्णतः।"

"रावण की शक्ति देखी है?"

"देखी है, माता।"

"वानर लड़ लेंगे?"

"हम लंका को ध्वस्त कर देंगे।"

"पूरा विश्वास है, तुम्हें?"

"कुछ ही दिनों की बात है। आप स्वयं देखेंगी।"[114]

...............

"पंचवटी उसका मोर्चा है।...वहाँ विजय उसी की होगी; किंतु यदि उसे... ऐसे मोर्चे पर युद्ध के लिए बाध्य किया जाए जहाँ मोर्चा हमारा हो, जन-शक्ति हमारी हो...जैसे हमारी लंका, तो राम अपने युद्ध कौशल और दिव्यास्त्रों के ज्ञान के होते हुए भी पराजित होगा।''

"पर वह पंचवटी छोड़ हमसे लड़ने के लिए लंका क्यों आएगा?"

"आएगा...तुम उसे लाओगे, भैया।"

"कैसे ?"

"क्या तुम्हें अकम्पन ने यह नहीं बताया कि राम के साथ कौन-कौन है?"

"बताया था।... उसका भाई तथा उसकी पत्नी।"

"उसने बताया कि राम की पत्नी कैसी है ?"

"कह रहा था, अतीव सुंदरी है।"

"सुंदरी !...वैसी सुंदरी सारे संसार में नहीं है।"

"तुम्हारे अंतःपुर की रानियाँ-महारानियाँ उसकी दासियाँ होने योग्य नहीं हैं।"[115]

## 4. देशकाल या वातावरण

कोहली जी के उपन्यासों में देशकाल या वातावरण की अभिव्यक्ति भी कुशलतापूर्वक की गई है। विश्वामित्र के आश्रम के आस-पास की स्थिति का वर्णन करते हुए वे कहते हैं–"...आश्रम के बाहर तो स्थिति यह है कि सैकड़ों लोगों की उपस्थिति में राक्षस तथा उनके अनुयायी व्यक्ति का धन छीन लेते हैं, उसे पीट देते हैं उसकी हत्या कर देते हैं। जनाकीर्ण हाट बाजार में महिलाओं को परेशान किया जाता है, उनका हरण किया जाता है और जन समुदाय खड़ा देखता रहता है।"[116]

राजनीतिक परिवेश को अभिव्यंजित करते हुए कोहली जी कहते हैं–"नगरों से निरंतर खेदजनक समाचार आ रहे हैं। शासन-तंत्र ढीला हो गया है। भीतर और बाहर से शत्रु सिर उठाने लगे हैं। मानव की पशुवृत्तियाँ गौरवान्वित हो रही हैं। समाज में जो हिंस्र हैं, दुष्ट हैं, वे ही प्रसन्न हैं।"[117]

भारतीय राजतंत्र की स्थिति को स्पष्ट करते हुए लेखक कहते हैं–"जब कभी बुद्धि विलासी हो जाती है, सत्ता कोमल और भीरु हो जाती है, तो अन्याय को बल मिलता है। वत्स, आज संसार में ऐसा ही समय आ गया है। देव-शक्ति अपने विलास में नष्ट हो गई है। आर्य राजाओं में मतभेद है। ऋषि-मुनि अपना पेट पालने में व्यस्त हैं, अतः एक अन्यायी और अत्याचारी शक्ति संसार पर छाती जा रही।"[118]

**रावण की सैन्य शक्ति :** "पर रावण के सैनिक अभियानों के पीछे सुशासन का लक्ष्य नहीं है। वह तो अपने लिए सुख, विलास, संपन्नता, अधिकार चाहता है। उसके लिए न्याय-अन्याय का द्वंद्व नहीं है। उसका शासन एक व्यक्ति-सर्वशक्तिसंपन्न अधिनायक का शासन है।"[119]

धार्मिक सांस्कृतिक परिदृश्य को स्पष्ट करने का सफल प्रयास करते हुए लेखक लिखते हैं–"आर्य सम्राट के गुरु के पद पर वशिष्ठ बैठा है–जो मानवमात्र को समान नहीं मानता। वह अन्य जातियों से आर्यों को श्रेष्ठ मानता है, आर्यों से ब्राह्मणों को श्रेष्ठ मानता है और पुरुषों को श्रेष्ठ मानता है और पुरुषों को नारियों से श्रेष्ठ समझता है।..."[120]

पूँजीवादी साम्राज्यवादी शक्ति का विकृत रूप दर्शाते हुए कोहली जी स्पष्ट करते हैं –"...उन्होंने तपस्या, चरित्र और ज्ञान की शक्ति को सर्वोपरि माना था; पर आज की दुर्घटना ने सिद्ध कर दिया था कि पद, धन और सत्ता की शक्ति ही सर्वोपरि थी। वास्तविक शक्ति यह नहीं थी, वास्तविक शक्ति तो..."[121]

भविष्य की तैयारी हेतु विश्वामित्र श्रीराम को अस्त्र-शस्त्र का प्रशिक्षण देने के क्रम में विश्वामित्र राम से जो कुछ कहते हैं उससे अजगव (धनुष) में आत्मविस्फोटक पदार्थ लगे होने की बात स्पष्ट होती है :

"पुत्र! मैंने कहा न, इस युक्ति का बोझ तुम मुझ पर छोड़ दो। आओ तुम्हें

युक्ति सिखाऊँ। न केवल मैं अजगव परिचालन की युक्ति बताना चाहता हूँ उस यंत्र में एक आत्मा विस्फोटक पदार्थ लगा हुआ है। चाहूँगा, पुत्र! तुम उस विधि को भी सीख लो, जिसके द्वारा वह आत्मविस्फोटक पदार्थ प्रेरित किया जा सकता है। उस पदार्थ को एक बार प्रेरित कर दिया जाए, तो वह अजगव को खंड-खंड कर देगा। इस कार्य से एक ओर तुम सीता से विवाह का प्रतिबंध पूर्ण कर, सीता का पाणिग्रहण करने में समर्थ होओगे, और दूसरी ओर समस्त देव जातियों, आर्य सम्राटों और समस्त प्रजातंत्र को इस भय से मुक्त कर दोगे, कि किसी समय यदि यह 'शिव-धनुष' राक्षसों के हाथ में पड़ गया तो वे इसकी सहायता से प्रजा का सर्वनाश कर डालेंगे।"[122]

प्रजातांत्रिक परिस्थिति की मूल भावना को उजागर करते हुए राम अपने वनगमन के समय इकट्ठा हुए प्रजा-समूह को संबोधित करते हुए कहते हैं :

"अयोध्या का दायित्व मैं आप पर छोड़ रहा हूँ। राजा कोई भी हो; किंतु अयोध्या आपकी है। राज्य शासक का नहीं, जनता का होता है। आप सजग रहें सचेत रहें। अपनी अयोध्या की रक्षा करें और देखें कि अयोध्या का कोई भी शासक अनीति के मार्ग पर चल दंभ अथवा विलास में पड़, जन विरोधी शासन न करे।"[123]

दशरथ राम के साथ वन में अपना समस्त धनकोष अन्नभंडार अयोध्या के कुशल वास्तुकार तथा चतुरंगिणी सेना भेजना चाहते हैं तब कैकेयी चीख कर कहती हैं—"नहीं... परंपरागत उत्तराधिकार में मिले हुए राज्य को इस प्रकार लुटाने का अधिकार किसी को नहीं है—स्वयं सम्राट को भी नहीं। वे अपना राज्य केवल अपने युवराज को ही दे सकते हैं। मैं स्वयं को इस प्रकार प्रवंचित होने नहीं दूँगी।"[124]

वितरण व्यवस्था के संदर्भ में कोहली जी लिखते हैं—"उत्सुकता तो उनमें जागी है। इसका अर्थ यह हुआ कि भूमि में उनकी रुचि तो है, किंतु राक्षसों के आतंक के कारण भूमि ग्रहण करने का साहस नहीं कर रहे हैं। या फिर कदाचित् उन्हें लगा हो कि भूमि-वितरण की बात केवल बात ही है, उन्हें विश्वास नहीं कि भूमि, राक्षसों के सिवाय किसी अन्य व्यक्ति को भी मिल सकती है। हमें अपने वचन को कर्म रूप में परिणत करना होगा। कर्म से बड़ा प्रमाण दूसरा नहीं होता।"[125]

प्राकृतिक अधिकार एवं वैश्वीकरण की चर्चा भी उपन्यास में स्पष्ट होती है—राम कहते हैं—"अधिकार तो सारा धरती का है। ...स्वयं को धरती की संतान बना लेने पर सारे अधिकार प्राप्त हो जाते हैं।"[126]

विभीषण रावण के साम्राज्य और वहाँ के वातावरण की चर्चा करते हुए कहते हैं—"वह राक्षस-साम्राज्य के विस्तार का काल था। सारे विश्व का धन, सुख, विलास, सत्ता-अधिकार लंका में एकत्रित हो रहा था, तो सामान्य राक्षस रावण का विरोध क्यों करते अथवा मेरा साथ क्यों देते? मंदोदरी भाभी को भी रावण द्वारा ब्याही, हरी या खरीदी गई सुंदरियों के कारण कोई विरोध नहीं था, क्योंकि उनके लिए सुख के साधन भी बढ़ रहे थे और उनका रूप और सौंदर्य उनके अपने अधिकारों की रक्षा के लिए

पर्याप्त था। फिर वे अपने पति पर पूर्णतः आश्रित थीं—उनका अपना बल कोई नहीं था; किंतु क्रमशः राक्षस-व्यवस्था के सुखों की सीमा आ गई और उसके दोषों का रूप प्रकट होने लगा। मेघनाद बड़ा होता गया और अपनी अमर्यादित महत्त्वाकांक्षाओं में रावण के अनुचित कामों में न केवल वह उसका समर्थक होता चला गया, वरन् स्वयं भी पिता के पदचिह्नों पर आगे बढ़ता गया और अपने पिता को अनौचित्य की ओर धकेलता चला गया। रावण भी मेघनाद का बल पाकर अधिक अहंकारी और क्रूर होता चला गया।"[127]

पूँजीवादी साम्राज्यवादी शक्ति की संस्कृति का वर्णन भी उपन्यास में यत्र-तत्र किया गया है—सुग्रीव कहते हैं :

"मधुपान का प्रचलन स्थानीय रूप से हमारी जाति में भी है; किंतु यह विशेष अवसरों पर स्वयं तैयार कर उत्सव मनाने की परिपाटी तक ही सीमित है, यदि लंका से मँगाकर अथवा लंका की पद्धति पर तैयार करवा, सुगंधित मदिरा की धारा अबाध गति से हाटों में बहेगी तो समाज के समर्थ सदस्यों को उसकी चाट लग जाएगी।. ..विलास मदिरा तक ही नहीं थम जाता। आप जानते हैं कि मायावी, मदिरा के साथ-साथ वेश्या-व्यापार भी करवाता है। ये विलासी लोग इस जाति की कन्याओं को वेश्या बना देने के लिए अपने पास धन संचित करेंगे, और दूसरों की आर्थिक स्थिति इतनी हीन कर देंगे कि एक मुट्ठी अन्न के लिए कुलांगनाओं को अपना शरीर बेचना पड़े।"[128]

पूँजीवादी संस्कृति ही वर्ग संघर्ष का कारण बनती है। इसका बहुत सुंदर उदाहरण कोहली जी किष्किंधा नगरी के माध्यम से देते हैं :

"दो पर्वतों के बीच बसी किष्किंधा नगरी कितनी सुंदर घाटी थी। नगर के मध्य में राजप्रासाद था। आस-पास यूथपतियों, सामंतों, सेनापतियों और कुछ धनाढ्य व्यापारियों के आवास थे। उनके मध्य सुंदर मार्ग थे। स्थान-स्थान पर उपवन और उद्यान थे। जलाशय और नहरें थीं।...... और जहाँ ये प्रासाद समाप्त होते थे, वहीं से निर्धन श्रमिकों की घास-फूस और मिट्टी की बनी झुग्गियाँ आरंभ हो जाती थीं। न वहाँ पथ थे, न उद्यान, न जलाशय, न नहरें। कूड़े के ढेर जैसे कच्चे घरों में लोग रह रहे थे। किसी ने पर्वत की खोह का सहारा लेकर रहने के लिए ओट कर ली थी और किसी ने वृक्ष के तने को अपनी दीवार मान लिया था।"[129]

परिस्थिति, समय और वातावरण के परिवर्तन के साथ-साथ मनोवृत्ति में भी परिवर्तन होता है। उदाहरण द्रष्टव्य है :

"अब उनकी शिविका में चलने की इच्छा नहीं होती । अपने ही जैसे मनुष्यों के कंधों पर सवार होकर चलना, उन्हें पीड़ा देने लगा था। कभी-कभी बाध्य होकर जाना भी पड़ता था... बाध्यता भी कितनी विचित्र थी। वानरों के पास यातायात का अन्य कोई साधन ही नहीं था—सम्राट के पास भी नहीं।"[130]

सामंती संस्कृति के विकृत स्वरूप के दर्शन भी अभ्युदय में होते हैं :

"सुग्रीव का मुँह कसैला हो गया। मन वितृष्णा से आप्लावित हो उठा... क्या करेंगे वे युवराज की उपाधि धारण करके, जब उनको शासन की नीतियों और कृत्यों के संबंध में बोलने का तनिक भी अधिकार नहीं है। क्या करेंगे वानर-सम्राट की राजसभा में उपस्थित रह कर, जब उनकी आँखों के सम्मुख अपराधी को महासामंत की पवित्र उपाधि से विभूषित कर उसके कंठ में मालाएँ पहनाकर उसका अभिनंदन किया जाएगा।"[131]

स्वतंत्रता आंदोलन से पूर्व भारतीय शिक्षा की दयनीयता का उल्लेख भी किष्किंधा के माध्यम से किया गया है। हनुमान कहते हैं :

"युवराज! हम लोग किष्किंधा राज्य, ...मात्र किष्किंधा नगरी नहीं..., संपूर्ण वानर-राज्य की शिक्षा व्यवस्था की बात कर रहे थे। कितनी विचित्र बात है कि हमारा शासन अपनी अगली पीढ़ियों की शिक्षा व्यवस्था के विषय में सोचता ही नहीं है। या तो पुत्र अपने पिता से थोड़ा बहुत ज्ञान अर्जित कर लेता है या अखाड़ों में मल्ल युद्ध का अभ्यास कर लेता है।"[132]

उत्पादन की स्थिति का वर्णन भी उपन्यास में यत्र-तत्र किया गया है :

"जन-सैनिक अनिश्चित काल के लिए अपने स्थान से हट जाएँगे। न खेतों से कुछ उपजेगा न खानों से। एक अविकसित तथा निर्धन प्रदेश, अनुत्पादन की स्थिति में अपनी निर्धनता से पराजित होकर किसी धनाढ्य जाति के हाथ बिक जाएगा।..."[133]

बाल श्रमिकों की स्थिति की ओर भी कोहली जी अपनी सूक्ष्म दृष्टि डालते हुए लिखते हैं—"...बालक-बालिकाएँ अपनी सीमित क्षमता में आर्थिक सहयोग करते हैं। कोई खेतों में काम करता है, कोई श्रमिकों के साथ उनकी सहायता करता है, कोई धनी परिवारों में घरेलू कार्य करता है। यदि निर्धन परिवार अपनी संतानों को अध्ययन के लिए शिखा संस्थान में भेज देंगे, तो उनकी आय की पूर्ति कैसे होगी?"[134]

## *5. शैली*

कोहली जी द्वारा प्रस्तुत उपन्यास अभ्युदय की शैली वर्णनात्मक, चित्रात्मक, व्यंग्यात्मक और भावात्मक है। साथ ही विश्लेषणात्मक तथा मनोवैज्ञानिक शैली का भी सुंदर समन्वय किया गया है। भाषा-शैली सहज सुंदर स्वाभाविक और प्रभावोत्पादक है :

"राम को सूचना मिली।

उन पर दोहरी प्रतिक्रिया हुई—रावण युद्ध क्षेत्र में आया है और लक्ष्मण मूर्च्छित पड़े हुए हैं। राम द्वंद्व में थे—किधर जाएँ? पहले मूर्च्छित भाई की सुध लें, अथवा पहले अपने शत्रु को रण में निमंत्रण दें?...रावण ने सुग्रीव, नील और अब सौमित्र को आहत कर मूर्च्छित कर दिया था...राम को वहीं जाना चाहिए। ...कब से राम इस शत्रु को खोज रहे थे और वह अपनी सोने की लंका में सुरक्षित बैठा था। आज

वह रण क्षेत्र में आया है और वे उससे भेंट न करें तो धिक्कार है उनकी वीरता पर।"[135]

## *कृष्णकथा शिल्प*

कोहली जी के कृष्णकथा धारा के उपन्यास 'महासमर' (आठ खंड) महाभारत पर आधृत हैं। यद्यपि मूलतः कथा पौराणिक है, फिर भी यह उपन्यास शृंखला भी रामकथा धारा के समान ही अपनी योजना एवं दृष्टिकोण में विशिष्टता, मौलिकता तथा नवीनता धारण करती है। कथा-संघटन, प्रसंग-चित्रण, संवाद-नियोजन के साथ-साथ पात्र-चरित्र-चित्रण में भी उत्कृष्टता एवं अनूठापन है।

कथानक के आदि, मध्य और अंत इन तीनों भागों में निर्धारित अपेक्षित मापदंड निकषोपयुक्त है। औपन्यासिक शिल्प-सौष्ठव सजीव एवं सराहनीय है।

**आदि :** उपन्यास 'महासमर' का आदि कुतूहलवर्द्धक, रोचक तथा हृदयग्राही है। आदि में वर्णित आकस्मिक घटनाएँ, अत्यंत मार्मिक और मनोवैज्ञानिक ढंग से प्रस्तुत की गई हैं :

"यह असंभव था।

घटना से पूर्व तो इसकी कल्पना ही नहीं की जा सकती थी, घटित हो जाने के बाद भी देवव्रत को इसका विश्वास नहीं हो रहा था। ऐसा संभव कैसे था?

असंभव। असंभव। मन ही मन देवव्रत ने अनेक बार दोहराया।...पर राजा शांतनु का रथ जा चुका था...सत्य यही था।...अहंकार। प्रजा की इतनी उपेक्षा। यही अहंकार राजवंशों को खा जाता है।...प्रजा और अधिकारी को भूल भी जाएँ तो.. .देवव्रत तो पुत्र हैं....राजा शांतनु उनके पिता हैं...पिता। कैसे पिता हैं शांतनु?...

देवव्रत के मन में प्रश्नों के हथौड़े चलते ही रहते हैं...

संतानसुख...वात्सल्यसुख...सुख है क्या?

अपनी सुविधा को सुख मानते हैं या अपने अहंकार की पुष्टि को या मन की आकुलता को? ...देवव्रत अपने मन की प्रतिकूलता को बहुत जल्दी अनुकूलता में बदल लेते हैं, किंतु बात देवव्रत की नहीं है, बात तो राजा शांतनु की है..."[136]

"आप अस्वस्थ हैं पिताजी ?..."

......................

"पर उपालम्भ का कारण ?"

"अस्वस्थ नहीं हूँ पुत्र।... चिंतित हूँ ...चिंता से पीड़ित हूँ। चिंता की चिता का दाह सह रहा हूँ।..."

"राजवैद्य को सूचना क्यों नहीं दी गई पिताजी ?"

"कोई लाभ नहीं ? ..."

"कारण जान सकता हूँ ? ..."

"मुझे रोग नहीं क्षोभ है। मेरी चिंता का समाधान वैद्य के पास नहीं है।"

"चक्रवर्ती सम्राटों के पास भी चिंताएँ होती हैं क्या ?..."[137]

**मध्य :** महासमर का प्रारंभ जितना जिज्ञासा-पूर्ण और आकर्षक है मध्य भी उसी के विकासात्मक स्वरूप को प्रदर्शित करता है। आदि में भी राजतांत्रिक समस्या का प्रदर्शन था, मध्य में उसी समस्या का विकसित स्वरूप मानों यह कहता प्रतीत होता है कि राजतंत्र में क्या नहीं हो सकता–

"क्या हो गया ?..."

"होते-होते रह गया। ...फिर भी बहुत कुछ हो गया। अब भी यदि कुरुकुल की कुशलता चाहते हो, इसे यहीं रोक दो। द्रौपदी की रक्षा करो। पांडवों का राज्य उन्हें लौटा कर उन्हें मुक्त कर दो।"...

"...आपके पुत्र नियंत्रण में रहने चाहिए ? ...दुर्योधन न माने तो उसका त्याग कीजिए। वह अपने शत्रुओं से युद्ध करे राजनीति के षड्यंत्र रचे; किंतु मुझे ऐसा पुत्र नहीं चाहिए, जो नारी के सम्मान की रक्षा न कर सके।"[138]

"युधिष्ठिर देख रहे थे... माँ के मन में कोई घाव रिस रहा था... टीस भी उठती थी ... किंतु माँ न रोती थी न कराहती थी; ...पीड़ा को अभिव्यक्त करना माँ का स्वभाव नहीं है। माँ हँसती तो सबके साथ है; किंतु रोती अकेली ही है।..."

"तो द्वारका जाओगी माँ ? ..."

"नहीं रे। वह मेरा मायका नहीं रहा ..."

"पर मातुल वसुदेव ने तो सदा तुम्हारी चिंता की है माँ। कृष्ण और बलराम हमारी सहायता को सदा ही दौड़े आए हैं। ..."

"मैंने कब अस्वीकार किया है। न भाई से कोई विरोध है मेरा, न भाभी से।"

"कोई रोष?"

"रोष भी नहीं, क्षोभ भी नहीं, क्रोध भी नहीं ...।"

"तो फिर यह क्या है माँ ?"

"कुछ भी हो। ... जब माँ नहीं जाना चाहती तो क्यों उन्हें बाध्य कर रहे हो?"

"बाध्य नहीं कर रहे; बस जानना चाहते हैं।...इन तेरह वर्षों में कहीं तो रहना है माँ को।"[139]

**अंत :** महासमर का अंत महाभारत की कथा की मूल प्रेरणा गीता के कर्म सिद्धांत को प्रतिस्थापित करते हुए जिस बंधन से उपन्यास का प्रारंभ होता है उसी बंधन-मुक्ति से इसका समापन होता है।

**कर्म-सिद्धांत की प्रतिस्थापना :** "पितामह की बात पर विचार करें, धर्मराज! अग्नि यज्ञ की प्रतीक है और यज्ञ कर्म का। पितामह अंत समय तक कर्म करते हुए जाना चाहते हैं। सूर्य बुद्धि का प्रतिनिधि है। जीवन के अंतिम क्षण तक कर्म-यज्ञ की ज्वाला जलती रहनी चाहिए। सतत कर्तव्य करते हुए मृत्यु आ जाए तो मनुष्य

धन्य होता है। मन में ग्लानि रखने का कोई अर्थ नहीं है।... अंतिम समय तक हाथ से कोई कार्य होता रहे, भावना की पूर्णिमा चमकती रहे, हृदयाकाश में आसक्ति के मेघ न हों, बुद्धि सतेज रहे। ऐसा परम कल्याणकारी अंत पाने के लिए निरंतर दक्ष रहकर अंत समय तक लड़ते रहना होता है।..."[140]

**बंधन से निर्बंधता :** "आजीवन स्वयं को बाँधे रखने वाले उस महापुरुष ने इस समय स्वेच्छा से स्वयं को मुक्त कर लिया यही इच्छा-मुक्ति है। आप उनके ही आदर्श पर चलें... आप भी अपने अवसाद को तिलांजलि दीजिए, ग्लानि का त्याग कीजिए।... आपको अपार निर्माण करना है। इस युद्ध में हुए नाश की क्षतिपूर्ति करनी है। इसीलिए इस हताशा से स्वयं को बंधन मुक्त कीजिए। धर्म किसी को बाँधता नहीं, वह मुक्त करता है। वह जीवन में अवसाद नहीं उत्सव लाता है। पितामह प्राण त्यागने के लिए उत्तरायण की प्रतीक्षा कर रहे हैं, किंतु उत्तरायण केवल मृत्यु के लिए ही नहीं होता, वह जीने के लिए भी परम उपयोगी है। आप जीवन के लिए अपने मन में उत्तरायण अवतरित करें।"[141]

## *1. कथानक या कथावस्तु-वैशिष्ट्य*

महाभारत पर आधृत कृष्णकथा धारा के उपन्यास 'महासमर' (आठ खंड) का कथानक भी अनेक नवीन अवधारणाओं, दृष्टिकोणों से युक्त अपनी मौलिकता लिए हुए है तथा मनोवैज्ञानिकता के साथ प्रासंगिक एवं समसामयिक रूप से हमारे समक्ष प्रस्तुत होता है। वर्तमान परिवेश में सामाजिक, राजनीतिक तथा अन्य परिदृश्यों को और सामाजिक अंगों-उपांगों की समस्याओं और उनके समाधानों की ओर संकेत करता है।

**वर्ण व्यवस्था संकेत :** "मैं जानता हूँ कि क्षत्रिय-कर्म मूलतः शस्त्र-कर्म ही है। यह भी जानता हूँ कि राजाओं के लिए दुष्ट-दलन तथा आत्मरक्षा के लिए युद्ध करना अनिवार्य हो जाता है। आपद्धर्म के रूप में शस्त्र-कर्म और युद्ध से मेरा विरोध भी नहीं है; किंतु महाराज। अनावश्यक हिंसा तो हमारा धर्म नहीं है। और मैंने तो युवराज की प्रतिज्ञा के रूप में अनृशंसता का संकल्प किया है।..."[142]

"ब्राह्मण को क्षमाशील होना चाहिए। दोष को क्षमा करने से न उस दोष का विस्तार होता है, न उसका वंश आगे चलता है। ...किंतु प्रतिशोध और प्रतिहिंसा की भावना, प्रतिक्रिया की अंतहीन शृंखला को जन्म देती है।"[143]

**युद्धनीति और कर्म-फल :** "उसका कहना है कि 'युद्ध' तो कर्म है तथा 'विजय' अथवा वीरगति उसके फल हैं। ...सामान्यतः हम लोग विजय अथवा वीरगति को अपना लक्ष्य मानते हैं; युद्ध को नहीं। वह जब युद्ध करता है तो उसका लक्ष्य युद्ध ही है" 'विजय' तथा 'वीरगति' तो उसके अनिवार्य फल मात्र हैं, जो प्रकृति के नियमों के अधीन हमें प्राप्त होंगे ही। विजय अथवा वीरगति की चिंता करते रहेंगे, तो युद्ध

नहीं हो पाएगा।"[144]

**योद्धा की प्रकृति एवं हिंसा का स्वरूप :** योद्धा की गुरुता का प्रतिपादन करते हुए कोहली जी कहते हैं–"अपने प्रति किए गए अपराध का दंड तो प्रतिशोध है पुत्र. ..प्रतिशोध का आधार प्रतिहिंसा है, जो नृशंसता है। तुम्हें योद्धा होना है, आततायी नहीं। यदि अवसर आया तो दुर्योधन से युद्ध-क्षेत्र में आमने-सामने युद्ध कर लेना। वैसे मेरा प्रयत्न यही रहेगा कि तुम दोनों में युद्ध कभी न हो।"[145]

**युद्धनीति का वर्णन और भी :** "शांति वार्ता के असफल होने पर युद्ध करना अपमानजनक नहीं है; किंतु युद्ध में पराजित होकर संधि का प्रस्ताव भेजना अपमानजनक होगा।"[146]

**कला और उद्योग :** कला के संदर्भ में दो विचारधाराएँ प्रचलित हैं :

1. कला; कला के लिए और 2. कला; जीवन के लिए। कोहली जी की बुद्धिवादी, उपयोगितावादी एवं समसामयिक दृष्टि में कला, जीवन के लिए होनी चाहिए जिसकी आज आवश्यकता है।

"और आजीविका के साधनों का कोई अंत तो है ही नहीं। यदि हम कृषि और उद्योग का विकास करते हैं; उपयोगी और ललित कलाओं को समृद्ध करते हैं; तो उनमें इतने से लोगों के लिए अवश्य ही काम निकल आएगा। वे परिश्रम करेंगे और अपनी आजीविका पाएँगे। दूसरी ओर प्रजा का अकल्याण भी नहीं होगा।"[147]

**धर्म का स्वरूप :** कोहली जी महासमर में वार्तालाप के मध्य यत्र-तत्र प्रसंगानुसार गीता-गान की चर्चा करते हुए धर्म, कर्म, युद्ध, शांति, सत्य, ज्ञान इत्यादि का वर्णन करते हैं :

"सामाजिक विधान से मान्य हमारे अधिकार यदि कोई बलात् छीन रहा हो तो धर्म, संघर्ष में है अथवा शांति बनाए रखने के लिए समर्पण में।

"न्यायपूर्ण संघर्ष, अन्यायपूर्ण शांति से सदा महान है। यदि कोई अन्यायपूर्ण बल से हमारे अधिकार छीनता है, तो संघर्ष हमारा धर्म है।...... युवराज! त्याग उसका होता है, जो हम अर्जित कर चुके हैं, जो हमारे अधिकार में है। जो हमसे छिन गया, जिसे हम प्राप्त नहीं कर सके, उसका हम त्याग नहीं करते।...आततायी को दंड देना धर्म है और पश्चात्ताप करने वाले को क्षमा।"[148]

सत्य के स्वरूप का वर्णन करते हुए कोहली जी कहते हैं–"सत्य का आग्रही संधियाँ नहीं करता।... बता क्या तेरे मन ने सदा ही यह नहीं सोचा कि दुर्योधन नहीं मानता, तो युधिष्ठिर ही मान ले? तुझे शांति बहुत प्रिय हो गई है पुत्र! किंतु स्मरण रख, सत्य सदा शांति में ही नहीं होता। कभी-कभी सत्य, युद्ध के पक्ष में खड़ा हो जाता है।..."[149]

**मानव सभ्यता का विकास :** "सुनो हिडिंबे! मनुष्य वन में बसने वाला पशु-पक्षी नहीं है। उसकी आवश्यकताएँ, बुद्धि तथा मर्यादा वन के पशु-पक्षियों से कहीं अधिक

विस्तृत तथा उदात्त हैं। पशु-पक्षियों को प्रकृति ने बहुत सीमित बुद्धि दी है। उनका जीवन केवल दंपति तक सीमित है और उसका लक्ष्य मात्र संतानोत्पत्ति है। मानव केवल दंपति नहीं परिवार बनाता है। समाज बनाता है। मनुष्य को प्रकृति ने पशु-पक्षियों की तुलना में कहीं अधिक विकसित बुद्धि दी है। अतः उसका दायित्व भी अधिक विस्तृत है। यहाँ हमारी आवश्यकता केवल पति अथवा पत्नी से पूर्ण नहीं होती। हमें परिवार के अन्य सदस्यों माता, पिता, बहन तथा अन्य संबंधियों की भी आवश्यकता होती है। अतः उनके प्रति हमारा दायित्व भी होता है। तुम मेरे इस पुत्र को लेकर विहार करती फिरोगी तो हमारे परिवार का विकास नहीं होगा, उसका ह्रास होगा। इस पर माता तथा भाइयों का भी दायित्व है, कि यह तुम्हारे साथ चला जाए। इस पर माता तथा भाइयों का भी दायित्व अन्य संबंधियों का भी दायित्व है, इसे कुछ समाज और राज्य के विषय में भी सोचना है।... "[150]

**सूक्ष्म मनोवृत्तियों का मनोवैज्ञानिक विश्लेषण :** नरेन्द्र कोहली ने आचार्य रामचन्द्र शुक्ल की परंपरा में कुछ स्थलों पर सूक्ष्म मनोवृत्तियों का विश्लेषण प्रसंगानुसार प्रस्तुत किया है :

"मोह मानसिक रोग है पुत्र! आत्मा का कलुष! यदि वह मात्र साधारण भ्रम है तो प्रबोधन से मिट जाएगा; किंतु यदि वह अत्यंत सघन है, तो मोह की सघनता के अनुपात में ही पीड़ा अथवा दंड पाकर ही वह छूटे; उनकी आकांक्षापूर्ति से तुम उनका मोह नष्ट नहीं कर सकते। यदि उनकी इच्छापूर्ति होती रहेगी, तो उनका लोभ बढ़ेगा, मोह सघन होगा, अधर्म की शक्ति में उसकी निष्ठा बढ़ेगी; और वे अधिक से अधिक नृशंस होते जाएँगे।...अधर्मियों के प्रति दयावान होने का अर्थ है उनके प्रति तथा सामान्य समाज के प्रति नृशंस होना। अनृशंसता सबसे बड़ा धर्म है पुत्र! इसलिए मोह के रोग की वृद्धि में सहायक होना धर्म नहीं है।"[151]

कोहली जी की तत्त्व-चिंतनमयी तार्किक दृष्टि अनुभूति और आस्था का भी सूक्ष्म विश्लेषण करती है :

"सूचना जब संवेदना बनती है तो अपने-आप अनुभूति हो जाती है। वास्तविक आस्था तो अनुभूति के बाद ही उत्पन्न होती है पुत्र! किंतु यदि चोर को सूचना मिल जाए कि बंद कपाटों के पीछे कक्ष में स्वर्ण-भंडार है, तो जैसे उसे बिना स्वर्ण को देखे ही आसक्ति का अनुभव होता है, वैसे ही सूचनाओं के आधार पर भी सात्विक मन में आस्था उत्पन्न हो सकती है।"[152]

आसक्ति और भय की प्रतिक्रिया के स्वरूप को अभिव्यक्त करते हुए कोहली जी कहते हैं :

"धन छिन जाने और फिर से कंगाल हो जाने का भय, प्रेत के समान उसकी आत्मा से चिपका हुआ है। स्वयं को सुरक्षित करने के लिए उसने द्रुपद से आधा पांचाल छीना और उसका अधिराज बन बैठा।..."[153]

**क्षात्र-कर्म-धर्म :** तत्कालीन क्षात्र-कर्म और क्षात्र-धर्म परंपरा का उल्लेख कोहली जी शकुनि की विचारधारा में परिलक्षित कराते हुए कहते हैं :

"क्षत्रियों के तीन ही तो काम हैं... युद्ध, मृगया और द्यूत। युद्ध और मृगया में तो हिंसा, रक्तपात और विरोध इत्यादि हैं, पर द्यूत में ऐसा कुछ भी नहीं है। क्षति की भी कोई संभावना नहीं है। रत्ती भर भी जोखिम नहीं है। वह तो क्रीड़ा है, जैसे मृगया में मारा अथवा आहत हुआ पशु यह कहने नहीं आता कि उसके प्राण क्यों लिए गए उसी प्रकार द्यूत में हारा हुआ प्रतिपक्षी कभी यह नहीं कहता कि तुमने मुझे हराया क्यों। उलटे वह हार कर भी गले मिलता है कि तुम्हारे साथ खेलकर बहुत आनंद आया।..."[154]

**नारी मनोवृत्तियों का विश्लेषण :** कोहली जी ने अपने उपन्यास 'महासमर' में नारी की मनोभावनाओं और वृत्तियों का सूक्ष्म विश्लेषण करते हुए उसके विभिन्न स्वरूपों का दर्शन कराया है :

**मातृत्व भावना :** "मेरी आशंका के तीन कारण हैं पुत्र! एक तो यह कि स्वयंवर एक सार्वजनिक मिलनस्थल है, जहाँ ऐसे अनेक होंगे जो तुम्हें पहचान लेंगे। तुम्हारी गोपनीयता का कवच छिन-भिन्न हो जाएगा, और तुम लोग संकट के आमने-सामने खड़े हो जाओगे।... दूसरी चिंता यह है कि आर्य राजपुत्रियों के स्वयंवरों की समाप्ति प्रायः युद्धों से ही होती है। यदि दुर्योधन ने तुम्हें किसी ऐसे ही व्याज से घेर लिया, तो तुम क्या करोगे? तुम्हारे पास साधारण शस्त्र तक तो हैं नहीं।... और फिर पुत्र।.. स्वयंवर तो प्रतिद्वंद्विता का स्थल है। मैं नहीं चाहती कि मेरे अपने पुत्र किसी भी स्थिति में एक-दूसरे के प्रतिद्वंद्वी बनकर खड़े हों।"[155]

**मातृत्व एवं नारीत्व में अंतर :** मातृभाव एवं नारी भाव का सूक्ष्म अवलोकन एवं वर्णन करते हुए कहते हैं :

"नहीं वत्स!... एक शरीर में रहते हुए भी, नारी माँ नहीं होती। माँ की दृष्टि में क्षमा होती है, मन में वात्सल्य होता है और दान में हाथ उठा होता है; नारी की दृष्टि में निषेध और आलोचना होती है, मन में कामना होती है; और हाथ याचना में फैला होता है। माँ समर्पण का सात्विक जीवन जीती है पुत्र! वह अल्पसंतोषी होती है—सीधी-सादी और सरल! नारी समर्पित होती नहीं, समर्पण माँगती है। वह कभी संतुष्ट नहीं होती। सरलता का कोई तत्त्व उसके निर्माण में होता ही नहीं। वह बहुत जटिल रचना है स्रष्टा भी। उसकी थाह पाना बहुत कठिन होता है।..."[156]

**नारी प्रकृति :** नारी प्रकृति के विषय में कोहली जी कहते हैं—"वैसे ही नारी भी प्रकृति का रूप है पुत्र! वह पुष्पित और पल्लवित होना चाहती है। उसके जीवन में रूप, रस, गंध... सबके लिए ललक है। जैसे प्रकृति मदमाती और इठलाती है, वैसी ही नारी भी है पुत्र! उसके शरीर की संरचना जैसे पुरुष से भिन्न है, वैसे ही मन की संरचना भी पुरुष के मन से मेल नहीं खाती।"[157]

"शरीर की असमर्थता उसे बाध्य कर दे तो कर दे, किंतु उसकी कामना तृप्त नहीं होती पुत्र!... पांचाली के पास आभूषणों के भंडार हों तो भी यदि तुम उसे एक स्वर्ण-कंगन लाकर दोगे तो वह आह्लाद से खिल उठेगी। वह स्वर्ण तथा बहुमूल्य मणि-माणिक्य से लदी होगी तो भी वेणी में लगाने के लिए एक पुष्प की कामना उसे अतृप्त रखेगी। यह नारी का सहजरूप है। यह उसका दोष नहीं।"[158]

नारी स्वरूप का वर्णन करते हुए कोहली जी द्रौपदी की विडंबनात्मक स्थिति का चित्रण करते हैं :

"द्रौपदी युधिष्ठिर की पत्नी है, अतः उसका धन है। इसे न युधिष्ठिर अस्वीकार कर सकता है, न द्रौपदी। द्रौपदी उसी संबंध का दंड भुगत रही है। क्या अधर्म है इसमें?... किंतु यह अमानवीय है।... इसे तर्क चाहे स्वीकार करे, मनुष्य का मन स्वीकार नहीं कर सकता।... व्यक्ति मात्र संबंधों का ही तो दास नहीं है। वह अपने आप में एक पूर्ण और स्वतंत्र अस्तित्व भी तो है। धर्म की दृष्टि में, वह केवल अपने कर्मों के लिए उत्तरदायी है। द्यूत युधिष्ठिर खेले और दंड द्रौपदी पाए... यह कैसा न्याय है? क्या यह धर्म है?"[159]

नारी भावना को अभिव्यक्त करते हुए कोहली जी स्त्री और पुरुष के विकास को भी स्पष्ट करते हैं :

"वैसे तो स्त्री और पुरुष के विकास के नियम पृथक नहीं हैं, विकास स्त्री का भी होता है और पुरुष का भी; किंतु सामान्यतः यह देखा गया है कि पुरुष अविकसित पत्नी के होते हुए भी अपना विकास कर लेता है; किंतु अविकसित पति के संग रहकर स्त्री अपना विकास असंभव पाती है।.............

कम विकसित व्यक्तित्व वाली स्त्री जब अधिक विकसित परिवार में जाती है, तो वह अनुलोम विवाह है, अतः शास्त्रविहित है; क्योंकि वहाँ नारी के व्यक्तित्व का विकास अवरुद्ध नहीं होता; किंतु स्त्री जब किसी ऐसे परिवार में जाती है, जहाँ परिवार उसके व्यक्तित्व की अपेक्षा अल्प विकसित है तथा उस परिवेश में उसके व्यक्तित्व का और अधिक विकास संभव नहीं है... तो वह प्रतिलोम विवाह है। शास्त्र द्वारा इसका निषेध है। इसमें स्त्री का दम घुट जाएगा।... विकास से मेरा तात्पर्य बौद्धिक, मानसिक तथा आत्मिक विकास से है। यह आर्थिक विकास नहीं है, न ही शिल्प अथवा कला का विकास इसके समतुल्य है। अधिकांशतः आर्थिक समृद्धि के साथ-साथ आत्मिक पतन आता है। इसलिए ब्राह्मण वृत्ति तथा ब्राह्मण संस्कारों में पली कन्या, समृद्ध वैश्य परिवार में न तो अपना विकास कर सकती है, न ही प्रसन्न रह सकती है।"[160]

**मानसिक अंतर्द्वंद्व का मनोवैज्ञानिक चित्रण :** कोहली जी भीष्म के अंतर्द्वंद्व का सूक्ष्म अवलोकन करते हुए कहते हैं—"उन्हें लगा कि उनके मन में सदा स्वार्थ और परामर्थ, लोभ और वैराग्य, ग्रहण और त्याग का संघर्ष चलता रहा है। वे सदा

परमार्थ, त्याग और वैराग्य का पक्ष लेते रहे; किंतु माता सत्यवती की प्रवृत्ति सदा ही स्वार्थ, लोभ और ग्रहण की ओर रही—और भीष्म को लगता था कि जैसे उनके अपने ही मन का द्वंद्व उनके और माता सत्यवती के रूप में शरीर धारण कर संघर्ष कर रहा था।..."[161]

"युधिष्ठिर ने धर्म-बंधन में बँध कर जुआ खेलना स्वीकार किया था। वह उसकी बाध्यता ही सही किंतु धर्म मानकर उसने स्वयं दाँव लगाया था और वह द्रौपदी को हारा था। वह षड्यंत्र का बंदी था; किंतु उसने षड्यंत्र का विरोध नहीं किया, धर्म अर्जित करने का निश्चय किया... वह निश्चित रूप से जानता था कि परिणाम क्या होने जा रहा है... नहीं जानता था तो उसे जानना चाहिए था। द्यूत की मर्यादा का पालन करने वाला युधिष्ठिर अबोध बालक नहीं था। वह राजसूय यज्ञ करने वाला चक्रवर्ती सम्राट था। यदि वह बिना सोचे समझे, परिणाम से अनभिज्ञ जुआ खेल कर हार सकता है तो कल इसी प्रकार परिणाम से युद्ध भी कर सकता है।...."[162]

**प्रेम एवं कला का स्वरूप :** द्रौपदी के पाँच पतियों में विभाजन की समस्या -समाधान में कोहली जी प्रेम के स्वरूप का विश्लेषण करते हुए कहते हैं—"प्रकृति ने तो नारी और पुरुष के मध्य राग तत्त्व ही बनाया है। उसकी तीव्रता-रुचि-भेद, वय-भेद और परिस्थिति-भेद से न्यूनाधिक होती है। प्रकृति ने किसी एक स्त्री को किसी पुरुष और किसी एक पुरुष को किसी एक स्त्री के लिए नहीं बनाया।... उसने तो केवल स्त्री और पुरुष ही बनाए हैं। मर्यादित बहुपतित्व अथवा बहुपत्नीत्व से कोई प्राकृतिक नियम नहीं टूटता; सामाजिक मान्यताएँ चाहे भंग होती हों।..."[163]

"मैं यह मानता हूँ कि कलाकार अपनी प्रेरणा से जो भी निर्माण करता है वह किसी के अहित के लिए नहीं होता। कभी-कभी कोई दुष्ट मस्तिष्क कलाकार की उस प्रतिमा का दुरुपयोग करने का प्रयत्न करता है तो कलाकार स्तब्ध रह जाता है कि उसकी रचना का लक्ष्य तो यह नहीं था।..."[164]

उपर्युक्त दृष्टांत यह स्पष्ट करते हैं कि कृष्णकथा धारा की महाभारत कथा यद्यपि पौराणिक है; किंतु कोहली जी ने उसे परंपरागत पथ से हटाकर नवीन दृष्टिकोण, नवीन मौलिक चिंतन के साथ मनोवैज्ञानिक और आकर्षक ढंग से प्रस्तुत किया है।

## *2. चरित्र-चित्रण*

कोहली जी के शिल्प-कौशल और मौलिक संकल्पना के कारण कृष्णकथा धारा पर आधृत उपन्यास 'महासमर' के पात्रों का चरित्र भी बड़े ही आकर्षक और स्पष्ट रूप में उभरकर सामने आया है। यथा द्रौपदी का चरित्र कुंती के वचनों में—"तू बहुत करुणामयी है पुत्री। तेरा मन उदार और ईर्ष्याशून्य है, नहीं तो कौन-सी स्त्री सपत्नी शब्द से विचलित नहीं हो जाती।...."[165]

एक अन्य स्थल पर द्रौपदी युधिष्ठिर संवाद में जहाँ मानसिक अंतर्द्वंद्व की झलक

मिलती है वहीं चरित्र-उद्घाटन भी होता है :

"युधिष्ठिर ने जैसे पहली बार द्रौपदी के उत्साह को देखा; उनकी चिंता ने द्रौपदी को तनिक भी स्पर्श नहीं किया था। वह अन्य रानियों की चर्चा कर रही थी। बहुत संभव था कि अन्य रानियाँ बहाना मात्र हों। वह अपनी ही बात कर रही हों... वह प्रदर्शन की तैयारी में थी... अपने वैभव के प्रदर्शन की, अपने सौंदर्य के प्रदर्शन की। किसलिए था यह प्रदर्शन? स्वयं को श्रेष्ठ सिद्ध करने के लिए? दूसरों को हीन घोषित करने कि लिए? अपने अहंकार की तुष्टि के लिए? अन्य लोगों को पीड़ित करने के लिए?... ये रानियाँ अपने संबंधियों से मिलने जा रही थीं, अथवा कोई युद्ध-जय करने?"[166]

अगले उदाहरण में युधिष्ठिर के समन्वयात्मक सादगीपूर्ण चरित्र के दर्शन होते हैं :

"मैं सारी नारी जाति का स्वभाव परिवर्तित करने का प्रयत्न नहीं कर रहा हूँ।... न मैं यह कह रहा हूँ कि तुम कांपिल्य अथवा द्वारका जाओ तो शृंगार मत करो। मैं तो केवल इतना कह रहा हूँ कि तुम लोग हस्तिनापुर में अपना वैभव प्रदर्शित न करो, तो अच्छा है।"[167]

"तुमसे कहा न कि महामुनि वेद व्यास ने ऐसी आंशका प्रकट की थी कि अन्य राजाओं की ईर्ष्या के माध्यम से प्रकृति, हमें केंद्र में रख कर विनाश की सृष्टि रच सकती है। इसलिए हमें उन सब क्रियाओं से विरत रहना चाहिए, जिनसे ईर्ष्या और विरोध का जन्म होता हो।"[168]

भीष्म के चिंतन में कृष्ण के उदात्त चरित्र के दर्शन होते हैं—

"और भीष्म का ध्यान कृष्ण की ओर चला गया।... कंस का वध कर वह मथुरा के सिंहासन पर नहीं बैठा। उसे अधिकार का लोभ नहीं है। धन की आकांक्षा नहीं है उसे। वह इस समाज में धर्म का मार्ग खोज रहा है, नहीं! खोज नहीं रहा धर्म का मार्ग दिखा रहा है। उसे शायद झूठे मान-सम्मान की भी चिंता नहीं है। जो यह उचित समझता है, वही करता है—समाज चाहे उसे कलंकित करता रहे।. ... विदुर ने बताया था कि जरासंध और कालवयन के सम्मिलित आक्रमण को देखते हुए, वह मथुरा खाली करने की तैयारी कर रहा है। क्या कहेंगे क्षत्रिय उसे—कायर, भगोड़ा, रणछोड़। किंतु भीष्म का मन कहता है कि कृष्ण उचित ही कर रहा है। जब वह मथुरा में रहकर यादवों की रक्षा नहीं कर सकता तो व्यर्थ के इस नरसंहार का क्या लाभ? व्यर्थ की हिंसा क्यों?... कृष्ण धर्म को जानता है वह धर्म का आचरण कर रहा है। चाहे लोग उसके विरुद्ध अपवाद ही फैलाएँ..."[169]

इस उद्धरण के द्वारा कोहली जी एक तरफ जहाँ व्यर्थ की हिंसा और रक्तपात को निषेधपूर्ण बताते हैं वहीं दूसरी तरफ कृष्ण के 'रणछोड़' नाम को लोकापवाद बताकर उनके उस कार्य को धर्म-संयुक्त सिद्ध करते हैं! अगले उद्धरण में कृष्ण

के दूसरे स्वरूप का वैशिष्ट्य-परिचय प्राप्त होता है :

"कृष्ण के मन की तृष्णा उसके चेहरे पर आ गई, कंस का वध इसलिए तो नहीं किया गया था कि यादवों पर अनेक कंस शासन करने लगें...।"

"अपने विरुद्ध किए गए अपराधों का प्रतिकार करने के लिए, पीड़ित को स्वयं उठना पड़े तो यह शासन के लिए धिक्कार की स्थिति होती है।... सत्राजित मेरे श्वसुर थे, इसलिए मैं तो उनके हत्यारे को ढूँढ़ ही निकालूँगा और उसे दंडित भी करूँगा; किंतु किसी साधारण जन के विरुद्ध अत्याचार हो तो उसका प्रतिकार कौन करेगा? शासन का विधान किस लिए है? इसलिए कि शक्तिशाली लोग सुख-सुविधा से रहें और स्वेच्छाचारी जीवन व्यतीत करें? समाज और राज्य का विधान, उनके लिए नहीं है क्या?"[170]

### *3. कथोपकथन*

'महासमर' के कथोपकथन भी स्वाभाविकता सहजता और सरलता का सुंदर समन्वय हैं। प्रसंगानुकूल संवाद प्रभावशाली, मार्मिक तथा सारगर्भित हैं। सरस एवं प्रवाहमय संवाद आवश्यकतानुसार लघु एवं दीर्घ दोनों प्रकार के प्रयुक्त किए गए हैं। यथा–

"अच्छा चल! अब हम गंभीर हो जाएँ।" कौरव्य ने उसकी भुजा पकड़कर एक आसन पर बैठा दिया, "बता! पूरी बात बता।"

"उलूपी चुप रही।"

"कौन है?"

उलूपी ने कोई उत्तर नहीं दिया।

"स्वयं आया था?"

"नहीं। मैं लाई थी।"

"कहाँ मिला था?"

"मैंने उसे गंगा-तट पर देखा था—गंगा द्वार में।"

"निमंत्रित करके लाई?"

"नहीं।"

"लुभा कर लाई?"

"अचेत करके"

"ओह। कौन था?"

"पांडुपुत्र कौन्तेय अर्जुन।"

कौरव्य उठकर खड़े हो गए। उनके चेहरे पर असंतोष के भाव बहुत स्पष्ट थे।

"उसने प्रेम-निवेदन किया।"

"नहीं"

"विवाह का प्रस्ताव रखा?"

"नहीं। मैंने याचना की। मैंने उनका वरण किया। हम रात्रि भर साथ रहे।"

"यह सब अच्छा नहीं हुआ उलूपी।"

"क्यों? क्या अर्जुन वरण-योग्य नहीं है?"

"नहीं। वह तेरे लिए नहीं है। तेरा उससे विवाह नहीं हो सकता।"

"क्यों नहीं हो सकता?... मुझे क्या स्वयंवर का अधिकार नहीं है? मुझे प्रेम, रमण और विवाह की स्वतंत्रता नहीं है?"

"है क्यों नहीं।... किसी भी नाग-कन्या को इन विषयों में जितनी स्वतंत्रता है, उतनी ही तुझे भी है; किंतु प्रत्येक स्वतंत्रता की एक सीमा भी होती है। तू वृत्त के भीतर स्वतंत्र है; किंतु वृत्त की परिधि का अतिक्रमण करने की अनुमति तुझे भी नहीं है।"[171]

## *4. देशकाल या वातावरण*

कोहली जी ने 'महासमर' में देशकाल या वातावरण का चित्रण पूर्ण शिल्पकौशल के साथ किया है। दुर्योधन की कपट-नीति के कारण हस्तिनापुर की अराजकतापूर्ण स्थिति की चर्चा में दुर्योधन कहता है :

"यदि ऐसी दुर्घटनाओं के लिए महाराज की नीतियाँ दोषी हैं तो दुकान लूटने वाला वह दुर्वृत कैसे दोषी है?"[172]

दुर्योधन अपने अंतर्मन के कपट का प्रतिबिंब ही पांडवों के कार्यों में भी देखता है—"पारिवारिक विवाद को सुलझाने के लिए युधिष्ठिर शत्रुओं की सेना लेकर क्यों आया है?" दुर्योधन उसी प्रकार उद्दंडतापूर्वक बोला, "यदि मैंने सावधान होकर अपना सैन्यबल प्रेरित न किया होता, तो उसकी सेनाओं ने इस समय हमारी राजसभा को भी घेर लिया होता।"

"उनमें कौन शत्रु है हमारा।" भीष्म के कुछ कहने से पहले ही धृतराष्ट्र बोला, ''यादव हमारे शत्रु नहीं हैं। वे हमारे मित्र हैं। कृष्ण भी हमारे अपने परिवार का सदस्य जैसा है; और पांचाल पहले चाहे हमारे शत्रु रहे हों, अब वे हमारे वैसे ही संबंधी हैं, जैसे कि यादव हैं। जो संबंध कुंती के कारण यादवों का है, वैसे द्रौपदी के कारण पांचालों का है।"[173]

भीष्म अपने वचन-बंधन के कारण अथवा नियति-बंधन के कारण आरोपों-प्रत्यारोपों के घेरे में... भीष्म कहते हैं :

"क्या अधिकार है भीष्म को इस परिवार का कर्त्ता कहलाने का? क्या अधिकार है उन्हें कुल के संरक्षक होने का दंभ करने का? उन्होंने शांति की खोज में सदा अन्यायी दुर्योधन का पक्ष लिया, पांडवों का दमन किया... और अंततः उन्हें यम-प्रदेश की ओर धकेल दिया। केवल इसलिए कि वे शालीनता में बँधे, परिवार का क्लेश

नहीं बढ़ाना चाहते थे; अपने पितामह का सम्मान करते थे और किसी प्रकार की उद्दंडता नहीं करना चाहते थे।... धिक्कार है भीष्म! तुम्हें धिक्कार है!... तुमने भी उन्हें ही पीड़ित किया, जो पहले से ही वंचित थे। तुम दुर्योधन के अपराधों में सहयोग करते रहे, अपने ही पौत्रों की हत्या के षड्यंत्र में भागी बनते रहे..."[174]

**युद्धनीति :** युधिष्ठिर कहते हैं–"मैं जानता हूँ कि क्षत्रिय-कर्म मूलतः शस्त्र-कर्म ही है। यह भी जानता हूँ कि राजाओं के लिए दुष्ट-दलन तथा आत्मरक्षा के लिए युद्ध करना अनिवार्य हो जाता है। आपद्धर्म के रूप में शस्त्रकर्म और युद्ध से मेरा विरोध भी नहीं है; किंतु महाराज! अनावश्यक हिंसा तो हमारा धर्म नहीं है। और मैंने तो युवराज की प्रतिज्ञा के रूप में अनृशंसता का संकल्प किया है।..."[175]

महासमर में युद्धनीति का दृष्टांत आगे भी मिलता है। एक स्थान पर तो युद्धनीति के साथ मानवधर्म, लोकधर्म और जनतंत्रक समवाय के दर्शन भी होते हैं :

"यदि अपना प्रासाद भली प्रकार से देख लिया हो तो आइए अपनी राजधानी भी देख लीजिए।" कृष्ण ने मुस्कुराकर कहा, "फिर सैनिकों, कर्मचारियों और राजपुरुषों को सारे आदेश एक साथ दीजिएगा।"....

"मैं महाराज युधिष्ठिर के दर्शनों के विषय में कुछ नहीं कह रहा भैया!... मैं तो सुरक्षा की दृष्टि से नगर और नगरवासियों को जान लेने की चर्चा कर रहा था।"

"कृष्ण का विचार ही उत्तम है। यदि हम चाहते हैं कि प्रजा हमारे अनुकूल रहे तो हमें भी प्रजा के अनुकूल रहना चाहिए।....वैसे भी हम क्षत्रिय राजा हैं। प्रजा का पालन-पोषण हमारा धर्म है। हमारे मन में प्रजा की उपेक्षा का हल्का सा भाव भी नहीं रहना चाहिए।''

"नहीं अभी तो तुम इस प्रासाद को जानती भी नहीं हो। जाने किस कोठरी में किस जीव ने अपना प्रासाद बना रखा हो।" कृष्ण का स्वर दृढ़ एवं निर्णयात्मक था, "जब तक इस प्रासाद की रक्षा-व्यवस्था नहीं हो जाती, तब तक राजरानी को इस प्रकार अकेली छोड़कर जाना मैं उचित नहीं मानता।"

"यह परिहास का विषय नहीं है सखि!" कृष्ण का स्वर गंभीर था, "हम एक नए स्थान पर अभी-अभी आए हैं, वह स्थान हमें चाहे हमारी राजधानी के रूप में ही क्यों न सौंपा गया हो। हम नहीं जानते कि वह स्थान कैसा है, यहाँ आस-पास कैसे लोग बसते हैं, उनके मन में हमारे प्रति कैसा भाव है।" कृष्ण ने थमकर युधिष्ठिर की ओर देखा, "महाराज! आपको यह कदापि नहीं भूलना चाहिए कि आपको यहाँ आपके उन्हीं पितृव्य ने भेजा है, जिन्होंने आपको वारणावत भेजा था। तब उन्होंने आपको शिवभवन के रूप में अत्यंत सुंदर तथा कलात्मक निवास स्थान दिया था। इस बार उन्होंने आपको आपके वंश की प्राचीन राजधानी प्रदान की है, जहाँ कुल राजवंश का कोई व्यक्ति पीढ़ियों से नहीं रहा।..."[176]

**अन्याय और अनीति के दुष्परिणाम :** कोहली जी समसामयिकता की माँग

के अनुसार अन्याय और अनीति के दुष्परिणामों को स्पष्ट करते हैं—कृष्ण कहते हैं—"आप ठीक कहते हैं आर्य। सुशासन न हो तो वर्षा जलप्लावन बन जाती है, गौरस बच्चों के उदर में जाने के स्थान पर रानियों के स्नान-सरोवर में पहुँच जाता है, और अन्न पककर प्रजा का खाद्य बनने के स्थान पर पकने से पहले ही पशुओं का चारा बन जाता है।... इसीलिए अब महाराज युधिष्ठिर और उनके भाई, ये पांडव राजकुमार यहाँ आए हैं कि यहाँ की अराजकता को दूर कर यहाँ सुशासन स्थापित करें। आप निश्चिंत रहें आर्य! अब इस क्षेत्र में धर्म-राज्य स्थापित होगा।"[177]

**परिस्थिति की यथार्थता :** परिस्थिति की यथार्थता का वर्णन करते हुए कोहली जी कहते हैं कि—"भवन निर्माण का काम अब है ही कहाँ? वह निष्प्राण स्वर में बोला, कौन बनवाता है यहाँ भवन! न यहाँ राजा है, न राजपुरुष। न व्यापारी, न श्रीमान। अब तो कृषक भी भूमि छोड़कर वनों में भाग गए हैं।....और दस्यु जो कार्य कराते हैं, उसका कोई पारिश्रमिक नहीं देते। उनका पारिश्रमिक है प्राणदान... वे प्राण नहीं हर लेते, यही उनका पारिश्रमिक है।"[178]

**वर्तमान राजनीतिक परिदृश्य :** कोहली जी के उपन्यास 'महासमर' में वर्तमान राजनीतिक परिदृश्य के दर्शन भी होते हैं :

".... जो राजा अपनी प्रजा की रक्षा करता है, वह अन्य राज्यों से आए हुए अतिथियों की रक्षा नहीं करेगा?"

"धर्म तो यही है; किंतु प्रत्येक राजा धर्मपूर्ण आचरण नहीं करता।" भीष्म ने कहा—"मैंने पाया कि राजा भी दस्यु-वृत्ति से ग्रस्त हैं। वे मानते हैं कि व्यापारी की रक्षा करने पर, कर अथवा शुल्क के रूप में उन्हें जो कुछ भी प्राप्त होगा, वह बहुत कम है, और व्यापारियों को लूटकर सरलता से जो धन उनका हो जाएगा, वह कहीं अधिक है। तो ऐसे में वे अधिक लाभ का सौदा ही क्यों न करें।"

"यह राजधर्म नहीं, दस्यु कर्म है।" युधिष्ठिर ने जैसे अपने आप से कहा।

"यही तो हमारा दुर्भाग्य है।" सहदेव बोला, "हमारे चारों ओर इसी प्रकार के राजा कुकुरमुत्तों की तरह उग आए हैं। वे प्रजा का पालन करने के लिए नहीं हैं, प्रजा उनका पालन करने के लिए है"[179]

"ये प्रजा का पालन नहीं करते, उसका रक्तपान करते हैं।"[180]

**स्वतंत्र भारत में भी ब्रिटिश प्रशासन का अनुकरण :** कोहली जी स्पष्ट करते हैं कि वर्तमान राजनीतिक परिस्थितियों में जिन षड्यंत्रों को स्थान प्राप्त है, वही स्थितियाँ ब्रिटिश प्रशासन में विद्यमान हैं :

"युधिष्ठिर समझ गए कि वे छल के बीच में फँसते जा रहे हैं। धृतराष्ट्र के आदेश को पिता का आदेश मानकर वे खेलने बैठ गए। उनके साथ खेलने के लिए बैठा दिया गया शकुनि को जो न केवल द्यूत विद्या का आचार्य है, वरन्

भयंकर धूर्त भी है। एक बार बैठ कर धन शेष रहते, धूत से उठना क्षत्रिय की मर्यादा नहीं है, और यदि वे अपने स्थान पर, अपने किसी भाई को शकुनि के साथ खेलने के लिए बैठा देंगे तो कठिनाई और बढ़ जाएगी। वे कम से कम पासों को पहचानते तो हैं। द्यूत के नियमों का तो उन्हें ज्ञान है। उनके भाइयों में से तो किसी ने कभी पासे अपने हाथ में लेकर देखे भी नहीं हैं। न उन्हें द्यूत क्रीड़ा का ज्ञान है, न उसके नियमों का। वे अपने स्थान पर किसी और को नहीं बैठा सकते...."[181]

"भीष्म को लगा कि धृतराष्ट्र ने इस समय चरम धूर्तता का प्रमाण दिया है। उसने पांडवों से सर्वस्व छीन कर भी एक प्रकार से उन्हें अनुगृहीत किया ही किया है। उसने अपने पुत्रों को पांडवों और मित्रों के क्रोध से सुरक्षित कर लिया है... और पांडव। भीष्म ने अनुभव किया, अपने इन पौत्रों के प्रति उनके मन में स्नेह से कहीं अधिक श्रद्धा जन्म ले रही थी...उन्होंने प्रतिकार में समर्थ और सक्षम होते हुए भी यह सारा अपमान सहा; किंतु अपना धर्म नहीं छोड़ा। कितने उदात्त मानव हैं वे। तभी कृष्ण उनसे इतना प्रेम करते हैं। और यह दुर्योधन। दुष्ट... नीच अत्याचारी और अहंकारी..."[182]

कोहली जी के इस उपन्यास में स्पष्ट किया गया है कि जब भ्रष्टाचार बढ़ता है तो राजतंत्र में कुछ भी हो सकता है। जैसा कि गांधारी के वचनों से स्पष्ट होता है :

"आपके पुत्र आपके नियंत्रण में रहने चाहिए। ... दुर्योधन न माने तो उसका त्याग कीजिए। वह अपने शत्रुओं से युद्ध करे, राजनीति में षड्यंत्र रचे; किंतु मुझे ऐसा पुत्र नहीं चाहिए जो नारी के सम्मान की रक्षा न कर सके।"[183]

**मनोवैज्ञानिकता :** 'महासमर' में अनेक स्थलों पर संवादों और घटनाओं में मनोवैज्ञानिकता के दर्शन होते हैं। यथा—कृष्ण कहते हैं :

"किसी एक का स्वभाव ही तो मानव-धर्म नहीं है। धर्म तो प्रकृति का अतिक्रमण कर आत्मस्थ होकर ही सिद्ध होगा।.... साधारण मनुष्य प्रकृति के नियमों का दास होता है मध्यम! किंतु असाधारण व्यक्ति का सारा उपक्रम उन नियमों का स्वामी बनने के प्रयत्न में है।... अब तुम महाराज की ओर से शिविर स्थापित करने की घोषणा प्रचारित कर दो और चलो हमारे साथ। मैं तुम्हारा वह प्रासाद और नगर दिखाता हूँ।"[184]

कृष्ण आगे भी एक स्थल पर कहते हैं—"प्रकृति तो किसी की भी नहीं बदली जा सकती।...और प्रकृति को बदलने की आवश्यकता भी क्या है। बदलनी तो मात्र नीति है। अपने कर्त्तव्य के प्रति कठोरता धारण करने से न कोई पतित होता है, न मानवता-शून्य। धर्म-परायण होने का अर्थ मूर्ख होना तो नहीं है न। हमें अपने भ्रमों से मुक्त होना है, न्याय-अन्याय के बोध से नहीं। हमें अपना अहंकार और

मोह त्यागना है। अपने अधिकारों का त्याग तो आत्मघाती होगा पार्थ।...."[185]

कृष्ण भौतिक लिप्तता की बात करते हुए कहते हैं–"तन से मत त्यागो, मन से त्यागो। विषयों के मध्य रहकर भी उनके होकर मत रहो।... कर्म करते हुए भी उसमें लिप्त न होना योग है। लेखनी से लिखो; किंतु मसि से तुम्हारे हाथ काले न हों। कर्म-कौशल ही तो योग है।"[186]

"आत्म साक्षात्कार, आश्रमों की सामूहिक साधना में नहीं, एकांत तपस्या में होता है पुत्र!... इसलिए यदि आत्म साक्षात्कार करना चाहते हो, तो एकाकी भ्रमण करो, एकांत तपस्या करो। समाज में घिरे रहोगे तो दिव्य-संदेश तुम तक कैसे पहुँचेगा! शाश्वत जीवन का संदेश तो तुम तक तभी पहुँच सकेगा, जब तुम होगे और तुम्हारा ईश्वर होगा।..."[187]

## *5. शैली*

नरेन्द्र कोहली द्वारा रचित कृष्णकथा में भी शैली रामकथा के ही समान सुगठित, समन्वित और प्रभावशील है। भाषा-शैली में सहजता, सरलता, सुबोध पारगम्यता और प्रवाहमयता है। उपन्यास के कुछ स्थल उपन्यास के दर्शन को चित्रांकित करने में पूर्ण समर्थ हैं :

"तो अपनी दुर्बलता को जीतो। ... तरुणी अत्यंत मधुर ढंग से अपना विरोध जता रही थी... अपनी दुर्बलता के लिए किसी अन्य को कलंकित क्यों करते हो। जिस प्रकार कस्तूरी-मृग अपने अज्ञान के कारण इधर-इधर भटकता है, उसी प्रकार तुम भी अपने अज्ञान के कारण दूसरों को दोषी ठहराते हो।

तरुणी सब कुछ छोड़कर चल पड़ी।

कहाँ जा रही हो ?

अपने घर।

और तुम्हारे ये बहुमूल्य उपकरण ?

नहीं चाहिए।

ओ–हो! बहुत धनी मालूम होती हो।

हाँ! धनी तो हूँ ही।

कौन हो ?

मणिपुर की राजकुमारी।"[188]

इन सभी उद्धरणों से स्पष्ट है कि नरेन्द्र कोहली की दृष्टि समग्र रूप में कथा पर केंद्रित होकर शिल्प की कसौटियों पर खरी उतरती है। कोहली के उपन्यास में भी प्रेमचंद के उपन्यासों की ही तरह प्रसंगवश उपकथानक अचानक आते हैं और कथानक को विकास प्रदान करते हैं। शिल्प के दस मोड़ जो प्रेमचंद के पंच-परमेश्वर में विशिष्ट रूप से दिखाई पड़ते हैं, वैसे मोड़ कोहली जी की रामकथा

में अहल्या प्रसंग और कृष्णकथा में दुर्वासा प्रसंग जैसे प्रसंगों में परिलक्षित होते हैं।

## 4. निष्कर्ष

आधुनिक पौर्वात्य एवं पाश्चात्य जीवन-मूल्यों के संघर्ष और समन्वय पर आधारित वर्तमान मानव जीवन राजनीतिक, धार्मिक, सामाजिक समस्याओं एवं तनावों से घिरा हुआ है। आधुनिक युग का लेखक अपने परिवेश के प्रति सजग और सक्रिय रहते हुए सामाजिक, राजनीतिक तथा सांस्कृतिक समस्याओं के समाधान-सूत्र भी खोजता है। इसी खोज में उसकी दृष्टि अतीत के प्रेरणादायी फलक की ओर भी गई है। भारतीय सभ्यता एवं संस्कृति के आधार स्तंभ रामायण, महाभारत एवं अन्य पौराणिक ग्रंथों की प्रमुख घटनाओं एवं विशिष्ट पात्रों को आधार बनाकर यद्यपि जयभारत, कृष्णायन, उर्मिला, साकेत, उर्वशी, कुरुक्षेत्र, संशय की एक रात, राम की शक्तिपूजा, अंधायुग, रश्मिरथी, मृत्युंजय आदि कृतियों का सृजन हुआ, किंतु नरेन्द्र कोहली ऐसे कथाकार हैं, जिन्होंने संपूर्ण राम एवं कृष्णकथा को लेकर वृहद् उपन्यासों की सृष्टि की है। उन्होंने अपने कथा-साहित्य के वृहद् कलेवर में घटनाओं के माध्यम से आक्रोश, व्यंग्य एवं समस्याओं के साथ-साथ उनके समाधान भी दिए हैं। लेखक ने अपनी सृजन-यात्रा का आरंभ लघु कविताओं एवं प्रतिदिन हमारे जीवन में घटने वाली कुछ छोटी-छोटी घटनाओं को लेकर लिखी कहानियों से किया। आरंभिक उपन्यास—'पुनरारंभ, आश्रितों का विद्रोह, साथ-साथ सहा गया दुख आदि समसामयिक सामाजिक समस्याओं एवं वैयक्तिक जीवन के विभिन्न संघर्षशील पहलुओं को उजागर करते हैं। पाँच एब्सर्ड उपन्यास, एक और लाल तिकोन, जगाने का अपराध, त्रासदियाँ, आधुनिक लड़की की पीड़ा, आत्मा की पवित्रता आदि व्यंग्य-संग्रहों में लेखक की सजग चेतना ने राजनीतिक, प्रशासनिक, सामाजिक एवं आर्थिक व्यवस्था की विसंगतियों को उधेड़कर उसमें बहुत गहरे झाँका है जिससे तीव्र व्यंग्य की गहन चुभन से सामाजिक चेतना अधिक उभरकर आई है।

सामाजिक समस्याओं को अपने उपन्यासों में कहानियों के माध्यम से चित्रित करने पर भी कुछ प्रश्न ऐसे थे, कुछ समस्याएँ ऐसी थीं, जो सही रूप में सामने नहीं आ पा रही थीं और लेखक की संवेदना इसका अभाव तीव्रता से अनुभव कर रही थी। इस अभाव को दूर करने की व्यग्रता में कोहली जी की दृष्टि भारतीय सभ्यता के प्राचीन महान ग्रंथों की ओर गई। इसके उपरांत वर्तमान से क्षुब्ध एवं पौराणिक पात्रों एवं प्रसंगों के प्रति लेखक का जिज्ञासु मन अतीत की गहराइयों में प्रवेश करने लगा। परिणामस्वरूप रामकथा भागवत तथा महाभारत की कथा का आश्रय लेकर उत्कृष्ट कोटि के उपन्यासों का सृजन लेखक का सर्वथा मौलिक प्रयास है।

'महासमर' महाभारत में स्थित कुरुवंश की कथा को लेकर लिखा गया

वृहदाकार उपन्यास है। वैचारिक चिंतन, मानवीय संवेदनाओं, आपसी संबंधों में अंतर्द्वंद्व तथा संरचनात्मक प्रयोगशीलता के कारण यह पवित्र उपन्यास है। इसी तरह प्रच्छन्न में महाभारत कथा का वह अंश है, जहाँ दुर्योधन वनवासी पांडवों को ईर्ष्यावश नीचा दिखाने के प्रयत्न में निरंतर नवीन युक्तियों का आश्रय लेता है। प्रच्छन्न का अंत महायुद्ध की दहलीज पर लाकर खड़ा कर देता है। सतही तौर पर देखने से यह कथाएँ पौराणिक लगती हैं, परंतु सत्य तो यह है कि इसमें हमारा वर्तमान गहराई के साथ जुड़ा हुआ है। महाभारत के जिन प्रसंगों तथा कृष्णकथा के जिन अंशों को लेखक ने अपने उपन्यास का आधार बनाया है उसकी मूल प्रकृति में कहीं भी हस्तक्षेप नहीं किया गया है, किंतु प्रसंगों के मध्य, पात्रों के वार्तालाप के मध्य तथा पात्रों के अंतर्द्वंद्व के मध्य लेखक ने अपनी बात कहने का अवसर तलाश लिया है। कृष्णकथा के उपन्यास चिंतन के सूत्र दर्शन की गहराइयों का स्पर्श करते जान पड़ते हैं। उपस्थित तर्कों से घटनाओं की विश्वसनीयता बढ़ गई है।

मानव मन में प्रकृतिवत् क्रोध, लोभ, मोह, ईर्ष्या, अहंकार आदि कुप्रवृत्तियों का वास होता है, किंतु मनुष्य परिस्थितिवश आदर्श बना रहता है। ज्यों-ज्यों ये प्रवृत्तियाँ अपने उग्र रूप में सामने आती हैं, त्यों-त्यों जीवन के आदर्श नैतिक मूल्य पीछे छूटने लगते हैं। वर्तमान समय में राजनीतिक भ्रष्टाचार, सामाजिक अन्याय, अत्याचार, शोषण, अवसरवादिता आदि सभी के दर्शन कोहली जी के उपन्यासों में होते हैं, चाहे वह रामकथा से संबंधित उपन्यास हो या कृष्णकथा से संबंधित। जो अतीत में था, वह वर्तमान में भी है। इसलिए रामायण और महाभारत कालीन पात्र और घटनाएँ उपन्यास के माध्यम से हमारे जीवन से जुड़ी समस्याओं के समीप आ गई हैं।

नरेन्द्र कोहली संवेदनशील कथाकार हैं, मानव मात्र के प्रति उनके मन में करुणा है। इसलिए समाज की पीड़ा को उन्होंने अपने परिवार तथा परिवेश से लेकर राष्ट्र की पीड़ा के बीच अनुभव किया है। कोहली जी मानव समस्याओं को समझाने के प्रति प्रतिबद्ध दिखाई देते हैं। जीवन को द्वंद्वात्मक रूप में स्वीकार करते हुए कर्म करने की प्रेरणा दी है। इसी बीच समाज की पतनशील प्रवृत्तियों को रेखांकित करते हुए तत्कालीन समाज में व्याप्त विसंगतियों को दूर करने का समाधान भी प्रस्तुत किया है।

स्वातंत्र्योत्तर भारत में हो रहे चतुर्दिक परिवर्तन तथा उनके दूरगामी परिणामों के प्रति उनकी यह अंतर्व्यथा 'महासमर', 'अभ्युदय' और 'अभिज्ञान' जैसे उपन्यासों में सर्वत्र परिलक्षित होती है। समाज में व्याप्त वर्ग-भेद, सामाजिक वैषम्य तथा अशिक्षा जैसी समस्याओं को भी अपने चिंतन-सूत्र में पिरोने का अवसर कोहली जी को प्राप्त हुआ है।

कथा की संवेदना और शिल्प की सजगता एक साथ यदि स्वातंत्र्योत्तर उपन्यासों में कहीं दिखाई पड़ती है तो वह नरेन्द्र कोहली का ही कथा-साहित्य है। मानव-मूल्यों का विघटन लेखक को स्वीकार नहीं है। इसके लिए यदि परंपरागत शैल्पिक प्रतिमानों में भी परिवर्तन की आवश्यकता पड़ी तो कोहली जी ने इस जोखिम को भी उठाया है, क्योंकि उनके चिंतन के केंद्र में मनुष्य है, इसलिए मूल्यहीनता उन्हें स्वीकार नहीं हो सकी।

## संदर्भ


1. रामचरित मानस, किष्किंधाकांड, दोहा 6, 7
2. वही, उत्तरकांड, दोहा 40, 41
3. वही, अरण्यकांड, दोहा 30, 31
4. रहीमदास जी, रहीम दोहावली
5. अभ्युदय, खंड- 1, पृ. 449
6. नरेन्द्र कोहली, अभिज्ञान, पृ. 91
7. नरेन्द्र कोहली, महासमर , खंड- 4, धर्म, पृ. 63
8. अभिज्ञान, पृ. 26
9. वही, पृ. 41, 42
10. नरेन्द्र कोहली, अभ्युदय, खंड-1, पृ. 628
11. महासमर, खंड-1, बंधन, पृ. 213
12. वही, खंड-2, अधिकार, पृ. 30
13. वही, खंड-1, बंधन, पृ. 34
14. वही, पृ. 357
15. नरेन्द्र कोहली, अभ्युदय, खंड-1, पृ. 52
16. नरेन्द्र कोहली, महासमर, खंड-1, बंधन, पृ. 35
17. वही, पृ. 276
18. वही, खंड-2, अधिकार, पृ. 150
19 वही, खंड-4, धर्म, पृ. 21
20. नरेन्द्र कोहली, अभिज्ञान, पृ. 168
21. महासमर, खंड-2, अधिकार, पृ. 166
22. वही, पृ. 121
23. नरेन्द्र कोहली, महासमर, खंड-1, बंधन, पृ. 89
24. नरेन्द्र कोहली, महासमर, खंड-5, अंतराल, पृ. 340
25. नरेन्द्र कोहली, महासमर, खंड-1, बंधन, पृ. 493
26. नरेन्द्र कोहली, महासमर, खंड- 5, अंतराल, पृ. 361
27. नरेन्द्र कोहली, अभिज्ञान, पृ. 141
28. वही, पृ. 143
29. नरेन्द्र कोहली, महासमर, खंड- 3, पृ. 360
30. नरेन्द्र कोहली, तोड़ो कारा तोड़ो, खंड-1, निर्माण, पृ. 79
31. नरेन्द्र कोहली, अभ्युदय, खंड-1, पृ. 343

32. नरेन्द्र कोहली, अभिज्ञान, पृ. 144
33. नरेन्द्र कोहली, महासमर, खंड-2, अधिकार, पृ. 214
34. नरेन्द्र कोहली, वही, खंड-4, धर्म, पृ. 337
35. नरेन्द्र कोहली, वही, खंड- 5, अंतराल, पृ. 77
36. वही।
37. नरेन्द्र कोहली, अभिज्ञान, पृ. 160
38. नरेन्द्र कोहली, महासमर, खंड-5, अंतराल, पृ. 233
39. नरेन्द्र कोहली, अभिज्ञान, पृ. 143
40. नरेन्द्र कोहली, अभ्युदय, खंड-2, पृ. 18
41. नरेन्द्र कोहली, तोड़ो कारा तोड़ो, खंड-2, 'साधना', पृ. 17
42. नरेन्द्र कोहली, वही, खंड-1, निर्माण, पृ. 178
43. नरेन्द्र कोहली, अभ्युदय, खंड-1, पृ. 45
44. नरेन्द्र कोहली, महासमर, खंड-4, धर्म, पृ. 45
45. सारा आकाश, राजेन्द्र यादव, पृ. 214
46. आधुनिकता बोध और आधुनिकीकरण, रमेश कुन्तल मेघ, पृ. 84
47. एक दुनिया समानांतर, राजेन्द्र यादव, पृ. 34
48. अँधेरे बंद कमरे, पत्थरों का शहर, राजुल, सूखा सैलाब, प्यासा पानी इत्यादि।
49. नारी का मन, राजुल, अमृत और विष आदि।
50. एक दुनिया समानांतर, राजेन्द्र यादव, पृ. 36
51. पत्थरों का शहर, सुरेश सिन्हा, पृ. 229
52. एक और मुख्यमंत्री, यादवेन्द्र यादव, पृ. 36
53. शून्य की बाँहों में, शांति जोशी, पृ. 103
54. कन्दील और कुहासे, गिरधर गोपाल, पृ. 168, 169
55. सूरज का सातवाँ घोड़ा, धर्मवीर भारती, पृ. 52
56. एच. बी. लेथरोप 'दी आर्ट ऑफ दी नॉवेलिस्ट', लंदन, 1921, प्र. सं., पृ. 66
57. वही, पृ. 252
58. ई.एम.फॉर्स्टर, 'एस्पेक्ट्स ऑफ दी नॉवेल', 1949, लंदन, पा.बु.ए., पृ. 82
59. बेसिल होगराथ, 'दी टेक्नीक ऑफ नॉवेल राइटिंग', 1934, प्र.सं., पृ. 84
60. वही, पृ. 89
61. एच.बी. लेथरोप, 'दी आर्ट ऑफ दी नॉवेलिस्ट', लंदन, 1921, प्र.सं., पृ. 85
62. हिंदी उपन्यासों का शिल्पगत विकास, डॉ. उषा सक्सेना, पृ. 81
63. बेसिल होगराथ, 'दी टेक्नीक ऑफ नॉवेल राइटिंग', 1934, प्र.सं., पृ. 52
64. वही, पृ. 92
65. राल्फ फाक्स, 'दी नॉवेल एण्ड दी पीपुल', 1944, कलकत्ता, प्र.सं., पृ. 26
66. ई.एम.फॉर्स्टर 'एस्पेक्ट्स ऑफ दी नॉवेल', 1949, लंदन, पा.बु.ए., पृ. 66
67. वही, पृ. 75
68. एच.बी.लेथरोप, 'दी आर्ट ऑफ दी नॉवेलिस्ट', लंदन, 1921, प्र.सं., पृ. 131
69. बेसिल होगराथ, 'दी टेक्नीक ऑफ नॉवेल राइटिंग', 1934, प्र. सं., पृ. 109
70. पी.एडगर, 'दी आर्ट ऑफ दी नॉवेल', न्यूयार्क, 1934, प्र.सं., पृ. 12
71. एच.बी.लेथरोप, 'दी आर्ट ऑफ दी नॉवेलिस्ट', लंदन, 1921, प्र.सं., पृ. 200

72. डॉ. उषा सक्सेना, हिंदी उपन्यासों का शिल्पगत विकास, शोध साहित्य प्रकाशन, 577, शाहगंज इलाहाबाद, पृ. 103
73. वही।
74. वही।
75. डॉ. देवराज : 'आधुनिक हिंदी कथा-साहित्य और मनोविज्ञान', 1956, इलाहाबाद, प्र.सं, पृ. 312, 313
76. डॉ. उषा सक्सेना : हिंदी उपन्यासों का शिल्पगत विकास, शोध साहित्य प्रकाशन, 577, शाहगंज, इलाहाबाद, पृ. 109
77. वही, पृ. 111
78. वही, पृ. 112
79. डॉ. नरेन्द्र कोहली : अभ्युदय, प्रथम खंड, दीक्षा, पृ. 1,2
80. वही, संघर्ष की ओर, पृ. 686
81. वही, द्वितीय, खंड युद्ध-1, पृ. 59
82. वही, युद्ध-2, पृ. 623
83. वही, पृ. 625
84. वही, पृ. 627
85. वही, पृ. 628, 629
86. वही, दीक्षा, पृ. 110
87. वही, पृ. 113
88. वही, पृ. 26
89. वही, पृ. 122
90. वही, पृ. 140
91. वही, पृ. 141
92. वही, पृ. 142
93. वही, पृ. 143
94. डॉ. नरेन्द्र कोहली, अभ्युदय, प्रथम खंड, दीक्षा, पृ. 157
95. वही, अवसर, पृ. 215
96. वही।
97. वही, पृ. 236
98. वही, पृ. 297
99. वही, पृ. 298
100. वही, पृ. 314
101. वही, पृ. 385
102. वही।
103. वही, संघर्ष की ओर, पृ. 445
104. वही, पृ. 519
105. वही, पृ. 643
106. वही, पृ. 642
107. डॉ. नरेन्द्र कोहली, अभ्युदय, द्वितीय खंड, युद्ध-1, पृ. 95
108. वही, पृ. 241

109. वही, पृ. 255
110. अभ्युदय, प्रथम खंड, अवसर, पृ. 250
111. वही, पृ. 253
112. अभ्युदय, द्वितीय खंड, युद्ध-1, पृ. 71
113. वही, पृ. 175
114. वही, पृ. 384
115. वही, प्रथम खंड, पृ. 696
116. वही, पृ. 7
117. वही, पृ. 15
118. वही, पृ. 36
119. वही, पृ. 37
120. वही, पृ. 38
121. वही, पृ. 123
122. वही, पृ. 161
123. वही, अवसर, पृ. 259
124. वही, पृ. 261
125. वही, संघर्ष की ओर, पृ. 530
126. वही, अवसर, पृ. 306
127. डॉ. नरेन्द्र कोहली, अभ्युदय, द्वितीय खंड, युद्ध-2, पृ. 474,
128. वही, युद्ध-1, पृ. 9
129. वही, पृ. 11
130. वही, पृ. 13
131. वही, पृ. 21
132. वही, पृ. 16
133. वही, पृ. 77
134. वही, पृ. 96
135. वही, पृ. 562
136. डॉ. नरेन्द्र कोहली, महासमर, खंड-1 'बंधन', पृ. 9,10
137. वही, पृ. 14, 15
138. वही, खंड-4, 'धर्म', पृ. 411
139. वही, खंड-5, 'अंतराल', पृ. 10
140. वही, खंड-8, 'निर्बंध', पृ. 527
141. वही, पृ. 520
142. वही, खंड- 3, 'कर्म', पृ. 12
143. वही, पृ. 14
144. वही, पृ. 65
145. वही, पृ. 209
146. महासमर, खंड-4, 'धर्म', पृ. 49
147. महासमर, खंड-3, 'कर्म', पृ. 24
148. वही, पृ. 104

149. वही, पृ. 388
150. वही, पृ. 152
151. वही, पृ. 177
152. वही, पृ. 315
153. महासमर, खंड-4, 'धर्म', पृ. 348
154. वही, पृ. 354
155. महासमर, खंड-3, 'कर्म', पृ. 267
156. वही, पृ. 370
157. वही, पृ. 371
158. वही।
159. महासमर, खंड-4, 'धर्म', पृ. 401
160. महासमर, खंड-4, 'धर्म', पृ. 98
161. महासमर, खंड-3, 'धर्म', पृ. 33
162. महासमर, खंड-4, 'धर्म', पृ. 400
163. महासमर, खंड-3, 'धर्म', पृ. 336
164. महासमर, खंड-4, 'धर्म', पृ. 245
165. वही, पृ. 67
166. वही, पृ. 369
167. वही, पृ. 170
168. वही।
169. महासमर, खंड- 3, 'कर्म', पृ. 32
170. वही, पृ. 130
171. महासमर, खंड-4, 'धर्म', पृ. 103, 104
172. महासमर, खंड-3, 'कर्म', पृ. 20
173. वही, पृ. 385
174. वही, पृ. 386
175. वही, पृ. 11, 12
176. महासमर, खंड-4, 'धर्म', पृ. 15
177. वही, पृ. 17
178. वही, पृ. 25
179. वही, पृ. 147
180. वही, पृ. 248
181. वही, पृ. 376
182. वही, पृ. 415
183. वही, पृ. 411
184. वही, पृ. 10
185. वही, पृ. 161
186. वही, पृ. 168
187. महासमर, खंड-3, 'कर्म', पृ. 200
188. महासमर, खंड-4, 'धर्म', पृ. 126

*सप्तम अध्याय*

# समग्र आकलन : उपलब्धियाँ

सृष्टि की परिवर्तनशीलता के प्रभाव स्वरूप सामाजिक-परिवर्तन भी एक शाश्वत-सनातन प्रक्रिया है। इस प्रक्रिया में जब भी कोई समाज विकास क्रम की एक सीढ़ी से दूसरी सीढ़ी की ओर अग्रसर होता है तो उसकी गति संक्रमित होती है और जन-जीवन-व्यवस्था पर आधारित जीवन-मूल्यों के स्वरूप एवं दिशा में भी परिवर्तन की प्रक्रिया प्रारंभ हो जाती है। भारतीय-स्वतंत्रता भी परिवर्तनशीलता की एक पायदान है, जिसने समाज के सभी अंगों-उपांगों और क्षेत्रों को प्रभावित किया। राजनीतिक, आर्थिक, सामाजिक, साहित्यिक तथा सांस्कृतिक सभी क्षेत्रों में तीव्र हलचल हुई। इसी कारण स्वतंत्रता प्राप्ति सभी दृष्टियों से एक महत्त्वपूर्ण घटना है।

स्वतंत्रता और उसके बाद की गतिविधियों का प्रभाव सांस्कृतिक दृष्टि से साहित्य पर अधिक पड़ा। स्वातंत्र्योत्तर कथा-साहित्य ने जीवन में नये रूपों, प्रश्नों, समस्याओं और आस्थाओं को बड़ी तत्परता से ग्रहण किया। यही कारण है कि स्वातंत्र्योत्तर कथा-साहित्य में भारतीय संस्कृति के मूल स्वरूप 'अनेकता में एकता' के दर्शन होते हैं। भारतीय संस्कृति की नींव दृढ़ है, उसका दर्शन समृद्धशाली है। फलतः अनेक आक्रमणों और झंझावातों के मध्य भी भारत की भौतिक सांस्कृतिक विरासत अपने उदात्त वैशिष्ट्य के साथ जीवंत है।

स्वातंत्र्योत्तर कथा-साहित्य पर व्यापक प्रभाव डालने वाली प्रमुख तीन चिंतन धाराओं में मार्क्सवाद का विशिष्ट स्थान है, जिसने उपन्यास के स्वर को परिवर्तित कर दिया। यद्यपि इसका प्रभाव स्वतंत्रता से पूर्व भी दृष्टिगोचर होता है, किंतु परवर्ती युग में इस प्रभाव ने अपना व्यापक स्वरूप धारण कर लिया। मार्क्सवाद मूलतः एक साहित्यिक आन्दोलन नहीं था, किंतु सभी देशों के साहित्य पर इसका दूरगामी प्रभाव पड़ा है। विचारों के संघर्ष और गतिशीलता से अनुप्रेरित द्वंद्वात्मक भौतिकवादी नामक मार्क्सवादी सिद्धांत ने साहित्य की भावधारा और शिल्प विधान को भी परिवर्तित किया। मार्क्सवाद की दृष्टि साहित्य के क्षेत्र में बहुजन हिताय बहुजन सुखाय की है। जो कहीं न कहीं 'सर्वे

भवन्तु सुखिनः' और 'वसुधैव कुटुम्बकम्' की भावना का पारिपोषक है।

स्वातंत्र्योत्तर कथा-साहित्य को प्रभावित करने वाली दूसरी चिंतन धारा है– फ्रायड, एडलर, युंग आदि के मनोवैज्ञानिक सिद्धांत। फ्रायड, एडलर और युंग ने अपने-अपने दृष्टिकोण के आधार पर चेतन, अचेतन, अर्द्धचेतन मन, हीनभावना, इडिपस आदि ग्रंथियों, जीवन-मरण प्रवृत्तियों तथा अन्य अनेक मनोवैज्ञानिक विषयों पर विचार प्रकट किये। इन मनोवैज्ञानिक सिद्धांतों का प्रभाव साहित्य की सभी शाखाओं पर हुआ। फलतः स्वातंत्र्योत्तर कथा-साहित्य भी इससे अछूता नहीं रहा। फ्रायड जो मनोविज्ञान के जनक माने जाते हैं उनकी मनोवैज्ञानिक पद्धति के तीन उल्लेखनीय पहलू हैं–अवचेतन मस्तिष्क, लिबिडो और ग्रंथियाँ। उनके अनुसार मानव मस्तिष्क के तीन स्तर हैं–अवचेतन, अर्द्धचेतन, और चेतन। संपूर्ण मस्तिष्क का तीन चौथाई भाग अवचेतन के हिस्से में है। मनुष्य के विचार तथा रहन-सहन के ढंग की स्वाभाविकता तथा अस्वाभाविकता का मूल प्रेरक अवचेतन ही है। हमारे व्यक्तित्व का विकास अवचेतन मन पर ही आधारित है। चेतन मस्तिष्क की गतिविधियों को अवचेतन मस्तिष्क परिचालित करता है। अर्द्धचेतन इन दोनों के मध्यवर्ती स्तर का है।

फ्रायड के मनोवैज्ञानिक सिद्धांतों के उद्घाटन से मानव जाति के लिए कई अज्ञात बातें जगत् के समक्ष उद्घाटित हुईं जिनसे विज्ञान और साहित्य दोनों क्षेत्रों में भारी परिवर्तन आया। फलतः साहित्य की समाजोन्मुखता नष्ट हो गई। मनोवैज्ञानिक साहित्यकार मानव-मन के संघर्षों के चित्रण में ध्यानाकृष्ट हो गए। परवर्ती मनोवैज्ञानिकों ने फ्रायड के कई सिद्धांतों को अमान्य कर कुछ नये सिद्धांतों को प्रस्तुत किया। ऐसे परवर्ती मनोवैज्ञानिकों में एडलर, युंग, मैकडुगल, पावलाव आदि के नाम उल्लेखनीय हैं। एडलर ने वैयक्तिक मनोविज्ञान को अपना कार्यक्षेत्र बनाया। वैयक्तिक मनोविज्ञान के अंतर्गत कामवासना, ग्रंथियों और चेतन-अवचेतन को व्याख्यायित करते हुए कला के संबंध में भी अपना मत व्यक्त किया। एडलर ने कला को हीन भावना की ग्रंथि का क्षतिपूरक प्रयास माना है। प्रतिभा और मनोवृत्ति कला-सृजन के लिए आवश्यक बातें हैं। कला किसी अभाव की पूर्ति है। जीवन की कुरूपता हमें सौंदर्य लोक की कल्पना के लिए प्रेरित करती है। युंग ने फ्रायड के सिद्धांत को स्वीकार करते हुए अवचेतन के महत्त्व को स्वीकार किया; किंतु उसके दो स्तर माने–1. वैयक्तिक अवचेतन और 2. समस्त अवचेतन। युंग ने व्यक्तित्व को भी प्रमुखतः दो भागों में विभाजित किया–बहिर्मुखी व्यक्तित्व और अंतर्मुखी व्यक्तित्व। उनके अनुसार बहिर्मुखी व्यक्तित्व जहाँ सामाजिक होता है वहीं अंतर्मुखी व्यक्तित्व एकांतप्रिय, भावुक और समाज भीरु होता है। युंग ने अपने सिद्धांत को बढ़ावा देकर यह सिद्ध किया कि मन की चार शक्तियाँ होती हैं, जो क्रमशः विचार, भाव, संवेदन और अंतर्दर्शन के नाम से जानी जाती हैं।

इन मनोवैज्ञानिकों के बाद भी कुछ सिद्धांत घोषित किये गये। इन सभी मनोवैज्ञानिकों के सिद्धांतों का प्रभाव स्वातंत्र्योत्तर उपन्यासकारों पर पड़ा।

स्वातंत्र्योत्तर साहित्य को प्रभावित करने वाली तीसरी धारा सार्त्र द्वारा प्रतिपादित अस्तित्ववादी धारा है। इस धारा में अनेक चिंतक यथा–कीर्केगार्द, फ्रेडरिक, नीत्शे, कार्ल यास्पर्स, गेब्रियल मार्शल, डॉ. गार्टिन, हैडगर, अलबेयर कामू, काफका इत्यादि के नाम उल्लेखनीय हैं, किंतु अस्तित्ववाद को साहित्य के क्षेत्र में प्रतिष्ठित कर उसे विश्व-संदर्भ में अवतरित करने में ज्याँ पाल सार्त्र की भूमिका महत्त्वपूर्ण है। अस्तित्ववाद के संबंध में उनके विचार सुलझे हुए हैं। उनके विचारानुसार अस्तित्ववाद अनीश्वरीय और अनास्थात्मक सहजीवन स्थितियों के परिणामों को प्रस्तुत करने के सिवाय कुछ नहीं है।

कथा-साहित्य में अस्तित्ववाद का प्रतिफलन सघन अनुभूति वाली परिस्थितियों के चित्रण में होता है। वेदना, वरण की स्वतंत्रता और नैराश्य आदि तत्त्वों का समावेश योरोपीय साहित्य में विशेष संदर्भों और सार्थकता के साथ है। वह युद्ध के भीषण परिणामों की प्रतिक्रिया कही जा सकती है। डॉ. सुरेश सिन्हा के मतानुसार अपने देश के संकट बोध का संबंध पश्चिमी संकट बोध से जोड़ना तथा उसका नीत्शे, कीर्केगार्द, सार्त्र, कामू तथा काफका आदि की दृष्टियों से मूल्याकंन करना बुनियादी तौर पर गलत है।[1]

इस प्रकार मार्क्स, एडलर और सार्त्र के प्रभाव स्वरूप कथा-साहित्य में भी वर्ग-सघंर्ष, काम-लिप्सा, यौनाचार प्रवृत्तियों के विश्लेषण इत्यादि के साथ पाश्चात्य संस्कृति के प्रभाववश विदेशी जीवन-मूल्यों का प्रभाव बढ़ने लगा, सम्मिलित परिवारों के स्थान पर न्यूक्लियर परिवारों का चित्रण होने लगा, श्रद्धामय नारी का स्थान भोगमय नारी ने ले लिया, जीवन के शुभ्रपक्ष की अपेक्षा श्यामपक्ष को महत्त्व मिलने लगा तथा आध्यात्मिकता पर भौतिकता का प्रभुत्व परिलक्षित होने लगा।

स्वातंत्र्योत्तर हिंदी कथा-साहित्य के विकास के पड़ावों का विश्लेषण करते हुए निष्कर्षतः यह स्पष्ट रूप से कहा जा सकता है कि उपन्यास के कथ्य, तथ्य और शिल्प में परिवर्तन और परिवर्धन कदम-कदम पर आते रहे हैं। नवीन विचारों को ग्रहण कर वह अपने रूप में निखार लाता हुआ प्रगति के पथ पर दिनोंदिन अग्रसर हो रहा है। स्वातंत्र्योत्तर हिंदी कथा-साहित्य की अपनी सीमाएँ और संभावनाएँ हैं। सीमाओं के कूल को धारण किए हुए भी मर्यादित सरितावत् उसके समक्ष संभावनाओं के नवीन क्षितिज खुले हुए हैं और स्वातंत्र्योत्तर हिंदी कथा-साहित्य ने अपनी विकास-यात्रा में नये मील के पत्थरों की स्थापना भी की है। हिंदी कथा-साहित्य के मूर्धन्य आलोचक डॉ. इंद्रनाथ मदान के मतानुसार "हिंदी उपन्यास को अभी तक अपना मुहावरा नहीं मिल सका है। कैसे नहीं मिला है इसे समझने की कोशिश की गई है; क्यों नहीं मिला है इसका मेरे पास जवाब नहीं है। इतना कहा जा सकता है कि यह अपने मुहावरों की खोज में संलग्न अवश्य हैं।"[2] इस प्रकार प्रगति पथ पर अग्रसर स्वातंत्र्योत्तर

हिंदी कथा-साहित्य ने अपनी विकास यात्रा में अनेक मील के पत्थरों की स्थापना की जो कि कई मोड़ों से युक्त है। कई मंजिलों को तय करते हुए एक तरफ जहाँ इसके आंतरिक और बाह्य स्वरूप में निखार आया है, वहीं इसकी प्रायोगिक क्षमता भी परिवर्धित हुई है। परिवर्धित धाराओं और धारणाओं का प्रभाव इसकी संवेदना और संरचना पर पड़ा है। आधुनिक कथा-साहित्य नवीन जीवन शैलियों की स्थितियों और आवश्यकताओं के अनुरूप नवीन परिवर्तित स्वरूप में सामने आ रहा है।

आजादी के पूर्व राम और कृष्ण को लेकर काव्य-सर्जना होती रही है। आजादी के आस-पास और आजादी के बाद राम और कृष्ण, काव्य-नायक के साथ-साथ उपन्यास-नायक भी बने। नरेन्द्र कोहली ऐसे ही उपन्यासकार हैं; जिन्होंने रामकथा पर आधारित 'अभ्युदय', 'दीक्षा', 'अवसर', 'संघर्ष की ओर' और 'युद्ध' तथा कृष्णकथा पर आधारित 'महासमर (आठ खंड)' एवं 'अभिज्ञान' नामक उपन्यासों की सर्जना कर पौराणिक कथा को आधुनिक संदर्भ प्रदान किया। इस प्रकार साहित्य की समृद्धि तथा समाज की प्रगति में उनका योगदान रेखांकनीय है। प्रख्यात कथा होते हुए भी सर्वथा मौलिक है। वे कथाएँ आधुनिक हैं, कहीं भी अनुकरण की प्रवृत्ति दिखाई नहीं देती। रामकथा की सामग्री चार खंडों में 1800 पृष्ठों में उपलब्ध है। कदाचित् संपूर्ण रामकथा को लेकर किसी भी भाषा में लिखा गया यह प्रथम उपन्यास है। इसकी आधारभूत सामग्री भारतीय सांस्कृतिक परंपरा है। प्रस्तुत उपन्यास में लेखक ने मनुष्य की महानता तथा जीवन की उदात्तता का रेखांकन किया है। इस उपन्यास के प्रकाशन से हिंदी साहित्य की कथा धारा में एक नया मोड़ आया है। इसी तरह अभिज्ञान उपन्यास कृष्णकथा पर आधारित है। कथा का स्वरूप राजनीतिक है। निर्धन और अकिंचन सुदामा को सामर्थ्यवान श्रीकृष्ण सार्वजनिक रूप से अपना मित्र स्वीकार करते हैं। परिणामतः सामाजिक, व्यावसायिक और राजनीतिक क्षेत्रों में सुदामा की सारत बढ़ जाती है। इसका आधार-स्रोत श्रीमद्‌भगवत्‌गीता का कर्म-सिद्धांत है। इसमें न तो परलोक की कल्पना है, न स्वर्ग का चित्र। जन्मांतरवाद भी दिखाई नहीं देता। कर्म-सिद्धांत को इसी पृथ्वी पर एक ही जीवन के अंतर्गत ज्ञानेंद्रियों और बुद्धि के आधार पर वैज्ञानिक सिद्धांतों के अनुरूप व्याख्यायित किया गया है। इसी प्रकार उनका उपन्यास महासमर जो आठ खंडों में लिखा गया है, महाभारत के संपूर्ण कलेवर को अपने में समेटे हुए भारतीय जीवन दर्शन तथा व्यवहार को एक साथ रूपायित कर रहा है। लेखक मौलिक ढंग से मानव-जीवन को उसकी जीवंतता में उपस्थित कर सका है। उपन्यास के पात्र पौराणिक होते हुए भी हमारे बीच के हैं। कथा महाभारतकालीन या रामायणकालीन होते हुए भी हमारे चतुर्दिक परिवेश की, हमारे बीच की आज की कहानी है।

देश की आजादी के साथ ही भारत का विभाजन, विभाजन पश्चात् भारत-पाक युद्ध, बांग्लादेश की आजादी ऐसे तथ्य हैं, जिनसे सहज ही मध्य-काल में राम और

उनसे जुड़े कथानकों की ओर पाठकों का ध्यान आकृष्ट होना स्वाभाविक है। रामकथा सिर्फ बीती हुई कथा ही नहीं है, वह आधुनिक जीवन की ज्वलंत गाथा भी है। संभवतः नरेन्द्र कोहली या उनकी तरह के रचनाधर्मी कथाकारों के मन में राम और कृष्ण का चरित्र बार-बार उभरता और रचना के रूप में आकार धारण करता; क्योंकि इतिहास के ये ऐसे दो चरित्र हैं—जो भारतीय जनमानस को न्याय, सत् और धर्म के मार्ग पर चलने का संबल प्रदान करते हैं तथा अन्याय और अनाचार के विरुद्ध लड़ने की ताकत प्रदान करते हैं।

उपन्यासकार नरेन्द्र कोहली के उपन्यास 'अभ्युदय' और 'महासमर' के लिखने की प्रेरणा के पीछे तुलसी का विराट व्यक्तित्व है। इसी व्यक्तित्व से निराला को 'राम की शक्तिपूजा' लिखने की प्रेरणा प्राप्त हुई है। भारतीय वाङ्मय में राम और कृष्ण दो ऐसे चरित्र हैं, जो किसी भी देश-काल-युग में अधर्म और अन्याय का प्रतिकार करने की ताकत प्रदान करते हैं। महाभारत केवल युद्ध की कहानी का ही ग्रंथ नहीं है या राजसत्ता पाने का संघर्ष भर नहीं है। इसी तरह राम, अयोध्या से निष्कासित राजकुमार भर नहीं हैं, अन्यथा वे अयोध्या से निकलकर अहल्या उद्धार तथा खर-दूषण का वध कर लोक मंगल का कार्य संपन्न नहीं करते। उन्होंने वाली और रावण जैसे पराक्रमी शासकों का वध किया पर सत्ता स्वतः नहीं ली। इसी तरह यदि कृष्ण चाहते तो साम्राज्य का विस्तार कर सकते थे, पर वे तो भय-मुक्त समाज की संरचना में लगे थे। युद्ध करते भी हैं और युद्ध छोड़ते भी हैं। नरेन्द्र कोहली ने लिखा है—"मुझे लगता है कि जो बदला है वह केवल प्रसंग मात्र है सत्य तो नहीं बदला।" यथार्थ तो आज भी यही है कि मोहग्रस्त मनुष्य किन्हीं उच्च तथा आदर्श दिखने वाले विचारों का सहारा लेकर युद्ध से विरत होने का प्रयत्न करता है। नरेंद्र कोहली ने कुशलता पूर्वक राम और कृष्णकथा का संयोजन किया है। मिथक और रामायण तथा महाभारत पर आधारित राम और कृष्ण की कथा तथा पात्रों पर कोहली जी की पकड़ गहरी है। इतने व्यापक फलक पर फैली हुई कथा का एक-एक सूत्र न केवल पूरी तरह आपस में गुँथा हुआ है; बल्कि अभीप्सित अर्थ की व्यंजना भी करता है। कथा एवं पात्रों को नए संदर्भों में सतर्क उपस्थित किया है। कोहली जी ने लिखा है—"काम, शत्रुता, विरोध, अहंकार आदि प्रवृत्तियाँ शाश्वत हैं।" नरेन्द्र कोहली की तार्किक दृष्टि ने रामकथा को आधुनिक रूप प्रदान किया है। उन्होंने राम को ऐसे महानायक के रूप में देखा है जो राक्षसी संस्कृति को समाप्त करने तथा दलितों को न्याय दिलाने के लिए जनजातियों को संगठित करते हैं। राम में चिंतन और कर्म का अद्भुत समन्वय है। कोहली जी यह स्पष्ट करते हैं कि अहल्या शिला नहीं थी; अपितु शिलावत् जीवन व्यतीत कर रही थी। समाज में किसी में इतना साहस नहीं था कि कह सके कि अहल्या नहीं, इंद्र दोषी है। राम ने इंद्र को दोषी माना और अहल्या को समाज में प्रतिष्ठा दिलाई। कोहली जी लिखते हैं—"मैंने पौराणिक इतिहास या साहित्य को उस

रूप में स्वीकार नहीं किया कि वह किसी युग अथवा सृष्टि की वस्तु है। प्रकृति के नियम बदलते नहीं हैं। यदि कर्म-सिद्धांत कृष्ण के समय संभव था तो आज भी है।" रचनाकार ने उपन्यास के माध्यम से रामायण और महाभारत की कथा को बुनकर मानवीय मूल्यों, भारतीय-चिंतन पद्धति आदि को प्रस्तुत किया है।

स्वातंत्र्योत्तर कथा-साहित्य कई मोड़ों से गुजरता हुआ दिखाई देता है। 1950 के दशक तक के उपन्यासों में फ्रायड और मार्क्स की विचारधारा का प्रभाव है। 1950-60 के दशक में प्रयोगशील प्रवृत्ति तथा उसके बाद के उपन्यासों में आधुनिकता बोध की प्रवृत्तियाँ परिलक्षित होती हैं। प्रेमचंद समाज के साथ व्यक्ति के एकीकृत होने के प्रश्न को अधिक महत्त्व देते हैं तथा जैनेन्द्र ने व्यक्ति की गुम होती हुई पहचान को उभारकर सामने रखा है। वहाँ अनमेल विवाह या दहेज प्रथा जैसी समस्याएँ नहीं हैं; बल्कि विवाह स्वयं में एक समस्या है; क्योंकि सारी अनिश्चितताएँ उसके बाद आरंभ होती हैं। यह प्रवृत्ति राजनीतिक, सामाजिक, ऐतिहासिक आदि विविध परिदृश्यों के माध्यम से उभरकर सामने आती हैं। पौराणिक प्रवृत्तियों का इस रूप में रेखांकन कम ही हुआ है। जैनेन्द्र जैसे उपन्यासकारों के पात्र समाज की मर्यादाओं को बनाए रखना चाहते हैं। नियति, ईश्वर, धर्म, आदि में अटूट आस्था, औपन्यासिक प्रवृत्तियों को आधुनिक नहीं होने देती यह उसका पौराणिक आख्यान है जो आजादी के बाद के कथा-साहित्य में दिखाई देता है।

अज्ञेय का उपन्यास 'शेखर एक जीवनी' से उपन्यास की दिशा ही बदल जाती है। इसके माध्यम से लेखक ने स्वतंत्रता की खोज की है। यह खोज अपने को सबसे काटकर नहीं अपितु मानवीय परिस्थितियों के बीच की गई है। शेखर के विद्रोह के पीछे आज की पीढ़ी का विद्रोह दिखाई देता है। यशपाल ने मार्क्सवादी विचारधारा से प्रभावित होते हुए भी अपने युग के यथार्थ को रेखांकित किया है। प्रेमचंद ने अपने उपन्यासों में समसामयिक समस्याओं को चित्रित किया है; जबकि उनके समकालीन और बाद के उपन्यासकारों ने चाहे रामेश्वर शुक्ल अंचल हों या भगवती चरण वर्मा, परिवर्तमान ऐतिहासिक धारा को मध्यम-वर्ग के माध्यम से उपस्थित किया है। अमृतलाल नागर ने पौराणिक, ऐतिहासिक, राजनीतिक तथा सामाजिक दर्शन की पीठिका में अपने उपन्यासों को रचा है। 'मानस का हंस', 'अमृत और विष', 'एकदा नैमिषारण्ये', 'महाकाल', 'बूँद और समुद्र' ऐसे ही उपन्यास हैं।

स्वतंत्रता के पश्चात हिंदी उपन्यासों के विकास में इतिहास तथा पौराणिक मिथक संबंध का नया दृष्टिकोण सामने आया है। पूर्व में किशोरी लाल गोस्वामी ने अपने उपन्यासों में तथ्यों और कल्पना के रचनात्मक पक्ष की चिंता न करके उनमें कौतूहल, उत्सुकता, साहसिकता, मनोरंजन, और रोमांस को प्राथमिकता दी थी। वृंदावनलाल वर्मा के उपन्यासों में इतिहास और कल्पना का सुंदर समन्वय है। चतुरसेन शास्त्री ने भी गोस्वामी जी की परंपरा का ही अनुसरण किया है। इधर नये ऐतिहासिक

दृष्टिकोण को ग्रहण करने वालों में हजारीप्रसाद द्विवेदी, राहुल सांकृत्यायन, यशपाल, रांगेय राघव तथा नरेन्द्र कोहली का विशिष्ट स्थान है।

धर्मवीर भारती तथा देवराज ने मनोविज्ञान के आधार पर उपन्यासों की सृष्टि की है। सामाजिक चेतना प्रधान उपन्यासकारों में मन्मथनाथ गुप्त, भैरव प्रसाद गुप्त, अमृत राय तथा राजेन्द्र यादव उल्लेखनीय हैं। यंत्रीकरण दो महायुद्धों और अस्तित्ववादी चिंतन के फलस्वरूप आधुनिकता की जो स्थिति उत्पन्न हुई, उसे लेकर भी आजादी के बाद उपन्यास लिखे गये हैं। आस्थाविहीन समाज, अनिश्चय की स्थिति में लटके हुए इंसान तथा आत्मनिर्वासन की अभिव्यक्ति देने की पहल भी हुई है। मोहन राकेश, निर्मल वर्मा, राजकमल चौधरी, नरेश मेहता, कमलेश्वर, श्रीलाल शुक्ल, भीष्म साहनी तथा उषा प्रियंवदा आदि आधुनिकताबोध को रेखांकित करने वाले उपन्यासकार हैं। इनके कथा-साहित्य में स्त्री-पुरुष संबंधों पर भी विचार किया गया है। कुल मिलाकर स्वतंत्रता के पश्चात के उपन्यासों का फलक विस्तृत है। पौराणिक, राजनीतिक, सामाजिक, ऐतिहासिक आदि सभी प्रवृत्तियों का रेखांकन हुआ है।

स्वतंत्रता के पश्चात राम और कृष्ण पर केंद्रित कथानकों को लेकर उपन्यास की सर्जना करने वाले उपन्यासकारों की संख्या अधिक नहीं है। इस कालावधि में हिंदी उपन्यासों में मनुष्य के नये मानसिक विकास और अंतर्विरोधीं का इतिहास समाविष्ट है। आर्थिक व्यवस्था में उलटफेर, शिक्षा तथा नयी समस्याओं ने स्वातंत्र्योत्तर कथा-साहित्य को बहुत गहरे स्तर पर प्रभावित किया है। राम और कृष्ण पर केंद्रित उपन्यासों में इसे सहजता से अनुभव किया जा सकता है। हिंदी उपन्यासों का प्रारंभ ही जीवन के उपदेशपरक यथार्थ चित्रण से हुआ है। ठाकुर जगमोहन सिंह का उपन्यास 'श्यामा स्वप्न' विवाह की परंपरामूलक धारणा का विरोध करते हुए प्रेम को वरीयता प्रदान करता है। प्रेम के आगे वर्ण का मूल्य उन्हें मान्य नहीं है। किशोरी लाल गोस्वामी उपन्यास को प्रेम का विज्ञान कहते हैं–"प्रेम एव परं ज्ञानं प्रेम एव परा गतिः" उनका मूलमंत्र था। राम और कृष्ण मूल रूप में नरेन्द्र कोहली के उपन्यासों के चरित नायक हैं, जहाँ उनका चरित्र आधुनिक उपन्यास के संपूर्ण आयामों को उद्घाटित करता है।

यद्यपि पुराण काव्य में राम और कृष्ण का जो स्वरूप प्राप्त होता है, बाद में मध्यकाल तक आते-आते परिवेश के बहाव के साथ-साथ स्वतः परिवर्तित हो जाता है, किंतु आगे चलकर इस परंपरा का विकास अधिक नहीं हो पाता। गद्य साहित्य और विशेषकर कथा-साहित्य में तो आधुनिक काल में प्रेमचंद और प्रेमचंदोत्तर उपन्यासों में कथा के चरित नायक राम और कृष्ण तो नरेन्द्र कोहली के उपन्यासों में ही आकार पाते हैं।

वैदिक वाङ्मय में राम और कृष्ण का निरूपण ब्रह्म तत्त्व के रूप में प्राप्त है। इसी परंपरा का विकास आगे चलकर उपनिषदों, आरण्यक एवं ब्राह्मण ग्रंथों में

भी मिलता है। रामायण काल में आकर राम एक चरित्र के रूप में उपस्थित होते हैं, जिन्हें विष्णु का अवतार माना गया। इसी तरह पौराणिक काल में कृष्ण भी चरित्र नायक हो जाते हैं तथा परम ब्रह्म के अवतार के रूप में प्रतिष्ठित होते हैं।

संस्कृत नाटकों तथा पुरा कथाओं में राम और कृष्ण का परंपरागत रूप ही प्राप्त होता है। मध्यकाल में एक बार पुनः दोनों के चरित्रों का विकास महामानव से मानव के रूप में होता है। रीतिकाल में राम का चरित्र नये रूप में प्राप्त नहीं होता। कृष्ण का विकास अवश्य हुआ है पर चारित्रिक सृष्टि में कहीं कोई बदलाव नहीं आया। पुनर्जागरण काल में एक बार पुनः इन चरित नायकों के स्वरूप में परिवर्तन दिखाई देने लगता है। यहाँ तक आते-आते राम और कृष्ण केवल ईश्वर के अवतार के रूप में ही नहीं, समूची मानवता के प्रतीक बनकर उपस्थित होते हैं और इसका कारण है देश की परतंत्रता, स्वाधीनता-आंदोलन, पाश्चात्य संस्कृति का प्रभाव, समाज सुधार आंदोलन तथा शिक्षा का विकास एवं औद्योगीकरण। वस्तुतः देश के राजनीतिक, सामाजिक तथा आर्थिक परिदृश्य के बदलते ही राम और कृष्ण के मिथकीय स्वरूप में बदलाव होना युगानुकूल ही है।

फ्रायड के मनोविश्लेषण के बाद मार्क्स के द्वंद्वात्मकवाद, इतिहास की नई व्यवस्था तथा वर्गसंघर्ष एवं कीर्केगार्द के अस्तित्ववादी दर्शन के परिणामस्वरूप स्वतंत्रता के पश्चात देश की चिंतन प्रक्रिया में बदलाव आता है। इसका सीधा प्रभाव स्वतंत्रता के पश्चात लिखे गए उपन्यासों में स्पष्ट परिलक्षित होता है। नरेन्द्र कोहली के कथा-साहित्य में राम और कृष्ण पर इन सभी चिंतन धाराओं का प्रभाव दिखाई देता है। कोहली की दृष्टि मार्क्सवाद से प्रभावित है, इसीलिए रामकथा हो या कृष्णकथा, दोनों से जुड़ी अवांतर कथाओं एवं पात्रों की परंपरागत जीवन-शैली में परिवर्तन दिखाई देता है। चाहे शिक्षा हो या धार्मिक ढाँचा, भारी समस्या हो या युद्ध की बर्बरता, कोहली जी ने सभी घटनाओं एवं तथ्यों को आधुनिक संदर्भों से जोड़कर देखने की कोशिश की है। इस सबके मूल में कोहली जी की मानवतावादी दृष्टि है, जो पात्रों का चरित्र संस्कार ही नहीं करती, कथा का भी संस्कार करती है।

साहित्य समाज की धड़कनों का प्रतिबिंब होता है, इसीलिए प्रत्येक काल की चेतना अपने युगीन साहित्य को प्रभावित करती है। वैदिक काल में हमारी सामाजिक व्यवस्थाएँ जिस प्रकार थीं, उन्हीं का रेखांकन हमें तत्कालीन सर्जित साहित्य अर्थात् वैदिक ऋचाओं से प्राप्त होता है। धीरे-धीरे काल का प्रवाह चलता रहा, आरण्यक, उपनिषद, ब्राह्मणग्रंथ आदि लिखे जाते रहे। एक समय ऐसा भी आया जब सामाजिक व्यवस्था पूरी तरह नियंत्रित होने लगी, तथा कथा-कहानियों की रचना की जाने लगी, जिसे हम पुराण काल कहते हैं।

साहित्य पूर्णतया इतिहास नहीं होता, किंतु ऐसा भी नहीं है कि उसमें इतिहास की शून्यता हो। अपने युग का इतिहास साहित्य में कल्पना के माध्यम से अवतरित

होता है। और यही कारण है कि वैदिक वाङ्मय में जिन तत्त्वों अथवा देवी-देवताओं की कहानियाँ सूक्तियों के रूप में प्राप्त होती हैं, पुराणकाल में आकर कल्पना का आधार प्राप्त कर अपने वृहद् कलेवर में उपस्थित हो कर मिथक चेतना का स्वरूप बनती है। अपने दिक् और काल से संपृकत होकर यही मिथक चेतना राम और कृष्ण के चरित्रों की सृष्टि करती है।

इतिहास-चक्र जैसे-जैसे अग्रसित होता है, कथा-कहानियों की घटनाओं तथा उनसे जुड़े चरित्रों के स्वरूप में भी विकास होता है। मध्यकाल और रीतिकाल में राम तथा कृष्ण से संबंधित आख्यान इसके उदाहरण हैं। आधुनिक काल देश की लड़ाई का काल है। दो तरह की संस्कृतियों की टकराहट तथा शिक्षा के प्रचार और प्रसार से तथा समाज-सुधार आंदोलनों के परिणामस्वरूप काल चेतना के बदलाव के साथ हीं साथ मिथक चेतना में बदलाव आना स्वाभाविक था, इसी से आधुनिकता जन्म लेती है।

आधुनिकता के जन्म के साथ-साथ सोच में परिवर्तन आये। नये-नये चिंतात्मक आंदोलनों के प्रभाव-स्वरूप कथा-कहानियों में वर्णित राम और कृष्ण तथा इनसे जुड़ी गाथाओं का परिष्करण होता है और यही कारण है कि रामायण काल के राम तथा तुलसी के मानस के राम और नरेन्द्र कोहली के राम में, श्रीमद्भागवत के कृष्ण, महाभारतकालीन कृष्ण, सूर के सूरसागर के कृष्ण में एक नवीन रूप का आविर्भाव होता है, मानो इस साहित्य यात्रा में राम और कृष्ण एक नवीन रूप ग्रहण करते हैं। नरेन्द्र कोहली के राम और कृष्ण को आधुनिकता का नया रूप प्राप्त होता है। इन दोनों चरित्रों में मार्क्स के प्रभावानुसार कृषि, शिक्षा, अर्थ-व्यवस्था आदि का नवीन चिंतन प्राप्त होता है। नरेन्द्र कोहली के राम और कृष्ण निश्चित रूप से महाभारत और रामायण की मनो-संरचना से भिन्न दिखाई देते हैं; क्योंकि दिक् और काल केवल मिथकीय चेतना में ही परिवर्तन नहीं लाते, मिथकों से संबद्ध घटनाओं और जीवन-मूल्यों को भी अपने अनुसार गढ़ते और सँवारते हैं।

नरेन्द्र कोहली ने रामकथा स्रोत-ग्रंथों से प्राप्त महत्त्वपूर्ण घटनाओं—रामजन्म, सीता-जन्म, विवाह, वन-गमन-प्रसंग, अहल्या-आख्यान, वाली-वध, शूपर्णखा-प्रसंग, सीताहरण, राम-रावण युद्ध, सीता-विरह-प्रसंग तथा सीता निर्वासन जैसे मिथकीय आख्यानों को ग्रहण करते हुए भी युगानुरूपता प्रदान करने के कारण घटनाओं के क्रम, संयोजन तथा रचना-संस्कार में परिशोधन किया है। इसीलिए जहाँ वे सीताहरण में सीता को संघर्ष करते हुए दिखाते हैं, वहीं अहल्या का पुनःसंस्कार भी करते हैं तथा सीता के विरह-प्रसंग को मानवीय अनिवार्यता प्रतिपादित करते हुए वाली-वध का मनोवैज्ञानिक आख्यान भी उपस्थित करते हैं। यह वस्तुतः लेखक की नयी दृष्टि का परिचायक है।

कृष्णकथा से संबंधित मिथक को नरेन्द्र कोहली ने महाभारत को आधार बनाकर

आधुनिक संदर्भों में उपस्थित किया है और इसीलिए कुछ घटनाएँ ऐसी हैं जिनकी केवल सूचना भर दी गई है। कंस-वध ऐसा ही दृष्टांत है। जरासंध की लड़ाई इतिहास की लड़ाई है उसे नरेन्द्र कोहली जी ने विस्तार के साथ उपस्थित किया है; क्योंकि देश ने दो-दो महायुद्ध एवं देश की आजादी की लड़ाई की त्रासदी को देश विभाजन के परिणाम के रूप में देखा है, जिसकी पीड़ा लेखक को है, इसीलिए कोहली जी ने इस तरह के प्रसंगों को इतिहास के आईने में आधुनिकता का रंग देकर उपस्थित किया है। शिशुपाल वध, द्रौपदी का चीरहरण, दुर्वासा आतिथ्य तथा कृष्ण द्वारा अर्जुन को विराट रूप दर्शन के पीछे भी नरेन्द्र कोहली जी की आधुनिकता दृष्टि रही है। विशेषकर द्रौपदी-चीरहरण प्रसंग को उन्होंने बड़े मनोवैज्ञानिक और तार्किक शैली में उपस्थित किया है।

कुल मिलाकर पौराणिक कथा-साहित्य में प्राप्त दिक् और काल की चेतना जिस संदर्भ में उपस्थित हुई है, आधुनिक काल में आकर आधुनिक काल की चिंतन धाराएँ राष्ट्रीय और अंतर्राष्ट्रीय स्तर पर घटित घटनाओं के साथ मिलकर एकाकार होती दिखाई देती हैं। इसीलिए आज के नरेन्द्र कोहली जैसे कथाकार, पौराणिक आख्यानों को भी आधुनिक संदर्भों में उपस्थित कर सके हैं।

स्वातंत्र्योत्तर कथा-साहित्य में राम और कृष्णकथा पर आधारित उपन्यासों की सृष्टि अधिक नहीं हो पायी। उसका मूल कारण था स्वतंत्रता-आंदोलन काल और उसके पश्चात तेजी से बदलते जीवन-मूल्य। 1936 में मुंशी प्रेमचंद की अध्यक्षता में प्रगतिशील लेखक संघ की स्थापना, साहित्य पर साम्यवाद का बढ़ता हुआ प्रभाव, औद्योगिक-क्रांति, 1943 के आस-पास प्रयोगशील आंदोलन की शुरुआत तथा अस्तित्ववादी विचारदर्शन, पौराणिक कथा-संदर्भों के प्रति प्रश्नचिह्न उपस्थित कर रहे थे। ऐसी स्थिति में राम और कृष्ण केवल चरित्र बन कर रह गए थे, स्वतंत्रता के पश्चात अनेक वर्षों तक हमारी सांस्कृतिक चिंतन परंपरा इन्हीं आधुनिकतावादी साहित्य मानकों का चक्कर लगाती रही। परिणामतः राम और कृष्ण का स्थान सर्वहारा और पूँजीपति ने ले लिया।

दो महायुद्धों की त्रासदी ने अंतर्राष्ट्रीय मानवता की जड़ें खोखली कर दीं तथा औद्योगिक क्रांति ने महाजनी सभ्यता के स्थान पर महानगरीय सभ्यता का उन्नयन किया। जिसके परिणामस्वरूप आधुनिकता बोध के चलते मनुष्य अजनबीपन का शिकार हो गया। इसीलिए आजादी के बाद एक बार पुनः पौराणिक मिथकों की ओर लेखकों का ध्यान आकृष्ट हुआ। मार्क्सवाद का अर्थ राम और कृष्ण का विरोध नहीं है अपितु राम और कृष्ण का चरित्र गढ़ने में जो कमियाँ हुई हैं उसकी ओर संकेत करना है, ताकि इतिहास फिर से प्रश्न बनकर उपस्थित न हो सके। इसीलिए आज का कथा लेखक जो राम और कृष्ण का चरित्र सँवारने की कोशिश में है उनके समक्ष दो चुनौतियाँ हैं—इतिहास की तथा दूसरी अपने युग की। इसीलिए भी इधर

पौराणिक मिथकों पर लेखन कार्य कम हो पाया।

राम और कृष्ण को आधार बनाकर जिन कथाकारों ने अपनी कलम चलाई है, उनमें हैं—डॉ. रामप्रसाद मिश्र तथा उनकी रचना है—'राम—ऐतिहासिक जीवन चरित'। इस कृति में राम के समग्र-जीवन चरित को आधार बनाकर आधुनिक संदर्भो में राम को देखने की कोशिश की गई है। इसी क्रम में रमानाथ त्रिपाठी की 'रामगाथा' तथा प्रो. जी.बी. कानूनगो की 'सत्यनारायण' का भी नाम उल्लेखनीय है; क्योंकि मैंने अपने शोध-प्रबन्ध में राम कथा के केंद्र-बिंदु में इन तीनों को उपस्थित किया है।

कृष्णकथा में प्रतिभा राय की 'द्रौपदी', मनु शर्मा की 'कृष्ण की आत्मकथा' (आठ खंड) तथा चित्रा चतुर्वेदी की कृति 'महाभारती' इत्यादि उपन्यासों को लिया जा सकता है। इन तीनों कृष्णकथा लेखकों ने अपने-अपने ढंग से कृष्णकथा के विविध आयामों को उपस्थित किया है; किंतु राम और कृष्ण के चरित्र को समग्र रूप में डॉ. नरेन्द्र कोहली जी ने ही उपस्थित किया है।

नरेन्द्र कोहली जी ने राम और कृष्ण की परंपरागत कथा को आधार बनाकर दोनों चरित्रों एवं चरित संबद्ध कथा को नये धरातल पर नयी पृष्ठभूमि के साथ युगधर्म को रूपायित करते हुए उपस्थित किया है। रामकथा लिखना तो जोखिम भरा काम है ही, और शायद इसीलिए तुलसी के बाद रामकथा का उतना विकास नहीं हुआ जितना कृष्णकथा का। 'रामचंद्रिका' और 'साकेत' को छोड़कर रामकथा का दूसरा महाकाव्य नहीं लिखा गया। इसका मूल कारण जैसा कोहली जी स्वयं स्वीकार करते हैं कि यह चुनौती रामकथा के भीतर तो थी ही, बाहर भी थी। बाहर की सबसे बड़ी चुनौती यह थी कि रामकथा को देश के बुद्धिजीवियों ने माना कि यह कथा पुरानी पिछड़ी हुई सामंती मूल्यों की पोषक तथा घटिया मूल्यों की प्रतिष्ठापक है। इसलिए रामकथा पर लिखना न तो आधुनिकता का तकाजा है और न ही समय के साथ पक्षधरता। परन्तु रामकथा लिखते समय लेखक के मन में बाहर के खतरे कम दृष्टि की सच्चाई अधिक थी। इसलिए 'दीक्षा' लिखते समय लेखक के समक्ष तीन बातें थीं—1. अपना वर्तमान 2. अपना परिवेश 3. अपनी मान्यताएँ और इसके लिए लेखक को तीन चीजें मिलीं—1. प्रख्यात कथा का ढाँचा 2. उस कथा का सौंदर्य विधान 3. कथानक की असंगतियाँ, चमत्कार तथा अलौकिकता।

कोहली जी ने बाहर और भीतर के तमाम अंतर्विरोधों और चुनौतियों को स्वीकार करते हुए अपने युग की समस्याओं, अपने युग की कथा को रामकथा के माध्यम से अपने युग के लोगों तक पहुँचाने की सार्थक कोशिश की है और इसलिए पुरातन कथा को नये रंगों से उकेर कर कथा की घटनाओं तथा चरित्रों को समकालीन मनोविज्ञान, चिंतन तथा संस्कृति के मनकों में पिरोया है। दशरथ का बहुविवाह, पुत्रयेष्टि यज्ञ, यज्ञ से चार संतान, राम-लक्ष्मण का बिना किसी योजना के जनकपुर पहुँचना

तथा चारों भाइयों का विवाह, अहल्या का पत्थर हो जाना एवं राम की चरण-धूलि से पुनः नारी रूप को प्राप्त होना इत्यादि ऐसे बिंदु हैं; जिन्हें कोहली जी परंपरा से प्राप्त संदर्भों के रूप में स्वीकृति नहीं दे पाते। उनका मानना है कि "इसकी सत्यता खोजने से भी नहीं मिलती इसलिए उस पर पुनर्चिंतन की आवश्यकता है; मेरा यही प्रयास है।" राक्षस अपना साम्राज्य तथा शोषण चक्र योजना बद्ध ढंग से चला रहे थे, उनके दाँत सिद्धाश्रम में भी लगे थे। विश्वामित्र इस आतंक के प्रति सजग थे, इसलिए शोषण-चक्र के प्रतिकार के लिए उन्होंने राम का चुनाव किया है। साथ ही वे मिथिला और अयोध्या की मैत्री-सन्धि भी कराना चाहते थे। विवाह के पीछे उनका यही दृष्टिकोण था। यह दृष्टि हमें नरेन्द्र कोहली द्वारा लिखे गये रामकथा पर आधारित उपन्यास 'अभ्युदय (दो खंड)' जैसे उपन्यासों में मिलती है।

राम-वन-गमन और राम-राज्याभिषेक की परंपरागत मान्यता में भी कोहली जी ने संशोधन किया है। उनकी मान्यता है कि दशरथ इसलिए राम को युवराज बनाना चाहते थे; क्योंकि उनके हाथ से अयोध्या का राज्य फिसल रहा था। वे सुरक्षा के लिए आशंकित तथा भयभीत थे और जब वे यह नहीं कर सके तो प्राण त्याग दिए। राम घरेलू कलह से वन के लिए तैयार थे, किंतु चित्रकूट में वे 9-10 माह इसलिए रुकते हैं ताकि यह पता चल जाय कि भरत का कैकेयी के प्रति कैसा भाव है?

**'सघर्ष की ओर'** में अपने युग की परिस्थितियों के चित्रण का कोहली जी को पर्याप्त अवसर मिला है। इस अवसर पर पिछड़ी हुई अविकसित मानवता के विरुद्ध महाशक्तियों के षड्यंत्र की यथार्थता का रेखांकन भी लेखक ने बड़ी सहजता से किया है। इसके लिए लेखक ने शरभंग तथा अगस्त्य को केंद्र बनाया है। इस प्रकार राम निरंतर दस वर्षों तक मानवता के शत्रुओं का संहार करते हैं तथा संपूर्ण क्षेत्र को भय मुक्त बनाते हैं।

**'युद्ध (दो भाग)'** में किष्किंधाकांड, सुंदरकांड तथा लंकाकांड से संबंधित कथाएँ हैं। इसी प्रसंग में लेखक ने सुग्रीव और राम की मैत्री के कारणों की पड़ताल भी की है। वाली से मित्रता क्यों नहीं की, विभीषण ने भाई का साथ क्यों नहीं दिया, तमाम सारे अनुत्तरित प्रसंगों को उद्घाटित करने की कोशिश भी की गई है।

सबसे बड़ी उपलब्धि है राम की वानरी सेना की विजय की। ब्रह्मा के प्रपौत्र, शिव और दुर्गा के उपासक इंद्र, कुबेर के विजेता रावण, जिसकी सेना अपने समय की सर्वाधिक सुदृढ़ और सुसंगठित थी उसे राम, बंदरों और भालुओं की सहायता से जीत लेते हैं—इसका मनोवैज्ञानिक कारण उपस्थित किया गया है।

कृष्णकथा पर आधारित उपन्यासों की लंबी शृंखला है। जिसे लेखक ने महाभारत को आधार बनाकर उपस्थित किया है। लेखक ने अपनी कल्पनाशीलता में उस समाज को उपस्थित किया है, जो इस सारी व्यवस्था का विरोध करता है, जो मानवता के विरुद्ध है। कृष्णकथा के माध्यम से लेखक मानवता के शाश्वत् प्रश्नों का साक्षात्कार

करता है तथा अपने गली, मोहल्ले, नगर, देश, समाचार पत्रों तथा समकालीन इतिहास की विसंगतियों से पाठकों को परिचित कराता है। पौराणिक उपन्यास के प्राचीनता में घिरकर प्रगति के प्रति अंधे हो जाने की संभावना उतनी ही घातक है, जितनी कि समकालीन लेखक की समसामयिक पत्रकारिता में बंदी हो एक खंड- सत्य को पूर्ण सत्य मानने की मूढ़ता।

बाह्य संसार के घटनाक्रम वस्तुतः मन के सूक्ष्म विकारों के स्थूल रूपांतरण मात्र हैं। उसका ऊपरी आवरण कितना भी भिन्न् क्यों न दिखाई देता हो, मनुष्य का मनोविज्ञान आज भी वहीं है जो हजारों वर्ष पूर्व था। अपनी मर्यादा का अतिक्रम कर जाए तो ये मनोविकार मानसिक विकृतियों में परिणित हो जाते हैं। दुर्योधन इसी प्रक्रिया का शिकार हुआ है। अपनी आवश्यकता भर पाकर वह संतुष्ट नहीं हुआ, दूसरों का सर्वस्व छीनकर भी वह शांत नहीं हुआ, पांडवों की पीड़ा उसके सुख की अनिवार्य शर्त थी। इसीलिए वंचित पांडवों को पीड़ित और अपमानित कर सुख प्राप्त करने की योजना उसके द्वारा बनाई गई। जैसे घायल पक्षी को तड़पाकर बच्चों को क्रीड़ा का सा आनंद आता है, मिहिरकुल को अपने युद्धक गजों को पर्वत से खाई में गिराकर उनकी पीड़ित चीत्कारों को सुनकर असाधारण सुख मिला था, अरब शेखों को ऊँटों की दौड़ में उनकी पीठ पर बच्चों की अस्थियाँ टूटने और पीड़ा से चिल्लाने को देख सुनकर सुख मिलता है, कृष्णकथा में लेखक ने मानव मन के इन्हीं विकारों को वाणी प्रदान की है।

दुर्वासा ने बहुत तपस्या की; किंतु न अपना अहंकार जीता न क्रोध! एक अहंकारी व्यक्तित्व प्रच्छन्न रूप से तापस के भीतर विद्यमान है। वह किसी के द्वार पर आता है तो धर्म देने के लिए नहीं; वह तमोगुणी तथा रजोगुणी लोगों को वरदान देने के लिए और सतोगुणी लोगों को वंचित करने के लिए आता है। पर पांडव पहचानते हैं कि तपस्वियों का यह समूह जो उनके द्वार पर आया है, सात्विक संन्यासियों का समूह नहीं है बल्कि एक प्रच्छन्न टिड्डी दल है, जो उनके अन्न-भण्डार को समाप्त करने आया है, ताकि जो पांडव दुर्योधन के शस्त्रों से न मारे जा सके वे अपनी भूख से मर जाएँ।

दुर्योधन के सुख में प्रच्छन्न रूप से बैठा है दुःख और युधिष्ठिर की अव्यावहारिकता में प्रच्छन्न रूप से बैठा है धर्म। यह माया की सृष्टि है, जो प्रकट रूप में दिखाई देता है वह वस्तुतः होता नहीं और जो वर्तमान है वह कहीं दिखाई नहीं देता। इस सत्यता को कोहली जी ने अपनी पैनी धार से रेखांकित किया है।

पांडवों का एकांतवास कृष्णकथा से संबंधित महाभारत कथा का एक आकर्षक स्थल है। दुर्योधन की गृद्ध-दृष्टि से पांडव कैसे बच पाते हैं, विराट नगर का ही चुनाव छिपने के लिए क्यों करते हैं? मित्र कौन थे, और शत्रु कौन थे इसकी ऐतिहासिक पड़ताल कोहली जी ने मनोविज्ञान की पीठिका पर की है।

महाभारत काव्य भी है इतिहास भी और अध्यात्म भी। हमारे प्राचीन ग्रंथ शाश्वत सत्य की चर्चा करते हैं। वे किसी काल-खंड के सीमित सत्य में आबद्ध नहीं हैं। कोहली जी ने संपूर्ण कथानक को नए संदर्भों में उपस्थित किया है। कोहली जी की मान्यता है कि न तो प्रकृति के नियम बदले हैं न मनुष्य का मनोविज्ञान। मनुष्य की अखंड काल यात्रा को इतिहास खंडों में बाँटे तो बाँटे, पर साहित्य उसे विभाजित नहीं करता। 'महासमर' की गाथा मानव के उस अनवरत युद्ध की गाथा है जो उसे अपने बाहरी और भीतरी शत्रुओं के साथ निरंतर करनी पड़ती है। वह उस संसार में रहता है जिसमें चारों ओर लोभ और स्वार्थ की शक्तियाँ संघर्षरत हैं। बाहर से अधिक उसे भीतर लड़ना पड़ता है, परायों से अधिक उसे अपनों से लड़ना पड़ता है।

महाभारत युद्धकथा मात्र नहीं है वस्तुतः वह व्यक्ति और समाज के विकास की यात्रा-गाथा है। युद्ध उसके मध्य में है। युद्ध से पूर्व वे कारण और परिस्थितियाँ हैं जो युद्ध तक ले जाती हैं। और युद्ध के पश्चात वे परिस्थितियाँ तथा मनोविज्ञान है जिससे मनुष्य युद्धक मनःस्थिति से ऊपर उठने तथा शाश्वत सुख और शांति प्राप्त करने की यात्रा प्रारंभ करता है। महाभारत की कथा के विभिन्न खंडों में विभिन्न व्यक्ति, घटनाओं के अनुसार महत्त्वपूर्ण होकर उस खंड के नायक प्रतीक होने लगते है; किंतु संपूर्ण कथा के नायक धर्मराज युधिष्ठिर हैं। उसके परिवेश का निर्माण उस दिन हो जाता है जिस दिन भीष्म अपने पिता शांतनु के दूसरे विवाह के लिए मार्ग प्रस्तुत करने हेतु 'दो प्रतिज्ञाएँ' करते हैं।

**'बंधन'** शांतनु, सत्यवती तथा भीष्म के मनोविज्ञान तथा जीवन-मूल्यों की कथा है। घटनाओं की दृष्टि से यह सत्यवती के हस्तिनापुर में आने तथा हस्तिनापुर से चले जाने के मध्य की धर्माधर्म की कथा है, जिससे जीवन के उच्च आध्यात्मिक मूल्य जीवन की निम्नता और भौतिकता के सामने असमर्थ प्रतीत होते हैं और हस्तिनापुर का जीवन महाभारत के युद्ध की दिशा ग्रहण करने लगता है। इस भावी विनाश से बचाने के लिए कृष्ण द्वैपायन व्यास अपनी माता सत्यवती को हस्तिनापुर से निकाल अपने साथ ले जाते हैं; किंतु तब तक हस्तिनापुर शांतनु, सत्यवती तथा भीष्म के कर्म-बंधनों में बँध चुका होता है।

**'अधिकार'** की कथा हस्तिनापुर में पांडवों के शैशव से प्रारंभ होकर वारणावत के अग्निकांड में जाकर समाप्त होती है। 'अधिकार' में अधिकारों की व्याख्या, अधिकारों के लिए हस्तिनापुर में निरंतर होने वाले षड्यंत्र, अधिकार को प्राप्त करने की तैयारी के संघर्ष की कथा है। राजनीति में अधिकार प्राप्त करने के लिए होने वाली हिंसा तथा राजनीतिक त्रास के बोध में दबे हुए असहाय लोगों की पीड़ा की कथा समानान्तर चलती है। एक ओर निर्लज्ज स्वार्थ और भोग है, दूसरी और अनासक्त धर्म-संस्थापन का प्रयत्न। दोनों पक्ष आमने-सामने हैं।

पांडवों को राज्य के रूप में खांडवप्रस्थ मिला है, जहाँ न कृषि है, न व्यापार।

संपूर्ण क्षेत्र में अराजकता है। अपराधियों और महाशक्तियों की वाहिनियाँ अपने षड्यंत्रों में लगी हैं तथा उनका कवच है खांडव वन; जिसकी रक्षा स्वयं इंद्र कर रहा है। युधिष्ठिर के सामने धर्म-संकट है। अर्जुन को बारह वर्ष का ब्रह्मचर्य पूर्ण वनवास स्वीकार करना पड़ता है; किंतु वनवासी अर्जुन उलूपी, चित्रांगदा तथा सभुद्रा से विवाह भी करता है। क्या यह धर्म का पालन है ? धर्म को कृष्ण से अधिक कौन जानता है।

अर्जुन और कृष्ण ने अग्नि के साथ मिलकर खांडद वन को नष्ट कर डाला। क्या यह धर्म था? जरासंध जैसा पराक्रमी राजा भीम द्वारा कैसे मारा गया? हस्तिनापुर में द्यूत सभा का आयोजन क्यों ? युधिष्ठिर अपने भाइयों और पत्नी को दाँव में लगा कर किस धर्म का निर्वाह कर रहे हैं? ऐसे अनेक प्रश्नों को कोहली जी ने नये संदर्भों में उपस्थित किया है।

**'अंतराल'** में द्यूत में हारने के पश्चात पांडवों के वनवास की कथा है। लाक्षागृह के जलने पर हिडिंबा की भेंट, कुंती का पांडव के साथ शतशृंग में वनवास, धृतराष्ट्र, गांधारी तथा विदुर का वनवास चित्रित है। पर कुंती का पुत्रों के कष्ट के समय में न उनके साथ वन जाना, न द्वारका जाना, न हस्तिनापुर जाना हुआ, क्यों? यह आज की मूल समस्या है, जिसे कोहली जी ने स्पष्ट किया है।

कृष्ण चाहते थे कि यादवों के बाहुबल से दुर्योधन से पांडवों का राज्य वापस दिला दे; पर वे ऐसा नहीं कर सके। शक्तिशाली होते हुए भी युधिष्ठिर भय ग्रस्त हैं। ऐसे अनेक प्रश्नों को कोहली जी ने उपस्थित कर निर्दोष तर्कों के आधार पर उनका समाधान उपस्थित किया है। यादवों की राजनीति, पांडवों का धर्म के प्रति आग्रह, दुर्योधन की मदांधता को वाणी प्रदान की है।

**'प्रत्यक्ष'** में युद्ध के उद्योग और युद्ध के प्रथम चरण की गाथा है। पांडव मित्रों के साथ कृष्ण से सहायता माँगते दिख रहे हैं पर लेखक ने एक महत्त्वपूर्ण प्रश्न उपस्थित किया है कि वही कृष्ण जो युधिष्ठिर से कह रहे थे कि आप अनुमति दे दें तो यादव ही दुर्योधन का वध कर देंगे, वही कृष्ण द्वारका क्यों चले गए ? कृतवर्मा जो कौरवों की राजसभा से, अपने प्राणों को जोखिम में डालकर कृष्ण को बचाकर बाहर करता है, वही दुर्योधन के साथ युद्ध में खड़ा दिखाई पड़ता है! जिस युधिष्ठिर के लिए युद्ध हो रहा है वे स्वयं इसके पक्ष में पहले नहीं थे! जिस योद्धा का सहारा था वह वीर अर्जुन निराश होकर बैठा है! उसे युद्ध नहीं करना था तो युद्ध किसके सहारे हो रहा है ?... क्या कृष्ण के सहारे, जिनके पास कोई शस्त्र नहीं है! आदि ऐसे प्रश्न हैं जिनके उत्तर सचमुच इतिहास के पास भी नहीं थे, कोहली जी ने उन्हें मनोवैज्ञानिक तरीके से उपस्थित किया है।

**'निर्बन्ध'** में द्रोण पर्व से लेकर शांति पर्व तक की कथा है। यहाँ युद्ध शस्त्रों का ही नहीं, मूल्यों और सिद्धांतों का हैं। सारे बाह्य शत्रु मारे जाते हैं। भीष्म बंधन मुक्त हो जाते हैं। पांडवों के बंधन भी टूट जाते हैं; माया का बंधन भी टूट गया है।

खुली आँखों से जीवन और सृष्टि का वास्तविक रूप देखा जा सकता है। अब वे उस मोड़ पर खड़े हैं जहाँ से स्वर्गारोहण भी हो सकता है और संसारारोहण भी।

इस तरह कोहली जी ने राम और कृष्णकथा को आधार बना कर वर्तमान मूल्यों की टकराहट के कारणों की पड़ताल करते हुए आधुनिक संदर्भों में मानव मूल्यों के परिप्रेक्ष्य में श्रेष्ठ मनुष्य की कल्पना की है तथा उन कारणों की खोज कर समाधान करने का प्रयास किया है जिससे मानव-मन संघर्ष की ओर प्रवृत्त होता है।

आधुनिक पौर्वात्य एवं पाश्चात्य जीवन-मूल्यों के संघर्ष और समन्वय पर आधारित वर्तमान मानव जीवन राजनीतिक, धार्मिक, सामाजिक समस्याओं एवं मानसिक तनावों से घिरा हुआ है। आधुनिक युग का लेखक अपने परिवेश के प्रति सजग एवं सक्रिय रहते हुए सामाजिक, राजनीतिक तथा सांस्कृतिक संस्थाओं के समाधान सूत्र भी खोजता है। इसी में उसकी दृष्टि अतीत के प्रेरणादायी फलक की ओर भी गई है।

भारतीय सभ्यता एवं संस्कृति के आधार स्तंभ रामायण, महाभारत एवं अन्य पौराणिक ग्रंथों की प्रमुख घटनाओं एवं विशिष्ट पात्रों को आधार बनाकर यद्यपि जयभारत, कृष्णायन, उर्मिला, साकेत, उर्वशी, कुरुक्षेत्र, संशय की एक रात, राम की शक्तिपूजा, अंधायुग, रश्मिरथी, मृत्युंजय, आदि कृतियों का सृजन हुआ; किंतु नरेन्द्र कोहली ऐसे कथाकार हैं, जिन्होंने संपूर्ण राम एवं कृष्णकथा को लेकर वृहद् उपन्यासों की सृष्टि की है। उन्होंने अपने कथा-साहित्य के वृहद् कलेवर में घटनाओं के माध्यम से आक्रोश, व्यंग्य एवं समस्याओं के साथ-साथ उनके समाधान भी दिए हैं। लेखक ने अपनी सृजन यात्रा का आरंभ लघु कविताओं एवं प्रतिदिन हमारे जीवन में घटने वाली कुछ छोटी-छोटी घटनाओं को लेकर लिखी कहानियों से किया। आरंभिक उपन्यास पुनरारंभ, आश्रितों का विद्रोह, साथ-साथ सहा गया दुःख, आदि समसामयिक सामाजिक समस्याओं एवं वैयक्तिक जीवन के विभिन्न संघर्षशील पहलुओं को उजागर करते हैं। 'पाँच एब्सर्ड उपन्यास', 'एक और लाल तिकोन', 'जगाने का अपराध', 'त्रासदियाँ', 'आधुनिक लड़की की पीड़ा', 'आत्मा की पवित्रता', आदि व्यंग्य संग्रहों में लेखक की सजग चेतना ने राजनीतिक, प्रशासनिक, सामाजिक एवं आर्थिक व्यवस्था की विसंगतियों को उधेड़ कर उसमें बहुत गहरे झाँका है। जिसमें तीव्र-व्यंग्य की गहन चुभन से सामाजिक चेतना अधिक उभरकर आई है।

सामाजिक समस्याओं को अपने उपन्यासों में कहानियों के माध्यम से चित्रित करने पर भी कुछ प्रश्न ऐसे थे, कुछ समस्याएँ ऐसी थीं जो सही रूप में सामने नहीं आ पा रही थीं और लेखक की संवेदना इसका अभाव तीव्रता से अनुभव कर रही थी। इस अभाव को दूर करने की व्यग्रता में कोहली जी की दृष्टि भारतीय सभ्यता के प्राचीन महान ग्रंथों की ओर गई। इसके उपरांत वर्तमान से क्षुब्ध एवं पौराणिक पात्रों एवं प्रसंगों के प्रति लेखक का जिज्ञासु मन अतीत की गहराइयों में प्रवेश करने लगा। परिणामस्वरूप रामकथा, भागवत तथा महाभारत की कथा का आश्रय लेकर उत्कृष्ट कोटि के उपन्यासों

का सृजन लेखक का सर्वथा मौलिक प्रयास है।

'महासमर' महाभारत में स्थित कुरुवंश की कथा को लेकर लिखा गया वृहदाकार उपन्यास है। वैचारिक चिंतन, मानवीय संवेदना, आपसी संबंधों में अंतर्द्वंद्व तथा संरचनात्मक प्रयोगशीलता के कारण यह जीवंत उपन्यास है। इसी तरह 'प्रच्छन्न' में महाभारत कथा का वह अंश है—जहाँ दुर्योधन वनवासी पांडवों को ईर्ष्यावश नीचा दिखाने के प्रयत्न में निरंतर नयी युक्तियों का आश्रय लेता है, 'प्रच्छन्न' का अंत महायुद्ध की दहलीज पर लाकर खड़ा कर देता है।

सतही तौर पर देखने से यह कथाएँ पौराणिक लगतीं है; परंतु सत्य तो यह है कि इनमें हमारा वर्तमान गहराई के साथ जुड़ा हुआ है। महाभारत के जिन प्रसंगों तथा कृष्णकथा के जिन अंशों को लेखक ने अपने उपन्यास का आधार बनाया है, उसकी मूल प्रकृति में कहीं भी हस्तक्षेप नहीं किया गया है; किंतु प्रसंगों के मध्य तथा पात्रों के अंतर्द्वंद्व के मध्य लेखक अपनी बात कहने का अवसर तलाश लेता है। कृष्णकथा के उपन्यास चिंतन के सूत्र-दर्शन की गहराइयों का स्पर्श करते जान पड़ते हैं। उपस्थित तर्कों से विश्वसनीयता बढ़ गई है।

मानव-मन में प्रकृतिवत् क्रोध, लोभ, मोह, ईर्ष्या, अहंकार आदि कुप्रवृत्तियों का वास होता है; किंतु मनुष्य परिस्थितिवश आदर्श बना रहता है। ज्यों-ज्यों यह प्रवृत्तियाँ अपने उग्र रूप में सामने आती हैं, त्यों-त्यों जीवन के आदर्श, नैतिक मूल्य पीछे छूटने लगते हैं। वर्तमान समय में राजनीतिक भ्रष्टाचार, सामाजिक अन्याय, अत्याचार, शोषण, अवसरवादिता इत्यादि सभी के दर्शन कोहाली जी के उपन्यासों में होते हैं, चाहे वह राम-कथा से संबंधित उपन्यास हो या कृष्णकथा से संबंधित। जो अतीत में था वह वर्तमान में भी है। इसीलिए रामायण और महाभारत कालीन पात्र और घटनाएँ उपन्यास के माध्यम से हमारे जीवन एवं जीवन से जुड़ी समस्याओं के समीप आ गई हैं।

नरेन्द्र कोहली संवेदनशील कथाकार हैं। मानव मात्र के प्रति उनके मन में करुणा है इसीलिए समाज की पीड़ा को उन्होंने अपने परिवार तथा परिवेश से लेकर राष्ट्र की पीड़ा के बीच अनुभव किया है। कोहली जी मानव समस्याओं को सुलझाने के प्रति प्रतिबद्ध दिखाई देते हैं। जीवन को द्वंद्वात्मक रूप में स्वीकार करते हुए उन्होंने कर्म करने की प्रेरणा भी दी है। इसी बीच समाज की पतनशील प्रवृत्तियों को रेखांकित करते हुए तत्कालीन समाज में व्याप्त विसंगतियों को दूर करने का समाधान भी प्रस्तुत किया है।

स्वातंत्र्योत्तर भारत में हो रहे चतुर्दिक परिवर्तन तथा उनके दूरगामी परिणामों की ओर भी कोहली जी सजग दिखाई पड़ते हैं, उनकी यह व्यथा 'महासमर', 'अभ्युदय', 'युद्ध', जैसे उपन्यासों में सर्वत्र दिखाई देती है। समाज में व्याप्त वर्गभेद, सामाजिक वैषम्य तथा अशिक्षा जैसी समस्याओं को भी अपने चिंतन-सूत्र में पिरोने का अवसर कोहली जी को प्राप्त हुआ है।

कथ्य की संवेदना और शिल्प की सजगता एक साथ यदि स्वातंत्र्योत्तर उपन्यासों

में कहीं दिखाई देती है तो वह नरेन्द्र कोहली का ही कथा-साहित्य है। मानव मूल्यों का विघटन लेखक को स्वीकार नहीं है। इसके लिए यदि परंपरागत शैल्पिक प्रतिमानों में भी परिवर्तन की आवश्यकता पड़ी तो कोहली जी ने इस जोखिम को भी उठाया है; क्योंकि उनके चिंतन के केंद्र में मनुष्य है इसलिए मूल्यहीनता उन्हें स्वीकार नहीं हो सकी।

## 1. सीमाएँ

कथा-साहित्य को मानवीय जीवन-शैली की प्रतिच्छाया कहा जा सकता है। मानवीय जीवन-शैली अपने आस-पास के सामाजिक परिवेश, परिस्थितियों, काल, स्थान, शाश्वत-सनातन जीवन-मूल्यों और सांस्कृतिक सिद्धांतों से पूर्णतः प्रभावित होती है। परिवेश, परिस्थिति, काल और स्थान यदि जीवन-शैली के बाह्य-स्वरूप को प्रभावित करते हैं, तो शाश्वत-सनातन जीवन-मूल्य और सांस्कृतिक सिद्धांत उसके आभ्यंतरिक स्वरूप को। कथा-साहित्य के मानवीय जीवन-शैली का प्रतिबिंब होने से इन सभी घटकों का प्रभाव उस पर भी पड़ता है। स्वातंत्र्योत्तर भारत में मूलतः सामाजिक मूल्यों का संघर्ष अपने चरम रूप में विद्यमान रहा, अतः इस समय के कथा-साहित्य में मानविकी अथवा सांस्कृतिक आदर्श-मूल्यों की अपेक्षा सामाजिक संघर्षों की छवि अधिकांशतः परिलक्षित होती है मानो मानव मात्र सामाजिक, आर्थिक और राजनीतिक इत्यादि पारिवेशिक वातावरण से आक्रांत और क्षुब्ध-सा दिखाई पड़ता है।

धर्म, शिक्षा, साहित्य और कला इत्यादि जीवन के दर्शन इस क्षुब्धता अथवा जीवन-संघर्ष में सहायक तत्त्वों के रूप में सामने आते हैं। पाश्चात्य और आधुनिकता बोध के प्रभाववश भी सामाजिक परिवेश में तीव्रता के साथ परिवर्तन आया और उसी का चित्रांकन कथा-साहित्य में परिलक्षित होने लगा किंतु आगे चलकर कथा-साहित्यकार ने शीघ्र ही यह अनुभव कर लिया कि भारतीय जीवन-क्रम पर पश्चिमी जीवन-क्रम अपना प्रभुत्व स्थापित कर रहा है। भारतीय संस्कृति में जो पवित्र रागात्मक संबंध थे, उनकी गुरुता आज जलरेखाओं के समान हल्की हो रही है। भारतीय संस्कृति द्वारा रेखांकित आशा और आस्थायुक्त जीवन-दृष्टि, नारी के प्रति श्रद्धा और सम्मान पूर्ण भावनाएँ, संयुक्त परिवार का प्रेम और सद्भावपूर्ण सुखद वातावरण तथा आध्यात्मिक सूक्ष्म दृष्टि आज हमारी ही अपनी दृष्टि में उपेक्षित हो रही है। इस अनुभूति के साथ ही कथा-साहित्यकार इस निष्कर्ष पर पहुँचा कि विदेशी जीवन-मूल्यों के अंधानुकरण से न तो हमारा उत्कर्ष ही संभव है और न स्वत्व का संरक्षण ही। डॉ. राधाकृष्णन् ने भी इसके दुष्परिणामों के प्रति हमें सजग करते हुए लिखा है—"अनेक सामाजिक रीति-रिवाज कायम हैं, हालाँकि उनसे जीवन का प्रवाह रुक गया है। भारत के आदर्शों के साथ इनका साम्य नहीं है। भारत आज तभी जीवित रह सकता है जब वह अपने आदर्शों का प्रतिनिधित्व न करने वाली संस्थाओं को पूजना बंद कर दे।"[3]

डॉ. नरेन्द्र कोहली ने भी भारतीय संस्कृति के ह्रासोन्मुखी प्राणतत्त्व की जर्जरता

का अनुभव किया। जीवन की उन्नति के संबंध में भारतीय संस्कृति की व्यापक दृष्टि पर उनका ध्यान आकर्षित हुआ, पारिवारिक प्रदत्त संस्कार थे ही; फलतः जिन नरेन्द्र कोहली के साहित्यिक जीवन का प्रारंभ प्रगतिशील लेखक के रूप में हुआ था उनके लेखकीय जीवन का महान लक्ष्य मिथकों की वर्तमान संदर्भों में उपयोगिता हो गई। एक प्रगतिशील लेखक की दृष्टि मिथकों पर ऐसी टिकी कि उन्हें समाचार-पत्रों की घटनाओं में पुराणों में घटित घटनाएँ और पुराणों की घटनाओं में आस-पास के सामाजिक और राष्ट्रीय परिवेश में घटने वाली घटनाएँ दिखाई देने लगीं। उन्हें लगा कि काल चक्र की परिवर्तनशील गति में समय, स्थान और वातावरण तो बदल जाते हैं; किंतु घटनाओं का पुनरावर्तन चक्रनेमीवत् वहीं का वहीं रहता है। स्थितियाँ, मानसिकता वहीं की वहीं रहती हैं, प्रकृति का मूल-स्वरूप एक समान ही रहता है। संभवतः प्रारंभिक जीवन की प्रगतिशीलता ने ही नरेन्द्र कोहली को राम के अवतारत्व को आधुनिक वैज्ञानिक युग के अनुकूल अनुकरणीय मानव चरित्र के रूप में चित्रांकित करने हेतु उत्प्रेरित किया; क्योंकि राम और कृष्ण भारतीय संस्कृति के आधार हैं, प्राणतत्त्व हैं। राम और कृष्ण के द्वारा निर्देशित आदर्श आचरण और कर्म योग के बिना मानव-जीवन की नैसर्गिकता ही अपनी मूल प्रकृति खो देगी। यह अवश्य है कि जब मनुष्य के चर्म-चक्षु परमात्म-तत्त्व की विराटता के दर्शन करने में समर्थ न हों तो उस परमात्म-तत्त्व को चर्म-चक्षुओं के लिए ग्रहणीय मानव-रूप में साकार होना ही पड़ता है। जिस साकार स्वरूप के द्वारा संपादित, क्रिया-कलापों का अनुकरण एवं अनुगमन, पथभ्रष्ट मानव-समाज कर सके। आज जब समूचा मानव-समाज नैतिक मूल्यों से पतित हो पथ-भ्रष्ट हो गया है, अधर्माचरणों के ज्वाल-जंजाल रूपी व्याल मानवता को ग्रस रहे हैं तो वेदों, पुराणों, और रामायणों में बैठे हुए मूर्तिमंत राम और कृष्ण के साकारत्व की, उनके मानवीय प्राकट्य की अत्यधिक आवश्यकता है। नरेन्द्र कोहली ने अपनी सीमाओं में रहते हुए भी इसी आवश्यकता की पूर्ति की है।

## 2. संभावनाएँ

जिस प्रकार सरिता का मूल स्वभाव है—प्रवाह, काल का स्वभाव है—गति, उसी प्रकार काल चेतना परक लेखनी का भी मूल-स्वभाव है—अनवरतता, सरसितता। नरेन्द्र कोहली की लेखनी भी अपने मूल स्वभाव में प्रकृतिस्थ है। अनवरत लेखन जारी है।

स्वातंत्र्योत्तर हिंदी कथा-साहित्य अपने विभिन्न क्षेत्रों में चार प्रकार की धारणाओं को लेकर विकासपथ की ओर उन्मुख है। एक धारणा प्राचीन परंपराओं एवं संस्कारगत विचारधाराओं में विश्वास करती है, चाहे वह व्यक्ति और समाज के लिए उपादेय हों या नहीं। इस धारणा में मूल्य-दृष्टि की अपेक्षा परंपरा निर्वहन पर ही केंद्रित रहा जाता है। दूसरी धारणा में प्राचीन परंपराओं का विरोध करने, उन्हें उखाड़ फेंकने में ही विश्वास किया जाता है, बिना इस बात पर विचार किए कि पुरानी वस्तु भी उपयोगी

हो सकती है अथवा प्राचीनता का समूल विनष्टीकरण भी अहितकर हो सकता है। तीसरी धारणा प्राचीनता और नवीनता सभी को अस्वीकार करती है, अतः यह धारणा कथा-साहित्य के माध्यम से समाज को कोई सुव्यवस्था नहीं दे पाती है। चौथी धारणा के अंतर्गत पुरानी मान्यताएँ तर्क, विज्ञान एवं विवेक की कसौटी पर जाँची और परखी जाती हैं, उनकी उपयुक्तता अथवा अनुपयुक्तता के आधार पर ही उन्हें स्वीकृति अथवा अस्वीकृति प्रदान की जाती है। इस धारणा का एक मात्र लक्ष्य समाज का हित होता है। अतः समाज-कल्याण की दृष्टि से कथा-साहित्य की यह चौथी धारणा समाज के लिए अधिक उपयोगी और महत्त्वपूर्ण है। इस धारणा के माध्यम से प्राचीन और नवीन सभी परंपराओं को वर्तमान समय, समाज, परिस्थितियों, परिवेश और आवश्यकता की दृष्टि से परिमार्जित एवं प्रकृष्ट कर नैतिक मूल्यों के पुनर्स्थापन एवं समाज के उन्नयन की दृष्टि से प्रस्तुत किया जाता है। नरेन्द्र कोहली की विचारधारा भी इसी धारणा को परिपुष्ट करने में संलग्न है।

सरिता का मूल स्वभाव है—प्रवाहमयता, काल की मूल प्रकृति है—गतिमयता, ठीक उसी प्रकार साहित्यकार की लेखनी का मूल स्वभाव है—अनवरत सरसितता। नरेन्द्र कोहली की लेखनी भी अपने मूल स्वभाव में प्रकृतिस्थ है। उनका लेखन अभी अनवरत रूप से चल रहा है। अतः हिंदी कथा-साहित्य में उनके योगदान की अभी अनंत संभावनाएँ हैं। पौराणिक कथा-साहित्य में अभी अनेक पात्र हैं, घटनाएँ हैं अथवा 'हरि अनंत हरि कथा अनंता', की दृष्टि से देखा जाय तो राम और कृष्ण के भी विराट-स्वरूप की अथवा उसके किसी पक्ष की अभिव्यक्ति कोहली जी की लेखनी के माध्यम से हिंदी कथा-साहित्य को अथवा हिंदी साहित्य को प्राप्त होने की संभावनाएँ हैं।

## 3. उपसंहार : स्वातंत्र्योत्तर कथा-साहित्य में नरेन्द्र कोहली का प्रदेय

स्वतंत्रता प्राप्ति के पश्चात हिंदी उपन्यास साहित्य में नरेन्द्र कोहली जी का महत्त्वपूर्ण स्थान है। विशेषकर सांस्कृतिक, धार्मिक एवं ऐतिहासिक उपन्यासों के परिप्रेक्ष्य में। कोहली जी भारतीय समाज में विविध वर्गों के कुशल चितेरे हैं। सामाजिक रूढ़ियों अंधविश्वासों को मनोवैज्ञानिक आधार पर स्वीकृत एवं अस्वीकृत किया है। उन्होंने अपने युग के समाज के विभिन्न पक्षों का अध्ययन किया और समाज को जकड़ने वाली जटिल समस्याओं का सशक्त चित्रण किया।

नागरजी के उपन्यास चाहे वे रामकथा से संबंधित हों या कृष्णकथा से संबंधित, उन्होंने यह स्पष्ट रूप से लिखा है कि किस प्रकार किसी रचयिता के चेतन, अवचेतन तथा अचेतन मन उसकी रचना के रूप में अभिव्यक्त होते हैं। कोहली जी ने युग के यथार्थ का चित्रण करने में कुशलता का परिचय दिया है। वे अपने युग के यथार्थ के बहुआयामों से न केवल परिचित दिखाई देते हैं, अपितु उनके चित्रण में निर्भीकता एवं तटस्थता भी परिलक्षित होती है।

एक-एक चित्र की अनेक पीढ़ियों के विवरण देकर एक विशिष्ट कालखंड में सामाजिक ढाँचे में होने वाले परिवर्तनों का विवरण देना तथा विशिष्ट युग के समाज के अधिक से अधिक वर्गों की स्थितियों, आचार-विचार आदि का चित्रण करना उनकी महत्त्वपूर्ण उपलब्धि है।

कोहली जी के कथा-साहित्य का कथानक वृहद् है। उपन्यास यदि रामकथा से संबंधित है तो समूचा रामयुग और इसी तरह यदि कृष्णकथा अथवा उनसे संबंधित महाभारत काल के कथानक से संबंधित उपन्यास है तो समूचा द्वापर युग मानो अवतरित सा हो गया दिखता है। उपन्यासकार ने मानव जीवन की मूलभूत अनुभूतियों का मौलिक ढंग से चित्रण किया है। लेखक ने जिन कथा-प्रसंगों का चयन किया है, उनमें साँस लेने वालों की अनुभूतियों के चित्रण में मौलिकता विद्यमान है। स्वाभाविकता के लिए लेखक ने जीवनानुभवों को केंद्र बनाया है तथा भावनाओं को विश्वसनीय रूप में उपस्थित किया है। कथानक को दोहरा बनाना और दूर तक साम्य चित्रित करते जाना मौलिकता का निदर्शन है। चित्रण का मूल आधार यथार्थ दृष्टि है। कथा-साहित्य में लेखक ने समाज की विद्रूपताओं को, सामाजिक अनाचार को, राजनीतिक छल-कपट को यथार्थ रूप में उपस्थित किया है।

बाह्य एवं आंतरिक कथा-विन्यास में समन्वय है। सभी सूत्र परस्पर अनुस्यूत हैं। कोहली जी के पास न केवल अनुभवों की शृंखला है अपितु जटिल से जटिल कथा-प्रसंगों को पूरी अनुभूति तथा चिंतन के साथ प्रस्तुत करने की क्षमता भी। भारतीय सांस्कृतिक जीवन को जितनी गहराई से नरेन्द्र कोहली ने देखा है, उतनी सांस्कृतिक गहराई तथा चिंतन की प्रौढ़ता अन्यत्र कम दिखाई देती है।

नरेन्द्र कोहली के कथा-साहित्य का परिवेश सशक्त है। सामाजिक एवं सांस्कृतिक वातावरण का अंकन कलात्मक है। चित्रण भारतीय समाज 'तमसो मा ज्योतिर्गमय' का संदेश देता है। आज का व्यक्ति कैसा अनुभव करता है; इसका यथार्थ उद्घाटन है। उसके सामने भारत का कुंठित नौजवान है, त्रासद स्थितियों से जूझता मानव मन है। लेखक ने तमाम सारे चिरंतन प्रश्नों के साथ सांस्कृतिक वातावरण का सजीव चित्रण किया है।

लेखक ने चरित्रों की सृष्टि करते हुए उन्हें नवीन स्वरूप में उपस्थित किया है। वैविध्यपूर्ण वातावरण को राम और कृष्णकथा के माध्यम से उपस्थित करना लेखक की महत्त्वपूर्ण उपलब्धि है। कथा-साहित्य में लेखक की प्रयोग-अर्थी दृष्टि तथा शैली का परिष्कार अन्य आकर्षण हैं, जो उन्हें इस शती का प्रखर उपन्यासकार बनाते हैं।

## संदर्भ

1. हिंदी उपन्यास : सुरेश सिन्हा, पृ. 40
2. आज का हिंदी उपन्यास : डॉ. इंद्रनाथ मदान (भूमिका)
3. हमारी विरासत : डॉ. राधाकृष्णन्

# संदर्भ-ग्रंथ-सूची


**1. आधार ग्रंथ :**

1. रामकथा संदर्भ
   1. अभ्युदय—खंड-1
   2. अभ्युदय—खंड-2
2. कृष्णकथा संदर्भ
   1. नरेन्द्र कोहली :
      1. महासमर खंड-1—बंधन
      2. महासमर खंड-2—अधिकार
      3. महासमर खंड-3—कर्म
      4. महासमर खंड-4—धर्म
      5. महासमर खंड-5—अंतराल
      6. महासमर खंड-6—प्रच्छन्न
      7. महासमर खंड-7—प्रत्यक्ष
      8. महासमर खंड-8—निर्बन्ध
   2. नरेन्द्र कोहली : अभिज्ञान

**2. सहायक ग्रंथ :**

1. वैदिक ग्रंथ :
   1. ऋग्वेद
   2. सामवेद
2. पौराणिक ग्रंथ :
   1. ब्रह्माण्ड पुराण
   2. मत्स्य मुराण
   3. विष्णु पुराण
   4. भागवत पुराण
   5. वाराह पुराण
   6. लिंग पुराण
   7. हरिवंश पुराण

8. पद्म पुराण
9. ब्रह्मवैवर्त पुराण
10. कूर्म पुराण

**3. उपनिषदीय ग्रंथ :**

1. छान्दोग्य उपनिषद्
2. महानारायणोपनिषद्

**4. ब्राह्मण ग्रंथ :**

1. कौषितिकि ब्राह्मण
2. शतपथ ब्राह्मण

**5. आरण्यक ग्रंथ :**

1. तैत्तिरीयारण्यक

**6. रामकथा परक अन्य सहायक ग्रंथ :**

1. वाल्मीकि रामायण — महर्षि वाल्मीकि
2. अरुण रामायण — रामावतार शर्मा
3. रामचरित मानस — गोस्वामी तुलसीदास
4. सत्य रामायण — प्रो. जी. बी. कानूनगो
5. रामकथा — डॉ. कामिल बुल्के
6. अष्टाध्यायी
7. राम का स्वरूप — डॉ. सी. पी. राजगोपालन नायर
8. राम : ऐतिहासिक जीवन चरित — डॉ. रामप्रसाद मिश्र
9. रामगाथा — डॉ. रमानाथ त्रिपाठी

**7. कृष्णकथा परक अन्य सहायक ग्रंथ :**

1. भागवत महापुराण
2. महाभारत
3. सूरसागर
4. श्रीमद्भगवद्गीता
5. कृष्ण की आत्मकथा — मनु शर्मा
6. द्रौपदी — डॉ. प्रतिभा राय
7. 'श्याम एक बार फिर मिल जाते' — दिनकर जोशी
8. श्रीकृष्ण चरित — डॉ. भवानी लाल भारतीय

**8. अन्य सहायक एवं समीक्षात्मक ग्रंथ :**

1. बिहारी सतसई — बिहारी
2. झूठा सच-1 — यशपाल
3. झूठा सच-2 — यशपाल

4. 'बीज' — अमृतराय
5. हिंदी साहित्य का इतिहास — पं. रामचंद्र शुक्ल
6. हिंदी साहित्य का इतिहास — सं. डॉ. नगेंद्र
7. आधुनिक हिंदी साहित्य का विकास — डॉ. श्रीकृष्ण लाल
8. आधुनिक हिंदी साहित्य — डॉ. लक्ष्मी सागर वार्ष्णेय
9. रामकथा — डॉ. कामिल बुल्के
10. भारतीय उपन्यास का कथा-साहित्य (दो भागों में) — सं. प्रभाकर माचवे
11. आधुनिक हिंदी साहित्य का विकास — डॉ. बच्चन सिंह
12. हिंदी उपन्यास : युग चेतना और पाठकीय संवेदना — डॉ. मुकुन्द
13. स्वातंत्र्योत्तर हिंदी कथा-साहित्य — डॉ. सत्यदेव त्रिपाठी
14. राम काव्य धारा — डॉ. भगवती प्रसाद सिंह
15. राम का स्वरूप — डॉ. नायर
16. महाभारत का लोक समाज — सुखम भट्टाचार्य
17. लोक संस्कृति और इतिहास — बद्रीनारायण
18. भाषा युगबोध और कविता — डॉ. रामविलास वर्मा
19. उपन्यास का पुनर्जन्म — परमानंद श्रीवास्तव
20. उपन्यास स्थिति और गति — डॉ. चन्द्रकांत
21. साहित्य और इतिहास-दृष्टि — डॉ. मैनेजर पांडेय
22. हिंदी रामकथा का स्वरूप और विकास — प्रेमचंद्र महेश
23. हिंदी उपन्यास : सृजन और सिद्धांत — नरेन्द्र कोहली
24. साहित्य के बुनियादी सरोकार — कर्णसिंह चौहान
25. नरेन्द्र कोहली के विषय में—आत्मकथ्य — नरेन्द्र कोहली
26. नरेन्द्र कोहली व्यक्तित्व और कृतित्व — सं. नर्मदा प्रसाद उपाध्याय
27. व्यंग्यकार—नरेन्द्र कोहली — डॉ. सतीश पाण्डेय
28. सृजन साधना — ईशान महेश
29. नरेन्द्र कोहली ने कहा — ईशान महेश
30. शून्य की बाँहों में — शांति जोशी
31. शरीफों का कटरा — मन्मथनाथ गुप्त
32. भागे हुए लोग — शैलेश मटियानी
33. प्यासा पानी — विमला रैना

34. परछाईं–(पॉकेट संस्करण) – विष्णु प्रभाकर
35. कब तक पुकारूँ–
(पॉकेट संस्करण) – रांगेय राघव
36. सारा आकाश – राजेन्द्र यादव
37. चिंतामणि-भाग-1
38. महाप्रस्थान – नरेश मेहता
39. साकेत – मैथिलीशरण गुप्त
40. विदेह – रामावतार शर्मा अरुण
41. कैकेयी – केदारनाथ मिश्र प्रभात
42. धरा नंदिनी सीता – रमेशचंद्र शास्त्री
43. वनस्थली – नाथूलाल अग्निहोत्री नम्र
44. जानकी-जीवन – राजाराम शुक्ल
45. भूमिजा – रघुवीर शरण मित्र
46. पंचवटी – मैथिलीशरण गुप्त
47. कनुप्रिया – धर्मवीर भारती
48. सुवर्णा – नरेंद्र शर्मा
49. महाप्रस्थान – नरेश मेहता
50. हिंदी कृष्ण काव्य की
परंपरा का स्वरूप विकास – मुरारी लाल शर्मा
51. वैष्णविज्म, शैविज्म एण्ड – सर भंडारकर
माइनर रिलीजन्स सिस्टम्
52. हिन्दी उपन्यास– एक अन्तर्यात्रा – रामदरश मिश्र
53. नरेंद्र कोहली– विचार और व्यंग्य – सुरेशकांत
54. हिंदी साहित्य का इतिहास – डॉ. चातक
– प्रो. राजकुमार शर्मा
55. हिंदी साहित्य का समकालीन परिदृश्य – श्रीनिवास शर्मा
56. स्वातंत्र्योत्तर हिंदी उपन्यास – आर. सुरेंद्रन
57. आधुनिक हिंदी उपन्यास – डॉ. श्रीराम शर्मा
दार्शनिक चेतना
58. सत्यार्थ प्रकाश – दयानंद सरस्वती
59. भार्गव एंग्लो-हिंदी शब्दकोश
60. तोड़ो कारा तोड़ो–खंड-1 'निर्माण' – नरेंद्र कोहली
61. तोड़ो कारा तोडो–खंड-2 'साधना' – नरेंद्र कोहली
62. रहीम दोहावली – रहीमदास

63. एक दुनिया समानांतर — राजेन्द्र यादव
64. आधुनिकता बोध और आधुनिकीकरण — रमेश कुंतल मेघ
65. अँधेरे बंद कमरे
66. पत्थरों का शहर — सुरेश सिन्हा
67. राजुल
68. सूखा सैलाब
69. प्यासा पानी
70. अमृत और विष
71. एक और मुख्यमंत्री — यादवेन्द्र शर्मा
72. कंदील और कुहासे — गिरधर गोपाल
73. सूरज का सातवाँ घोड़ा — धर्मवीर भारती
74. दी आर्ट ऑफ दी नावेलिस्ट — एच. बी. लेथरोप
75. एसपेक्ट्स ऑफ दी नावेल — ई. एम. फॉस्टर
76. दी टेकनिक ऑफ नावेल राइटिंग — वेसिल होगराथ
77. हिंदी उपन्यास का शिल्पगत विकास — डॉ. उषा सक्सेना
78. दी नावेल एंड दी पीपुल — राल्फ फॉक्स
79. दी आर्ट ऑफ दी नावेल — पी. एडगर
80. आधुनिक हिंदी कथा-साहित्य और मनोविज्ञान — डॉ. देवराज
81. हिंदी उपन्यास — सुरेश सिन्हा
82. आज का हिंदी उपन्यास — डॉ. इंद्रनाथ मदान
83. हमारी विरासत — डॉ. राधाकृष्णन्

**पत्र एवं पत्रिकाएँ :**

1. कल्याण — श्री कृष्णांक—1988
2. नवचेतना — अंक-17—1961
3. ब्राह्मण सावधान — ज्ञानमंडल काशी से प्रकाशित
4. पांचजन्य — कार्तिक शुक्ल—12, 2055 वि. 1 नव. 1998
5. सहकार संचय — दिसंबर—1998

❑❑❑

# भूमिका/शुभाशंसा

राम और कृष्ण का चरित्र एवं उनसे जुड़ी कथाएँ सदैव से भारतीय वाङ्‌मय के सर्वप्रमुख संसाधन-स्रोत के रूप में स्वीकृत रही हैं। इतना ही नहीं कि उन्होंने भारतीय भाषाओं के साहित्य को समृद्ध किया बल्कि दक्षिण-पूर्व एशियाई देशों या आज की शब्दावली में कहें तो 'सार्क' देशों के साहित्य को भी प्रभावित किया है, समृद्ध किया है। पर यह भी सत्य है कि रामकथा और कृष्णकथा से प्रेरित सारी भारतीय एवं अभारतीय रचनाएँ मुख्य रूप से काव्यात्मक हैं, छांदोबद्ध हैं, या किसी नाट्य-रूप में हैं। मध्यकाल में ही नहीं, आधुनिक काल के पूर्वार्द्ध तक यही धारणा रही कि ये चरित मूलतः काव्यात्मक हैं। मैथिलीशरण जी ने विनम्रतावश ही सही, यही कहा "राम तुम्हारा चरित स्वयं ही काव्य है, कोई कवि बन जाय सहज संभाव्य है"। यहाँ 'काव्य' का प्रयोग संस्कृत की तरह, सामान्य साहित्य के अर्थ में नहीं है, कथा से इतर छांदोबद्ध खंडकाव्य या महाकाव्य के लिए है।

यह भी ध्यान देने योग्य है कि हिंदी का प्रारंभिक कथा-साहित्य, चाहे उपन्यास विधा का 'बलबन्त भूमिहार' या 'परीक्षा गुरु' हो उसका आधार लौकिक है, सामाजिक है, ऐहिक है। इसी तरह प्रारंभिक कहानियाँ—'रानी केतकी की कहानी' या 'एक टोकरी मिट्‌टी' किसी देवी-देवता या अवतार के इर्द-गिर्द नहीं घूमतीं। शायद इसलिए धार्मिकता या आधुनिकता से मुक्त हिंदी कथा-साहित्य को सामाजिक दृष्टि से आभिजात्य और साहित्य-जगत में उच्चासन नहीं प्राप्त हुआ। दशकों तक कथा-साहित्य के पाठकों को दोयम दर्जे का अध्येता माना जाता था, और वे प्रायः गुरुजनों या परिवारजनों से आँख बचाकर ही कथा-कहानी पढ़ते थे और पढ़ने के बाद तकिये या तोशक के नीचे छिपाकर रख देते थे। वस्तुतः प्रेमचंद के लेखन ने ही कथा-साहित्य को सामाजिक महत्ता और साहित्यिक गरिमा प्रदान की, लोग उसे गंभीरता से लेने लगे, फिर भी उस युग की ऐसी अधिकांश रचनाएँ तथाकथित 'सामाजिक' ही होती थीं।

स्वतंत्रता के बाद ही धार्मिक-पौराणिक-सांस्कृतिक-ऐतिहासिक उपन्यासों का दौर आया और कई रचनाकारों ने इन्हें श्रेष्ठतर बनाने का गंभीर प्रयास किया, तथा राम और कृष्ण के चरित के अंशों पर केंद्रित कथात्मक रचनाएँ होने लगीं। निश्चित

रूप से 'राम और कृष्ण-कथा पर आधारित कथा-साहित्य' के लेखन और उन्नयन में सबसे बड़ा नाम डॉ. नरेन्द्र कोहली का है। अतः डॉ. मनोरमा मिश्र ने यदि नरेन्द्र कोहली के संदर्भ में राम और कृष्ण-कथा पर आधृत कथा-साहित्य का अनुशीलन शोध-ग्रंथ के रूप में किया है, तो एक महत्त्वपूर्ण और प्रशंसनीय कार्य किया है। वैसे आजकल की अधिकांश शोधकर्त्रियाँ सामान्यतः समकालीन कथा-लेखकों या उनकी किसी एक रचना को ही केंद्र बनाकर जल्दी शोधोपाधि प्राप्त कर लेना चाहती हैं, पर मनोरमा जी ने सामान्य से अधिक परिश्रम किया है, और अपने शोध-विषय के साथ कई महत्त्वपूर्ण आयाम भी जोड़े हैं।

मुझे विश्वास है कि कथा-साहित्य के अध्येताओं एवं आचार्यों से उन्हें भूरिशः प्रशंसा मिलेगी और भविष्य में इस प्रकार के और भी चरित केंद्रित कथा-साहित्य के गंभीर अध्ययन देखने को मिलेंगे। मैं डॉ. मनोरमा मिश्र के शोध-प्रबंध-प्रकाशन के अवसर पर उन्हें हार्दिक शुभकामनाएँ देता हूँ, और भविष्य में उनसे श्रेष्ठतर शोध एवं डॉ. नरेन्द्र कोहली से प्रेरणादायक लेखन की अपेक्षा रखता हूँ। डॉ. कोहली ने प्राचीनता और समसामयिकता को जोड़कर अपने कथा-साहित्य को आज के भारत के संदर्भ में जो प्रासंगिकता प्रदान की, उसे और रचनाकार भी अन्य विधाओं में उपस्थापित कर सकें, तो भारतीय लेखन का प्रेरक श्रेष्ठ स्वरूप सामने आ सके।

**डॉ. शैलेन्द्र नाथ श्रीवास्तव**

# शुभाशंसा

श्रीमती मनोरमा मिश्र द्वारा श्रम और निष्ठापूर्वक प्रणीत 'राम और कृष्ण-कथा पर आधारित स्वातंत्र्योत्तर कथा-साहित्य का अनुशीलन (श्री नरेन्द्र कोहली के संदर्भ में)' सहृदय पाठकों के समक्ष प्रकाशित होकर आ रही है—यह प्रसन्नता की बात है। प्रबंध पर शोधोपाधि प्राप्त करना एक बात है और आत्मविश्वासपूर्वक उसका सर्वसाधारण के समक्ष प्रकाश में आना दूसरी बात है। 'भा' में 'रति' होने के कारण अन्वर्थसंज्ञक भारत अध्यात्मप्रकृति का देश है। उसकी संतति का श्री राम-कृष्ण जैसे अवतारी महापुरुषों के प्रति आकर्षण सहज है। वे धर्म या मूल्यसमष्टि की साकार मूर्त्ति हैं। उनका किसी भी व्याज से स्मरण वर्तमान भोगोन्मुख स्वातंत्र्योत्तर संदर्भ में घिरते अंधकार के बीच प्रकाश विकीर्ण करता है। उपस्थापिका ने बहुत सही बात कही हहै कि आज के घोर व्यावसायिक और अर्थोपार्जनपरायण युग में मानवीय संवेदना अभिशप्त होकर पत्थर बन गई है। इन अवतारों का स्मरण ही उस पथराई संवेदना—अहल्या को जीवंत बना सकता है। हमारे यहाँ 'अर्थ' भी एक पुरुषार्थ है, बशर्ते वह धर्म-निर्भर चेतना से उपार्जित किया जाय। 'धर्म' राम समाधृत परदुःखकातरता स्वरूप मानवता का ही दूसरा नाम है। मानव-जीवन के केन्द्र में इस चेतना का विद्यमान रहना आवश्यक नहीं; अनिवार्य है। आज यह चेतना हाशिए पर भी दृष्टिगोचर नहीं होती। प्राकृतिक संपदा का निर्ममतापूर्वक शोषण हो ही रहा है— मानव की बौद्धिक संपदा भी क्रय करने की सामग्री हो गई है। 'शिक्षा मंत्रालय' नाम क्या बुरा था जो अर्थशास्त्रियों द्वारा 'मानव संसाधन विकास मंत्रालय' नाम बदल दिया गया। प्रकृति तो संसाधन थी ही, मानव भी संसाधन बन गया—अब केंद्र में आ गई—'पूँजी'—जिसके लिए हैवानियत भरी होड़ विश्व बाजार में बढ़ती जा रही है। संवेदना को इस होड़ में एक विरोधी तत्त्व के रूप में देखा जा रहा है—मानव में यह संवेदना निःशेष होती जा रही है और ऐसा होना बड़े दुर्निवार अमंगल का सूचक है। ऐसे में उसकी चिंता एक रचनाकार को क्यों नहीं होगी? श्री कोहली राम और कृष्ण परक पौराणिक कथा की युगोचित प्रेरणाप्रद प्रस्तुति कर समाज को संवेदना या मानवीय संवेदना के प्रति जागरूक कर रहे हैं। इन अवतारी महापुरुषों की जीवनगाथा से संबद्ध घटनाओं को

प्रतीक बनाकर आज की स्थितियों से वे जोड़ते चलते हैं, अतः यह सब कुछ हमारे लिए अत्यंत रोचक और प्रेरणाप्रद लग रहा है। उपस्थापिका भी इससे प्रभावित होकर अपनी बेचैन चेतना को उससे जोड़ती चलती है—और राहत अनुभव करती है। मानवीय संवेदना का इस प्रकार सूखते जाना एक भयावह संकट है। जिस चेतना में इसका गहरा अहसास होगा, वह उससे मुक्त होने की दिशा में व्यक्तिशः या समष्टिशः प्रयत्नशील अवश्य होगी। इस संकटबोध ने बड़े-बड़े सर्जकों को उद्विग्न किया है, अतः एक आपद्धर्म के रूप में सर्जन चिंतन-गर्भ होता जा रहा है।

भारतीय प्रकृति की पुराकथाएँ पुरा होकर भी अपने में 'नवता' के अनावरण की संभावना रखती हैं। पुराण का अर्थ है—'पुरा अनति-श्वासिति'—ऊपर-ऊपर चाहे वे कथाएँ जैसी भी लगती हों—पर भीतर से वे साँस लेती लग रही हैं। सर्जक और शोधी उस साँस को पकड़कर युग का उपकार कर रहे हैं। 'महाभारत' में कहा गया है कि वर्तमान में अभिभूत चेतना वाले समाज को अतीत की प्रेरणादायी घटनाओं पर इतिहास से सांत्वना दी जानी चाहिए।

श्री कोहली ने अपने राम-कृष्ण-कथा-समाधृत उपन्यासों के माध्यम से जहाँ एक ओर आलोकप्रद संदेश बिखेरे हैं वहीं रूढ़ियों और अंधविश्वासों के प्रतिबंधक विमर्श का निराकरण भी किया है। इस क्षेत्र में सक्रिय प्रभृति कथाकारों के अध्ययन से स्पष्ट होता है कि किस प्रकार उनका चेतन, अवचेतन और उन्नतचेतन मन उभर-उभर कर ऊपर आ जाता है—किस प्रकार वे अपने युग की समस्याओं को प्रभावी ढंग से पुरातन कथाओं को प्रतीक बनाकर चित्रित करते और समाधान की दिशा इंगित करते हैं। स्वाभाविकता और विश्वसनीयता के निर्वाह के लिए उन्होंने अपने जीवनानुभवों को किस प्रकार केंद्र में रखा है—यह भी ध्यातव्य है।

उपस्थापिका श्रीमती मिश्र ने गहराई से अनुभव किया है कि आज के बढ़ते और खौफनाक होते जा रहे अपसांस्कृतिक अंधकार को छाँटने का सर्जकों का यह प्रयास आज कितना उपादेय प्रतीत होता है—फिर उसे और उभारकर अपने प्रबंध द्वारा सबके समक्ष क्यों न लाया जाय? उनकी इस मानवीय और सात्विक सचेततस्कता को हमारा बहुत-बहुत साधुवाद।

**डॉ. राममूर्त्ति त्रिपाठी**

सेवानिवृत्त विभागाध्यक्ष
हिन्दी विभाग, विक्रम विश्वविद्यालय
उज्जैन (म. प्र.)

# शुभाशंसा

...श्रीमती मनोरमा मिश्र की कृति सात अध्यायों में उपनिबद्ध है। संभवतः लेखिका के ध्यान में रामकथा के अक्षुण्ण स्तंभ 'रामचरितमानस' के श्रेष्य सप्तकाण्ड विभाजन-योजना रहा हो। प्रत्येक अध्याय आवश्यकतानुसार कई उपशीर्षकों में विभाजित है। प्रत्येक अध्याय के अंत में निष्कर्ष तथा संदर्भ संकेत निर्दिष्ट हैं। अपनी संपूर्ण कृति में लेखिका ने आलोच्य विषय की नवीनता और मौलिकता का सफल प्रमाण प्रस्तुत किया है।

प्रथम अध्याय के प्रथम पृष्ठ से ही यह आभासित होने लगता है कि अपने आलोच्य विषय के प्रति लेखिका पूर्ण सचेष्ट हैं। स्वातंत्र्योत्तर कथा-साहित्य की प्रवृत्तियाँ पृष्ठभूमि में पौराणिक, राजनीतिक, सामाजिक, ऐतिहासिक, धार्मिक और सांस्कृतिक प्रभृति प्रवृत्तियों से कैसे प्रभावित होती रही हैं—यहाँ विवेचित है। विभिन्न विद्वानों के विचारों की व्याख्या कर अपने अभिमत की पुष्टि का सफल प्रयास लेखिका की अन्वेषक दृष्टि का परिचायक है।

द्वितीय अध्याय में राम और कृष्ण पर केंद्रित कथा-कृतियों की पृष्ठभूमि का सम्यक् विवेचन है। इस अध्याय के खंड चतुष्टय प्रकाशनोपरांत निश्चय ही पाठकों को महत्त्वपूर्ण प्रतीत होंगे। इसमें राम और कृष्ण पर केंद्रित कथा-कृतियों का ऐतिहासिक पक्ष रोचक ढंग से उभारा गया है। इसकी विकास परंपरा पर समग्रतामूलक विचार और इसमें श्री नरेन्द्र कोहली का स्थान तथा उनका महत्त्व निर्दिष्ट किया गया है। अध्याय के अंत में संपूर्ण विवेचन की पड़ताल की गई है। यह निष्कर्ष निरूपित किया गया है कि स्वतंत्रता प्राप्ति के पश्चात साहित्य में राम और कृष्ण पर केंद्रित कथानकों को लेकर लिखी जाने वाली कृतियों में कमी आई है। इसके जिन कारणों की गणना निष्कर्ष भाग में की गयी है; मैं उनसे सहमत हूँ।

तृतीय अध्याय का विषय पौराणिक कथा-साहित्य में काल और मिथक के संबंध पर आधारित है। इसमें संतुलित भाव से विश्लेषण करते हुए भी नरेन्द्र कोहली की कथा सर्जना-क्षमता में काल चेतना और मिथक चेतना का अंतःसंबंध बताया गया है। तीन उपखंडों का यह अध्याय प्रथम एवं द्वितीय अध्याय सहित निश्चय ही इस कृति की सबल पृष्ठभूमि का निर्माण करते हैं।

चतुर्थ अध्याय उभयचरित नायकों की कथा पर आधारित कथा-साहित्य के वैशिष्ट्य से संबंधित है। इसे राम और कृष्ण के कथा-साहित्य के वैशिष्ट्य के संदर्भ में रखकर परखा गया है। विविध उपन्यासकारों के कथा प्रसंगों का दृष्टांत दिया गया है। निष्कर्ष में स्वातंत्र्योत्तर कथा-साहित्य में राम-कृष्ण-कथा पर आधारित उपन्यासों की विरलता का प्रश्न पुनः उठाया गया है। प्रगतिशील लेखक संघ की स्थापना, साहित्य पर साम्यवाद का प्रभाव-वार्धक्य तथा औद्योगिक क्रांति जैसे कारणों का वर्णन किया गया है। इस तरह लेखिका अपने निष्कर्ष निरूपण में तार्किक ढंग से सफल रही हैं।

पंचम् अध्याय श्री नरेन्द्र कोहली के कथा-साहित्य की विशिष्टताओं को रेखांकित करनेवाला है। इसके पूर्व दो भाग क्रमशः राम और कृष्ण पर और तीसरा निष्कर्ष निष्पादन वाला है। राम-कृष्ण पर आधारित श्री कोहली के उपन्यास में संसार के प्रत्येक पक्ष पर गंभीरता से विचार किया गया है। उपन्यास में आए उद्धरणों की समीक्षा की गई है। गीता के संदेश की श्री नरेन्द्र कोहली के द्वारा की गयी व्याख्या पर मौलिक विचार टिप्पणियाँ की गई हैं। इस तरह यह अध्याय रोचक तथा सारगर्भित बन पड़ा है।

षष्ठ अध्याय में मुझे स्वातंत्र्योत्तर कथा-साहित्य में राम और कृष्ण के स्वरूप-वैशिष्ट्य वर्णन में श्री कोहली का स्थान वाला भाग अधिक रुचिकर प्रतीत होता है। यह अध्याय चार उपखंडों में है। एक खंड पृथक से निष्कर्ष-निरूपण के लिए है, जो नितांत संतुलित लगा। श्री कोहली के विषय में यह निष्कर्ष कि—"यदि परंपरागत शैल्पिक प्रतिमानों की आवश्यकता पड़ी तो कोहली जी ने इस जोखिम को भी उठाया है" सहमति जन्य है।

पूर्व विवेचित सभी अध्यायों का समाहार सातवें खंड के अंतर्गत किया गया है। प्रारंभ में जिन बिंदुओं को उठाया गया है, उसका सम्यक् विवेचन 'समग्र आकलन' उपलब्धियाँ वाले उपशीर्षक में है।

इस शोध-प्रबंध में प्रायः शोध-प्रबंधोचित समस्त प्रविधियों को अपनाया गया है। जो लेखिका की शोध-दृष्टि का परिचायक है। उत्तरार्द्ध में लेखिका द्वारा किए गए अधिक श्रम का प्रमाण परिलक्षित है। प्रचुर मात्रा में उद्धरणों की उपस्थिति कृति की प्रामाणिकता को बढ़ाने वाली है। भाषा पर अच्छा अधिकार है। वह अभिप्रेत भावों को प्रकट करने में पूर्ण समर्थ है। मौलिक उद्भावनाओं से संपूर्ण कृति समृद्ध है। निश्चित रूप से इस कृति की मैं प्रशंसा करता हूँ।

**डॉ. विंध्यवासिनी नंदन पांडेय**
**डी. लिट्**

प्रधान अनुसंधाता
रीडर एवं अध्यक्ष, स्नातकोत्तर हिन्दी
विभाग, राँची कॉलेज, राँची-834008